明治大学付属明

〈収録内容〉

2024 年度 …………………… 第 1 回 （算・理・社・国）
第 2 回 （算・理・社・国）

2023 年度 …………………… 第 1 回 （算・理・社・国）
第 2 回 （算・理・社・国）

2022 年度 …………………… 第 1 回 （算・理・社・国）
第 2 回 （算・理・社・国）

2021 年度 …………………… 第 1 回 （算・理・社・国）

DL 2020 年度 …………………… 第 1 回 （算・理・社・国）

DL 2019 年度 …………………… 第 1 回 （算・理・社・国）

DL 平成 30 年度 …………………… 第 1 回 （算・理・社・国）

DL 平成 29 年度 …………………… 第 1 回 （算・理・社・国）

便利な DL コンテンツは右の QR コードから

解答用紙

過去年度

国語の問題は
紙面に掲載

⇒

※データのダウンロードは 2025 年 3 月末日まで。
※データへのアクセスには、右記のパスワードの入力が必要となります。 ⇒ 493306

〈合格最低点〉

	第 1 回	第 2 回
2024年度	211点／221点	189点／195点
2023年度	221点／233点	212点／222点
2022年度	206点／213点	212点／212点
2021年度	221点／225点	221点／225点
2020年度	211点／221点	223点／227点
2019年度	197点／201点	210点／209点
2018年度	213点／229点	215点／233点

※点数は、男子／女子

本書の特長

実戦力がつく入試過去問題集

- ▶ 問題 …………… 実際の入試問題を見やすく再編集。
- ▶ 解答用紙 …… 実戦対応仕様で収録。
- ▶ 解答解説 …… 詳しくわかりやすい解説には、難易度の目安がわかる「基本・重要・やや難」の分類マークつき（下記参照）。各科末尾には合格へと導く「ワンポイントアドバイス」を配置。採点に便利な配点つき。

入試に役立つ分類マーク

基本 確実な得点源！
受験生の 90％以上が正解できるような基礎的、かつ平易な問題。
何度もくり返して学習し、ケアレスミスも防げるようにしておこう。

重要 受験生なら何としても正解したい！
入試では典型的な問題で、長年にわたり、多くの学校でよく出題される問題。
各単元の内容理解を深めるのにも役立てよう。

やや難 これが解ければ合格に近づく！
受験生にとっては、かなり手ごたえのある問題。
合格者の正解率が低い場合もあるので、あきらめずにじっくりと取り組んでみよう。

合格への対策、実力錬成のための内容が充実

- ▶ 各科目の出題傾向の分析、合否を分けた問題の確認で、入試対策を強化！
- ▶ その他、学校紹介、過去問の効果的な使い方など、学習意欲を高める要素が満載！

解答用紙ダウンロード 解答用紙はプリントアウトしてご利用いただけます。弊社ＨＰの商品詳細ページよりダウンロードしてください。トビラのＱＲコードからアクセス可。

UD FONT 見やすく読みまちがえにくいユニバーサルデザインフォントを採用しています。

明治大学付属明治中学校

生徒数　526名
〒182-0033
東京都調布市富士見町4-23-25
☎042-444-9100
京王線調布駅・飛田給駅・中央線三鷹駅
・南武線矢野口駅よりスクールバス

明治大学への高い進学率
学業に課外授業に
バランスのとれた学園生活

URL	https://www.meiji.ac.jp/ko.chu/

プロフィール　「質実剛健」「独立自治」の校訓を維持

1912年4月、明治大学構内で開校。戦後は、推薦制度による大学までの一貫教育の方針を確立し、明治大学が設置する唯一の直系付属校として今日に至っている。2008年4月、調布市に移転すると同時に男女共学となった。

あいさつや身だしなみなど、基本的なマナーや生活習慣を大切にしており、校風の「質実剛健」は、共学になった現在でも変わっていない。外見ではなく自らの内面を磨き、飾り気のない、地に足のついた学校生活を送ることを目標にしている。

環境　学習、スポーツ、ゆとりの空間が充実

校舎の中心に図書館を配置し、「総合的な学習」の中枢と位置づけている。約７万冊（更に７千冊の洋書）の蔵書とインターネットに接続されたノートPCが50台あり、授業や放課後のレポート作成などに使われている。また、各２室のPC教室、CALL教室、４室の理科実験室など多くの特別教室を設け、多様な授業形態に対応している。

スポーツ施設は、全面人工芝のグラウンド、第1・第２体育館、５面のテニスコート、柔道場・剣道場、トレーニングルームなどたいへん充実している。そのほか、1450名収容のホール、350席の食堂・カフェテリアなど、ゆとりある空間が学校生活を豊かにしている。

勉強・スポーツに最適の環境

カリキュラム　基礎力を育成し、問題解決能力を養う

中学校では、検定外教科書の利用（英語・数学）や、宿題・小テスト等によって学習量を確保し、基礎学力を育成する。特に英語は、少人数授業（２年からは習熟度別授業）や外国人講師による授業を行っている。また英語と数学は、毎週１回ずつ放課後の補習講座を実施するほか、主要教科は夏期補習を行っている。

高校では、十分な基礎学力を養成するため、２年まではほとんどの科目が必修。３年になると、大学の志望に合わせて文系・理系に分かれ、その中でさらに選択科目を設置している。

また、実践的教育として、明治大学の教員が学部ごとに分かれて授業を担当する「高大連携講座」を週２時間履修する。また、2023年度より13講座から選択する「探究選択」を設置。この他、高校在学中に大学の授業を受講し、取得した単位が大学の単位として認められる「プレカレッジプログラム」など、明治大学と連携した多くの教育を行っている。

英検やTOEICなどの資格取得にも熱心で、英検は中学卒業までに準２級（1次まで）、高校卒業までに２級を取得する。

学校生活　活発な学校行事とクラブ活動

学校行事やクラブ活動を通じ、「独立自治」「質実剛健」の精神を育てる。

実績ある吹奏楽部

文化祭、体育祭、修学旅行などの行事を通じ、協力することの大切さや企画・運営することの難しさを学ぶ。

クラブ活動、生徒会活動は活発で、ほとんどの生徒が所属している。38のクラブ・班があり、中でも近年は、スキー部、マンドリン部、バレーボール部などが全国大会・関東大会に出場している。

進路　内部推薦入学で約90%が明大に

高校３年間の成績（英検・TOEICを含む）と人物評価及び適性によって明治大学への推薦資格が得られ、毎年90％程の生徒が推薦入学する。2023年春は、卒業生278名中244名が明治大学に進学した。国公立大学・大学校へは、明治大学の推薦資格を保持したまま受験することができ、他の大学に進学した33名のうち、５名が国立大学に進学している。

2024年度入試要項

試験日　2/2（第1回）　2/3（第2回）

試験科目　国・算・理・社

2024年度	募集定員	受験者数	合格者数	競争率
第1回	約45/約45	280/278	114/76	2.5/3.7
第2回	約30/約30	170/176	44/45	3.9/3.9

※人数はすべて男子/女子
※募集定員は帰国生を含む

過去問の効果的な使い方

① **はじめに**　ここでは，受験生のみなさんが，ご家庭で過去問を利用される場合の，一般的な活用法を説明していきます。もし，塾に通われていたり，家庭教師の指導のもとで学習されていたりする場合は，その先生方の指示にしたがって，過去問を活用してください。その理由は，通常，塾のカリキュラムや家庭教師の指導計画の中に過去問学習が含まれており，どの時期から，どのように過去問を活用するのか，という具体的な方法がそれぞれの場合で異なるからです。

② **目的**　言うまでもなく，志望校の入学試験に合格することが，過去問学習の第一の目的です。そのためには，それぞれの志望校の入試問題について，どのようなレベルのどのような分野の問題が何問，出題されているのかを確認し，近年の出題傾向を探り，合格点を得るための試行錯誤をして，各校の入学試験について自分なりの感触を得ることが必要になります。過去問学習は，このための重要な過程であり，合格に向けて，新たに実力を養成していく機会なのです。

③ **開始時期**　過去問との取り組みは，通常，全分野の学習が一通り終了した時期，すなわち6年生の7月から8月にかけて始まります。しかし，各分野の基本が身についていない場合や，反対に短期間で過去問学習をこなせるだけの実力がある場合は，9月以降が過去問学習の開始時期になります。

④ **活用法**　各年度の入試問題を全問マスターしよう，と思う必要はありません。完璧を目標にすると挫折しやすいものです。できるかぎり多くの問題を解けるにこしたことはありませんが，それよりも重要なのは，現実に各志望校に合格するために，どの問題が解けなければいけないか，どの問題は解けなくてもよいか，という眼力を養うことです。

算数

どの問題を解き，どの問題は解けなくてもよいのかを見極めるには相当の実力が必要になりますし，この段階にいきなり到達するのは容易ではないので，この前段階の一般的な過去問学習法，活用法を2つの場合に分けて説明します。

☆偏差値がほぼ55以上ある場合

掲載順の通り，新しい年度から順に年度ごとに3年度分以上，解いていきます。

ポイント1…問題集に直接書き込んで解くのではなく，各問題の計算法や解き方を，明快にわかるように意識してノートに書き記す。

ポイント2…答えの正誤を点検し，解けなかった問題に印をつける。特に，解説の 基本 重要 がついている問題で解けなかった問題をよく復習する。

ポイント3…1回目にできなかった問題を解き直す。同様に，2回目，3回目，…と解けなければいけない問題を解き直す。

ポイント4…難問を解く必要はなく，基本をおろそかにしないこと。

☆偏差値が50前後かそれ以下の場合

ポイント1～4以外に，志望校の出題内容で「計算問題・一行問題」の比重が大きい場合，これらの問題をまず優先してマスターするとか，例えば，大問2までをマスターしてしまうとよいでしょう。

理科

理科は[1]から順番に解くことにほとんど意味はありません。理科は，性格の違う4つの分野が合わさった科目です。また，同じ分野でも単なる知識問題なのか，あるいは実験や観察の考察問題なのかによってもかかる時間がずいぶんちがいます。記述，計算，描図など，出題形式もさまざまです。ですから，解く順番の上手，下手で，10点以上の差がつくこともあります。

過去問を解き始める時も，はじめに1回分の試験問題の全体を見通して，解く順番を決めましょう。得意分野から解くのもよいでしょう。短時間で解けそうな問題を見つけて手をつけるのも効果的です。くれぐれも，難問に時間を取られすぎないように，わからない問題はスキップして，早めに全体を解き終えることを意識しましょう。

社会

社会は[1]から順番に解いていってかまいません。ただし，時間のかかりそうな，「地形図の読み取り」，「統計の読み取り」，「計算が必要な問題」，「字数の多い論述問題」などは後回しにするのが賢明です。また，3分野（地理・歴史・政治）の中で極端に得意，不得意がある受験生は，得意分野から手をつけるべきです。

過去問を解くときは，試験時間を有効に活用できるよう，時間は常に意識しなければなりません。ただし，時間に追われて雑にならないようにする注意が必要です。“誤っているもの”を選ぶ設問なのに“正しいもの”を選んでしまった，“すべて選びなさい”という設問なのに一つしか選ばなかったなどが致命的なミスになってしまいます。問題文の“正しいもの”，“誤っているもの”，“一つ選び”，“すべて選び”などに下線を引いて，一つ一つ確認しながら問題を解くとよいでしょう。

過去問を解き終わったら，自己採点し，受験生自身でふり返りをしましょう。できなかった問題については，なぜできなかったのかについての分析が必要です。例えば，「知識が必要な問題」ができなかったのか，「問題文や資料から判断する問題」ができなかったのかで，これから取り組むべきことも大きく異なってくるはずです。また，正解できた問題も，「勘で解いた」，「確信が持てない」といったときはふり返りが必要です。問題集の解説を読んでも納得がいかないときは，塾の先生などに質問をして，理解するようにしましょう。

国語

過去問に取り組む一番の目的は，志望校の傾向をつかみ，本番でどのように入試問題と向かい合うべきか考えることです。素材文の傾向，設問の傾向，問題数の傾向など，十分に研究していきましょう。

取り組む際は，まず解答用紙を確認しましょう。漢字や語句問題の量，記述問題の種類や量などが，解答用紙を見て，わかります。次に，ページをめくり，問題用紙全体を確認しましょう。どのような問題配列になっているのか，問題の難度はどの程度か，などを確認して，どの問題から取り組むべきかを判断するとよいでしょう。

一般的に「漢字」→「語句問題」→「読解問題」という形で取り組むと，効率よく時間を使うことができます。

また，解答用紙は，必ず，実際の大きさのものを使用しましょう。字数指定のない記述問題などは，解答欄の大きさから，書く量を考えていきましょう。

算数　出題傾向の分析と合格への対策

●出題傾向と内容

今年度の出題数は，第1回大問5題，小問15題，第2回大問5題，小問15題で，ほぼ例年通りであった。第1回も第2回も全体を通して難易度が高い問題が多く，慣れていないと解きにくい問題が含まれている。図形，速さ，売買算，過不足算の応用，ニュートン算に関する問題が出題されている。近年では，条件整理をする力，思考力を問う問題が多く出題されている。

例年，2以降の問題では，式や考え方も記述するようになっており，答えを導く経過を重視する傾向にあると言える。日ごろから，式や考え方をきちんと整理して書く習慣を身につけておく必要がある。

学習のポイント

複雑な計算を正確に速く解けるようにしておくことはもちろん，各分野の基本を身につけ，応用できる力もつけておこう。

●2025年度の予想と対策

一題一題をじっくり考えさせる出題が予想される。また，重点の置かれる単元もほぼ一定しているが，これまで出題されていない単元も含めて，幅広い学習に取り組むようにしたい。

図形や過不足の問題に関しては，やや難しい問題が出題されるので，いろいろな問題にあたって柔軟な思考力を身につけておきたい。また，相似の性質を使って解く問題にも慣れておこう。

過去に出題されている問題を一通りこなし，出題傾向を感覚的につかんで，ニュートン算や濃度の問題，また，売買算や過不足算などの文章題の練習も積み重ねておくとよいだろう。

▼年度別出題内容分類表

※　よく出ている順に☆，◎，○の３段階で示してあります。

出題内容			2022年		2023年		2024年	
			1回	2回	1回	2回	1回	2回
数と計算		四則計算	○	○	○	○	○	○
		概数・単位の換算						
		数の性質						
		演算記号						
図形		平面図形	☆	○	○	☆		○
		立体図形		◎	☆		○	
		面積	○	○	☆	◎	○	
		体積と容積		○				
		縮図と拡大図	◎	◎				
		図形や点の移動						
速さ		三公式と比	○		○	○		
	文章題	旅人算		☆		☆	○	
		流水算	◎		◎			☆
		通過算・時計算			○			
割合		割合と比		○	☆		☆	◎
	文章題	相当算・還元算					○	○
		倍数算						
		分配算						
		仕事算・ニュートン算	☆	◎	◎	☆	☆	☆
文字と式								
2量の関係(比例・反比例)								
統計・表とグラフ								
場合の数・確からしさ								
数列・規則性				○		☆	☆	
論理・推理・集合								
その他の文章題		和差・平均算	◎					
		つるかめ・過不足・差集め算	○	☆	○	◎	☆	◎
		消去・年令算						○
		植木・方陣算						

算　数　――グラフで見る最近３ヶ年の傾向――

最近３ヶ年に出題されたすべての問題を内容別に分類・集計し，全体に対して何パーセントくらいの割合になっているかを示しました。

……50校の平均　　　　……明治大学付属明治中学校

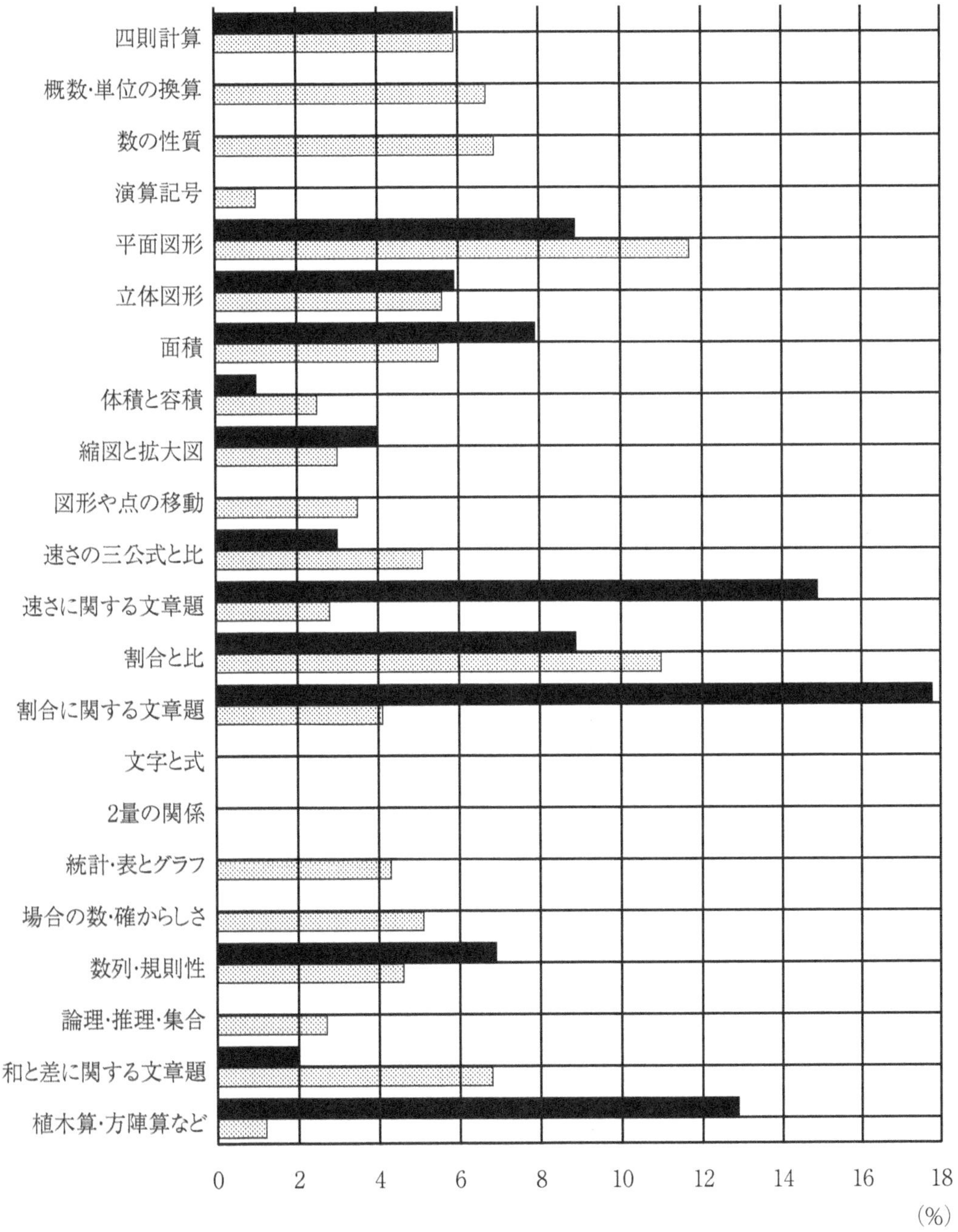

理科　出題傾向の分析と合格への対策

●出題傾向と内容

試験時間は40分で，大問は7題であった。基本レベルの問題に，やや難しい計算問題も含まれる。

生物・地学分野の問題は，具体的な例を取り上げて個々に関する知識を問う出題である。基本的な知識を幅広く持つ必要がある。物理・化学の問題では，計算問題が出題される。

よく出題される分野は，水溶液の性質，気体の発生，力のつり合い，回路と電流などである。

時間の割に問題の分量が多いので，時間配分にも気を配り，解ける問題から解答することが大切である。

学習のポイント

思考力を要する問題が多く，原理や考え方を理解するようにしたい。基本問題は確実に解くようにしよう。

●2025年度の予想と対策

基本的な問題でミスを犯さないようにして，確実に得点を積み重ねる必要がある。生物・地学分野の問題は基礎問題が多いので，確実に得点することが大切である。

4分野から出題されているので，偏った学習を避けなければならないが，気体の発生・性質，力のはたらき，電流といった分野の出題が多い傾向も見られる。

物理・化学分野の計算問題は，難易度の高いものが多く，問題集を用いてできるだけ多くの問題を解き，練習しておきたい。加えてグラフから読み取る形式の問題にも慣れておくとよい。

さらに，時間配分をよく考えて，解ける問題から確実に得点するようにしたい。

▼年度別出題内容分類表

※　よく出ている順に☆，◎，○の３段階で示してあります。

出題内容		2022年		2023年		2024年	
		1回	2回	1回	2回	1回	2回
生物	植物		☆	◎	☆	☆	☆
	動物	◎		○	☆		
	人体	☆				☆	☆
	生物総合		☆	☆			
天体・気象・地形	星と星座	☆		○			☆
	地球と太陽・月			☆			
	気象		☆		☆		
	流水・地層・岩石					☆	
	天体・気象・地形の総合						
物質と変化	水溶液の性質・物質との反応	☆	☆		☆	○	☆
	気体の発生・性質	☆		☆	○	◎	◎
	ものの溶け方				☆		
	燃焼						
	金属の性質			☆			
	物質の状態変化				☆		
	物質と変化の総合		☆				
熱・光・音	熱の伝わり方						
	光の性質						
	音の性質						
	熱・光・音の総合						
力のはたらき	ばね	☆			○	◎	◎
	てこ・てんびん・滑車・輪軸		☆		◎		☆
	物体の運動		○	☆			
	浮力と密度・圧力				○	☆	
	力のはたらきの総合	◎			☆		
電流	回路と電流	☆	☆	☆			
	電流のはたらき・電磁石					☆	
	電流の総合						
実験・観察		◎		◎	◎	◎	◎
環境と時事／その他		○	○				

明治大学付属明治中学校

理科 ——グラフで見る最近3ヶ年の傾向——

最近3ヶ年に出題されたすべての問題を内容別に分類・集計し，全体に対して何パーセントくらいの割合になっているかを示しました。

░……50校の平均　　■……明治大学付属明治中学校

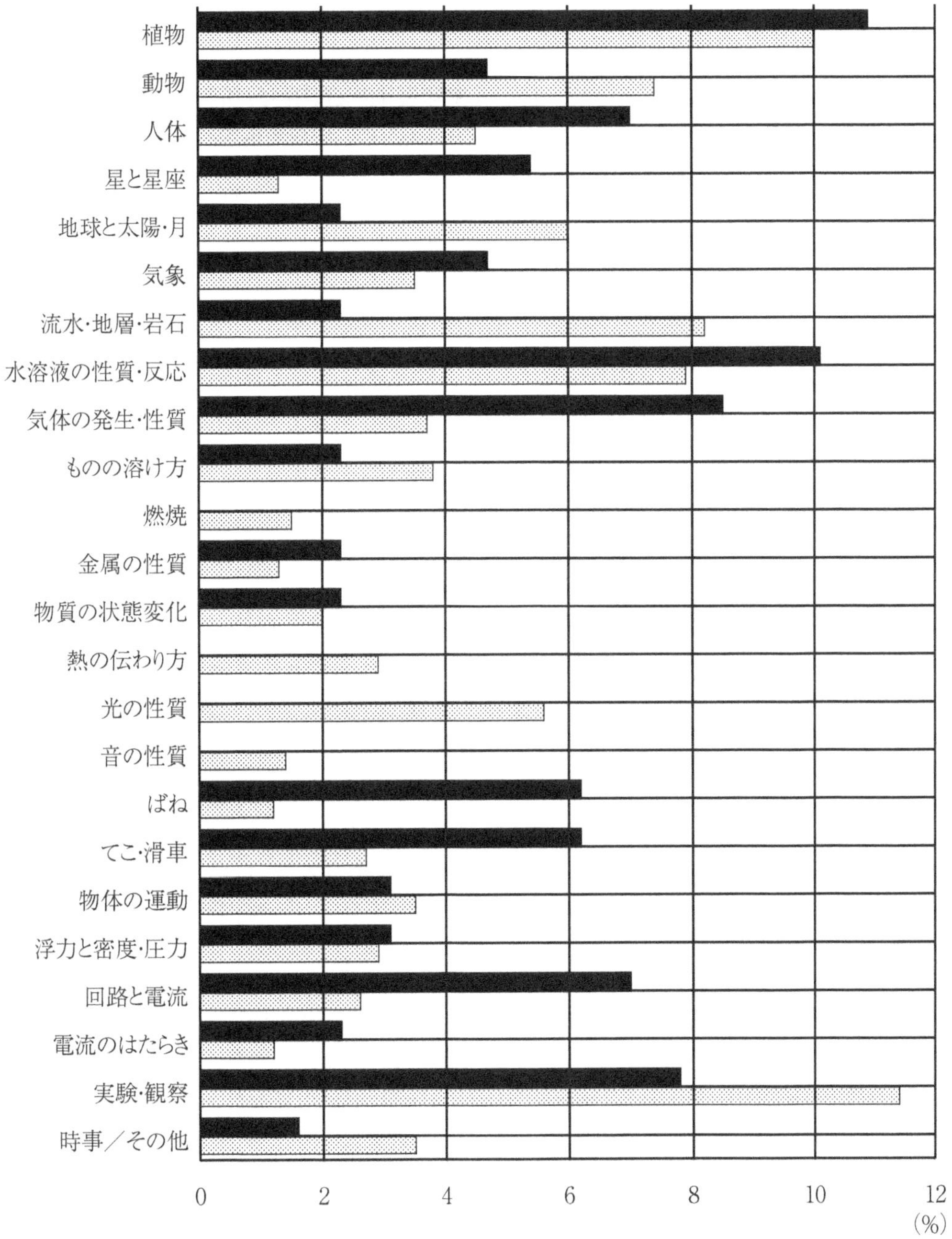

社会　出題傾向の分析と合格への対策

●出題傾向と内容

大問数は第1回が3題，第2回が4題で小問数はともに40程度。解答形式は語句記入と記号選択，短文記述がある。

地理はともに日本の幅広い地域の地名や気候，産業など幅広い内容が出題されている。歴史は共に広い年代が扱われている。政治はさまざまな出来事に関連する政治，経済に関する問題が出された。

学習のポイント

地理：地図や各種統計に親しもう。
歴史：通史のマスターは各時代の特色から。
政治：新聞・テレビのニュースに注意。

●2025年度の予想と対策

地理は国土・気候・産業などを中心に学習すること。必ず地図帳で場所を確認し，地形図の読図や，統計データの読み取りに慣れよう。緯度経度にも注意を。

歴史は，政治史を中心に社会・文化・外交などを時代ごとに整理し，時代背景や人物の業績などをしっかりと理解できるようにしよう。

政治は，日本国憲法・政治のしくみ・国際社会を中心にまとめておこう。また，時事問題は海外情勢も含めて準備をしておきたい。経済に関する問題も増えているので，景気，貨幣制度，為替相場などについては理解しておきたい。

▼年度別出題内容分類表

※　よく出ている順に☆，◎，○の３段階で示してあります。

出題内容			2022年		2023年		2024年	
			1回	2回	1回	2回	1回	2回
地理	日本の地理	地図の見方	◎	○		◎	◎	○
		日本の国土と自然	☆	☆	☆	☆	☆	☆
		人口・土地利用・資源		○	◎	○	○	○
		農業	◎		◎	○	○	
		水産業			○	○		
		工業	◎	◎	○	○	○	○
		運輸・通信・貿易		○	○	○		○
		商業・経済一般						
	公害・環境問題			◎	○			○
	世界の地理							
日本の歴史	時代別	原始から平安時代	◎	☆	◎	○	○	◎
		鎌倉・室町時代	○		○	○	○	○
		安土桃山・江戸時代	◎	◎	○		○	○
		明治時代から現代	◎	☆	☆	☆	◎	◎
	テーマ別	政治・法律	◎	◎	◎	◎	○	◎
		経済・社会・技術	◎	◎	◎	◎	◎	○
		文化・宗教・教育	◎	☆	◎	◎	◎	◎
		外交	◎	○	◎	○	○	○
政治	憲法の原理・基本的人権			◎	○	○	◎	◎
	政治のしくみと働き		◎	☆	☆	☆	◎	○
	地方自治						◎	
	国民生活と福祉					○		
	国際社会と平和		◎	○		○		◎
時事問題			◎	◎	☆	◎	◎	◎
その他			○	◎	○	◎	◎	○

明治大学付属明治中学校

社 会 ——グラフで見る最近3ヶ年の傾向——

最近3ヶ年に出題されたすべての問題を内容別に分類・集計し，全体に対して何パーセントくらいの割合になっているかを示しました。

□……50校の平均　　■……明治大学付属明治中学校

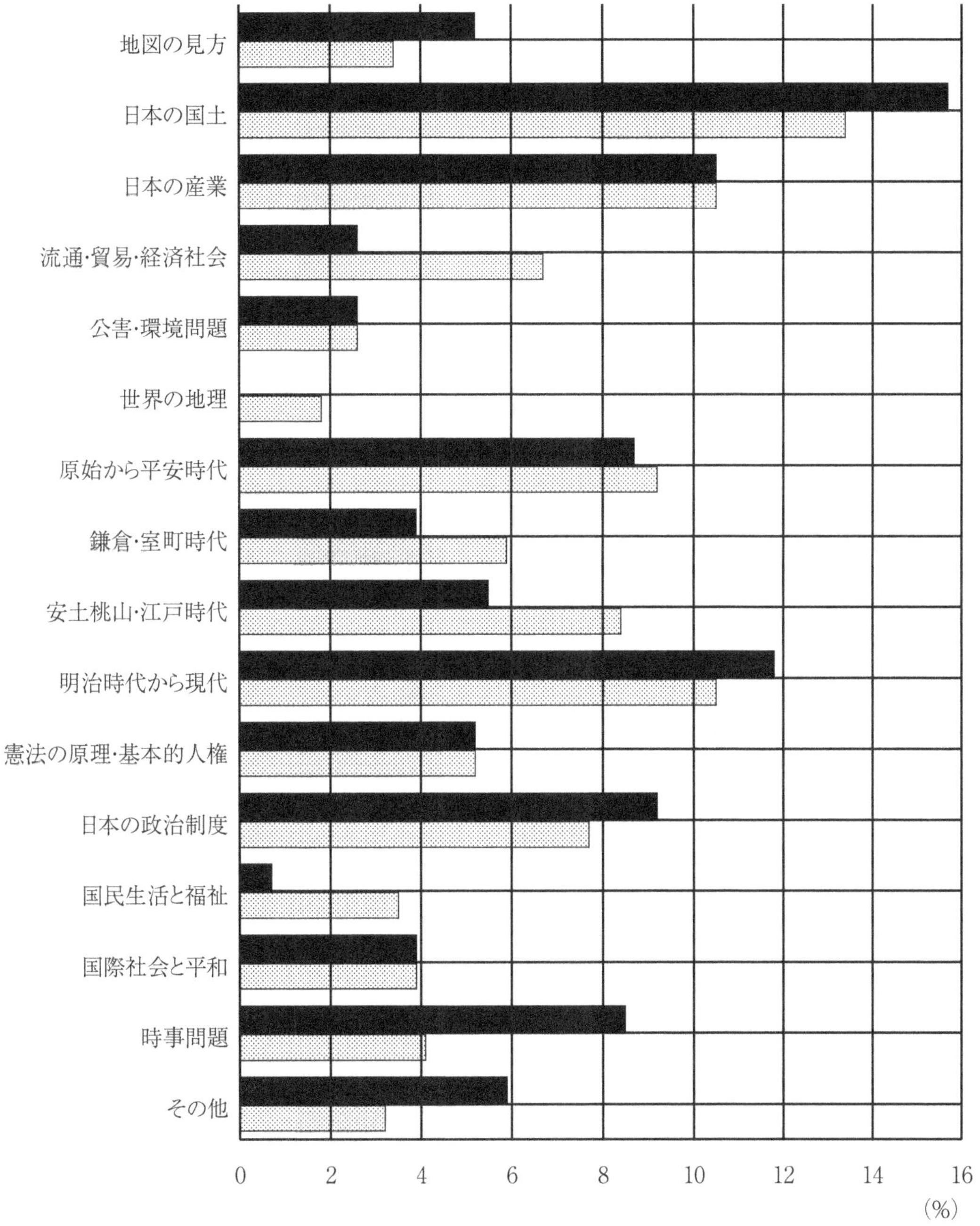

国語

出題傾向の分析と合格への対策

●出題傾向と内容

今年度は，第1回，第2回とも，論説文の長文読解問題と漢字の書き取り問題の大問2題構成であった。

設問形式は，読解問題では記述式の割合が高い。指示語や文章細部の読み取りの問題でも，単純に本文中の言葉を抜き出すという問題は少なく，自分の言葉でまとめる力が要求されている。ことばの意味やことわざ・四字熟語といった知識問題も，本文に組み込まれる形で出題されている。

漢字の書き取り問題は第1回，第2回とも標準的な難易度であった。本文が非常に長く問題数も多いので，早く確実に答える練習が必要といえよう。

✔学習のポイント

記述問題に慣れよう！
本文を読み進めるスピードを意識しよう！
漢字の練習をしっかりやろう！

●2025年度の予想と対策

長文の読解問題1問，知識問題1～2問という構成は来年度も続くものと予想できる。

まず文章の読解としては，論理的文章を中心に，文中の指示語，接続語，慣用的な表現などを細かくチェックしながら読む練習をしておくこと。次に問題集などで記述式の設問を数多くこなして，自分の力で書くことに慣れておく必要がある。長い文章の要旨をとらえる要約力もつけておきたい。

知識問題は，漢字の書き取り，ことばの意味，ことわざ・慣用句・四字熟語を中心に問題をこなしておくこと。

▼年度別出題内容分類表

※　よく出ている順に☆，◎，○の３段階で示してあります。

出題内容			2022年		2023年		2024年	
			1回	2回	1回	2回	1回	2回
内容の分類	読解	主題・表題の読み取り	○	○				
		要旨・大意の読み取り	◎	◎	◎	◎	◎	◎
		心情・情景の読み取り						
		論理展開・段落構成の読み取り		○	○	○	○	○
		文章の細部の読み取り	☆	☆	☆	☆	☆	☆
		指示語の問題	◎	◎	◎	◎	◎	◎
		接続語の問題	○	○	○	○		○
		空欄補充の問題	◎	◎	◎	◎	☆	☆
	知識	ことばの意味						
		同類語・反対語						
		ことわざ・慣用句・四字熟語	○	☆	☆	○		◎
		漢字の読み書き	☆	☆	☆	☆	☆	☆
		筆順・画数・部首						
		文と文節						
		ことばの用法・品詞						
		かなづかい						
		表現技法						
		文学作品と作者						
		敬語						
	表現	短文作成						
		記述力・表現力	☆	☆	☆	☆	☆	☆
文の種類		論説文・説明文	○	○	○	○	○	○
		記録文・報告文						
		物語・小説・伝記						
		随筆・紀行文・日記						
		詩(その解説も含む)						
		短歌・俳句(その解説も含む)						
		その他						

明治大学付属明治中学校

国語 ——グラフで見る最近3ヶ年の傾向——

最近3ヶ年に出題されたすべての問題を内容別に分類・集計し，全体に対して何パーセントくらいの割合になっているかを示しました。

……50校の平均　　……明治大学付属明治中学校

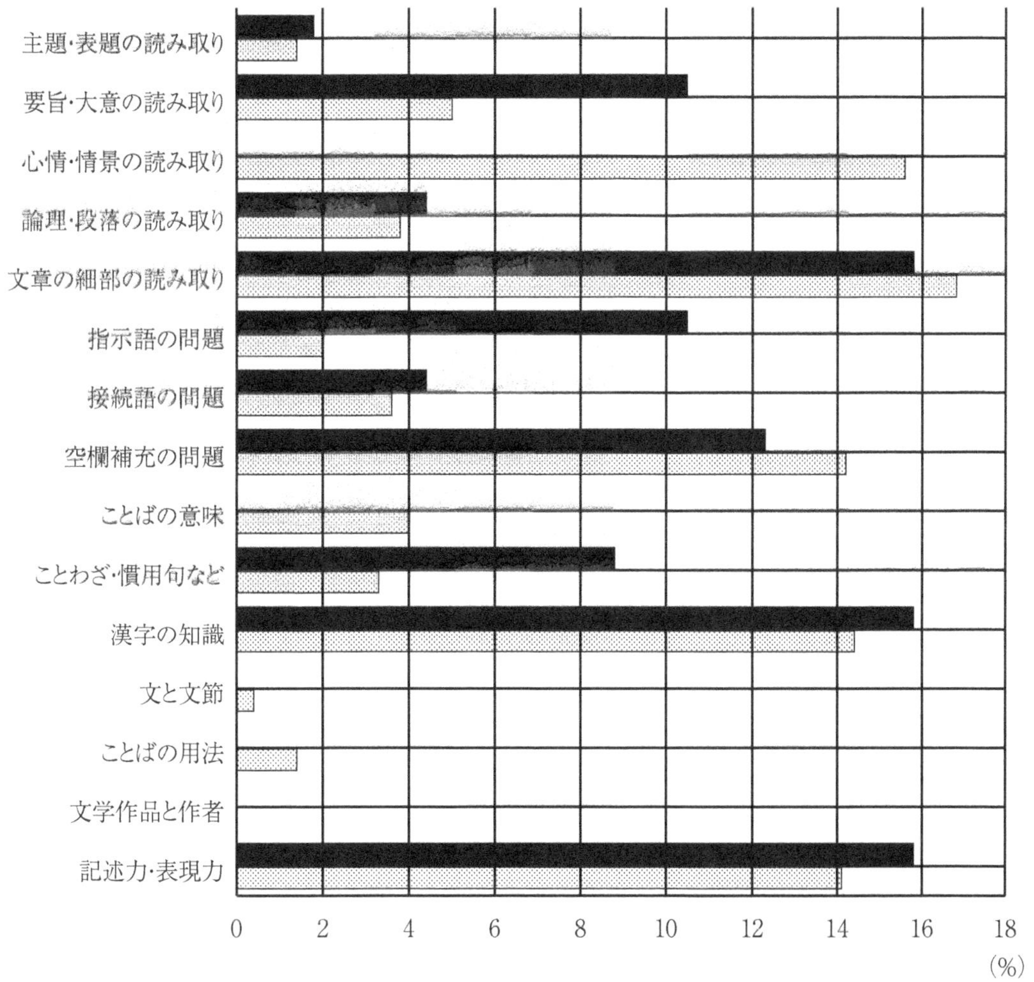

	論説文 説明文	物語・小説 伝記	随筆・紀行 文・日記	詩 (その解説)	短歌・俳句 (その解説)
明治大学付属 明治中学校	100%	0%	0%	0%	0%
50校の平均	47.0%	45.0%	8.0%	0%	0%

2024年度 合否の鍵はこの問題だ!!

（第1回）

算 数 5

(1)は普通の仕事算であり，それ程難しいことはない。(2)も気付けば難しくないが，「2回目に」という問題文に戸惑うかもしれない。

解説にも記載した通り，9時9分以降は専用窓口の交付待ちの人数は減少し，一般窓口の交付待ち人数は増加する。これに気が付けば，専用窓口の交付待ち人数が減る途中に交付待ちの人数が25人になり，その後，専用窓口の交付待ちの人数が0人になった後，一般窓口の交付待ち人数が増加して25人になることに気付くことが出来る。

9時9分以降，専用窓口の交付待ち人数は毎分4.5人減り，一般窓口の交付待ち人数は毎分0.5人増えることから，専用窓口，一般窓口合計では毎分4人減る。9時9分に専用窓口，一般窓口合計で66人の交付待ち人数がいたので，66÷4＝16.5(分)で交付待ち人数がゼロとなる，というのは間違いである。なぜなら，専用窓口の交付待ち人数は0人までしか減らないので，一般窓口の交付待ち人数がいる以上，合計の交付待ち人数はゼロとはならない。

それでは専用窓口，一般窓口合計の交付待ち人数はどのような推移になるだろうか。専用窓口の交付待ち人数が0人になるまでは合計の交付待ち人数は毎分4人ずつ減少する。専用窓口の交付待ち人数が0人になった後は，（専用窓口の待ち人数はこれ以上減らないので）一般窓口で交付待ち人数の増加分だけ合計の待ち人数も増加する。グラフにすると右図の通り。

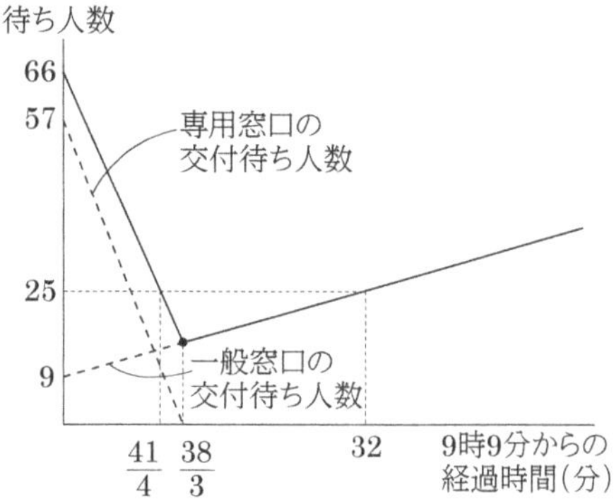

理 科 〔Ⅵ〕

本年も大問が7題で，理科の4つの各分野から出題されていた。物理，化学分野では計算問題やグラフから読み取る問題が目立っており，生物，地学分野では具体的で幅広い知識が求められていた。試験時間は40分で問題数がかなり多いので，大切なことは基本的な問題でしっかりと得点することである。今年は第2回の物理の問題がやや難しかった。

今回，合否の鍵となった問題として，第1回〔Ⅵ〕を取り上げた。〔Ⅵ〕は力のつり合いの問題で，ばねと浮力の問題であった。

水に浮く物体では，物体の重さと物体にはたらく浮力の大きさが等しくなる。浮力の大きさは物体が押しのけた水の重さに等しい。図2より物体Aに働く浮力は10×10×3＝300(cm^3)であり，水の密度が1g/cm^3なので300gになる。A 1cm^3当たりの重さは300÷1000＝0.3(g)になる。

物体AとBの合計の重さは，図1のばねの伸びより100×4÷0.5＝800(g)なので，図3でAにかかる浮力も800gになる。これは8cm分が水に沈んだ状態なので，物体Aは水面から2cm出た状態である。

実験4では，BとAにかかる浮力の合計が800gになる。Bにかかる浮力は20×10＝200(cm^3)より200gであり，Aにかかる浮力は800－200＝600(g)である。よって物体Aは6cm水に沈み，4cm水から出た状態になる。

実験5では，A, B, Cにかかる浮力の合計が500＋200＋300＝1000(g)であり，ばねが物体を引き上げる力が100×2÷0.5＝400(g)なので，A，B，Cの重さの合計は1400gである。AとBの合計が800gなので，Cの重さは600gであり，$1cm^3$当たりの重さは600÷300＝2(g)である。

実験6では，BとCにかかる浮力が200＋300＝500(g)，ばねが引き上げる力は100×1.5÷0.5＝300(g)であり，これに底からCを押し上げる力を□gとすると，500＋300＋□＝500＋600　□＝300(g)になる。

各試験ともに，共に物理・化学分野の計算問題に難しいものが多い。グラフから規則性を読み取ったり，結果をグラフに表したりする力も求められる。一方，生物・地学分野の問題は基本的な知識で解ける内容である。物理・化学分野の計算の出来不出来が重要であるが，まずは，解ける問題でしっかり得点することが合格の鍵である。物理・化学分野の計算問題については，普段から問題集等で難易度の高い問題に十分に慣れておきたい。

社　会　Ⅲ 9 (2)

本校は記述問題も出題される。基本的な知識事項の丸暗記だけでは対応できない「思考力」が試される問題が多いといえる。自分自身で持っている知識をいかに活用したり，組み合わせたりするかという視点が大切になる。このような力は一朝一夕では身につかないものなので，日々の継続的なトレーニングの積み重ねが不可欠となってくる。また自身で作成した記述答案を添削してもらいながら，解答のポイントをおさえる訓練を行うことが望ましい。設問が変わっても，「記述問題で評価される答案を作成するには」という視点は汎用性があるといえる。

Ⅲ9(2)の設問は，以上のような出題傾向を象徴している問題であり，過去問演習等で対策してきた受験生とそうでない受験生とではっきり差がつくことが予想される。「外国人投票権」についての問題であるが，一定時間内に正確にできるかどうかがポイントとなる。本校の社会の問題は全体的に設問数が多く，この問題に必要以上に時間を割いてしまうと，制限時間切れになってしまう危険性もある。このような形式の問題に不慣れな受験生にとっては負担のある設問であろう。リード文を解読・解釈する力や答案内容の論理の一貫性や説得力も採点のポイントとなる。

この設問の配点が他の設問と比べて高く，合格ラインに到達するためにはこのような問題で確実に得点することが求められ，「合否を左右する設問」といっても過言ではない。

国語 一 問十四

★合否を分けるポイント

この文章における筆者の主張を，指定字数以内でまとめる記述問題である。長い本文の内容がどのように展開しているのかを客観的にとらえながら，筆者の主張を的確に読み取れているかがポイントだ。

★長い本文を客観的にとらえる

冒頭で述べているように，本文のテーマは「私たちの知識の中にある『あいまい』な部分のことについて」である。このことを念頭に置きながら要旨を確認していくと，《「あいまいさ」を表す語として「犬」や「音楽」などの例とともに，「語がさしているありさま」もあいまいな場合があり，犬と馬の例，「自由」の例を挙げて説明→語の意味のあいまいさをなくすことは，たいへん難しく，ものの感じ方や気分を表すことばは国の伝統や社会のあり方に深いつながりを持っているので，共通な標準など求められそうにない→自分のことを表すことばがいろいろある日本語と，一種類の語しか使わない英語などの外国語の例の説明→私たちが使う語のさすものが，実際の世界の中にもあるのだと考えるのはまちがいである→白黒の丸と三角の図の例→ふだんのことばづかいには，うっかり落ちこんでしまうわながある→真善美も真理も自分の外にあるように考えてしまうという例の説明→「目的」の使い方のように，私たちが使っている語の意味をはっきりさせることも必要である→数式や哲学を批評した文章を例に，ことばの意味をはっきりさせることの説明→あいまいなことばで議論するのはむだである》→【ことばの意味をはっきりさせるために，理くつを言うという気持ちがたいせつで，ことばの意味の正しい理解のためには，いろいろな多くの経験にぶつかり，それを偏見なしにみつめて，どういうことばでそれらを表現したらいいか，ということを十分に考えてみることが必要であり，あいまいな意味の世界をはっきりさせるのは，みなさんのこれからのしごととして残されている】という内容になっている。非常に長い本文だが，《　》部分は「あいまい」な意味の世界について，さまざまな角度から例を挙げて説明している内容で，【　】部分が筆者の主張になっているので，【　】部分を中心にまとめるということになる。長い論説文の場合，具体例で何を説明しているかを確認しながら，後半の特に最後の数段落で筆者の主張を述べていることを客観的にしっかり見極めてまとめていくことが重要だ。

2024年度

★★★★★★★★★★★★★★★★★★★★★★

入　試　問　題

2024年度

明治大学付属明治中学校入試問題（第1回）

【算　数】（50分）〈満点：100点〉

【注意】1．解答は答えだけでなく，式や考え方も解答用紙に書きなさい。（ただし，①は答えだけでよい。）

2．円周率《えんしゅうりつ》は3.14とします。

3．定規・分度器・コンパスは使用してはいけません。

1　次の□にあてはまる数を求めなさい。

（1）　$6 \div 2.4 \div \frac{5}{6} - \left(\frac{2}{7} \div \frac{7}{11} + \square\right) \times 3\frac{1}{2} = \frac{3}{7}$

（2）　毎時110kmの速さで，8分間かくで運行している上りの電車があります。その電車が走っている線路に沿った道路を，電車の反対方向に毎時50kmの速さで車が走ります。車と電車は［（ア）］分［（イ）］秒ごとに出会います。

（3）　容器Aには6%の食塩水が300g，容器Bには12%の食塩水が500g入っています。両方の容器から同じ量の食塩水を同時に取り出し，それぞれもう一方の容器に入れたところ，Aに入っている食塩水の濃《こ》さは10%になりました。Bに入っている食塩水の濃さは□%になります。

（4）　ある塾《じゅく》に通う5年生と6年生の人数の比は4：5で，4年生は5年生より24人少ないです。塾生全員にマスクを配るのに，1人に5枚ずつ配ると6枚余るので，今度は6年生に6枚，5年生に5枚，4年生に3枚ずつ配ると余りなく配ることができました。この塾に通う5年生は全部で□人です。

（5）　右の図のように，AB＝9cm，BC＝4cm，CD＝6cm，角Bと角Cが直角の台形ABCDがあります。この台形を辺BCを軸として1回転させてできる立体の表面積は□cm^2です。

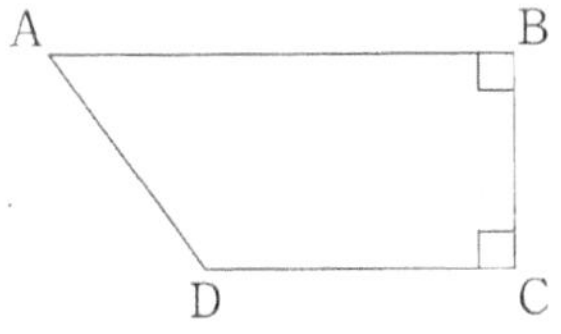

2　右のように，奇《き》数を1から順に1段目に1個，2段目に2個，3段目に3個，……と，左から小さい順に並べていきます。このとき，次の各問いに答えなさい。

（1段目）　1
（2段目）　3　5
（3段目）　7　9　11
⋮　　　⋮

（1）　51は何段目の左から何番目の数ですか。

（2）　1段目から10段目までに並んだ数をすべてたすといくつですか。

（3）　ある段に並んだ数をすべてたすと729になりました。何段目に並んだ数をすべてたしましたか。

3　3種類のお菓《か》子A，B，Cがあり，1個の値段はAが100円，Bが150円，Cが180円です。これらのお菓子をそれぞれ何個か買うために，おつりなくお金を準備してお店に行きます。このとき，次の各問いに答えなさい。ただし，消費税は考えないものとします。

（1）　Bだけを何個か買うために準備したお金で，Aにすべてかえて買ったところ，16個多く買え，おつりはありませんでした。準備したお金はいくらですか。

（2） B，Cをそれぞれ何個か買うために，7440円を準備しましたが，まちがえてBとCの個数を逆にして買ったので，360円のおつりがありました。店に行く前に，Bは何個買う予定でしたか。

（3） A，B，Cをそれぞれ何個か買うために，9010円を準備しました。AとBの個数を逆にして買うと8710円，AとCの個数を逆にして買うと7890円になります。店に行く前に，Aは何個買う予定でしたか。

4 Mマートでは，品物Aを1個800円で仕入れて，1割の利益を見込《こ》んで定価をつけ，品物Bを1個いくらかで仕入れて，3割の利益を見込んで定価をつけます。ある日，AとBの売れた個数の比は3：2で，得られた利益の半分はAの利益でした。翌日はAとBを同じ金額だけ値下げして売ったところ，AとBの売れた個数の比は1：1となり，AとBをあわせると前日と同じ個数だけ売れて，得られた利益は前日の半分でした。2日間とも売れ残りがないとき，次の各問いに答えなさい。ただし，消費税は考えないものとします。

（1） Bは1個いくらで仕入れましたか。

（2） 翌日は品物を何円値下げしましたか。

5 あるマイナンバーカード交付会場には，予約した人の専用窓口と予約なしの人の一般《ぱん》窓口があり，それぞれ一定の割合でカードを交付します。専用窓口と一般窓口では，1か所につき1分あたりに交付できる人数の比は5：3で，予約した人は1分間に13人の割合で，予約なしの人は1分間に5人の割合で来場します。ある日，交付待ちの人がいない状態の午前9時に，専用窓口と一般窓口のそれぞれ3か所で交付を開始したところ，午前9時8分に交付待ちの人が全部で48人になりました。このとき，次の各問いに答えなさい。

（1） 午前9時8分の一般窓口での交付待ちの人は何人ですか。

（2） 午前9時8分にすべての窓口を一度閉め，専用窓口を7か所に増やし，一般窓口は3か所のままで午前9時9分に交付を再開しました。再開後，交付待ちの人が2回目に25人になるのは午前何時何分ですか。

【理　科】（40分）〈満点：75点〉

［Ⅰ］ 日本には多くの火山があり，火山の形は，マグマのねばりけによって図１のA～Cのような3種類に分けられます。

マグマのねばりけは，マグマに含まれる二酸化ケイ素という物質の割合によって決まります。マグマに含まれる二酸化ケイ素の割合が多いと${}_{\mathrm{a}}$白っぽい岩石が多い火山に，割合が少ないと${}_{\mathrm{b}}$黒っぽい岩石が多い火山になります。

気象庁は，全国にある火山の観測・監視《かんし》を行っています。噴火《ふんか》に伴い，生命に危険を及《およ》ぼす火山現象の発生が予想される場合や，その危険が及ぶ範囲の拡大が予想される場合，警戒《けいかい》が必要な地域に対して${}_{\mathrm{c}}$噴火警報が発表され，入山が規制されます。図１を見て，問いに答えなさい。

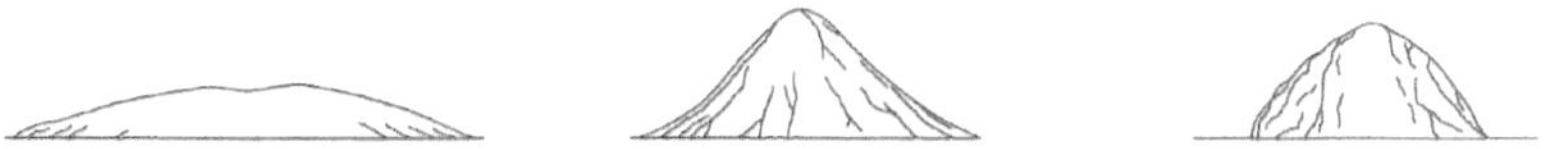

図１

（１） 図１のA～Cのうち，①マグマのねばりけが最も強い火山，②マグマのねばりけが最も弱い火山の形を選び，それぞれ記号で答えなさい。

（２） 図１のA～Cと形が似ている火山を選び，それぞれア～オの記号で答えなさい。

ア　槍《やり》ヶ岳《たけ》　　イ　昭和新山　　ウ　富士山　　エ　キラウエア山
オ　エベレスト山

（３） マグマが冷えて固まった岩石の中で，下線部a，bにあてはまる岩石を選び，それぞれア～コの記号で答えなさい。

ア　花こう岩　　イ　砂岩　　ウ　玄武《げんぶ》岩　　エ　斑《はん》れい岩
オ　れき岩　　カ　流紋《もん》岩　　キ　安山岩　　ク　せん緑岩
ケ　凝灰《ぎょうかい》岩　　コ　チャート

（４） 下線部aの白っぽい岩石をルーペで観察すると，キラキラした透明《とうめい》の結晶がありました。この鉱物の名称を答えなさい。

（５） 図２は，下線部bの黒っぽい岩石をルーペで観察した結果をスケッチしたものです。図２のように，鉱物の結晶が大きく成長し，大きさがほぼそろった組織を何といいますか。

図２

（６） 2023年に，下線部cの噴火警報が発表されていた火山を選び，ア～オの記号で答えなさい。

ア　富士山　　イ　箱根山　　ウ　磐梯《ばんだい》山　　エ　桜島
オ　伊豆《いず》大島(三原山)

〔Ⅱ〕　4種類の水溶液《すいようえき》A～Dがあり，うすい塩酸，水酸化ナトリウム水溶液，食塩水，砂糖水のいずれかであることがわかっています。この4種類の水溶液に対し，【実験１】，【実験２】を行いました。これらの実験について，問いに答えなさい。

【実験１】

水溶液A～Dの水溶液に紫《むらさき》キャベツの煮汁《にじる》を入れると，A，Bはうすい紫色，Cは赤色，Dは黄色になった。

【実験２】

水溶液Cと水溶液Dが過不足なく反応すると水溶液Aになった。

（１）【実験２】の化学変化を何といいますか。正しいものを選び，ア～オの記号で答えなさい。

ア　酸化　　　イ　還元《かんげん》　　　ウ　燃焼　　　エ　中和

オ　化合

（２）20℃の飽和《ほうわ》食塩水を540gつくるとき，必要な水と食塩の重さはそれぞれ何gですか。ただし，20℃の水100gに食塩は最大35g溶《と》けます。

（３）水酸化ナトリウム水溶液をつくる操作として正しいものを選び，ア～ウの記号で答えなさい。

ア　ビーカーに水酸化ナトリウムを先に入れ，そこに水を加える。

イ　ビーカーに水を先に入れ，そこに水酸化ナトリウムを加える。

ウ　ビーカーに水酸化ナトリウム，水のどちらを先に入れてもよい。

（４）【実験２】を行った後の水溶液を放置すると，結晶《けっしょう》がでました。その結晶のスケッチとして正しいものを選び，ア～オの記号で答えなさい。

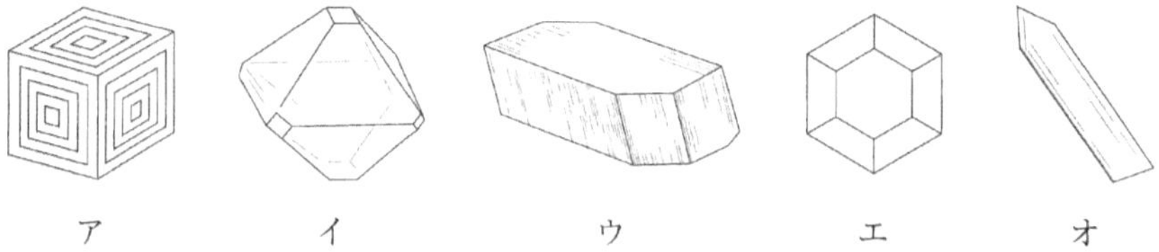

ア　　イ　　ウ　　エ　　オ

（５）水溶液A～Dの名称《めいしょう》をそれぞれ答えなさい。

〔Ⅲ〕　4種類の金属A～Dがあり，アルミニウム，鉄，銅，金のいずれかであることがわかっています。金属A～Dがそれぞれどの金属か調べるために【実験１】～【実験４】を行いました。これらの実験について，問いに答えなさい。

【実験１】　金属A～Dに磁石を近づけると金属Cだけ磁石に引きつけられた。

【実験２】　金属A～Dをうすい塩酸に加えたところ，金属AとCは反応して，同じ気体が発生した。

【実験３】　金属A～Dを水酸化ナトリウム水溶液に加えたところ，金属Aは反応して，【実験２】と同じ気体が発生した。

【実験４】　金属A～Dを加熱すると，金属Dだけは変化しなかった。

（１）金属A～Dの名称をそれぞれ答えなさい。

（２）【実験２】，【実験３】で発生した気体の性質として正しいものを選び，ア～エの記号で答えなさい。

ア　空気中に約21%含《ふく》まれていて，他の物質が燃えるのを助ける性質をもつ。

イ　水に溶けて弱い酸性を示し，石灰水に通すと白くにごる。

ウ　すべての気体の中で最も軽く，燃えたときに水になる。

エ　鼻をつくようなにおいがあり，空気より軽い。

(3)【実験2】,【実験3】で発生した気体を集める方法として正しいものを選び，ア～ウの記号で答えなさい。

ア　水上置換《ちかん》法　　イ　上方置換法　　ウ　下方置換法

(4)金属の性質について，誤っているものを選び，ア～エの記号で答えなさい。

ア　特有の光沢《こうたく》をもつため，表面が光っているように見える。

イ　電気や熱を最も通しやすい金属は銅である。

ウ　たたいたときにうすく広がる性質，引っ張るとのびる性質をもつ。

エ　常温(25℃)で固体のものだけではなく，液体のものもある。

(5)【実験3】で気体が0.84L発生したとき，完全に反応した金属Aは何gですか。答えは小数第3位まで答えなさい。ただし，2.7gの金属Aが【実験3】と同じ濃度《のうど》の水酸化ナトリウム水溶液と完全に反応すると，気体が3.36L発生します。

〔Ⅳ〕　インゲンマメを用い，【実験1】,【実験2】を行いました。これらの実験について，問いに答えなさい。

【実験1】

①　大型の容器に5cmの深さに土をしきつめ，その上に粒《つぶ》のそろったインゲンマメの種子を100粒まいた。この容器を，23℃でよく日の当たる場所に置き，水分が不足しないように，毎日，水を少しずつやった。

②　発芽した種子を，2日ごとに10粒ずつ取り出して，土を取り払《はら》い，よく乾燥《かんそう》させて，その重さ(乾燥重量)を測り，1粒の平均の重さを求めた。

【実験2】

①　【実験1】と同様に準備した容器を，23℃でまったく光の当たらない場所(暗所)に置き，水分が不足しないように，毎日，水を少しずつやった。

②　発芽した種子を，2日ごとに10粒ずつ取り出して，土を取り払い，よく乾燥させて，その重さ(乾燥重量)を測り，1粒の平均の重さを求めた。

【結果】

日の当たる場所に置いた場合，1粒の乾燥重量の平均は，発芽当初は減ったものの，途中《とちゅう》から増えてきていることがわかった。また，暗所に置いた場合，1粒の乾燥重量の平均は，減り続けることがわかった。

(1)図1はマメ科の種子と，マメ科以外の植物の種子を模式的に示したものです。マメ科の種子の子葉を選び，ア～カの記号で答えなさい。

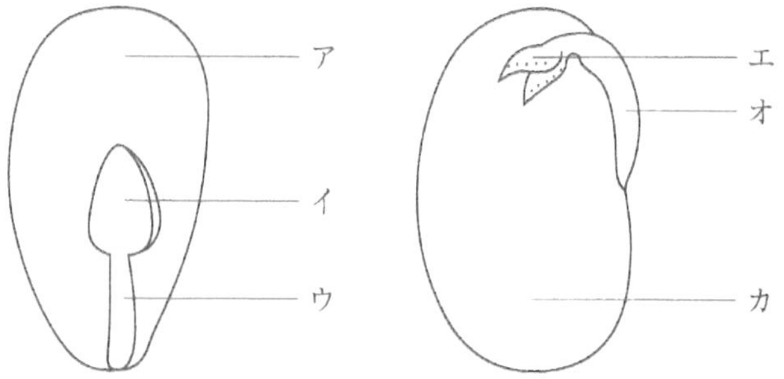

図1

(2) 図2は，いろいろな植物の芽生えのようすを模式的に示しています。

インゲンマメの芽生えのようすとして正しいものを選び，ア～キの記号で答えなさい。

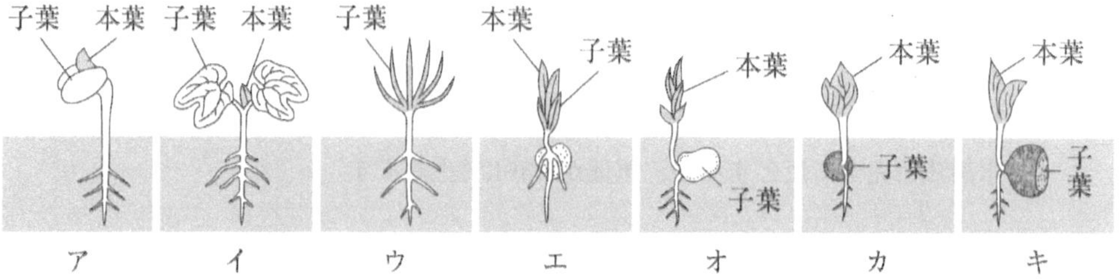

図2

(3) 【実験1】，【実験2】において，発芽当初に乾燥重量が減っていく理由として，正しいものを選び，ア～エの記号で答えなさい。

ア　おもに光合成のために，蓄《たくわ》えていた養分が使われたため。

イ　おもに呼吸のために，蓄えていた養分が使われたため。

ウ　おもに周りの土に，蓄えていた養分を移動させたため。

エ　おもに周りの水に，蓄えていた養分を移動させたため。

(4) マメ科の植物を選び，ア～オの記号で答えなさい。

ア　イチゴ　　イ　サツマイモ　　ウ　フジ

エ　トウモロコシ　　オ　ラッカセイ

(5) マメ科の植物の根には，こぶのようなもの(根粒《こんりゅう》)ができることがあります。この根粒は根粒菌《きん》によるもので，根粒菌とマメ科植物は互《たが》いに利益があるような関係(相利共生)です。相利共生の関係の組み合わせとして正しいものを選び，ア～エの記号で答えなさい。

ア　アオムシとアオムシコマユバチ

イ　アリとアブラムシ

ウ　ナマコとカクレウオ

エ　キリンとシマウマ

〔V〕　ヒトの腎臓《じんぞう》は，血液中から尿素《にょうそ》などの不要物をこしだし，尿をつくる器官です。

図は，「尿のもと」から「尿」がつくられ，ぼうこうに移動する過程を模式的に示したものです。腎臓内の毛細血管から血液の一部がこしだされ，「尿のもと」がつくられます(図中①)。その「尿のもと」が腎臓の中を移動する過程で，「尿のもと」中の水のほとんどと，水に溶けている成分の多くが腎臓内の毛細血管に戻《もど》ります。この毛細血管に戻される過程を再吸収(図中②)といいます。「尿のもと」から再吸収されなかった水と，その他の不要物が「尿」となってぼうこうに移動し(図中③)，その後，体外へ排《はい》出されます。

表は，「尿のもと」と「尿」における成分A，Bの濃度をまとめたものです。成分Aは，まったく再吸収されないことが分かっている物質で，「尿のもと」中の濃度に比べ，「尿」中の濃度は120倍になっていました。このことについて，問いに答えなさい。

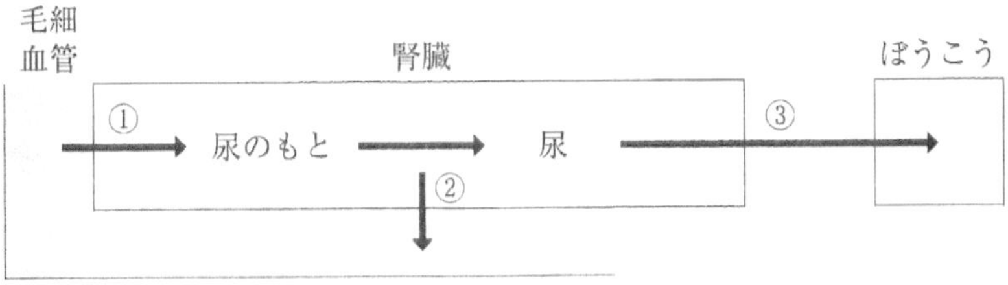

図

成分	「尿のもと」中の濃度(%)	「尿」中の濃度(%)
A	0.1	12
B	0.3	0.34

表

(1)　ヒトの腎臓に関する説明として正しいものを選び，ア～エの記号で答えなさい。

ア　腹側に1つある。

イ　腹側に1対ある。

ウ　背中側に1つある。

エ　背中側に1対ある。

(2)　下線部の尿素に関する説明として正しいものを選び，ア～エの記号で答えなさい。

ア　肝臓《かんぞう》で，アミノ酸からつくられる。

イ　肝臓で，アンモニアからつくられる。

ウ　すい臓で，アミノ酸からつくられる。

エ　すい臓で，アンモニアからつくられる。

(3)　「尿」がぼうこうに移動するときに通る管の名称を答えなさい。

(4)　1日の「尿」量が1.5Lであったとすると，1日の「尿のもと」量は何Lつくられますか。なお，成分Aは，まったく再吸収されないため，1日の「尿のもと」量に含まれる量と，1日の「尿」量1.5Lに含まれる量は同じです。

ただし，「尿」，「尿のもと」の1Lの重さはともに1000gとします。

(5)　(4)の1日の「尿」量と，1日の「尿のもと」量から考えると，表中の成分Bは，1日あたり何g再吸収されますか。

〔Ⅵ〕 重さのわからない一辺10cmの立方体の物体A，重さのわからない底面積20cm^2，高さ10cmの物体B，重さのわからない体積300cm^3の物体C，100gのおもりをつるすと0.5cmのびるばねを用いて，【実験１】～【実験６】を行いました。これらの実験について，問いに答えなさい。ただし，物体をつるしている糸，ばねの体積と重さは考えないものとし，物体はそれぞれ均一な材質からできていて，水平を保ったまま静止しています。また，水1cm^3の重さは1gとします。

【実験１】

図１のように，物体Aと物体Bを糸でつないでばねにつるしたところ，ばねののびが4cmになった。

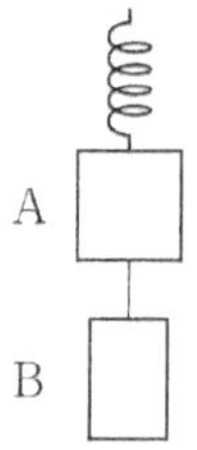

図１

【実験２】

図２のように，物体Aを水に入れたところ，物体Aは水面から7cm出た状態で浮《う》いた。

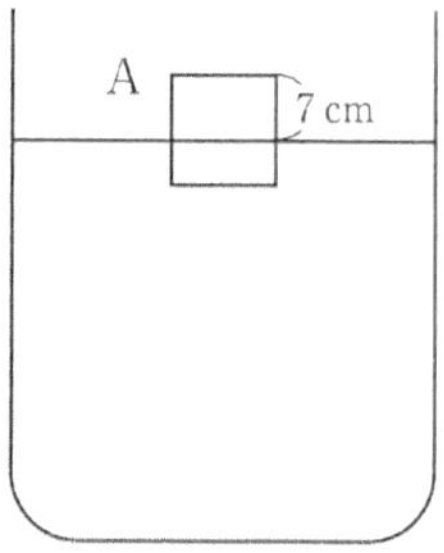

図２

【実験３】

図３のように，物体Aの上に物体Bを重ねて水に入れたところ，物体Bの全部と，物体Aの一部が水面より上に出た状態で浮いた。

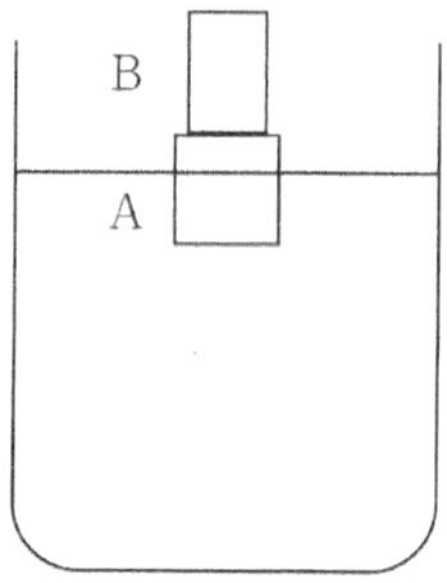

図３

【実験４】

図４のように，物体Aと物体Bを糸でつないで水に入れたところ，物体Aの一部が水面から出た状態で浮いた。

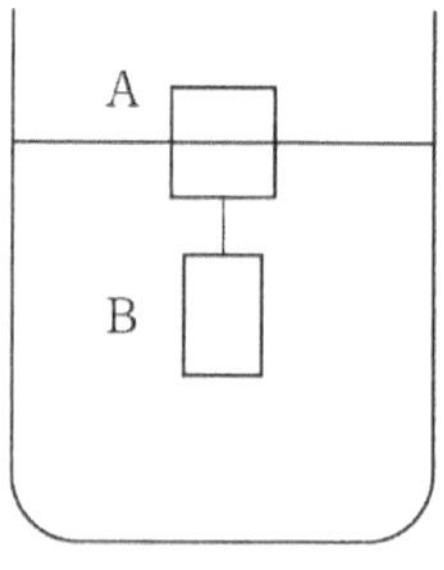

図４

【実験5】

図5のように，物体A，B，Cを糸でつなぎ，ばねにつるして水に入れたところ，ばねののびは2cm，物体Aは水面から5cm出た状態で浮き，物体Cは底につかなかった。

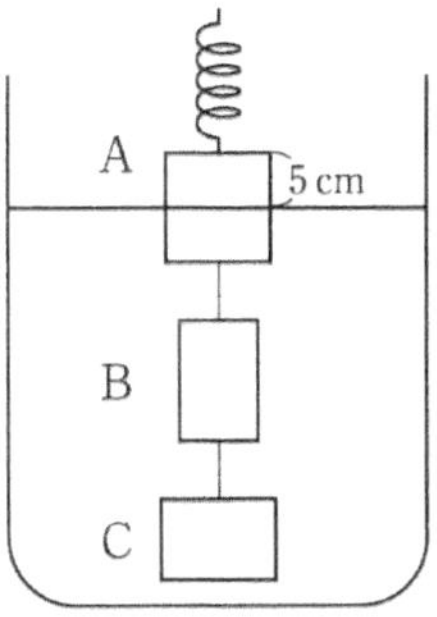

図5

【実験6】

図6のように，物体Bと物体Cを糸でつなぎ，ばねにつるして水に入れたところ，ばねののびは1.5cmとなり，物体Bと物体Cの間にある糸は張られた状態で，物体Cは底についた。

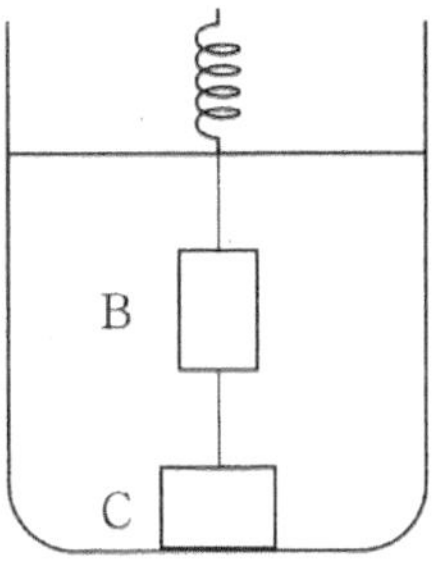

図6

（1） 物体A $1cm^3$あたりの重さは何gですか。

（2） 【実験3】のとき，物体Aは水面から何cm出た状態で浮きましたか。

（3） 【実験4】のとき，物体Aは水面から何cm出た状態で浮きましたか。

（4） 【実験5】のとき，物体Cの$1cm^3$あたりの重さは何gですか。

（5） 【実験6】のとき，底から物体Cにはたらく力は何gですか。

〔Ⅶ〕 乾《かん》電池と電熱線を用いて，水をあたためる【実験1】～【実験8】を行いました。これらの実験について，問いに答えなさい。ただし，電熱線で発生した熱は，水温を上げるためにすべて使われ，水温は均等に上昇《じょうしょう》し，熱はまわりににげないものとします。また，水は実験の途中で蒸発しないものとします。実験で使用する乾電池や電熱線は同じものを使用し，乾電池は，すべての実験で同じ個数を直列に接続するものとします。

【実験1】

図1のように，水100gが入った容器Aに電熱線を入れ，電流を流したところ，容器Aの水温の変化は表1のようになった。

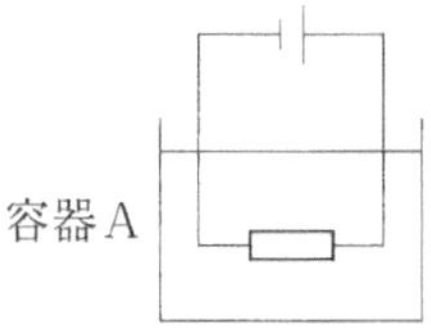

図1

電流を流し始めてからの時間(分)	2	4	6	8
容器Aの水温(℃)	20.2	21.4	22.6	23.8

表1

【実験2】

図2のように，水200gが入った容器Bに電熱線を入れ，電流を流したところ，容器Bの水温の変化は表2のようになった。

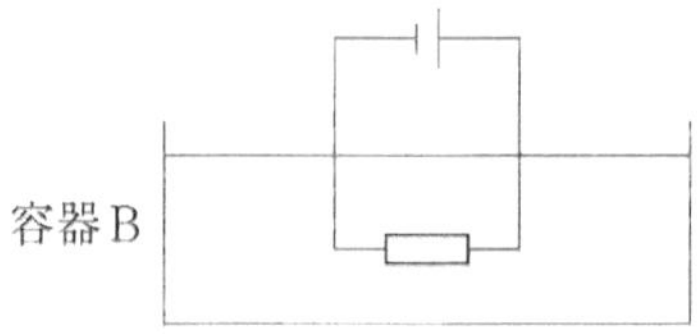

図2

電流を流し始めてからの時間(分)	2	4	6	8
容器Bの水温(℃)	19.6	20.2	20.8	21.4

表2

【実験3】

図3のように，水100gが入った容器Cと，容器Dに電熱線を入れ，電流を流したところ，容器Cの水温の変化は表3のようになった。

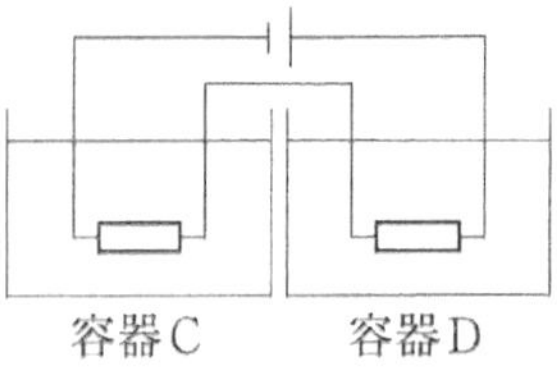

図3

電流を流し始めてからの時間(分)	2	4	6	8
容器Cの水温(℃)	19.3	19.6	19.9	20.2

表3

【実験4】

図4のように，水100gが入った容器Eと，容器Fに電熱線を入れ，電流を流したところ，容器Eの水温の変化は表4のようになった。

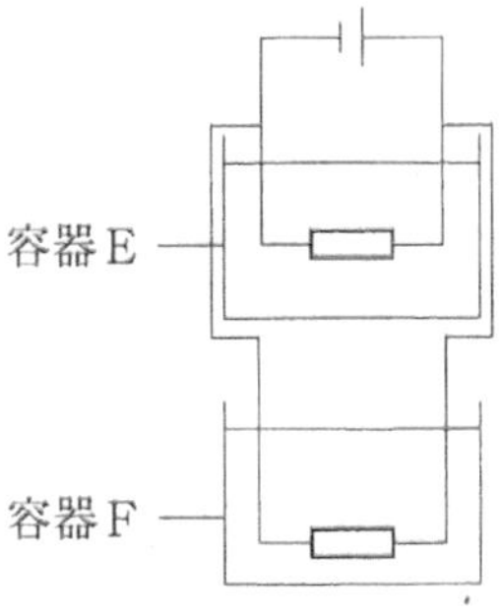

図4

電流を流し始めてからの時間(分)	2	4	6	8
容器Eの水温(℃)	20.2	21.4	22.6	23.8

表4

【実験5】

図5のように，水100gが入った容器Gに電熱線を入れ，電流を流したところ，容器Gの水温の変化は表5のようになった。

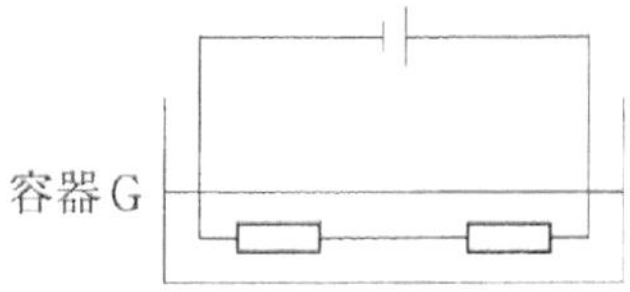

図5

電流を流し始めてからの時間(分)	2	4	6	8
容器Gの水温(℃)	19.6	20.2	20.8	21.4

表5

【実験6】

図6のように，水100gが入った容器Hに電熱線を入れ，電流を流したところ，容器Hの水温の変化は表6のようになった。

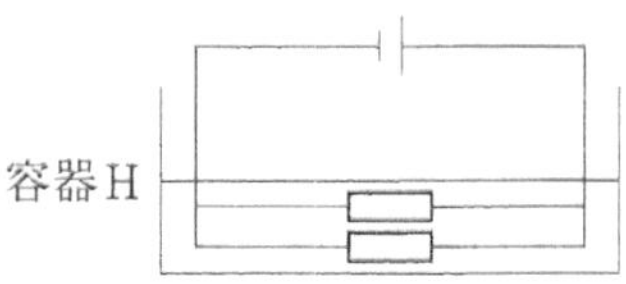

図6

電流を流し始めてからの時間(分)	2	4	6	8
容器Hの水温(℃)	21.4	23.8	26.2	28.6

表6

【実験７】

図７のように，水200gが入った容器Iに電熱線を入れ，電流を流し，容器Iの水温の上昇を測定した。

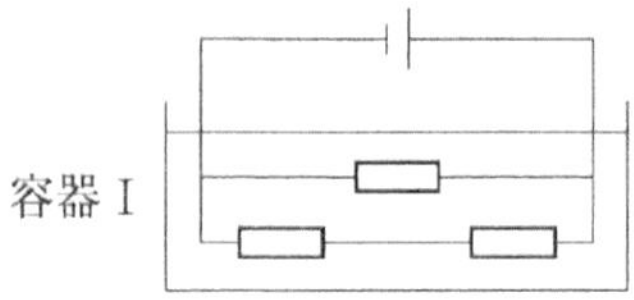

図7

【実験８】

図８のように，水100gが入った容器Jに電熱線を入れ，電流を流し，容器Jの水温の上昇を測定した。

ただし，接続部分は記録を忘れたため，電熱線の接続のようすはわからなかった。

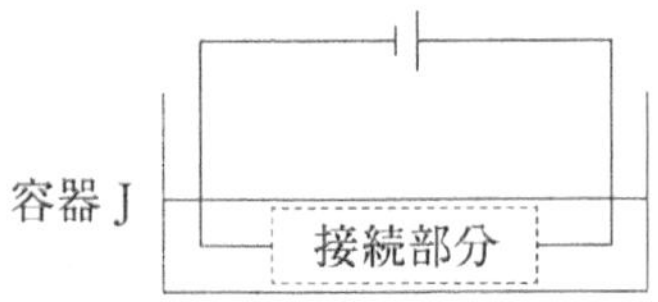

図8

（１）【実験１】～【実験６】で，電流を流し始めたときの水温は何℃ですか。

（２）【実験１】で，水温は1分間に何℃ずつ上昇しますか。

（３）【実験７】で，1分間の水温の上昇は【実験１】の何倍になりますか。

（４）【実験８】で，1分間の水温の上昇は【実験１】と同じになりました。接続部分はどのようになっていますか。正しいものを選び，ア～エの記号で答えなさい。

ア 

イ 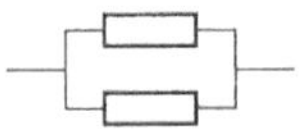

ウ 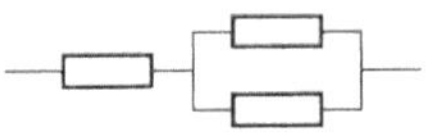

エ 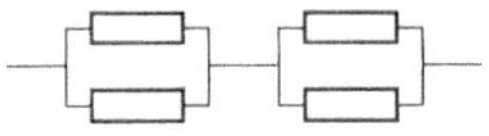

【社　会】（40分）〈満点：75点〉

I　日本の地理に関する，以下の問いに答えなさい。

1　あとの**(1)～(6)**について，**A～C**の文を読み，正誤の組み合わせとして正しいものを，次の〈選択肢群〉**ア～ク**の中からそれぞれ1つ選び，記号で答えなさい。なお，〈選択肢群〉中の記号は何度も使うことができます。

〈選択肢群〉

ア	A — 正	B — 正	C — 正
イ	A — 正	B — 正	C — 誤
ウ	A — 正	B — 誤	C — 正
エ	A — 正	B — 誤	C — 誤
オ	A — 誤	B — 正	C — 正
カ	A — 誤	B — 正	C — 誤
キ	A — 誤	B — 誤	C — 正
ク	A — 誤	B — 誤	C — 誤

(1)

A　四国山地は険しい山が多く，最高地点は活火山である石鎚山の標高3776mである

B　北海道を縦断する北見山地と日高山脈は，かつて氷河におおわれていたことから北アルプスと呼ばれる

C　紀伊半島には紀ノ川以南に紀伊山地があり，南端の潮岬は太平洋に面している

(2)

A　信濃川，利根川，淀川の流域には，いずれも2つ以上の都道府県庁所在地がある

B　阿武隈川，天竜川，熊野川は，いずれも太平洋に流れ込んでいる

C　最上川，九頭竜川，四万十川は，いずれも日本海に流れ込んでいる

(3)

A　奈良盆地と甲府盆地には都道府県庁所在地があるが，松本盆地と北上盆地には都道府県庁所在地がない

B　積丹半島，丹後半島は日本海に面しているが，男鹿半島，牡鹿半島は日本海に面していない

C　仙台平野，富山平野には新幹線の停車駅があるが，讃岐平野，宮崎平野には新幹線の停車駅がない

(4)

A　松江市は，高知市と高松市に比べて，12～2月の降水量が多く，12～2月の平均気温が低い気候となる

B　高知市は，松江市と高松市に比べて，年間降水量が多く，年平均気温が高い気候となる

C　高松市は，松江市と高知市に比べて，年間降水量が少ない気候となる

(5)

A　日本の最東端にある南鳥島は東経153度59分に位置し，春分の日における日の出の時刻は兵庫県明石市と比べて約1時間遅くなる

B　日本の最西端にある与那国島は，行政区分上，東京都小笠原村にある
C　日本の最南端にある沖ノ鳥島には気象観測所と飛行場が設置され，関係省庁の職員が常駐する

(6)

A　台風などが通過する際に海面が上昇することを高潮といい，満潮と高潮が重なると大きな災害が発生しやすい
B　津波は，沿岸の地形の影響などにより一部の波が高くなったり，沿岸付近で急激に高くなったりすることがある
C　1891年以降，日本で観測されたマグニチュード8以上の大規模地震の震源は，南海トラフに沿って集中する

2　次の表は，1909年，1955年，2008年における日本の工業生産額について，上位の産業別に都道府県順位を示しています。表中**A～C**にあてはまる都道府県の組み合わせとして正しいものを，あとの**ア～カ**の中から1つ選び，記号で答えなさい。

産業別の生産額の都道府県順位(1909年)

	染織	飲食物	化学	機械器具
1位	A	兵庫	A	C
2位	長野	A	C	A
3位	B	C	兵庫	兵庫
4位	C	福岡	B	長崎
5位	京都	神奈川	神奈川	栃木

産業別の生産額の都道府県順位(1955年)

	食料・飲料	繊維・衣服	化学	鉄鋼
1位	C	B	C	兵庫
2位	兵庫	A	A	福岡
3位	神奈川	C	神奈川	A
4位	A	三重	山口	神奈川
5位	北海道	京都	福岡	C

産業別の生産額の都道府県順位(2008年)

	輸送機械	電気機械	一般機械	食料・飲料
1位	B	B	B	静岡
2位	静岡	静岡	神奈川	北海道
3位	神奈川	三重	兵庫	B
4位	三重	兵庫	A	兵庫
5位	広島	長野	茨城	神奈川

[経済産業省 2011「我が国の工業」より作成]

ア　A — 東京　B — 大阪　C — 愛知
イ　A — 東京　B — 愛知　C — 大阪
ウ　A — 大阪　B — 東京　C — 愛知
エ　A — 大阪　B — 愛知　C — 東京
オ　A — 愛知　B — 東京　C — 大阪
カ　A — 愛知　B — 大阪　C — 東京

3　次の図は，主な農産物の農業総出荷額の推移を示しています。図中**A**～**C**にあてはまる農産物の組み合わせとして正しいものを，あとの**ア**～**カ**の中から1つ選び，記号で答えなさい。

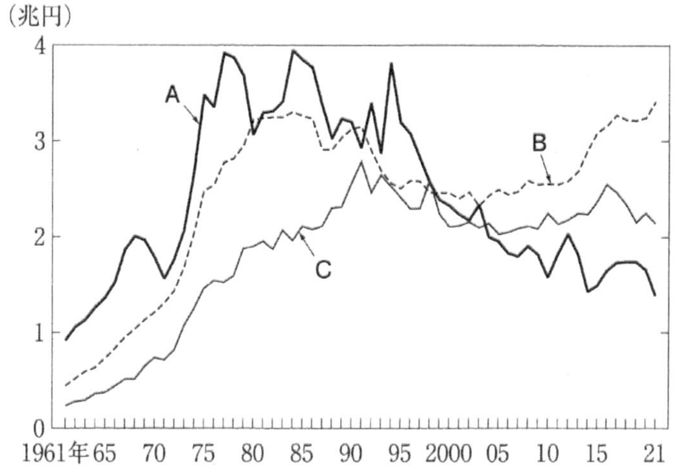

[日本国勢図会 2023/24より作成]

ア　A — コメ　B — 畜産　C — 野菜
イ　A — コメ　B — 野菜　C — 畜産
ウ　A — 畜産　B — コメ　C — 野菜
エ　A — 畜産　B — 野菜　C — コメ
オ　A — 野菜　B — コメ　C — 畜産
カ　A — 野菜　B — 畜産　C — コメ

4　次の図は，日本の人口について，年齢区分別人口の割合の推移を示しています。図中**A**～**D**にあてはまる年齢区分の組み合わせとして正しいものを，あとの**ア**～**カ**の中から1つ選び，記号で答えなさい。ただし，各年度における年齢区分別人口の割合**A**～**D**の合計は100%になりません。

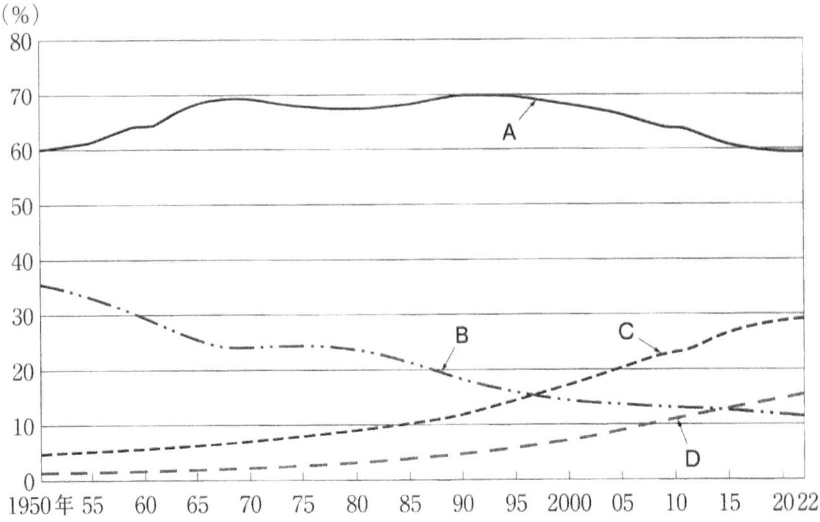

[総務省統計局 2022 人口推計より作成]

ア	A ― 15歳未満	B ― 75歳以上	C ― 15～64歳	D ― 65歳以上
イ	A ― 15歳未満	B ― 15～64歳	C ― 65歳以上	D ― 75歳以上
ウ	A ― 15～64歳	B ― 15歳未満	C ― 75歳以上	D ― 65歳以上
エ	A ― 15～64歳	B ― 15歳未満	C ― 65歳以上	D ― 75歳以上
オ	A ― 65歳以上	B ― 15～64歳	C ― 75歳以上	D ― 15歳未満
カ	A ― 65歳以上	B ― 75歳以上	C ― 15～64歳	D ― 15歳未満

5　次の図は，店舗種類別の販売額推移を示しています。また，あとの**ア**～**エ**は，店舗種類別の販売額推移に関する状況について説明したものです。誤った説明をしているものを，**ア**～**エ**の中から1つ選び，記号で答えなさい。

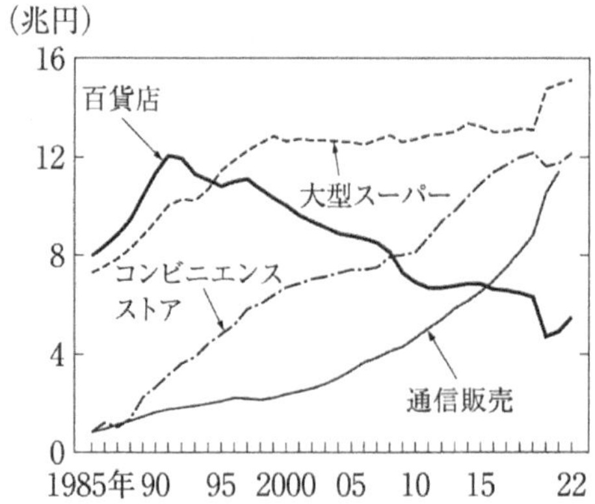

[日本国勢図会 2023/24より作成]

ア　消費動向の変化により大型スーパーが2000年頃まで，コンビニエンスストアが2010年代まで増加したのに対して，百貨店は1991年をピークに減少傾向にある

イ　2019年から2020年にかけて大型スーパーが一段と増加するのは，新型コロナウイルス感染症の拡大に伴う緊急事態宣言により，生活必需品を求めて人々が殺到したことと関係がある

ウ　1990年代以降，通信販売は増加するが，2019年から2020年にかけて販売額が一層増加するのは，新型コロナウイルス感染症の拡大に伴い積極的な外出行動が推奨されなかったことと関係がある

エ　コンビニエンスストアは，24時間営業やATMの設置など利便性を高めていたことで，新型コロナウイルス感染症の拡大に伴う状況によって2019年から2020年にかけての販売額は一層増加した

6　次の図は，日本付近をある縮尺で，東西と南北，さらに海抜高度のプラスとマイナスを現実とは逆のイメージで描《えが》いたものです。図中**A**の「島」に見える部分の現実の地名として適当なものを，漢字4字で答えなさい。

[おもしろ地図と測量より作成]

7　次の断面図は，地図中の地点**A**と地点**A′**の断面を表したものです。断面図と地図について説明した内容として誤っているものを，あとの**ア**～**エ**の中から1つ選び，記号で答えなさい。

断面図

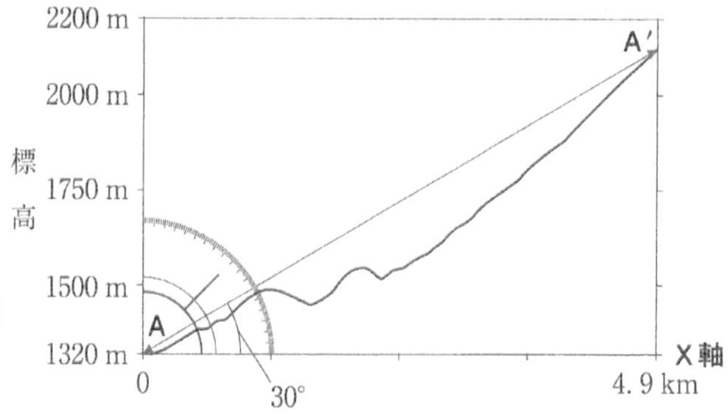

地図

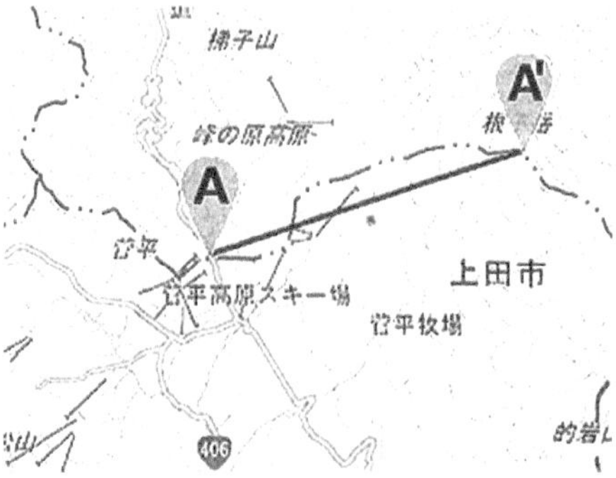

[Web 地形断面図メーカーより作成]

ア　地図上の地点**A**と地点**A′**の標高差(垂直距離)は約800mである

イ　地図上の地点**A**と地点**A′**の距離(水平距離)は約4900mである

ウ　断面図の線分**A**－**A′**で示される距離(斜距離)は，地図上の地点**A**と地点**A′**の距離(水平距離)より長くなる

エ　断面図のなかで，線分**A**－**A′**と**X軸**がなす角度30度は，実際の地点**A**から地点**A′**を見上げた角度と等しい

Ⅱ　次の文章を読み，以下の問いに答えなさい。なお資料や図は，わかりやすく編集しています。

日本の医学・医療は，古代から他国の影響を受けながら，現代まで変化してきました。①古代の指導者は，まじないや儀式を通してクニを治めました。このまじないには，病気を治すものもあると考えられました。また，ヤマト政権にはまじないと医療を担当する専門の役人もいました。彼らは②渡来人により朝鮮からもたらされた知識を活用したと考えられます。『日本書紀』には，允恭《いんぎょう》天皇が朝鮮から医者を呼んだとあります。

遣隋使や遣唐使が派遣されるようになると，中国医学が日本にもたらされました。例えば，恵《え》日《にち》は遣隋使と遣唐使として，中国に渡って医学の知識を得た人物です。また，仏教が栄えると，治癒《ちゆ》のために僧侶の祈祷《きとう》が重視されるようになりました。奈良時代に③光明皇后が設置した施薬《せやく》院《いん》は，貧しい人びとに薬と仏の教えを与えるための施設で，医療と仏教の結びつきがよく表れています。

こうした結びつきは，④平安時代を経て鎌倉時代へと受け継がれていきます。例えば，臨済宗を日本に伝えた栄西は，⑤13世紀に中国医学と仏教思想を合わせて『喫茶《きっさ》養生記《ようじょうき》』を著しました。16世紀の曲直瀬《まなせ》道三《どうさん》も臨済宗の僧侶であり，⑥足利学校で学び，その後中国医学を学んで医療に従事しました。

しかし，キリスト教とともにヨーロッパの医学がもたらされると，こうした状況が変化します。16世紀にはポルトガル人⑦宣教師アルメイダが，はじめてヨーロッパ式の病院を開きました。17世紀に出島に設置されたオランダ商館には，商館長と館員だけでなく，彼らを診察する医者もいました。例えば⑧シーボルトもその一人です。こうして日本では，ヨーロッパ医学が徐々に広まっていきました。

明治時代には当時，最先端とされたドイツ医学を導入しようという動きが生じ，ドイツへ留学生も派遣されました。また，医師免許の試験も整備されます。しかし，ヨーロッパ医学を中心とした試験に対して，中国医学を実践していた医者は反発しました。彼らは，帝国議会に医師免許の取得についての改正を求めましたが，⑨1895年にその主張は否決されました。これ以降，⑩日本ではヨーロッパ医学が中心となります。

第二次世界大戦に際しては多くの軍医が求められ，医学校・医学部が増やされました。また，⑪日本の統治下にあった地域にも医学校が設置されることになりました。さらに，医学的な知識は，毒ガスや細菌《さいきん》兵器などの開発にも利用されました。現在の明治大学生田キャンパスは，そうした兵器開発がなされた登戸研究所の跡地です。しかしながら，⑫登戸研究所で作成された資料の多くは，日本軍の命令で終戦前後に捨てられてしまいました。

終戦後に連合国軍総司令部(GHQ)の指導により，日本にはアメリカ式の医療・医学制度が導入されることになります。また，GHQは感染症など，日本の衛生・健康問題にも取り組みました。しかし，20世紀から21世紀にかけて，⑬人類は，新たな病・健康被害と向き合うことになります。

1　下線部①に関連して，こうした古代の政治や社会の様子は，出土品から考察されたものです。弥生時代の出土品として正しいものを，次の**ア**～**エ**の中から1つ選び，記号で答えなさい。

ア

イ

ウ

エ

2　下線部②について，渡来人が伝えたとされるものとして誤っているものを，次の**ア**～**エ**の中から1つ選び，記号で答えなさい。

ア　漢字　　**イ**　機織り　　**ウ**　儒教　　**エ**　土師器

3　下線部③について，次の資料は光明皇后が亡くなった聖武天皇のために作成した薬の一覧である「種々薬帳《しゅじゅやくちょう》」の一部です。資料を参考にして，この一覧が捧《ささ》げられた寺院として正しいものを，あとの**ア**～**エ**の中から1つ選び，記号で答えなさい。

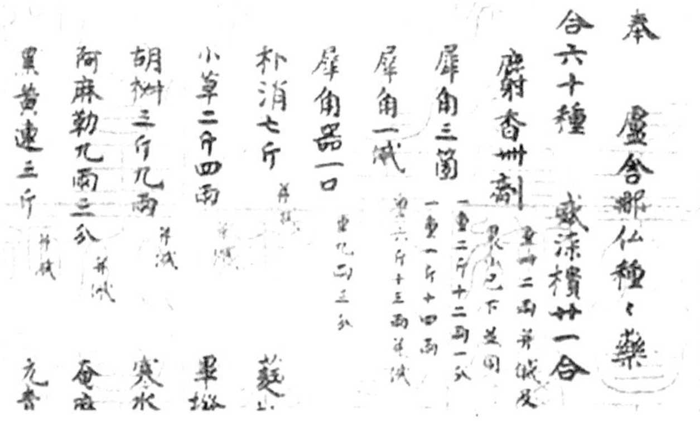
奉盧舎那仏種々薬
合六十種　盛漆櫃廿一合
麝香卅剤
犀角三箇
犀角一袋
犀角器一口
朴消七斤
小草二斤四両
胡椒三斤九両
阿麻勒九両二分
黒黄連三斤

ア　飛鳥寺　　**イ**　東大寺　　**ウ**　薬師寺　　**エ**　興福寺

4　下線部④に関連して，次の**ア**～**エ**は11～12世紀のできごとです。**ア**～**エ**を時代が古い順に並べ，記号で答えなさい。

ア　平清盛が太政大臣となった

イ　白河上皇が院政を行う中，延暦寺の僧兵が強訴《ごうそ》を行った

ウ　奥州藤原氏が源氏によって滅ぼされた

エ　平治の乱の結果，源頼朝が伊豆に追放された

5　下線部⑤に関連して，13世紀の日本と中国の関係についての説明として誤っているものを，次の**ア**～**エ**の中から1つ選び，記号で答えなさい。

ア　琉球王国が，日本と中国の間で中継貿易を行った

イ　中国から従うよう求められたが，北条時宗が退けた

ウ　中国が，朝鮮(高麗)の人びとを伴って日本を攻めた

エ　道元が中国へと渡り，仏教について学んだ

6　下線部⑥について，足利学校の史跡では，その歴史に関係した体験プログラムが行われています。そのプログラムの説明文として正しいものを，次の**ア**～**エ**の中から1つ選び，記号で答えなさい。

ア　「まが玉の解説を受けた後，オリジナルのまが玉を作っていただきます。」

イ　「日本古来の山岳信仰に由来する滝行を一般信徒に開放しております。」

ウ　「孔子の教えである論語を読む，音読体験を行っています。」

エ　「神社の参拝作法や鳥居についての勉強や，みそぎ体験ができます。」

7　下線部⑦について，アルメイダは各地での布教の末，天草で死亡しました。天草の説明として正しいものを，次の**ア**～**エ**の中から1つ選び，記号で答えなさい。

ア　コレジオが設置され，キリスト教の教育が行われた土地である

イ　ポルトガル船の来航禁止などに反発した天草四郎が，キリスト教徒とともに幕府への反乱を起こした土地である

ウ　イエズス会士フランシスコ・ザビエルがはじめて訪れた日本の土地である

エ　教皇の使者である天正遣欧使節が，ローマから送られてきた土地である

8　下線部⑧について，シーボルトはあるものを国外に持ち出そうとしたことをきっかけとして，幕府により国外追放されることになります。そのものとして正しいものを，次の**ア**～**エ**の中から1つ選び，記号で答えなさい。

ア

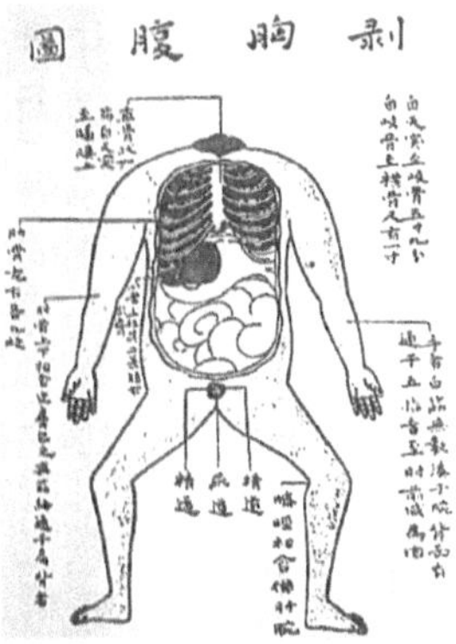

イ

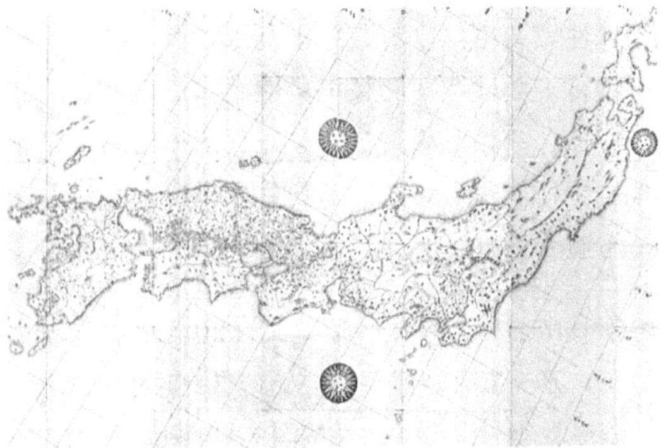

ウ

エ

9　下線部⑨について，1895年以前のできごととして正しいものを，次の**ア**～**エ**の中から1つ選び，記号で答えなさい。

ア　綿糸の輸出高が，はじめて輸入高を上回った
イ　与謝野晶子が，「君死にたまふことなかれ」という詩を発表した
ウ　北九州に官営の八幡製鉄所が作られた
エ　東京に鹿鳴館が開館された

10　下線部⑩に関連して，明治時代の医学的発見として正しいものを，次の**ア**～**エ**の中から1つ選び，記号で答えなさい。

ア　野口英世によるペスト菌の発見
イ　鈴木梅太郎による黄熱ウイルスの発見
ウ　北里柴三郎によるビタミンB1の発見
エ　志賀潔による赤痢菌の発見

11　下線部⑪について，このとき日本により医学校や医科大学が設置された地域として誤っているものを，次の**ア**～**エ**の中から1つ選び，記号で答えなさい。

ア　朝鮮　　**イ**　関東州　　**ウ**　台湾　　**エ**　北樺太

12　下線部⑫について，次の資料は第二次世界大戦中，国際法として機能したと考えられるジュネーヴ議定書(1925年)の一部です。この資料を参考に，登戸研究所で作成された資料が日本軍の命令で捨てられた理由を答えなさい。

> 窒息性ガスや毒性ガス，またはこれらに類するガスおよびこれらと類似のすべての液体，物質または考案を戦争に使用することが，文明世界の世論によって正当にも非難されている。そのため，こうした兵器の使用の禁止が，世界の大多数の国を当事者とする諸条約中に宣言されている。(中略)なおかつ，この禁止を細菌学的戦争手段の使用についても適用する。

13　下線部⑬について，次の**ア**～**エ**は20世紀から21世紀にかけての病や健康被害に関するできごとです。**ア**～**エ**を時代が古い順に並べ，記号で答えなさい。

ア　湾岸戦争では，放射性物質を利用した劣化ウラン弾が使用された
イ　公害問題をふくめ，環境問題などを広範に扱う環境省が設置された
ウ　チョルノービリ(チェルノブイリ)原子力発電所で事故が起きた
エ　ビキニ環礁での水爆実験により，第五福竜丸の船員が被ばくした

Ⅲ

次の文章を読み，以下の問いに答えなさい。

みなさんは「地方自治は民主主義の学校である」という言葉を聞いたことがあるでしょうか。①地域の問題はそこに住んでいる人が一番よくわかっているのだから，住民自身の手で解決するべきで，その色々な過程の中で民主主義を学ぶ場になっている，というような意味です。日本国憲法でも地方自治については章を設けて定めるなど，重要なものになっています。

2023年は，4月に4年に1度の「[あ]地方選挙」が行われ，それ以降も全国各地の[い](知事や市区町村長のこと)や議会の議員が任期満了となり，②数多くの自治体で選挙が行われました。投票率が30%を割り込み過去最低となった群馬・埼玉の③県知事選挙，多くの政治家の推薦

を受けた現職が敗れた市長選挙，④立候補の要件を満たしておらずに当選が無効となった地方議会選挙，⑤高校生たちが立候補者全員の情報やアンケート結果をまとめてインターネットで発信していた市議会選挙など，多様な選挙が見られました。埼玉県議会選挙では，日本各地の神社をまとめている神社本庁の関連団体が，選挙で応援する条件として，LGBT理解増進や選択的夫婦別姓制度の導入に反対することなどを求める公約書を候補者に送っていたことが報じられました。昨年の5月にG7[う]サミットが開かれ，性的少数者への差別を禁止する法律を持たないのは日本だけだと言われていたことも影響し，サミット前の法整備が急がれましたが与党の一部の根強い反対などで原案がまとまらず，⑥結局翌月の国会会期末にLGBT理解増進法という形で成立しました。昨年の通常国会ではこのほか，いわゆる⑦入管法の改正案が，参議院では怒号の飛び交う中で採決されました。いずれも，みなさんと一緒に身近な地域に暮らしている人々に関する法律ですが，その人たちの暮らしをより良くしていく内容にはなっていないとの意見も少なくありません。地方自治体は法律に違反しない範囲で[え]を定めることができます。⑧人種や民族，性的指向(どの性別の人にひかれるか)などについてのあらゆる差別を禁止し，特にヘイトスピーチについては刑事罰を科すことのできる[え]を定めている自治体もあります。どの自治体も各々の特徴を出したいと考えているはずですが，自治体の業務は範囲が広く，⑨予算が足りないという問題も各地で起きています。

1　空らん[あ]～[え]に入る適切な語句や地名を漢字で答えなさい。

2　下線部②について，元号が平成になった頃3000以上あった市町村数は，現在1700余りに減少しました。その主な理由として正しいものを，次の**ア**～**エ**の中から1つ選び，記号で答えなさい。

ア　「平成の大合併」といわれるほど，全国各地で市町村合併が行われたため
イ　限界集落とよばれた地域の人口流出が止まらず，継続できない町が増えたため
ウ　財政破たんを起こす市町村が多く，隣の自治体に吸収される例が増えたため
エ　人口が減少した複数の「町」が集まり，各地で特別区として再編されたため

3　下線部③について，次の中から知事と地方議会や有権者の関係として正しくないものを，次の**ア**～**エ**の中から1つ選び，記号で答えなさい。

ア　一定数の有権者の署名が集まれば，知事の解職を問う住民投票が行われる
イ　解職を求める署名が有権者の過半数集まった場合，知事は直ちに解職となる
ウ　3分の2以上の議員の出席で，地方議会は知事への不信任決議案を話し合える
エ　地方議会で知事の不信任案が可決された場合，知事は地方議会を解散できる

4　下線部⑤について，未成年者は選挙運動ができません。次の中から有権者ではない未成年者が選挙期間中に行うと公職選挙法違反になる可能性が最も高いものを，次の**ア**～**エ**の中から1つ選び，記号で答えなさい。

ア　自分の関心のある問題について，全候補者にメールで質問して考えを聞いた
イ　自分が興味を持った候補者が駅前で演説していたので，その様子を撮影した
ウ　家族が立候補して公約をSNSに投稿したので，自分のSNSにも再投稿した
エ　好感の持てる公約を掲げる候補者がいるので，選挙事務所へ話を聞きに行った

5　下線部⑥について，国会の会期末に可決されたLGBT理解増進法の内容として正しいものを，次の**ア**～**エ**の中から1つ選び，記号で答えなさい。

ア 家庭や地域住民らが反対した場合，学校での教育が妨《さまた》げられる可能性がある

イ 性的少数者の人権を保護し，差別の禁止を明確に定めた，日本初の法律である

ウ 政府・学校・企業等は理解増進のための環境を整備しないと，罰則が科される

エ 裁判所に申し立てなくても，戸籍上で割り当てられた性別を自由に変更できる

6 下線部⑦について，出入国の管理，外国人材の受け入れや難民の認定を行う行政機関は，何省に設置されていますか。正しいものを，次の**ア**～**エ**の中から1つ選び，記号で答えなさい。

ア 外務省　　**イ** 総務省　　**ウ** 防衛省　　**エ** 法務省

7 下線部⑧について，これは日本国憲法とも共通する理念がこめられていると考えられます。下の憲法の条文の空らんに入る適切な語句を答えなさい。

「第13条　すべて国民は，［　　　］として尊重される」

8 下線部⑨について，以下の問いに答えなさい。

(1) 下の円グラフは令和3年度の都の財政に関するものです。東京都には他の道府県に書かれている項目がありません。自治体間で公的サービスに格差が生じないように国が支出しているお金を指す，その名称を答えなさい。

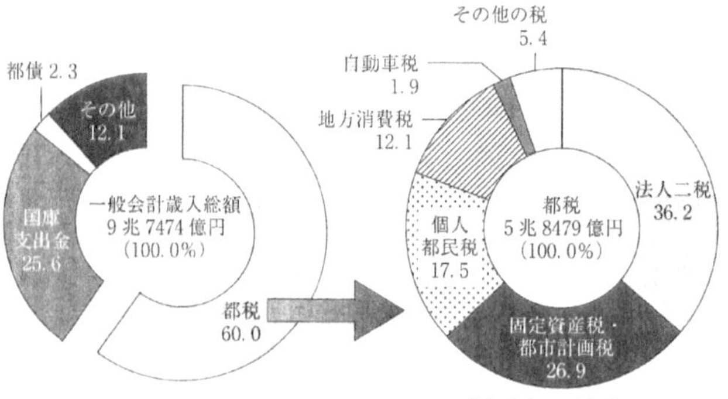

[東京都の統計より作成]

(2) 近年，返礼品の競争や都市部から地方への税金の流出が問題視されていますが，もともとは「自分の生まれ育った地方に貢献できる・自分の意思で応援したい自治体を選べる」制度として創られた寄附《きふ》のしくみを何というか答えなさい。

9 下線部①と④について，次の先生と生徒の会話を読み，あとの問いに答えなさい。

生徒：この場合，どうして当選が無効になってしまったのでしょうか。

先生：地方議会の議員に立候補するためには，その自治体に3ヶ月以上住んでいることが必要ですが，この要件を満たしていない候補がしばしばいるのです。

生徒：その地域の問題を考えるためには，一定期間そこに住んでいる必要があるということなのですね。

先生：そうですね。これは選挙権についても同様で，3ヶ月以上の居住の実態が必要なので，転居したばかりの人は投票ができないことになっています。

生徒：都道府県議会の場合は，引っ越しをしたとしても，その都道府県内に3ヶ月以上住んでいれば，要件を満たすことになるのでしょうか。

先生：都道府県議会議員や知事の選挙で投票する場合は同一の自治体であることも求められるので，都議会議員選挙であれば，「三鷹市に1ヶ月，調布市に2ヶ月居住」では要件を満

たしていないことになります。一方で，都道府県知事や市区町村長に立候補する場合，この居住に関する要件はありません。

生徒：議員になるためには3ヶ月以上住み続ける必要があるのに，知事や市区町村長になるためには，その地域に住んでいなくてもよいのですか。

先生：法律ではそうなっています。これについてどのような考えを持ちますか。

生徒：［　　お　　］

先生：またその地域に長年住み続け，住民税などの税金を納めていても，日本国籍を持たない人は選挙で立候補することも投票することもできません。

生徒：都内の議会で外国籍の人の住民投票参加案が否決された報道を思い出しました。地域「住民」とは誰のことを指すのかわからなくなってしまいました。

（1）　空らん［　お　］に，あなたならどのように答えるか，自分の考えを書きなさい。

（2）　3ヶ月以上その自治体に住んでいて，住民税などを納めていても，日本国籍を持たない住民は地方選挙に参加することはできません。住民投票については参加を認めている自治体もあります。これらのことについて，あなたはどのような考えを持ちますか。本文と会話文の内容をふまえて，具体的に答えなさい。

問十三　文中の 15 にあてはまる言葉を答えなさい。

問十四　この文章における筆者の主張を、百字以内でまとめなさい。

二

次の1～10の文中の（カタカナ）を漢字で書きなさい

1　（シヤ）を広げる。
2　（ユウビン）を出す。
3　（リッキョウ）をわたる。
4　大学を（ソウセツ）する。
5　市民の（ケンリ）を守る。
6　（リンカイ）公園で遊ぶ。
7　選挙の（トウヒョウ）に行く。
8　歴史的な（ケンゾウ）物を見る。
9　（アタタ）かな気候。
10　穴に（クダ）を通す。

とを心がけることです。そしてことばの意味の正しい理解のためには、いろいろな多くの経験にぶつかり、それを偏《へん》見なしにみつめて、どういうことばでそれらを表現したらいいか、ということを十分に考えてみることが必要です。

この本が、みなさんのへりくつを正しい理くつにまで成長させることに役立てば、こんなよろこばしいことはありません。いまの論理学がはっきりときまった真理を、みなさんに教えることができるはんいは小さいものです。そのまわりには、あいまいな意味の世界がとりまいています。これをできるだけはっきりとさせるのは、みなさんのこれからのしごととして残されています。

（沢《さわ》田《だ》允茂《のぶしげ》『考え方の論理』より・一部改変）

問一　文中の[1]にあてはまる言葉を考えて、漢字二字で答えなさい。

問二　文中の[2]、[3]にあてはまる内容を考えて、十七字以内で答えなさい。

問三　文中の[4]にあてはまる内容として最適なものを、次のア～エから選び、記号で答えなさい。

ア　pならばqだ。ところがqではない。だからpではない。
イ　pならばqだ。しかしqではない。なぜならpだからだ。
ウ　pもしくはqだ。ところがqではない。だからpではない。
エ　pもしくはqだ。しかしqではない。なぜならpではないからだ。

問四　——部①「語の意味のあいまいさをなくすことは、たいへんむずかしい」とありますが、その理由を筆者はどのように説明しているか、百字以内で答えなさい。

問五　——部②「これ」、④「これ」、⑦「そういうこと」の指示内容を答えなさい。

問六　——部③「色めがね」の意味として最適なものを、次のア～エから選び、記号で答えなさい。

ア　歴史観　　イ　人生観　　ウ　先入観　　エ　世界観

問七　——部⑤「この図の中に五つものがあることになるでしょう」とありますが、これに従って文中の[5]～[9]にあてはまる言葉を、それぞれ四字以内で答えなさい。ただし、[5]、[6]、[7]の解答の順は問いません。

問八　文中の[10]にあてはまる言葉として最適なものを、次のア～エから選び、記号で答えなさい。

ア　赤い鳥　　イ　青い鳥　　ウ　白い鳥　　エ　金の鳥

問九　——部⑥「ただ遠くへ旅行すると同じようなものの考え方をしてしまう」とは、ここではどのようなことを意味しているか答えなさい。

問十　文中の[11]にあてはまる内容を考えて答えなさい。

問十一　文中の[A]～[D]の段落を、適切な順に並び替《か》えなさい。

問十二　文中の[12]～[14]にあてはまる言葉として最適なものを、次のア～オから選び、記号で答えなさい。ただし、同じ記号は二度使えません。

ア　抽象的　　イ　意欲的　　ウ　気分的
エ　比喩《ゆ》的　　オ　客観的

あったような気がしても、こまかい点では一つもわかりあっていないばあいもあります。「道徳は人間にとって必要だ。そして道徳は手や足で教えるものではない。良いとか悪いとかは口ではっきり言えるものだ。だから口で教えるための道徳教育は必要だ。」と、ある人は言います。「道徳が人間にとって必要なのはあたりまえだ。しかし、道徳はそれだけ別にして口だけで教えられるものではない。だから道徳教育を別にやるのは不必要だ」と、ほかの人が答えます。

　しかし、このふたりのことばの中に使われている「[15]」は、ほんとうに「いままで言ったことからかならず、ひとりでにつぎのようなことが言われる。」ということでしょうか。どうも、この「[15]」は、それほど論理のうえで正確ではないようです。というのは、それまでに言われている（たとえば点をうってあるような）語の意味が、あいまいで、言われていることの中の論理のすじみちを見つけ出すことができないからです。「教える」ということばは自転車に乗ることにも、しょうぎをさすことにも、ダンスをすることにも、歴史を知ることにも、哲学についても、みんないうことができますし、小さい子どもたちに教えるというばあいと、大学生に教える、犬に教えるなど、みんな、じっさいに表しているものはちがっているはずです。ほかのことばのばあいでも同じです。こんなにあいまいなことばで議論して、反対したり賛成したりすることは、ほんとうにむだな話です。道徳教育というものが、何かほかの目的のために使われるならば話はべつですが、ほんとうにみなさんのためを思って言っているならば、こんなあいまいな議論をやめて、もっとはっきりとした問題をつかまえて、一歩一歩すすんでいくべきではないでしょうか。みなさんが求めているのは、ほんとうは⑦<u>そういうこと</u>なのだと思います。

　ことばの意味をはっきりさせるということは、それ自身はっきりとした基準がなくて、あるばあいには、ひじょうにむずかしく、またあるばあいには、ばかばかしい気もして、こんなことに頭を使うことにがまんしきれなくなるでしょう。人間には、もっとほかにやることがあるはずだと考えるかもしれません。

　しかし、じっさいは気持ちのもち方の問題だけで、けっして時間のかかるものではありません。日本人はむかしから理くつを言わないことが良いこととされていましたが、いまのような社会ではこれはかえって欠点になっています。もちろん、すじのとおらない理くつはよくはありませんが、たとえへりくつでも多くの人のへりくつをあつめると、あんがい正しい理くつが出てくるものです。正しくとも正しくなくとも、理くつを言うという気持ちがたいせつで、この気持ちをもっていれば、へりくつがだんだんと正しい理くつになってくるものです。

　私たちも、大いに理くつを言いたいものです。いま、みなさんが言いはじめている理くつは、多くのばあいへりくつかもしれません。しかし、少しでも正しい理くつを言おうとする気持ちがあれば、かならず正しい理くつが生まれてきます。その正しい理くつのうえに正しい生活や人生がつくられていくでしょう。ただし注意しなければならないのは「正しい理くつ」というのはそんなにかんたんに言えるものではないし、「へりくつ」または「誤った理くつ」を「正しい理くつ」に成長させていくためには、論理の筋道だけでなくて、そのなかに使われることばの意味の正しい理解が欠くことのできない条件だというこのなのです。

［C］ 別なことばで言いかえると、たとえば「人生の目的を知りたい。」と私が考えたとき、一度いま言ったことばをぜんぶ忘れて、自分の気持ちをもう一度、「人生」とか「目的」とか「知る」などということばにまよわされないように、たしかめてみるのです。そうして、たとえどんなに複雑で、おもしろみのないことばでもいいのですから、自分のほんとうの気持ちを、べつなことばでできるだけそのとおりに表してみるのです。どうせ、ことばなしには自分の感情にも形をあたえることはできないものです。しかし、美しい言い方や、ものにたとえた言い方でくらまされているほんとうの気持ちを、美しいことばづかいなどすてて、できるだけそのとおり表してみるのです。

［D］ ことばの意味をはっきりさせるということは、ことばの文法上の解釈《しゃく》や、語の起こりの歴史を知ることではありません。辞書をひいて、いろいろな言いかえ方を知ることでもないのです。ことばの意味をはっきりさせるというのは、そのことばが、どういうじっさいのことを表すために使われているかを知ることです。

これにたいして、ふだんのことばで書かれたつぎのような文章、

「自我が自我の内をかえりみることに深入りすればするほど、この自我はますますやつれてゆき、ついには、あけぼの【夜明け】の神アウローラの夫のように不死のゆうれいとなった。この自我はちょうど、キツネにおせじを言われて、うちょうてん【得意の絶頂】になり、くわえていた骨をなくしてしまったカラスに似ている。反省がたえず反省することによって思想は迷路にふみこんでしまって、一歩進むごとに思想はすべての内容から遠ざかっていった。……」(キェルケゴールの『イロニーの概念』から)

の意味を考えてみましょう。これはキェルケゴールというデンマークの名高い哲学者が、フィヒテというドイツの名高い哲学者の哲学を批評した文章です。みなさんには、なんのことかわからないかもしれません。さいわい哲学を勉強している私には、かれが何を言おうとしているのかはわかります。しかし、いま、じっさいに私たちが行っている日々の行動や生活と、どのように結びつくかをはっきりと知ることができるほど、じゅうぶんにはわかりません。じつは、この文章そのものが、そのような形で説明されていないのです。「自我」とか「反省」とか、そのほか多くの［12］なことばが使われているだけではなくて、このようなことばの意味が、この文だけではあいまいだからです。前にあげた数学や論理学の式は、［12］かもしれませんが、じっさいの生活の中で、かなり正確にはたらいています。後の例は、ふだんのことばで書かれてありますが、多分に［13］でありあいまいさを持っているといえるでしょう。

私は何も、すべて数学やへんな記号で表したほうが、正確だと言っているのではありません。ただ、ふだん私たちが使ってきたことばを、前にお話したようなしかたで、もっとはっきりさせることが必要で、こうすることが私たちの考え方をいっそう正確にしていくのだと考えているのです。

あいまいな、大ざっぱなことばで議論をしていると、［14］に反対したくなるものです。また、おたがいに、ことばのうえでわかり

ぐるぐるまわり歩いたとしても、けっきょく、あなたは人生の目的などわからないで失望したり、へんな信仰《こう》にこって、他人にめいわくをかけるようなことになりがちです。

　もともと「目的」とは、私たちが「そうしたい」ことなのです。かならずそこへ行きつく以外にないような到《とう》着点が目的ならば、だれも目的など気にしないはずです。到着点が気になるのは、そこがはたして自分が望んでいるところかどうかを区別することができるから気になるのです。そして「そうしたい」のは「それが私にとって良いこと」だから、そうしたい」のです。しかし、何が良いことかは、私たちが何かやりはじめたあとでわかってくるものです。何もやらないならば、何がいいかわかりません。もしあなたが大学へでも入学するときに、面接の先生から「あなたは［　11　］」と聞かれても、あなたがぜんぜん学問のことについて知らなければ、答えようがないでしょう。なんでもいいから学問をしはじめてくると、はじめてやりたいことがしだいしだいにはっきりとした形をとってきます。そして、このようにつぎつぎに何かをやっているうちに、あなたの学校での目的、そしてやがて社会へ出てからの目的、としよりになってからの目的などが、つぎつぎとはっきりした形をとりはじめてくるのです。そして、これがあなたの人生の目的だったのです。何もしないで、人生の目的という大まかな、はっきりしない目的を追っていることは、じつは「人生には目的がある。」とか「目的を知る。」という言い方が、ひとりでにあなたの考え方をまげてしまったのでしょう。

　このように、もし私たちが正しくものごとを考えようとするならば、正しく推論することも、またできるだけ正しい判断をくだすことも必要ですが、それとともに、私たちが使っている語の意味（概念と言うことと同じです。）を、はっきりさせることも必要です。

［A］　こうして、自分の気持ちを前のことばとはべつのことばで言いなおしてみると、前のことばが、どういうことを表すために使われていたのかがわかってきます。ですから、ことばの意味をはっきりさせるということは、一度ことばから離《はな》れて、じっさいのものごとをよく考えてみて、もう一度、もっとよいことばでこれを表すことなのだと言っていいと思います。

［B］　このように、ことがらをできるだけそのとおりに表すような、べつのことばにうつしなおして考えるということは、あいまいな語や概念でものを考えないで、あいまいな語や概念を多くの文または判断でよく説明してから考える、ということにもなります。抽《ちゅう》象的ということばは現実の世界のことがらから離れて、頭の中で世界の中の骨組みだけをぬき出したというような意味によく使われます。ふつうには、じっさいのできごとに役立たないとか、現実のなまのままの感覚を失ったもの、というあまりよくないひびき【意味合い】を持っているようです。しかし、これはまちがった感じ方で、たとえば、

$$\frac{\partial^2\psi}{\partial x^2}+\frac{\partial^2\psi}{\partial y^2}+\frac{\partial^2\psi}{\partial z^2}+\frac{2m}{\hbar^2}(E-V)\psi=0,$$

（シュレーディンガーの方程式）

$$N_3(t):\equiv:N_2(t-1).v.N_1(t-1).(\exists x)t-1\{N_1(x)\cdot N_2(x)\}$$

（ある神経回路のはたらきを表わした論理式）

のような数字の式や論理学の式は、たしかにじっさいに使われていることばでなくて、あまり親しみのない記号で書かれています。しかし、それは習慣からきた表面だけのことで、このような式で表されているものは、じつは現実の世界の中でいつもはたらいているも

このようなことは、みなさんにとってはあたりまえのことと思われるかもしれませんが、かえって過去の哲《てつ》学者とよばれる人びとの多くがおかしてきたまちがいであり、あるばあいには、みなさんもうっかりと落ちこんでしまうわなのようなものです。なぜなら、私たちのふだんのことばづかいは、このようなわなに落ちいりやすいようにできているのです。「美の発見」とか「真理をさがし求める」とか「美しい絵」「悲しい手紙」「良い本」「真の日本人」などという例は、このようなものの一つの例にすぎません。「悲しい手紙」は手紙が悲しいという性質をじっさいもっているのではなくて、その手紙を読んだ人の気持ちが悲しいのです。ですから、べつの人が同じ手紙を読んで、反対にうれしくなることだってあります。「美しい絵」のばあいにも「良い本」や「真の日本人」のばあいにも、少しずつ持つ気持ちはちがいますが、同じことが言えましょう。

　ところが、このような表し方はすべて自分の気持ちをものの中にあるかのように表しています。悲しみも、美しさも善良さも真理もみんな、ものの側にあるように表現します。そこで何か私たちの外に真とか善とか美というものがあるように思って、真や善や美を発見するために、チルチル、ミチルのようにはるか遠くに出かけるのです。しかし、ほんとうはこのような[10]は、遠い世界のかなたにではなくて、私たちの家の中にいるのでした。

　もちろん、私たちは真理【道理】や美や善をさがすのに、じっさいに遠くまで旅行するのではありません。⑥ただ遠くへ旅行すると同じようなものの考え方をしてしまうのです。

　ほんとうにものをさがすときには、まず手近《てぢか》な、さがしやすいところからはじめて、だんだんと遠くまでさがして行くものです。遠くに旅行するには、前もってそこへ行く道をいろいろとさがし、出発の方向をきめ、しかもとちゅう、いつも、つぎつぎと道をさがしながら行くものです。そのように真理を求めるときにも、まず真理という語が手近に毎日使われるいろいろなちがった意味をよりわけて、はっきりさせなければなりません。もし、それらに共通なものがあれば、（ことばが共通だというのではなくて）それがじっさいにどういうことであるかを少しずつ明らかにしていくのがよいでしょう。チルチルとミチルが、ふしぎな魔《ま》法の力で一足飛びにとちゅうをとび越《こ》えて、生まれる前の国や死者の国へ行ったように、とちゅうで注意ぶかくしらべることをわすれて「真理とは」「真理とは」と心あせって問いつづけても、むだでしょう。このような学問のしかたからは、じっさいとは縁《えん》遠い説教か、あるいは一時の熱心な気持ちがさめれば、色あせて、ふつうの鳥になってしまう机《き》上の空論しか残らないでしょう。

　あなたたちの中のだれかは「私たちって、なんのために生きているのかしら。」と、ため息をついたことはありませんか。そして「もし私に人生の目的を知ることができたらなあ。」と考えたことはありませんか。ここまではいいのです。しかし、そのあとで、もしもあなたが、人生には目的があるんだから、「だれか知っているはずだ」と考えて、えらい哲学者や宗教家のところへ聞きに行ったとします。そして「人生の目的は幸福に生きることだ。」とか「人生の目的は他人を愛することだ。」とか「ほんとうの自分自身をつくりあげることだ。」などと、いろいろおそわっても、そしてあなたが一刻もはやく人生の目的を知りたいと思って、ひとりで満足せず、多くの哲学者のところをど注意を向けないということもありましょう。

　英語のジェントルマンにあたる日本語がないということは、ある人をジェントルマンとよぶことのできるような見方が日本人のあいだにないことをしめしています。「紳《しん》士」と訳したのでは、意味がちがってしまうのです。反対に、日本語では自分のことを「私」「ぼく」「おれ」「わし」「あたし」などと、いろいろちがったことばでよびますが、英語ではI（アイ）、ドイツ語では**Ich**（イヒ）と言います。また、フランス語では**Je**（ジュ）と言いますし、ロシア語ではЯ（ヤー）というふうに、それぞれ一種類の語しか使いません。②これは日本語を使うときに区別しなければならないような社会的な身分の区別が、ほかの国ではないか、または、ひじょうに弱いことを表しています。

　そこでわかってくることは、私たちのことばは私たちの社会生活のあり方や、私たちの国の歴史によって大きく影響《えいきょう》されているということです。ことばは社会や歴史によってつくられてきた面を持っていて、世界じゅうのすべての国民や民族に共通なものは、思ったよりも少ないのです。そして私たちは、一定の社会のことばの③色めがねで世界をながめていますし、またこまかいところでは、ひとりひとりによって少しずつちがった意味で語を使いながら世界をながめているのです。

　いままでお話したことから出てくるたいへんだいじなことは、私たちが使う語のさすものが、じっさいの世界の中にもあるのだと考えるのは、まちがいだということなのです。しかし、これはいまでも多くの人びとがしらずしらずのうちにもっている考え方です。

　④これは二つの意味でまちがいです。第一には、私たちの使っている語は、原則として一つ一つのものの名まえではなくて、似たものの類の名まえであり、しかも、どういう立場から見るかによって似た点もちがってきますから、一つ一つのもののほかにこのような語がさしているものがあると考えるのはおかしいことです。

　つぎの図を見てください。

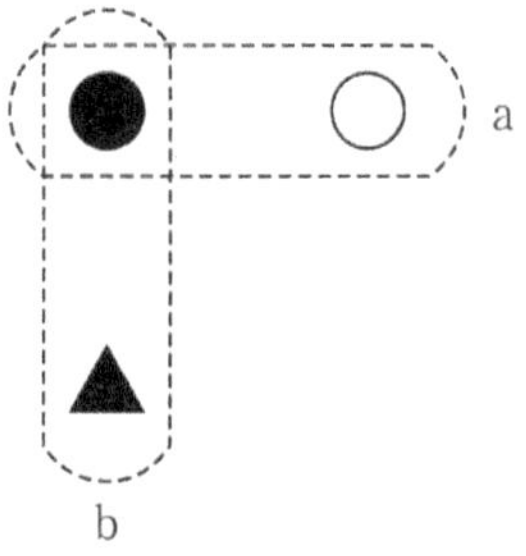

図の中にあるのは、［5］と［6］と［7］の三つです。しかし私たちはaのように似ている点をまとめて［8］という語をつくり、またbのようにまとめて［9］という語をつくることができます。あとの二つの語がさすものが独立にあるとすれば、⑤この図の中に五つものがあることになるでしょう。

　第二には、じっさいの世界にあって語の中にないものが考えられ、語だけあって、じっさいの世界にないものがあり、じっさいの世界の区分と語による区分とが同じでないばあいなどがあります。ですから、語で表されたものは、かならず世界のどこかに存在していると考えたり、私たちのことばを通じて考えられたものが、じっさいの世界のすべてだと考えたりすることはまちがいです。私たちの感覚は、ある一定限度のしげきにしか反応しないようにできていますから、世界にはぜんぜん私たちに知られないようなものが無数にあるということも考えられましょう。また「無名兵士」などという語は、じっさいの兵士はそれぞれ名まえを持っているのですから、それ以上に無名兵士にあたるものが独立にあるわけではありません。

ではなくて、私たちの気持ちにすぎないけれども、これを一つの語でよぶばあいもあります。

　また、語がさしているありさまが何をもとにして言っているのかが、あいまいなばあいもあります。

　一ぴきの犬が一ぴきの馬のまわりをぐるぐるとまわって走っています。しかし、馬は犬が動くにつれて犬の方に鼻づらを向けてまわります。いったいこの犬は馬のまわりをまわっているのでしょうか。

　[　2　]という意味では、まわっていますが、しかし、一度も[　3　]という意味では、まわっていないといわなければならないでしょう。

　あなたの前にぜんぜん見知らぬ子どもが急にあらわれて、「ぼくは自由だよ。」と言ったとしましょう。あなたには、この子が何を言っているのかわかりますか。学校の授業が終わったので自由だ、と言っているのか、あるいは、わるものどもにとじこめられていたへやからぬけ出して来たので、そう言っているのか、これだけではわかりません。こんなわからないことばを使って「自由とはなんだろう。」と考えたり「アメリカは自由の国だ。」とか「ソビエトの国は自由の国だ。」などと言ったのでは、いっそうなんのことかはっきりしないにきまっています。

　推論【推理した論】の規則のばあいには、世界じゅうのどのような人でも、この規則は正しい、この推論はまちがいだということについての意見は、まったくぴったりと合います。だれが考えても「[　4　]」ということには、なんのあいまいさもありません。

　また「たしからしい」知識のばあいでも、ふつうのばあいはみんなの考える「らしさ」はだいたい同じようなものです。また、ひじょうに複雑なことがらについては、たしからしさのわけについての人びとの知識が同じであれば（同じような知識をもつならば）だいたい同じような意見になるでしょう。

　ところが、①語の意味のあいまいさをなくすことは、たいへんむずかしいことなのです。あいまいさをなくすためには、世界じゅうにあるものや、できごとの一つ一つにちがった名まえをつけ、一つ一つの名まえについてはすべての人間がこれを使う、ということが必要でしょう。しかし、そのためには私たちは何億どころか無限の語をおぼえなければならないことになってしまいます。

　したがって人間は、やはり同じようなものをひとまとめにしてよぶという、大ざっぱなやり方でことばを使うほうが、むだがないし、第一、そうしかできないでしょう。そうなると標準型にどのようなものをきめるか、どのような気持ちを標準にして美しいとか偉大とか言うか、ということをきめるのは人びとのかってで、薬の名まえとか自然科学の中の学術【学問】用語などのわずかなもののほかは、なかなか共通な標準など求められそうにもないのです。

　それに、薬の名まえや数学の用語などは、私たちの生活の中から生まれてきたものではないので、共通なものを定めやすいのです。しかし、私たちのものの感じ方や気分を表すことばは、それぞれの国の伝統や社会のあり方に深いつながりを持っていますから、世界じゅうが一つの文化、一つの社会にならなければ、共通のものは求められないということになります。また、生活がいろいろとちがえば、ある国ではひじょうに注意を向けるものやできごとでも、ほかの国ではほとん

【国　語】（五〇分）〈満点：一〇〇点〉

【注意】字数制限のある問題については句読点・記号を字数に含《ふく》めること。

［一］　次の文章を読んで、あとの問いに答えなさい。ただし、【　】は語句の意味で、解答の字数に含《ふく》めないものとします。

ここでは私たちの知識の中にある「あいまい」な部分のことについてお話をしましょう。

ぜったいに真（真か偽《ぎ》かのどちらかしかないばあい）だとか、たしからしい（真や偽に程度の区別がつけられるばあい）ということは、形のうえからいえば、みんな一つの文（または判断）やいくつもの文（または判断）が結びついてできた複雑な文や判断について言われたことなのです。しかし、「あいまいさ」ということは、文や判断の中で使われている語の意味（または概《がい》念）についていわれることなのです。

たとえば、ものの名まえというものは特別のただ一つだけのものをさすとはかぎりません。「犬」という語は、あなたたちの中のだれかの家にいるコリーのポピーだけをさすことばではなくて、ポピーと似ているすべての動物をさすことができます。しかし、これらのすべての動物が、あなたのおうちのポピーちゃんと同じ姿をしているわけではありません。犬とよばれる動物の中には、ブルドッグ、ドーベルマン、チン、シェパードなど、そのほかたくさんのちがった［１］があります。見ただけですぐに犬だとわかるのもいれば、犬だかオオカミだかわからないようなのもいます。「音楽」ということばは、バッハやモーツァルトの音楽をさすと同時に、ジャズもさすでしょう。浪《ろう》曲（なにわぶし）が音楽かどうかということになると、音楽だと言う人もあり、音楽でないと言う人も出てきます。「ジャズなんか音楽じゃないよ。」と言う人にとっては、音楽ということばがさすものは、もっともっとせまくて、バッハかベートーベンの音楽に似たものだけが音楽とよばれているのでしょう。

もちろん、薬の名まえのように、どれもこれも同じような規格【定められた標準】にあったものだけにつけられた名まえもありますが、このように、はっきりときまったものだけをさす語はあんがい少ないのです。私たちが使っている大部分の語は、そのさすもののあり方が同じではないのです。だれでもがそれとわかる標準になるようなものが中心にあって、まれにしか出会わないようなもの、円の中心から遠くにあるものは、だんだんと標準型からはずれて、おしまいにはほかの名まえでよばれるものとの区別をつけることがむずかしくなってきます。

また、ある語は犬や音楽とのあいだの似かたとはちがった点から似たものを考えて、まったくちがったものを同じことばでよんでいます。「美しい花」と「美しいおこない」、「偉《い》大な山の峰《みね》」と「偉大な英雄《ゆう》」などという言い方のときに「花」と「おこない」、「山の峰」と「英雄」のそれぞれのものの中には、ものとして似たものはなに一つありません。しかし、これらのものにぶつかったとき私たちがいだく気持ちとか、それらから受ける感情などが似ているので、同じことばでよんでいるのです。

ものの名まえというものは、もののあいだにある似た点をひとまとめにして名づけるのですが、この似かたは、そんなにはっきりしているものではありませんし、また、似ているのが、ものの中の特ちょう

2024年度

明治大学付属明治中学校入試問題(第2回)

【算　数】（50分）〈満点：100点〉

【注意】 **1．解答は答えだけでなく，式や考え方も解答用紙に書きなさい。(ただし，1は答えだけでよい。)**

2．円周率《えんしゅうりつ》は3.14とします。

3．定規・分度器・コンパスは使用してはいけません。

1　次の □ にあてはまる数を求めなさい。

（1）　$1\frac{5}{16}\times\left\{\left(\square-\frac{2}{3}\right)\times\left(0.35+\frac{1}{40}\right)\right\}\div0.625-7\frac{1}{2}=3$

（2）　2種類の機械AとBを何台かずつ使って，ある仕事をします。Aだけを12台使うとちょうど8日間で，Bだけを16台使うとちょうど10日間で終わります。A6台とB5台を同時に使うと，この仕事は □ 日目に終わります。

（3）　ある店の1日の来店者数を調べたところ，午前は全体の$\frac{4}{9}$より300人多く，午後は全体の$\frac{2}{3}$より450人少ない人数でした。1日の来店者数は □ 人でした。

（4）　父母兄妹の4人家族がいます。今から3年後には，父と妹の年齢《れい》の平均と，母と兄の年齢の平均はともに29.5歳《さい》になります。また，今から5年後には，父と母の年齢の平均と，兄と妹の年齢の平均の差は33歳になります。父は母より4歳年上であるとき，現在の妹は □ 歳です。

（5）　右の図で，AB＝ED，BC＝CD，角㋐の大きさは75°，角㋑の大きさは30°であり，角㋒の大きさは角㋓の大きさの2倍です。このとき，角㋔の大きさは □ °です。

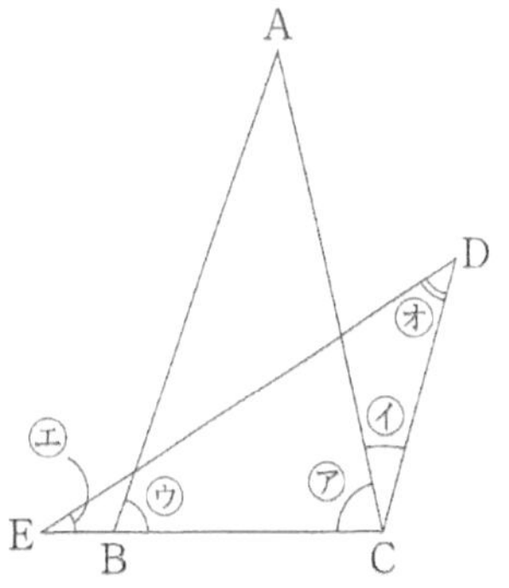

2　いくつかのえんぴつと消しゴムが入った文具セットがあり，えんぴつの本数は消しゴムの個数の3倍です。何人かの子どもたちに1セットの中の文具を分けて配ります。1人あたりえんぴつを2本，消しゴムを1個配ると，えんぴつは9本余り，消しゴムは3個足りませんでした。このとき，次の各問いに答えなさい。

（1）　子どもの人数は何人ですか。

（2）　同じ文具セットをいくつか用意し，1人あたり何本かのえんぴつと何個かの消しゴムを配ると，余ることなくちょうど全員に配ることができました。このとき，少なくとも何セットの文具セットが必要ですか。また，1人あたり何本のえんぴつを配りましたか。

3 川の上流にある北町と下流にある南町との間をくり返し往復する船があり，この船は北町と南町に着くとそれぞれ21分間休けいします。A君は川沿いの道を一定の速さで歩きます。A君は北町を，船は南町を同時に出発すると，A君は途《と》中で北町に向かう船と初めてすれ違《ちが》い，その後，南町に向かう船に追い越《こ》され，さらにその後，北町に向かう船と再びすれ違い，南町に着きました。初めてすれ違ってから再びすれ違うまでの間は84分間で，A君が北町を出発して2時間20分後に，A君は南町に，船は北町に同時に着きました。静水時での船の速さは毎時21.6kmで，川の流れの速さは一定です。このとき，次の各問いに答えなさい。

(1) 船が北町から南町まで下るのに何分かかりますか。

(2) 川の流れの速さは毎時何kmですか。

(3) A君と船が再びすれ違ったのは，北町から何kmのところですか。

4 濃《こ》さが8%の食塩水Aと濃さが6%の食塩水Bがあります。A，Bから食塩水を取り出し，混ぜ合わせて新しい食塩水を作ります。このとき，次の各問いに答えなさい。ただし，2種類の食塩水は十分な量があるものとします。

(1) AとBをそれぞれ何gかずつ取り出して混ぜ合わせる予定をまちがえて，逆にして混ぜ合わせたため，濃さが予定より0.5%減りました。取り出す予定だったAとBの量の比を，もっとも簡単な整数の比で表しなさい。

(2) AとBを(1)の予定通りに混ぜ合わせ，1回目の食塩水を作ります。できた食塩水に予定通りに取り出したのと同じ量のBを再び混ぜ合わせ，2回目の食塩水を作ります。同様に，同じ量のBを混ぜ合わせることを繰り返します。できた食塩水の濃さが初めて6.5%未満となるのは何回目の食塩水ですか。

5 ある店の部屋には，お菓《か》子を一定の割合で袋《ふくろ》づめする2種類の機械AとBがそれぞれ何台かあります。AとBそれぞれ1台では，1分あたりに袋づめするお菓子の個数の比は5:8です。部屋にお菓子が一定の割合で運びこまれると同時に，AとBを使って袋づめを始めます。部屋に袋づめされていないお菓子が1440個あった日は，Aを2台，Bを6台使うと60分で，Aを6台，Bを4台使うと40分で部屋のお菓子はすべて袋づめされました。このとき，次の各問いに答えなさい。

(1) 部屋に運びこまれるお菓子は1分あたり何個ですか。

(2) ある日，部屋に袋づめされていないお菓子が540個ありました。お菓子が運びこまれてから20分で部屋のお菓子はすべて袋づめされました。AとBをそれぞれ何台使いましたか。

(3) 翌日，部屋に袋づめされていないお菓子が3150個ありました。AとBをそれぞれ何台か用意し，Aを使って15個入り袋を，Bを使って24個入り袋を作ることにします。お菓子が運びこまれてから25分で部屋のお菓子はすべて袋づめされ，あわせて325袋できました。24個入り袋は何袋できましたか。

【理　科】(40分)〈満点：75点〉

〔Ⅰ〕 濃度《のうど》の異なるうすい塩酸A，Bと，濃度の異なる水酸化ナトリウム水溶液《すいようえき》C，Dを使って次の実験を行いました。この実験について，問いに答えなさい。

【実験】

うすい塩酸A，Bそれぞれに水酸化ナトリウム水溶液C，Dを加えてよくかきまぜたあと，BTB溶液を加えたところ，次の組み合わせのときに水溶液が緑色になった。

① うすい塩酸A $1cm^3$と水酸化ナトリウム水溶液C $1cm^3$

② うすい塩酸B $2cm^3$と水酸化ナトリウム水溶液C $1cm^3$

③ うすい塩酸B $1cm^3$と水酸化ナトリウム水溶液D $2cm^3$

(1) うすい塩酸と水酸化ナトリウム水溶液それぞれに紫《むらさき》キャベツの煮汁《にじる》を入れたとき，何色になりますか。正しいものをそれぞれ選び，ア～エの記号で答えなさい。

ア　紫色　　イ　赤色　　ウ　黄色　　エ　無色

(2) 亜鉛《あえん》にうすい塩酸を加えると，気体が発生します。この気体の性質について正しいものを選び，ア～カの記号で答えなさい。

ア　水に溶《と》けやすい

イ　水に溶けにくい

ウ　同じ体積の空気より軽い

エ　同じ体積の空気より重い

オ　臭《にお》いがない

カ　刺激臭《しげきしゅう》がある

(3) (2)の気体を発生させる方法として正しいものを選び，ア～オの記号で答えなさい。

ア　アルミニウムに，水酸化ナトリウム水溶液を加える。

イ　石灰石に，うすい塩酸を加える。

ウ　二酸化マンガンに，濃い塩酸を加えて加熱する。

エ　二酸化マンガンに，過酸化水素水を加える。

オ　塩化アンモニウムと水酸化カルシウムをまぜて加熱する。

(4) うすい塩酸A $1cm^3$に水酸化ナトリウム水溶液Dを加えてよくかきまぜたあと，BTB溶液を加えたところ，水溶液が緑色になりました。このとき加えた水酸化ナトリウム水溶液Dは何cm^3ですか。

〔Ⅱ〕 図(次のページ)のような装置を用いて，炭酸水素ナトリウム(重曹《じゅうそう》)を加熱する実験を行ったところ，水がつくられ，気体が発生し，試験管Aには白い固体が残りました。この実験について，問いに答えなさい。

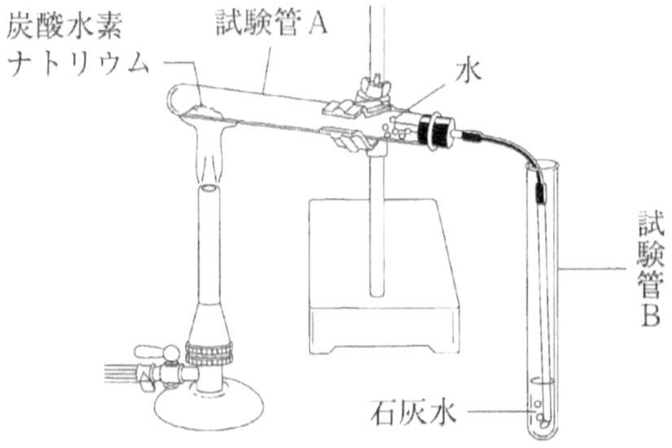

図

（1） 炭酸水素ナトリウムの加熱のように，1種類の物質が2種類以上の物質に分かれる化学変化を何といいますか。正しいものを選び，ア～エの記号で答えなさい。

ア　酸化　　イ　還元《かんげん》　　ウ　化合　　エ　分解

（2） 実験の結果，発生した気体によって試験管Bの石灰水が白くにごりました。発生した気体と同じ気体を発生させるため，2種類の物質を使用しました。このとき，使用した物質を選び，ア～キの記号で答えなさい。

ア　二酸化マンガン　　イ　炭酸カルシウム　　ウ　塩化アンモニウム
エ　塩酸　　オ　過酸化水素水　　カ　水酸化カルシウム
キ　亜鉛

（3） BTB溶液を加えたとき，炭酸水素ナトリウム水溶液と同じ色になる水溶液を選び，ア～クの記号で答えなさい。

ア　うすい塩酸　　イ　アンモニア水　　ウ　酢酸《さくさん》
エ　石灰水　　オ　砂糖水　　カ　食塩水
キ　炭酸水　　ク　水酸化ナトリウム水溶液

（4） この実験で，炭酸水素ナトリウムを完全に反応させたとき，残った白い固体は，炭酸ナトリウムであることがわかりました。その後，さまざまな重さの炭酸水素ナトリウムを完全に反応させ，残った炭酸ナトリウムの重さをはかると次の表のようになりました。

炭酸水素ナトリウムの重さ(g)	168	336	504	672
炭酸ナトリウムの重さ(g)	106	212	318	424

表

① 420gの炭酸水素ナトリウムを完全に反応させたとき，残った炭酸ナトリウムは何gですか。

② 残った炭酸ナトリウムが159gのとき，加熱した炭酸水素ナトリウムは何gですか。ただし，炭酸水素ナトリウムは完全に反応したものとします。

③ 420gの炭酸水素ナトリウムを加熱し，途中《とちゅう》で加熱をやめたところ，炭酸水素ナトリウムは完全には反応せず，残った白い固体の重さは389gでした。残った白い固体の中に炭酸ナトリウムは何％含《ふく》まれますか。ただし，つくられた気体と水の重さは考えないものとし，答えは小数第2位を四捨五入して小数第1位まで答えなさい。

〔Ⅲ〕 下の文章を読み，問いに答えなさい。

A型インフルエンザに効く新しいインフルエンザワクチンが開発され，話題となっています。

新しいワクチンも，従来からのワクチンも，ヒトの血液によるはたらきを利用しています。

そのヒトの血液は，大きく分けて，赤血球，（a），（b），c血しょうの4つの成分に分けられます。赤血球が赤いのは(d)という物質を含んでいるためです。(d)は(e)を含んでおり，全身の組織に(f)を運搬《うんぱん》する役割を果たしています。組織では，g糖などの栄養素を(f)を使って分解し，活動するためのエネルギーを得ています。

ワクチンをつくるためには，(a)のはたらきを利用しています。(a)がつくる抗体《こうたい》には，体内に侵入《しんにゅう》したウイルスの増殖《ぞうしょく》を阻止し，発症《はっしょう》や重症《じゅうしょう》化《か》を防ぐはたらきが知られています。

今回開発されたh新しいインフルエンザワクチンは，効果が2，3年持続できる可能性があり，毎年注射するのではなく，数年に一度の注射ですむことが期待されています。

（1） 文中の(a)，(b)，(d)，(f)にあてはまる語句をそれぞれ答えなさい。

（2） 文中の(e)にあてはまるものを選び，ア～エの記号で答えなさい。

ア 亜鉛　　イ マグネシウム　　ウ 鉄　　エ カルシウム

（3） 下線部cの血しょうの特徴《とくちょう》として，正しいものを選び，ア～カの記号で答えなさい。

ア ごくうすい黄色である。

イ ごくうすい赤色である。

ウ 静脈血にくらべ，動脈血に多く含まれる。

エ 動脈血にくらべ，静脈血に多く含まれる。

オ 肺静脈にくらべ，肺動脈を流れる血液に多く含まれる。

カ 大動脈にくらべ，門脈を流れる血液に多く含まれる。

（4） 下線部gの現象は何といいますか。

（5） 下線部hについて，従来のインフルエンザワクチンは毎年注射しなければならないのはなぜですか。最もあてはまるものを選び，ア～エの記号で答えなさい。

ア インフルエンザウイルスが変異しないから。

イ インフルエンザウイルスが日々変異しつづけているから。

ウ 抗体が，ヒトの体内ですぐに分解されるから。

エ 抗体が，ヒトの体内でつくられすぎるから。

〔Ⅳ〕 アサガオには，一部に緑色でない部分(ふ)を含む葉があり，この葉を「ふ入りの葉」といいます。アサガオのふ入りの葉を用いて，次の実験を行いました。この実験について，問いに答えなさい。

【実験】

① 図のように，ふ入りの葉の一部をアルミはくでおおい，十分に光をあてた。

② この葉を切り取ってアルミはくを外し，熱湯につけた後，あたたかいエタノールにつけた。

③ 葉をヨウ素液につけ，色の変化を観察した。

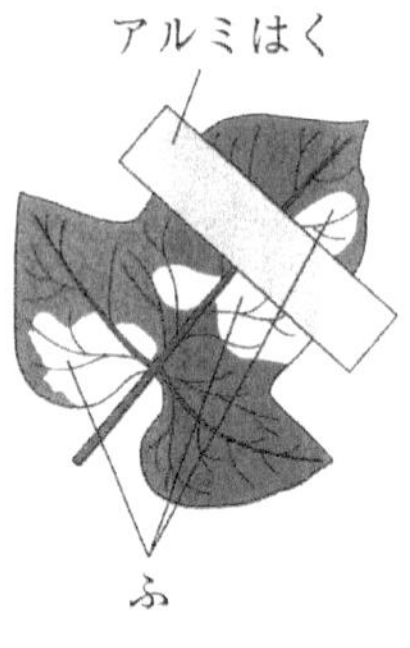

図

(1) アサガオの葉を観察すると，葉脈が網《あみ》の目のように広がっていました。このような葉脈をもつ被子《ひし》植物を何といいますか。

(2) 実験の②で，アサガオの葉をあたたかいエタノールにつけたところ，アサガオの葉から緑色が抜《ぬ》け，エタノールは緑色に変色しました。アサガオの葉から抜けた緑色の物質の名称《めいしょう》を答えなさい。

(3) 実験の③で，アサガオの葉をヨウ素液につけたところ，ヨウ素液の色が変化した部分と，変化しなかった部分がありました。ヨウ素液の色が変化した部分として正しいものを選び，ア～エの記号で答えなさい。

ア アルミはくでおおった緑色の部分

イ アルミはくでおおったふの部分

ウ アルミはくでおおわなかった緑色の部分

エ アルミはくでおおわなかったふの部分

(4) 実験の③で，ヨウ素液の色が変化する原因となる物質の名称を答えなさい。

(5) この実験の結果のみから考えたとき，アサガオの葉が(4)で答えた物質をつくるために必要な条件としてあてはまるものを選び，ア～カの記号で答えなさい。

ア 光　　イ 酸素　　ウ 二酸化炭素

エ 適切な温度　　オ 葉の緑色の部分　　カ 水

〔Ⅴ〕 図は，太陽のまわりを惑星《わくせい》が公転するようすを，地球の北極側から表したもので，図中のaは地球，図中のb，c，dは，地球のすぐ内側の惑星A，e，fは，地球のすぐ外側の惑星Bの位置を表しています。図を見て，問いに答えなさい。

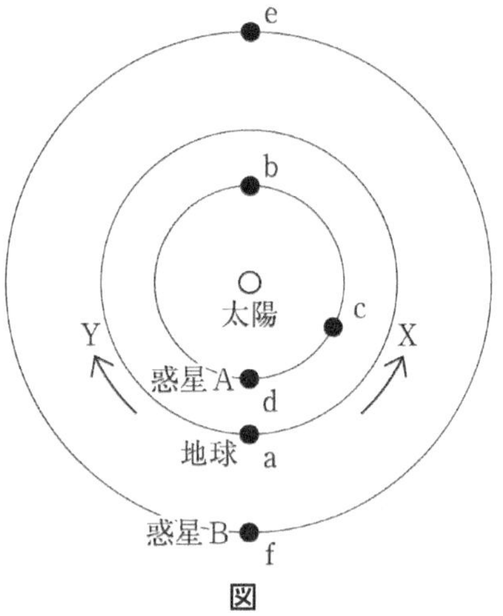

図

(1) 地球が公転する向きとして正しいのは，図中のX，Yのどちらですか。記号で答えなさい。

(2) 惑星A，Bの名称をそれぞれ答えなさい。

(3) 真夜中に見ることができる惑星はどれですか。正しいものを選び，ア～エの記号で答えなさい。

ア　惑星A　　　　イ　惑星B

ウ　惑星A，Bの両方　　　　エ　惑星A，Bともに見えない

(4)　地球がaの位置にあるときに見ることができない惑星の位置を選び，b～fの記号で答えなさい。

(5)　地球がa，惑星Bがfの位置にあるとき，惑星Bの見え方として正しいものを選び，ア～エの記号で答えなさい。

ア　明け方の東の空　　　　イ　明け方の西の空

ウ　夕方の東の空　　　　エ　夕方の西の空

(6)　地球がa，惑星Aがcの位置にあるとき，惑星Aの見え方として正しいものを選び，ア～エの記号で答えなさい。

ア　明け方の東の空　　　　イ　明け方の西の空

ウ　夕方の東の空　　　　エ　夕方の西の空

(7)　地球がa，惑星Aがcの位置にあるとき，(6)で答えた時刻に惑星Aを望遠鏡で観測すると，惑星Aはどのように見えますか。正しいものを選び，ア～オの記号で答えなさい。

ア　　イ　　ウ　　エ　　オ

〔Ⅵ〕　長さが24cmで厚さが均一な板を台の上にのせ，板が傾《かたむ》く直前のようすを調べる【実験1】～【実験3】を行いました。最初は図1のように，1枚の板を台の上にのせ，板のはしと台のはしをそろえて置きました。これらの実験について，問いに答えなさい。

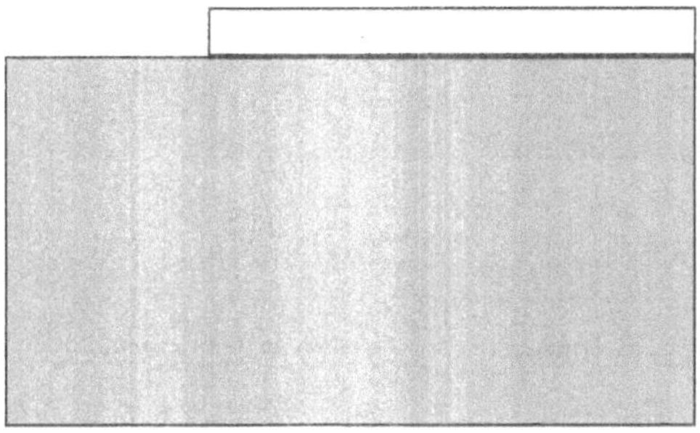

図1

【実験1】

図1の状態から，板の左はしをゆっくり押《お》し，板が傾く直前まで動かした。図2は，そのときのようすを示していて，台からはみ出した長さをaとする。

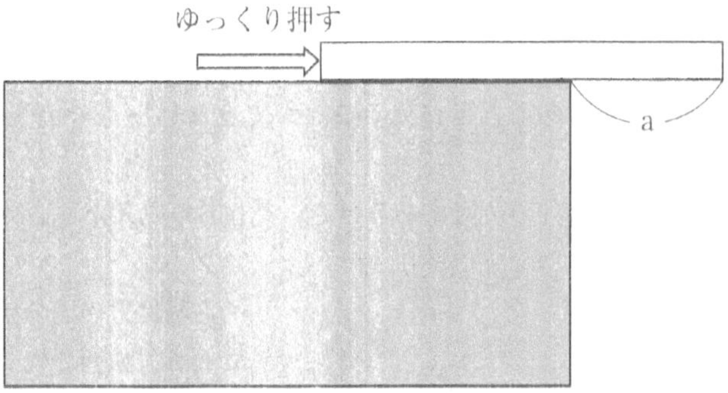

図2

【実験2】

板を2枚重ねて置いた状態から，上の板の左はしをゆっくり押し，上の板が傾く直前まで動かした。そのとき，下の板に対して上の板がはみ出した長さをbとする。次に，上の板と下の板の位置を変えないように重ねたまま，下の板の左はしをゆっくり押し，2枚の板が傾く直前まで動かした。図3は，そのときのようすを示していて，下の板が台からはみ出した長さをcとする。

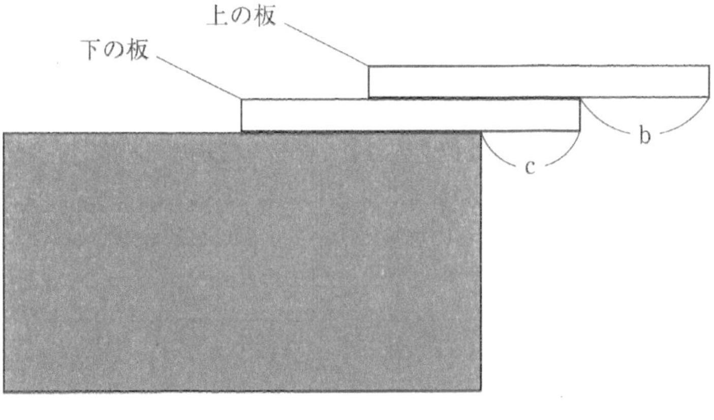

図3

【実験3】

板を3枚重ねて置いた状態から，上の板の左はしをゆっくり押し，上の板が傾く直前まで動かした。そのとき，中の板に対して上の板がはみ出した長さをdとする。次に，上の板と中の板の位置を変えないように重ねたまま，中の板の左はしをゆっくり押し，2枚の板が傾く直前まで動かした。そのとき，下の板に対して中の板がはみ出した長さをeとする。続いて，上の板，中の板，下の板の位置を変えないように重ねたまま，下の板の左はしをゆっくり押し，3枚の板が傾く直前まで動かした。そのとき，下の板が台からはみ出した長さをfとする。図4は，そのときのようすを示している。

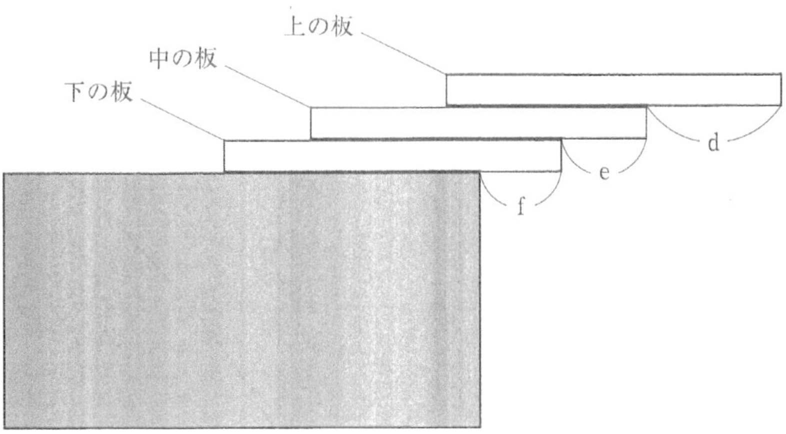

図４

（１）【実験１】のａの長さは何cmですか。

（２）【実験２】のｂ＋ｃの長さは何cmですか。

（３）【実験３】のｄ＋ｅ＋ｆの長さは何cmですか。

〔Ⅶ〕 ばねとおもり，斜面《しゃめん》を使って【実験１】，【実験２】を行いました。これらの実験の結果を用いて，問いに答えなさい。ただし，おもりはすべて静止しており，ばねや糸の重さは考えず，面や滑車《かっしゃ》には摩擦《まさつ》がないものとします。また，（１）～（５）の装置は，水平な場所に置かれています。

【実験１】

ばねにおもりをつるして，おもりの重さとばねののびとの関係を調べたところ図１のようになった。

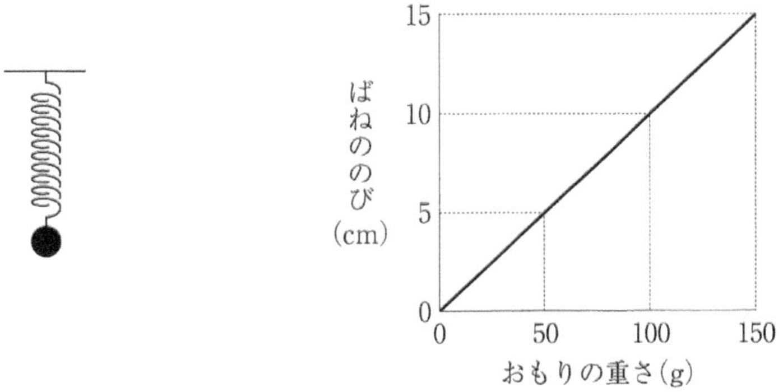

図１

【実験２】

ばねに100gのおもりをつるして，図のようにばねとおもりを傾けたところ，角度とばねののびとの関係は図２のようになった。

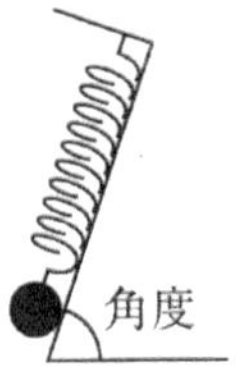

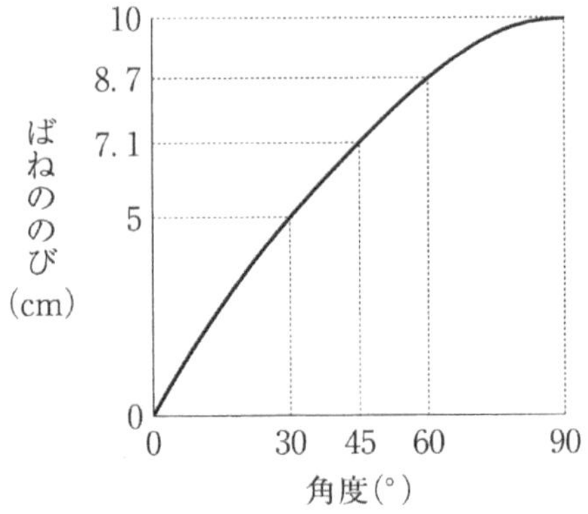

図２

（１） 100gのおもりと重さのわからないおもりA，滑車を使って図のような装置をつくりました。このとき，おもりAの重さは何gですか。

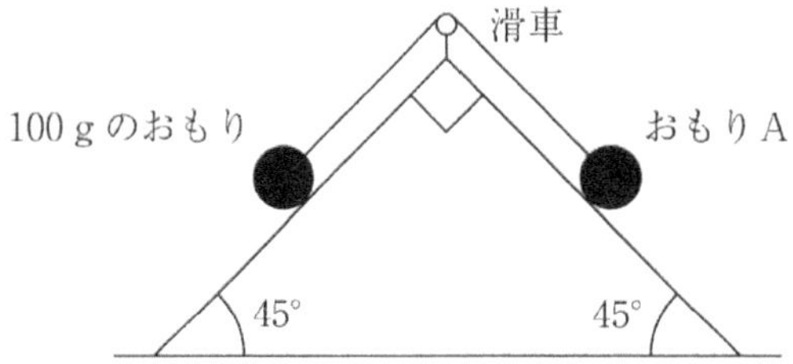

（２） 100gのおもりと重さのわからないおもりB，滑車を使って図のような装置をつくりました。このとき，おもりBの重さは何gですか。

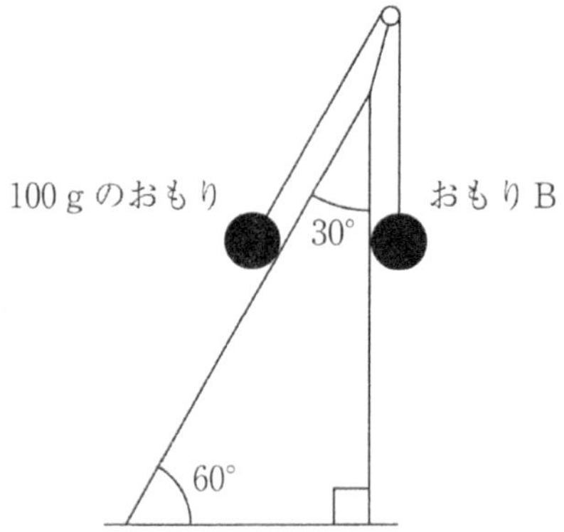

（３） 100gのおもり3個と重さのわからないおもりC，滑車を使って図のような装置をつくりました。このとき，おもりCの重さは何gですか。小数第1位を四捨五入して整数で答えなさい。

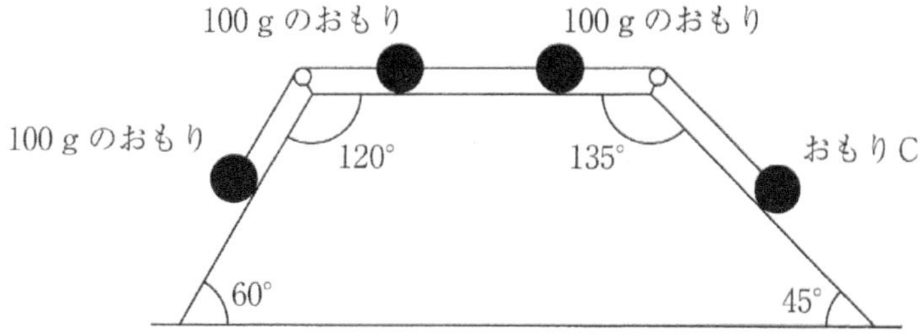

（4） 100gのおもりと重さのわからないおもりD，【実験1】，【実験2】で使用したばね，滑車を使って図のような装置をつくりました。このとき，ばねののびは何cmですか。

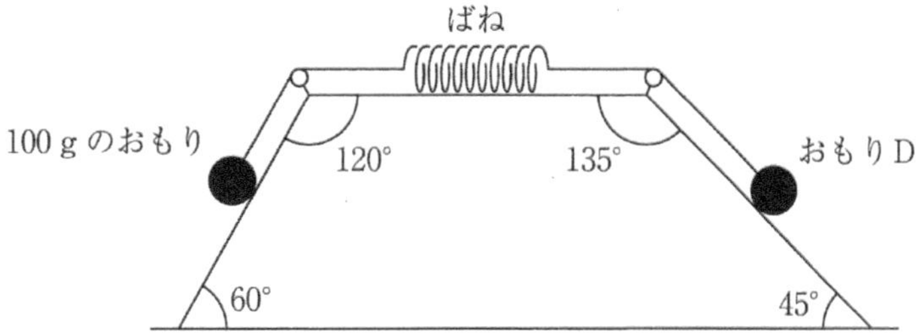

（5） 100gのおもり2個と重さのわからないおもりE，滑車を使って図のような装置をつくりました。このとき，おもりEの重さは何gですか。小数第1位を四捨五入して整数で答えなさい。

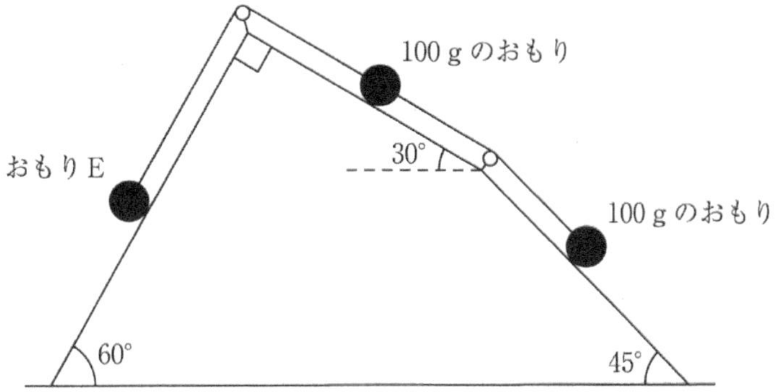

【社　会】（40分）〈満点：75点〉

Ⅰ 次の先生と生徒の会話文を読み，以下の問いに答えなさい。

先生：みなさん，明治中学校の初代校長はご存じですか。

生徒：はい。鵜沢総明《うざわふさあき》先生です。

先生：そうですね。スクールバスロータリーのところに先生の胸像がありますよね。鵜沢先生は明治時代から昭和時代にかけて，様々な分野で活躍されました。その1つが司法の世界です。弁護士として様々な裁判に関わりました。日本の公害問題の原点と言われる事件は何でしょうか。

生徒：①足尾銅山鉱毒事件です。

先生：その通りです。足尾銅山鉱毒事件に関わる裁判では，暴徒として逮捕された農民の弁護を行いました。また，日比谷焼打ち事件・ジーメンス事件・大逆事件などの裁判でも弁護にあたりました。極東国際軍事裁判では日本側の弁護団長を務めました。

生徒：歴史の教科書にのっている事件の裁判に関わられたのですね。ところで，なぜ鵜沢先生は弁護士の道を目指したのですか。

先生：鵜沢先生は少年時代に，父親が無実の罪で勾留《こうりゅう》されてしまいました。その時の苦労を知り，当時の人々の間にはあまり定着していなかった②人権意識を持った弁護士になろうと，志を持ったのかもしれませんね。

生徒：そのような強い思いを持って，弁護士を志したのですね。

先生：そうですね。鵜沢先生は，教育の分野でも活躍しました。明治大学をはじめいくつかの大学の教壇に立たれ，法学に関する授業を担当しました。特に，「権利自由」「独立自治」を建学の精神とする明治大学は，人権を大切にする意識をもつ鵜沢先生にとって，最適な活躍の舞台だったのかもしれません。1912年には，本校の初代校長に就任します。この年，日本ではどのようなできごとが起こったか分かりますか。

生徒：［ あ ］。

先生：そうですね。このことからも，本校は古い歴史を持っていることが分かります。本校では，『校友会誌』が発行され，鵜沢先生は巻頭言を書いていました。**資料1**は，『校友会誌』第4号の巻頭言です。何年に発行されたものだと思いますか。

生徒：**資料1**の下線部分から，［ い ］年に発行されたものだと思います。

先生：その通りです。日本の歴史と学校の歴史のつながりが感じられますね。**資料2**は，『学友会誌』第10号の巻頭言です。この資料から，鵜沢先生は学問をどのようなものだと述べているか，読み取ることができますか。

生徒：［ う ］，ということが読み取れます。

先生：そうですね。鵜沢先生は政治の世界でも活躍されました。政治家として，衆議院と③貴族院の両院で，通算するとおよそ25年にわたって議員を務め，特に貴族院議員を務めていた時期には，④1931年に公布された法律の制定に大きく貢献したことで知られています。また，女子教育の拡充や女性が弁護士資格を有することができるようにすることにも努められたようで，国の委員会にも参加しました。現在の司法試験にあたる高等文官試験司法科に，女性で最初に合格した武藤(三淵)嘉子ら3名が明治大学の出身者であることを考えると因縁を感じますね。鵜沢先生にとって，国会議員であることは，みずからが理想とする社会を実現するための「実践の場」だったのかもしれません。

生徒：わたしたちは，明治中学生として鵜沢先生の思いを知り，日々熱心に学問に向き合うと共に，社会の一員として行動を起こしていかなければなりませんね。

資料1　（一部，分かりやすいように改変しました）

昨年十一月十一日，ドイツの休戦条約調印と共に，今年の講和は思ったよりも順調に進みました。我日本国もまた，世界五大強国の一つとしてフランスパリの檜《ひのき》舞台に立ったのであります。ベルサイユ宮殿鏡の間の講和条約調印は，実に国際連盟の基礎であります。

資料2　（一部，分かりやすいように改変しました）

およそ，人間の一生涯は見様によっては学問の一生涯である。ただ学問ということは，学校にいる時ばかり，本を読む時ばかり，道理を考えている時ばかりだと思ってはならない。学問を専門とする人は考えたり読んだり書いたりすることが学問であるが，国家社会の必要に応じてそれぞれ働く人々の間においては，電光石火その目《め》醒《ざ》めた活動は，みな学問である。学校へ入学して学生である以上は，もとより学校の教育を受け，正直に，真面目に勉強せねばならない。これは言うまでも無いことである。しかし，ただ学校にいる時ばかりが学問の時間であり，その時ばかりが学問であると，誤解してはならない。鋤《すき》や鍬《くわ》を取るなら，田園そのものに学問がなければならない。算盤《そろばん》を執《と》る，簿記を記《かきつ》ける，商売をする，その活動の中に学問は存在することを忘れてはならない。工場にも学問がある。道路の上にも学問がある。それゆえ，中学の学問を修了して更に高等の学校に学ぶのも学問であるが，すぐに実際の社会で働くのもまた学問である。この心掛けは，誠に大切である。

1　下線部①について，足尾銅山が発生源となり起きた公害の影響は，現在でも残っており，次のページの**図1**の地図からも読み取ることができます。地図中の河川とその周辺についてまとめた次の文章を読んで，以下の問いに答えなさい。

図1中の**A**の川は，下流に[え]遊水地があり，利根川と合流する[え]川です。[え]川の上流部にあたる久蔵《きゅうぞう》川，[え]川と合流する出川と神子内《みこうち》川の周辺の土地利用に着目してみましょう。久蔵川・出川と神子内川とでは土地利用が大きく異なっています。久蔵川と出川の周辺の斜面は[お]が広がっているのに対し，神子内川周辺の斜面は[か]などが広がっています。[か]は赤倉山山頂の西側にも広がっています。

(1)　空らん[え]～[か]に入る語句を答えなさい。

(2)　久蔵川と出川の周辺の斜面が[お]になっているのは，公害の影響によるものです。久蔵川と出川の周辺の斜面が[お]になっていることと，最も関係のあることがらを次の**ア**～**エ**の中から1つ選び，記号で答えなさい。

ア　本山製錬所から出された亜硫酸ガスをふくむ煙や雨

イ　本山製錬所から出されたカドミウムをふくむ川の水

ウ　本山製錬所から出された有機水銀をふくむ川の水

エ　本山製錬所から出された放射性物質をふくむ土

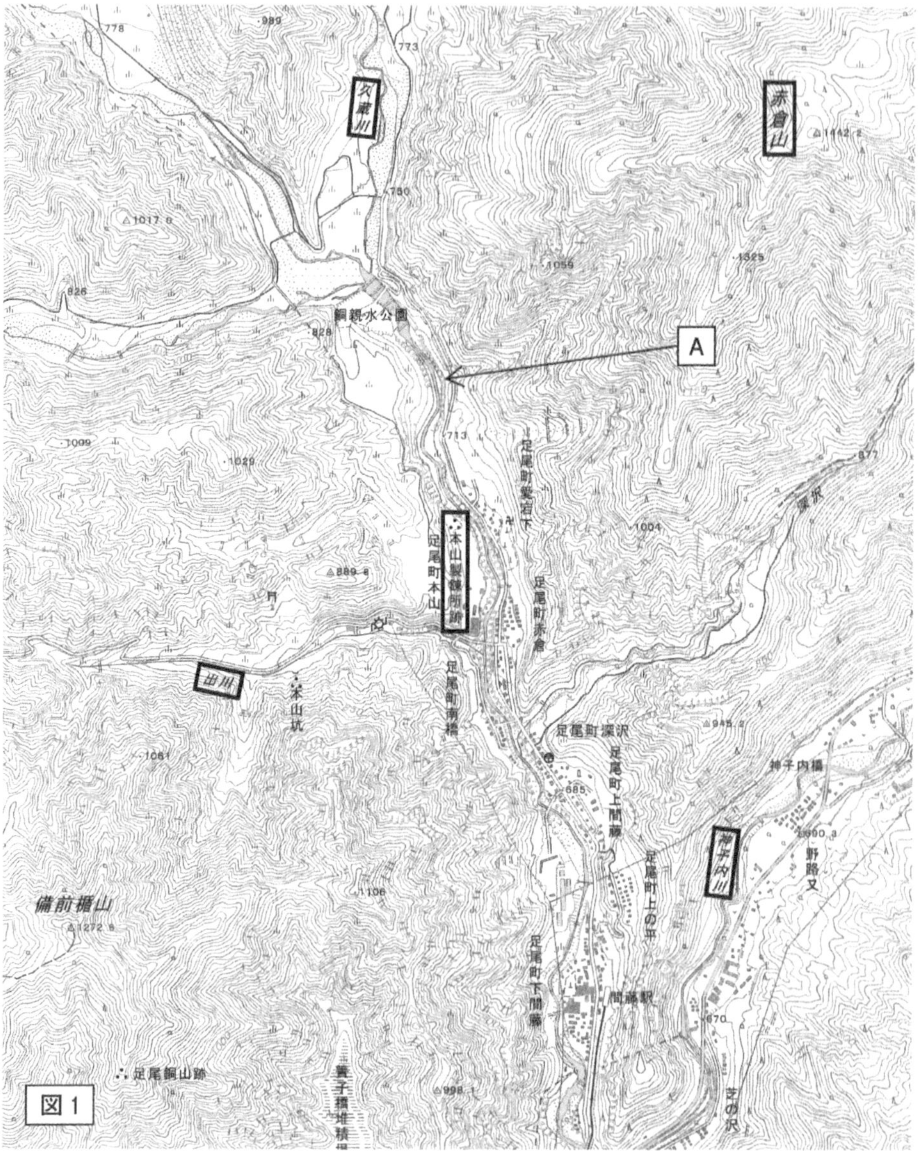

図1

[電子地形図 25000より作成]

2　下線部②について，日本国憲法には，被疑者や被告人の人権を尊重する規定があります。その内容の説明として正しくないものを次の**ア**～**エ**の中から1つ選び，記号で答えなさい。

ア　被告人の個人情報を保護するため，裁判は常に非公開で行わなければならない

イ　どのような人でも，自己に不利益な唯一の証拠が本人の自白である場合には，有罪とされない

ウ　拷問《ごうもん》・脅迫《きょうはく》による自白は，証拠とすることができない

エ　どのような人でも，法律の定める手続によらなければ，刑罰を科せられない

3　空らん［あ］に入る文として正しいものを次の**ア**～**エ**の中から1つ選び，記号で答えなさい。

ア　韓国併合条約が結ばれました

イ　第一次世界大戦が始まりました
ウ　第一次護憲運動が始まりました
エ　ポーツマス条約が結ばれました

4　空らん **い** に入る年号として正しいものを次の**ア**～**エ**の中から1つ選び，記号で答えなさい。
ア　1914　　**イ**　1919　　**ウ**　1924　　**エ**　1929

5　空らん **う** に入る文として正しいものを次の**ア**～**エ**の中から1つ選び，記号で答えなさい。
ア　学問とは，学校にいる時にのみ学べるものである
イ　学問とは，商売をするなど，活動の中にも存在する
ウ　学問とは，専門家のみが考えたり，書いたりすることである
エ　学問とは，高校に進学する裕福な人のみが受けることができるものである

6　下線部③について，現在の国会では参議院になっています。参議院に関して述べた文として正しいものを次の**ア**～**エ**の中から1つ選び，記号で答えなさい。
ア　参議院は，天皇から指名された議員によって構成される
イ　満25歳の日本国民である女子は，参議院議員の被選挙権をもたない
ウ　満30歳の日本国民である男子は，参議院議員の被選挙権をもたない
エ　参議院議員の任期は6年であるが，任期中に解散があった場合議員資格を失う

7　下線部④について，この法律は大日本帝国憲法に規定のなかった権利を保障する道をひらくものでした。現在この権利は，日本国憲法第40条で請求《せいきゅう》権の一部として保障されていますが，その条文を次の**ア**～**エ**の中から1つ選び，記号で答えなさい。
ア　すべて国民は，健康で文化的な最低限度の生活を営む権利を有する。
イ　勤労者の団結する権利及び団体交渉その他の団体行動をする権利は，これを保障する。
ウ　両議院は，各々国政に関する調査を行ひ，これに関して，証人の出頭及び証言並びに記録の提出を要求することができる。
エ　何人も，抑留《よくりゅう》又は拘禁《こうきん》された後，無罪の裁判を受けたときは，法律の定めるところにより，国にその補償を求めることができる。

Ⅱ　3つの都府県が接する場所を「三県境」と言うことがあります。東京都を例に挙げると，次の地図中の①～③のいずれもが「三県境」です。「三県境」に関する，以下の問いに答えなさい。

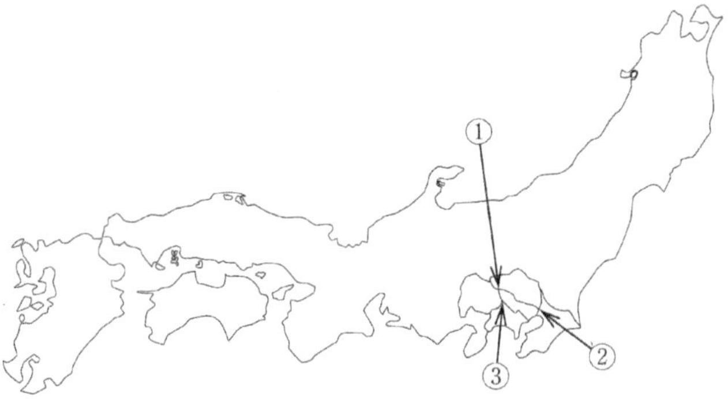

1　長野県・静岡県・愛知県の「三県境」は，全長200kmを超える河川に位置します。その河川の名前を答えなさい。

2　都府県の中には多数の「三県境」をもつものがあります。次のA～Iの9地点いずれもが，ある都府県の「三県境」になっています。この都府県名を答えなさい。なお，都・府・県の区別が分かるように答えること。

	標高	緯度(北緯)	経度(東経)
A	877m	35° 13′	136° 25′
B	606m	34° 47′	136° 1′
C	282m	34° 44′	136° 3′
D	185m	34° 1′	136° 0′
E	62m	33° 55′	135° 55′
F	59m	33° 55′	135° 53′
G	38m	33° 52′	135° 51′
H	36m	33° 52′	135° 52′
I	1m	35° 8′	136° 40′

※　標高と緯度・経度は地理院地図で計測した。

3　次のア～エは，山地に「三県境」がある4組の府県に関する文です。正しい説明をしているものを次のア～エの中から1つ選び，記号で答えなさい。

ア　島根県・広島県・山口県のうち，広島県と山口県にある島の中には，国立公園に指定されている場所があるが，島根県の島にはない

イ　鳥取県・岡山県・広島県の各県庁所在地の中で年間降水量が最も少ないのは，鳥取砂丘がある鳥取市である(総務省『日本の統計2023』による)

ウ　徳島県・愛媛県・高知県の3県の最高所がある場所は，四国地方で最も標高が高い活火山である石鎚山の山頂である

エ　三重県・滋賀県・京都府の各府県には，淀川の流域にあたるところがある

4　茨城県・栃木県・埼玉県は「三県境」でたがいに接しています。次の表は，これら3つの県の1事業所あたりの製造品出荷額等と5つの製造業の製造品出荷額等の全製造品出荷額等に占める割合を示しています。A～Cにあてはまる県の組み合わせとして正しいものをあとのア～カの中から1つ選び，記号で答えなさい。

	1事業所あたりの製造品出荷額等(百万円)	印刷・印刷関連業(%)	化学工業(%)	鉄鋼業(%)	電気機械器具製造業(%)	輸送用機械器具製造業(%)
A	2404.6	1.0	13.8	7.6	7.3	6.9
B	1772.7	0.6	7.9	3.1	9.6	11.8
C	1078.5	5.2	12.0	2.7	3.3	16.9

[2022年　経済構造実態調査より作成]

ア　A ― 茨城県　　B ― 栃木県　　C ― 埼玉県
イ　A ― 茨城県　　B ― 埼玉県　　C ― 栃木県
ウ　A ― 栃木県　　B ― 茨城県　　C ― 埼玉県
エ　A ― 栃木県　　B ― 埼玉県　　C ― 茨城県

オ　A ― 埼玉県　　　B ― 茨城県　　　C ― 栃木県

カ　A ― 埼玉県　　　B ― 栃木県　　　C ― 茨城県

5　山形県・福島県・新潟県は「三県境」でたがいに接しています。次の**A**～**C**の図は，これら3つの県内にある市町村の2020年の人口(横軸)と，2015年から2020年にかけて増加または減少した人口(縦軸)を示しています。**A**～**C**の図を見て，以下の問いに答えなさい。

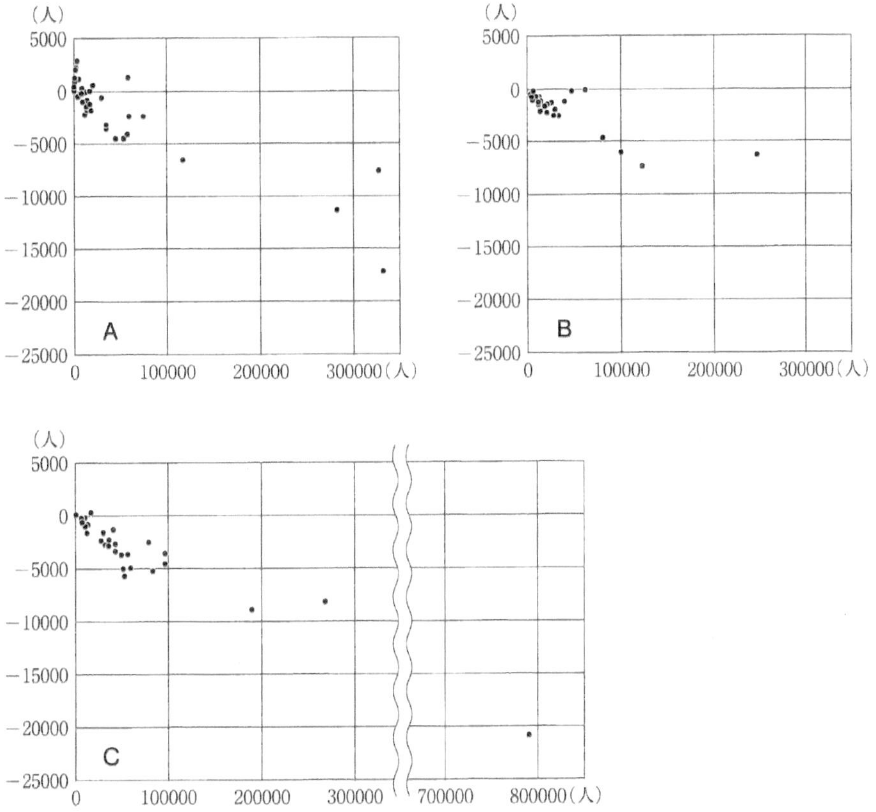

[2020年　国勢調査より作成]

※　縦軸の0より上の部分は増加を，0より下の部分は減少を意味する。

(1)　**A**の市町村の中で，2015年から2020年の間に人口が1000人以上増えたところがあり，その中には3倍以上増加したところもふくまれています。また，これらの市町村の大半は，県内のある地域に位置しています。その位置の説明として，最も適切なものを次の**ア**～**カ**の中から1つ選び，記号で答えなさい。

ア　県北の西部の平野・盆地　　　**イ**　県中央の平野・盆地

ウ　県中央の山間部　　　**エ**　県東の臨海部

オ　県南の西部の臨海部　　　**カ**　県南の西部の山間部

(2)　**A**～**C**にあてはまる県の組み合わせとして正しいものを次の**ア**～**カ**の中から1つ選び，記号で答えなさい。

ア　A ― 山形県　　　B ― 福島県　　　C ― 新潟県

イ　A ― 山形県　　　B ― 新潟県　　　C ― 福島県

ウ　A ― 福島県　　B ― 山形県　　C ― 新潟県
エ　A ― 福島県　　B ― 新潟県　　C ― 山形県
オ　A ― 新潟県　　B ― 山形県　　C ― 福島県
カ　A ― 新潟県　　B ― 福島県　　C ― 山形県

6　北海道・佐賀県・長崎県・沖縄県には「三県境」がありません。次の表は，これら4つの道県の空港の数と，2020年から2023年の間に開業した鉄道駅と廃止になった鉄道駅の数を示しています。長崎県と沖縄県にあてはまる記号を表中の**ア**～**エ**の中からそれぞれ1つ選び，記号で答えなさい。

	空港の数	鉄道駅の開業数	鉄道駅の廃止数
ア	14	1	77
イ	13	0	0
ウ	6	2	0
エ	1	1	0

［国土交通省ホームページと国土数値情報などより作成］

※　ここでの空港には，ヘリポートと飛行共用飛行場はふくまれない。ここでの鉄道駅は，旅客駅のことであり，貨物のみを取りあつかう駅はふくまれない。

Ⅲ　小学校の夏休みの宿題で，日記を書いたことがある人は多いと思います。なぜ日記を書かなければならないのかと，疑問に思いながら書いた人もいるでしょう。明治維新以降の近代に入って日記の書き手は，性別・年齢・職業を越えて増えました。近年のブログをふくめれば，その数はさらに多くなります。ここでは，歴史上の日記に注目したいと思います。なお，ここで扱う史料は現代語に訳し，わかりやすいように一部を改めています。

1　本庄繁『本庄日記』より一部抜粋《ばっすい》

この日，拝謁《はいえつ》した時，①彼等行動部隊の陸軍将校の行為は，陛下の軍隊を，勝手に動かし，統帥権を犯すことは，はなはだしきことで，もとより，許すべきものではないが，その精神に至っては，君国への思いから出たもので，必ずしも咎《とが》めるべきものではないと申し述べた。しかし，後に御召があり，②朕の最も信頼する老臣を殺害し，このような兇暴《きょうぼう》の将校等，その精神においてもどうして許すべきことがあろうかと仰せられた。

2　ある中学校の生徒の日記より一部抜粋

・三月十五日　クルーズ船，新たに十五人の感染を確認。(クルーズ船の)健康観察完了。食事会をとりやめ，クルーズ船の乗客の方の回復を願いたい。

・三月十六日　③G7がテレビ会議，サミット発足以来初，全世界で協力していくことが大切。

3　藤原宗忠『中右記』の七月七日の記事

④禅定法王は，……後三条天皇が亡くなった後，天下の政治を行うこと五十七年に及んだ。……⑤幼い三代の天皇の政治を後見し，斎王六人の親となった。このような例は桓武天皇以来，その例がない。

4　⑥ベルツ『ベルツの日記』の二月九日の記事

東京全市は，十一日の［あ］発布をひかえてその準備のため，言語に絶した騒ぎを演じている。到るところ，奉祝門《ほうしゅくもん》，照明(イルミネーション)，行列の計画。だが，こっけいなことには，誰も[あ]の内容をご存じないのだ。

[5]　寺田寅彦『震災日記』の九月二日の記事

御茶の水の方へ上がって行くと，女子高等師範の庭は杏雲堂病院の避難所になっていると立札が読まれる。御茶の水橋は中程の両側が少し崩れただけで残っていたが，駿河台は全部焼けて跡形もなかった。⑦明治大学前に黒こげの死体がころがっていて，一枚の焼けたトタン板が被せてあった。……帰宅してみたら焼け出された浅草の親戚のものが十三人避難して来ていた。いずれも何一つ持出すひまもなく，⑧昨夜上野公園で露宿していたら巡査が来て〇〇人の放火者がウロウロするから注意しろと言ったそうだ。井戸に毒を入れるとか，爆弾を投げるとかさまざまな浮説が聞こえて来る。こんな場末の町へまでも荒らして歩くためには，一体何千キロの毒薬，何万キロの爆弾がいるであろうか，そういう概算の勘定だけからでも自分にはその話は信じられなかった。

[6]　紀貫之『土佐日記』より一部抜粋

・二十日の夜の月が出た。山の端もなくて，海の中から出て来る。このような光景を見てか，昔，[い]といった人は，中国に渡って，帰って来ようとした時に，舟に乗るはずの所で，中国の人が宴《うたげ》を開き，別れを惜しんで，漢詩を作ったりした。……[い]は，「あをうなばらふりさけ見れば春日なる三笠の山にいでし月かも」という歌を詠《よ》んだ。

・二十三日。日が照って，曇った。このあたりは，⑨海賊の襲《おそ》って来る恐れがあるというので，神仏に祈る。

[7]　英俊『多聞院日記』の⑩七月十七日の記事

天下の百姓の刀をことごとく取る。大仏のくぎに刀を使うべし。現世には刀を持つことで戦いになって命を失うことから救うため，死後にはくぎに使うことで，すべての人にご利益をもたらし，現世と来世のための都合のよい方法であると仰せつけられた。実のところは一揆を防止するためだとの評判である。

1　文中の空らん[あ]・[い]に入る最もふさわしい語句を答えなさい。[あ]は漢字2字で答えなさい。

2　下線部①のできごととして正しいものを次の**ア**～**エ**の中から1つ選び，記号で答えなさい。

ア　二・二六事件　　**イ**　大逆事件　　**ウ**　秩父事件　　**エ**　五・一五事件

3　下線部②に該当する人物を次の**ア**～**エ**の中から1つ選び，記号で答えなさい。

ア　岡田啓介　　**イ**　昭和天皇　　**ウ**　大正天皇　　**エ**　斎藤実

4　下線部③の出席者として正しくない人物を次の**ア**～**エ**の中から1つ選び，記号で答えなさい。

ア　メルケル首相（ドイツ）　　**イ**　トルドー首相（カナダ）

ウ　プーチン大統領（ロシア）　　**エ**　マクロン大統領（フランス）

5　下線部④の人物が行ったこととして正しいものを次の**ア**～**エ**の中から1つ選び，記号で答えなさい。

ア　保元の乱に参加した

イ　太政大臣に就任した

ウ　法勝寺などのお寺を造営した

エ　諸国の守護・地頭に対して執権の追討命令を発した

6　下線部⑤に該当しない人物を次の**ア**～**エ**の中から1つ選び，記号で答えなさい。

ア　堀河　　　**イ**　鳥羽　　　**ウ**　崇徳　　　**エ**　後白河

7　下線部⑥の人物は，1876年に来日し，帝国大学で医学講義を行いました。彼の出身国として正しいものを次の**ア**～**エ**の中から1つ選び，記号で答えなさい。

ア　アメリカ合衆国　　　**イ**　ドイツ　　　**ウ**　フランス　　　**エ**　イギリス

8　[5]と次の地図を見て，以下の問いに答えなさい。

(1)　次の地図は，[5]の1ヶ月後に印刷された地図で，灰色の部分は震災による焼失地域を示しています。×**A**～**D**は，「青山学院」，「帝国大学」，「明治大学」，「早稲田大学」のいずれかです。下線部⑦の明治大学の場所を，地図中の×**A**～**D**の中から1つ選び，記号で答えなさい。

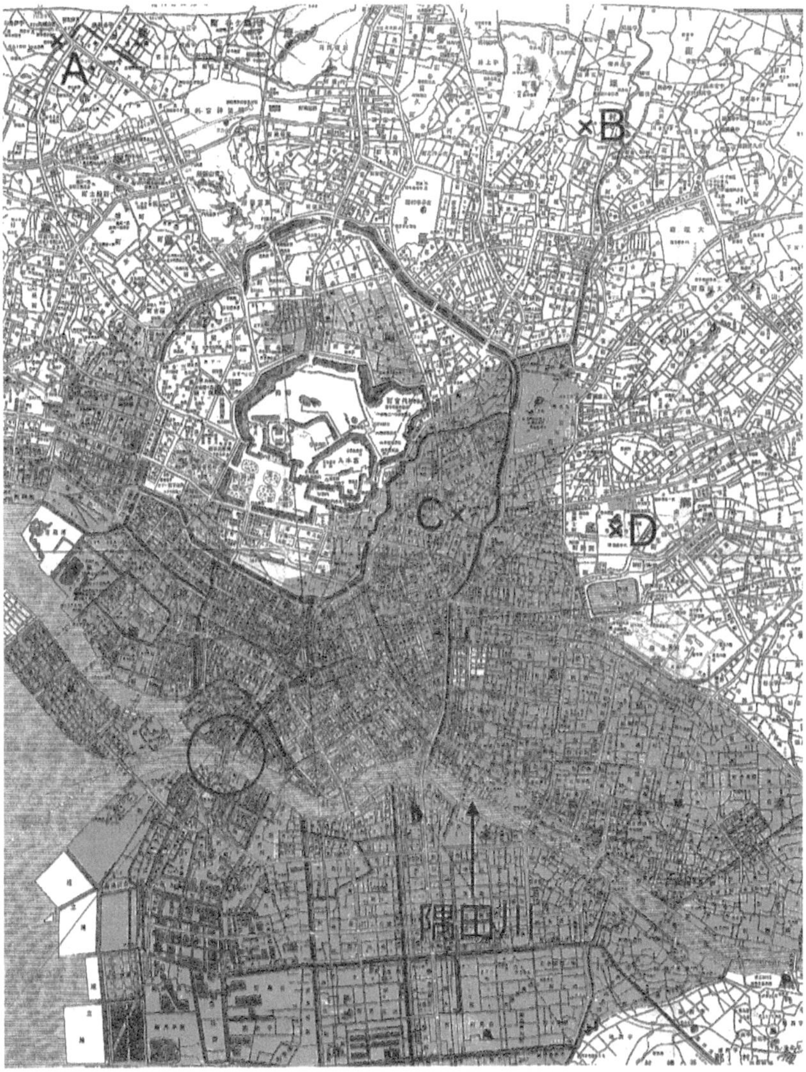

[「大正十二年九月一日震災焼失図最新東京市全図」八紘測量開発株式会社より作成]

(2)　[5]と地図から読み取れることとして正しくないものを次の**ア**～**エ**の中から1つ選び，記号で答えなさい。

ア　地図は，右側が北を示している

イ　隅田川にかかっている○の中にある橋は，被害を受けた

ウ　西郷隆盛像のある上野公園の大半は，被害を免《まぬが》れた

エ　隅田川右岸の浅草一帯は，被害を免れた

9　下線部⑧の結果，次の絵画のような虐殺《ぎゃくさつ》が至る所で行われました。次の絵画から読み取れることとして正しくないものをあとの**ア**～**エ**の中から1つ選び，記号で答えなさい。

[河目悌二による絵画(国立歴史民俗博物館蔵)より作成]

ア　Aの場面では，青年団・自警団が人を殺害している

イ　Bの場面では，軍隊・在郷軍人が死体を処理している

ウ　Cの場面では，警察官が後手にしばられた人を連行している

エ　Dの場面では，軍隊・在郷軍人が銃を突き付けている

10　下線部⑨から紀貫之は海賊を恐れていたことがわかります。紀貫之と同時代に生き，瀬戸内海の海賊の棟梁《とうりょう》となり，日振島を拠点に反乱を起こした人物を答えなさい。

11　下線部⑩について，この記事に書かれている内容として正しくないものを次の**ア**～**エ**の中から1つ選び，記号で答えなさい。

ア　武士から刀を取り上げることが書かれている

イ　刀を取り上げる名目は大仏建立のためだと書かれている

ウ　刀を大仏のくぎに使うことで，来世にも利益があると書かれている

エ　法令の意図が一揆防止であったことが見抜かれている

12　[1]～[7]の記事を時代の古い順に並べ，番号で答えなさい。

Ⅳ　次の文章を読み，以下の問いに答えなさい。

みなさんは，自由について考えたことはありますか。日本をはじめとする国の社会の中で，自由は大切な価値観の1つであると考えられており，①2023年5月に開催されたG7サミット後の会見で岸田首相は，「法の支配に基づく自由で開かれた国際秩序を堅持し，平和と繁栄を守り抜く決意を世界に示す，それが本年のG7議長国である日本に課された使命と言えます」と述べまし

た。明治大学の建学の精神の1つにも，「権利自由」が掲《かか》げられています。

日本国憲法においても自由は大切にされ，基本的人権の1つとして②自由権を保障しています。自由権は，③基本的人権の歴史の中でもっとも早く確立した権利です。17世紀～18世紀のイギリスやフランスなどにおいて，権力が国王に集中した絶対王政を批判する考えに基づく市民革命を経て確立されました。それがやがて，日本国憲法にも取り入れられたのです。

日本をはじめとする国の経済活動においても，自由は大切にされています。かつて，18世紀に活躍したアダム＝スミスは，個人の自由な利益を求める行動こそが，「見えざる手」に導かれて，社会全体の富を増大させると説きました。このような考え方が基になって，④資本主義経済が成立しました。

わたしたちの身の回りでも，自由という言葉を使うことがあります。みなさんは，この言葉をどのようにとらえて生活していますか。例えば，学校生活の中で，自由に過ごせるからといって，他人にいやがらせをしたり，ものを勝手にとったり，ろう下で騒《さわ》いだりしてもよいのでしょうか。もしこのようなことをしてよければ，かえってわたしたちの生活はしづらくなるでしょう。そこで，生活する人たちの間で話し合って合意した⑤きまりをつくり，それを皆で守りながら生活することで，対立が起きず，安心して暮らせるようにしています。

⑥自由という言葉は，社会の中でも，またわたしたちの生活の中でも耳にしますが，それをめぐる考え方には長い歴史があり，深い意味があります。みなさんも，これからの⑦学習や学校生活の中でじっくり考えてみてください。

1　下線部①に関する以下の問いに答えなさい。

(1)　下線部①が開催された都市の説明として正しいものを次の**ア**～**エ**の中から1つ選び，記号で答えなさい。

ア　1945年にアメリカ軍と日本軍との間で住民をまきこんだ地上戦が行われた

イ　1945年8月6日にアメリカによって原子爆弾が投下された

ウ　1997年に温室効果ガスの削減目標を定めた議定書が採択された

エ　「杜の都」とよばれ，2011年には東日本大震災の被害を大きく受けた

(2)　下線部①で採択された首脳宣言の内容についての説明として正しくないものを次の**ア**～**エ**の中から1つ選び，記号で答えなさい。

ア　普遍的人権，ジェンダー平等及び人間の尊厳を促進する

イ　ロシアの違法な侵略戦争に直面する中で，必要とされる限りウクライナを支援する

ウ　G7内及びその他の国々との協力を通じ，将来のクリーン・エネルギー経済への移行を推進する

エ　国際平和を実現するため，核抑止の理論を基にした取り組みを強化する

2　下線部②に関する以下の問いに答えなさい。

(1)　日本国憲法の中で，下線部②を保障した条文として正しいものを次の**ア**～**エ**の中から1つ選び，記号で答えなさい。

ア　何人も，いかなる奴《ど》隷《れい》的《てき》拘《こう》束《そく》も受けない。

イ　すべて国民は，法律の定めるところにより，その能力に応じて，ひとしく教育を受ける権利を有する。

ウ　すべて国民は，法の下に平等であって，人種，信条，性別，社会的身分又は門地により，政治的，経済的又は社会的関係において，差別されない。

エ　すべて国民は，健康で文化的な最低限度の生活を営む権利を有する。

（2）　下線部②にも制約がかかることがあります。このことが表れている次の日本国憲法の条文中の空らん[あ]にあてはまる語句を5字で答えなさい。

第22条　何人も，[あ]に反しない限り，居住，移転及び職業選択の自由を有する。

3　下線部③に関連して，次の日本国憲法の条文中の空らん[い]・[う]にあてはまる語句をそれぞれ漢字2字で答えなさい。

第97条　この憲法が日本国民に保障する基本的人権は，人類の多年にわたる自由獲得の[い]の成果であって，これらの権利は，過去幾多《いくた》の試錬《しれん》に堪《た》へ，現在及び将来の国民に対し，侵《おか》すことのできない[う]の権利として信託されたものである。

4　下線部③について，下線部④が発達したことにより，18～19世紀にさまざまな社会問題が起きたため，20世紀になると新たな人権が確立し，ワイマール憲法で初めて定められました。この人権について，以下の問いに答えなさい。

（1）　この人権が20世紀に確立した背景となる，さまざまな社会問題にはどのようなものがありますか。具体的に1つ答えなさい。

（2）　この人権を具体的に保障するための法律として正しくないものを次の**ア**～**エ**の中から1つ選び，記号で答えなさい。

ア　生活保護法　　**イ**　労働基準法　　**ウ**　刑事訴訟法　　**エ**　教育基本法

5　下線部④に関して述べた次の文章について，以下の問いに答えなさい。

資本主義経済において，売り手も買い手も多数存在し，自由な競争が行われている完全競争市場では，需要量が供給量より少なければ，価格は[え]がり，需要量が供給量より多ければ，価格は[お]がって，適正な価格が決まります。しかし，競争があまり行われなくなると，大企業である1社が，一方的に価格を決めるなど，市場を支配するようになることがあります。これを[か]といい，この状態になると，消費者が不利益を受けることもあります。そこで，法律によって，企業間の自由な競争を確保することをめざしています。

（1）　文章中の空らん[え]・[お]にあてはまる語句の組み合わせとして正しいものを次の**ア**～**エ**の中から1つ選び，記号で答えなさい。

ア　え－上　お－上　　**イ**　え－上　お－下

ウ　え－下　お－上　　**エ**　え－下　お－下

（2）　文章中の空らん[か]にあてはまる語句を漢字2字で答えなさい。

6　下線部⑤の1つに，法律があります。法律に関連する日本社会のしくみについて述べた文として正しいものを次の**ア**～**エ**の中から1つ選び，記号で答えなさい。

ア　法律は国の最高法規であり，法律に反する憲法の内容は無効となる

イ　天皇は国政に関する権能を有しないが，国事行為として法律を国民に公布する

ウ　「憲法の番人」である裁判所が認可しない法律案は成立させることができない

エ　内閣総理大臣が提出した法律案は閣議において可決されると直ちに法律となる

7　下線部⑥・⑦について，利用にあたってのきまりがなく，自由な自習室があったとします。利用者である**Aさん**は，「静かに勉強する自由があるので，静かに自習室で勉強したい」と考えています。一方，**Bさん**は，「皆で楽しく教え合いながら勉強する自由があるので，話しながら自習室で勉強したい」と考えています。

あなたは，**Aさん**と**Bさん**のどちらの考えに近いですか。解答らんの適する方に○をつけなさい。また，その人の考えの立場に立ったとき，反対の考えの立場の人をふくめた両者が，できるだけ納得して気持ちよく自習室を利用するために，あなたならどのようにするか答えなさい。ただし，次の〈1〉～〈3〉の**条件**を守ることとします。

(**条件**)

〈1〉自習室は1室しかなく，別室や個室をつくることはできない。

〈2〉「先生に言う」「先生にまかせる」など，他人をたよる解答は不可とし，自分と相手との間で解決できるようにすること。

〈3〉自分の考えを一方的におしつけたり，相手の考えに一方的に合わせたりする解答は不可とする。

ん。

ア　でも　　イ　なぜなら　　ウ　さらに
エ　たとえば　　オ　つまり

問九　文中の[E]～[H]には、ア「自分」、イ「他者」のどちらかが入る。それぞれ記号で答えなさい。

問十　――部⑦「二つの学問」が指すものを答えなさい。

問十一　――部⑧「生物学を乗っ取った情報学は、人間を知能偏重に変えました」とありますが、その結果、人間関係においてどのようなことが問題になると筆者は考えているか、答えなさい。

問十二　文中の[I]、[J]にあてはまる言葉を、次のア～エから選び、記号で答えなさい。ただし、同じ記号は二度使えません。

ア　遺伝的　　イ　表面的　　ウ　分析《せき》的　　エ　意識的

問十三　――部⑨「ICTのネットワークには中心がありません」とありますが、その結果起きる問題を答えなさい。

問十四　文中の[K]にあてはまることわざを、次のア～エから選び、記号で答えなさい。

ア　他山の石　　イ　どんぐりのせいくらべ
ウ　雨後の筍《たけのこ》　　エ　目の上のたんこぶ

問十五　文中の[L]にあてはまる言葉を、漢字二字で抜き出しなさい。

問十六　筆者の主張を、解答欄に合うように百字以内で説明しなさい。

二

次の1～10の文中の（カタカナ）を漢字で書きなさい。

1　（モクハン）画。
2　（オンセン）に入る。
3　熱心に（トウギ）する。
4　（フウフ）で出席する。
5　ユウキを（ブキ）にする。
6　石炭の（コウミャク）を守る。
7　江戸（バクフ）について調べる。
8　展覧会で（ドウショウ）を取る。
9　鏡に姿が（ウツ）る。
10　（アツ）い壁《かべ》にはばまれた。

向は、人類の進化と同じです。そこにあるのは、付き合う人の数を増やし、仲間の範《はん》囲を広げれば、ビジネスチャンスは増すし、知識も増える、自分の可能性も広がる、という考えです。しかし、人間が共感によってつながる人の数には限界がある。感情を置き去りにして「脳」だけでつながる人間の数を増やせば増やすほど、[L]のつながりが失われ、人間は孤独《こどく》を感じるようになります。ぼくたちは、コミュニティの規模に応じて、適切なコミュニケーションツールやルールを使い分けなくてはいけません。本当に信頼できる人とのつながりをつくるには、時間と空間を共有し、五感を使った付き合いをする必要があります。

それは、生物としての人間が、そういう付き合いをして進化をしてきたからです。その進化の跡《あと》は、今の人間社会のいろいろなところに、気がつかないまま埋《う》め込まれています。大事なのは、人間は「生物として」進化してきたことを自覚し、生物としての人間の幸福な在り方、生き方を考え、現代文明と付き合っていくことです。ほかの動物に見習うべきところはあるかもしれませんが、見つめるべきは人間独自の生物的な部分です。今、その大事な人間の特性がないがしろにされ【軽んじられ】ている。だから、人間は人間らしさを失いかけているし、つらい状況にも陥っているのです。

（山極寿一《やまぎわじゅいち》『スマホを捨てたい子どもたち』より・一部改変）

問一　――部①「このギャップの大きさ」が生まれる原因を筆者はどのように考えているか答えなさい。

問二　――部②「いくつかの特徴を発達させた」とありますが、具体的にどのようなことを指しているか、すべて答えなさい。

問三　文中の[1]、[2]にあてはまる説明を、文中の語句を用いて、[1]は十字以上十五字以内で、[2]は四十字以上四十五字以内でそれぞれ答えなさい。

問四　――部③「「150」という数字は、実に面白い数字である」とありますが、どのような点を筆者は面白いと考えているか答えなさい。

問五　文中の[A]にあてはまる四字熟語を、次のア～エから選び、記号で答えなさい。

ア　弱肉強食　　イ　古今東西
ウ　一期《ご》一会《え》　　エ　喜怒《ど》哀《あい》楽

問六　――部④「そのつながり」、⑤「こうした継続的な同調作用」、⑥「こうした日々の活動」の指示内容を、それぞれ答えなさい。

問七　本文からは次の段落が抜けています。どの形式段落の前に入れるのが適当ですか。その段落の初めの五字を答えなさい。

しかし、ＩＣＴやＡＩは、個人を拡張する方向に進んでいて、異なるもの同士がつながり合って新しいことを生み出すことを目指していないように思います。インターネットは、「同じである」ことを前提として付き合うバーチャルな空間です。相手も自分も同じように行動することを前提につながっている。

問八　文中の[B]～[D]にあてはまる言葉を、次のア～オから選び、記号で答えなさい。ただし、同じ記号は二度使えませ抜《ぬ》けられなくなりますね。紹《しょう》介してくれた人のメンツ【顔】をつぶしたくないので、抜けるからにはけじめをつけなくてはいけなくなります。一方、点と点でつながるインターネット上のつながりであれば、点をつくり、点を消せばいいだけですから、入りやすいし抜けやすい。すべてバーチャルな【仮想の】場で行われるので楽でいい。いろいろなコミュニティなりグループなりが K のように現れ、一人がいくつもの集団に属することも簡単です。「点である自分」は身体をもっていないので、いろいろなものに扮《ふん》することもできます。考えようによっては、自分をマルチ【多面的】に表現できるわけですから、可能性を広げることもできるでしょう。

　しかし、中心がないから入りやすく抜けやすいというネットワークの利便性は、中心がないからリーダーができずに意見を集約できず、すぐに炎《えん》上するという欠点にもなります。誰もがリーダーになることができるし、誰もが誰かをリーダーにさせないことができる。そうすると、結局何も行動に移せないまま、バーチャルな空間に点として浮《う》かんでいるだけになってしまいます。他者とつながっている感覚も失われていきます。利便性【便利さ】を追求すればするほど自分の自由度は増すかもしれませんが、自分がこれからしようとしている行動を誰も見守っていないし、期待もしていない。そんな状況《きょう》に陥《おちい》る可能性もあります。

　こういう時代は、確信がもちにくく、自分というものがわからなくなります。特に子ども時代に「自分は世界に受け入れられている」という思いを抱けなかった人ほど、インターネット上で必死に自己実現を図《はか》ろうとしています。フェイスブックで「いいね！」を押《お》してもらおうと、荒《あら》っぽいことをするのもそのためでしょう。自分がやっていることを他者に認めてもらいたい、注目してもらいたいと思うからです。自分というストーリーの中で生きようとすれば、他者を巻き込まなければ完結しません。だから、他者を強《ごう》引に自分のストーリーの中に入れることのできるインターネットは都合がいいのです。

　自分本位のインターネットの世界は、言葉を手に入れ、フィクション【虚《きょ》構】の中で生きるようになった人間が行き着いた場所です。人間は、フィクションによって自分を認めてもらう方式をつくり出したわけです。そうして、フェイスブックやライン、ツイッターを駆使して、どこかで他人とつながろうとする。でも、 L のつながりなくして、本当につながることはできません。

　自分のやっていることを他者に認めてもらいたい、注目してもらいたいという願望をもち続けてきたからこそ、人間はその進化の過程で付き合う仲間の数を増やそうとしてきました。しかし、真につながれる数は１５０人のまま増やせてはいないのです。今後、技術が進歩して、インターネットを通じて L がつなぎ合わされている感覚を何らかの手段でつくることができれば、それはすごいことだと思います。でも今のところ、それは望めそうにありません。

　情報技術によって利便性が高まった生活自体をもとに戻すことはできません。未来の社会を考えたとき、ＩＣＴやＡＩは受け入れざるを得ないでしょう。付き合う人数を増加させるというＩＣＴの進化の方こうして哲学を乗っ取った生物学は、やがて情報学に乗っ取られます。情報であるＤＮＡを操作すれば、有機物であれ無機物であれ、あらゆるものをつくり出すことができる。生物も、遺伝的アルゴリズム【計算手順】でできた情報の塊《かたまり》です。人間も同じ。遺伝的アルゴリズムを解釈すれば、いくらでも情報は書き換えることができる。情報として捉《とら》えれば、世界の在り方もすべて数学的に解釈ができるわけです。こうして、哲学が人間を定義し、人間の生きる意味を考える時代は終わりました。

⑧生物学を乗っ取った情報学は、人間を知能偏重《へんちょう》に変えました。情報学が扱《あつか》うのは、人間がもつ二つの能力、知能と意識のうちの知能の部分だけです。大脳辺縁《えん》系が司る意識の部分は切り捨て、情報になる部分、つまり大脳新皮質が司る知能だけで解決していこうというのが今の情報革命の中心理念だからです。ＡＩも、知能だけを拡張したものであって、感情や意識の部分はもっていません。人間は、感情や意識を忘れ、知能に偏《かたよ》り始めたことで、本来、決してわかるはずのない「好き嫌い」や「共感」、「信頼」といった感情を、情報として「理解」しようとするようになりました。

情報学に乗っ取られてから、人間はどんどん［Ｉ］になり、すべてを情報化しなくては気が済まなくなりました。人間は、感じたことで衝《しょう》動づけられたり助け合ったりします。あるいは、食卓《たく》を囲んで楽しい思いをしたり、踊って興奮したりする。こうした感性の部分は情報化できません。たとえ情報に還《かん》元した【戻した】ところで、［Ｊ］な情報にしかならないでしょう。そして今、「わかろうとすることがわからないことにつながる」という矛盾《むじゅん》が生じています。情報化するということは、わからないことを無視するということです。それは、隠《かく》されているものを捨てていく作業だからです。人間は、情報化することで逆にバカになってしまいました。

共感というのは「相手の気持ちがわかる」ことです。それを、「相手を理解すること」だと誤解している人たちが、多いように思います。相手を「理解」するのではなく、ただ「了《りょう》解」することが、互いの信頼関係を育んだり、好きになったりする架《か》け橋になるということがわからない。同調する能力があるにもかかわらず、それがお互いの信頼関係を育んだりすることもわからない。さらには、他者の自分に対する感情や、他者に対する自分の感情が、「好き」という言葉で表される感情に匹《ひっ》敵する【並ぶ】ものかどうなのかも判断できないのです。

その不安が、身近な人への過度なこだわりや要求となり、それがいじめや嫉妬《しっと》、暴力につながっているのではないでしょうか。実際には生み出されていない信頼を、一番近くにいる仲間に過剰《かじょう》に求めるがゆえに起きている不幸な事件も多いのではないかと思います。

ぼくたちが直面している社会の情報化は、ＡＩの進歩によって、どんどん加速するでしょう。

⑨ＩＣＴのネットワークには中心がありません。これは、一面を見れば利点です。誰かを中心に線や面でつながるリアルな世界では、その中心の人物に従わなくてはいけないというプレッシャーを受け、それがしがらみとなります。だから人を介してグループに入ると、簡単に

の目によって[H]を評価したり意識したりする生き物でした。人間は強い共感力をもっているために、相手から期待されていることを感じ取れるからです。そう考えれば、進化のプロセス【過程】を経て、人間の社会が情報化時代に至ったことは理解できます。そのほうが、評価がわかりやすい。

　でも、人間は不確かなものです。人間は、数値を見て、好きになったり、嫌《きら》いになったりするわけではなく、相手と直接会ってその具体的な姿や行動や表現などを見て、どこかに憧《あこが》れたり、どこかで拒《きょ》否したり、共感したりする。王子さまが、貧しい家に生まれた女の子に心を動かされ、身分をわきまえずに結婚《こん》するシンデレラ物語のようなことは、おとぎ話の中だけではなく現実にも起こります。

　人間と人間との出会いや関係は、決して予測できるものではなく、どういうところで火花が散るかわかりません。それは、人間はそれぞれ、予測がつかないような中身をもっているからです。どう表現されるかは、その時々によって変わり、それを他者は、数値でなく直観で判断します。人間と自然の出会いも、人間と動物の出会いも、動物同士の出会いも同じ。そこで新たな関係が生まれ、別の出来事によってその関係が壊れ、あるいは関係が持続されたり強化されたりする。そこで起こることを１００％予測することはできません。だからこそ人間と動物の出会い、人間同士の関係は面白いのです。

　この面白さこそが、生きる意欲につながる。そう考えれば、今、人間が見失っているのは、生きる意味だと言えるかもしれません。

　なぜ自分はこの世に生まれ、なぜ生き続けているのか。もともと、この問いを考えるのは哲《てつ》学の役割でした。哲学は、世界をわかりやすく解釈すること、そして、生きる意味を教えること、という二つの使命を負っていました。しかし、社会の大きな変化により、哲学は⑦二つの学問に乗っ取られてしまいます。

　20世紀、哲学は生物学にその地位を譲《ゆず》り渡《わた》しました。それまで、人間はほかの生物とは異なる特別な存在であると考えられていました。自然を支配し、管理する権利を神から与《あた》えられ、神の姿に似せてつくられた存在だとされていたのです。それが、生物学の登場によって、人間もほかの生物と同じようにＤＮＡという遺伝子によってつくられていることが明らかになりました。つまり人間をつくるのも遺伝情報であり、その情報をいじれば、病気など、人間の抱えている問題は解決でき、身体や性格さえも意のままに変えられるという予測が成り立つようになったのです。

　その予測は、まず栽培《さいばい》植物と家畜という形で現実になりました。今、地球の全陸地に占める牧草地、放牧地、農耕地の割合は36％に達しています。そして地球上に生きている哺《ほ》乳動物の9割以上は人間と家畜です。人間と、人間が手をかけてつくり上げた動物が地球上の哺乳類のほとんどを占めてしまった。今は海の魚にまで人間が手を加えています。このまま行くと、人間の手にかからない生命はなくなってしまうかもしれません。それほどまでに生命をつくり変えた人間は、さらに自分自身も遺伝子編集や遺伝子組み換えによってつくり変えようとしています。神経細胞《ぼう》の間をつなぐインパルス（電流）によって、記憶も思考もすべて解釈できる。心も脳の中にある。生物学はそう断じたわけです。

しかし、インターネットでつながることに慣れると、肌《はだ》で接している現実の世界の自分より、スマホの中にいる自分のほうがリアリティをもつものになってしまう可能性があります。［D］、現実はなかなか自分の意図するようにはならないからです。思い通りにするには他者と交渉《しょう》しなくてはいけない。そこでは他者からプレッシャーをかけられて泣くこともあるでしょう。こんな厄介《やっかい》な現実世界より、自分の思い通りになるほうが、居心地がいい。スマホの世界は、面白くなければやめればいいし、振り出しに戻って繰り返すことだってできます。こういう世界に慣れると、どうしても現実よりスマホの世界にいたくなる。

人間は、適応能力の高い動物です。それでも大人はある程度完成されているので、身体や心を適応させるのが難しい面がありますが、若い人たちの適応能力は非常に高い。とりわけ子どもたちの適応能力の高さには目を見張るものがあります。スマホでのやりとりにもすぐに適応してしまう。生まれたときからスマホが身近にある子どもたちは、自分で操作できるスマホの世界がリアルになり、スマホ以外の現実が二の次になってしまう可能性がある。ここにこそぼくの不安があります。

本来、人間は「互いに違《ちが》う」ことを前提に、違うからこそお互いに協力し、異なる能力を合わせながら、一人一人の力ではなし得ないことを実現してきました。そのために、人間は他者とのつながりを拡大するように進化してきたわけです。人間同士が尊重し合うことの前提にあるのは、相手を１００％理解することではなく、「相手のことはわからない」という認識です。わからないからこそ知りたいと思うわけで、極端《たん》なことをいえば、わかってしまったら、もう知る必要はありません。自分と同じようにできていて、自分と同じ心をもっていると思えば、何もその人と付き合う必要はなく、自分だけを拡張していけばいいからです。

生身の人間の触れ合いより、ネット上の世界に重きを置いていると、人間同士の付き合いが、「お互いに違う」ことを前提としているということがわからなくなります。スマホなど、非常に便利と思われるコミュニケーションツールによって、本来違うはずの人間が均質化する【同じような性質を持つ】方向に誘《ゆう》導されている。

これが、現代に闇《やみ》をもたらしている正体ではないでしょうか。

世界のあらゆるものが数値化されることによって相対的に評価されるようになる中、人間も、生身の身体ではなく、デジタル情報に置き換えられて評価されるようになってきました。たとえば中国では、ある企《き》業が人間の点数化を始めています。高級な家に住んだり、社会的に高い地位についたり、高級なレストランや店に行って食事や買い物をしたりすれば点数が上がる。そして、その点数が近い人同士は相性がいい、あるいは、自分より点数の高い人を友だちとして選んだほうが自分の利益になるといった考えのもと、点数を基準に友だち選びをする人たちが登場しています。こうして直につながりのないものへの情報による評価が、信頼のツールになり始めています。

人間は、もともと［E］で［F］を定義することができません。ゴリラやチンパンジーとの共通の祖先だった時代から、［G］

なっています。すでに述べたように、脳の発達には、集団サイズが関係しています。おそらく人の移動が頻繁《ひんぱん》になり、集団が分裂や統合を繰《く》り返して１５０人を超《こ》える集団が生まれるなどしたときに、言葉を使った情報処理能力が必要になり始めたのでしょう。言葉をもったからこそ、農耕牧畜が始まって以降、多くの集団が統合されて民族や宗教の大集団が生まれ、数々の王朝や国家などといった規模にまで拡大したのです。

しかし、言葉で表現できるものはごく一部にすぎず、言葉だけで信頼関係をつくることはできません。だから、頭の中では言葉を通じて仲間とつながっていても、身体がつながっている感覚が得られない。逆にいえば、身体でのつながりを得ていないために、言葉にこだわってしまう。「そもそも言葉と身体は一致《ち》することがないものである」ということを理解できずに、一致を求めてさまようようになりました。

言葉をもったからこそ集団サイズを大きくできた一方で、その言葉によって、お互いがつながっているという感覚をもつことが難しくなってしまったのです。

B 、情報通信技術の発達によって、継続的な身体のつながりで社会をつくるという、人類が何百万年もかけてつくり上げてきた方法が崩壊《ほうかい》しかけています。一人一人の人間が、家族や地域などのコミュニティ【共同体】から引きはがされてバラバラになったことで、これまで信頼関係で結ばれてきた共同体が機能しなくなっている。インターネットは、継続性だけは保証しました。インターネットで情報を交換し合っていれば、絶えずつながっていると思うことは可能だからです。ライン、ツイッターといったツール【手段】を通じて、時間や空間を軽々と超えて常時つながっている感覚を得るようになりました。 C 、それは言葉をはじめとする「シンボル」を通じてつながっているだけで、身体がつなぎ合わされているわけではありません。

スマホを通じたコミュニケーションでは、ダンスによる同調のように、同時に行うこと、同時に感じることができません。スマホの動画の中で人が動いていたとしても、それは記録されたものであって生身の動きではありません。たとえそれがライブであったとしても、自分の都合で止めることができます。記録されたものは、逆に延々とリピートすることもできます。それは、自分だけの時間だからです。

一方、リアルな社会は現在進行形がずっと続いていて、振《ふ》り出しに戻ることができません。現実というのは、自分の時間であるとともに相手の時間でもあります。そのため、「時間を共有している」という感覚は自分だけの都合で続けることはできません。いつか終わります。

身体をつなぎ合わせるためのイベントとして祭りなどがあるものの、これは一過性のものです。イベント志向の強い現代ではスポーツの大会やコンサートが各地で開催《さい》されますが、そこでいっしょに騒《さわ》いでもそのつながりはその場限りです。共同体を継続させる大きな効果はもちません。その欠陥《かん》を埋めるために、ＳＮＳがもてはやされて【ほめそやされて】いるわけですが、それらは決して身体をつなぐ代替《たい》にはなっておらず、逆に疎外《そがい》感【のけものにされる感じ】をつくる結果となっています。

れば、次の革命まではほんの数十年かもしれません。その中心にあるのがＩＣＴ（**Information and Communication Technology**＝情報通信技術）です。インターネットでつながるようになった人間の数は、狩猟採集民だった時代からは想像もできないくらい膨大《ぼうだい》になりました。

一方で、人間の脳は大きくなっていません。つまり、インターネットを通じてつながれる人数は劇的に増えたのに、人間が安定的な信頼関係を保てる集団のサイズ、信頼できる仲間の数は１５０人規模のままだということです。テクノロジーが発達して、見知らぬ大勢の人たちとつながれるようになった人間は、そのことに気づかず、ＡＩ（**Artificial Intelligence**＝人工知能）を駆使《くし》すればどんどん集団規模は拡大できるという幻《げん》想に取り憑《つ》かれている。こうした誤解や幻想が、意識のギャップや不安を生んでいるのではないか。ぼくはそう考えています。そして、子どもたちの漠とした不安も、このギャップからきているのではないでしょうか。

人間はこれまで、同じ時間を共有し、「同調する」ことによって信頼関係をつくり、それをもとに社会を機能させてきました。「同調する」というのは、たとえば、ダンスを踊《おど》ったり歌を歌ったり、スポーツをしたり、あるいは一緒に掃除《そうじ》をしたり、同じように身体を動かしたり調子を合わせたりしながら共同作業をするということです。

人間のコミュニケーションにおいて大事なのは、時を共有して同調することであり、信頼はそこにしか生まれません。母と子が、何の疑いもなく信頼関係を結べるのは、もともと一体化していたからです。胎児《たいじ》のときは、お母さんの動きを直《じか》に感じとっています。そのつながりは、その後、赤ちゃんとして母親の身体の外に出た後、へその緒《お》を切っても残ります。

そして、④そのつながりを、音楽や音声、あるいは一緒に何かをするという形で継《けい》続しているのが家族や仲間などの共同体です。こうした共同体がもつ文化の底流には、同じような服を着たり、同じテーブルを囲んで食事をしたり、同じような歌を歌ったり、同じような作法を共有したりといった、身体を同調させる仕掛《か》けが埋《う》め込《こ》まれています。人々はそれを日々感じることで、疑いをもつことなく信頼関係をつくり上げています。信頼は、⑤こうした継続的な同調作業がなければつくれません。

人間と共通の祖先をもつサルやゴリラを見てもそれはよくわかります。彼《かれ》らは身体的なつながりで群れをつくっています。これは必ずしも、文字通り「身体を接触《しょく》させる」ということではなく、日々、お互いの存在を感じ合うことで、仲間として認識するということです。挨拶を欠かさないのもその一つ。ニホンザルであれば、親しい者同士、グルーミング（毛づくろい）をする。一方で、数日間群れを離《はな》れるなどしていったん身体的なつながりが切れてしまうと、二度と群れの仲間と認識しなくなります。群れのトップに君臨して【勢力を持って】いたニホンザルであっても、群れを離れれば二度と同じ地位には戻れません。オスの最下位に甘《あま》んじて、いじめられることになります。言葉をもっていない彼らは、⑥こうした日々の活動を通して、「身体がつながりあっている」という感覚を明確にもちます。

一方、言葉をもった人間は、言葉で表現しなければ納得できなくジーとの共通祖先から分かれた約７００万年前から長らくの間、人間の脳は小さいままでした。この頃《ころ》の集団サイズは10～20人くらいと推定されています。これは、ゴリラの平均的な集団サイズと同じ。言葉ではなく、身体の同調だけで、まるで一つの生き物のように動ける集団の大きさといえます。サッカーが11人、ラグビーが15人など、スポーツのチームを考えるとわかりやすいでしょう。これは、皆さんが、互いに信頼し合って[1]の数に当たります。２００万年前、脳が大きくなり始めた頃の集団サイズの推定値は30～50人程度。ちょうど先生一人でまとめられる一クラスの人数ですね。日常的に顔を合わせて暮らす仲間の数、誰《だれ》かが何かを提案したら分裂《れつ》せずにまとまって動ける集団の数です。

その後、人間の脳は急速に発達します。今から約60万～40万年前には、ゴリラの3倍程度の１４００cc に達し、現代人の脳の大きさになりました。そして、この大きさの脳に見合った集団のサイズが、１００～１５０人。これが[2]に当たる数です。

これは、ロビン・ダンバーというイギリスの人類学者が、人間以外の霊《れい》長類の脳の大きさと、その種の平均的な集団サイズの相関関係【たがいに影響《えいきょう》しあう関係】から導き出した仮説に基《もと》づく数字です。ダンバーは、平均的な集団サイズが大きければ大きいほど、脳に占《し》める大脳新皮質、つまり知覚、思考、記憶《おく》を司《つかさど》る【支配する】部分の割合が大きいことを明らかにしました。

そして、現代人の脳の大きさに見合った集団の人数を示す、この③「１５０」という数字は、実に面白い数字であることがわかりました。文化人類学者の間で「マジックナンバー」といわれているのはそのためです。

食料生産、つまり農耕牧畜《ちく》を始める前まで、人間は、この１５０人くらいの規模の集団で狩猟《しゅりょう》採集生活を送っていました。天の恵《めぐ》みである自然の食物を探しながら移動生活をする人々には、土地に執着《しゅうちゃく》したり【こだわったり】、多くの物を個人で所有したりといったことがありません。限られた食料をみんなで分け合い、平等な関係を保って協力し合いながら移動生活を送るためには、１５０人が限度なのでしょう。そして、現代でも、このような食料生産をしない狩猟採集民の暮らしをしている村の平均サイズが、実に１５０人程度なのです。

言い換《か》えれば、１５０人というのは、昔も今も、人間が安定的な関係を保てる人数の上限だということです。皆さんの生活でいえば、一緒《しょ》に何かを経験し、[A]を共にした記憶でつながっている人ということになるでしょうか。ぼくにとっては、年賀状を出そうと思ったとき、リストを見ずに思いつく人の数がちょうどこのくらいです。互《たが》いに顔がわかって、自分がトラブルを抱《かか》えたときに、疑いもなく力になってくれると自分が思っている人の数ともいえます。

今、ぼくたちを取り巻く環境《かん》はものすごいスピードで変化しています。人類はこれまで、農耕牧畜を始めた約1万２０００年前の農業革命、18世紀の産業革命、そして現代の情報革命と、大きな文明の転換《かん》点を経験してきました。そして、その間隔《かく》はどんどん短くなっています。農業革命から産業革命までは1万年以上の年月があったのに、次の情報革命まではわずか数百年。この四半世紀の変化の激しさを考え

【国　語】〈五〇分〉〈満点：一〇〇点〉

【注意】字数制限のある問題については句読点・記号を字数に含《ふく》めること。

一　次の文章を読んで、あとの問いに答えなさい。ただし、【　】は語句の意味で、解答の字数に含《ふく》めないものとします。

スマホへの漠《ばく》とした【はっきりしない】不安の正体は何なのか。この問いについて考える前に、まず、皆《みな》さんに質問をしたいと思います。

①　日常的におしゃべりする友だちは何人くらいいますか？

②　年賀状やＳＮＳ、メールで年始の挨拶《あいさつ》を発信しようと思うとき、リストに頼《たよ》らず、頭に浮《う》かぶ人は何人くらいいますか？

いかがでしょう。ぼくが今まで学生などに聞いた限り、①は10人くらい、②は１００人くらいまで、というのが標準的な答えです。これは、おそらく全国どこでも同じだと思います。

ぼくが、なぜこのような質問をしたかというと、今、「自分がつながっていると思っている人」の数と、「実際に信頼関係でつながることができている人」や「信頼《らい》をもってつながることができている人」の数の間にギャップ【隔《へだ》たり】が生まれているのではないか、そして、①このギャップの大きさが、現代に生きる人たち、特に生まれたときからデジタルに囲まれた世界に生きる若者たちの不安につながっているのではないか、そう思うからです。

人間は、進化の歴史を通じ、一貫《かん》して付き合う仲間の数を増やしてきました。これは、人間の祖先が熱帯雨林からサバンナという危険な場所に進出したことが関係しています。長い歴史のある時点において、おそらく地球規模の寒冷・乾燥《かんそう》化が起こり、それによって熱帯雨林が分断され、そこで暮らしていた動物たちはサバンナに出て行くか、森が残る山に登るか、低地に散在する熱帯雨林に残るかの選択《たく》を迫《せま》られたのでしょう。結果的に人間は熱帯雨林を出ました。

そこで、②いくつかの特徴《ちょう》を発達させたのです。その一つが集団の大きさです。危険な場所では、集団の規模は大きいほうが有利です。数が多ければ、一人が狙《ねら》われる確率は低くなるし、防衛力も増します。危険を察知する目がたくさんあれば、敵の発見効率も高まります。実際、森林ゾウとサバンナゾウでは、サバンナゾウのほうが、身体も大きく、集団規模も大きい。人間も、危機から自分の命、そして仲間の命を守るために、集団の規模を大きくしなければなりませんでした。

ただし、集団を大きくすると、食物や安全な休息場所をめぐってトラブルが増えます。仲間の性質や、自分との関係をきちんと頭に入れておかないとうまく対処できなくなります。そのためには脳を大きくする必要がありました。皆さんの中には、人間の脳は、言葉を使い始めたことで大きくなったと思っている人がいるかもしれませんが、人間が言葉を話し始めたのは7万年ほど前にすぎません。一方で、脳が大きくなり始めたのは、それよりずっと以前の約２００万年前に遡《さかのぼ》り【戻《もど》り】ます。言葉を使ったから脳が大きくなったのではないのです。

人間の脳の大きさには、実は集団規模が関係しています。チンパン

第1回

2024年度

解　答　と　解　説

《2024年度の配点は解答欄に掲載してあります。》

＜算数解答＞

1　(1)　$\frac{2}{7}$　(2)　(ア)　5　(イ)　30　(3)　9.6　(4)　56　(5)　602.88

2　(1)　7段目5番目　(2)　3025　(3)　9段目

3　(1)　4800円　(2)　16個　(3)　13個

4　(1)　400円　(2)　52円

5　(1)　4人　(2)　午前9時41分

○配点○

1　各7点×5　2(1)，3(1)・(2)　各6点×3　2(2)・(3)，3(3)　各5点×3

4，5　各8点×4　計100点

＜算数解説＞

基本　1　(四則計算，速さ・旅人算，食塩水の濃度，相当算，立体の表面積)

(1)　$6\times\frac{5}{12}\times\frac{6}{5}-\left(\frac{2}{7}\times\frac{11}{7}+\square\right)\times\frac{7}{2}=\frac{3}{7}$　$3-\left(\frac{22}{49}+\square\right)\times\frac{7}{2}=\frac{3}{7}$　$\left(\frac{22}{49}+\square\right)\times\frac{7}{2}=\frac{18}{7}$

$\frac{22}{49}+\square=\frac{36}{49}$　$\square=\frac{14}{49}=\frac{2}{7}$

(2)　車と電車がすれ違ったとき，次の電車との距離は$110\times\frac{8}{60}=\frac{44}{3}$(km)　したがって，次に車と電車がすれ違うのは$\frac{44}{3}\div(110+50)=\frac{11}{120}$(時間)＝5.5(分)＝5(分)30(秒)

(3)　もとの容器Aの食塩水に含まれていた食塩は300×6(％)＝18(g)，もとの容器Bの食塩水に含まれていた食塩は500×12(％)＝60(g)なので，食塩は合計18＋60＝78(g)　両方の容器から同じ量の食塩水を取り出し，もう一方の容器に入れたので，容器Aの食塩水の重さは変わらずに濃さが10％になったので，含まれる食塩は300×10(％)＝30(g)　容器Bの食塩水に含まれる食塩は78－30＝48(g)なので，容器Bの食塩水の濃さは48÷500＝9.6(％)

(4)　5年生の人数を④，6年生の人数を⑤とすると4年生の人数は④－24　全員に5枚ずつ配ると6枚余り，6年生に6枚，5年生に5枚，4年生に3枚ずつ配ると余りなく配れるので，4年生全員分の(5－3)＝2(枚分)とあまりの6枚を使って6年生全員に(6－5)＝1(枚)配ることになる。2×(④－24)＋6＝⑤　⑧－42＝⑤　③＝42であり，①＝14　したがって，5年生の人数は④＝14×4＝56(人)

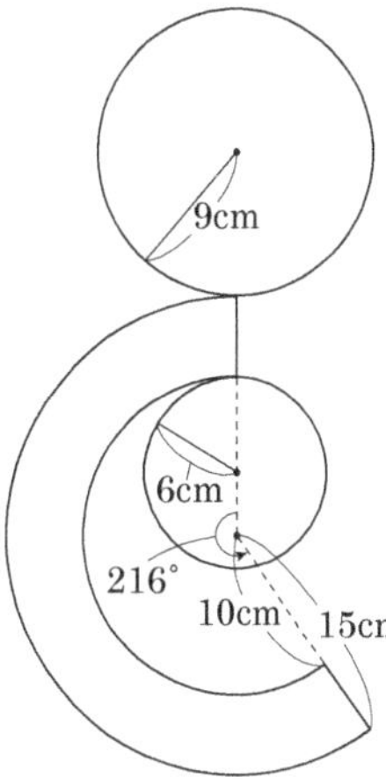

(5)　でき上がる立体は次ページの図1，展開図は右図の通り。展開図のおうぎ形の中心角は$\frac{9}{15}\times360=216$(°)(母線の長さが15cmになるのは，次ページの図2の外の正方形の面積＝21×21＝441(cm^2)　中の正方形の面積＝441－54×4＝225(cm^2)＝15(cm)×15(cm)となることからわかる)。出来上がる立体の側面積は$15\times15\times3.14\times\frac{216}{360}-10\times10\times3.14\times\frac{216}{360}$

＝235.5（cm^2）　ABを半径とする円の面積は9×9×3.14＝254.34（cm^2）　DCを半径とする円の面積は6×6×3.14＝113.04（cm^2）　したがって，表面積は235.5＋254.34＋113.04＝602.88（cm^2）

図1

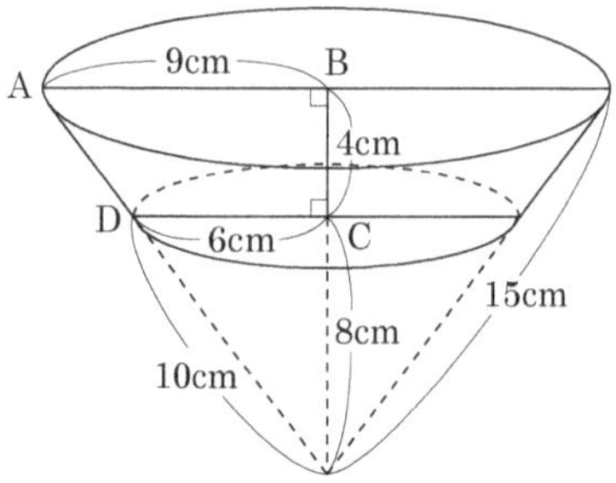

図2

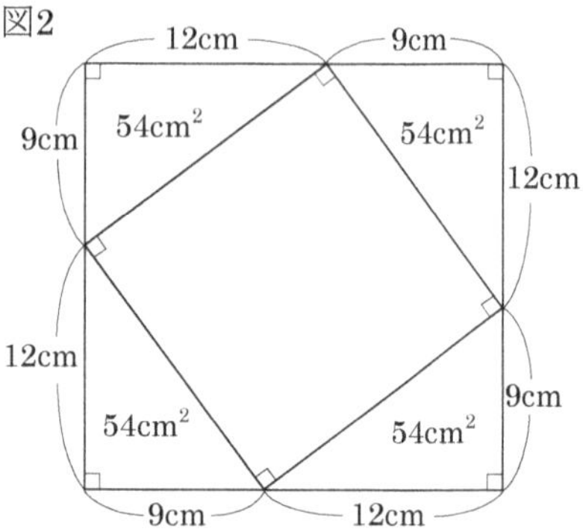

重要 2 **（規則性）**

（1）　51は（51＋1）÷2＝26（番目）の奇数。1段目に1個，2段目に2個…と順に並べていくと，2段目までに1＋2＝3（番目）までの奇数，3段目までに1＋2＋3＝6（番目）までの奇数…，6段目までに1＋2＋3＋4＋5＋6＝21（番目）までの奇数が並んでいるので，26番目の奇数である51は7段目の左から26－21＝5（番目）

（2）　10段目までに1＋2＋3＋4＋5＋6＋7＋8＋9＋10＝55番目までの奇数が並んでいる。55番目の奇数は55×2－1＝109であり，109までの奇数の和は（1＋109）×55÷2＝3025

（3）　1段目に並んだ数の合計は1＝1×1×1，2段目に並んだ数の合計は3＋5＝8＝2×2×2，3段目に並んだ数の合計は7＋9＋11＝27＝3×3×3であり，□段目に並んだ数の合計は□×□×□であることがわかる。□×□×□＝729となるのは□＝9　したがって，9段目　（実際，（2）と同様に考えて，9段目までに45番目の奇数である45×2－1＝89まで並んでおり，合計は（1＋89）×45÷2＝2025　8段目までに36番目の奇数である36×2－1＝71まで並んでおり，合計は（1＋71）×36÷2＝1296　したがって，9段目の合計は2025－1296＝729である。）

重要 3 **（差集め算）**

（1）　買う予定だったBと同じ個数だけAを買った場合，準備したお金より16×100＝1600円少ないことになる。AとBの値段の差は150－100＝50（円）なので，1600÷50＝32（個）が買う予定だったBの個数。したがって，準備したお金は150×32＝4800（円）

（2）　BとCの値段の差は180－150＝30（円）であり，もともとは360÷30＝12（個）だけCを多く買う予定だったことがわかる。C12個分の金額は180×12＝2160（円）なので，店に行く前に買う予定だったBは（7440－2160）÷（150＋180）＝16（個）

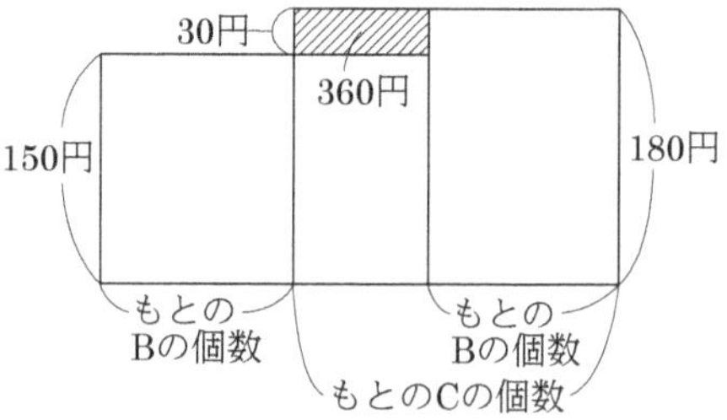

（3）　9010－8710＝300（円）がAとBの個数を逆にした場合の金額の差（安くなる）なので，300÷（150－100）＝6（個分），BをAより多く買う予定だったことがわかる。また，9010－7890＝1120（円）がAとCの個数を逆にした場合の差（安くなる）なので，1120÷（180－100）＝14（個分），CをAより多く買う予定だったことがわかる。6個分のBの金額は150×6＝900（円），14個分のCの金額は180×14＝2520（円）なので，買う予定だったAは（9010－900－2520）÷（100＋150＋180）＝13（個）

重要 4 **（利益，売り上げ，割合）**

（1）　Aを1個売ったときの利益は800×0.1＝80（円）　AとBの売れた個数の比が3：2であり，得られた利益が同額なので，1個の利益の比は2：3　したがって，Bを1個売ったときの利益は$80\times\frac{3}{2}$＝120（円）であり，これは仕入れ値の3割に相当するので，Bの仕入れ値は1個120÷0.3＝400（円）

(2)　ある日売れたAの個数を③とすると，Bの売れた個数は②　翌日はAとBあわせると同じ個数だけ売れたことから合計③＋②＝⑤売れたことになる。ある日の利益は③×80＋②×120＝(480)なので，翌日の利益は(480)÷2＝(240)であり，A，B合わせた平均の利益は(240)÷⑤＝48(円)
値下げ前の利益でAとBを同じ個数だけ売った場合の利益の平均は(80＋120)÷2＝100(円)なので，値下げ額は100－48＝52(円)

やや難 5　(仕事算)

(1)　8分間に来場した人数は，専用窓口が13×8＝104(人)，一般窓口が5×8＝40(人)なので，合計144人。9時8分の時点で交付待ちが48人なので，交付された人数は144－48＝96(人)　専用窓口と一般窓口で1分間に交付できる人数の比は5：3であり，それぞれ3か所で交付を開始したことから，9時8分まで一般窓口で交付した人数は，$96\times\frac{3}{3+5}=36$(人)　したがって，一般窓口での交付待ちの人数は40－36＝4(人)

(2)　一般窓口1か所で1分間に交付出来る人数は36÷8÷3＝1.5(人)　専用窓口1か所で1分間に交付できる人数は1.5÷3×5＝2.5(人)　9時9分に交付を再開した時の交付待ちの人数は，専用窓口：44＋13＝57(人)，一般窓口：4＋5＝9(人)待ちとなっている。専用窓口は7か所に増やしたので，1分間に2.5×7＝17.5(人)交付できる。専用窓口には1分間で13人来場するので，1分間に17.5－13＝4.5(人)，交付待ちの人数が減る。一般窓口は1分間に1.5×3＝4.5(人)に交付でき，1分間に5人来場するので，1分間で5－4.5＝0.5人，交付待ちの人数が増える。専用窓口では$57\div4.5=\frac{38}{3}$(分後)に交付待ちの人はいなくなる。その時，一般窓口の交付待ちの人数は$9+\frac{38}{3}\times0.5=\frac{46}{3}$(人)であり，専用窓口で交付待ちの人数が0になるまでに(一般窓口とあわせて)1回，交付待ちの人が25人になる。一般窓口では1分間で交付待ちの人数が0.5人増えるので，一般窓口だけで交付待ちの人数が25人になるのは再開してから(25－9)÷0.5＝32(分後)　したがって，再開後，交付待ちの人が2回目に25人になるのは午前9時41分

★ワンポイントアドバイス★

3(3)は3個に関する差集め算であるが，注意深く問題文を読んで2個ずつに分解し，Aを基準にして考えればそれほど難しくない。4，5も一見複雑だが，問題文を注意深く読めば手がつかないということはないだろう。

＜理科解答＞

［Ⅰ］　(1)　①　C　②　A　(2)　A　エ　B　ウ　C　イ　(3)　a　ア，カ　b　ウ，エ　(4)　石英　(5)　等粒状組織　(6)　エ

［Ⅱ］　(1)　エ　(2)　水　400g　食塩　140g　(3)　イ　(4)　ア　(5)　A　食塩水　B　砂糖水　C　うすい塩酸　D　水酸化ナトリウム水溶液

［Ⅲ］　(1)　A　アルミニウム　B　銅　C　鉄　D　金　(2)　ウ　(3)　ア　(4)　イ　(5)　0.675g

［Ⅳ］　(1)　カ　(2)　ア　(3)　イ　(4)　ウ，オ　(5)　イ

［Ⅴ］　(1)　エ　(2)　イ　(3)　輸尿管　(4)　180L　(5)　534.9g

［Ⅵ］　(1)　0.3g　(2)　2cm　(3)　4cm　(4)　2g　(5)　300g

〔Ⅶ〕 (1) 19℃ (2) 0.6℃ (3) $\frac{3}{4}$倍 (4) エ

○配点○

〔Ⅰ〕 (1)・(2) 各1点×5 他 各2点×5 〔Ⅱ〕 (2) 3点(完答) 他 各1点×7

〔Ⅲ〕 (5) 2点 他 各1点×7 〔Ⅳ〕 各2点×5

〔Ⅴ〕 (1)~(3) 各2点×3 他 各3点×2 〔Ⅵ〕 (4) 3点 他 各2点×4

〔Ⅶ〕 (1)・(2) 各1点×2 他 各3点×2 計75点

＜理科解説＞

基本 〔Ⅰ〕 (流水・地層・岩石—火山・火成岩)

(1) マグマの粘り気の強い火山は，山の形が盛り上がった釣鐘状になることが多い。粘り気が弱い火山は，マグマが流れ出し台地状になることが多い。

(2) Aの形をしているのは，ハワイのキラウェア火山，Bは富士山，Cは昭和新山である。槍ヶ岳，エベレストは火山ではない。

重要 (3) マグマが急激に冷やされてできる岩石を火山岩といい，地下の深いところでゆっくりと冷えてできたものを深成岩という。火山岩のうち二酸化ケイ素を多く含む白っぽい岩石を流紋岩，深成岩では花崗岩といい，二酸化ケイ素の割合が少ない黒っぽい岩石を火山岩では玄武岩，深成岩では斑れい岩という。

(4) キラキラした透明の鉱物は石英である。

(5) 鉱物の大きさがほぼ同じであるものを等粒状組織という。

(6) 2023年に噴火警報が出された火山は鹿児島県の桜島である。

〔Ⅱ〕 (水溶液の性質・物質との反応—酸・アルカリ)

基本 (1) 水溶液A，Bは紫キャベツの煮汁が薄い紫色なので中性であり，Cは赤色になるので酸性，Dは黄色になるのでアルカリ性である。よってCはうすい塩酸，Dは水酸化ナトリウム水溶液である。酸とアルカリの反応を中和反応という。

重要 (2) 水100gに食塩35gが溶けて135gの飽和溶液になる。よって540gの飽和溶液に溶けている食塩の重さを□gとすると，135：35＝540：□ □＝140(g)である。水の量は540－140＝400(g)である。

(3) 水酸化ナトリウム水溶液をつくるときは，ビーカーに水を先に入れここに水酸化ナトリウムを加える。

重要 (4) 塩酸と水酸化ナトリウム水溶液を混ぜると食塩ができる。食塩の結晶は立方体型をしている。

重要 (5) C(うすい塩酸)とD(水酸化ナトリウム水溶液)を混ぜ合わせるとAができるので，Aが食塩水，Bが砂糖水である。

〔Ⅲ〕 (金属の性質—金属の判別)

重要 (1) Cは磁石に引き付けられたので鉄である。うすい塩酸と反応するのは鉄とアルミニウムなので，Aはアルミニウムである。加熱しても酸素と反応しないのは金だけなので，Dは金であり，Bは銅とわかる。

基本 (2) 鉄やアルミニウムは塩酸と反応して水素を発生する。水素はすべての気体の中で最も軽く，燃えると水になる。

基本 (3) 水素は水に溶けないので，水上置換法で集める。

(4) 金属の中で，電気や熱を最も伝えやすいのは銀である。常温で液体の金属は水銀である。

(5)　2.7gのアルミニウムから3.36Lの水素が発生するので，□gから0.84Lの水素が発生するとして，2.7：3.36＝□：0.84　□＝0.675(g)である。

［Ⅳ］　**(植物―インゲンマメの特長)**

基本 (1)　インゲンマメは発芽に必要な栄養素を子葉に蓄えている無胚乳種子である。図のカの部分が子葉である。エが幼芽，オが胚軸である。

(2)　インゲンマメでは，はじめに子葉が土の中から出て子葉のあいだから本葉が出てくる。

基本 (3)　種子の成長のために蓄えられていた栄養分が使われるので，乾燥重量が減少する。

(4)　フジ，落花生がマメ科の植物である。

基本 (5)　アリとアブラムシが相利共生の関係である。アブラムシは甘い排泄物を出しアリのエサになる。アリはアブラムシを天敵から守っている。アオムシとアオムシコマユバチは，アオムシの体内にアオムシコマユバチが住み着きアオムシから栄養を奪ってしまう。一方に害になる関係を寄生という。ナマコとカクレウオは，ナマコの体内にカクレウオが住み着き，ナマコの腸の食べ残しを食べる。カクレウオには益になるが，ナマコには特に害がない。このような関係を片利共生という。キリンとシマウマは互いに影響しあわない中立な関係である。

［Ⅴ］　**(人体―腎臓・肝臓)**

基本 (1)　腎臓はそら豆のような形の臓器で，背中側に1対ある。

基本 (2)　人体に有害なアンモニアは肝臓で無害な尿素に変えられる。

(3)　尿がぼうこうに移動するときに通る管を輸尿管という。

(4)　「尿のもと」が□Lつくられるとすると，その中の成分Aの重さと「尿」の中の成分Aの重さが等しいので，$\square \times 1000 \times \frac{0.1}{100} = 1.5 \times 1000 \times \frac{12}{100}$　□＝180(L)である。

(5)　「尿のもと」180L中の成分Bの重さは$180 \times 1000 \times \frac{0.3}{100} = 540$(g)であり，「尿」中の成分Bの重さは$1.5 \times 1000 \times \frac{0.34}{100} = 5.1$(g)である。再吸収される成分Bは540－5.1＝534.9(g)である。

［Ⅵ］　**(ばね・浮力―力のつり合い)**

基本 (1)　実験2より，Aに働く浮力は10×10×3＝300(g)であり，これとAの重さがつり合うので，A1cm^{3}当たりの重さは300÷1000＝0.3(g)である。

重要 (2)　実験1より，AとBの合計の重さはばねの伸びが4cmなので100×4÷0.5＝800(g)である。これとAにかかる浮力がつり合うので，Aのうち水面に出ている長さを□cmとすると，10×10×(10－□)＝800　□＝2(cm)

(3)　Aのうち水面に出ている長さを□cmとすると，AとBにはたらく浮力の合計は10×10×(10－□)＋20×10＝800より，□＝4(cm)になる。

重要 (4)　上向きにかかる力はA，B，Cの浮力の合計とばねの引く力の和になる。ばねの伸びが2cmなので，ばねの引く力は100×2÷0.5＝400(g)であり，浮力の合計は10×10×5＋20×10＋300＝1000(g)なので，合計1400gである。よってCの重さは1400－800＝600(g)より，Cの1cm^{3}当たりの重さは600÷300＝2(g)である。

(5)　上向きにかかる力は，BとCの浮力＋ばねの引く力＋底からCにかかる力であり，ばねの伸びが1.5cmなのでばねが引く力は100×1.5÷0.5＝300(g)となり，Bの重さが800－300＝500(g)であるので，底からCにかかる力を□gとすると，20×10＋300＋300＋□＝500＋600　□＝300(g)になる。

［Ⅶ］　**(電流のはたらき・電磁石―電熱線)**

(1)　実験1では，2分ごとに水温が1.2℃上昇するので，実験を始めたときの温度は20.2－1.2＝19(℃)であった。他の実験でも同様で19℃であった。

(2) 実験1では，2分ごとに水温が1.2℃上昇するので，1分間に0.6℃上昇した。

重要 (3) 実験1と2の比較より，電流の大きさが同じで同じ時間電流を流すとき，水の量が2倍になると水温上昇の割合は$\frac{1}{2}$倍になる。実験1と7の比較より，実験7では回路を流れる電流の大きさが実験1の$\frac{3}{2}$倍になる。よって実験7で1分間の水温上昇は実験1の$\frac{3}{2}\times\frac{1}{2}=\frac{3}{4}$(倍)になる。

(4) 実験1と同じ水温上昇になるには，同じ大きさの電流が流れればよい。イのように抵抗を並列につなぐと電流は2倍になる。よってエの接続にすると電流の大きさは実験1と同じになる。

★ワンポイントアドバイス★

時間のわりに問題数が多く，計算問題も出題される。時間配分に注意し，基本問題でしっかりと得点するようにしたい。

＜社会解答＞

Ⅰ 1 (1) キ (2) イ (3) キ (4) ア (5) ク (6) イ 2 エ
3 ア 4 エ 5 エ 6 猪苗代湖 7 エ

Ⅱ 1 ウ 2 エ 3 イ 4 イ→エ→ア→ウ 5 ア 6 ウ 7 ア
8 イ 9 エ 10 エ 11 エ 12 毒ガスや細菌兵器の使用は国際法で禁じられているので，敗戦後に戦争犯罪として処罰されないように証拠隠滅を図ったため
13 エ→ウ→ア→イ

Ⅲ 1 あ 統一 い 首長 う 広島 え 条例 2 ア 3 イ 4 ウ
5 ア 6 エ 7 個人 8 (1) 地方交付税交付金 (2) ふるさと納税
9 (1) (例1) 仕事等で現在は居住していなくても，自分の出身地でより良い街づくりを行いたいと考える人たちに道が開かれているのは良いことだと考えます。 (例2) 現在居住していなければ，その地域のことを理解できているとは考えにくく，有名人などが知名度だけで当選してしまう不安があります。 (2) 地域の問題は地域住民の手で解決すべきであるが，3カ月以上居住していなくても首長になれる一方，日本国籍が無いことを理由に地域住民が地方自治に参画できないことは矛盾している。「地域住民」には多様な背景を持つ人々が含まれており，日本国籍保有者でなくても，地方選挙における投票権は認めるべきだ。

○配点○

Ⅰ 6 3点 他 各2点×11 Ⅱ 8 1点 他 各2点×12
Ⅲ 1・8 各1点×6 9(1) 3点 (2) 4点 他 各2点×6 計75点

＜社会解説＞

Ⅰ (日本の地理－総合問題)

1 (1) A「3776m」が不適。 B「北アルプス」が不適。 (2) C「四万十川」が不適。 (3) A「北上盆地」が不適。 B「男鹿半島」が不適。 (4) 松江は日本海側，高知は太平

洋側，高松は瀬戸内の気候区分である。　(5)　A 「約1時間遅くなる」が不適。　B　与那国島は沖縄県である。　(6)　C 「南海トラフに集中」が不適。

重要　2　2008年の機械系がいずれも1位であるBが愛知，1909年のいずれも2位以内であるAが大阪，残ったCが東京という流れで特定していきたい。

基本　3　1970年代まで最多のAがコメ，2000年代以降最多のBが畜産，残ったCが野菜という流れで特定していきたい。

4　最多のAが15～64歳，減少し続けているBが15歳未満，75歳以上よりも65歳以上のほうが多いのでC，Dも特定される。

5　エ 「一層増加」が不適。

6　猪苗代湖は福島県に位置している。

7　エ 「見上げた角度と等しい」が不適。

Ⅱ　**(日本の歴史－古代～現代)**

基本　1　ア・エは古墳時代，イは縄文時代である。

2　エ　渡来人が伝えたのは「土師器」ではなく須恵器である。

3　資料の中に「盧舎那仏」とあるので，東大寺と特定できる。

重要　4　アは1167年，イは11世紀末，ウは1189年，エは1159年の出来事となる。

5　アは室町時代の説明である。

6　足利学校は漢学研修の施設であることから，ウが正解となる。

7　イ　島原天草一揆は，ポルトガル船来航禁止となる前に起こった。　ウ　天草ではなく鹿児島である。　エ　天正遣欧使節はローマ教皇の使者ではない。

基本　8　シーボルトは日本地図を持ち出そうとしたので，イが正解となる。

9　アは1897年，イは1904年，ウは1901年，エは1883年の出来事となる。

10　アは北里柴三郎，イは野口英世，ウは鈴木梅太郎の説明である。

11　エは日本の領土ではなかった。

重要　12　「毒ガス・細菌兵器は国際法上禁止→証拠隠滅」という点を踏まえた答案をまとめていきたい。

13　アは1991年，イは2001年，ウは1986年，エは1954年の出来事となる。

Ⅲ　**(政治－地方自治を起点とした問題)**

基本　1　あ　国民の選挙に対する意識づけを高め，経費を節減するために投票日が統一されている。
い　首長は元々広い意味で，集団・組織を統率する長を意味している。　う　ウクライナ情勢の緊迫化・核兵器使用のリスクへの懸念から，広島が開催地として選ばれた。　え　各地域の課題を解決するために，自治体独自で条例を制定できる。

2　イ　限界集落の増加は市町村数の減少の原因ではない。　ウ 「隣の自治体に吸収される」が不適。　エ 「各地で特別区」が不適。

3　イ 「過半数」が不適である。

4　ウ 「自分のSNSにも再投稿」が公職選挙法違反となる可能性が高い。

5　イ 「日本初の法律」が不適。　ウ 「罰則が科される」が不適。　エ 「自由に変更できる」が不適。

6　出入国管理・外国人材の受け入れ・難民認定は，法務省の担当業務で，外務省ではないことに注意したい。

7　日本国憲法第13条では，幸福追求権の保障が明記されている。

8　(1)　地方交付税交付金の支給額は全国の自治体で一律ではない。　(2)　ふるさと納税は「地方創生」の観点から導入された制度である。

重要 9 (1) 賛否両論の立場から答案をまとめることができるが，どちらにしても，「出身地」「知名度」「街づくり」「地域の現状把握」等の観点を踏まえていきたい。 (2) 「多文化共生」を起点として，外国人投票権を認めるメリット・デメリットを天秤にかけて解答を作成していきたい。

★ワンポイントアドバイス★

本格的な記述問題が出題されるので，日頃から答案作成のトレーニングを積むようにしよう。

＜国語解答＞

一 問一 (例) 種類 問二 (例) 2 馬のいる場所のまわりをまわっている 3 馬のしっぽを正面から見ていない 問三 ア 問四 (例) 一つ一つの事物に違う名まえをつけて使用するのは現実的ではない上，ものの感じ方を表すことばの場合は，国の伝統，社会のあり方に深いつながりを持っているため，共通な標準が求められないから。

問五 (例) ② 自分のことをよぶ語が，英語，ドイツ語，フランス語，ロシア語にはそれぞれ一種類しかないこと。 ④ 私たちが使う語のさすものが，じっさいの世界の中にもあると考えること。 ⑦ あいまいな議論をやめて，はっきりした問題をつかまえて一歩一歩すすむこと。 問六 ウ 問七 5 黒い円 6 黒い三角 7 白い円 8 丸い図形 9 黒い図形 問八 イ 問九 (例) 真善美が自分の外にあるかのように思うこと。 問十 (例) 何を勉強する目的で入学しますか。[何を勉強したいのですか。] 問十一 D→C→A→B 問十二 12 ア 13 エ 14 ウ

問十三 (例) だから 問十四 (例) あいまいなことばが多い世界では理くつを言う気持ちがたいせつで，ことばの意味の正しい理解のためには，多くの経験にぶつかり偏見なしに見つめて，どういうことばで表現したらいいかと十分に考える必要がある。

二 1 視野 2 郵便 3 陸橋 4 創設 5 権利 6 臨海 7 投票 8 建造 9 暖かな 10 管

○配点○

一 問四・問十四 各8点×2 問五・問九～問十一 各4点×6 問七 各2点×5 他 各3点×10 二 各2点×10 計100点

＜国語解説＞

一 **(論説文－要旨・段落構成・細部の読み取り，指示語，空欄補充，ことばの意味，記述力)**

問一 1は「犬」の中の「ブルドッグ，ドーベルマン，チン……」などのことなので「種類」があてはまる。

問二 2は「犬が……馬のまわりをぐるぐるとまわって走ってい」ることなので，「馬のいる場所のまわりをまわっている(17字)」という意味ではまわっている，という文脈になる。3は「馬は犬が動くにつれて犬の方に鼻づらを向けてまわ」っている，すなわち犬も馬もまわっているということなので，犬は一度も「馬のしっぽを正面から見ていない(15字)」という意味では，まわっ

ていないといわなければならない，という文脈になる。

問三　4は「だれが考えても」「なんのあいまいさも」ない内容なので，前提と結論に「あいまいさ」がないアが最適。イの「なぜなら」以降の結論は前提からは導けないので不適。あいまいさを表す「もしくは」で説明しているウ・エも不適。

やや難　問四　——部①の説明として①のある段落から続く3段落で，「あいまいさをなくすためには……ものや，できごとの一つ一つにちがった名まえをつけ……すべての人間がこれを使うことが必要」になってしまうため「共通な標準など求められそうにもない」こと，「ものの感じ方や気分を表すことばは……国の伝統や社会のあり方に深いつながりを持っていますから，……共通のものは求められないということにな」ることを述べているので，これらの内容を①の理由として指定字数以内でまとめる。

重要　問五　——部②は直前で述べているように，「自分のことをよぶ」語が「英語，ドイツ語，フランス語，ロシア語では一種類の語しか使」わないことを指している。④は直前の段落の「私たちが使う語のさすものが，じっさいの世界の中にもあるのだと考える」ことを指している。⑦は直前の「あいまいな議論をやめて，もっとはっきりした問題をつかまえて，一歩一歩すす」むということを指している。

基本　問六　「色めがね」は，色のついためがねで見る景色と，めがねをかけずに見る景色ではそれぞれ違う色に見えることから，「先入観」や「偏見」のたとえとして用いられる。

問七　5～7は，図の点線で囲まれた部分にある形と色として「黒い円」，「黒い三角」，「白い円」があてはまる。8はaの部分の形に共通していることとして「丸い図形」，9はbの部分の形に共通していることとして「黒い図形」といった言葉があてはまる。

問八　10は「チルチル，ミチル」が登場する物語の中で，二人が探したものなのでイが最適。

重要　問九　——部⑥の「考え方」は直前の段落で述べている，「私たちの外に真とか善とか美とかというものがあるように思」うことなので，この部分を簡潔にまとめる。

重要　問十　11のある文は，「目的」とは「それが私にとって良いことだから，そうしたい」ことであり，「何が良いことかは……やりはじめたあとでわかってくるもの」であるということの具体例として述べていることから，11は「目的」や「そうしたい」ことの質問なので「何を勉強する目的で入学しますか。」あるいは「何を勉強したいのですか。」といった内容があてはまる。

問十一　A～Dの前から含めて整理すると，私たちが正しくものごとを考えようとするならば，語の意味をはっきりさせることも必要→語の意味，すなわち「ことばの意味」の説明であるD→Dの具体的な例を挙げ，自分のほんとうの気持ちを別なことばで表してみる，と説明しているC→Cを補足する説明をしているA→Aまでの内容のまとめとして，別のことばにうつしなおして考えることは，あいまいな語や概念を文や判断でよく説明してから考えることにもなり，現実の世界でいつもはたらいていることを数学の式を例に説明しているB，という構成になる。

問十二　12には，とらえどころがなく具体的でないさまという意味のアがあてはまる。13は引用している文章の「キツネに……カラスに似ている」という「例」のことなので，他のものにたとえて表すさまという意味のエがあてはまる。14には状況によって感じられる心の状態という意味でウがあてはまる。

問十三　15は直前の段落の「道徳は……必要だ」「道徳が……不必要だ」ということばに共通して使われていることばなので，15直後の説明からも「だから」があてはまる。

やや難　問十四　本文は冒頭の「私たちの知識の中にある『あいまい』な部分のことについて」，さまざまな具体例を通して述べており，最後の3段落で，「理くつを言うという気持ちがたいせつで」あること，「ことばの意味の正しい理解のためには，いろいろな多くの経験にぶつかり，それを偏見なしにみつめて，どういうことばでそれらを表現したらいいか，ということを十分に考えてみることが必要で」あること，私たちをとりまく「あいまいな意味の世界……をはっきりさせるのは，みなさんのこれからのしごととして残されてい」ることを述べているので，これらの内容をふまえて，筆者の考えとして指定字数以内でまとめる。

二 (漢字の書き取り)

1の「視野を広げる」は，知識や経験の幅を広げて物事を多方面から考えることができる状態にすること。2の「郵」の画数は11画であることに注意。3は道路や鉄道線路の上にかけた橋。4はそれまでにはなかった施設や組織などを新たに作ること。5は，ある物事をしてよい，またはしないでよいという資格。6は海のそばにあること。7の「票」を同音異字の「標」「表」などとまちがえないこと。8は大きな構造物をつくること。9は体全体で感じるあたたかさのことで，反対語は「寒い」。同訓異字の「温かい」は「部分的に感じるあたたかさ」や「心で感じるあたたかさ」のことで，反対語は「冷たい」。10の音読みは「カン」。熟語は「試験管」など。

★ワンポイントアドバイス★

空欄補充では，前後の内容と空欄のつながりを確認しながら，内容を的確にあてはめていこう。

第2回

2024年度

解　答　と　解　説

《2024年度の配点は解答欄に掲載してあります。》

＜算数解答＞

1　(1)　14　(2)　11　(3)　1350　(4)　8　(5)　40

2　(1)　18人　(2)　6セット，15本

3　(1)　28分　(2)　毎時2.4km　(3)　8.96km

4　(1)　5：3　(2)　6回目

5　(1)　150個　(2)　A　7台，B　3台　(3)　225袋

○配点○

1　各7点×5　2，4　各8点×4　3(1)，(2)，5(1)　各6点×3

3(3)，5(2)，(3)　各5点×3　計100点

＜算数解説＞

1　(四則計算，仕事算，相当算，年齢算，平面図形)

基本　(1)　$\frac{21}{16}\times\left\{\left(\square-\frac{2}{3}\right)\times\frac{3}{8}\right\}\times\frac{8}{5}=\frac{21}{2}$　$\left(\square-\frac{2}{3}\right)\times\frac{3}{8}=\frac{21}{2}\times\frac{16}{21}\times\frac{5}{8}=5$　$\square-\frac{2}{3}=\frac{40}{3}$　$\square=\frac{42}{3}=14$

基本　(2)　全体の仕事量を1とするとA1台が1日にする仕事量は$\frac{1}{12\times8}=\frac{1}{96}$，B1台が1日にする仕事量は$\frac{1}{16\times10}=\frac{1}{160}$　A6台とB5台が1日にする仕事量は$\frac{1}{96}\times6+\frac{1}{160}\times5=\frac{3}{32}$　したがって，$\frac{32}{3}=10\frac{2}{3}$(日)で終了するので，終了するのは11日目

基本　(3)　$\frac{4}{9}+\frac{2}{3}=\frac{10}{9}$　これと1の差である$\frac{1}{9}$に相当するのが450－300＝150(人)なので，$150\div\frac{1}{9}=1350$(人)

重要　(4)　3年後に父と妹の年齢の平均と母と兄の年齢の平均が29.5歳になることから，現在の平均は29.5－3＝26.5(歳)　父は母より4歳年上であり，父と妹，母と兄の年齢の平均が同じであることから，兄は妹より4歳年上　父母，兄妹の年齢差が同じなので，父母の年齢の平均，兄妹の年齢の平均の差が33歳ということから父と兄の年齢の差も33歳　したがって，父と妹の年齢の差は33＋4＝37(歳)であり，現在の妹は(26.5×2－37)÷2＝8(歳)

重要　(5)　BC＝CDより，CDとBCが重なるように三角形ECDを右図のように移動する。角DCE＝㋐＋㋑＝105°であり，角DCE＋角ACB＝105°＋75°＝180°より移動した後，ABEは三角形になる。AB＝EDより，三角形ABEは二等辺三角形であり，角BAC＝㋓である。また，角ABE＝㋒＋㋔＝㋒＋75°－㋓＝2×㋓＋75°－㋓＝㋓＋75°より，㋓＋75°＋㋓＋㋓＝180°　㋓＝35°より㋔＝75°－35°＝40°

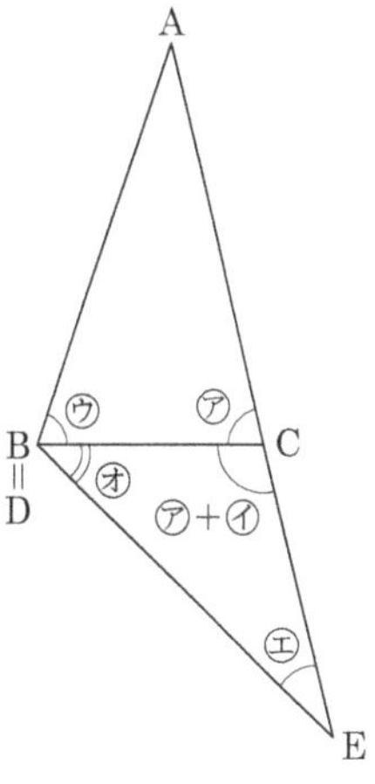

重要 2 (過不足算，最小公倍数)

(1) 子どもの人数を□とすると，消しゴムは□－3(個)，えんぴつは2×□＋9(本)　えんぴつの本数は消しゴムの個数の3倍なので，(□－3)×3＝2×□＋9　したがって，こどもの人数は□＝18(人)

(2) 1セットはえんぴつ18×2＋9＝45(本)，消しゴム18－3＝15(個)なので，45と15の倍数が18の倍数になればよい。45は15の倍数なので，15と18の最小公倍数を考えると90　このとき，消しゴム90個なので，90÷15＝6(セット)必要。えんぴつは90×3＝270(本)なので，一人あたり270÷18＝15(本)のえんぴつを配ることになる。

やや難 3 (流水算)

(1) グラフを書くと右図の通り。初めてすれ違ってから再びすれ違うまで84分間であることから，この間にA君が歩いた距離は北町から南町までの距離の$\frac{84}{140}=\frac{3}{5}$　初めてすれ違うまでと再びすれ違ってからは，いずれも南町から北町へ川を上っており(グラフの太線)，合計の距離は北町から南町までの距離の$\frac{2}{5}+\frac{3}{5}+\frac{3}{5}=\frac{8}{5}$　140－84＝56(分)で南町から北町の距離の$\frac{8}{5}$を上るので，南町から北町まで上るのに$56\div\frac{8}{5}=35$(分)かかる。したがって，北町から南町へ下るのにかかる時間は140－35－21－21－35＝28(分)

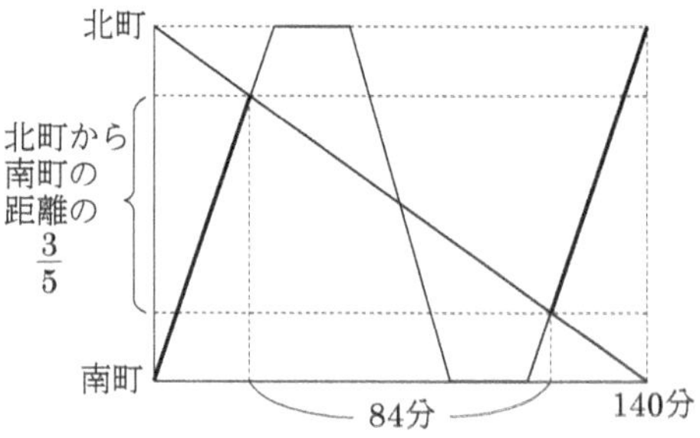

(2) 上りと下りの船の速さの比はかかった時間の逆比なので，28：35＝4：5　上りの船の速さを④，下りの船の速さを⑤とすると，静水時の船の速さは(④＋⑤)÷2＝$\textcircled{4.5}$，川の流れの速さは⑤－$\textcircled{4.5}$＝$\textcircled{0.5}$　静水時の船の速さが毎時21.6kmなので，川の流れの速さは毎時21.6÷$\textcircled{4.5}$×$\textcircled{0.5}$＝2.4(km)

(3) (2)より，上りの船の速さは毎時21.6÷$\textcircled{4.5}$×④＝19.2(km)，北町から南町までの距離は$\frac{35}{60}\times19.2=11.2$(km)，A君の歩く速さは毎時11.2÷140×60＝4.8(km)　船が再び南町を出発するのは，A君が北町を出発してから35＋21＋28＋21＝105(分後)　A君は105分で$4.8\times\frac{105}{60}=8.4$(km)歩いており，南町まで11.2－8.4＝2.8(km)の距離。この後再びすれ違うまで$2.8\div(19.2+4.8)=\frac{7}{60}$(時間)であり，A君は$4.8\times\frac{7}{60}=0.56$(km)歩いている。したがって，A君と船が再びすれ違うのは北町から8.4＋0.56＝8.96(km)のところとなる。

重要 4 (食塩水の濃度，割合)

(1) 予定していたAとBの量の比を○：△とし，○＋△＝1とすると，予定していた食塩水の濃度は(8－△×2)％，間違えた食塩水の濃度は(8－○×2)％　差が0.5％なので，8－△×2－(8－○×2)＝0.5　○－△＝0.25　○＝(○－△＋○＋△)÷2なので，○＝(○－△＋○＋△)÷2＝(0.25＋1)÷2＝$\frac{5}{8}$　△＝○＋△—○＝(○＋△)－$\frac{5}{8}$＝$\frac{3}{8}$なので，○：△＝$\frac{5}{8}$：$\frac{3}{8}$＝5：3

(2) A：500gの食塩水(食塩の量：500×8％＝40g)にB：300gを混ぜることを考えると，1回混ぜるごとに食塩水の重さが300g増加し，食塩の量は300×6(％)＝18(g)増加する。□回目の操作後の濃度は$\frac{40+□\times18}{500+□\times300}$となり，これが6.5％未満となれば良い。つまり，40＋□×18＜(500＋□×300)×6.5(％)＝32.5＋□×19.5となればよく，最小の□は6(6.5％「未満」であることに注意)　したがって，6回目。

重要 5 (仕事算，つるかめ算)

(1) A1台が1分あたりに袋づめするお菓子の個数を⑤，B1台が1分あたりに袋づめするお菓子の個数を⑧とする。Aを2台，Bを6台使うと60分ですべて袋づめされるので，お菓子の個数は(⑤×2＋⑧×6)×60＝3480　Aを6台，Bを4台使うと40分ですべて袋づめされるので，お菓子の個数は(⑤×6＋⑧×4)×40＝2480　この差3480－2480＝1000は20分で運び込まれたお菓子の個数なので，1分あたり運び込まれるお菓子は1000÷20＝㊿　最初に袋づめされていなかったお菓子は2480－40×㊿＝480なので，①＝1440÷480＝3(個)であり，したがって，部屋に運び込まれるお菓子は1分あたり3×50＝150(個)

(2)　A1台が1分あたりに袋づめするお菓子の個数は3×5＝15(個)，B1台が1分あたりに袋づめするお菓子の個数は3×8＝24(個)　袋づめされていないお菓子が540個あったときに，20分で袋づめされるお菓子の個数は540＋150×20＝3540(個)　20分ですべて袋づめされるとき，1分で袋づめされるお菓子の個数は3540÷20＝177(個)　Aを□台，Bを○台とすると，15×□＋24×○＝177となるような□，○を考えると，□＝7，○＝3(15×□の1桁目は5か0しかなく，24×○の1桁目は偶数しかないため，組み合わせは15×□の1桁目は5，24×○の1桁目は2となることから○＝3がわかる)。したがって，A：7台，B：3台

(3)　A1台が1分当たりに袋づめするお菓子の個数が15個であり，15個入りで1袋にするので，A1台で1分あたり1袋作成する。同様にB1台も1分あたり1袋作成する。25分で325袋作成したことから，1分で325÷25＝13(袋)作成されるので，AとBは合計13台。また，25分で袋づめされるお菓子は全部で3150＋150×25＝6900(個)であり，1分で袋づめされるお菓子の個数は6900÷25＝276(個)　AとB合計13台でお菓子276個を袋づめするにはBは(276－15×13)÷(24－15)＝9(台)　したがって，25分間でBは9×25＝225(袋)作成するので，24個入り袋は225袋できた。

★ワンポイントアドバイス★

[3]はグラフを書いてみよう。与えられた条件をグラフに書き込むことで情報を整理しよう。(1)がわかれば(2)(3)はそれ程難しくないはず。[4]の比による食塩水の濃度の出し方は確実におさえておこう。

<理科解答>

〔Ⅰ〕(1)　うすい塩酸　イ　水酸化ナトリウム水溶液　ウ　(2)　イ，ウ，オ　(3)　ア　(4)　4cm^3

〔Ⅱ〕(1)　エ　(2)　イ，エ　(3)　イ，エ，ク　(4)　①　265g　②　252g　③　13.6％

〔Ⅲ〕(1)　a　白血球　b　血小板　d　ヘモグロビン　f　酸素　(2)　ウ　(3)　ア　(4)　呼吸　(5)　イ

〔Ⅳ〕(1)　双子葉類　(2)　葉緑素　(3)　ウ　(4)　デンプン　(5)　ア，オ

〔Ⅴ〕(1)　X　(2)　(惑星A)　金星　(惑星B)　火星　(3)　イ　(4)　b，d，e　(5)　イ，ウ　(6)　ア　(7)　エ

〔Ⅵ〕(1)　12cm　(2)　18cm　(3)　22cm

〔Ⅶ〕(1)　100g　(2)　87g　(3)　123g　(4)　8.7cm　(5)　139g

○配点○

〔Ⅰ〕 (1) 各1点×2　他　各2点×3　〔Ⅱ〕 (4)③ 3点　他　各2点×5
〔Ⅲ〕 (1)・(2) 各1点×5　他　各2点×3　〔Ⅳ〕 各2点×5
〔Ⅴ〕 (2) 各1点×2　他　各2点×6　〔Ⅵ〕 (1) 2点　他　各3点×2
〔Ⅶ〕 (5) 3点　他　各2点×4　　計75点

＜理科解説＞

〔Ⅰ〕 (水溶液の性質―酸とアルカリ)

基本　(1) 紫キャベツの煮汁は中性で紫色，酸性で赤色，アルカリ性で黄色になる。うすい塩酸は酸性なので赤色，水酸化ナトリウム水溶液はアルカリ性なので黄色になる。

基本　(2) 発生する気体は水素で，水素は水に溶けにくく同じ体積の空気より軽く，においがない気体である。

重要　(3) アでは水素が発生する。イでは二酸化炭素，ウでは塩素，エでは酸素，オではアンモニアが発生する。

(4) ①と②より，Aの塩酸の濃度はBの2倍である。また②と③よりCの水酸化ナトリウム水溶液の濃度はDの4倍である。A1cm^3とちょうど中和するCは1cm^3であり，Dではその4倍の4cm^3がちょうど中和する。

〔Ⅱ〕 (水溶液の性質・物質との変化―炭酸水素ナトリウムの熱分解)

基本　(1) 1つの物質が2つ以上の物質に分かれる変化を分解という。

基本　(2) 石灰水が白くにごったので，発生した気体は二酸化炭素である。二酸化炭素を発生させる組み合わせは，炭酸カルシウムと塩酸である。

(3) 炭酸水素ナトリウム水溶液はアルカリ性を示す。選択肢の中でアルカリ性のものは，アンモニア水，石灰水，水酸化ナトリウム水溶液である。

重要　(4) ① 168gの炭酸水素ナトリウムが全て分解すると106gの炭酸ナトリウムが発生するので，420gの炭酸水素ナトリウムから□gの炭酸ナトリウムが発生するとして，168：106＝420：□　□＝265(g)である。　② 反応した炭酸水素ナトリウムが□gとすると，□：159＝168：106

やや難　□＝252(g)　③ 発生した炭酸ナトリウムを□gとすると，反応した炭酸水素ナトリウムは$\frac{168}{106}$×□gである。反応後の重さが389gより，$□+\left(420-\frac{168}{106}\times□\right)=389$　$\frac{62}{106}\times□=31$　□＝53(g)　よって残った白い固体中の炭酸ナトリウムの割合は$\frac{53}{389}\times100=13.62≒13.6$(%)である。

〔Ⅲ〕 (人体―血液)

基本　(1) (a)は抗体をつくり，体内に侵入したウィルスなどの異物を排除する働きをするので白血球である。(b)は残りの成分の血小板で，血液の凝固に関係する。(d)は赤血球に含まれるヘモグロビンであり，酸素を運搬する能力がある。

基本　(2) ヘモグロビンは鉄を含む。

(3) 血しょうはごく薄い黄色をしており，栄養分などの運搬に関わる。

(4) 糖などの栄養素を酸素を使って分化する作用を呼吸という。

(5) インフルエンザウィルスは日々変化し続けており，今年のワクチンが次の年のウィルスに有効とは限らないため毎年注射する必要がある。

基本 〔Ⅳ〕 **(植物―光合成)**

(1) 葉脈が網の目のようになっているものを網状脈といい，双子葉類の特長である。単子葉類では平行脈になる。

(2) エタノールに溶けたのは葉緑素である。

重要 (3) 光合成が起こった部分でデンプンが生じ，ヨウ素液が紫色になる。光が当たった緑色の部分で光合成が起きる。

(4) デンプンはヨウ素液と反応して青紫色になる。

(5) 光合成には水，二酸化炭素，太陽光，葉緑素が必要であるが，この実験では水や二酸化炭素の有無を比較できないので，光と葉緑素の必要だけが確認できる。

基本 〔Ⅴ〕 **(星と星座―金星と火星)**

(1) 地球は北極の上側から見て反時計回りに公転している。

(2) Aは金星，Bは火星である。

(3) 真夜中に見えるのは，fの位置にある火星である。

(4) 地球がaの位置にあるとき，b，d，eにある星は太陽と重なるため見えない。

(5) 地球がaの位置にあるとき，惑星Bは夕方の東の空に見えはじめ，徐々に西に移動し明け方の西の空に沈む。

(6) 地球がaにあり惑星Aがcにあるとき，Aは明け方の東の空に見える。これを「明けの明星」という。

(7) cの位置にある惑星Aは左側が照らされるのでウのように見えるが，望遠鏡で見ると上下左右が逆になって見えるので，エのように見える。

〔Ⅵ〕 **(力のはたらき―てんびん)**

基本 (1) 板の長さが24cmなので，板の重さは中心部分にかかると考えてよい。そのためaが12cmまで押し出すことができる。

(2) bの長さは12cmであり，下の板の右端に上の板の中心が重なる。下の板の右端からcのところに支点があり，支点より右側に上の板の重さが，左側の下の板の中心部分に下の板の重さがかかる。両方の板の重さは同じなので，支点からの距離も等しくなる。よってcは6cmになりb＋c＝12＋6＝18(cm)になる。

図1

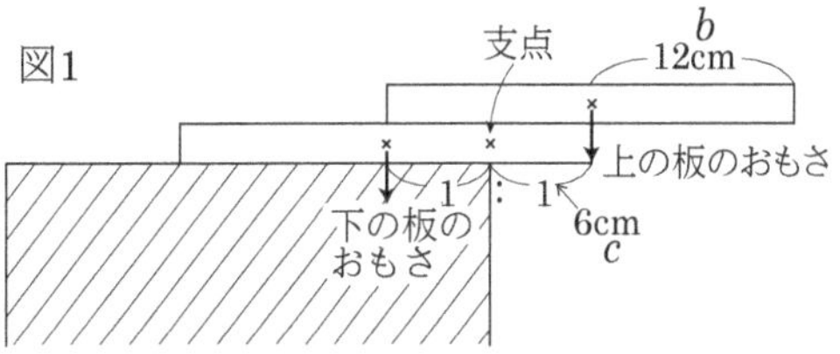

図2

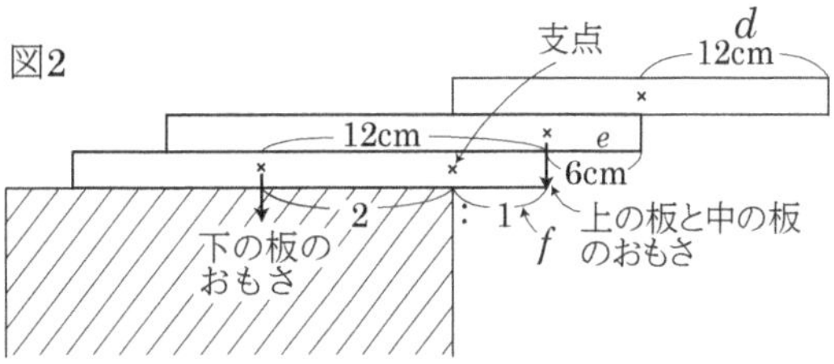

やや難 (3) dが12cm，eが6cmで，上の板と中の板の重さ：下の板の重さ＝2：1になる。よってfの支点から力点までの距離の比は1：2になる。これよりfの長さは$12\times\frac{1}{3}=4$(cm)となり，d＋e＋f＝12＋6＋4＝22(cm)になる。

〔Ⅶ〕 **(力のつり合い―ばね・斜面の重力)**

基本 (1) 左右の斜面の角度が同じなので，同じ重さのおもりでつり合う。よっておもりAは100gである。

(2) 斜面の角度が60°のとき，100gのおもりでばねが8.7cm伸びる。これは87gの重さに相当する。よっておもりBは87gである。

(3) 左側の斜面のおもりの斜面方向の力は87gであり，これが右側の斜面のおもりCの斜面方向の力とつり合う。角度が45°のとき100gのおもりの斜面方向の力は71gになるので，おもりCの重さを□gとすると，100：71＝□：87　□＝122.5≒123(g)である。

(4)　ばねの両側には同じ大きさの力がかかる。100gのおもりの斜面方向の力は87gなので，ばねは87gの力で引かれる。よってばねの伸びは8.7cmになる。

(5)　斜面の角度が30°の時100gのおもりの斜面方向の力は50g，45°では71gなので，おもりEにかかる斜面方向の力は50＋71＝121(g)になる。おもりEの斜面の角度は60°なのでEの重さを□gとすると，100：87＝□：121　　□＝139.0　　Eの重さは139gである。

★ワンポイントアドバイス★

物理，化学分野の問題はやや難しいものが多い。他の基本問題をしっかりと解いてミスをしないように注意しよう。

＜社会解答＞

Ⅰ　1　(1)　え　渡良瀬　　お　荒地　　か　広葉樹林　　(2)　ア　　2　ア　　3　ウ
4　イ　　5　イ　　6　イ　　7　エ

Ⅱ　1　天竜(川)　　2　三重県　　3　エ　　4　ア　　5　(1)　エ　　(2)　ウ
6　(長崎県②)　ウ　　(沖縄県②)　イ

Ⅲ　1　あ　憲法　　い　阿倍仲麻呂　　2　ア　　3　イ　　4　ウ　　5　ウ　　6　エ
7　イ　　8　(1)　C　　(2)　エ　　9　イ　　10　藤原純友　　11　ア
12　6→3→7→4→5→1→2

Ⅳ　1　(1)　イ　　(2)　エ　　2　(1)　ア　　(2)　公共の福祉　　3　い　努力　　う　永久
4　(1)　貧富の差が発生したこと　　(2)　ウ　　5　(1)　ウ　　(2)　独占　　6　イ
7　Aさん　Bさんと話し合いをし，自分はBさんが話をするのを許す代わりに，Bさんには小さな声で話すようにお願いする。

○配点○

Ⅰ　1(1)，3，6　各1点×5　　他　各2点×5　　Ⅱ　1～4　各3点×4　　他　各2点×4
Ⅲ　8，9，11　各2点×4　　12　3点　　他　各1点×9
Ⅳ　1(1)　1点　　7　3点　　他　各2点×8(3，5各完答)　　計75点

＜社会解説＞

Ⅰ　**(融合問題－憲法を起点とした問題)**

基本　1　(1)　え　渡良瀬川は栃木県と群馬県との県境付近を流れる河川である。　お　荒地とは，耕作していない，または耕作に適さない土地のことをいう。　か　広葉樹林は，双子葉植物の樹木で，広く平たい葉を持つ木である。　(2)　イ　カドミウムは「イタイイタイ病」の原因物質である。　ウ　有機水銀は「水俣病」の原因物質である。　エ　放射性物質は「原発事故」に関連するものである。

2　ア　「裁判は常に非公開」が不適。

3　アは1910年，イは1914年，エは1905年の出来事である。

4　ベルサイユ条約は第一次世界大戦終結後の1919年に締結された。

重要 5 ア 「学校にいる時にのみ」が不適。 ウ 「専門家のみ」が不適。 エ 「裕福な人のみ」が不適。

6 ア 「天皇から指名」が不適。 ウ 「被選挙権をもたない」が不適。 エ 参議院には解散がない。

基本 7 アは生存権,イは労働権,ウは国政調査権の説明となる。

Ⅱ (日本の地理－三県境を起点とした問題)

基本 1 天竜川は諏訪湖を水源としている河川である。

2 緯度が東京とほぼ同じで,経度が兵庫県明石市とほぼ同じことから判断したい。

3 ア 「島根県の島にはない」が不適。 イ 「鳥取市」が不適。 ウ 石鎚山は愛媛県中部に位置している。

4 製造品出荷額等が最多のAが茨城県,印刷・印刷関連業が最多のCが埼玉県,残ったBが栃木県という流れで特定していきたい。

重要 5 (1) 東日本大震災時の福島県臨海部での原発事故の影響で避難していた人々の帰還が増加した点を踏まえる必要がある。 (2) (1)よりAが福島県,人口減少が全国的に最悪クラスの新潟県がC,残ったBが山形県という流れで特定していきたい。

6 鉄道駅の開業・廃止がないイが沖縄県,空港の数が最多のアが北海道,最少のエが佐賀県,残ったウが長崎県という流れで特定していく。

Ⅲ (日本の歴史－日記を起点とした問題)

1 あ (大日本帝国)憲法は1889年2月11日に発布された。 い 阿倍仲麻呂は唐に渡ったまま,生涯を閉じた。

基本 2 二・二六事件は1936年に起こった陸軍青年将校による軍事クーデターである。

3 朕は天皇の自称で,1936年は昭和時代である。

4 ロシアは「G7」には含まれていない。

重要 5 ④の人物は白河上皇のことであり,1086年に院政を開始した。アは1156年の出来事で,エは後鳥羽上皇の説明となる。

6 エ 後白河天皇は鳥羽天皇の子である。

7 ベルツはドイツ人の医師であり,東京医学校の教師として招聘され,日本の現代医学の基礎づくりに貢献した。

基本 8 (1) 5内の「お茶の水」「駿河台」等を手がかりにしたい。 (2) エ 「被害を免れた」が不適。

9 イ 「死体を処理」が不適。

10 藤原純友と平将門は同時期に反乱を起こした。

11 ア 「武士から」が不適。

重要 12 1は昭和戦前,2は令和,3は平安(11世紀),4は明治,5は大正,6は平安(10世紀),7は安土桃山の記事である。

Ⅳ (政治－自由を起点とした問題)

1 (1) アは沖縄,イは広島,ウは京都,エは仙台の説明となる。 (2) エ 「核抑止の理論」が不適。

基本 2 (1) イ・エは社会権,ウは平等権の説明となる。 (2) 公共の福祉とそれによって人権を制約されるその個人の利益にも還元される全体の利益と認識されている。

3 憲法第97条は第10章(最高法規)に含まれている条文である。

重要 4 (1) 社会権は資本主義の発展にともなって拡大した貧富の格差の是正が根底としてある。
(2) ウ 刑事訴訟法は刑事手続きを規律する法体系で,社会権を保障したものではない。

5 (1) 完全競争下では価格が均衡価格に落ち着くという「価格の自動調節機能」が働く。
(2) 独占は「市場の失敗」の一例である。

6 ア 国の最高法規は憲法である。 ウ 「成立させることはできない」が不適。 エ 「閣議」が不適。

重要 7 「譲歩と主張のバランス」という観点で双方の主張を調整することを踏まえて答案をまとめていきたい。

★ワンポイントアドバイス★

本校は本格的な記述問題が出題されるので，日頃から答案作成のトレーニングを積んでおこう。

＜国語解答＞

一 問一 (例) 人間が安定的な信頼関係を保てる集団のサイズは変わっていないのに，発達したテクノロジーを駆使すれば集団規模は拡大できると思い込んでいること。
問二 (例) 集団規模を大きくすることと，脳の大きさを大きくすること。
問三 (例) 1 おしゃべりをする友だち 2 年賀状やSNS，メールで年始の挨拶を発信しようと思うとき，リストに頼らず，頭に浮かぶ人 問四 (例) 狩猟採集生活を送っていた時代も現代も，安定的な関係を保てる人数の上限は同じだという点。
問五 エ 問六 (例) ④ 母と子のように時を共有して同調することで生まれた信頼関係。 ⑤ 同じような服を着たり，同じテーブルで食事をしたり，同じような歌を歌ったり，同じような作法を共有したりといった，身体を同調させる作業。 ⑥ お互いの存在を感じ合うための，群れの中での挨拶やグルーミングなどの活動。 問七 生身の人間
問八 B ウ C ア D イ 問九 E ア F ア G イ H ア
問十 (例) 生物学・情報学 問十一 (例) 相手を「理解」するのではなく，ただ「了解」することが信頼関係を育んだり好きになったりする架け橋ということがわからず，その不安が，過度なこだわりや要求となり，いじめや嫉妬，暴力につながっていくこと。
問十二 I ウ J イ 問十三 (例) リーダーが不在で意見を集約できずすぐ炎上することや，他者とつながっている感覚が失われてしまうこと。 問十四 ウ
問十五 身体 問十六 (例) (社会の情報化が加速するなかで，)人間が共感でつながる人数には限界があるという生物としての進化の跡を忘れず，コミュニティの規模に応じてツールやルールを使い分け，信頼できる人と時間と空間を共有し，五感を使った付き合いをする必要がある。

二 1 木版 2 温泉 3 討議 4 夫婦 5 武器 6 鉱脈 7 幕府
8 銅賞 9 映る 10 厚い

○配点○

一 問一 5点 問二，問四，問六④・⑤，問十三 各4点×5 問七，問六⑥，問十，問十四 各3点×4(問十完答) 問十一 7点 問十六 10点 他 各2点×13

二 各2点×10 計100点

＜国語解説＞

一 (論説文－要旨・段落構成・細部の読み取り，指示語，接続語，空欄補充，ことわざ・四字熟語，記述力)

問一　――部①の「ギャップ」は「一方で，人間の……」で始まる段落で，「人間が安定的な信頼関係を保てる集団のサイズ……は150人規模のまま」であるのに「テクノロジーが発達して……AI……を駆使すればどんどん集団規模は拡大できるという幻想」であることを述べているので，これらの内容を①が生まれる原因としてまとめる。

問二　――部②のある段落と次段落で，「危険な場所では……集団規模を大きくしなければな」らなかったこと，「そのためには脳を大きくする必要があ」ったことを述べているので，これら2つの点を②の具体的な内容として説明する。

重要　問三　冒頭で①・②の質問に対する答えとして「①は10人くらい，②は100人くらいまで」と述べており，1は①，2は②に当たるので，1には「おしゃべりをする友だち(11字)」，2には「年賀状やSNS，メールで年始の挨拶を発信しようと思うとき，リストに頼らず，頭に浮かぶ人(43字)」といった説明があてはまる。

重要　問四　――部③の説明として直後の2段落で，「人間は，この150人くらいの規模の集団で狩猟採集生活を送ってい」て「現代でも，このような……村の平均サイズが，実に150人程度……言い換えれば，150人というのは，昔も今も，人間が安定的な関係を保てる人数の上限だということ」を述べているので，これらの内容を，筆者が③を面白いと考えていることとして簡潔にまとめる。

基本　問五「一緒に何かを経験し，［ A ］を共にした記憶でつながっている」ということなので，さまざまな感情を共にしたという意味でエがあてはまる。アは弱者が強者の犠牲になること。イは昔から今まで，あらゆる場所で，という意味。ウは一生に一度限りの機会という意味。

問六　――部④は直前の段落内容から，「母と子」のように「時を共有して同調することで……生まれ」た「信頼関係」のことを指している。⑤は直前の「同じような服を着たり，同じテーブルを囲んで食事をしたり，同じような歌を歌ったり，同じような作法を共有したりといった，身体を同調させる」作業のことを指している。⑥は直前の内容から，「お互いの存在を感じ合う」ために，群れの中で「挨拶」や「グルーミングをする」といった活動のことを指している。

問七　抜けている段落が「ICTやAIは個人を拡張する方向に進んでいて……インターネットは『同じである』ことを前提……につながっている」ことを述べているので，「本来，人間は……」で始まる段落で，本来，人間は「互いに違う」ことを前提に，他者とのつながりを拡大するように進化してきた→抜けている段落→生身の人間の触れ合いより，ネット上の世界に重きを置いていると，「お互いに違う」という前提がわからなくなる，という流れになる。

問八　Bは直前だけでなく直後でも問題点を述べているのでウ，Cは直前の内容とは反する内容が続いているのでア，Dは直前の内容の理由が続いているのでイがそれぞれあてはまる。

問九　G・Hのある文の理由として直後で「人間は強い共感力をもっているために，相手から期待されていることを感じ取れるから」と述べているので，Gにはイ，Hにはアが入る。このG・Hのある文とは反対の内容がE・Fのある文なので，E・Fにはどちらもアが入る。

問十　――部⑦直後の段落で「20世紀，哲学は生物学にその地位を譲り渡し」，さらに「こうして哲学を……」で始まる段落で「哲学を乗っ取った生物学は……情報学に乗っ取られ」たことを述べている。

やや難　問十一　――部⑧について「共感というのは……」で始まる段落で，「相手を『理解』するのではなく，ただ「了解」することが，互いの信頼関係を育んだり，好きになったりする架け橋になるということがわからない」という「その不安が，身近な人への過度なこだわりや要求となり，それがいじめや嫉妬，暴力につながっている」と述べているので，これらの内容を⑧の人間関係における問題として説明する。

問十二　Iは直前で述べているように，感情を情報として「理解」しようとすることなので，細かくとらえて明らかにするさまという意味のウ，Jは物事の表面だけに関するさまという意味のイがそれぞれあてはまる。

重要　問十三　——部⑨について「しかし，中心が……」で始まる段落で，「中心がないからリーダーができずに意見を集約できず，すぐに炎上するという欠点にもなり」，「他者とつながっている感覚も失われてい」くことを述べているので，これらの内容を⑨によって起きる問題として説明する。

基本　問十四　Kには，似たようなものが次々と現れ出ることのたとえであるウがあてはまる。アは他人の誤った言行も自分の行いの参考となることのたとえ。イはどれもこれも平凡で目立つものがないことのたとえ。エは目障りであったり，じゃまになったりするもののたとえ。

問十五　Lは「本当につながること」に必要なことで，「つながり」について「そして，そのつながりを……」で始まる段落で「つながりを継続している……共同体……の文化の底流には……身体を同調させる仕掛けが埋め込まれてい」ることを述べているので，「身体」があてはまる。

やや難　問十六　最後の2段落で，「情報技術」の「進化の方向は，人類の進化と同じ」だが，「人間が共感によってつながる人の数には限界があ」るのは，「生物としての人間が，そういう付き合いをして進化してきたからで」あり，「その進化の跡」を「自覚」して，「コミュニティの規模に応じて，適切なコミュニケーションツールやルールを使い分け……信頼できる人と……時間と空間を共有し，五感を使った付き合いをする必要があ」る，ということを述べているので，これらの内容を指定字数以内でまとめる。

二　**（漢字の書き取り）**

1は文字や絵を彫刻した版木によって印刷したもの。2は地中からわき出す温水。3はある事がらについて意見を述べ合うこと。4の「夫」の音読みは他に「フ」。熟語は「夫妻」など。5は何かをするための有力な手段となるもの。6は地下深くにうまっている鉱物が集まっている場所。7は武家時代に将軍が政治を行った場所やしくみのこと。8は金賞・銀賞に次ぐ第3位の賞のこと。9は姿や形などが反射や投影によって他の物の上に現れること。同訓異字で写真などに形や姿が現れる，下にある文字や絵がすけて見える意味の「写す」と区別する。10は物の両方の面の距離が長いこと。

★ワンポイントアドバイス★

本文が長い場合，複数の段落ごとに内容を確認しながら，全体の論の流れをつかんでいこう。

2023年度

★★★★★★★★★★★★★★★★★★★★★★★★

入　試　問　題

2023年度

明治大学付属明治中学校入試問題（第１回）

【算　数】（50分）　＜満点：100点＞

【注意】 1．解答は答えだけでなく，式や考え方も解答用紙に書きなさい。（ただし，1は答えだけでよい。）

2．円周率《えんしゅうりつ》は3.14とします。

3．定規・分度器・コンパスは使用してはいけません。

1　次の □ にあてはまる数を求めなさい。

(1)　$\left(2\frac{7}{8}+\square\times 2.5\right)\div 1\frac{2}{3}-\left(4.5-\frac{3}{2}\right)\div 5=3$

(2)　１本の定価がそれぞれ60円，80円，100円のボールペンを合わせて75本売りました。定価100円のボールペンの半数は80円に値下げして売ったため，売り上げは見込んでいた売り上げよりも200円少なくなり，5400円でした。定価60円のボールペンは □ 本売れました。ただし，消費税は考えないものとします。

(3)　一定の速さで走る長さ2.5ｍの車が，960ｍのトンネルに入り始めてから通過し終わるまでにかかる時間を計ります。２回目は１回目より車の速さを１割だけ速くしたので，通過にかかる時間は５秒短くなりました。この車の１回目の速さは毎時 □ kmです。

(4)　A，B２種類の食塩水と大，中，小３種類のカップがあります。大カップ３杯《ぱい》分の量は中カップ５杯《はい》分の量と同じで，中カップ２杯《はい》分の量は小カップ３杯分の量と同じです。Aの大カップ１杯《ぱい》分と中カップ２杯分を合わせてできる食塩水と，Bの中カップ３杯分と小カップ５杯分を合わせてできる食塩水に含《ふく》まれる食塩の量が同じになるとき，食塩水AとBの濃《こ》さの比をもっとも簡単な整数の比で表すと，(ア) ： (イ) です。

(5)　右の図のように，正六角形ABCDEFがあり，面積は144㎠です。辺AB，EF上にそれぞれ点G，Hがあり，AG：GB＝５：７，EH：HF＝１：２です。このとき，斜線《しゃせん》をつけた部分の面積は □ ㎠です。

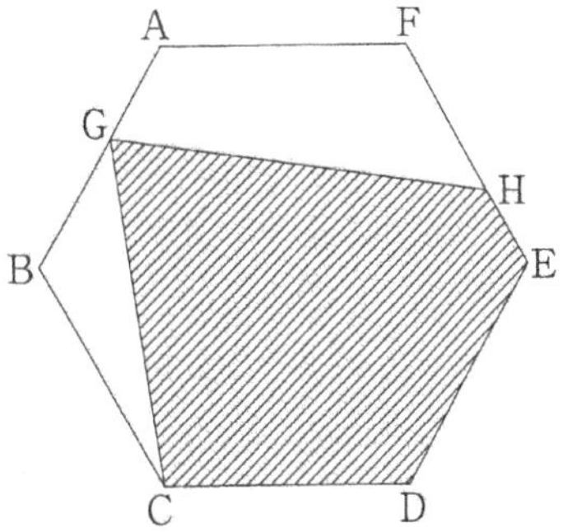

2　あるボートは，川の下流のA地点から上流のB地点まで上り，エンジンを切ってA，B２地点の真ん中のC地点まで下り，そこから再びエンジンをかけてA地点まで下りました。エンジンを切っていた時間は18分間でした。川の流れの速さは一定で，川の流れの速さとボートの静水時の速さの比が２：７のとき，次の各問いに答えなさい。

(1)　ボートがA地点からB地点まで上るのにかかった時間は何分何秒ですか。

(2)　ボートがＡ地点からＢ地点まで上るのにかかった時間とＢ地点からＡ地点まで下るのにかかった時間の差は何分何秒ですか。

3　Ａ商店では仕入れ値が１個900円の品物を100個仕入れ，仕入れ値の何％かの利益を見込《みこ》んで定価をつけて売ったところ，いくつか売れ残ってしまいました。そこで，売れ残った商品を定価の20％引きにして売りましたが，２個売れ残ってしまいました。その結果，利益は見込んでいた利益の78.4％にあたる24696円でした。このとき，次の各問いに答えなさい。ただし，消費税は考えないものとします。

(1)　定価は仕入れ値の何％の利益を見込んでつけましたか。

(2)　定価の20％引きにして売った商品は何個でしたか。

(3)　Ｂ商店では仕入れ値が１個900円の同じ品物を100個仕入れ，Ａ商店と同じ定価をつけて売ったところ，46個売れ残ったので，定価の40％引きにして売ることにしました。Ｂ商店が損をしないためには，40％引きの商品を何個以上売ればよいですか。

4　あるワクチンの接種会場には３分間に10人の割合で接種希望者が来ます。接種担当の医師はＡ，Ｂ，Ｃの３人で，Ａは２分間に３人の割合で，Ｂは３分間に４人の割合で接種を完了《かんりょう》します。ある日の９時に，接種待ちの人がいない状態からＡとＢの２人で同時に接種を開始しました。10時30分には接種待ちの列が長くなったため，そこからＣも加わり３人で接種をしたところ，11時30分には接種待ちの列がなくなりました。このとき，次の各問いに答えなさい。

(1)　10時30分の接種待ちの人は何人でしたか。

(2)　Ｃは１人あたり何秒の割合で接種を完了しますか。

5　右の図のように，点Ｏを頂点とする円すいがあります。底面の円周上の点Ａから側面を通って点Ａまでかけるひもの長さが最も短くなるようにひもをかけました。ABは底面の円の直径であり，ＯＡ＝12㎝，ＡＢ＝２㎝です。また，円すいの側面は赤い色でぬられています。このとき，次の各問いに答えなさい。

(1)　この円すいの表面積は何cm^2ですか。

(2)　かけたひもに沿ってこの円すいを２つに切断しました。点Ｏを含《ふく》む立体の表面積から点Ｏを含まない立体の表面積を引くと，何cm^2ですか。

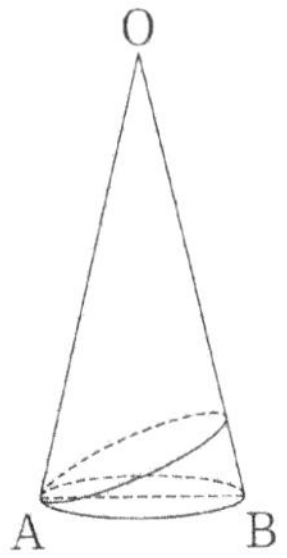

(3)　右の図のように，点Ｂからも側面を通って点Ｂまでかけるひもの長さが最も短くなるようにひもをかけ，２本のひもに沿ってこの円すいを切断しました。切断した立体のうち，点Ｏを含む立体の展開図で，赤い色でぬられている部分を解答用紙の図に斜線《しゃせん》をつけて表しなさい。ただし，解答用紙に「式や考え方」を書くところはありませんが，考え方がわかるように，答えを求めるのに用いた線は消さずに残しなさい。

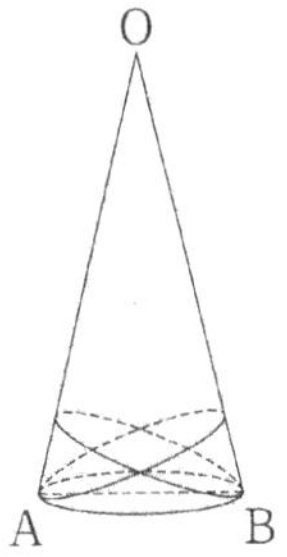

【理　科】（40分）　＜満点：75点＞

［Ⅰ］ 図のように，塩化アンモニウムと水酸化カルシウムを混ぜて試験管に入れ，加熱しました。この実験について，問いに答えなさい。

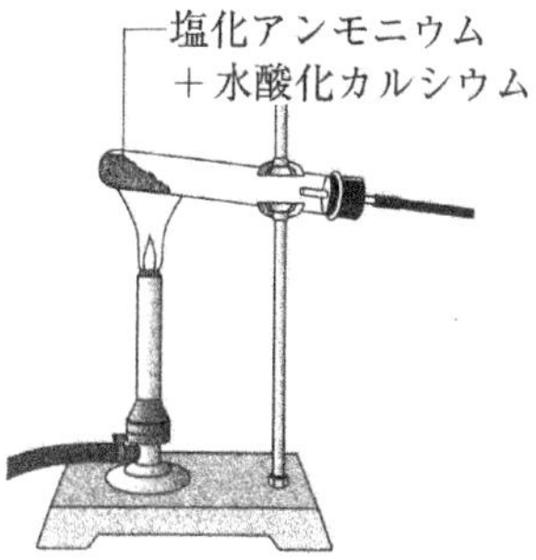

図

(1) 発生した気体の名称《しょう》を答えなさい。

(2) 発生した気体の集め方として正しいものを選び，ア～ウの記号で答えなさい。

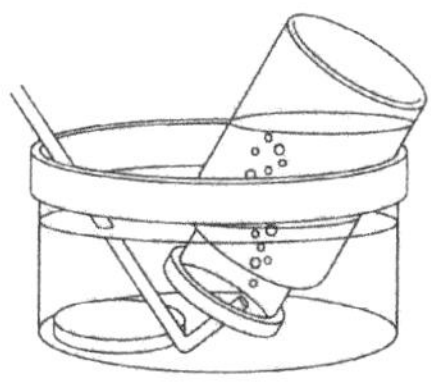

ア

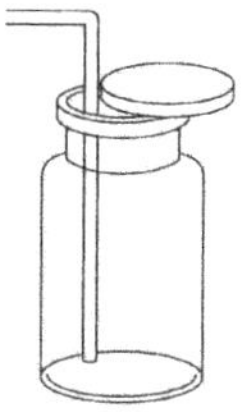

イ

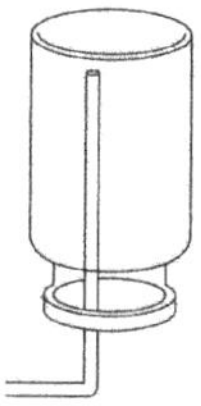

ウ

(3) 発生した気体をBTB溶液に通すと，BTB溶液の色は何色になりますか。

(4) 発生した気体を紫《むらさき》キャベツの煮汁《にじる》に通すと，煮汁の色は何色になりますか。正しいものを選び，ア～エの記号で答えなさい。

ア　赤色　　イ　紫色　　ウ　緑色　　エ　無色

(5) 発生した気体の性質として正しいものを選び，ア～オの記号で答えなさい。

ア　気体自身は燃えないが，ものが燃えるのを助けるはたらきがある。

イ　石灰水に通すと白くにごる。

ウ　においがない。

エ　無色の気体である。

オ　空気中の気体成分のおよそ８割をしめる。

［Ⅱ］ 銅粉を加熱して，空気中の酸素と反応させる実験を行いました。この実験について，問いに答えなさい。

【実験】

① 銅粉1.0ｇをはかりとり，20ｇのステンレス皿に入れて，図のような実験装置を組み立てた。

② 銅粉をよくかきまぜながら２分間加熱し，室温まで冷ました後，ステンレス皿ごと重さをはかった。

③ 重さが変化しなくなるまで②の操作をくり返した。加熱した回数と加熱後の重さの関係をまとめると，表の通りになった。なお，この実験によってステンレス皿の重さに変化はなかった。

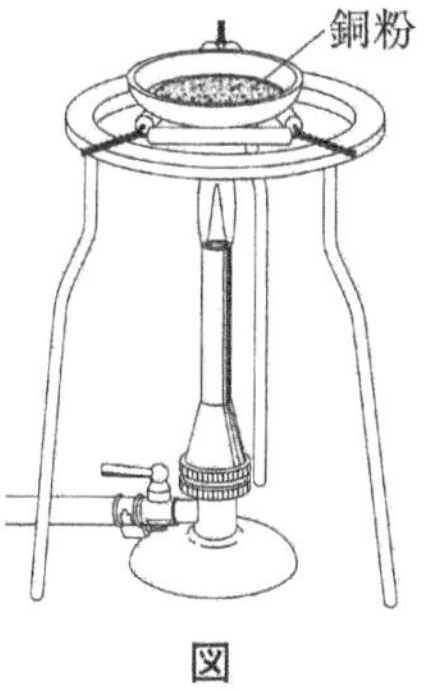

図

加熱した回数（回）	1	2	3	4	5	6
加熱後の重さ（g）	21.16	21.21	21.25	21.25	21.25	21.25

表

(1)　銅の性質について正しいものを選び，ア～エの記号で答えなさい。

ア　塩酸と反応して水素を発生させる。　　イ　磁石に引き付けられる。

ウ　硝《しょう》酸と反応して水素を発生させる。　　エ　電気や熱をよく通す。

(2)　６回の加熱によってできた物質の名称と色を答えなさい。

(3)　実験結果から，銅がすべて酸素と反応したときの銅と酸素の重さの比を，最も簡単な整数の比で答えなさい。

(4)　１回目の加熱で酸素と反応しなかった銅は何 g ですか。

(5)　6.4 g の銅を用いて同じ実験を行いました。銅がすべて酸素と反応したとき，反応に使われた酸素は何 g ですか。

［Ⅲ］　次の図は，自然界における生物どうしの「食う」，「食われる」の関係と，それに伴《ともな》う物質等の移動を表しています。図を見て，問いに答えなさい。

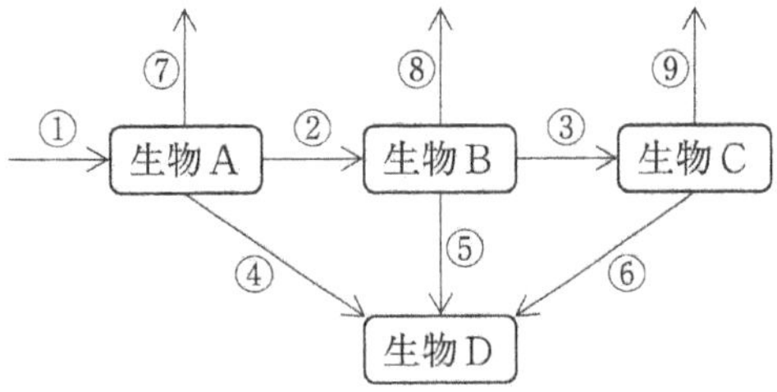

図

(1)　生物Aは，自ら栄養分をつくることができます。このはたらきを何といいますか。

(2)　図中の①は，生物Aが自ら栄養分をつくるため，体外から取り入れる物質やエネルギーを表しています。①にあてはまるものを選び，ア～オの記号で答えなさい。

ア　酸素　　イ　二酸化炭素　　ウ　窒《ちっ》素《そ》　　エ　水　　オ　光エネルギー

(3)　図中の②は，生物Aが生物Bに食べられること，③は生物Bが生物Cに食べられることを表しています。生物B，生物Cの組み合わせとして正しいものを選び，ア～オの記号で答えなさい。

ア　生物B　リス，　　生物C　ウサギ

イ　生物B　ウサギ，　生物C　キツネ

ウ　生物B　キツネ，　生物C　リス

エ　生物B　ウサギ，　生物C　リス

オ　生物B　キツネ，　生物C　ウサギ

(4)　図中の④～⑥は，生物A～Cの死骸《がい》や排《はい》出物を生物Dが取り入れている（食べている）ことを表しています。生物Dとしてあてはまるものを選び，ア～カの記号で答えなさい。

ア　ミミズ　　イ　ミツバチ　　ウ　ミカヅキモ　　エ　ダンゴムシ

オ　スギゴケ　　カ　アオカビ

(5)　図中の⑦～⑨は，生物A～Cの呼吸によってつくられ，体外に放出される物質やエネルギーを示しています。⑦～⑨にあてはまるものを選び，ア～オの記号で答えなさい。

ア　酸素　　イ　二酸化炭素　　ウ　窒素　　エ　水蒸気　　オ　光エネルギー

〔Ⅳ〕 グレゴール・ヨハン・メンデル（以下メンデル）は，エンドウを人工的に受粉させ，生まれた子どもの特徴《ちょう》とその割合を調べることで，メンデルの法則と呼ばれる遺伝の法則を発見しました。次の文章と実験内容をもとに，問いに答えなさい。

メンデルは，エンドウなどの生物にはそれぞれの特徴を伝える粒《りゅう》子があると考え，その粒子をエレメントと呼びました。このエレメントは後に遺伝子と呼ばれるようになり，遺伝子は（　　　）という物質でできていることがわかりました。

たとえば，エンドウの子葉の色には黄色と緑色があり，黄色い子葉はＡ，緑色の子葉はａという遺伝子のはたらきによって子葉の色が決まります。エンドウは，子葉の色に関する遺伝子を２つ持っているため，Ａを２つ持つＡＡ，Ａとａを１つずつ持つＡａ，ａを２つ持つａａのエンドウが存在します。エンドウの持つ遺伝子の組み合わせと，子葉の色の関係を表にまとめました。

持つ遺伝子	子葉の色
ＡＡ	黄色
Ａａ	黄色
ａａ	緑色

表

次の実験１，２は，メンデルが行った実験の一部です。

【実験１】

ＡＡの遺伝子を持つエンドウの花粉を，ａａの遺伝子を持つエンドウのめしべに受粉させると，そこから生じた子どもはすべてＡａの遺伝子を持ち，子葉が黄色になった。

【実験２】

Ａａの遺伝子を持つエンドウの花粉を，Ａａの遺伝子を持つエンドウのめしべに受粉させ，たくさんの種子を採取した。採取した種子を発芽させたところ，黄色い子葉のエンドウと，緑色の子葉のエンドウが３：１の割合となった。

(1) 文中の（　）に入る物質の名称を，アルファベット３文字で答えなさい。

(2) 実験２で採取したエンドウには，ＡＡ，Ａａ，ａａの遺伝子を持つものがどんな割合で存在すると考えられますか。実験１の結果もふまえ，最も簡単な整数の比で答えなさい。

(3) エンドウの花の特徴について正しいものを選び，ア～クの記号で答えなさい。

ア　同じ形の花びらが４枚ある。　　イ　異なる形の花びらが４枚ある。

ウ　同じ形の花びらが５枚ある。　　エ　異なる形の花びらが５枚ある。

オ　１本のめしべがある。　　カ　複数本のめしべがある。

キ　５本のおしべがある。　　ク　６本のおしべがある。

(4) エンドウはマメ科の植物です。マメ科の特徴として正しいものを選び，ア～カの記号で答えなさい。

ア　双《そう》子葉類である。　　イ　単子葉類である。

ウ　有胚《はい》乳種子をつくる植物である。　　エ　無胚乳種子をつくる植物である。

オ　子房《ぼう》が成長した実をつける植物である。

カ　子房以外が成長した実をつける植物である。

(5)　マメ科の植物を選び，ア～オの記号で答えなさい。

ア　アサガオ　　イ　イチゴ　　ウ　オジギソウ　　エ　スイートピー　　オ　ワサビ

〔Ⅴ〕　秋分の日に東京（北緯《い》36°）において，半径20㎝の透《とう》明半球とフェルトペンを用いて，図１のように，８時から16時の間，１時間おきに太陽の動きを観測し，印をつけて記録しました。その後，記録した印をなめらかな線で結び，それを透明半球の端《はし》までのばして，この日の太陽の動きとしました。図を見て，問いに答えなさい。

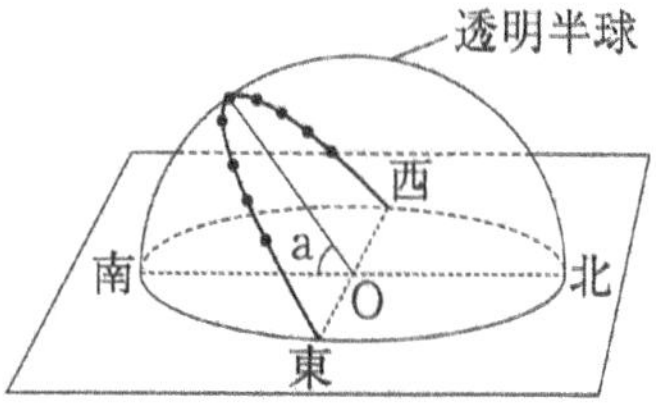

図１

(1)　この日の太陽の南中高度（∠ａ）を答えなさい。

(2)　１時間おきに記録した印の間隔《かく》はすべて一定でした。となりあった印の間の線の長さは何㎝ですか。円周率を３として求めなさい。

(3)　秋分の日に札幌《さっぽろ》市（北緯43°）において，東京と同じように観測，記録を行いました。このとき，太陽の南中高度，となりあった印の間の線の長さとして正しいものを選び，ア～カの記号で答えなさい。

ア　南中高度は高くなり，線の長さは短くなる。

イ　南中高度は高くなり，線の長さは長くなる。

ウ　南中高度は高くなり，線の長さは変わらない。

エ　南中高度は低くなり，線の長さは短くなる。

オ　南中高度は低くなり，線の長さは長くなる。

カ　南中高度は低くなり，線の長さは変わらない。

(4)　冬至の日に東京において，８時から15時の間，秋分の日と同じように観測，記録を行いました。このときの太陽の動きとして正しいものを選び，ア～エの記号で答えなさい。

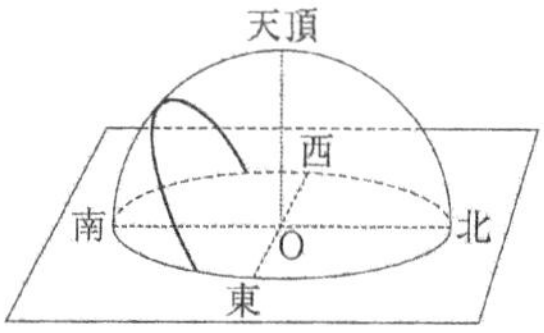

ア

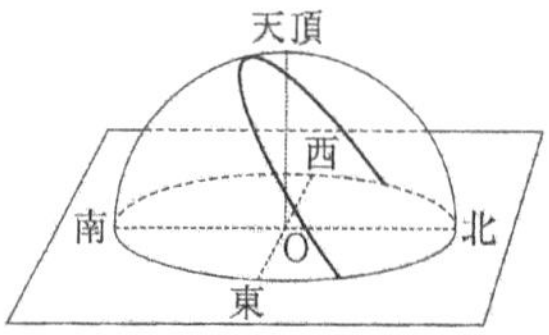

イ

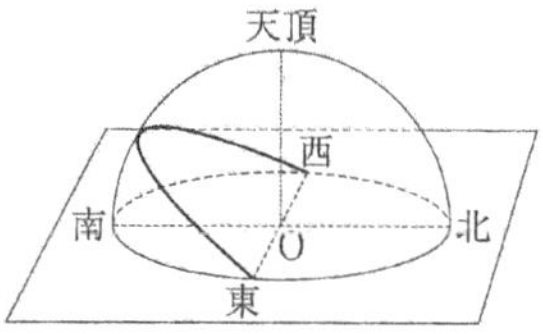

ウ

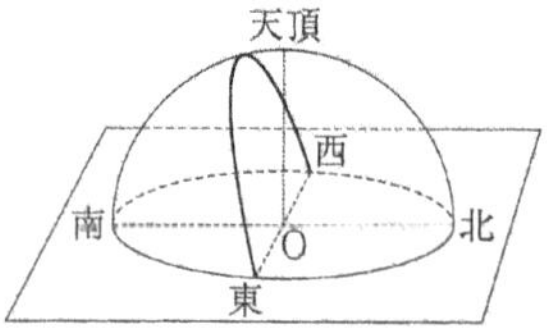

エ

(5)　夏至の日，太陽の南中高度が90°になる場所の緯度を答えなさい。ただし，地軸は，地球の公転面に対して66.6°傾《かたむ》いているものとします。

(6)　昼間は太陽の光が明るいため，星空を見ることはできませんが，皆既《かいき》日食中は太陽の光がさえぎられるため，見ることができます。秋分の日に太陽の近くにある星座を選び，あとのア～エの記号で答えなさい。

ア　おとめ座など春の星座　　イ　さそり座など夏の星座

ウ　うお座など秋の星座　　エ　ふたご座など冬の星座

(7)　右の図２のような太陽の動きを観測できる場所，時期としてあてはまるものを選び，ア～カの記号で答えなさい。

ア　６月（北半球の夏至）のシドニー（南緯36°）

イ　９月（北半球の秋分）のシドニー

ウ　12月（北半球の冬至）のシドニー

エ　６月（北半球の夏至）のシンガポール（北緯１°）

オ　９月（北半球の秋分）のシンガポール

カ　12月（北半球の冬至）のシンガポール

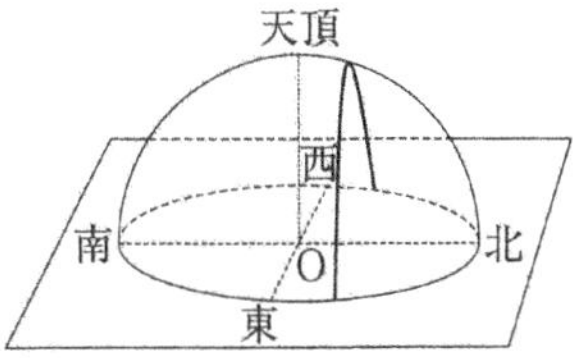

図２

〔Ⅵ〕　図１のように，１～６の端《たん》子がある板で，１と４の端子をニクロム線でつなぎ，４と５，５と６の端子をそれぞれ導線でつなぎました。次に，図２のように，電池，豆電球，導線を用いた装置をつくり，装置の両端Ａ，Ｂを，１～６の端子に順に接続していったところ，豆電球のつきかたは表のような結果になりました。なお，表で，豆電球が明るくつく場合は○，暗くつく場合は△，つかない場合は×で表しています。また，表は結果の一部のみを示しています。図１，２と表を見て，問いに答えなさい。

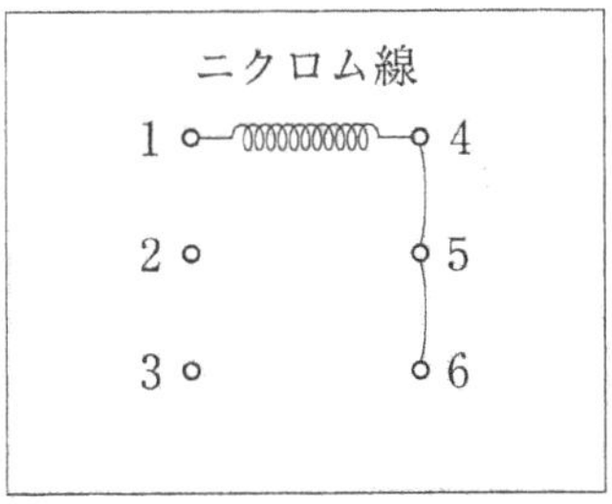

図１

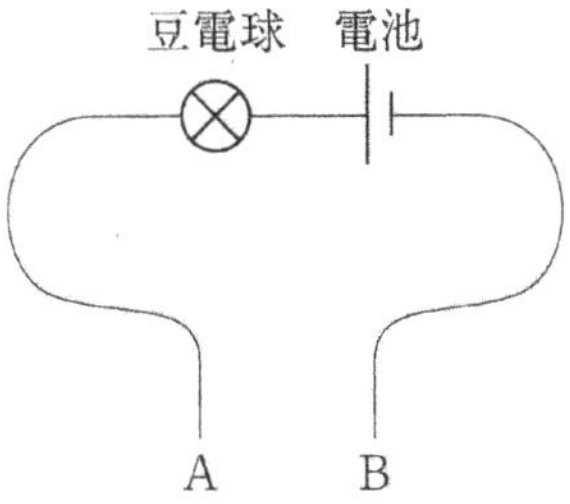

図２

Ａを接続する端子

Bを接続する端子	1	2	3	4	5	6
1		×	×	①		△
2						
3				×		③
4					②	
5						○
6						

表

(1)　表の①～③の豆電球のつき方を，それぞれ○，△，×の記号で答えなさい。

⑵　前のページの図１のつなぎ方で実験した場合と同じ結果となるニクロム線，導線のつなぎ方は，図１のつなぎ方以外に何通りありますか。

図３のように，電池，豆電球A，B，C，スイッチ１，２を用いて回路をつくりました。この回路について，問いに答えなさい。

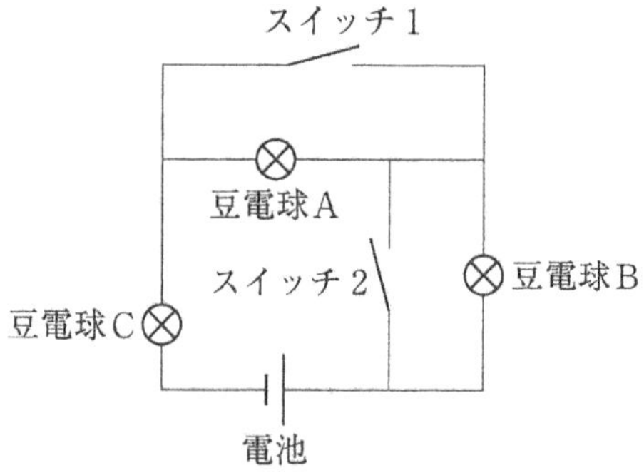

図３

⑶　スイッチ１，２をともに閉じたとき，どの豆電球がつきますか。A～Cの記号で答えなさい。ただし，つく豆電球がない場合は「なし」と答えなさい。

⑷　スイッチ1，2をともに開いたとき，どの豆電球がつきますか。A～Cの記号で答えなさい。ただし，つく豆電球がない場合は「なし」と答えなさい。

〔Ⅶ〕　図１のように，記録タイマーと紙テープを用いて，実験１，２を行いました。これらの実験について，問いに答えなさい。

記録タイマーとは 電源につなぐことで，紙テープに高速で打点する装置のこと。今回の実験では，$\frac{1}{50}$秒ごとに１回打点する。

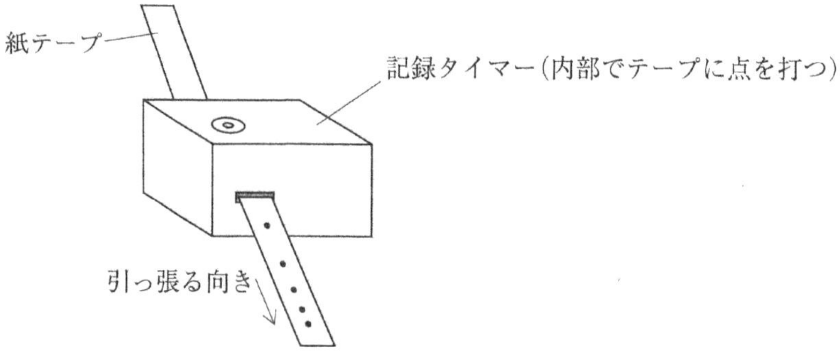

図１

【実験１】

記録タイマーに紙テープをセットし，記録タイマーが打点を始めるのと同時に，紙テープを手で水平に引っ張ったところ，紙テープの打点は図２のようになりました。このとき，紙テープの最初の５打点を区間①，次の５打点を区間②のように，５打点ごとに区間①～⑤としました。

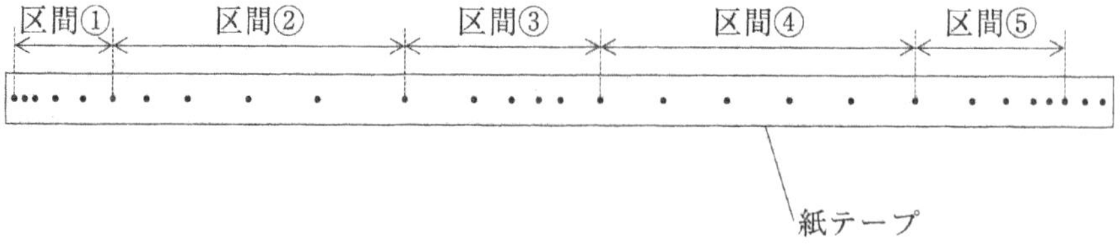

図２

(1) それぞれの区間を引っ張るのにかかった時間は何秒ですか。

(2) 一定の速さで紙テープを引っ張ったのはどの区間ですか。正しいものを選び，①～⑤の記号で答えなさい。

【実験２】

図３のように，水平でなめらかな台に滑《かっ》車を固定し，台車に糸を取り付けて滑車に通し，糸の先端から砂袋《ぶくろ》をつり下げました。台車の後方には紙テープを貼《は》り付け，記録タイマーにセットしてあります。台車，おもり１個，砂袋１個はすべて同じ重さです。また，台車はおもりを複数個乗せて走ることができ，糸の先端には，砂袋を複数個つり下げることができます。

記録タイマーが打点を始めるのと同時に砂袋を静かに離《はな》しました。このとき，紙テープの最初の５打点を区間①，次の５打点を区間②のように，５打点ごとに区間①～⑤としました。ただし，記録タイマーが打点を終えるまで，台車は滑車にぶつからず，砂袋は床《ゆか》につきませんでした。

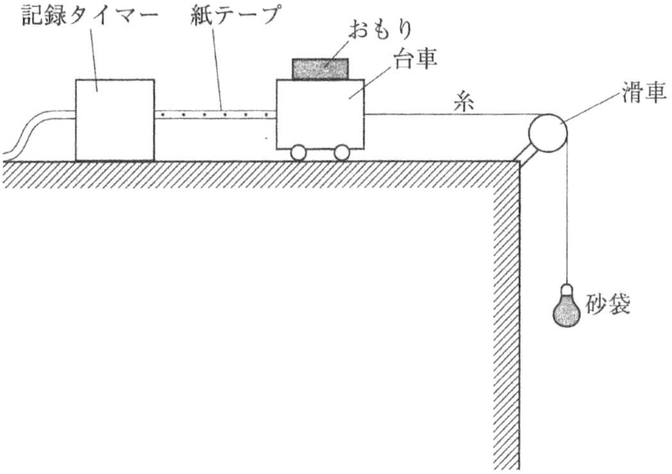

図３

表１は，台車におもりを乗せず，台車が砂袋１個に引っ張られて走ったときの各区間の長さをまとめたものです。

区間	①	②	③	④	⑤
各区間の長さ(cm)	2.5	7.4		17.2	22.1

表１

(3) 表１の区間③の長さを答えなさい。

表２は，台車におもりを１個乗せ，台車が砂袋４個に引っ張られて走ったときの各区間の長さをまとめたものです。

区間	①	②	③	④	⑤
各区間の長さ(cm)	3.3	9.8	16.3	22.8	29.3

表２

おもりと砂袋の個数の関係が次の式を満たすとき，表１と同じ結果が得られます。

$$\frac{\text{砂袋の個数}}{\text{おもりの個数}+\text{砂袋の個数}+1}=\frac{1}{2}$$

また，次の式を満たすときは，表２と同じ結果が得られます。

$$\frac{\text{砂袋の個数}}{\text{おもりの個数}+\text{砂袋の個数}+1}=\frac{2}{3}$$

⑷　おもりを７個，砂袋を８個用意しました。このとき，表１と同じ結果が得られるおもりと砂袋の個数の組み合わせは，表１の条件（おもり０個，砂袋１個）以外に何通りありますか。

⑸　おもりを12個，砂袋を10個用意しました。このとき，表２と同じ結果が得られるおもりと砂袋の個数の組み合わせは，表２の条件（おもり１個，砂袋４個）以外に何通りありますか。

【社　会】（40分）　＜満点：75点＞

Ｉ　日本の国土や社会に関する，以下の問いに答えなさい。

1　次の⑴～⑵について，Ａ～Ｃの文を読み，正誤の組み合わせとしてふさわしいものを，ページ下の選択肢群**ア～ク**の中から１つずつ選び，記号で答えなさい。ただし，記号は２度使うこともできます。

⑴

Ａ　埼玉県・高知県共にきゅうりの産地であり，2021年の東京都中央卸売市場での取扱量は，いずれの県も５月が最も多い

Ｂ　2021年の畜産物流通調査によると，茨城県および岡山県の鶏卵の生産量が０の月はない

Ｃ　2020年の水産物流通調査によると，銚子港と境港で年間水揚量が最も多い魚は異なり，銚子港はイワシ（マイワシ）で，境港はカツオである

⑵

Ａ　長野県は内陸に位置するため，洪水のハザードマップは作成されていない

Ｂ　リアス海岸である若狭湾の一角にある敦賀港は，掘り込み式の港である

Ｃ　赤石山脈は積雪量が少ない地域であるため，雪形《ゆきがた》※が現れる山はない

※　雪形とは，以下の写真のような，残雪の模様のことで，山腹に積もった雪が解ける春に現れる。

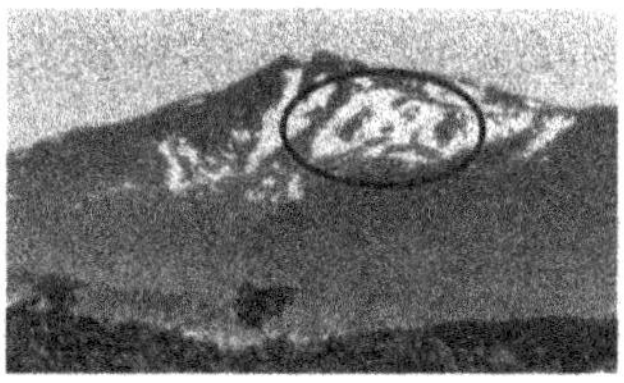

パンダのように見える雪形(鳥海山)

〈選択肢群〉

ア　Ａ－正　Ｂ－正　Ｃ－正　　**イ**　Ａ－正　Ｂ－正　Ｃ－誤
ウ　Ａ－正　Ｂ－誤　Ｃ－正　　**エ**　Ａ－正　Ｂ－誤　Ｃ－誤
オ　Ａ－誤　Ｂ－正　Ｃ－正　　**カ**　Ａ－誤　Ｂ－正　Ｃ－誤
キ　Ａ－誤　Ｂ－誤　Ｃ－正　　**ク**　Ａ－誤　Ｂ－誤　Ｃ－誤

2　岐阜県内には，太平洋と日本海とを分ける中央分水嶺が通っています。岐阜県に源を発し，富山県を経て日本海に流れ込む河川の名前を１つ答えなさい。なお，河川の名前は，河口での呼び方で答えること。

3　複数の県に関する統計資料を比較・検討して，以下の問いに答えなさい。

⑴　次のページの表は，熊本県・大分県・宮崎県・鹿児島県における，県内に分布する活火山の数と，南海トラフ巨大地震発生時の津波により２ｍ以上浸水《しんすい》することが予想される範囲の面積を示しています。Ａ～Ｃにあてはまる県を，次の**ア～エ**の中から１つずつ選び，記号で答えなさい。

ア　熊本県　　**イ**　大分県　　**ウ**　宮崎県　　**エ**　鹿児島県

	活火山の数※	南海トラフ巨大地震発生時の津波により２m以上浸水することが予想される範囲の面積(ha)
A	11	1,330
B	3	1,590
C	2	30
D	1	5,900

［日本活火山総覧(第４版)・内閣府資料より作成］

※　複数の県にまたがって位置する活火山の場合は、各県１つずつ重複して集計している。また、複数の峰々を併せて１つの活火山として集計している山もある。

(2)　次の表は，福岡県・佐賀県・沖縄県における，米・野菜・果実・花《か》き※・畜産の農業産出額に占める割合と全就業者に占める第一次産業就業者の割合を示しています。A～Cの組み合わせとしてふさわしいものを，ページ下の選択肢群**ア**～**カ**の中から１つ選び，記号で答えなさい。

※　花などの観賞用の植物のこと。

	米(%)	野菜(%)	果実(%)	花き(%)	畜産(%)	第一次産業就業者の割合(%)
A	18.6	28.1	16.2	2.7	28.1	7.5
B	17.4	35.8	12.1	8.0	19.4	2.4
C	0.5	14.0	6.6	8.1	43.6	3.9

［生産農業所得統計 2020年・国勢調査 2020年より作成］

(3)　次の表は，福岡県・佐賀県・沖縄県における，2020年度の公害の苦情件数と，それに占める大気汚染・水質汚濁・騒音・悪臭の割合を示しています。A～Cの組み合わせとしてふさわしいものを，ページ下の選択肢群**ア**～**カ**の中から１つ選び，記号で答えなさい。

	苦情件数(件)	大気汚染(%)	水質汚濁(%)	騒音(%)	悪臭(%)
A	3,994	20.8	6.6	16.5	11.3
B	1,017	15.9	10.0	20.6	25.1
C	578	30.1	18.2	8.7	20.4

［令和２年度公害苦情調査より作成］

〈選択肢群〉

ア　A－福岡県　B－佐賀県　C－沖縄県
イ　A－福岡県　B－沖縄県　C－佐賀県
ウ　A－佐賀県　B－福岡県　C－沖縄県
エ　A－佐賀県　B－沖縄県　C－福岡県
オ　A－沖縄県　B－福岡県　C－佐賀県
カ　A－沖縄県　B－佐賀県　C－福岡県

4　宮城県に関する，以下の問いに答えなさい。

(1)　A～Cは，あとの地図中の①～③の市または区の2020年の人口ピラミッド※を示しています。〈地域の特徴〉を参考にして，①～③とA～Cの組み合わせとしてふさわしいものを，あとの**ア**～**カ**の中から１つ選び，記号で答えなさい。

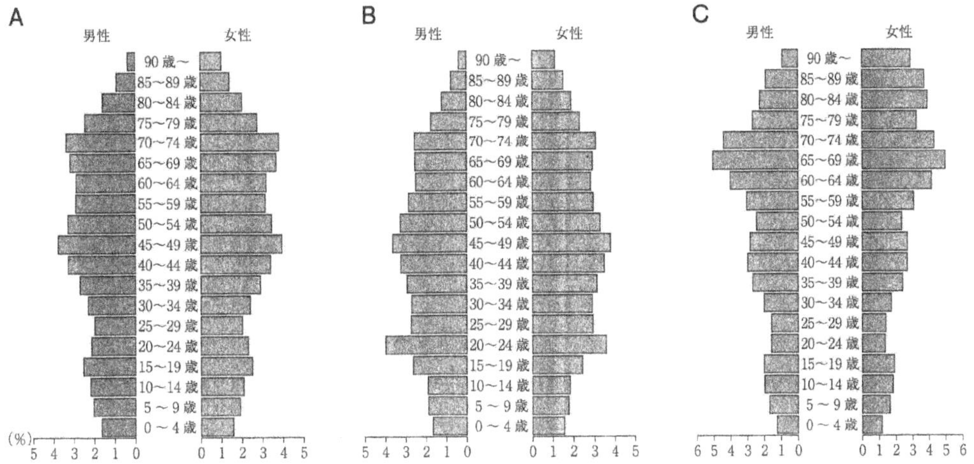

※　国勢調査の数値を基に、全人口に占める各年齢層の構成比を求めて作成した。

〈地域の特徴〉

①…2007年に廃止になった，くりはら田園鉄道をふくむ細倉鉱山《ほそくらこうざん》の関連施設が，近代化産業遺産として認定されている

②…1970年代に入居が始まったニュータウンがある

③…仙台駅があり，大学のキャンパス（校舎）も複数ある

ア　A－①　B－②　C－③
イ　A－①　B－③　C－②
ウ　A－②　B－①　C－③
エ　A－②　B－③　C－①
オ　A－③　B－①　C－②
カ　A－③　B－②　C－①

(2)　次のページのX～Zは，宮城県内の市区町村の2015年～2020年の人口増加率・2020年の昼夜間人口比（昼間人口÷夜間人口）・2020年の持ち家世帯の割合の高低を示しています。X～Zの組み合わせとしてふさわしいものを，次の**ア**～**カ**の中から１つ選び，記号で答えなさい。

ア　X－人口増加率　Y－昼夜間人口比　Z－持ち家世帯の割合
イ　X－人口増加率　Y－持ち家世帯の割合　Z－昼夜間人口比
ウ　X－昼夜間人口比　Y－人口増加率　Z－持ち家世帯の割合
エ　X－昼夜間人口比　Y－持ち家世帯の割合　Z－人口増加率
オ　X－持ち家世帯の割合　Y－人口増加率　Z－昼夜間人口比
カ　X－持ち家世帯の割合　Y－昼夜間人口比　Z－人口増加率

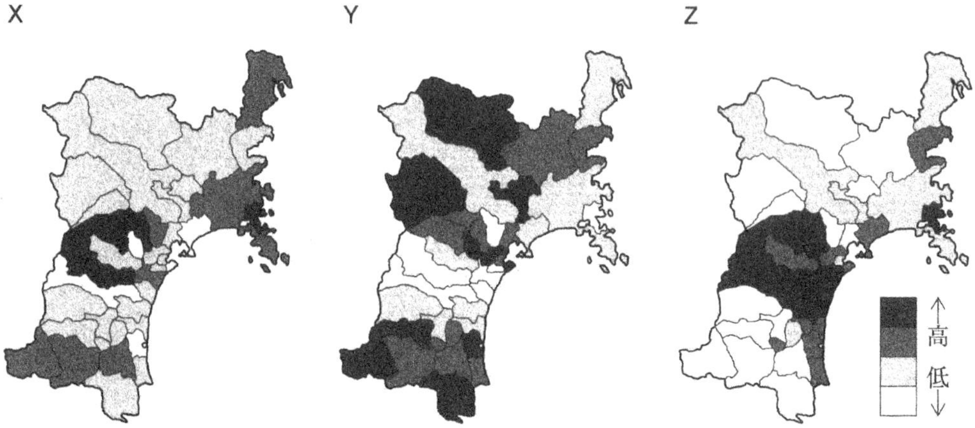

［国勢調査 2020 年より作成］

5　次の地図は，水力・火力・原子力・風力・地熱の各発電所の分布を示しています。この図を見て，以下の問いに答えなさい。

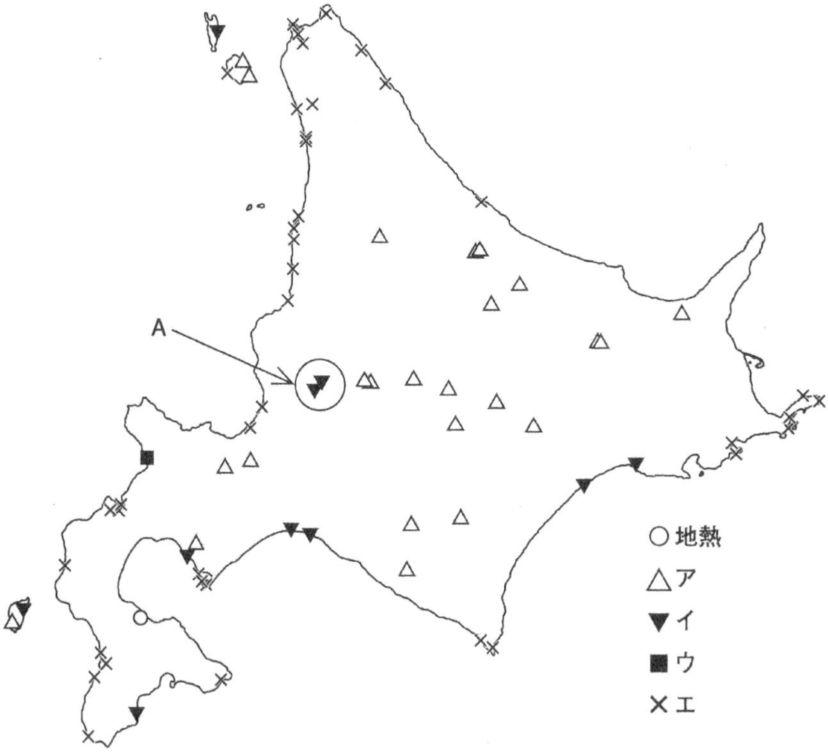

［2013 年度の国土数値情報より作成］

(1)　水力・火力・風力の各発電所を示す図形を，地図中の**ア**～**エ**の中から１つずつ選び，記号で答えなさい。

(2)　地図中の**イ**の発電所は，日本では海岸部に多く立地していますが，地図中の**A**にある発電所は，例外的に内陸に位置しています。**A**の付近で産出される「ある資源」を燃料として利用してきた，この２つの発電所は，2027年に廃止される予定です。その背景には，設備の老朽化《ろうきゅうか》に加えて，社会情勢への対応があります。社会情勢への対応のために廃止するとは，どのようなことであるのか，「ある資源」の名前を明らかにして説明しなさい。

Ⅱ　次の文章を読み，以下の問いに答えなさい。なお史資料は，わかりやすく編集しています。

歴史の記録やその研究は，とても古くからありました。では，昔の人々はどのような視点で歴史を記録し，歴史研究をしてきたのか見ていきましょう。

①旧石器時代や縄文時代の日本列島には文字がなく，まだ歴史の書物も書かれませんでした。また，②弥生時代や古墳時代の社会については，中国の歴史書に書かれています。

８世紀に天皇の命令でまとめられた『古事記』や③『日本書紀』は，天皇に関する歴史や伝説，神話が主に書かれています。当時は，天皇が政治の中心であったため，天皇の偉大さを示すことがその目的の１つでした。『日本書紀』は，『古事記』よりも中国や朝鮮といった大陸の様子も多く書かれているのが特徴です。④同じ時期に中国にならった律令も作られており，当時の大陸への関心がうかがえます。

平安時代になって文学作品が増えると，はっきりとしたストーリーやテーマを持つ歴史書も書かれるようになります。例えば，⑤『大鏡《おおかがみ》』は100歳を超える老人同士の会話でストーリーがすすみ，過去を振り返っていきます。また，⑥仏教において新たな宗派が多く生まれた鎌倉時代の『愚管抄《ぐかんしょう》』は仏教を，⑦室町時代の『太平記《たいへいき》』は武家のすばらしさをそれぞれテーマとした歴史書でした。

⑧江戸時代になると，幕府は特に朱子学を中心に，学問を重視する政策を行いました。これにより，多くの歴史書も書かれることとなります。その一方で，日本古来の精神を重視する国学も発達しました。しかし，『古事記』に書かれた神話を事実として考えるなど，歴史研究としては問題もありました。

明治時代にはヨーロッパの歴史研究の方法がとりいれられ，史料にもとづいて実際に起こったことを明らかにする歴史研究がすすめられました。例えば，⑨「お雇い外国人」の一人であったドイツ人ルートヴィヒ・リースはその中心となった人物です。しかしながら，明治から大正，昭和へと，歴史の授業を通して，国家にとって都合のよい考えを子どもたちに教えるようになり，第二次世界大戦に向かっていきます。その中で，神話や伝説を事実として教えることもありました。

⑩第二次世界大戦が終結すると，連合国軍総司令部（GHQ）の指導により民主化が進められ，こうした教育も改革されました。また，このころ日本では経済復興が目指されました。そのため，経済に関する歴史研究が注目されることになります。

このように，歴史の記録やその研究は，それぞれの時代に合わせて変化してきました。⑪今生きている社会が変化するとき，「歴史を見る目」も変わっていくのです。

1　下線部①について，次の文章はある遺跡の発見に関する新聞記事の一部です（1949年９月20日）。この発見された遺跡の名前を答えなさい。

> 相沢忠洋氏が，関東ローム層から旧石器時代の遺物と思われる打製石器を発見した。これらは時代的に旧石器時代に属する関東地方に，人類文化が存在したというはじめての証拠であった。

2　下線部②について，次のページの史料は，弥生時代の様子が書かれた『魏志』倭人伝の一部です。この史料から読み取れることとして正しいものを，あとの**ア**～**エ**の中から１つ選び，記号で答えなさい。

> 集会の場で，父子や男女による差別はない。また，身分の高い者は４～５人の，身分の低い者は２～３人の妻を持った。軽い罪を犯した者は妻子をとりあげて奴隷《どれい》とし，重い罪を犯した者は一族を皆殺しにした。租税をおさめる宮殿と倉庫があり，市場では物々交換が行われた。

ア　お金は市場では使われず，罰金の支払いに使われた

イ　同じ罪を犯しても，身分により罰が異なった

ウ　身分の高い者は，代わりに奴隷に罰を受けさせることができた

エ　男性だけでなく，女性も集会に参加することができた

3　下線部③について，次の**ア**～**エ**は『日本書紀』に書かれた７世紀のできごとです。これらのできごとを古い順に並べ，**ア**～**エ**の記号で答えなさい。

ア　「豪族が土地や人民を持つことをやめ，土地と人民は朝廷のものとする。」

イ　「天智天皇は，重い病気であったので，弟に天皇の位をゆずりたいと言った。」

ウ　「小野妹子が隋に送られた。このとき，鞍作福利《くらつくりのふくり》を通訳とした。」

エ　「中大兄皇子は飛び出して，剣で蘇我入鹿の頭から肩を切りつけた。」

4　下線部④について，このとき作られた律令の説明として正しいものを，次の**ア**～**エ**の中から１つ選び，記号で答えなさい。

ア　推古天皇の命令により作成された　　**イ**　６歳以上の男性にのみ口分田を与えた

ウ　収穫した稲の一部を税として納めさせた　　**エ**　防人に，東北地方を守る義務を課した

5　下線部⑤について，『大鏡』には藤原氏についても書かれています。藤原頼通が建立した建造物として正しいものを，次の**ア**～**エ**の中から１つ選び，記号で答えなさい。

ア

イ

ウ

エ

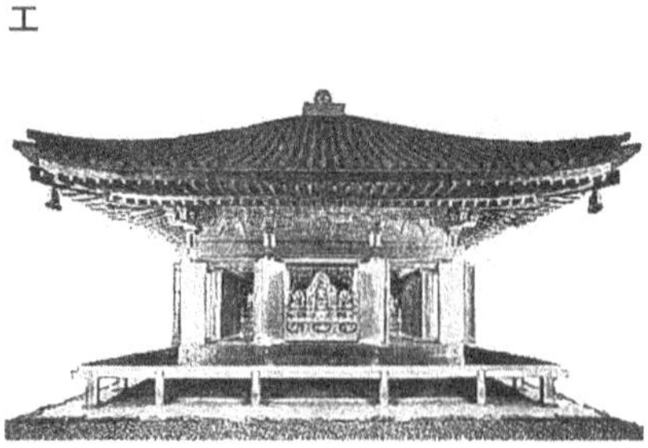

6　下線部⑥について，13世紀の仏教の説明として正しいものを，次の**ア**～**エ**の中から１つ選び，記号で答えなさい。

ア　法然が浄土真宗を始め，法華経を唱えることで救われると伝えた

イ　一遍が時宗を始め，踊り念仏を広めた

ウ　栄西が日蓮宗を始め，阿弥陀仏を信じて念仏を唱えることで救われると伝えた

エ　親鸞が曹洞宗を始め，座禅を組むことの大切さを伝えた

7　下線部⑦について，次の史料は，『太平記』の一部です。史料中の私とは誰か答えなさい。

> 「後醍醐天皇よ，今あなたが天下をおさめていられるのは，私の軍がかつやくしたからです。そもそも征夷大将軍の地位は，戦《いくさ》でかつやくした源氏と平氏に与えられるものでした。そこで，朝廷のためにも，私に征夷大将軍の地位を与えてください」。これに対して天皇はなんの問題もなく，この願いをゆるした。

8　下線部⑧について，次の史料は，朱子学の考え方が書かれた『春鑑抄《しゅんかんしょう》』の一部です。この史料を参考に，武士を支配者とする江戸幕府が朱子学を重視した理由として正しいものを，あとの**ア**～**エ**の中から１つ選び，記号で答えなさい。

> 天は上にあって価値が高く，地は下にあって価値が低い。このように上下には差別がある。これは人間にも同じことがいえる。つまり，君主が上にいて価値が高く，臣下は下にいて価値が低いのである。

ア　空が上にあり，地面が下にあるという科学的に正しい考え方を示しているから

イ　価値の上下を認めており，しっかりと商売にはげむことをすすめているから

ウ　身分の違いを認めており，幕府による支配にとって都合がよいから

エ　努力すれば上の立場になれると，努力の大切さを伝えているから

9　下線部⑨に関連して，ドイツと日本のかかわりとして正しいものを，次の**ア**～**エ**の中から１つ選び，記号で答えなさい。

ア　日本はドイツの革命に干渉するために，シベリア出兵を行った

イ　ドイツはロシアとフランスとともに三国干渉を行った

ウ　第一次世界大戦で，日本はドイツと同盟を結んでオーストリアと戦った

エ　ドイツの仲介により日本はポーツマス条約を結んだ

10　下線部⑩について，第二次世界大戦後のできごとの説明として正しいものを，次の**ア**～**エ**の中から１つ選び，記号で答えなさい。

ア　教育勅語が施行され，９年間の義務教育となった

イ　農地改革によりすべての土地は政府のものとなり，農民に貸しつけられた

ウ　朝鮮戦争に自衛隊が送られ，けが人を救助した

エ　ソビエト連邦はサンフランシスコ平和条約に調印しなかった

11　下線部⑪について，大きなできごとが起こると，そのできごとに関係した歴史を振り返る展覧会が開かれることがあります。次の**ア**～**エ**は21世紀に実際に開かれた展覧会の説明です。**ア**～**エ**の展覧会を，開かれた順に並べ，記号で答えなさい。

ア　「この展覧会では，３年前の３・11に至るまで，震災がどう経験され，何が学ばれ，そして

何が忘れられるのかをひもときます。また，科学技術との関係も含めて，災害史を振り返り，震災をさまざまな角度から見直す場にしたいと思います。」

イ 「２年前から日本は新型コロナウイルス感染が広がりました。しかし過去をふり返ってみれば，このような疫病の広がりははじめてではありません。この展覧会で過去に生きた人びとは疫病とどう向き合い，それを乗り越えてきたのか見ていきましょう。」

ウ 「沖縄が日本に復帰してから40年目の今年，沖縄の歴史を振り返る展覧会を開催します。特に，沖縄住民の間で〈祖国日本〉という意識はどのように芽生えていったのか，アメリカ統治下で県民が求めたものは何か，復帰して変わったもの，変わらなかったものは何か，などの問いに記録資料で迫ります。」

エ 「６年前，アメリカ同時多発テロが起きました。この年，アフガニスタンのバーミヤンでも二体の巨大な仏像が爆破されるという事件が起こりました。現在，日本政府はバーミヤン遺跡の修復，保存事業を援助しています。この展覧会では，爆破される前のバーミヤンの美術品を中国や日本の仏教美術とも比べながら展示します。」

Ⅲ　次の会話文は，**Ａさん・Ｂさん・先生**の３人で話をしている場面です。これを読んで，以下の問いに答えなさい。

先　生：近年，①インターネットが普及し，多くの人がインターネットを使って生活をするようになっていますね。ＡさんとＢさんは，インターネットを使っていますか。

Ａさん：わたしは，②インターネットを使って，調べ学習をしています。

Ｂさん：わたしは，オンラインゲームをしたり，SNS※を利用したりするのによく使っています。

先　生：そうなのですね。たしかに，③インターネットはとても便利で，現在ではわたしたちの生活に欠かせないものになっています。④行政機関の一つとしても，2021年９月１日に（　**あ**　）庁が発足し，「（　**あ**　）の活用により，一人ひとりのニーズに合ったサービスを選ぶことができ，多様な幸せが実現できる社会」を目指して，行政サービスのオンライン化などを進めています。しかし，インターネットが普及した社会で起こる問題もあります。どのようなものがあるか，分かりますか。

Ａさん：インターネット上で，映像や音楽などが無断でアップロード・ダウンロードされることがあります。このようなことがあると，⑤作成した人の権利が侵害されてしまいます。コンピュータのネットワークに入りこむなどして，データをこわしたり，ぬすんだりする「サイバー攻撃」も心配です。

Ｂさん：⑥インターネット上で，悪口を言って他人を傷つけることも問題になっています。また，他人に知られたくない情報が本人に無断で流され，（　**い**　）が侵されてしまうこともあります。一方で，インターネットに基盤を持つ社会では，⑦通信障害が発生すると，社会生活に大きな混乱が生じることもあります。

先　生：そうですね。また，インターネットは政治にも影響をもたらすことがあります。イギリスにおけるEU離脱の国民投票の際には，インターネット上で得られた莫大なデータ（ビッグデータ）をもとに，⑧社会で多数の人々に合意されている共通意見が動かされたとも考えられています。

Ａさん：わたしたち国民一人ひとりが，情報を得る際にますます注意していかなければなりませんね。

先　生：今後，⑨国会議員の選挙において，インターネット投票を実施しようとする動きもみられ，それに関連する法律案も提出されています。

Ｂさん：インターネットの便利さを生かした投票ができるようになりそうですね。

先　生：そのようなことが期待できますね。一方，今までに考えてきたように，⑩インターネットには問題点もあるため，インターネット投票の導入は慎重に考えていく必要がありそうです。インターネットの長所と短所を知った上で，適切に利用していくことが，ますます求められるのではないでしょうか。

※　SNSは，ソーシャルネットワーキングサービス(Social Networking Service)の略称である。インターネットのネットワークを通じて，人と人をつなぎコミュニケーションが図れるように設計された会員制サービスのことである。

1　下線部①について，次の 資料１ ～ 資料３ から読み取れることとして適切でないものを，あとの**ア**～**カ**の中から２つ選び，記号で答えなさい。（ 資料３ は次のページにあります。）

資料１　インターネットの利用状況（全体）の推移

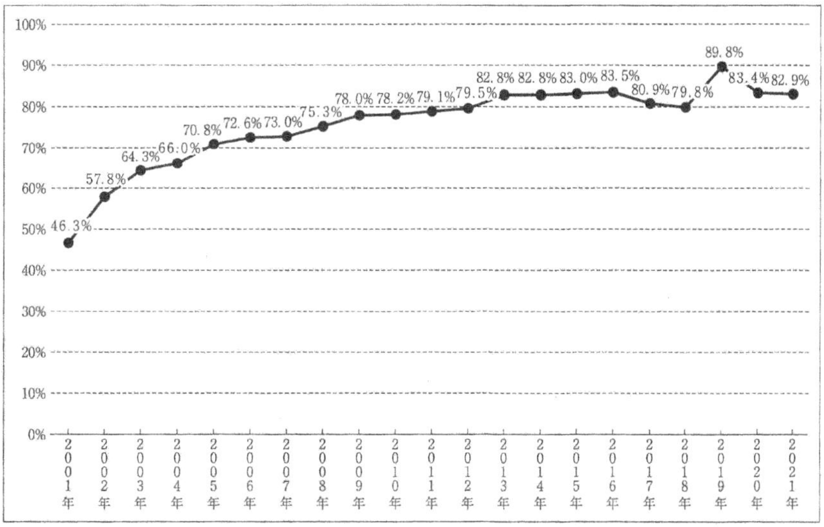

資料２　年齢階層別インターネットの利用状況（2021年）

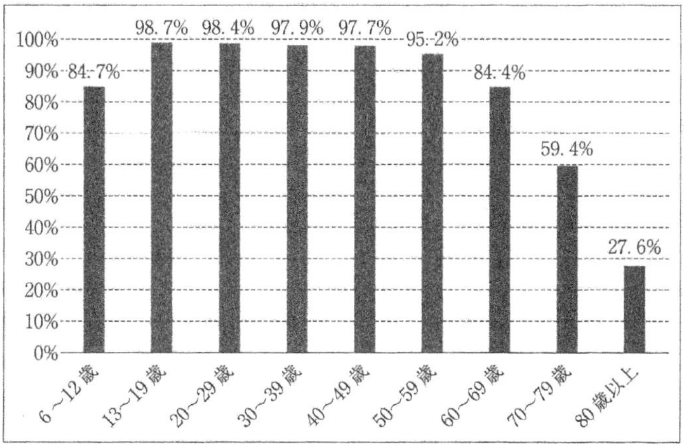

資料３　世帯年収別インターネットの利用状況(2021 年)

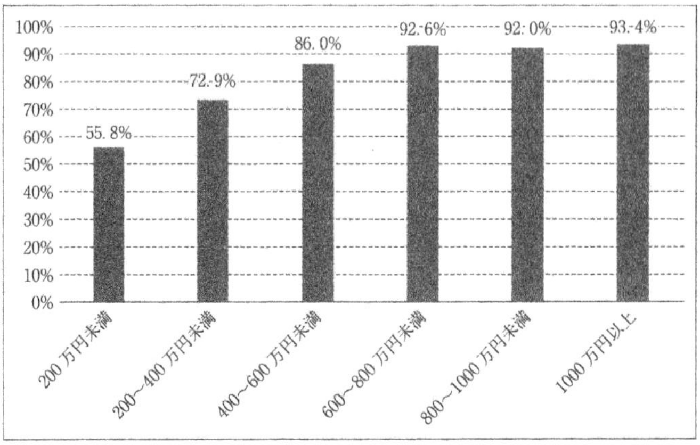

［令和３年通信利用動向調査の結果より作成］

ア　2021年の，全体のインターネット利用者の割合は，80％をこえている

イ　2021年には，すべての年齢階層において，インターネット利用者の割合が80％をこえている

ウ　2001年以降で，全体のインターネットの利用者の割合が80％を初めてこえたのは，2013年である

エ　2021年の，年収1000万円以上の世帯で，インターネットを利用している割合は，80％をこえている

オ　2021年の，年収200万円未満の世帯で，インターネットを利用している割合は，80％をこえている

カ　2021年の，80歳以上の年齢階層におけるインターネット利用者の割合は，30％に満たない

2　下線部②を行う際に，インターネットから情報を得て，活用していく中で注意しなければならないことを，具体的に１つ書きなさい。

3　下線部③について，近年では「IoT」が注目されています。この「IoT」とは何かを説明した文として適切なものを，次の**ア**～**エ**の中から１つ選び，記号で答えなさい。

ア　パソコンではなく，スマートフォンやタブレット端末からインターネットを利用すること

イ　身の回りにあるあらゆるものがインターネットに接続され，相互に情報をやりとりできるしくみのこと

ウ　電子メールではなく，できるだけSNSを利用してコミュニケーションをとろうとすること

エ　インターネットに頼りすぎず，紙の本や新聞などのよさを見直し，積極的に活用しようとすること

4　下線部④について，各府省庁の長となる国務大臣について述べた文として適切なものを，次の**ア**～**エ**の中から１つ選び，記号で答えなさい。

ア　すべての国務大臣は，国会によって指名され，天皇によって任命される

イ　すべての国務大臣は，国会議員でなければならない

ウ　すべての国務大臣は，文民でなければならない

エ　すべての国務大臣は，国民審査によってやめさせられることがある

5　空らん（**あ**）にあてはまる語句を答えなさい。

6　下線部⑤について，新しい技術の発明・デザイン・音楽など，人間の知的な創造活動によって生み出されたものを，一定期間保護する権利を何というか，漢字５字で答えなさい。

7　下線部⑥の深刻化を受けて，侮辱《ぶじょく》罪を厳罰《げんばつ》化する改正刑法が，2022年６月に成立しました。これについて，以下の問いに答えなさい。

(1)　法律が成立する過程に関する規定として適切なものを，次の**ア～エ**の中から１つ選び，記号で答えなさい。

ア　法律案は，さきに衆議院に提出しなければならない

イ　参議院が衆議院の可決した法律案を受け取った後，国会休会中の期間を除いて30日以内に議決しないときは，衆議院の議決を国会の議決とする

ウ　衆議院で可決し，参議院でこれと異なった議決をした法律案は，衆議院で出席議員の３分の２以上の多数で再び可決したときは，法律となる

エ　法律案の作成は，国権の最高機関である国会でのみ行うことができる

(2)　検察官と被告人の言い分を聞き，刑法などの法律を適用して，有罪・無罪の判決を下し，有罪の場合に，罪に相当する刑罰を言いわたす場は，刑事裁判です。この刑事裁判に関する説明として適切なものを，次の**ア～エ**の中から１つ選び，記号で答えなさい。

ア　すべての刑事裁判において，裁判員制度が導入されている

イ　犯罪をした疑いのある者には，弁護人をつけることはできない

ウ　裁判中，被告人は自分の不利益になることもすべて話さなければならない

エ　１つの事件につき原則３回まで裁判を受けられるしくみが導入されている

(3)　侮辱罪の厳罰化が国会で議論される中で，これにより「ある人権」が脅《おびや》かされてしまうという指摘がありました。この「ある人権」を明記した日本国憲法第21条の条文として適切なものを，次の**ア～エ**の中から１つ選び，記号で答えなさい。

ア　すべて国民は，健康で文化的な最低限度の生活を営む権利を有する。

イ　集会，結社及び言論，出版その他一切の表現の自由は，これを保障する。

ウ　何人も，法律の定める手続きによらなければ，その生命若しくは自由を奪われ，又はその他の刑罰を科せられない。

エ　何人も，裁判所において裁判を受ける権利を奪われない。

(4)　この改正刑法で変更された内容として適切なものを，次の**ア～エ**の中から１つ選び，記号で答えなさい。

ア　再犯防止のための指導や教育を充実させる拘禁《こうきん》刑の創設

イ　受刑者に強制労働を一律に義務づける懲役《ちょうえき》刑の創設

ウ　受刑者の生命を奪う死刑の廃止

エ　受刑者の一定の財産を奪う罰金刑の廃止

8　空らん（**い**）にあてはまる，新しい人権の１つである権利の名前を答えなさい。

9　下線部⑦について，このような問題への対応を担うほか，地方行財政，選挙，消防などを担当する省の名前を答えなさい。

10　下線部⑧の動きは，新聞社や放送局などによって定期的に調査が行われており，（　**う**　）調査とよばれます。この空らん（**う**）にあてはまる語句を，漢字２字で答えなさい。

11　下線部⑨・⑩について，インターネット投票を実施するにあたって考えられる，社会全体に影響を与える問題点に必ずふれ，インターネット投票についてのあなたの考えを書きなさい。

三 次の１～10の文中の（カタカナ）を漢字で書きなさい。

1 海外と（ボウエキ）する。
2 台風の（ヨハ）をうける。
3 列島を（ジュウダン）する。
4 のりで（セッチャク）する。
5 建物の（ジョウソウ）に住む。
6 与《よ》党《とう》の（ソウサイ）を決める。
7 要点を（カンリャク）にまとめる。
8 線状（コウスイタイ）が発生する。
9 （カイコ）がまゆをつくる。
10 彼《かの》女はまだ（オサナ）い。

ア あ目的・い原因　イ あ原因・い結果
ウ あ目的・い手段　エ あ原因・い目的
オ あ結果・い原因　カ あ手段・い目的

問四　文中の う にあてはまる言葉を、次のア～エから選び、記号で答えなさい。

ア　一笑に付される　イ　一目をおかれる
ウ　色を失う　エ　言葉を濁《にご》される

問五　――部⑤「あたかも『人間』が環境破壊の原因のように考えるとき、解決すべき問題を隠ぺいすることになるでしょう」とはどういうことか、答えなさい。

問六　――部⑥「保護すべきだとされた『自然』にかんしても、マヤカシがあります」とありますが、どのようなことが「マヤカシ」なのか、答えなさい。

問七　文中のア～オの段落を最適な順に並《なら》べ替《か》えなさい。

問八　文中の え にあてはまる言葉を、本文から二十字で抜き出し、初めと終わりの三字を答えなさい。

問九　文中の 1 ～ 5 にあてはまる言葉を、次のア～オからそれぞれ選び、記号で答えなさい。ただし、同じ記号は二度使えません。

ア　また　イ　しかし　ウ　たしかに
エ　たとえば　オ　そのため

問十　――部⑨「レオポルドといえば、自然保護の原理を打ち出した実践家として、きわめて有名です」とありますが、レオポルドによる原理は従来の環境保護の考え方とどのような点で異《こと》なるか、答えなさい。

問十一　――部⑩「『自然』にどうかかわればいいのでしょうか」とありますが、本文で述べられている内容を、七十字以内で書きなさい。

二　次のア～カのことわざ・慣用句を（　）に入る数の合計が小さい順に並べ替えなさい。また、ア～カの意味として最適なものを、あとのA～Iから選び、記号で答えなさい。ただし、同じ記号は二度使えません。

ア　（　）を聞いて（　）を知る
イ　（　）寸《すん》の虫にも（　）分の魂《たましい》
ウ　（　）つ子の魂（　）まで
エ　（　）里の道も（　）歩から
オ　（　）転び（　）起き
カ　（　）死に（　）生を得る

A　失敗しないように前もって用心すること。
B　何度失敗してもあきらめず努力すること。
C　どんな弱いものにも、それなりの意地があるということ。
D　知識としてわきまえていても、実行のともなわないこと。
E　かろうじて生きながらえること。
F　非常に賢《かしこ》くて理解がはやいこと。
G　大きなことも手近なところから始めなければならないということ。
H　性格は年をとっても変わらないということ。
I　辛抱《しんぼう》すれば、必ず成功するということ。

レオポルドの仕事は「森林管理」ですが、彼はその経験を通して「土地倫理」を形成したのです。その点では、人間の介入しない「土地倫理」はあり得ない、と言わなくてはなりません。

　では、⑩「自然」にどうかかわればいいのでしょうか。ブライアン・ノートンという環境保護論者は、『持続性』という本のなかで「適応的管理」という概念《がい》を提出しています。彼は、「環境プラグマティズム」の立場から「人間中心主義」を唱え、自然に対する「管理」を力説しています。しかし、「管理」といっても、あくまでも「適応的管理」であって、従来批判されたような「人間中心主義」ではありません。では、どんな「人間中心主義」が擁護《よう》【かばうこと】可能なのでしょうか。

「人間中心主義」とは、「人間の利益実現を中心に置く立場」を意味します。しかし、このとき「人間の利益」をどう考えるかが問題です。たとえば、ある種の生物が食糧として「経済的な利益」になるからといって、乱獲《かく》してしまえば絶滅してしまい、結局は「経済的利益」に反します。そこで、「経済的利益」のためにも、生態学的観点が必要になります。しかも、「人間的利益」を「経済的利益」に限定する必要もないでしょう。「人間」が多面的に理解できるように、「人間の利益」も多様な側面から理解できるからです。人間の生存にとって、きれいな水や土壌や空気などは、人間の利益と言えます。

　また、「人間の利益」という場合、しばしば誤解されるように、個人の欲求を短期的な観点から求めるだけではありません。むしろ、地域や社会の利益を考えて、個人の欲求を抑制《よく》する【おさえる】こともあるでしょう。あるいは、将来世代のために、現在の利益が制限されることもあります。その点では、「人間中心主義」だからといって、現在の個々人の欲求をそのまま認めるわけではないのです。ぎゃくに、長期的な視野に立って、広い観点から利益を考慮する必要があるわけです。

　さらに、「人間中心主義」は、「精神的価値」についても否定しません。かつては「人間中心主義」といえば、物質的欲求だけをもち、精神的価値を排除《はい》すると、見なされてきました。しかし、ノートンも言うように、「人間中心主義者」たちは、しばしば自然を精神的に評価しています。

　いままで、「人間中心主義」を批判するとき、「人間」が「自然」を搾取《さく》【しぼり取る】するといったイメージで、考えられてきました。しかし、現在では、このようなイメージで「人間中心主義」を無邪気《じゃ》に主張する人はほとんどいません。人間の利益を実現するには、自然の生態系を無視できませんし、短期的な視野から自然を開発しても、長期的にはかえって不利益になることも多いのです。むしろ、自然に適応する形で、長期的な観点から自然を管理すべきことが、目指されています。

　このように考えると、自然を理想化して人間中心主義を反省しても、問題の隠ぺいにしかならないでしょう。むしろ、いま必要なのは具体的な問題のなかで、広い視野に立って長期的な観点から自然を管理することではないでしょうか。

（岡本裕一朗《おかもとゆういちろう》『十二歳《さい》からの現代思想』より・一部改変）

問一　――部①「こうした考え」、②「こうした観点」、③「そのこと」、⑦「この対比」、⑧「その感」の指示内容を、それぞれ答えなさい。

問二　――部④「何ともギマンじみた言葉であることが分かるでしょう」と筆者が述べるのはなぜか、答えなさい。

問三　文中の あ ・ い にあてはまる言葉の組み合わせとして最適なものを、次のア～カから選び、記号で答えなさい。

［2］、「頂上のレストラン」と「砂混じりのサンドイッチ」を対比するのは、裕福な一部の人々にしか意味をなしません。いつもレストランで美味しいものを食べている人には、「砂混じりのサンドイッチ」もたまには美味しく感じられるでしょう。しかし、自分のコテージももたず、ヘリコプターに乗ることもなく、土ぼこりのする道路脇《わき》で「砂混じりのするサンドイッチ」を食べる人にとって、それは美味しいのでしょうか。

少し視野を広げて考えてみましょう。疎外論的発想で、「自然」への憧れを語るとき、前提されているのは、「人間」との二元的な対立です。「自然」を、「人間による支配」から解放することが、目標にされています。しかし、この対立そのものが問題なのです。

［3］、「自然」と「人間」の対立は、古くから常識的になってきました。「自然」と「人工」は、しばしば対義語として使われますし、「自然」と「文化」の対立も、同じように考えられます。人為《い》的ではない「自然」に対して、「文化」が人間的現象であることは、いわば定義に属しています。［4］、エコロジーでも「自然」を考えるとき、人為的ではない「自然」が想定されてきたのです。

しかし、すでに確認したように、人間抜きの「自然」とは抽象的な虚《きょ》構【作りごと】にすぎません。人間が眼前に見いだす「自然」は、それに先立つ世代によって手の加えられてきた「自然」であって、「社会的形成物」と表現できます。「自然」は、つねにすでに、多くの人々によって手が加えられ、［5］今後も手が加えられていきます。人間の活動を離れて、「自然」が独立にあるわけではありません。その意味では、「自然」は、「文化的形成物」と呼んでも、間違いではないでしょう。

このように考えると、実践的な方向についても、重大な指針が示されるように思えます。いままで、環境保護のためには、人間が自然にできるだけ介入しないことが、求められてきました。人間が自然から手を引くことが、エコロジーだというわけです。ところが、そんなことは、そもそも不可能ですし、望ましいわけでもありません。むしろ、人間が自然をどう管理していくかが重要なのです。それを理解するために、アルド・レオポルドの『野生のうたが聞こえる』を見ておきましょう。

⑨レオポルドといえば、自然保護の原理を打ち出した実践家として、きわめて有名です。彼の原理（「土地倫《りん》理【守るべきこと】」）は、多くの場合、人間中心主義を批判するものとして理解されてきました。たとえば、彼はつぎのように語っています。「土地倫理《ランド・エシック》は、ヒトという種の役割を、土地という共同体の征服者から、単なる一構成員、一市民へと変えるのである。」しかし、この立場は、自然にいっさい手を加えないことを主張してはいません。レオポルドは、『野生のうたが聞こえる』の最後を、つぎの言葉で結んでいます。

> まとめて言うならば、われわれの現在の問題は、土地に対してどういう姿勢でのぞみ、道具をどう使用するかということである。われわれは蒸気シャベル【パワーショベル】を用いて、かつては人力でつくられたアルハンブラ宮殿《でん》を改修しようとし、その規模の壮《そう》大さを得意に感じている。そのシャベルをとても手離す気になれない。[…]われわれに本当に必要なのは、そうした道具を有効に使うための、もっと穏《おだ》やかで客観的な基準を持つことなのだ。（レオポルド『野生のうたが聞こえる』）

ディープ・エコロジーを唱えるアルネ・ネスも、「われわれの存在が他の生命との間に主従関係を打ち立てようとするなら、われわれを自分自身から疎外することになってしまう」と述べています。ですが、「疎外論」とはどのような論理なのでしょうか。

しかし、マルクスも後に気づいたのですが、この想定には重大な難点が潜《ひそ》んでいます。それは何でしょうか？

　人間と自然の失われた調和を取り戻す―この言葉は、[え]と同じように、心に響《ひび》く美しい表現かもしれません。けれど、現在の環境問題を考えるとき、はたして適切な言葉と言えるのでしょうか。そもそも、この表現の基礎《そ》にある疎外論的発想は、有効な論理を提供するのでしょうか。

　疎外論をとる場合、陥りやすい危険は、歴史のネジを逆に回し、未来ではなく過去へと回帰することです。エコロジーで、「自然との調和を取り戻す」と語られるとき、じっさいには過去の「原初的な調和」へ舞《ま》い戻るにすぎないのです。人間中心主義を批判して、牧歌的な自然が称賛されるとき、目標とされたのは過去にほかなりません。極端《たん》な場合には、近代の科学文明が否定され、原始的な生活を提唱するようにさえ見えます。

　しかし、「疎外論」が前提とするような、原初的な「自然との調和」というモデルが、怪しいのではないでしょうか。こうした状態が、はたして存在したことがあるのでしょうか。現在以前の、いつの時代に、そのような「人間と自然の調和」が成立していたのでしょうか。『啓蒙の弁証法』も明らかにしたように、人間による自然支配は、ある意味では文明化とともに始まった、と言えます。人間が知力を使って自然とかかわるかぎり、自然支配の欲望は不可避《ひ》なのです。

　とすれば、人間の歴史をどこまでさかのぼっても、原初的な「人間と自然の調和」には達しないのではないでしょうか。むしろ、ハッキリいえば、こうした「原初的な調和」なるものは、後になって理想化された状態にほかなりません。ニーチェだったら、おそらく「捏《ねつ》造された」と表現するでしょう。人間中心主義を批判する人たちは、自分たちのロマンチックな自然への憧れを、あたかも原初的な状態であるかのように空想（捏造）したにすぎないのです。

　しかし、こうした自然への憧れが、近代の豊かな社会のもとで発想されることに、注意すべきです。それは、[1]、都会で裕《ゆう》福に生活している人が、ときどき田舎の生活に憧れるようなものです。つぎのようなエコロジストの記述を見ると、⑧その感が強くなるのではないでしょうか。

　自分で井《い》戸から運んだ水や自分で集めた木々と共に、田舎にある自分のコテージ【別荘《そう》】にいる時には、どんな金持ちよりも豊かだと感じます。ヘリコプターに乗って山頂に行ったとします。景色は絵はがきのように見え、頂上にレストランがあれば、食べ物がちゃんとできていないと不満を言うかもしれません。でも、もし苦労してふもとから登ったならば、深い満足感を味わって、スキーのワックスと砂が混ざったサンドイッチでさえ、すばらしく美味《おい》しいと思うはずです。（ネス「手段は質素に、目標は豊かに」）

アメリカの奥《おく》深くわけ入ったところに、ある町があった。生命あるものはみな、自然と一つだった。〔…〕春がくると、緑の野原のかなたに、白い花のかすみがたなびき、秋になれば、カシやカエデやカバが燃えるような紅葉のあやを織りなし、松の緑に映えて目に痛い。丘《おか》の森からキツネの吠《ほ》え声がきこえ、シカが野原のもやのなかを見えつかくれつ音もなく駆《か》けぬけた。〔…〕たくさんの鳥が、やってきた。いろんな鳥が、数えきれないほどくるので有名だった。（カーソン『沈黙の春』）

カーソンは、この「牧歌的自然」を描いた直後に、それが「人間の自然支配」によって破壊されたことを、痛烈《れつ》に批判します。「死の影《かげ》」がしのびより、春が来ても鳥のさえずりが聞こえず、「自然は沈黙」する、というわけです。⑦この対比は、事実としてではなく、「寓《ぐう》話【たとえ話】」として語られていますが、『沈黙の春』のなかでとても効果的です。

ア　こうした「疎《そ》外論」は、歴史的にいえば、青年時代のマルクスの思想として一時期もてはやされました。マルクスは、ヘーゲル学派の影響を受けながら、社会の現状を「疎外された状態」として鋭《するど》く批判しました。若きマルクスの「疎外論」は、社会の現状を批判するために展開されたのですが、ここでも三段階の論理が想定されています。「本来的な調和」―「疎外された分裂《れつ》状態」―「回復された調和」です。

イ　「疎外論」を考えるとき基本的なポイントは、三段階の展開を想定することです。つまり、「疎外されざる原初的状態」―「疎外された分裂状態」―「疎外から回復した状態」という三段階です。自然と人間のかかわりという点から、三段階を見てみましょう。第一に、人間と自然が調和的に生活していた幸福な状態です。「牧歌的自然」に憧《あこが》れるとき、イメージされているのはこの状態でしょう。

ウ　そこで、実践《せん》的な目標となるのは、現在の疎外状態を克《こく》服し【乗りこえ】、本来的な自然との調和を取り戻《もど》すことです。言うまでもなく、ここで使われているのは「回復の論理」です。失われたものを、もう一度回復する、というわけです。自然との調和というのは、一方では過去の状態であるとともに、未来への目標でもあります。

エ　ところが、現在、こうした調和的な状態から疎外されることによって、人間と自然は対立し分裂した状態にあります。人間は自然を自分の支配下におこうとして、自然そのものを破壊し尽《つ》くしてしまうのです。これは、レイチェル・カーソンが「沈黙の春」と呼んだ状況です。「疎外」という言葉には、「疎遠【関係がうすくなる】」になるとか「離《り》反【そむく】」するといった意味がありますが、その前提として「本来的な原初状態」が控《ひか》えています。ですから、「疎外」のイメージは、「本来的な原初状態から疎遠になり、離反していく」ことだと言えます。

オ　しかし、「牧歌的自然」と「人間によって破壊された自然」という対比そのものが、問題ではないでしょうか。この対比が使われるとき、想定されているのは、いわゆる「疎外の論理」です。じっさい、保病」の原因は「人間による自然支配」だといえば、[う] でしょう。
もともと、個々人はさまざまな社会関係を取り結んでいます。こうした多様な社会関係をもった個々人が、環境にかかわっています。したがって、人間によって環境が破壊されるとしても、それを引き起こしたのは「人間一般」ではありません。むしろ、一定の社会的関係のもとにある特定の個々人が、環境を破壊するわけです。この点を無視して、⑤あたかも「人間」が環境破壊の原因のように考えるとき、解決すべき問題を隠《いん》ぺいする【かくす】ことになるでしょう。たとえば、社会派エコロジーの主導者マレイ・ブクチンは、つぎのように語っています。

もし生物種としての人間が環境の破綻《たん》【成り立たなくなること】の原因なら、そうした破綻は社会の破綻の結果ではなくなってしまう。〔この考えでは〕、「人類」という神話的なものがっくり出される。このようなやり方では、エコロジー的な諸問題の社会的根源は抜《ぬ》け目なく曖昧《あいまい》化【あやふやに】されてしまう。

（ブクチン『エコロジーと社会』）

ここから分かるのは、「人間」はつねに社会的な相互《ご》関係を取り結んでいるから、この社会性を抜きに「人間」を考えることができないことです。社会関係をまったく捨象した【切りすてた】「生物種としての人間」や「人類」などは、具体的にはどこにも存在しないのです。
それだけではありません。⑥保護すべきだとされた「自然」にかんしても、マヤカシがあります。「人間」が抽《ちゅう》象化されると同時に、「自然」の方も抽象化されてしまうのです。たとえば、保護すべき「自然」として、人間の手がいっさい加えられていない「純粋《すい》無垢《く》の自然」が想定されることが少なくありません。それをあらわすために、「原生自然」という言葉が使われています。アメリカなどの自然保護運動では、こうした「原生自然」を保存しようと強調されることもあります。
しかし、日本の地域を考えても分かりますが、人間による干渉《しょう》【立ち入り】を受けていないような「原生自然」は、地球上にほとんど残されていません。人間は、地球のほとんどの地域に住みつき、人間の活動は地球の全体にまで及《およ》んでいます。自然のままを示しているように見える地域でも、多くの場合、それを保存し管理する人間の活動を無視できません。そんなことは、「自然公園」や「自然動物園」などを考えてみれば、すぐに分かるはずです。マルクスとエンゲルスは、『ドイツ・イデオロギー』のなかで、皮肉まじりに書いています。

〔人間の手の加わっていない〕自然なるものは、〔…〕さいきん誕生したばかりのオーストラリア珊瑚《さんご》島上といったところを除けば、今日どこにもはや現存しない自然である。

（マルクス、エングルス『ドイツ・イデオロギー』）

こうした「原生自然」ではないにしても、「自然」をロマンチックに理想化してイメージすることもあります。それは、「牧歌的【素ぼくな】自然崇《すう》拝」とでも表現できる考えですが、「人間」の活動によって汚《よご》されていない「自然の美しさ、自然の調和」を称賛するのです。環境保護を唱える人々のなかで、この感情は底流に流れています。たとえば、レイチェル・カーソンは『沈黙の春』をつぎのように始めています。

とを心配する人も、いるかもしれません。けれども、ペンギンやシロクマは地球温暖化論の広告のために使われただけで、じっさいにはその根拠《きょ》は怪《あや》しいようです。ですから、地球温暖化を問題視するのは、それが「人間の生存」に危機的状況を引き起こす、と考えられているからにほかなりません。海面が上昇して困るのは、人間の生活環境が失われるからに違いないでしょう。

また、環境汚染についても同じ事です。水や土壌《じょう》や大気などが汚染すれば、そこで生活する人々の生存を脅《おびや》かし【危《あや》うくし】ます。「水俣《みなまた》病」や「四日市ぜんそく」などの公害をもちださなくても、環境の汚染が人間にどれほど甚《じん》大な【非常に大きい】被《ひ》害をもたらすかは、計り知れません。したがって、環境汚染に対処し、美しい自然を守ろうとするのは、まさに「人間」のためにほかならないのです。

さらに、この点は、資源の枯渇《こかつ》についても明らかだと思われます。たとえば、石油については、昔から「あと三〇年」と言われ続けてきました。ところが、三〇年たっても、同じように「あと三〇年」とささやかれているのは不思議です。たしかに、石油がやがて枯渇するだろうことは、問題ではありません。しかし、ここで確認したいのは③そのことではありません。

むしろ、確認しておきたいのは、石油の枯渇が問題となるのは「人間」にとってである、という点です。石油を使うのは人間だけであり、枯渇して困るのも人間だけです。他の動植物にとっては、石油が枯渇したところで、何も影響はないでしょう。

こう考えると「地球にやさしい」というキャッチフレーズが、④何ともギマンじみた【ごまかした】言葉であることが分かるでしょう。あえていえば、「温暖化」したところで、「地球」は、痛くもかゆくもないのです。また、石油が枯渇しても、「地球」は何も困らないでしょう。「ガイア」はそれほどヤワではないのです。とすれば、どう表現したらいいのでしょうか。

誤解を恐《おそ》れず言ってしまえば、環境を保護するのは、実際には「人間の生存」を守るためにほかなりません。人間の利益追求のためにこそ、環境は保護されるべきなのです。私たちが現実に配慮《りょ》しているのは、「地球」ではなく「人間」です。そうだとするなら、「人間中心主義」は「環境破壊」の あ であるだけでなく、さらには「環境保護」の い となるのではないでしょうか。したがって、環境を保護するために、「人間中心主義」を批判するのは、的外れな議論だと言わなくてはなりません。

「人間中心主義」批判について、もう少し立ち入って考えてみましょう。この手の批判でひんぱんに見受けられるのは、一方に「人間」を置き、他方に「自然」を対置させる、という二元論です。つまり、「人間」と「自然」はそれぞれ独立に存在すると前提され、「自然」から切り離《はな》された「人間」が、「人間」から切り離された「自然」を破壊する、とイメージされています。しかし、こんな二元論は、そもそも正当なのでしょうか。

まず、「人間」の方に焦《しょう》点を当ててみましょう。「環境保護」のキャンペーンでは、しばしば「人類」や「人間一般《ぱん》」に責任があるかのように語られます。しかし、じっさいに土壌や水質を汚染しているのは、企《き》業や個人といった具体的な人々です。たとえば、「水俣病」で責任をもつべきは特定の企《き》業であって、「人間一般」ではありません。このとき、「水現在の世界人口がおよそ七〇億弱ですから、「ディープ・エコロジー」の目標を達成するには、六〇億人ほどを間引かなくては【減らさなくては】なりません。しかし、そんなことが、どうやって可能なのでしょうか。なにか、途《と》方もない大惨《さん》事を期待するしかありません。

①こうした考えの根本にあるのは「人間による自然支配」という構図です。―人間が自然を支配し、欲望のままに自然に対して暴力を加えてきた。そのため、自然は破壊されつくし、いまや再生不可能な状態にまで陥《おち》っている。―この構図は、環境保護思想の母と呼ばれたレイチェル・カーソンの『沈黙《ちんもく》の春』のなかでも、繰《く》り返し表明されています。

> 自然を征《せい》服するのだ、としゃにむに【他のことを考えずに】進んできた私たち人間、進んできたあとをふりかえってみれば、見るも無残な破壊のあとばかり。自分たちが住んでいるこの大地をこわしているだけではない。私たちの仲間―いっしょに暮らしているほかの生命にも、破壊の鉾《ほこ》先【攻撃《こうげき》の方向】を向けてきた。〔…〕そしていままた、新しいやり口を考え出しては、大破壊、大虐《ぎゃく》殺の新しい章を歴史に書き加えていく。（カーソン『沈黙の春』）

この観点【見方】に立って、レイチェル・カーソンはＤＤＴなどの化学薬品の使用を告発し、人間による自然破壊の残虐さを描《えが》いています。「沈黙の春」というタイトルは、人間による自然破壊によって、自然が死滅し、「春になっても、鳥のさえずりが聞こえない」危機的状況《きょう》を暗示しているのです。

環境保護運動の高まりとともに、②こうした観点は「人間中心主義」と呼ばれるようになりました。これは、自然を人間のために存在するものだと見なし、人間の利益追求のために自然を利用する態度です。しかし、このような「人間中心主義」は、さいきんになってとつぜん出現したわけではありません。

科学史家のリン・ホワイトによれば、人間中心主義はキリスト教とともに始まっています。「キリスト教の、とくにその西方的な形式は、世界がこれまで知っているなかでももっとも人間中心的な宗教である。」『機械と神』のなかで、こう、リン・ホワイトは語っています。あるいは、ホルクハイマーとアドルノが『啓蒙《けいもう》の弁証法』において述べるように、「人間の自然支配」は、人間の文明化の時点で開始されている、とも言えるでしょう。とすれば、環境破壊は、人間の文明化、すなわち歴史とともに始まったのではないでしょうか。そうだとしたら、人間が存在することじたいが、環境破壊になってしまうのではないでしょうか。そう考えると、環境を保護するには、人間が絶滅するほかないように見えます。はたして、そうなのでしょうか。

ここで立ち止まって、そもそも何のために環境保護するのか、考えてみましょう。たとえば、政治やマスメディアで「地球温暖化」が大問題になっています。ですが、いったいこれによって、どんな困ったことが起こるのでしょうか。

温暖化の影響《えいきょう》としては、「海面上昇《しょう》」や「異常気象」、「干ばつ」や「食糧《りょう》不足」などが懸《け》念されて【不安に思われて】います。いまのところ、このどれもハッキリしませんが、いずれにしろ「人間の生存」に対する不安であることは間違《ちが》いないでしょう。

もしかしたら、人間ではなく、南極のペンギンや北極のシロクマのこ

【国　語】（五〇分）〈満点：一〇〇点〉

【注意】　字数制限のある問題については句読点・記号を字数に含《ふく》めること。

一　次の文章を読んで、あとの問いに答えなさい。文中の〔…〕は中略を表します。また、**【　】**は語句の意味で、解答の字数に含《ふく》めないものとします。

「自然や環《かん》境は保護すべきか？」と尋《たず》ねたら、ほとんどの人はそくざに、「そんなの決まっているじゃないか！」と答えるでしょう。しかし、「なぜ自然や環境を保護すべきなのか？」と問い直したら、どうでしょうか。もしかしたら、質問の意味が分からず、ちょっと声を荒《あら》立てながら、「いまさら何が言いたいの？」と反問するかもしれません。

「自然破壊《かい》」が進行し、「環境」が危機に瀕《ひん》して**【直面して】**いるのは、言うまでもなく明らかだと思えます。とりわけ、国連や政府によって、「地球温暖化」の恐怖《きょうふ》が宣伝されているので、世のなか「エコ」の大合唱となっています。「地球にやさしい」生活をすることは、人類の責務だと言わんばかりです。しかし、いったい何のために「自然」や「環境」を「保護」すべきなのでしょうか。

たとえば、マレイ・ブクチンが『エコロジーと社会』のなかで紹介《しょうかい》した、「自称《しょう》エコロジスト」との会話に注目してみましょう。

ブクチン「君は現在のエコロジー的危機の原因が何だと思っているんだね？」

エコロジスト「人間だよ！　人間たちがエコロジー的危機に責任があるんだ！　〔…〕あらゆる人間さ！　彼《かれ》らが地球上で増え過ぎているし、彼らが地球を汚《お》染しているし、彼らが資源を貪《むさぼ》って**【欲しがって】**いるし、彼らが貪欲《どんよく》なんだ。」

（ブクチン『エコロジーと社会』）

「人間が自然を破壊した」―こうした考えは、「自称エコロジスト」だけでなく、しばしば学校でも表明されています。人間こそが、自然破壊の元凶《きょう》**【おおもと】**というわけです。学校でディスカッション**【議論】**をしていると、学生のなかには、この見解を述べたあとで、つぎのような結論を主張することもあります。「したがって、エコロジー的危機をのりこえるためには、人類は（戦争や疫《えき》病などによって）数を減らすべきである。」あるいは、もっと過激に、「自然や環境のためには、人類は滅《めつ》亡した方がいい。」

ここまで単純な議論はしないとしても、これと似かよった主張は、よく目にするのではないでしょうか。環境保護運動が盛り上がりを見せた一九七〇年代の初め、ノルウェーのエコロジスト、アルネ・ネスは「ディープ・エコロジー」を唱えながら、つぎのように語っています。

ディープ・エコロジーには、人口を安定させるばかりではなく、〔…〕人口を持続可能な最低限度にまで減少させるという目標があります。百年前にあった文化の多様性を有するには、せいぜい一〇億ぐらいの人口がいいでしょう。

（ネス「手段は質素に、目標は豊かに」）

MEMO

大切なことはメモしておこうネ！

2023年度

明治大学付属明治中学校入試問題（第２回）

【算　数】（50分）　＜満点：100点＞

【注意】 1．解答は答えだけでなく，式や考え方も解答用紙に書きなさい。(ただし，1は答えだけでよい。)
2．円周率《えんしゅうりつ》は3.14とします。
3．定規・分度器・コンパスは使用してはいけません。

1 次の □ にあてはまる数を求めなさい。

(1) $2.25\times\left(1\frac{2}{3}-0.6\right)-\left(1.5+\square\times2\frac{1}{12}\right)\div1\frac{1}{6}=\frac{2}{5}$

(2) A，B，C３種類のボールペンは，1本あたりの値段がそれぞれ80円，95円，120円です。３種類のボールペンをそれぞれ何本か買う予定で，おつりがないように2780円を用意しました。AとBの買う本数を反対にすると75円余ります。また，BとCの買う本数を反対にすると75円不足します。はじめに，Aを □ 本買う予定でした。ただし，消費税は考えないものとします。

(3) Aさんが５歩で進む距離《きょり》をBさんは４歩で進み，１分間にAさんは105歩，Bさんは90歩進みます。Aさんが家を出て85歩進んだときに，BさんはAさんを追いかけて家から同じ道を進み始めました。このとき，Bさんは □ 歩でAさんに追いつきました。ただし，Aさん，Bさんはそれぞれ一定の歩幅《ほはば》で進み，それぞれ一定の速さで進みます。

(4) 右の図のように，AB＝５㎝，AD＝８㎝の長方形ABCDがあります。辺AB，BC，CD，DA上にそれぞれ点E，F，G，Hがあり，AE＝CG＝２㎝，FC＝HA＝３㎝です。また，長方形ABCDの中に点Ｉがあります。このとき，㋐と㋑を合わせた面積は □ ㎠です。

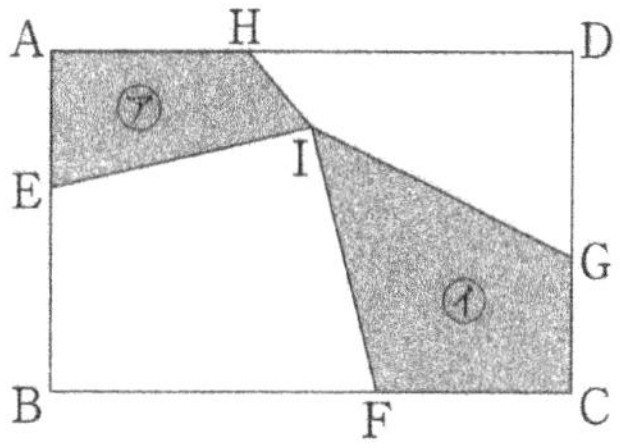

(5) ４人がけの長いすと７人がけの長いすが同じ数だけあります。１年生が４人がけの長いすに座ると，20人座れません。２年生が７人がけの長いすに座ると，８脚《きゃく》余り，最後の１脚には空席がありました。１年生と２年生の人数の比は３：４です。このとき，２年生の人数は □ 人です。

2 1，2，3，0，3，2，1の７個の数が，この順に繰《く》り返し並んでいます。最初の10個の数を１行目に，次の10個の数を２行目に，……と，以下同じように並べていくと，下のようになります。このとき，あとの各問いに答えなさい。

1行目	1	2	3	0	3	2	1	1	2	3
2行目	0	3	2	1	1	2	3	0	3	2
3行目	1	1	2	3	0	3	2	1	1	2
4行目	3	0	3	2	1	1	2	3	0	3

⋮

(1)　100行目の最後の数はいくつですか。

(2)　１行目の最初の数から2023行目の最後の数までをすべて加えたら，いくつになりますか。

(3)　１行目の最初の数からある行の最後の数までをすべて加えたら，4851になりました。何行目の最後の数までを加えましたか。

3　下の図のように，平行四辺形ABCDがあり，面積は171cm^2です。辺AD，BC上にそれぞれ点E，Fがあり，AE：ED＝２：１，BF：FC＝１：１です。また，BE上に点Hがあり，BH：HE＝４：３です。AHをのばした直線と辺BCが交わる点をG，AGとEFが交わる点をＩとします。このとき，次の各問いに答えなさい。

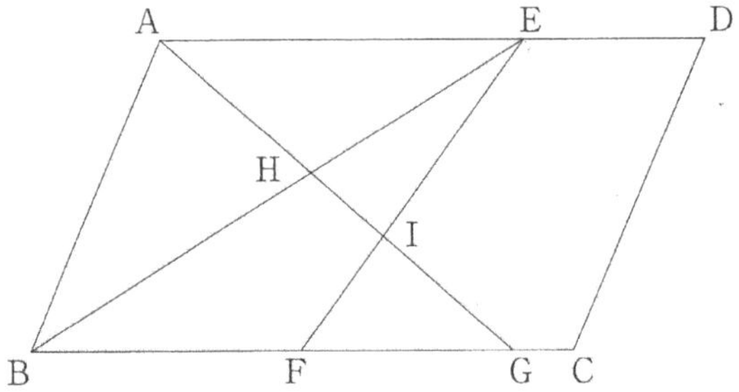

(1)　AI：IGをもっとも簡単な整数の比で表しなさい。

(2)　五角形EIGCDの面積は何cm^2ですか。

4　アメリカのプロ野球の試合では，観客が一定の割合で球場に集まります。ある日の午後５時に入場待ちの人がいない状態から入口22か所で同時に入場を始めました。15分後に入場待ちの列が長くなったので，入口を28か所に増やしたところ，午後５時30分に入場待ちの列がなくなりました。このとき，次の各問いに答えなさい。ただし，１つの入口では１分間に６人の割合で入場できます。

(1)　この日は１分間に何人の観客が球場に集まりましたか。

(2)　この日の午後５時15分の入場待ちの人は何人ですか。

(3)　次の日は有名選手が出場するため，観客が球場に集まる割合は前の日の1.5倍になります。午後５時に入場待ちの人がいない状態から，入口の数を前の日の午後５時の1.5倍にして同時に入場を始めました。20分後に入口を何か所か増やして，午後６時までに入場待ちの列がなくなるようにするには，入口を少なくとも何か所増やせばよいですか。

5　Ａ町とＢ町の間を往復し続ける自転車とバスがあり，自転車は90分かけて往復し，バスは40分かけて往復します。午前８時に自転車はＡ町を出発してＢ町へ，同時にバスはＢ町を出発してＡ町へ向かいました。このとき，自転車とバスが最初に出会ってから自転車がバスに最初に追いこされるまでの自転車とバスの進んだ道のりを合わせると19.2kmでした。自転車とバスはそれぞれ一定の速さで進むものとします。このとき，次の各問いに答えなさい。

(1)　自転車がバスに最初に追いこされてから自転車が最初にＢ町に着くまでに何分かかりましたか。

(2)　Ａ町からＢ町までの道のりは何kmですか。

(3)　自転車とバスが４回目に出会うのは午前何時何分ですか。

【理　科】（40分）　＜満点：75点＞

〔Ⅰ〕 次の図は，２種類の樹木Ⅰ，Ⅱに光をあてたときの，光の強さと，放出または吸収する酸素の量の関係を表したグラフです。グラフを見て，問いに答えなさい。

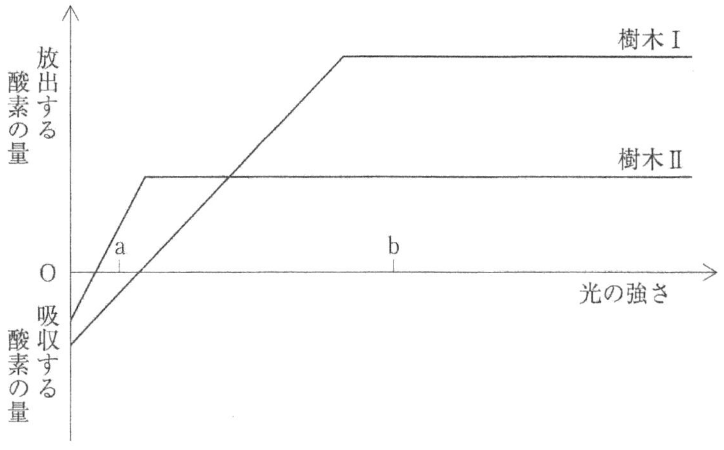

図

(1) 光があたっていないとき，樹木Ⅰ，Ⅱともに酸素を吸収しています。それは，樹木が何を行っているからですか。漢字で答えなさい。

(2) 樹木Ⅰ，Ⅱにａの強さの光があたっているときの樹木の成長のようすとして正しいものを選び，ア～オの記号で答えなさい。

ア　２種類の樹木は，同じくらい成長する。

イ　２種類の樹木ともに成長するが，樹木Ⅰの方が樹木Ⅱよりもよく成長する。

ウ　２種類の樹木ともに成長するが，樹木Ⅱの方が樹木Ⅰよりもよく成長する。

エ　樹木Ⅰは成長するが，樹木Ⅱは成長しない。

オ　樹木Ⅱは成長するが，樹木Ⅰは成長しない。

(3) 樹木Ⅰ，Ⅱにｂの強さの光があたっているときの樹木の成長のようすとして正しいものを選び，ア～オの記号で答えなさい。

ア　２種類の樹木は，同じくらい成長する。

イ　２種類の樹木ともに成長するが，樹木Ⅰの方が樹木Ⅱよりもよく成長する。

ウ　２種類の樹木ともに成長するが，樹木Ⅱの方が樹木Ⅰよりもよく成長する。

エ　樹木Ⅰは成長するが，樹木Ⅱは成長しない。

オ　樹木Ⅱは成長するが，樹木Ⅰは成長しない。

(4) 樹木Ⅰ，Ⅱの組み合わせとして正しいものを選び，ア～エの記号で答えなさい。

ア　樹木Ⅰ　クヌギ，　　樹木Ⅱ　アカマツ

イ　樹木Ⅰ　アカマツ，　樹木Ⅱ　カシ

ウ　樹木Ⅰ　カシ，　　　樹木Ⅱ　シイ

エ　樹木Ⅰ　シイ，　　　樹木Ⅱ　クヌギ

(5)　(4)で答えた樹木Ⅰと樹木Ⅱの両方が生育している林があります。この林はやがてどのように変化していきますか。あてはまるものを選び，ア～エの記号で答えなさい。

ア　樹木Ⅰが多い林になっていく。

イ　樹木Ⅱが多い林になっていく。

ウ　樹木Ⅰ，Ⅱの割合はほとんど変化しない。

エ　樹木Ⅰ，Ⅱともに枯《か》れて，別の樹木の林となる。

〔Ⅱ〕　a草むらにいるトノサマバッタは，同じ場所で定住するのに適した体の形になっています。b大量発生時のトノサマバッタは，その環境《かんきょう》に適応するよう，成虫の体の形や行動が大きく変わることが知られています。このことについて，問いに答えなさい。

(1)　下線部ａのトノサマバッタのはねについての説明として正しいものを選び，ア～カの記号で答えなさい。

ア　アブと同じ，２枚である。　　イ　カブトムシと同じ，２枚である。

ウ　ノミと同じ，２枚である。　　エ　カと同じ，４枚である。

オ　セミと同じ，４枚である。　　カ　トビムシと同じ，４枚である。

(2)　下線部ａのトノサマバッタのえさについての説明として正しいものを選び，ア～カの記号で答えなさい。

ア　アブラナ科の植物の葉を主な栄養源としている。

イ　イネ科の植物の葉を主な栄養源としている。

ウ　ミカン科の植物の葉を主な栄養源としている。

エ　花のみつを主な栄養源としている。

オ　樹液を主な栄養源としている。

カ　動物や昆《こん》虫の死骸《がい》を主な栄養源としている。

(3)　下線部ａのトノサマバッタの鼓膜《こまく》の位置についての説明として正しいものを選び，ア～カの記号で答えなさい。

ア　カと同じ，触《しょっ》角にある。　　イ　キリギリスと同じ，触角にある。

ウ　コオロギと同じ，触角にある。　　エ　セミと同じ，腹部にある。

オ　ハエと同じ，腹部にある。　　カ　トノサマバッタは，鼓膜を持っていない。

(4)　下線部ａのトノサマバッタの眼についての説明として正しいものを選び，ア～カの記号で答えなさい。

ア　複眼を２個持つ。　　イ　単眼を２個持つ。

ウ　複眼は，小さい目が集まっている。　　エ　単眼は，小さい目が集まっている。

オ　複眼は，明るさを感じている。　　カ　単眼は，物の形や色を見分けている。

(5)　次の文章は，下線部ｂについて説明したものです。文章中の①～④にあてはまる語句の組み合わせとして正しいものを選び，次のページのア～クの記号で答えなさい。

トノサマバッタが大量発生すると，産む卵の数を（　①　）してそれ以上密集するのを防ぐとともに，からだがやや（　②　）なり，集団生活に適応した形になります。また，大量発生すると食べ物が不足することが多くなるため，はねを（　③　）することで，飛ぶことができる距離《きょり》を（　④　）し，食べ物にありつける機会を増やそうとします。

	①	②	③	④
ア	多く	大きく	短く	短く
イ	多く	大きく	長く	長く
ウ	多く	小さく	短く	短く
エ	多く	小さく	長く	長く
オ	少なく	大きく	短く	短く
カ	少なく	大きく	長く	長く
キ	少なく	小さく	短く	短く
ク	少なく	小さく	長く	長く

〔Ⅲ〕 炭酸カルシウムの粉末とうすい塩酸を用いて，実験１，２を行いました。これらの実験について問いに答えなさい。

【実験１】

手順１　図のように，炭酸カルシウムの粉末の入った容器に，うすい塩酸の入った試験管を入れ，密閉してから全体の重さをはかった。

手順２　容器を密閉したまま傾《かたむ》け，炭酸カルシウムの粉末とうすい塩酸を反応させると気体が発生した。

手順３　完全に反応が終わったら，容器全体を密閉したまま重さをはかった。

図

【実験２】

炭酸カルシウムの粉末とうすい塩酸７㎤を反応させ，発生した気体の重さをはかった。炭酸カルシウムの重さと発生した気体の重さの関係をまとめると，次の表のようになった。

炭酸カルシウム(g)	0.1	0.2	0.3	0.4	0.5	0.6
発生した気体の重さ(g)	0.044	0.088	0.132	0.154	0.154	0.154

表

(1)　実験１，２で発生した気体の性質として正しいものを選び，ア～クの記号で答えなさい。

ア　同じ体積の空気より軽い。　　イ　同じ体積の空気より重い。

ウ　水に溶《と》けると酸性を示す。　　エ　水に溶けるとアルカリ性を示す。

オ　水に溶けると中性を示す。　　カ　BTB溶液に通すと青色になる。

キ　BTB溶液に通すと黄色になる。　　ク　BTB溶液に通すと緑色になる。

(2)　実験１，２で発生した気体と同じ気体が発生する反応を選び，ア～キの記号で答えなさい。

ア　貝殻《がら》にうすい塩酸を加える。

イ　二酸化マンガンにうすい過酸化水素水を加える。

ウ　銅にあたためた濃硫《のうりゅう》酸を加える。

エ　塩化アンモニウムと水酸化カルシウムを混ぜたものを加熱する。

オ　ロウソクを燃やす。

カ　酸化銀を加熱する。

キ　鉄粉にうすい硫酸を加える。

(3)　実験１において，反応が完全に終わった後の容器全体の重さは，反応前の容器全体の重さと比べてどうなりましたか。正しいものを選び，ア～ウの記号で答えなさい。

ア　軽くなった　　イ　重くなった　　ウ　変化しなかった

(4)　炭酸カルシウムの粉末0.25ｇとうすい塩酸７㎤を反応させたとき，発生した気体の重さは何ｇですか。

(5)　炭酸カルシウムの粉末0.5ｇとうすい塩酸７㎤を反応させたとき，残った炭酸カルシウムの重さは何ｇですか。また，残った炭酸カルシウムを完全に反応させるには，うすい塩酸はあと何㎤必要ですか。

〔Ⅳ〕　ある固体が100ｇの水にどれくらい溶けるかを調べました。次の表は，水の温度と固体が溶けた量の関係をまとめたものです。表を見て，問いに答えなさい。

水の温度(℃)	20	40	60	80
固体が溶けた量(g)	4.9	8.9	14.9	23.5

表

(1)　40℃の水150ｇに固体を溶けるだけ溶かしました。この水溶液の濃度は何％ですか。小数第２位を四捨五入して答えなさい。

(2)　80℃の水200ｇに固体を40ｇ溶かしました。この水溶液は，この固体をあと何ｇ溶かすことができますか。

(3)　80℃の水200ｇに固体を40ｇ溶かし，水溶液の温度を20℃まで下げたところ，固体の結晶《しょう》が出てきました。出てきた結晶は何ｇですか。

(4)　80℃の水200ｇに固体を40ｇ溶かした後50ｇの水を蒸発させ，水溶液の温度を20℃まで下げたところ，固体の結晶が出てきました。出てきた結晶は何ｇですか。小数第２位を四捨五入して答えなさい。

(5)　(4)で出てきた結晶をろ過する方法として正しいものを選び，ア～カの記号で答えなさい。

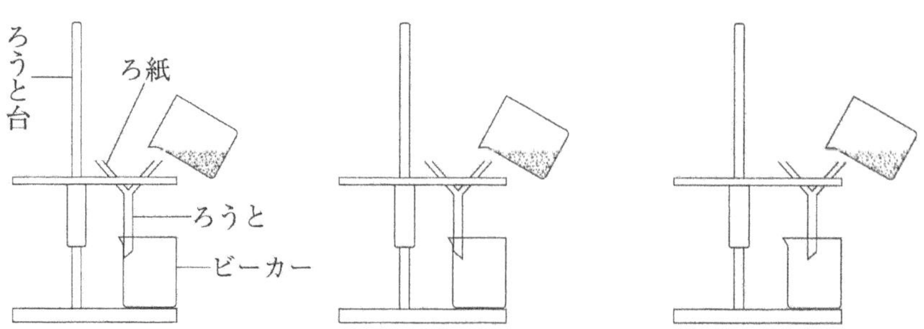

ア　　　　イ　　　　ウ

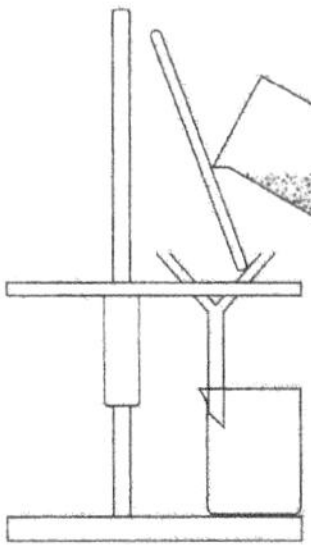

エ

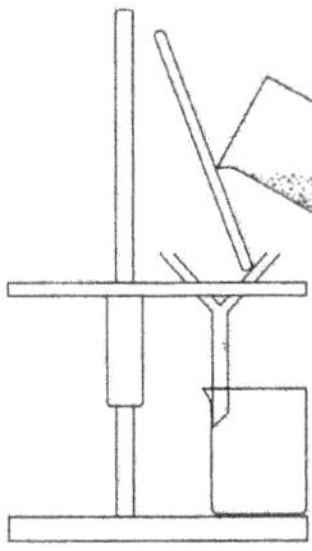

オ

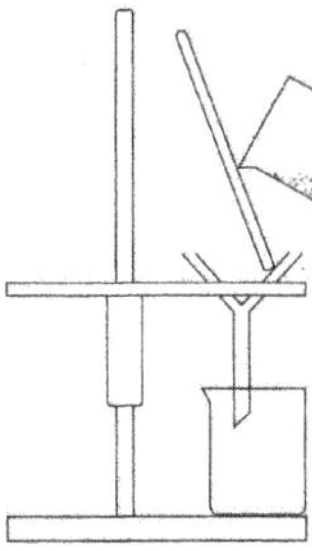

カ

〔Ｖ〕 次の文章を読んで，問いに答えなさい。

昨年の６月下旬《じゅん》～７月上旬にかけて，梅雨時にも関わらず，東京都心では９日間連続でa猛《もう》暑日となるなど，猛烈《れつ》な暑さに見舞《ま》われた。これは，日本上空に吹いている（　①　）風が北に蛇《だ》行した影響《えいきょう》でb太平洋高気圧が日本列島上空まで張り出し，c梅雨前線が押《お》し上げられたことが主な原因だと考えられている。群馬県伊勢崎《いせさき》市では40.2℃を記録するなど，特に厳しい暑さとなった関東内陸部は（　②　）現象の影響もあったとみられる。

また，７～８月には記録的な大雨が全国各地で降った。この記録的猛暑と大雨は，ペルー沖の太平洋の海面水温が例年よりも低くなる（　③　）現象の影響で，日本近海で海面水温が例年よりも（　④　）くなり，大量の水蒸気が発生して（　⑤　）雲が多く生まれる状態が続いていることが関係していたとみられる。（　⑤　）雲が次々と発生すると，同じ場所で長時間大雨を降らせる（　⑥　）帯も発生しやすくなる。

(1)（①）～（⑥）にあてはまることばを入れなさい。なお，（④）には，「高」，「低」のうちからあてはまることばを入れなさい。

(2) 下線部ａの猛暑日の説明として正しいものを選び，ア～カの記号で答えなさい。

ア　最高気温が25℃以上の日　　イ　最低気温が25℃以上の日

ウ　最高気温が30℃以上の日　　エ　最低気温が30℃以上の日

オ　最高気温が35℃以上の日　　カ　最低気温が35℃以上の日

(3) 下線部ｂの太平洋高気圧の説明として正しいものを選び，ア～ケの記号で答えなさい。

ア　暖かく，湿《しめ》った空気の集まりである。　イ　暖かく，乾《かわ》いた空気の集まりである。

ウ　冷たく，湿った空気の集まりである。　エ　冷たく，乾いた空気の集まりである。

オ　主に春に発達する。　カ　主に夏に発達する。

キ　主に秋に発達する。　ク　主に冬に発達する。

ケ　一年中発達する。

(4) 高気圧の説明として正しいものを選び，ア～カの記号で答えなさい。

ア　中心付近には上昇《しょう》気流がある。

イ　中心付近には下降気流がある。

ウ　北半球では時計回りに風が吹《ふ》き出す。

エ　北半球では時計回りに風が吹き込《こ》む。

オ　北半球では反時計回りに風が吹き出す。

カ　北半球では反時計回りに風が吹き込む。

(5)　下線部ｃの梅雨前線を天気図に表すときに最もよく用いられる記号を選び，ア～エの記号で答えなさい。

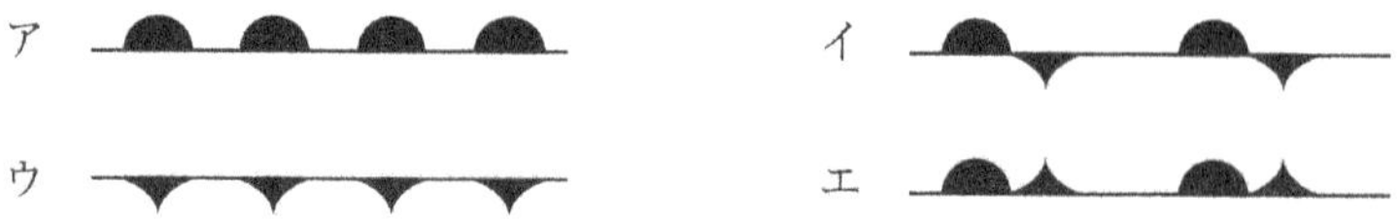

〔Ⅵ〕　水は，温度が変化すると，固体（氷），液体（水），気体（水蒸気）と状態を変えます。次のグラフは，氷に熱を加えていったときの，熱を加えた時間と温度の関係を表しています。グラフを見て，問いに答えなさい。

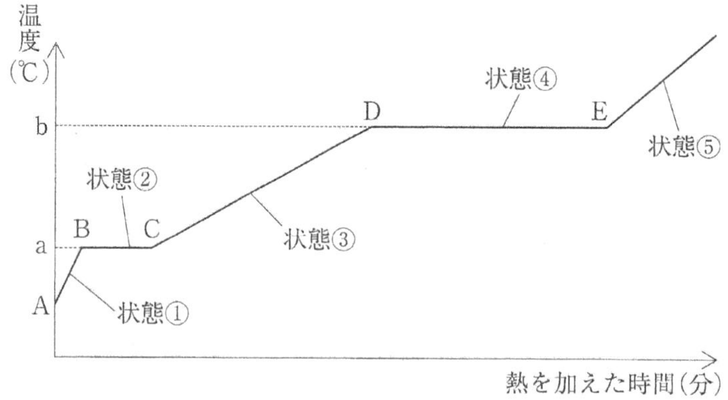

(1)　ａの温度は何℃ですか。

(2)　グラフのAB間とCD間とでは傾きが異なります。その理由として正しいものを選び，ア～エの記号で答えなさい。

ア　AB間はCD間より温度が低いから。

イ　AB間はCD間より体積が小さいから。

ウ　AB間はCD間より重さが小さいから。

エ　AB間はCD間よりあたたまりやすいから。

(3)　状態②として正しいものを選び，ア～オの記号で答えなさい。

ア　固体　　イ　液体　　ウ　気体　　エ　固体と液体　　オ　液体と気体

(4)　90℃の水120ｇに０℃の氷80ｇを入れてよくかき混ぜると何 ℃になりますか。かき混ぜることによる温度上昇はなく，熱は容器や空気中には逃《に》げないものとして答えなさい。ただし，１ｇの水の温度を１℃上げるのに必要な熱量を１カロリーといい，０℃の氷を０℃の水に変えるためには，１ｇあたり80カロリーの熱量が必要です。

(5)　気圧を一定に保ったまま温度を下げたところ，気体（水蒸気）が液体（水）に変化しました。これと同じ現象を表しているものを選び，ア～エの記号で答えなさい。

ア　標高の高いところに上ると雲ができる。

イ　氷水に食塩を入れると温度が下がる。

ウ　冬に外から室内へ入るとめがねがくもる。

エ　飲み物に氷を入れると冷たくなる。

〔Ⅶ〕 長さ35㎝の一様な棒に，５㎝間隔でａ～ｇの小さな穴をあけ，図１のように，この棒の中心ｄに糸を通して棒をつり下げました。それぞれの穴には，糸やばねをつるすことができます。この棒や，おもり，糸，ばね，滑《かっ》車等を用いて実験１～７を行いました。糸やばねの重さは無視できるほど軽く，滑車はなめらかに回るものとします。これらの実験について，問いに答えなさい。

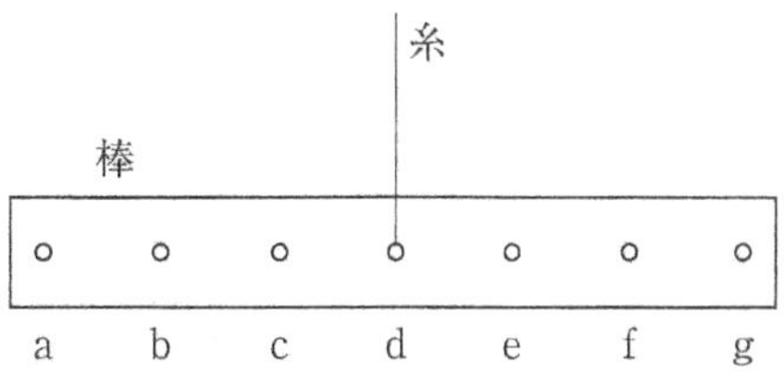

図１

【実験１】

図２のように，棒のｆの穴から100ｇのおもりを１個つるした。また，ａの穴から100ｇのおもりを１個つるして液体Ａの中に入れたところ，棒は水平になって静止した。

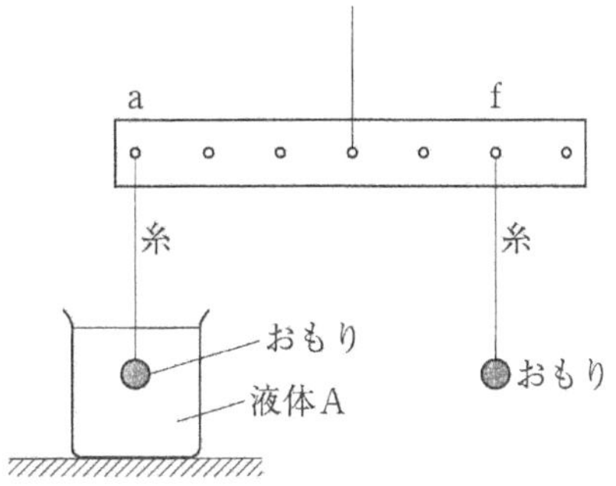

図２

【実験２】

図３のように，棒のｇの穴から100ｇのおもりを１個つるして液体Ａの中に入れた。また，ｃの穴から100ｇのおもりを何個かつるしていった。

(1) ｃの穴から100ｇのおもりを何個つるせば，棒が水平になって静止しますか。

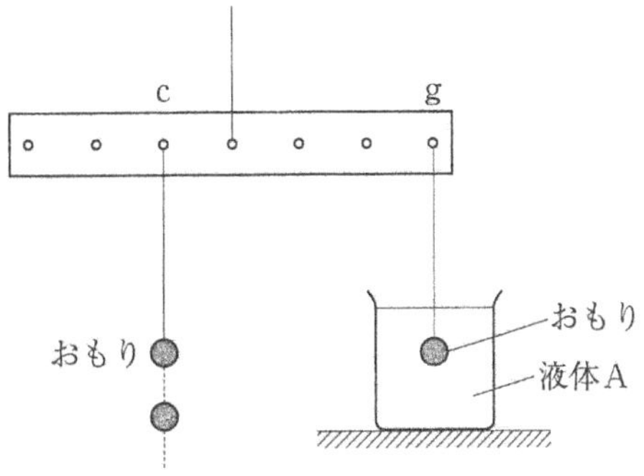

図３

【実験３】

図４のように，棒のｃの穴に糸を通し，2個の滑車を経て，100ｇのおもりを３個つるした。また，ｅの穴から100ｇのおもりを何個かつるしていった。

(2) ｅの穴から100ｇのおもりを何個つるせば，棒が水平になって静止しますか。

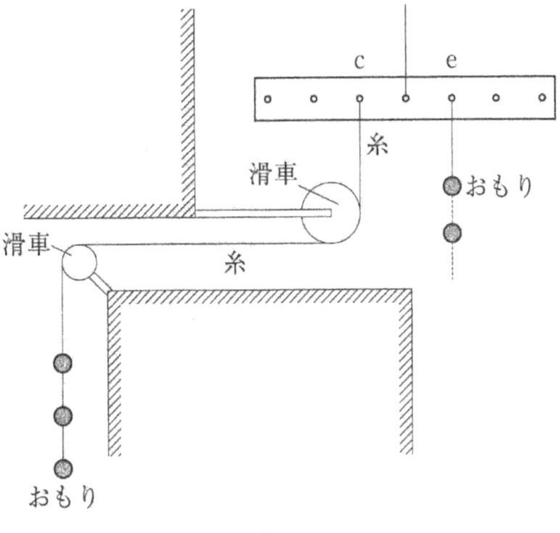

図４

【実験４】

天井に固定したばねＡ，Ｂにそれぞれ100ｇのおもりをつるしていき，つるしたおもりの個数とばねののびをまとめたところ，表のようになった。

100ｇのおもりの個数	1	2	3	4	・・・	10
ばねＡののび(cm)	1	2	3	4	・・・	10
ばねＢののび(cm)	1.5	3	4.5	6	・・・	15

表

【実験５】

図５のように，ばねＡの一端を壁に固定し，もう一方の先に糸をつけて滑車に通した。糸のもう一方の先にばねＢをつけ，ばねＢに重さのわからないおもりをつるしたところ，ばねＡは７㎝のびた。次に，図６のように，ばねＡとばねＢを入れ換え，同じ操作を行った。

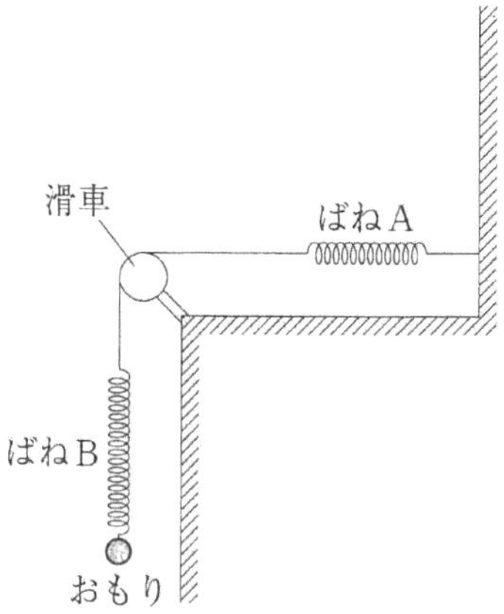

図５

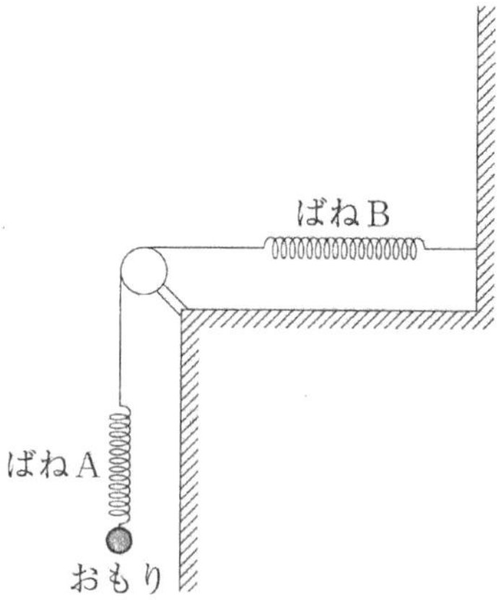

図６

⑶　図６では，ばねＡ，Ｂはそれぞれ何㎝のびますか。

【実験６】

図７のように，ばねＡの一端を壁に固定し，もう一方の先に糸をつけて３つの滑車に通した。糸のもう一方の先にばねＢをつけ，ばねＢに100ｇのおもりを３個つるした。

⑷　ばねＡ，Ｂはそれぞれ何㎝のびますか。

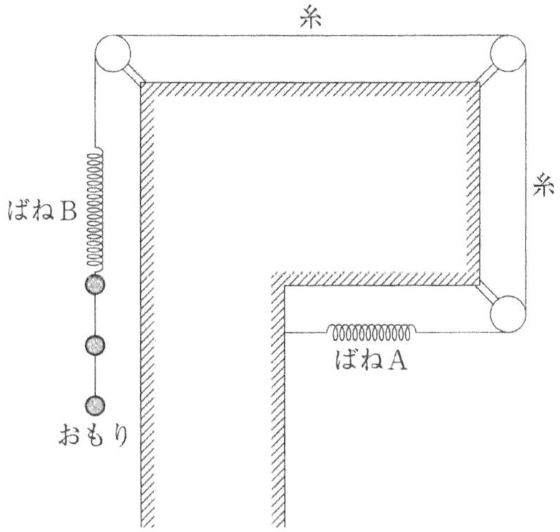

図７

【実験７】

図８のように，棒のａの穴にばねＡをつけ，ばねＡに100ｇのおもりを２個つるして液体Ｂの中に入れた。また，ｆの穴に糸を通し，２個の滑車を経て，糸の先にばねＢをつけた。ばねＢに100ｇのおもりと10ｇのおもりを何個かつるしたところ，棒は水平になって静止した。

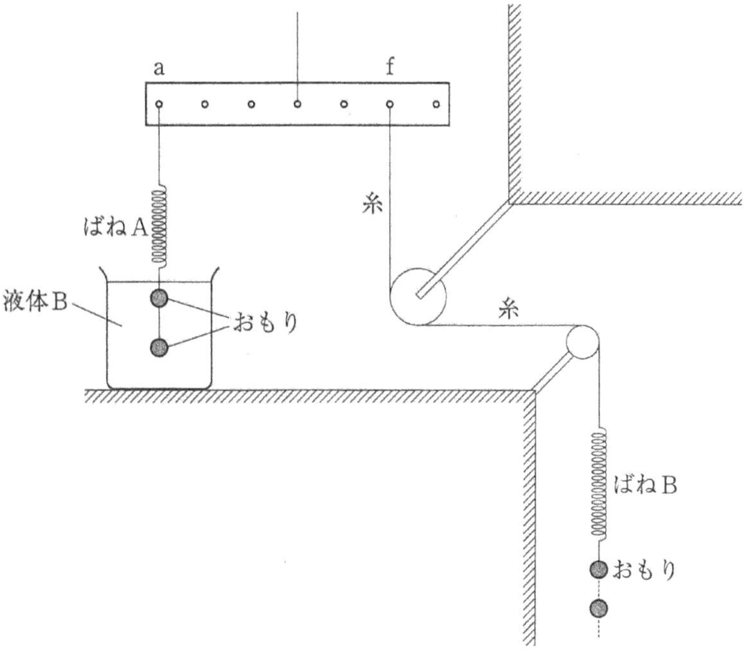

図８

(5) ばねＡののびは1.8㎝でした。ばねＢに100ｇと10ｇのおもりをそれぞれ何個つるせば，棒が水平になって静止しますか。ただし，ばねＢにつるすおもりの数の合計が最も少なくなる場合を答えなさい。

【社　会】（40分）　＜満点：75点＞

Ⅰ　次の図１は東日本の盆地を示したものです。この図を見て，以下の問いに答えなさい。

図１

1　前のページの**図１**中の①～⑩は盆地を表しています。次の表は，それぞれの盆地名，盆地を流れる河川，盆地にある市（一部）をまとめたものです。以下の問いに答えなさい。

	盆地名	盆地を流れる河川	盆地にある市(一部)
①	あ　盆地	か　川	旭川市
②	富良野盆地	空知川	富良野市
③	鷹巣盆地・大館盆地・花輪盆地	米代川	大館市・北秋田市
④	い　盆地	き　川	大仙市・湯沢市
⑤	う　盆地	く　川	盛岡市・花巻市
⑥	山形盆地	け　川	山形市・寒河江市
⑦	え　盆地	け　川	
⑧	福島盆地	こ　川	福島市
⑨	お　盆地・猪苗代盆地	阿賀川・只見川	
⑩	十日町盆地・六日町盆地	信濃川	十日町市

(1)　空らん あ ～ お に入る組み合わせとして正しいものを次の**ア～オ**の中から１つ選び，記号で答えなさい。

	あ	い	う	え	お
ア	夕張	秋田	盛岡	長井	郡山
イ	旭川	能代	花巻	新庄	阿武隈
ウ	上川	横手	北上	米沢	会津
エ	名寄	大曲	岩手	郡山	阿賀野
オ	北見	田沢	宮古	会津	只見

(2)　空らん か ～ こ に入る組み合わせとして正しいものを次の**ア～オ**の中から１つ選び，記号で答えなさい。

	あ	い	う	え	お
ア	忠別	最上	久慈	能代	北上
イ	岩見沢	阿武隈	名取	雄物	那珂
ウ	石狩	雄物	北上	最上	阿武隈
エ	十勝	北上	雄物	阿武隈	久慈
オ	千歳	能代	那珂	上杉	名取

2　次のページの雨温図は，前のページの**図１**中の④⑤⑩⑪⑬の盆地内にある観測地の雨温図です。５つの地点と雨温図の組み合わせとして正しいものをあとの**ア～オ**の中から１つ選び，記号で答えなさい。

A

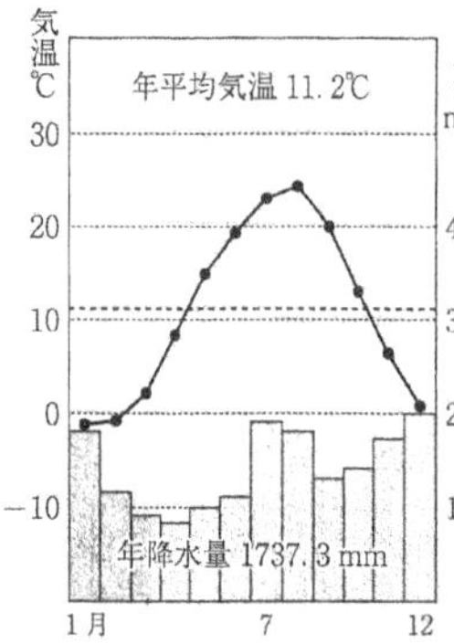

B

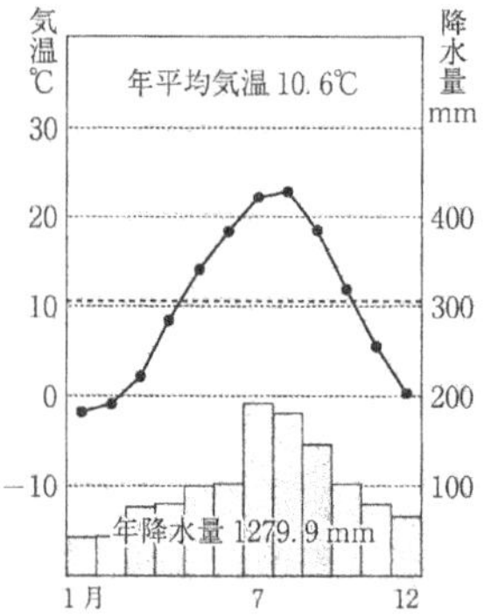

C

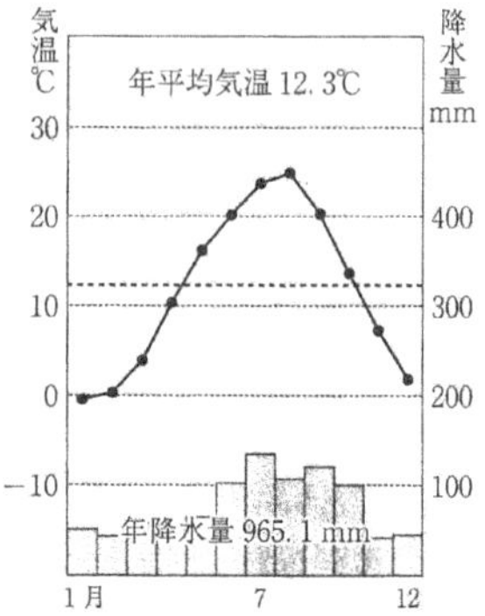

D

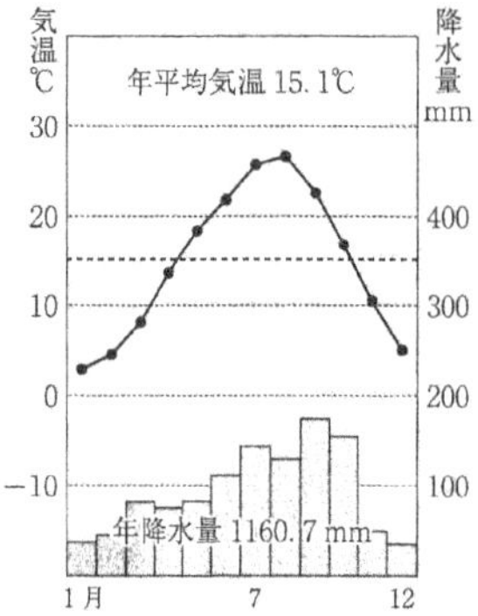

E

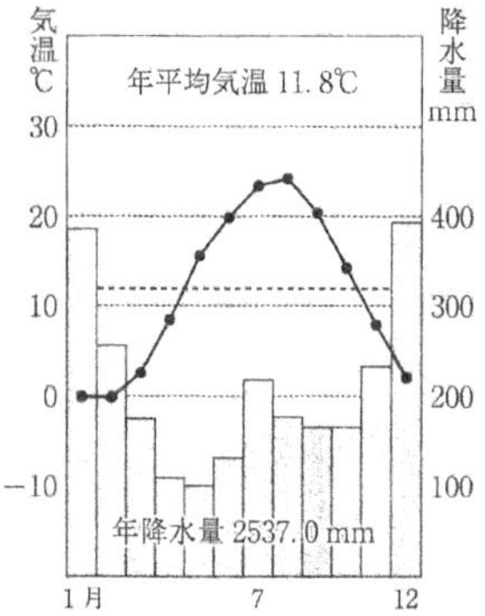

	④	⑤	⑩	⑪	⑬
ア	B	A	E	C	D
イ	A	B	E	C	D
ウ	E	B	A	D	C
エ	A	C	E	B	D
オ	E	D	A	B	C

3　44ページの**図１**中の①～⑩の盆地を流れる河川のうち，太平洋に流れ出るものをすべて選び，①～⑩の番号で答えなさい。なお番号の小さい方から順に答えること。

4　**図１**中の②の盆地は，北海道地方の中心に位置し，「北海道のヘソ」と呼ばれ，農業が盛んにおこなわれています。次の表は，北海道の生産量が１位となっている農産物に関する情報をまとめたものです。空らん［１］～［５］に入る組み合わせとして正しいものをあとの**ア**～**オ**の中から１つ選び，記号で答えなさい。

農産物名	全国生産量（トン）	北海道の生産量（トン）	北海道の全国比（%）	生産量２位以下の都府県 2位	3位	4位	5位
［１］	1,097,000	728,400	66.4	福岡県	佐賀県	愛知県	三重県
［２］	246,500	105,400	42.8	宮城県	秋田県	滋賀県	青森県
［３］	585,900	183,200	31.3	千葉県	徳島県	青森県	長崎県
［４］	2,205,000	1,733,000	78.6	鹿児島県	長崎県	茨城県	千葉県
［５］	7,592,061	4,265,600	56.2	栃木県	熊本県	岩手県	群馬県

［日本国勢図会 2022／23　80版より作成］

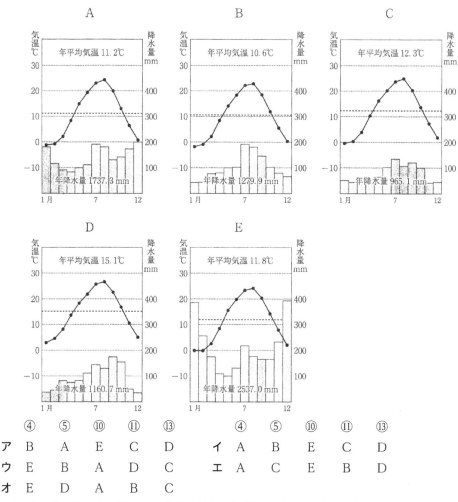

	[1]	[2]	[3]	[4]	[5]
ア	生乳	ニンジン	大豆	小麦	バレイショ
イ	小麦	大豆	ニンジン	バレイショ	生乳
ウ	バレイショ	大豆	ニンジン	生乳	小麦
エ	バレイショ	ニンジン	大豆	小麦	生乳
オ	小麦	大豆	ニンジン	生乳	バレイショ

5　次の表は，44ページの**図１**中に盆地がある道県のうち，北海道，秋田県，山形県，新潟県，長野県の工業についてまとめたものです。空らん [1] ～ [4] に入る組み合わせとして正しいものをあとの**ア**～**エ**の中から１つ選び，記号で答えなさい。

道県	製造品出荷額等(億円)	産業別製造品出荷額等(億円)			
		1位	2位	3位	4位
[1]	61,336	食料品 22,288	石油・石炭 7,872	鉄鋼業 3,967	パルプ・紙 3,880
秋田県	12,998	電子部品・回路 3,735	食料品 1,150	生産用機械器具 1,014	業務用機械器具 855
[2]	62,194	情報通信機械 10,879	電子部品・回路 7,385	生産用機械器具 7,073	食料品 5,916
[3]	28,679	電子部品・回路 5,008	食料品 3,309	情報通信機械 3,280	化学工業 2,680
[4]	50,113	食料品 8,185	化学工業 6,403	金属製品 5,748	生産用機械器具 4,260

［日本国勢図会 2022／23　80版より作成］

	[1]	[2]	[3]	[4]
ア	北海道	新潟県	長野県	山形県
イ	新潟県	山形県	北海道	長野県
ウ	新潟県	長野県	山形県	北海道
エ	北海道	長野県	山形県	新潟県

6　次のページの地図は，**図１**中の④⑩⑪⑫の盆地を通っている鉄道路線を表しています。**あ**～**え**が示している鉄道路線として正しいものを次の**ア**～**カ**の中からそれぞれ１つ選び，記号で答えなさい。

ア　中央本線　　**イ**　上越新幹線　　**ウ**　北陸新幹線

エ　奥羽本線　　**オ**　信越新幹線　　**カ**　東北本線

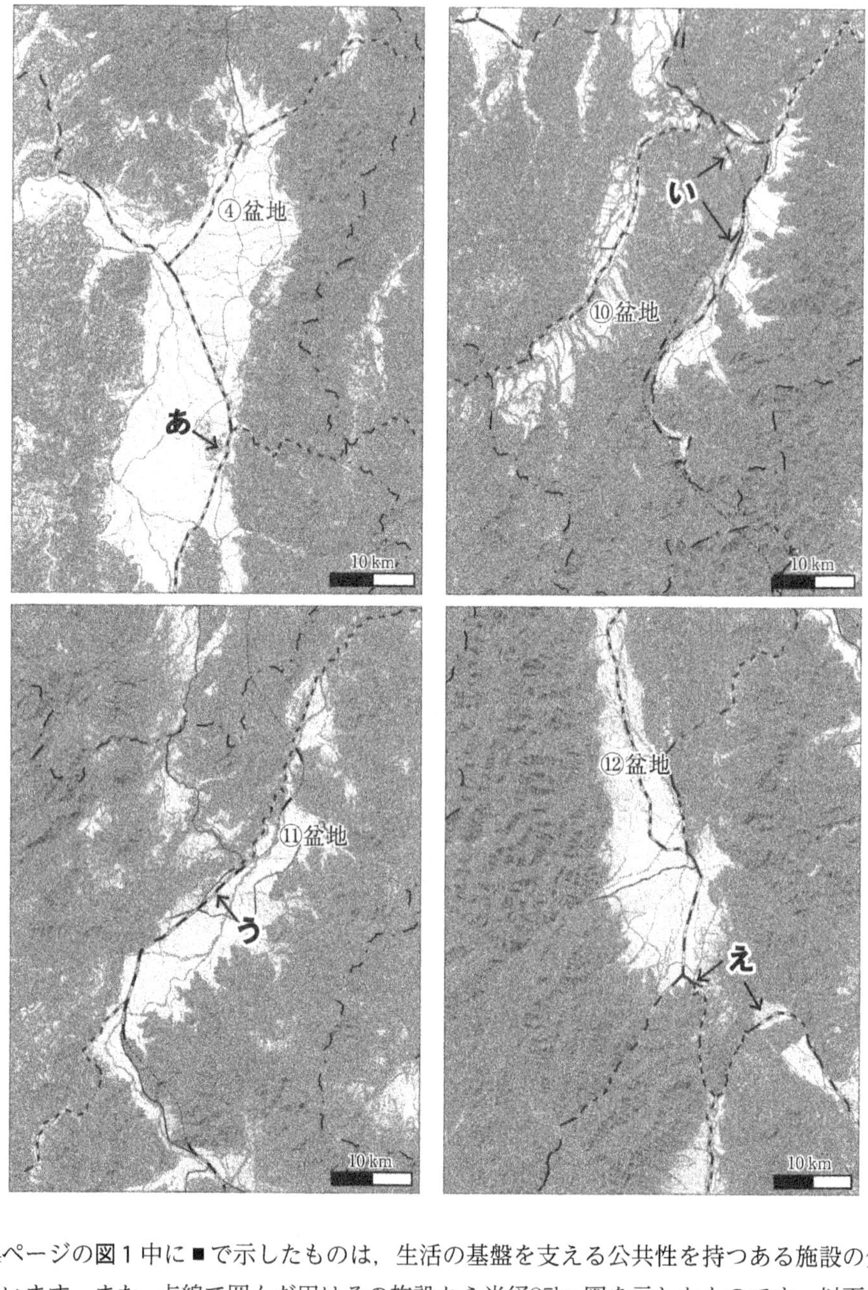

7　44ページの図１中に■で示したものは，生活の基盤を支える公共性を持つある施設の分布を示しています。また，点線で囲んだ円はその施設から半径25km圏を示したものです。以下の問いに答えなさい。

(1)　この施設の名称を答えなさい。

(2)　この施設とそれを囲んだ点線の範囲から読み取れる，施設の立地（建てられている場所）の特徴を説明しなさい。

8　次の地形図について，以下の問いに答えなさい。

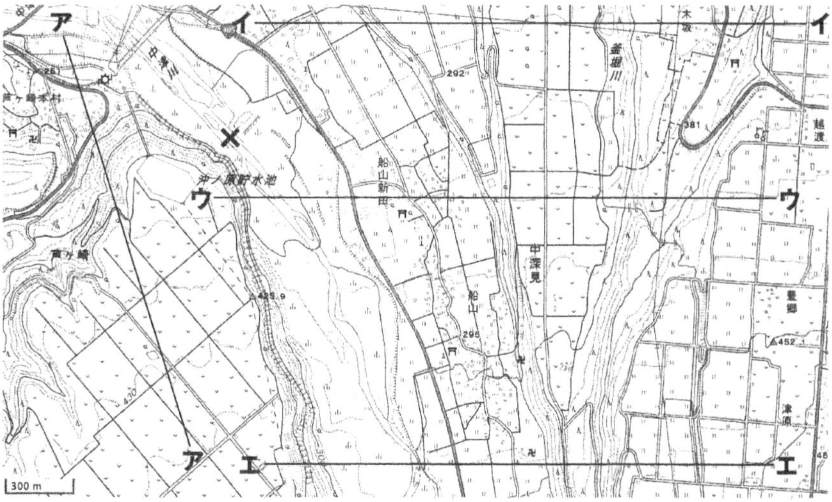

⑴　地形図中の×印の地点から見て，中津川が流れていく方向を八方位で答えなさい。

⑵　次の図は，地形図中の直線ア～直線エのいずれかの断面を表しています。断面として正しいものを地形図中のア～エの中から１つ選び，記号で答えなさい。

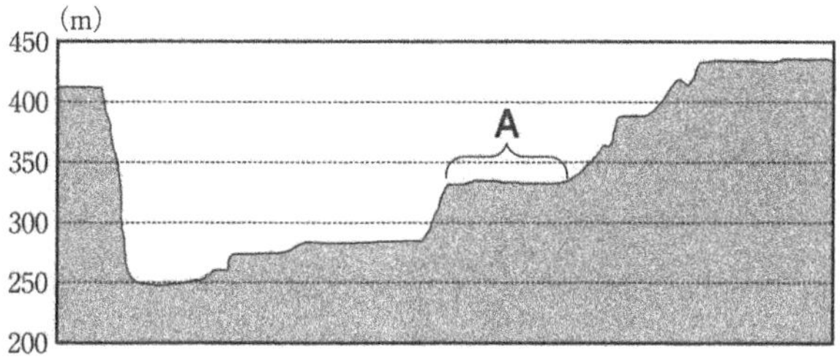

⑶　上の断面図の A の場所の土地利用を，地図記号から読み取り答えなさい。

Ⅱ　次の文章を読み，以下の問いに答えなさい。

旧制明治中学校は，1912年４月に開校しました。**表１**は，その４年後の1916年度の年間行事（明治中学校の『年表100年の歩み』より）の一部分を抜き出したものです。**表２**は，明治中学校の2022年度年間行事予定表の一部分を抜き出したものです。

表３は，**表２**の日付に起こった歴史的なできごとを『日本史「今日は何の日」事典』を参考にまとめたものです（明治５年（1872年）までは太陰太陽暦，同６年以降は太陽暦によります）。

（**表１**～**表３**は次のページにあります。）

1　（表３の）空らん あ ・ い に入る地震として正しいものを次のア～オの中からそれぞれ１つ選び，記号で答えなさい。

ア　関東地震（関東大震災）　　**イ**　熊本地震

ウ　新潟県中越地震　　**エ**　兵庫県南部地震（阪神・淡路大震災）

オ　東北地方太平洋沖地震（東日本大震災）

表１（1916 年度）

月	日	行事
４月	６日	入学式
	29 日	春季遠足
５月	２日	体格検査
	29 日	１・２年生 ①欧州大戦乱写真観覧
６月		
７月	30 日	終業式
９月		
10 月	21～23 日	５年生 修学旅行
	31 日	天長節祝賀式
11 月	３日	②立太子礼祝賀式
	22 日	４年生対３年生剣道試合
12 月	２日	４・５年生③発火演習
	24 日	終業式
１月	17 日	創立記念日につき休業
２月	11 日	④紀元節祝賀式
３月	14 日	第１回卒業生 72 名の氏名発表式

表２（2022 年度）

月	日	行事
４月	６日	入学式
	20 日	健康診断
５月	13 日	⑤生徒総会
６月	１～３日	中１林間学校
７月	20 日	終業式
９月	１日	始業式
	23～24 日	文化祭
10 月	27 日	体育祭
11 月	１日	創立記念祝日
	10 日	芸術祭
12 月	24 日	終業式
１月	10 日	始業式
	17 日	創立記念日
	25 日	スピーチ・コンテスト
２月		
３月	18 日	終業式
	19 日	第 76 回卒業式

表３

	日付	できごと
A	４月 20 日	⑥尚巴志が亡くなる
B	９月 １日	あ 発生
C	11 月 １日	⑦蘇我入鹿が山背大兄王らを襲う
D	11 月 10 日	⑧内務省を設置
E	12 月 24 日	奄美群島返還の日米協定調印
F	１月 10 日	⑨藤原頼長を内覧とする
G	１月 17 日	い 発生

2　下線部①についての記述として正しくないものを次の**ア**～**エ**の中から１つ選び，記号で答えなさい。

ア　1914年，日本は日英同盟を理由に連合国側で参戦した

イ　1915年，イタリアは連合国側で参戦した

ウ　1917年，アメリカは連合国側で参戦した

エ　1917年，フランスでは革命が起こった

3　下線部②に関して，立太子とは公式に皇太子を立てることです。この時に皇太子となった人物として正しいものを次の**ア**～**エ**の中から１つ選び，記号で答えなさい。

ア　睦仁（明治天皇）　**イ**　嘉仁（大正天皇）　**ウ**　裕仁（昭和天皇）　**エ**　明仁（現上皇）

4　下線部③についての写真として正しいものを次の**ア**～**エ**の中から１つ選び，記号で答えなさい。ただし，写真はすべて昭和時代に撮影されたものです。

ア

イ

ウ

エ

5　下線部④についての記述として正しくないものを次の**ア**～**エ**の中から１つ選び，記号で答えなさい。

ア　明治政府は，神武天皇即位の祝日と定めた

イ　1948年に日本国憲法の理念にふさわしくないものとして廃止された

ウ　現在は，「憲法記念日」として祝日になっている

エ　この日に，学校では校長の祝辞・生徒への訓示などが行われた

6　下線部⑥についての記述として正しくないものを次の**ア**～**エ**の中から１つ選び，記号で答えなさい。

ア　三山（北・中・南）を統一した

イ　首里城を整備した

ウ　那覇港を開いた

エ　宋との朝貢貿易を行った

7　下線部⑦に関連して，この人物の父である蘇我蝦夷が生きていた時代に創建された建造物として正しいものを次のページの**ア**～**エ**の中から１つ選び，記号で答えなさい。

ア

イ

ウ

エ

8　下線部⑧についての記述として正しいものを次の**ア**～**エ**の中から１つ選び，記号で答えなさい。

ア　勧業・警察・地方行政を中心に国内行政を総括した

イ　皇室事務を司った

ウ　司法行政を担当した

エ　宗教事務を統括した

9　下線部⑨は保元の乱で敗死した人物です。保元の乱についての記述として正しくないものを次の**ア**～**エ**の中から１つ選び，記号で答えなさい。

ア　崇徳上皇方と後白河天皇方とに分かれた

イ　平清盛は崇徳上皇方についた

ウ　源義朝は後白河天皇方についた

エ　崇徳上皇は破れ，讃岐に島流しとなった

10　50ページの**表３**のＡ，Ｃ，Ｄ，Ｅ，Ｆのできごとを時代の古い順に並べ，記号で答えなさい。

11　**表１**の年に，校歌が制定されました。この校歌の４番の歌詞は，次のようになっています。

世界に王たる日の本の	国民の基と身をなして
我等が校の名を掲げむ	我等が校の威を掲げむ

戦後，連合国軍総司令部（GHQ）はこの校歌を歌うことを禁止しました。その後，生徒たちの間で明治大学の校歌が歌われるようになり，現在はそれが明治中学校の校歌となっています。連合国軍総司令部（GHQ）が旧校歌を禁止した理由を説明しなさい。

12　50ページの**表１・２**を比較して，以下の問いに答えなさい。

⑴　明治大学の前身となる明治法律学校が創立された日付を答えなさい。

⑵　下線部⑤は**表１**には存在しませんが，**表２**には存在している行事です。日本では，民主主義の浸透《しんとう》をめざして各学校に生徒会が組織されました。生徒総会は，学校をよりよくするために生徒自身の手で行われる会議で，現在の明治中学校では全校生徒が参加しています。『年表100年の歩み』の中で生徒総会が初めて登場する年として正しいものを次の**ア**～**エ**の中から１つ選び，記号で答えなさい。

ア　1919年　　**イ**　1937年　　**ウ**　1951年　　**エ**　1989年

(3)　50ページの**表１・２**から読み取れることとして正しくないものを次の**ア**～**エ**の中から１つ選び，記号で答えなさい。

ア　1916年度も2022年度も，３学期制が採用されている

イ　1916年度の中学は第１学年から第４学年までの生徒が在籍していたが，2022年度は第１学年から第３学年までの生徒が在籍している

ウ　1916年度は体格検査が行われていたが，2022年度は健康診断が行われている

エ　学校行事として，1916年度は遠足が行われていたが，2022年度は体育祭，芸術祭，スピーチ・コンテストが行われている

(4)　明治高等学校・中学校は，1912年に開校した旧制明治中学校として始まり，2022年で110年の節目を迎えました。しかし，2022年度の中学卒業式は第76回となっています。第76回である理由を説明しなさい。

Ⅲ　次の文章をよく読み，以下の問いに答えなさい。

2022年の８月に①内閣改造が行われ，岸田首相は「我が国は国の内外で数十年に一度とも言える様々な課題に直面して」いるため，「経験と実力を兼ね備えた閣僚を起用」したと記者会見でその理由を説明しました。首相が列挙したように，昨年は「新型コロナ（ウイルス），②ウクライナ危機，台湾をめぐる米中関係の緊張，③国際的な物価高」といった課題が大きく報道されました。日本国内を注視してみても，ここに挙げられていない，未解決のままにされてきた様々な課題が山積しており，④第二次岸田内閣の閣僚ではそうした課題に対処するのが難しかったため，14人もの閣僚を「経験と実力を兼ね備えた」人に交代させたという見方もあります。通常，内閣改造を行うと内閣支持率が上昇しますが，新たな閣僚たちにも⑤「特定の宗教団体」やその関連団体と何らかの接点があったことが次々と明らかになり，国民の政治に対する不信感が高まったのか，支持率の上昇にはつながらなかったようです。

さて，内閣改造に先立つ７月に⑥参議院議員選挙が行われました。衆議院議員選挙のことを[あ]選挙と呼ぶのに対し，参議院議員選挙は[い]選挙と呼ばれ，３年ごとに半数ずつ改選されます。2018年に[う]が施行されてから３回目の国政選挙で，女性候補の割合は過去最高となりましたが，2025年までにその割合を35％にするという政府目標は未達成で，⑦政治における男女格差は大きな課題となっています。世界経済フォーラムという国際機関が発表する「ジェンダーギャップ指数」の順位でも日本は146か国中116位で，特に「政治」分野が順位を押し下げています。国会議員の男女比や閣僚の男女比などが原因とされており，問題解決のために諸外国のようなクォータ制の導入についても議論されています。しかし，これらの問題に対し，野党は比較的積極的ですが，与党には後ろ向きの議員が少なくないようです。性的少数者への差別をなくすことを目指した法案も，「差別禁止」という言葉を盛り込むことへの反対があり，「[え]増進」という言葉になりましたが，それでも与党の反対で国会に提出されませんでした。安倍元首相が会長を務め，与党議員の大多数が参加している議員連盟※の会合では，⑧同性愛を精神障害や依存症だとする考えの書かれた冊子が配られ問題視されました。第二次岸田改造内閣は，こうした課題にどのように向き合っていくのか，私たちも注視し続けなければならないでしょう。

※　特定の目的のために，政党の枠などを超えて活動する国会議員の自主的な集まり

1　空らん[あ]・[い]・[え]に入る適切な語句を答えなさい。

2　空らん [う] に入る法律に関連する説明として正しくないものを次の**ア**～**エ**の中から1つ選び，記号で答えなさい。

ア　この法律は議会選挙における男女の候補者数の均等を目指して制定された

イ　2021年の改正で，性的嫌がらせや妊娠・出産への差別防止が国に求められた

ウ　2021年の改正で，女性候補を増やす数値目標の設定を政党の義務にした

エ　2022年の参院選における与党の女性候補の割合は20%台にとどまった

3　下線部①について，特命担当大臣の1人は，今年の4月に発足する，ある「庁」を担当します。この「庁」の名称を答えなさい。

4　下線部②について，日本に影響したこととして正しくないものを次の**ア**～**エ**の中から1つ選び，記号で答えなさい。

ア　侵攻当初からウクライナからの避難民を正式な「難民」に認定し，受け入れた

イ　国会では，ロシア軍によるウクライナへの侵攻を非難する決議案が採択された

ウ　首相・閣僚・国会議員・国際政治学者などがロシアから入国禁止措置にされた

エ　ウクライナの地名を，ロシア語からウクライナ語の発音に近い表記に変更した

5　下線部③について，以下の問いに答えなさい。

(1)「ステルス値上げ」はどのようなことを表現した言葉か，正しいものを次の**ア**～**エ**の中から1つ選び，記号で答えなさい。

ア　似たような商品を値上げして，値上げしない商品を安く見せかけること

イ　商品の価格は変えずに，重量や内容量を減らして実質的に値上げすること

ウ　ひそかに値下げして，他社の商品の価格が高くなった印象を与えること

エ　消費者に気付かれないように，毎月ほんの少しずつ価格を引き上げること

(2)　物価高は国内や海外とのお金のやりとりにも影響を与えていると考えられています。次の文章の，[お] ～ [け] に入る言葉の正しい組み合わせをあとの**ア**～**カ**の中から1つ選び，記号で答えなさい。

> 銀行はお金を預けてくれた人に利息を払い，お金を借りた人からは利子を受け取ります。この割合を金利と言い，銀行は預金金利と貸出金利の差を利益とします。世界的に物価が上昇する中，長らく景気のよくない日本の金利は [お] い水準のままですが，物価高をおさえたいアメリカは「現金を使うよりも今は預金した方がよい」というメッセージを人々に送るため，金利を引き [か] げました。日米の金利を比べたときに，日本より金利の [き] いアメリカの銀行にドルで預金した方が得だと考えた人たちが，「円 [く] ドル [け] 」を進めたので，これも円安に進んだ要因の一つだと考えられています。

	お	か	き	く	け
ア	低	上	高	買い	売り
イ	高	上	高	売り	買い
ウ	低	上	低	売り	買い
エ	高	下	低	買い	売り
オ	低	上	高	売り	買い
カ	高	下	高	売り	買い

6　下線部④について，この中の経済産業大臣は新たに設置されたＧＸ担当大臣を兼任していますが，このＧＸとはどのような意味か，正しいものを次の**ア**～**エ**の中から１つ選び，記号で答えなさい。

ア　性差別の問題を解消し，男女共同参画社会の実現を促進すること

イ　デジタル技術を社会に浸透させ，人々の生活を大きく変えること

ウ　暗号資産（仮想通貨）を社会に普及させ，経済活動を活発にすること

エ　脱炭素社会への取り組みを通じて，社会構造を大きく変えること

7　下線部⑤について，「政教分離」という原則に関する以下の文の中で，正しくないものを次の**ア**～**エ**の中から１つ選び，記号で答えなさい。

ア　宗教団体は，自らを母体とする政治団体を作って政治活動をしてもよい

イ　那覇市が孔子廟《こうしびょう》に公園の土地を無償で提供したことが，最高裁で違憲となった

ウ　神社の祭に際し，地方自治体が公金を使い金品を納めることは憲法に違反する

エ　憲法は，全ての学校に対し特定の宗教の宗教教育や宗教的活動を禁止している

8　下線部⑥について，公職選挙法に定められた，現在の衆参両院の議員定数として正しいものを次の**ア**～**エ**の中から１つ選び，記号で答えなさい。

ア　衆議院500人・参議院252人　　**イ**　衆議院475人・参議院242人

ウ　衆議院480人・参議院247人　　**エ**　衆議院465人・参議院248人

9　下線部⑧について，これは世界保健機関という国連機関によって以前から否定されています。この国連機関のアルファベットの略称として正しいものを次の**ア**～**エ**の中から１つ選び，記号で答えなさい。

ア　WHO　　**イ**　UNICEF　　**ウ**　UNHCR　　**エ**　WTO

10　下線部⑦の中に出てくる「クォータ制度」とは「性別などを基準にし，一定の人数や比率を割り当てる」というものです。あなたはこの制度の導入についてどのように考えるか，以下の問いに答えなさい。

(1)　あなたは男子18名・女子18名の学級の一員だとします。今，修学旅行委員４名を決めようとしていますが，「男女２名ずつにすべきだ」という意見が出てきました。あなたは賛成か反対かの意見を求められています。どちらの立場をとるか，解答用紙に○をつけ，その理由を説明しなさい。

(2)　あなたの意見に反対する人たちからは，どのような反論が出てくると予想されますか。予想される反論を考えて答えなさい。

(3)　日本の選挙にクォータ制度を導入することを，あなたはどのように考えますか。導入に伴う社会全体への影響や課題に必ずふれ，本文中の内容や(1)・(2)の設問もふまえて説明しなさい。

二　次の１～10の文中の（カタカナ）を漢字で書きなさい。

1　水質を（ケンサ）する。
2　花の（シュルイ）が多い。
3　（ザイゲン）を確保する。
4　都の（チョウシャ）が建つ。
5　期限内に（ノウゼイ）する。
6　子どもを（カンビョウ）する。
7　（マイキョ）にいとまがない。
8　社会の（フウチョウ）を論じる。
9　道の小石を取り（ノゾ）く。
10　山頂から朝日を（オガ）む。

は、個としてあるのではなく、人とのつながりの中にある。かかわる相手との間にある。

一定不変の自分というのではなく、相手との関係にふさわしい自分がその都度【たび】生成するのだ。相手あっての自分であり、相手との関係に応じて自分の形を変えなければならない。だからこそ人のことが気になる。人の目が気になって仕方がないのだ。

（榎本博明《えのもとひろあき》『〈自分らしさ〉って何だろう？』より・一部改変）

問一　――部①「それ」、②「それ」、③「そんな意味」、⑥「それ」、⑪「そこ」の指示内容を、それぞれ答えなさい。

問二　本文からは次の一文が抜《ぬ》けています。どの形式段落の前に入れるのが適当ですか。その段落の初めの五字を答えなさい。

どちらも周囲の視線に応える方向に行動している。それほどにみんな他者の視線に縛られているのだ。

問三　文中の[1]、[6]にはそれぞれ体の一部を表す言葉が入ります。漢字一字で答えなさい。

問四　文中の[2]～[4]にあてはまる言葉を、次のア～オからそれぞれ選び、記号で答えなさい。ただし、同じ記号は二度使えません。

ア　否定的　　イ　歴史的
ウ　論理的　　エ　物理的
オ　内面的

問五　――部④「自分の姿を輝かせてくれる鏡」とは何をたとえたものか、簡潔に答えなさい。

問六　――部⑤「もうひとつの意味」とはどのような意味か、答えなさい。

問七　文中の[5]にあてはまる言葉を考えて、漢字二字で答えなさい。

問八　――部⑦「かつては勉強のできる子が一目置かれたり、スポーツの得意な子が憧れの対象になったりしたものだが、今人気なのは面白い子だ」とありますが、その理由を筆者はどう考えているか、答えなさい。

問九　――部⑧「恥ずかしいことはできないということだけで、社会の安寧秩序が保てる」とありますが、なぜですか。

問十　文中の[A]～[F]には、ア「自己」、イ「他者」のどちらかが入る。それぞれ記号で答えなさい。

問十一　――部⑨「それはけっして悪いことではない」と筆者が考えるのはなぜか、アメリカ人と日本人のコミュニケーションの違《ちが》いを明らかにしながら答えなさい。

問十二　文中の[7]にあてはまる言葉を、次のア～エから選び、記号で答えなさい。

ア　日常茶《さ》飯事　　イ　後の祭り
ウ　机《き》上の空論　　エ　寝《ね》耳に水

問十三　文中の[8]～[11]にあてはまる言葉を、次のア～カからそれぞれ選び、記号で答えなさい。ただし、同じ記号は二度使えません。

ア　でも　　イ　もちろん
ウ　なぜなら　　エ　だから
オ　ところで　　カ　たとえば

問十四　――部⑩「関係性としての自己を生きる」ことについて、本文全体をふまえて八十字以内で説明しなさい。

個を生きているのなら、自分の心の中をじっくり振《ふ》り返り、自分のしたいことをすればいいし、自分の言いたいことを言えばいい。相手が何を思い、何を感じているかは関係ない。自分が何を思い、何を感じているかが問題なのだ。自分の思うことを言う。自分が正しいと考えることを主張する。自分の要求をハッキリと伝える。それでいいわけで、じつにシンプルだ。

でも、関係性を生きるとなると、そんなふうにシンプルにはいかない。自分の意見を言う前に相手の意向をつかむ必要がある。気まずくならないようにすることが何よりも重要なので、遠慮のない自己主張は禁物だ。相手の意見や要求を汲み取り、それを自分の意見や要求に取り込みつつ、こちらの意向を主張しなければならない。

このように⑩関係性としての自己を生きる僕たち日本人は、たえず人の目を意識することになる。

関係性を生きる僕たちの自己のあり方は、「人間」という言葉にもあらわれている。

哲《てつ》学者の和辻哲郎《わつじてつろう》は、「人間」という言葉の成り立ちについて疑問を提起【なげかけて】している。「人」という言葉に「間」という言葉をわざわざ付けた「人間」という言葉が、なぜまた「人」と同じ意味になるのかというのだ（和辻哲郎『人間の学としての倫《りん》理学』岩波書店、一九三四年）。

「人」だけでもいいのに、なぜわざわざ「人間」というのか。なぜ「間」を付けても意味が変わらないのか。ふだん当たり前のように使っている「人間」という言葉だが、改めてそう言われてみると、たしかに妙《みょう》だ。

和辻によれば、辞書『言海《げんかい》』に、その事情が記されている。もともと人間という言葉は「よのなか」「世間」を意味していたのだそうだ。それが「俗《ぞく》に誤って人の意になった」。つまり、「人間」というのは、もともとは「人の間」、言い換《か》えれば「人間関係」を意味する言葉だったのに、誤って「人」の意味に使われるようになったのだという。

誤って使われたのだとしても、なぜまたそんな誤りが定着したのか。そこにこそ大きな意味があるのではないか。

和辻は、このような混同は他の言語ではみられないのではないかという。ドイツ語でもこんな混同はみられないし、中国語でも人間とはあくまでも世間を指し、人を指したりはしない。他の言語では「人」と「人間関係」がしっかりと区別されているのに、日本でのみ混同があるとすれば、⑪そこには日本的な「人」のとらえ方の特徴があらわれているはずだ。

ここからわかるのは、日本文化には、「人＝人間関係」というような見方が根づいているということだ。

和辻は、そこのところをつぎのように説明する。もし、「人」が人間関係とはまったく別ものとしてとらえられているのであれば、「人」と「人間関係」を明確に区別すべきだろう。それなのに、日本語では「人」と「人間関係」を区別せずに、「人間関係」や「よのなか」を意味する「人間」という言葉が「人」の意味で用いられるようになった。ここにこそ、日本的な「人」のあり方が示されている。

僕たち日本人にとって、「人間」は社会であるとともに個人なのだ。

このように、日本文化のもとで自己形成をした僕たちの自分というの親を喜ばせるため、あるいは親を悲しませないために勉強を頑張る、ピアノを頑張る。先生の期待を裏切らないためにきちんと役割を果たす。そんなところが多分にある。大人だって、監督《かんとく》のために何としても優勝したいなんて言ったりするし、優勝すると監督の期待に応えることができてホッとしていると言ったりする。

自分の中に息づいているだれかのために頑張るのだ。[10] 自分のためでもあるのだが、自分だけのためではない。

このような人の意向や期待を気にする日本的な心のあり方は、「他人の意向を気にするなんて自主性がない」とか「自分がない」などと批判されることがある。[11]、それは欧米的な価値観に染まった見方に過ぎない。

教育心理学者の東《あずま》洋《ひろし》は、日本人の他者志向を未熟とみなすのは欧米流であって、[D]との絆《きずな》を強化し、[E]との絆を自分の中に取り込んでいくのも、ひとつの発達の方向性とみなすべきではないかという（東洋『日本人のしつけと教育――発達の日米比較にもとづいて』東京大学出版会、一九九四年）。

そもそも欧米人と日本人では自己のあり方が違う。僕たち日本人が、率直な自己主張をぶつけ合って議論するよりも、だれも傷つけないように気をつかい、気まずくならないように配慮するのも、欧米人のように個を生きているのではなくて、関係性を生きているからだ。

心理学者のマーカスと北山忍《しのぶ》は、アメリカ的な独立的自己観と日本的な相互《ご》協調的自己観を対比させている。

独立的自己観では、個人の自己は他者や状況《きょう》といった社会的文脈から切り離《はな》され、そうしたものの影響《えいきょう》を受けない独自な存在とみなされる。そのため個人の行動は本人自身の意向によって決まると考える。

それに対して、相互協調的自己観では、個人の自己は他者や状況といった社会的文脈と強く結びついており、そうしたものの影響を強く受けるとみなされる。そのため個人の行動は他者との関係性や周囲の状況に大いに左右されると考える。

このような相互協調的自己観をもつ僕たち日本人は、個としての自己を生きているのではなく、関係性としての[F]を生きている。関係性としての[F]は、相手との関係に応じてさまざまに姿を変える。その場その場の関係性にふさわしい自分になる。相手との関係性によって言葉づかいまで違ってくる。欧米人のように相手との関係性に影響を受けない一定不変の自己などというものはない。

「だれが何と言おうと、私はこう考える」「僕はこう思う」と自分を押《お》し出していく欧米社会では視線恐怖《きょうふ》があまり見られないのに対して、自分を押し出すよりも相手の意向を汲み取ろうとする日本人の間には視線恐怖が多い。それは、僕たち日本人は、相手との関係性によって自分の出方を変えなければならないからだ。

相手がどう思っているかが気になる。こんなことを言ったら相手はどう感じるだろうかと気になる。それも、僕たちが関係性としての自己を生きているからだ。

僕たちの自己は、相手から独立したものではなく、相手との相互依《い》存に基《もと》づくものであり、間柄によって形を変える。僕たちの自己は、相手にとっての「あなた」の要素を取り込む必要がある。だから相手の意向が気になる。相手の視線が気になるのだ。

言える。人の目に映る自分の姿を想像することで、「そんなのはみっともない」「そんなこともできないのは恥ずかしい」というように自分の行動を律していく。

「自分がそうしたいからする」「自分がそうしたくないからしない」という自己中心的な行動の律し方をする文化と違って、人の目を意識する心をもつことで、法的裁きを厳しくしなくても社会の秩序が保たれてきたわけだ。人の目を気にするなんて主体性がないなどという日本文化への批判は、どうも的外れな気がする。自分中心の文化の弊《へい》害【悪いこと】のほうがはるかに大きいのではないだろうか。

自分の姿が人の目にどんなふうに映っているか。僕たちは、それをたえず意識して暮らしている。社会の秩序までもが人の目を意識した自己規制力によって保たれるほど、僕たち日本人は人の目に過敏《びん》な【感じ方が強い】心理構造をもっているのだ。

では、なぜ僕たち日本人は、それほどまでに人の目が気になってしょうがないのか。それには、恥を意識させるしつけが大いに関係しているわけだが、なぜそのようなしつけを行うのか、なぜ恥ということが重要になっているのかを考えていくと、関係性を生きる日本的 B の特徴に行き着く。

日本人は自己主張が苦手だと言われる。グローバル化の時代だし、もっと自己主張ができるようにならないといけないなどと言う人もいる。でも、日本人が自己主張が苦手なのには理由がある。そして、⑨それはけっして悪いことではない。

では、アメリカ人は堂々と自己主張ができるのに、僕たち日本人はなぜうまく自己主張ができないのか。

それは、そもそも日本人とアメリカ人では C のあり方が違っていて、コミュニケーションの法則がまったく違っているからだ。

アメリカ人にとって、コミュニケーションの最も重要な役割は、相手を説得し、自分の意見を通すことだ。お互《たが》いにそういうつもりでコミュニケーションをするため、遠慮《りょ》のない自己主張がぶつかり合う。お互いの意見がぶつかり合うのは 7 なため、まったく気にならない。

一方、日本人にとって、コミュニケーションの最も重要な役割は何だろう。相手を説得して自分の意見を通すことだろうか。そうではないだろう。僕たちは、自分の意見を通そうというより前に、相手はどうしたいんだろう、どんな考えなんだろうと、相手の意向を気にする。そして、できることなら相手の期待を裏切らないような方向に話をまとめたいと思う。意見が対立するようなことはできるだけ避《さ》けたい。そうでないと気まずい。

つまり、僕たち日本人にとっては、コミュニケーションの最も重要な役割は、お互いの気持ちを結びつけ、良好な場の雰《ふん》囲気を醸《かも》し出すことなのだ。強烈《れつ》な自己主張によって相手を説き伏《ふ》せることではない。

8 自己主張のスキル【技術】を磨《みが》かずに育つことになる。自己主張が苦手なのは当然なのだ。その代わりに相手の気持ちを察する共感性を磨いて育つため、相手の意向や気持ちを汲《く》み取ることができる。

相手の意向を汲み取って動くというのは、僕たち日本人の行動原理といってもいい。コミュニケーションの場面だけではない。 9 、何かを頑張るとき、ひたすら自分のためというのが欧《おう》米式だとすると、僕たち日本人は、だれかのためという思いがわりと大きい。

一人のときにはいろいろ不安も悩《なや》みもあるはずなのに、グループになるといつも面白おかしく笑っている。あたかも芸人たちのバラエティ番組さながら【そっくり】、天然キャラやツッコミキャラ、いじられキャラ、笑わせキャラ、辛口キャラ、おばかキャラなど、それぞれ自分の役割を演じつつ楽しい場をつくっている。それによって所属の欲求や承認の欲求を満たしている。

それでも、ときに自分のキャラに息苦しさを感じることもある。グループの中での自分のイメージを意識し、周囲の期待を裏切らないために、かなり無理をしている部分があることに気づく。

それほどまでに人の目の拘《こう》束【自由をうばう】力は強い。それは、だれもが何としても周囲から認められたいからだといえる。

日本は恥の文化の国だと言われるが、「恥《は》ずかしい」とか「みっともない」というのは、僕たちにとってとても馴染《なじ》みのある感覚だ。

作家の司馬遼太郎《しばりょうたろう》は、日本文化研究者ドナルド・キーンとの対談で、日本社会に秩《ちつ》序があり、犯罪が少ないのは、「恥ずかしいことはするな」という意識があるからだと指摘《てき》する（司馬遼太郎、ドナルド・キーン『日本人と日本文化』中公新書、一九七二年）。

たとえば、戦場で敵に後ろを見せるのは恥ずかしいことで、カッコ悪いから逃《に》げない。鎌《かま》倉時代の武士にも、すでにカッコ悪いという感覚はあった。それは、モラル【道徳】ではなく美意識だ。美意識だけで社会の秩序【決まり】が保たれてきた国は日本だけなのではないかという。今でも犯罪が少ないが、それは犯罪がカッコ悪いからだ。親父《おやじ》の[6]は潰《つぶ》れるし、自分も友だちに[6]向けできないというだけで罪を犯さない。

⑧恥ずかしいことはできないということだけで、社会の安寧《ねい》【おだやか】秩序が保てる。その程度のことだけで安寧秩序が保てる社会というのは不思議だと司馬は言う。

「世間の目を気にする」とか「世間体《てい》を気にする」などと言うと、否定的に受け取られがちだが、「恥ずかしい」とか「みっともない」という思いは、法的に裁かれるかどうかに関係なく、自分を正しい行いに導く力になっている。

そんなことをするのはみっともない。罰《ばっ》せられるのが嫌《いや》だからしないというのではなく、みっともないからしない。法的には罰せられることがなくても、みっともないからしない。それは、法的に裁かれるからしないというよりも、むしろ自律的【自分で決めた】な自己規制力といえないだろうか。

日本の精神文化を世界に伝えたいという意図で、『武士道』を英文で出版した新渡戸稲造《にとべいなぞう》は、日本人にとってとくに重要なのは名誉《よ》の感覚だという。

日本人にとっては、名誉を汚《けが》されることが最も大きな恥となる。恥を知る心は、少年の教育において中心的な位置を占《し》める。「笑われるぞ」「恥ずかしくないか」といった言葉が、正しい行いを促《うなが》す【すすめる】ときの最後の警告として使われる。このように新渡戸は、恥の意識によって名誉ある行動が導かれるとみなしている。

みっともない。恥ずかしい。それは、日本人ならだれでもしょっちゅう感じる、非常に身近な感覚のはずだ。そうした感覚によって自分の行動をコントロールする。これは、じつは[A]中心の行動の律し方と悪い成績を取っても、それは言ってみれば、みんなの期待通りなわけだから、試験勉強なんかにはなかなか集中できないし、ちょっとでも体調が悪いと感じたら簡単にさぼってしまう。

　ピグマリオン効果というのがある。これは、期待をかけることによって生徒の学力が伸《の》びる現象をさすものだ。

　心理学者が小学校に行き、生徒たちに知能テストを実施《し》したあと、クラスの担任に成績上位者のリストを渡《わた》し、この子たちは今後伸びるだろうと伝える。すると、その後、ほんとうにそのリストの生徒たちは他の生徒たちよりも学力が伸びた。

⑥それは知能が高いんだから当然だと思うかもしれないが、じつはそうではないのだ。そこにはからくりがあった。その成績上位者の生徒名は、でたらめにリストアップされたものだったのだ。それにもかかわらず、リストにあった生徒たちの学力が伸びた。

　なぜか。それは担任の先生が期待したからだ。その期待の視線を生徒が感じ取ったからだ。その結果、リストにあった生徒たちは、期待に応えようと必死になって頑張ったため、ほんとうに成績が伸びたのだった。

　周囲からどんな視線を投げかけられているか。それによって僕たちの行動は大いに縛《しば》られていることがわかる。

　僕たちは、どうしてそれほどに人の視線に縛られるのか。そこには、人から認められたいという欲求が関係している。

　心理学者マズローは、人間のもつ基本的欲求を四つあげている。生理的【身体的】欲求、安全の欲求、愛と所属の欲求、承認と自尊【自分を大切にすること】の欲求の四つだ。

　戦時中のような食糧《りょう》の確保も身の安全の確保も困難な時代と違《ちが》って、今の日本では生理的欲求と安全の欲求はほぼ満たされているといってよいだろう。そこで、現代人にとっては、愛と所属の欲求や承認と自尊の欲求をどうやって満たすかが重要な課題となる。

　仲間がほしい。仲間に入れてほしい。グループに所属したい。そのためにも気の合う仲間として認めてほしい。仲間になるにふさわしいと評価してほしい。このように所属の欲求と承認の欲求は複雑に絡《から》み合っている。

　人の目が気になって仕方がないのも、心の中に強い所属の欲求と承認の欲求を抱《かか》えているからといえる。仲間として認められれば、所属の欲求も承認の欲求もともに満たされる。

　自分のキャラが窮《きゅう》屈に感じるという声を聞くことがある。とくに今は仲間の笑いを誘《さそ》うキャラが人気だが、本人はそのキャラを窮屈に感じていたりする。

　⑦かつては勉強のできる子が一目置かれたり、スポーツの得意な子が憧《あこが》れの対象になったりしたものだが、今人気なのは面白い子だ。みんなを楽しませ、笑いが取れる子だ。こうした変化には、承認欲求の満たしやすさや心の傷つきやすさが関係しているのではないだろうか。

　勉強で認められるのも、スポーツで認められるのも、それなりの能力や努力が必要だし、仲間同士の能力の優劣《れつ》があからさまになるため、傷つきやすい今の若い世代には敬遠されがち【さけられがち】だ。それに比べて、キャラに則《のっと》って【したがって】面白さを演じる方が容易に承認が得られやすい。優劣で傷つくこともない。

でも、ここでは⑤もうひとつの意味を考えてみたい。

だれでも自分についてのイメージをもっている。

「自分は何があっても前向きで、笑顔で頑張《がん》っていけるタイプの人間だ」という自己イメージをもっている人もいる。「自分は神経質で、慎《しん》重なのは良いかもしれないが、どうも細かなことにとらわれすぎる」という自己イメージをもつ人もいる。「自分は人の気持ちがよくわかるやさしい性格だ」という自己イメージをもつ人もいる。

では、そうした自己イメージは、どのようにしてつくられたのか。

生まれつきもっていたなどということはあり得ない話だ。赤ちゃんが、「自分は粘《ねば》り強い性格だ」とか「自分はやさしい子だ」といった自己イメージをもっているなど、とても想像することはできない。自己イメージは、小さい頃《ころ》からの［5］の積み重ねによって、徐々《じょじょ》につくられてきたもののはずだ。

では、どんな［5］が大きいのか。このように突《つ》き詰《つ》めていくと、自己は他者であるということのもうひとつの意味が見えてくる。

周囲の大人から「いつも笑顔で明るい子ね」と言われたり、学校の先生から「君は頑張りやだな」と言われたり、友だちから「お前は何があってもへこたれないな。その前向きな思考が羨《うらや》ましいよ」と言われたりする［5］が積み重ねられることで、「自分は何があっても前向きで、笑顔で頑張っていけるタイプの人間だ」といった自己イメージがつくられる。

親から「あんたはホントに神経質なんだから」と言われたり、先生から「慎重な性格なんだね」と言われたり、友だちから「細かいことにとらわれすぎじゃないのか」と言われたりする［5］が積み重ねられることで、「自分は神経質で、慎重なのは良いかもしれないが、どうも細かなことにとらわれすぎる」という自己イメージがつくられる。

親から「○○ちゃんのお母さんがやさしい子だって言ってたよ」と言われたり、先生から「人の気持ちがよくわかるんだね」と言われたり、友だちから「いつもやさしくしてくれてありがとう」と言われたりする［5］が積み重ねられることで、「自分は人の気持ちがよくわかるやさしい性格だ」という自己イメージがつくられる。

こうしてみると、僕たちの自己イメージは、いろいろな他者がこちらに抱《いだ》くイメージによってつくられていることがわかる。人から言われた言葉や人から示された態度をもとに自己イメージがつくられている。

つまり、僕たちが自分に対してもつイメージは、もともとは他者がこちらに対して抱いていたイメージなのだ。そのような意味で、自己は他者であるということになるわけだ。

人の視線というのは、とても大きな力をもっている。僕たちは、人の視線をなかなか裏切ることができない。

先生からもクラスの仲間たちからも優等生と見られていると、授業中みっともない姿をさらすわけにはいかないというプレッシャーがかかり、しっかり予習をしていくことになる。試験でも悪い成績を取るわけにはいかないため、試験勉強には全力で取り組む。多少熱っぽくて身体《からだ》がだるくても、根性で集中しようとする。

一方、先生からもクラスの仲間たちからも勉強のできない劣《れっ》等生と見られていると、授業中に質問に答えられなくても、バカな発言をしても、期待を裏切ることにはならないため、予習などやる必要がない。試験で分の人柄《がら》や能力といった［ 2 ］な特徴《ちょう》を知ることができない。他者の反応によって、自分の人柄や能力がどのように評価されているかがわかり、自分の態度や発言が適切だったかどうかを知ることができる。

鏡映自己という言い方には、③そんな意味が込《こ》められている。僕たちの自己は、他者の目を鏡として映し出されたものだというわけだ。

自分を知るヒントとなる他者との比較の結果も、他者の目という鏡に映し出されていることが少なくない。その意味では、僕たちの自己が他者の目に映し出されたものだというのは正しいと言ってよいだろう。

さらにクーリーは、他者の目に自分がどのように映っているかを知ることによって、誇《ほこ》りとか屈辱《くつじょく》【恥《はじ》をかかされること】のような感情が生じるという。

人から好意的に見られていることがわかれば、とても嬉《うれ》しいし、自信にもなる。能力や人柄を高く評価してくれていると知れば、誇らしい気持ちになる。反対に、［ 3 ］に見られていることがわかると、ガッカリして気持ちが落ち込み、自信がなくなる。

僕たちが、ともすると気の合う仲間同士、価値観や性格の合う者同士でまとまりがちなのも、周囲の人の目に映る自分の姿が肯《こう》定的な【積極的に認められる】ほど嬉しいし、力が湧《わ》いてくるからだ。④自分の姿を輝《かがや》かせてくれる鏡がほしい。それは、だれもが密《ひそ》かに望んでいることのはずだ。

ただし、嬉しいとか、落ち込むとか、感情的に反応するだけでなく、どこが評価されたんだろう、どんな点がダメなんだろうと認知的に反応できる人は、たとえ否定的評価を受けていることがわかっても、今後の改善に活《い》かすことができる。ここでいう認知的反応とは、感情的に反応するのではなく、頭で反応すること、［ 4 ］に反応することを指す。

その意味では、自分を輝かせてくれる鏡としての他者だけでなく、ときにみすぼらしい自分やイヤな自分を映し出してくれる辛口《から》の他者、価値観や性格の異なる他者とのつきあいも大切だ。そういう他者との出会いが、自分に対する気づきを与《あた》えてくれ、自分の成長のきっかけになることもある。

自己とは他者である。

この言葉から、どんなことをイメージするだろうか。

人から余計なお節介《かい》で鬱陶《うっとう》しい【うるさい】アドバイスをされたりすると、「自分のことは自分が一番よく知っているから、ほっといてくれ」と言いたくなる。人にはこちらの気持ちなんかわからない。自分のことは自分にしかわからない。そう思うことがある。

でも、そう思って自分と向き合い、自分自身をとらえようとすると、これがけっこうくせ者【注意が必要なもの】だとわかる。どうもよくつかめない。人のことはよく見えるのに、自分のことがよく見えなかったりするのだ。

近すぎてわからないのか、「なんであんなことを言ってしまったんだろう」「自分は、ほんとうはどうしたいんだろう」「なんでこんなにムシャクシャするんだろう」と、わからないことだらけ。そんなことになりがちだ。

そうしてみると、一番身近であるはずの自分か、じつはとても遠い存在なのかもしれない。そのような意味で、自己とは他者であるというのではないか。それも一理ある。

【国　語】〈五〇分〉〈満点：一〇〇点〉

【注意】字数制限のある問題については句読点・記号を字数に含《ふく》めること。

一　次の文章を読んで、あとの問いに答えなさい。ただし、【　】は語句の意味で、解答の字数に含めないものとします。

人の目なんか気にするな、自分を信じて、自分のやりたいようにやればいい、などと言う人がいる。たしかにそれは正論かもしれない。人の目ばかり気にしていてもしょうがない。それはわかるんだけど、どうしても人の目を気にしてしまう。そんな人が多いはずだ。

①それは当然だ。だれだって人の目は気になる。気にならないわけがない。周りの人の目に自分がどう映っているか。それは、だれにとっても大きな関心事だ。

とくに友だちからどう見られているかは最大の関心事と言ってよいだろう。

いつもこっちに気づくと笑顔で挨拶《あいさつ》してくる友だちが無表情で通り過ぎると、「気づかなかったのかな」と思いつつも、「もしかして、怒《おこ》らせるようなことを何か言ったかなあ」と気になって仕方がない。

軽い気持ちでからかうような冗《じょう》談を言ったとき、友だちがちょっとムッとした様子を見せたりすると、「うっかり傷つけちゃったかな、まずいなあ」と気になってしょうがない。

このように、僕《ぼく》たちは、日常のあらゆる場面で、相手からどう思われているかを気にする習性を身につけている。

どうしてそんなに人の目が気になるのか。それは、人の目が自分の姿を映し出してくれる鏡だからだ。

だれでも自分を知りたい。そして、自分を知るヒントは、人との比較《かく》によって得られる。自分を知るためのもうひとつのヒントをくれるのが人の目だ。

人の目は、言ってみれば、モニターカメラのようなもの。自分の姿が客観的にどのように見えるのか。それを教えてくれるのが人の目だ。

あの人からどう思われているんだろう。もっと仲良くなりたいんだけど、好意的に見てくれてるかな。嫌《きら》われてたらショックだな。

グループの仲間たちからどう思われているんだろう。最近個人的にちょっといろいろあって、つきあいが悪くなっちゃってたけど、大丈《じょう》夫かな。

部活の仲間は、信頼《らい》してくれているだろうか。あまり［1］を割って話すこともないんだけど、この前の試合でミスをしてしまったし、足手まといだとか思われてないだろうか。

そんなふうに、だれでも始終《じゅう》人の目を気にしているものだ。人の目は気になって当然なのだ。

社会学者クーリーは、自己というのは社会的なかかわりによって支えられており、それは他者の目に映ったものだから、「鏡映自己」と呼ぶことができるという。

自分の顔を直接自分で見ることはできない。鏡に映すことで初めて見ることができる。鏡がなければ、自分がどんな顔をしているのかを知ることはできない。

②それと同じで、他者の目という鏡に映し出されない限り、僕たちは自

MEMO

大切なことはメモしておこうネ！

第1回

2023年度

解　答　と　解　説

《2023年度の配点は解答欄に掲載してあります。》

＜算数解答＞

1　(1)　$1\frac{1}{4}$　(2)　40　(3)　63　(4)　(ア)　19　(イ)　11　(5)　$97\frac{1}{3}$

2　(1)　14分24秒　(2)　7分36秒

3　(1)　35%　(2)　18個　(3)　34個

4　(1)　45人　(2)　48秒

5　(1)　40.82cm^2　(2)　31.18cm^2　(3)　解説参照

○配点○

1　各7点×5　2　各8点×2　3　(3)　5点　他　各6点×2　4　各8点×2

5　(3)　6点　他　各5点×2　計100点

＜算数解説＞

1　**(四則混合逆算，売買算，通過算，濃度，平面図形・面積)**

基本　(1)　計算の順番を考え計算できるところは計算してから逆にたどる。分数のわり算は逆数をかけ算する。③$4\frac{1}{2}-\frac{3}{2}=\frac{9}{2}-\frac{3}{2}=\frac{6}{2}=3$，⑤$3\div5=0.6$，⑥$\square-0.6=3$，$\square=3+0.6=3.6$，④$\square\div1\frac{2}{3}=3.6$，$\square=3.6\times1\frac{2}{3}=\frac{18}{5}\times\frac{5}{3}=6$，②$2\frac{7}{8}+\square=6$，$\square=6-2\frac{7}{8}=3\frac{1}{8}$，①$\square\times2\frac{1}{2}=3\frac{1}{8}$，$\square=\frac{25}{8}\div\frac{5}{2}=\frac{25}{8}\times\frac{2}{5}=\frac{5}{4}=1\frac{1}{4}$

重要　(2)　100円のボールペンの半数を100－80＝20(円)値下げしたので売り上げが200円少なくなったので，100円のボールペンの半数は200÷20＝10(本)，60円と80円のボールペンはあわせて75－10×2＝55(本)，売り上げは5400－100×10－80×10＝3600(円)，よって60円のボールペンは(80×55－3600)÷(80－60)＝800÷20＝40(本)

重要　(3)　1回目と2回目の速さの比は1：1.1＝10：11，同じ距離を進むので，時間の比は逆比になる。通過にかかる時間は11：10，11－10＝1，1あたり5秒なので，1回目にかかった時間は5×11＝55(秒)，(960＋2.5)÷55＝17.5(m/秒)，17.5×3.6＝63(km/時)

(4)　カップの量の比は，大×3＝中×5，中×2＝小×3より，大：中＝5：3，中：小＝3：2，よって，大：中：小＝⑤：③：②，Aの食塩水の量は⑤＋③×2＝⑪，Bの食塩水の量は③×3＋②×5＝⑲，Aの濃度をA，Bの濃度をBとすると，食塩の量が同じということは，A×⑪＝B×⑲という式で表すことができる。つまり濃度の比は食塩水の量の逆比19：11になる。よって求める答えは，(ア)　19　(イ)　11である。

重要　(5)　AD，BE，CFを結び，交点をOとする。三角形GBCの面積は三角形GBOと等しくなる。$144\div6\times\frac{7}{5+7}=14$，ABの長さを⑫とすると，FHは⑫$\times\frac{2}{1+2}=$⑧，辺ABと辺EFを延長して交わる点をIとすると，三角形GHIの面積は三角形BEIの$\frac{5+12}{24}\times\frac{8+12}{24}$倍になる。三角形BEIの面積は

$144\times\frac{4}{6}=96$なので，三角形GHIの面積は$96\times\frac{17}{24}\times\frac{20}{24}=\frac{170}{3}=56\frac{2}{3}$，四角形AGHIは$56\frac{2}{3}-24=32\frac{2}{3}$，よって斜線部分の面積は$144-14-32\frac{2}{3}=97\frac{1}{3}$$(\text{cm}^2)$

2 (流水算)

重要 (1) 川の流れの速さを②，静水時の速さを⑦とすると，上りの速さ⑦－②＝⑤，A地点からB地点の距離はB地点からC地点の2倍なので，②×18×2，よって上りにかかった時間は②×18×2÷⑤＝14.4，0.4分×60＝24秒

(2) 下りの速さは⑦＋②＝⑨，C地点からA地点の距離はB地点からC地点までの距離と等しい。②×18÷⑨＝4，18分＋4分－14分24秒＝7分36秒

3 (売買算)

基本 (1) 見込んでいた利益の78.4％が24696円なので，見込んでいた利益は24696÷0.784＝31500，1個あたりの利益は31500÷100＝315，315÷900×100＝35(％)

重要 (2) 定価は900＋315＝1215，定価の20％引きの売値は1215×(1－0.2)＝972(円)，売り上げ総額は24696＋900×100＝114696(円)，もし98個全部定価で売れていれば，1215×98＝119070(円)，実際の売り上げ総額との差119070－114696＝4374(円)は20％引きで売ったから。4374÷(1215－972)＝18(個)

(3) 定価1215円で売れたのは100－46＝54(個)，売り上げは1215×54＝65610(円)，損をしないためにはあと90000－65610＝24390(円)売り上げがあればよい。定価の40％引きは1215×(1－0.4)＝729(円)，24390÷729＝33余り333，33＋1＝34(個)

4 (ニュートン算)

(1) 9時から10時30分の90分間に来る接種希望者は，90÷3×10＝300(人)，医師Aが接種を完了したのは90÷2×3＝135(人)，医師Bが接種完了したのは90÷3×4＝120(人)，接種待ちの人数は300－135－120＝45(人)

(2) 10時半から11時半の60分間に来る接種希望者は，60÷3×10＝200(人)，60÷2×3＝90，60÷3×4＝80，45＋200－90－80＝75，60分÷75人＝0.8分，0.8分×60＝48秒

5 (立体図形・表面積，最短距離)

(1) 側面は半径12cm中心角$360\times\frac{1}{12}=30$(度)のおうぎ形，表面積は$1\times1\times3.14+12\times12\times3.14\times\frac{30}{360}=(1+12)\times3.14=40.82$$(\text{cm}^2)$

(2) 点Oを含む立体の表面積から切断面を除くと，等辺12cm頂角30度の二等辺三角形になる。面積は12×6÷2＝36，点Oを含まない立体の表面積から切断面を除いた面積は，40.82－36＝4.82，求める面積は36－4.82＝31.18(cm^2)

やや難 (3) 解答用紙のおうぎ形の二つのAを直線で結ぶ。これが点Aからかけたひも。このおうぎ形の中心角を二等分する線と弧の交わる点が点B。このおうぎ形の左右に合同なおうぎ形を書く。左右のおうぎ形の中点が点B，点Aを結ぶ辺と点Bを結ぶ辺の長さは等しくなる。斜線部分が赤い色でぬられた部分になる。右図参照。

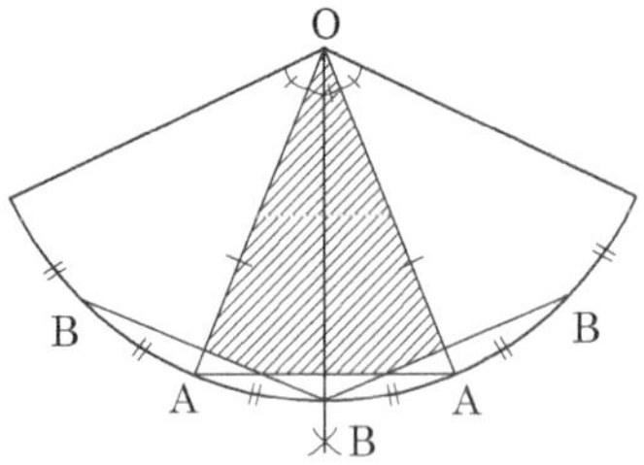

★ワンポイントアドバイス★

基本的な問題に丁寧に取り組み，式や考え方を書くことで基礎力を身につけよう。また応用的・発展的な問題も日頃から数多く解く練習をしておくとよいだろう。式や考え方を過不足なく簡潔に書くことも意識して取り組もう。

＜理科解答＞

［Ⅰ］　(1)　アンモニア　(2)　ウ　(3)　青　(4)　ウ　(5)　エ

［Ⅱ］　(1)　エ　(2)　(名称)　酸化銅　(色)　黒　(3)　銅：酸素＝4：1
(4)　0.36g　(5)　1.6g

［Ⅲ］　(1)　光合成　(2)　イ，エ，オ　(3)　イ　(4)　ア，エ，カ　(5)　イ，エ

［Ⅳ］　(1)　DNA　(2)　AA：Aa：aa＝1：2：1　(3)　エ，オ　(4)　ア，エ，オ
(5)　ウ，エ

［Ⅴ］　(1)　54°　(2)　5cm　(3)　カ　(4)　ア　(5)　北緯23.4°　(6)　ア
(7)　エ

［Ⅵ］　(1)　①　△　②　○　③　×　(2)　8通り　(3)　C　(4)　A，B，C

［Ⅶ］　(1)　0.1秒　(2)　④　(3)　12.3　(4)　7通り　(5)　4通り

○配点○

［Ⅰ］，［Ⅲ］～［Ⅴ］　各2点×22　［Ⅱ］　(2)　各1点×2　他　各2点×4
［Ⅵ］　(2)　3点　他　各2点×3((1)完答)
［Ⅶ］　(1)～(3)　各2点×3　他　各3点×2　計75点

＜理科解説＞

基本　［Ⅰ］　(気体の発生・性質―アンモニア)

重要　(1)　塩化アンモニウムと水酸化カルシウムの混合物を加熱すると，アンモニアが発生する。

(2)　アンモニアは水に非常によく溶け空気より軽いので，上方置換法で捕集する。

(3)　アンモニアの水溶液はアルカリ性を示すので，BTB溶液の色は青色になる。

(4)　紫キャベツの煮汁の色は，酸性で赤色，中性で紫色，アルカリ性で緑～黄色になる。

(5)　アンモニアは無色・刺激臭の気体である。

［Ⅱ］　(金属の性質―銅の燃焼)

基本　(1)　銅は電気や熱をよく通す。塩酸とは反応せず，磁石にも引き寄せられない。硝酸と反応すると一酸化窒素や二酸化窒素を発生するが，水素は発生しない。

基本　(2)　銅は燃焼すると黒色の酸化銅になる。

重要　(3)　1.0gの銅を完全燃焼すると加熱後の重さが1.25gに変わる。これより，1.0gの銅と化合する酸素は0.25gであり。銅：酸素＝4：1の重さの比で反応する。

重要　(4)　反応した酸素の重さは0.16gなので，これと反応した銅の重さは4：1＝□：0.16　□＝0.64g　よって未反応の銅の重さは1.0－0.64＝0.36(g)である。

(5)　必要な酸素を□gとすると，6.4：□＝4：1　□＝1.6(g)である。

〔Ⅲ〕 **(生物総合—食物連鎖)**

基本 (1) 生物Aは植物であり，光合成によって栄養をつくりだす。

基本 (2) 光合成は，二酸化炭素，水，光エネルギーから，酸素と有機物をつくりだす反応である。

(3) 生物Bは草食動物であり，生物Cは肉食動物である。この関係にあるのは，イの組み合わせである。

(4) 生物Dは消費者と呼ばれ，他の生物の死がいや排泄物を分解する。ミミズ，ダンゴムシ，アオカビは消費者である。

(5) 呼吸によって二酸化炭素と水蒸気を放出している。

〔Ⅳ〕 **(生物総合—メンデルの法則)**

基本 (1) 遺伝子は，DNA(デオキシリボ核酸)という物質でできている。

(2) 親の遺伝子の型がともにAaであり，受粉するときAとaに分かれて新たな組み合わせになる。そのときAA：Aa：aa＝1：2：1の割合になる。

(3) エンドウの花には異なる形の5枚の花びらがある。めしべは1本でおしべは10本である。

基本 (4) エンドウなどのマメ科の植物は，双子葉類で無胚乳種子をつくる。子葉に栄養分を貯蔵している。

基本 (5) オジギソウ，スイートピーはマメ科の植物である。

〔Ⅴ〕 **(地球と太陽・月—太陽の動き)**

重要 (1) 秋分の日の東京の南中高度は，$90-36=54$(°)である。。

(2) 昼の長さと夜の長さが同じになるので，円周の半分を12時間かけて移動する。1時間当たりの移動の長さは，$20\times2\times3\div2\div12=5$(cm)である。

基本 (3) 北半球において秋分の日の南中高度は(90－緯度)で求まるので，札幌の南中高度は$90-43=47$(°)で東京より南中高度は低くなる。となり合った印の間の線の長さは，東京と同じ時間で同じ距離移動するので変わらない。

重要 (4) 冬至の日の日の出の方角は真東の方角より南側にずれ，南中高度は秋分の日より低くなる。

(5) 北半球で夏至の日の南中高度は(90－緯度＋23.4)°になる。90－緯度＋23.4＝90　緯度＝23.4°である。

(6) 秋分の日に太陽の近くにある星座は，春分の頃の夜中に南の空にのぼる。よって春の星座のおとめ座である。

(7) 南中高度が90°以上になり，真東より北側の空から太陽が昇るので，6月(夏至)のシンガポールである。

〔Ⅵ〕 **(回路と電流—電流の大きさ)**

基本 (1) ① 回路はつながるがニクロム線を接続するので抵抗が大きくなり，電流が小さくなる。豆電球は暗くつく。　② 回路がつながるので豆電球が明るく点灯する。　③ 回路がつながっていないので，電流が流れず豆電球はつかない。

重要 (2) 端子2，3ではすべての接続で豆電球がつかない。つまり，端子2，3には導線は接続されていない。端子4，5，6はどこをつないでも明るく点灯するので，これらの端子間は接続されている。その接続の仕方は4と5，5と6がつながる場合と，4と5，4と6がつながる場合，5と6，4と6がつながる場合の3通りである。さらに，1と4，5，6がつながるときはニクロム線が間に入るので豆電球が暗く点灯する。ニクロム線が1と4の間にあるとき，1と5，1と6のときの3通りがある。図1の場合を除くと接続の仕方は$3\times3-1=8$(通り)ある。

基本 (3) スイッチ1を閉じると豆電球Aに電流が流れない。スイッチ2を閉じると豆電球Bに電流がながれない。よってCのみが点灯する。

基本 (4) スイッチ1，2を開くと，豆電球A，B，Cすべてに電流が流れ3つとも点灯する。

〔Ⅶ〕 **(物体の運動―加速度運動)**

(1) $\frac{1}{50}$秒ごとに打点するので，5打点では$\frac{1}{50}\times5=0.1$(秒)

重要 (2) 一定の速度で紙テープを引っ張ると，打点ごとの長さが一定になる。区間④がこれである。

(3) ①～②間の距離の増加量が7.4－2.5＝4.9(cm)，また④～⑤でも22.1－17.2＝4.9(cm)なので，②～③でも同じ増加量と考えられるので，7.4＋4.9＝12.3(cm)である。

(4) おもりの個数をX，砂袋の個数をYとすると，$\frac{Y}{X+Y+1}=\frac{1}{2}$ これより，2Y＝X＋Y＋1となり，Y＝X＋1と整理できる。おもりが7個，砂袋が8個あるので，この関係を満たすXとYの組み合わせは以下の通り。

X	0	1	2	3	4	5	6	7
Y	1	2	3	4	5	6	7	8

X＝0，Y＝1の場合は除くので，7通りである。

(5) おもりの個数をX，砂袋の個数をYとすると，$\frac{Y}{X+Y+1}=\frac{2}{3}$ これより，3Y＝2X＋2Y＋2となり，Y＝2X＋2と整理できる。おもりが12個，砂袋が10個あるので，この関係を満たすXとYの組み合わせは以下の通り。

X	0	1	2	3	4
Y	2	4	6	8	10

X＝1，Y＝4を除くと，4通りである。

★ワンポイントアドバイス★

時間のわりに問題数が多く，計算問題を含む難しい問題も出題される。基本問題で得点をできるようにしたい。

＜社会解答＞

Ⅰ 1 (1) カ (2) ク 2 神通(川)[庄(川)] 3 (1) A エ B イ C ア (2) ウ (3) イ 4 (1) エ (2) エ 5 (1) (水力) ア (火力) イ (風力) エ (2) 燃料としてきた石炭は，二酸化炭素を多く排出する。そのため，カーボンニュートラルの実現に向け，石炭火力発電所を廃止する動きが見られる。

Ⅱ 1 岩宿(遺跡) 2 エ 3 ウ→エ→ア→イ 4 ウ 5 イ 6 イ 7 足利尊氏 8 ウ 9 イ 10 エ 11 エ→ウ→ア→イ

Ⅲ 1 イ・オ 2 (例) 情報が誤っている可能性があるため，本でもよく調べて確かめるようにするなど，インターネット上の情報をうのみにしないように注意する。 3 イ 4 ウ 5 デジタル 6 知的財産権 7 (1) ウ (2) エ (3) イ (4) ア 8 プライバシーの権利 9 総務(省) 10 世論 11 (例) サイバー攻撃によって選挙結果を変えられてしまう恐れがあるため，民主主義の根幹に関わる選挙は，引き続き投票所において自筆で行うべきである。

○配点○

Ⅰ 1(1)・(2), 2, 3(2)・(3) 各2点×5 他 各3点×5(3(1), 5(1)各完答)
Ⅱ 2, 9, 10 各3点×3 他 各2点×8
Ⅲ 5, 6, 8～10 各1点×5 11 4点 他 各2点×8(1完答) 計75点

＜社会解説＞

Ⅰ (地理ー日本の国土や社会)

1 (1) A 高知県は促成栽培により収穫期が5月よりも早い。 (2) A 「洪水のハザードマップは作成されない」が誤りである。

2 イタイイタイ病は神通川流域で被害がでた。

重要 3 (1) Aは最も活火山の数が多いので鹿児島県, Cは範囲が最も小さいことから熊本県, Dは範囲が最も多いことから宮崎県, 残ったのがBと判別できる。 (2) 「米」と「第一次産業就業者の割合」の項目に注目すると判定しやすいといえる。 (3) 「苦情件数」と「大気汚染」の項目に注目すると判定しやすいといえる。

4 (1) ① 「廃止になった」を手がかりにしたい。 ② 「ニュータウン」を手がかりにしたい。 ③ 「仙台駅」を手がかりにしたい。 (2) 「人口増加率」と「昼夜間人口比」から, 中心部か郊外かを見極める。

5 (1) 沿岸部に分布しているのは水力発電所であり, 火山の周辺に立地しているのは火力発電である。 (2) 「カーボンニュートラル」について答案に盛り込めるかがポイントとなる。

Ⅱ (日本と世界の歴史ー「歴史の記録・歴史研究」を起点とした問題)

基本 1 岩宿遺跡は群馬県にある。

2 ア「罰金の支払いに使われた」が不適。 イ・ウ 全体的に資料中から読み取れない。

3 アは大化の改新直後, イは672年頃, ウは607年ごろ, エは大化の改新時の内容である。

4 大宝律令(701年制定)についての内容を選べばよい。

5 イの平等院鳳凰堂は京都府宇治市にある。

6 ア 法然が始めたのは浄土宗である。 ウ 栄西が始めたのは臨済宗である。 エ 親鸞が始めたのは浄土真宗である。

7 鎌倉幕府が滅亡した際, 足利尊氏は六波羅探題を滅ぼした。

8 朱子学は上下関係の秩序を重んじおり, 幕府による支配の安定化を図るうえで必要な考えであった。

重要 9 ア 「ドイツ」ではなく「ロシア」である。 ウ 第一次世界大戦時に日本はドイツと敵国であった。 エ 「ドイツ」ではく「アメリカ」である。

10 ア 教育勅語が制定されたのは明治時代である。 イ 農地改革の内容が誤っている。 ウ 朝鮮戦争に際して発足したのは自衛隊ではなく警察予備隊である。

11 アは2014年, イは2022年, ウは2012年, エは2007年である。

Ⅲ (政治ー「インターネット」を起点とした問題)

重要 1 イ 資料2から70歳代以上の利用率は80%未満である。 オ 資料3から年収200万円未満世帯の利用率は80%未満である。

2 「インターネット上の情報を絶対視しない」「インターネット以外の媒体等の情報も参照する」といった切り口からまとめればよい。

3 「IoT」の意味は, 昨今のデジタル化の動きの文脈でしっかりおさえておきたい。

4　ア　「国務大臣」ではなく「内閣総理大臣」の説明となる。　イ　「すべて」ではなく「過半数」である。　エ　「国務大臣」ではなく「最高裁判所裁判官」である。

5　日本は他の先進国と比較してデジタル化が遅れているといえる。

6　世界的に知的財産権の保護はまだ十分にはなされていない部分があるといえる。

7　(1)　アの法律案については必ずしも衆議院が先でなくてもよい。　(2)　エ　三審制の説明である。　(3)　ア　日本国憲法第25条で明記されている「生存権」の説明である。　(4)　イは「強制労働」，ウは「死刑の廃止」，エは「罰金刑の廃止」が不適である。

8　新しい人権にはプライバシーの権利の他に，「環境権」などもある。

基本　9　各省庁名と担当する業務内容をしっかりセットでおさえておきたい。

10　世論は主権者である国民の意見であり，国政にも影響するといえる。

重要　11　「社会全体に影響を与える問題点」を適切に盛り込めたかどうかがポイントとなる。

★ワンポイントアドバイス★

本格的な記述問題も出題されているので，普段から添削等をしてもらいながら，答案作成のトレーニングをするようにしよう。

＜国語解答＞

一　問一　(例)　①　人間こそが自然破壊の元凶であり，エコロジー的危機をのりこえるためには，人口を減らすべきであるという考え。　②　人間が自然を支配し，欲望のままに自然に対して暴力を加えてきたという観点。　③　石油がやがて枯渇するだろうこと。
⑦　カーソンが描いた「牧歌的自然」と，人間によって破壊され沈黙した自然との対比。
⑧　自然への憧れは近代の豊かな社会のもとで発想されているという印象。
問二　(例)　環境を保護するのは，実際には人間の生存や利益追求のためになされているにもかかわらず，地球への配慮を一義的なものとしているような表現であるから。
問三　エ　問四　ア　問五　(例)　「人類」や「人間一般」に責任があるように語られると，問題の社会的根源が曖昧化され，特定の個人や企業が引き起こしている環境破壊の解決に取り組めなくなってしまうということ。　問六　(例)　人間による干渉を受けていないような自然は，地球のほとんどの地域に残されていないにもかかわらず，環境保護において，「純粋無垢の自然」が想定されてしまっていること。　問七　オ→イ→エ→ウ→ア
問八　「地球～レーズ　問九　1　エ　2　イ　3　ウ　4　オ　5　ア
問十　(例)　人間が自然に介入するべきであると考えている点。　問十一　(例)　「人間の利益」を長期的な視野に立って，広い観点から考慮し，自然の持つ精神的価値も評価しながら，自然に適応する形で管理していく必要がある。

二　(並べ替え)　イ→カ→ア→オ→ウ→エ　(意味)　ア　F　イ　C　ウ　H　エ　G　オ　B　カ　E

三　1　貿易　2　余波　3　縦断　4　接着　5　上層　6　総裁　7　簡略　8　降水帯　9　蚕　10　幼(い)

○配点○

一　問一③・問七　各3点×2(問七完答)　　問二・問五・問六　各5点×3
問三・問四・問九　各2点×7　　問十一　6点　　他　各4点×6
二　並べ替え　3点(完答)　　意味　各2点×6　　三　各2点×10　　　計100点

＜国語解説＞

一　(論説文－要旨・段落構成・細部の読み取り，指示語，接続語，空欄補充，慣用句，記述力)

重要　問一　――部①は「『人間が自然を……』」で始まる段落で述べているように「人間こそが，自然破壊の元凶」であり，「……エコロジー的危機をのりこえるためには，人類は数を減らすべきである」という考えを指す。②のことでもある直前の段落の「この観点」は，「こうした考え……」で始まる段落の「人間が自然を支配し，欲望のままに自然に対して暴力を加えてきた」という「構図」のことを指す。③は直前の「石油がやがて枯渇するだろうこと」を指す。⑦は直前の内容から，カーソンが描いた「牧歌的自然」と，人間によって破壊され沈黙した自然との対比を指す。⑧は直前で述べているように「自然への憧れが，近代の豊かな社会のもとで発想される」という印象を指す。

問二　――部④直後の段落で「環境を保護するのは，実際には『人間の生存』を守るため」であり「人間の利益追求のため」で，「私たちが現実に配慮しているのは『地球』ではなく『人間』で」あると述べていることを踏まえ，「地球にやさしい」というキャッチフレーズが地球だけの配慮，すなわち一義的なものとしているような表現であることを④の理由として説明する。

問三　あ・いの前後から整理すると，「私たちが現実に配慮しているのは『地球』ではなく『人間』で」あるなら，「人間中心主義」は「環境破壊」の「原因」であるだけでなく，「環境保護」の「目的」となるので，「人間中心主義」を批判するのは的外れな議論だと言わなくてはならない，という文脈になる。

基本　問四　うには笑って問題にされないという意味のアがあてはまる。イは実力を認められ敬意を払われること。ウは恐れや驚きなどで顔色が変わること。エはあいまいに言われること。

問五　――部⑤の段落内容と⑤の説明で引用されているマレイ・ブクチンの言葉を踏まえ，「人類」や「人間一般」が環境の破綻の原因としてしまうと，問題の社会的根源が曖昧化されてしまい，特定の個人や企業が引き起こしている環境破壊の解決に取り組めなくなってしまうということを説明する。

重要　問六　――部⑥と次段落の内容を踏まえ，人間による干渉を受けていないような「原生自然」は地球上のほとんどの地域に残されていないのに，保護すべき「自然」として「純粋無垢の自然」が想定されてしまっていること，というような内容で⑥の「マヤカシ」を説明する。

問七　前後の段落から整理すると，カーソンの描いた「牧歌的自然」と「人間の自然支配」の対比は『沈黙の春』の中で効果的である→オ＝この対比で想定されている「疎外論」とはどのような理論か→イ＝「疎外論」は三段階の展開を想定し，第一は人間と自然が調和的に生活していた幸福な状態→エ＝ところが現在は調和的な状態から疎外され，人間と自然は対立し分裂した状態→ウ＝疎外状態を克服し，自然との調和と取り戻すのに使われているのが「回復の論理」→ア＝マルクスも三段階の論理を想定した「疎外論」を展開→しかしマルクスも後に気づいたが，この想定には重大な難点が潜んでいる，という流れになっている。

重要　問八　え　は「心に響く美しい表現かもしれ」ないが「現在の環境問題を考えるとき……適切な言葉と言え」ないものなので，「こう考えると……」で始まる段落の「『地球にやさしい』というキャッチフレーズ」があてはまる。

問九　1は直後で具体例を述べているので「たとえば」，2は直前の内容を批判的に解説しているので「しかし」，3は直後の内容を認めながら，次段落で「しかし」の後の内容を主張している形になっているので「たしかに」，4は直前の内容を根拠とした内容が続いているので「そのため」，5は直前の内容に加える内容が続いているので「また」がそれぞれ入る。

重要　問十　――部⑨直前の段落で，今まで環境保護のためには，人間が自然にできるだけ介入しないことが求められてきたが，人間が自然をどう管理していくかが重要であることを理解するためにレオポルドによる原理を引用しているので，従来の考え方と異なる点として「人間が自然に介入するべきであると考えている点」というような内容で説明する。

やや難　問十一　――部⑩の概念として述べている「適応的管理」で唱えられている「人間中心主義」について，直後の段落から続く4段落で，「人間の利益」を「長期的な視野に立って，広い観点から利益を考慮する必要がある」こと，「精神的価値」も否定せず「自然を精神的に評価し」ていること，「自然に適応する形で，長期的な観点から自然を管理すべきこと」を述べているので，これらの内容を指定字数以内でまとめる。

重要　二　（ことわざ・慣用句）

入る数はそれぞれ，アは一・十＝11，イは一・五＝6，ウは三・百＝103，エは千・一＝1001，オは七・八＝15，カは九・一＝10。

重要　三　（漢字の書き取り）

1は国際間の商品の取引。2は原因が去ったあとも影響が残っていること。3は南北の方向に通りぬけること。4はぴったりくっつけること。5は上の方にある階。6は政党などの長として全体を取りまとめる人やその職務。7は手短で簡単なこと。8の「線状降水帯」は次々と発達し，列をなした雨雲によって数時間にわたってほぼ同じ場所に強い雨を降らせる雨域。9の音読みは「サン」。熟語は「養蚕」など。10の音読みは「ヨウ」。熟語は「幼虫」など。

★ワンポイントアドバイス★

指示語は，指す内容をあてはめてみて，文脈がおかしくないかを確認しよう。

第2回

2023年度

解答と解説

《2023年度の配点は解答欄に掲載してあります。》

＜算数解答＞

1 （1） $\frac{2}{5}$ （2） 7 （3） 1020 （4） $15\frac{1}{2}$ （5） 304
2 （1） 2 （2） 34680 （3） 283行目
3 （1） 12：7 （2） 59cm^2
4 （1） 150人 （2） 270人 （3） 7か所
5 （1） 9分 （2） 12km （3） 9時$36\frac{12}{13}$分

○配点○

1 各7点×5　2 （3） 6点　他 各5点×2　3 各8点×2
4 （2） 5点　他 各6点×2　5 （3） 6点　他 各5点×2　計100点

＜算数解説＞

1 （四則混合逆算，差集算，速さ，面積，過不足算）

基本 （1） 小数は分数にしてから，計算の順番を考え，計算できるところは計算し，逆にたどる。
①$1\frac{2}{3}-\frac{3}{5}=1\frac{10}{15}-\frac{9}{15}=1\frac{1}{15}$，④$2\frac{1}{4}\times1\frac{1}{15}=\frac{9}{4}\times\frac{16}{15}=\frac{12}{5}=2\frac{2}{5}$，⑥$2\frac{2}{5}-\frac{2}{5}=2$，⑤$2\times1\frac{1}{6}=2\times\frac{7}{6}=\frac{7}{3}=2\frac{1}{3}$，③$2\frac{1}{3}-1\frac{1}{2}=2\frac{2}{6}-1\frac{3}{6}=1\frac{8}{6}-1\frac{3}{6}=\frac{5}{6}$，②$\frac{5}{6}\div2\frac{1}{12}=\frac{5}{6}\times\frac{12}{25}=\frac{2}{5}$

重要 （2） AとBの買う本数を反対にすると75円余るので，値段の高いBの方が75÷(95−80)＝5(本)多い。BとCの買う本数を反対にすると75円不足するので，値段の安いBの方が75÷(120−95)＝3(本)多い。これらのことから，CはAより5−3＝2(本)多い。もし，BもCもAと同じ本数にすると，2780−95×5−120×2＝2065(円)になる。2065÷(80＋95＋120)＝7(本)

（3） Aさんが5歩で進む距離をBさんは4歩で進むので，AとBの歩幅の比は4：5，1分間に進む歩数の比は105：90＝7：6，歩幅の比×歩数の比＝速さの比なので，4×7：5×6＝14：15，速さの比の差がAさんの85歩にあたる。BさんはAさんの歩数85×15＝1275(歩)分進んだところで追いつく。Aさんが5歩で進む距離をBさんは4歩で進むので，Bさんは1275÷5×4＝1020(歩)進んだところで追いつく。よって求める答えは，1020歩である。

（4） AI，BI，CI，DIを結び，長方形を8つの三角形に分ける。三角形AIDと三角形BICの和は長方形の半分5×8÷2＝20(cm^2)になる。高さの等しい三角形の底辺の比と面積の比は等しいので，三角形AHIと三角形FCIの和は$20\times\frac{3}{5+3}=7\frac{1}{2}$，同様に三角形ABIと三角形CDIの和は20cm^{2}より，三角形AEIと三角形CGIの和は$20\times\frac{2}{2+3}=8$，よって㋐と㋑の和は$7\frac{1}{2}+8=15\frac{1}{2}$(cm^2)

（5） 長いすの数を□脚とすると，4×□＋20＝③，7×□−△＝④，△は7×8＋1＝57以上7×8＋6＝62以下，16×□＋80＝⑫，21×□−3×△＝⑫，16×□＋80＝21×□−3×△，(21−16)×□＝80＋3×△(右図参照)より，3×

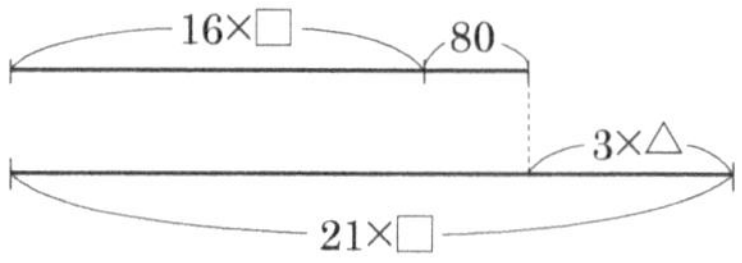

△は5の倍数になる。条件にあう△は60，□＝(80＋3×60)÷5＝52，2年生の人数は，7×52－60＝104(人)

2 (規則性)

基本 (1) 100行目の最後の数は初めから1000番目の数になる。7個の繰り返しなので，1000÷7＝142余り6より，6番めと同じ数になる。よって求める答えは2である。

重要 (2) 2023行目の最後の数は20230番目，20230÷7＝2890，1＋2＋3＋0＋3＋2＋1＝12，12×2890＝34680

(3) 4851÷12＝404余り3，7×404＋2＝2830，2830÷10＝283，求める答えは283行目である。

3 (平面図形と比)

(1) 問題文に書かれている情報を図に書き込み，連比を求める。AI：IG＝AE：FGになる。

AE：ED：AD／BC：BF：FC
2：1：3
　　　　　2：1：1
4：2：6：3：3

AE：BF：BC：BG
4：3：6
3：　　4
12：9：18：16

FG＝BG－BF，16－9＝7，AE：FG＝12：7＝AI：IG，よって求める答えは，12：7である。

(2) 三角形ABGの面積は$171\times\frac{1}{2}\times\frac{16}{18}=76$，三角形AIEの面積は$171\times\frac{1}{2}\times\frac{2}{3}\times\frac{12}{12+7}=36$，五角形EIGCDの面積は171－76－36＝59(cm^2)

4 (ニュートン算)

重要 (1) 22か所の入口15分間と28か所の入口15分間から入場する人数は，6×22×15＋6×28×15＝6×(22＋28)×15＝4500，この人数は30分の間に来場した人数なので，1分間に4500÷30＝150(人)来場する。

重要 (2) 4500÷2－6×22×15＝2250－1980＝270(人)

(3) 5時から6時の60分間に来場する人数は150×1.5×60＝13500(人)，5時20分までに入場する人数は6×22×1.5×20＝3960(人)，残り40分で1分あたり(13500－3960)÷40＝238.5(人)入場すればよい。238.5÷6＝39.75，39＋1＝40，40－33＝7(か所)

5 (速さ)

(1) 進行グラフを書く。右図参照。20分：5分＝4：1，自転車がバスに最初に追いつかれるのはAB間の$\frac{4}{5}$を進んだ地点。B町に着くまでの時間は$90\div2\times\frac{1}{5}=9$(分)

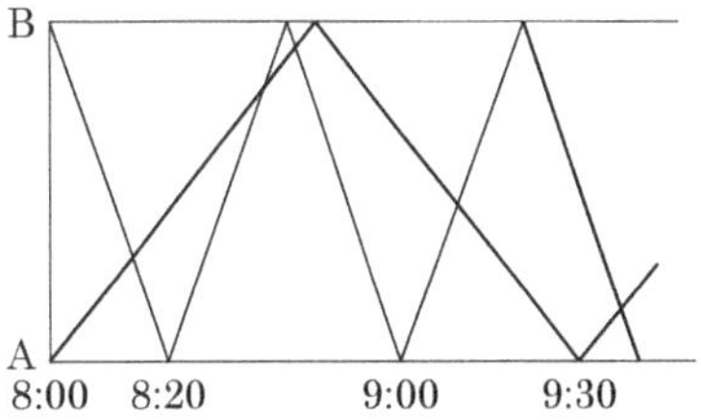

(2) A町から自転車が最初にバスに追いこされる地点までの道のりは19.2÷2＝9.6(km)，A町からB町までの道のりは$9.6\div\frac{4}{5}=\frac{48}{5}\times\frac{5}{4}=12$(km)

やや難 (3) 4回目に出会うのは自転車が9時30分にA地点を出発した直後。バスの時速は$12\text{km}\div\frac{1}{3}$時間＝12×3＝36(km/時)，36km/時×$1\frac{1}{2}$時間＝54(km)，54÷12＝4余り6，9時30分にバスはA町から12－6＝6(km)の地点にいる。自転車の時速は$12\text{km}\div\frac{3}{4}$時間＝$12\times\frac{4}{3}=16$(km/時)，6km÷(36＋16)km/時＝$\frac{3}{26}$(時間)，$\frac{3}{26}$時間×60＝$\frac{90}{13}$分＝$6\frac{12}{13}$(分)，9時30分＋$6\frac{12}{13}$分＝9(時)$36\frac{12}{13}$(分)

★ワンポイントアドバイス★

基礎的な力を身につけた上で，速さや図形などの応用的な問題も日頃から数多く練習しておこう。限られた場所に式や考え方を書く問題が数多く出題されているので，解く時に必要な図や式を過不足なく書く練習をしておくとよいだろう。

＜理科解答＞

〔Ⅰ〕 (1) 呼吸 (2) オ (3) イ (4) イ (5) イ

〔Ⅱ〕 (1) オ (2) イ (3) エ (4) ア，ウ (5) ク

〔Ⅲ〕 (1) イ，ウ，キ (2) ア，オ (3) ウ (4) 0.11g
(5) (炭酸カルシウム) 0.15g (塩酸) $3cm^3$

〔Ⅳ〕 (1) 8.2% (2) 7g (3) 30.2g (4) 32.7g (5) オ

〔Ⅴ〕 (1) ① 偏西 ② フェーン ③ ラニーニャ ④ 高 ⑤ 積乱
⑥ 線状降水 (2) オ (3) ア，カ (4) イ，ウ (5) イ

〔Ⅵ〕 (1) 0℃ (2) エ (3) エ (4) 22℃ (5) ウ

〔Ⅶ〕 (1) 2個 (2) 3個 (3) (ばねA) 7cm (ばねB) 10.5cm
(4) (ばねA) 3cm (ばねB) 4.5cm (5) (100gのおもり) 2個
(10gのおもり) 7個

○配点○

〔Ⅰ〕，〔Ⅱ〕，〔Ⅳ〕，〔Ⅵ〕，〔Ⅶ〕 各2点×25(〔Ⅶ〕(3)～(5)各完答)
〔Ⅲ〕 (3) 1点 他 各2点×5 〔Ⅴ〕 (1) 各1点×6 他 各2点×4 計75点

＜理科解説＞

〔Ⅰ〕 (植物─光合成)

基本 (1) 植物は呼吸によって酸素を吸収し，二酸化炭素を放出している。

重要 (2) 植物は呼吸によって吸収する酸素量より光合成で放出する酸素量が多くないと，栄養素を十分つくりだせないので成長ができない。aの光が当たっているとき，樹木Ⅱは放出する酸素量が多く，光合成が呼吸より勝っているので成長できるが，樹木Ⅰは吸収する酸素量の方が多いので成長できない。

重要 (3) bの光が当たっているとき，樹木Ⅰの方が活発に光合成を行い成長がⅡより速い。

(4) アカマツは光がよく当たる環境でよく成長する。カシの木は半日陰でよく育つ。樹木Ⅰは光が強い場所でよく育ち，樹木Ⅱは光が弱くても育つ。

(5) 初めは樹木Ⅰがよく育つが，樹木Ⅱが成長し日陰が多くなると，樹木Ⅰが十分成長できなくなり，やがて樹木Ⅱの多い林になっていく。

〔Ⅱ〕 (動物─トノサマバッタ)

基本 (1) バッタはセミと同じく4枚の羽をもつ。

(2) トノサマバッタは，イネ科の植物の葉を主な栄養源としている。

(3) トノサマバッタの鼓膜は，腹部にある。セミも腹部に鼓膜を持つ。ハエは触覚に耳を持つ。

(4) トノサマバッタは2個の複眼をもつ。複眼とは小さな眼が集まった器官である。

(5) トノサマバッタは大量発生すると，卵を産む数を減らして増えすぎないように調整する。また，体がやや小さくなり，はねが長くなって遠くまで飛べるように変化する。別の場所に移動してエサを探すのに適するように変化する。

〔Ⅲ〕 **(水溶液の性質・物質との変化―二酸化炭素の発生)**

基本 (1) 炭酸カルシウムは塩酸と反応して二酸化炭素を発生する。二酸化炭素は空気より重い気体で，水に溶けると酸性を示す。BTB溶液を加えると黄色になる。

重要 (2) 貝殻の主成分は炭酸カルシウムである。また，ろうそくを燃やすと二酸化炭素が発生する。イでは酸素，ウでは二酸化硫黄，エではアンモニア，カでは酸素，キでは水素が発生する。

基本 (3) 栓をしているので発生する二酸化炭素がビンから逃げず，反応前と同じ重さになる。

重要 (4) 0.1g～0.3gを超えるあたりまでは，炭酸カルシウムはすべて反応する。0.1gの炭酸カルシウムから0.044gの二酸化炭素が発生したので，0.25gからは$0.044\times\frac{0.25}{0.10}=0.11$(g)の二酸化炭素が発生する。

(5) 塩酸$7cm^3$が全て反応するとき0.154gの二酸化炭素が発生する。この時反応する炭酸カルシウムは$0.1\times\frac{0.154}{0.044}=0.35$(g)であり，反応せずに残る炭酸カルシウムは0.5－0.35＝0.15(g)である。また，残った炭酸カルシウムを完全に反応させるのに必要な塩酸を□cm^3として，0.35：7＝0.15：□　□＝3(cm^3)である。

重要 〔Ⅳ〕 **(ものの溶け方―溶解度)**

(1) 40℃の水100gに8.9gの固体が溶けるので，150gに溶ける重さは8.9×150÷100＝13.35(g)である。この水溶液の濃度は，(13.35÷163.35)×100＝8.17≒8.2(％)

(2) 80℃の水200gに溶ける固体の重さは，23.5×200÷100＝47(g)　すでに40gが溶けているので，あと7g溶かすことができる。

(3) 20℃の水200gに溶ける固体の重さは，4.9×200÷100＝9.8(g)　40gのうち溶けきれずに出てくるのは40－9.8＝30.2(g)である。

(4) 20℃の水溶液中の水の重さは200－50＝150(g)である。20℃の水150gに溶ける固体の重さは4.9×150÷100＝7.35(g)　40gのうち結晶として出てくる重さは，40－7.35＝32.65≒32.7(g)である。

基本 (5) ろ過するときは，ろ液をガラス棒に伝わらせ，ロートの先はビーカーのガラス面にくっつける。

基本 〔Ⅴ〕 **(気象―夏の日本列島の気象)**

重要 (1) 日本列島の上空には西からの偏西風が吹いている。関東内陸では，北側の山地を越えてきた暖かくて乾燥した空気の影響で気温が上昇した。この現象をフェーン現象という。ペルー沖の海水温が低くなり，日本列島付近では海水温が上昇する現象をラニーニャ現象という。ラニーニャのときには日本は猛暑・寒い冬になる。これとは逆にペルー沖の海水温が上昇し日本では冷夏・暖冬になる現象をエルニーニョ現象という。海水温が上昇すると水蒸気の蒸発が活発になり，上昇気流が発生し積乱雲が多く生まれる。同じ場所で次々と積乱雲が発生し線状降水帯ができると，豪雨となる。

(2) 猛暑日は最高気温が35℃以上になる日のこと。

(3) 太平洋高気圧は暖かく湿った空気の集まりで，夏に発達する。

(4) 高気圧の中心では下降気流が生じており，北半球では時計回りに風が吹き出す。

(5) 停滞前線の天気記号はイである。

〔Ⅵ〕 **(物質の状態変化―水の状態変化)**

基本 (1) aは水の融点，bは水の沸点を示す。よってaの温度は0℃である。

(2) AB間は氷の状態での温度上昇，CD間は水の状態での温度上昇をしめす。グラフの傾きは物質の温まりやすさを示す。AB間の方が傾きが大きいので温まりやすい。

(3)　グラフの状態①は固体のみの状態，②は固体と液体が共存する状態，③は液体のみ，④は液体と気体の共存，⑤は気体のみの状態を示す。

重要　(4)　温度の高い物質が失った熱量と，温度の低い物質が受け取った熱量は等しくなる。90℃の水120gが□℃に変化し，0℃の氷80gが□℃の水に変化したとすると，90℃の水の失った熱量は120×(90－□)，0℃の氷の得た熱量は80×80＋80×□なので，120×(90－□)＝80×80＋80×□　□＝22(℃)

(5)　空気が上昇すると水滴や氷ができ，これが雲になる。このとき水蒸気から氷への変化も生じる。寒い所から暖かいところに入ると冷たいメガネに暖かい空気が触れて冷やされ，メガネに水滴ができてくもる。

〔Ⅶ〕 (力のはたらきの総合―てんびん・ばね・浮力)

重要　(1)　図2で支点の左側の液体Aにつけられたおもりは，支点から右に10cm離れた場所につるされた100gのおもりとつりあう。図3では支点の右側の液体Aにつけられたおもりは，支点から5cm離れた場所につるされた100gのおもりとつりあう。よって図3のcの穴に□個のおもりをつるすと，100×10＝□×100×5　□＝2(個)になる。

重要　(2)　滑車が定滑車なので，おもりの300gの重さはてんびんのcにそのままかかることになる。よってeにつるすおもりの数は3個である。

重要　(3)　ばねにかかる重さはA，Bで等しく，ばねAが7cm伸びたのでおもりの重さは700gである。図6のようにばねの位置を置き換えてもばねには700gの重さがかかり，ばねAは7cm伸びる。ばねBは7×1.5＝10.5(cm)伸びる。

(4)　ばねA，Bにそれぞれ300gのおもりがかかるので，ばねAの伸びは3cm，ばねBは3×1.5＝4.5(cm)である。

(5)　ばねAが1.8cm伸びたので，てんびんのaにかかる力は180gである。fにかかる力を□gとすると，180×15＝□×10　□＝270(g)　ばねBにつるすおもりは100gが2個，10gが7個になる。

★ワンポイントアドバイス★

物理，化学分野の問題はやや難しいものが多い。他の基本問題をしっかりと解いてミスをしないように注意しよう。

＜社会解答＞

Ⅰ　1 (1) ウ　(2) ウ　2 イ　3 ⑤⑧[⑤⑧⑨]　4 イ　5 エ
6 あ エ　い イ　う ウ　え ア　7 (1) 原子力発電所　(2) 臨海部で周辺に大都市が少ないところ　8 (1) 北西　(2) ウ　(3) 畑

Ⅱ　1 あ ア　い エ　2 エ　3 ウ　4 ア　5 ウ　6 エ　7 イ　8 ア
9 イ　10 C→F→A→D→E　11 「世界に王たる日の本の」などが戦争に積極的な印象を与えると判断したため。　12 (1) 1月17日　(2) ウ　(3) イ　(4) 戦後は，学制改革による1947年の新制明治中学校の発足に伴い，卒業式の回数を新たに数えなおしたから。

Ⅲ　1　あ　総　　い　通常　　え　理解　　2　ウ　　3　こども家庭(庁)　　4　ア
5　(1)　イ　　(2)　オ　　6　エ　　7　エ　　8　エ　　9　ア
10　(1)　(例)　賛成・学級の男女比が1対1なので，平等に意見が反映されると思うから。
(2)　(例)　委員の仕事をこなす力と性別は関係ないのではないかという意見。
(3)　(例)　日本の議会には女性が圧倒的に少なく，男性中心の視点で政策が決まってきた。社会の中の男女格差をなくしていくために，まずは政治の世界からクオータ制度を導入すべきだと考える。

○配点○
Ⅰ　1～5，7(1)　各2点×7　　7(2)　4点　　他　各1点×7
Ⅱ　10，11，12(4)　各3点×3　　12(1)～(3)　各2点×3　　他　各1点×10
Ⅲ　1，9，10(1)・(2)　各1点×6　　10(3)　3点　　他　各2点×8　　計75点

＜社会解説＞

Ⅰ　(地理―「東日本の盆地」を起点とした問題)

1　(1)「い」や「う」を手がかりにすると判定しやすいといえる。　(2)　盆地名と盆地を流れる河川をあわせておさえておきたい。
2　「降水量」を切り口に，A・Eが日本海側と判定でき，Cが中央高地と判定できる。
3　5は「盛岡市」，8は「福島市」，9は「猪苗代盆地」の場所に注目する必要がある。
4　「北海道の生産量・全国比」の項目に注目すると絞りやすいといえる。
重要　5　「電子部品・回路」が1位であるのが「長野県」で，「食料品」が1位で出荷額が高いほうが「北海道」である。
6　エ　奥羽本線は福島・山形・秋田・青森の各県を縦断する。　イ　上越新幹線は東京と新潟を結んでいる。　ウ　北陸新幹線は東京駅を起点に高崎・長野等を経て金沢に至る。　ア　中央本線は東京駅を起点に八王子・甲府・中津川等を経て名古屋に至る。
重要　7　(1)　福島県・茨城県・新潟県・福井県等に分布していることに注目する。　(2)「臨海部」「周辺に住宅が少ない」といった点を盛り込む必要がある。
基本　8　(1)　北西方面の方が標高が低いことに注目したい。　(2)　地形図と断面図をしっかり照らし合わせして判定したい。　(3)　標高330メートル位の地点を地図中から探せばよい。

Ⅱ　(日本の歴史―古代から現代)

1　「あ」は1923年，「い」は1995年に起こった。
基本　2　エは「フランス」ではなく「ロシア」である。
3　1916年は大正時代なので，この時の皇太子はのちの昭和天皇である。
4　発火演習とは，鉄砲に火薬だけをこめ，実弾を使わずに行う射撃演習である。
5　ウ　「憲法記念日」ではなく「建国記念日」である。
重要　6　エ　この時の明の王朝は「宋」ではなく「明」である。
7　イ　法隆寺は飛鳥時代に創建された。
8　内務省は第二次世界大戦後に廃止された。
9　イ　「崇徳上皇方」ではなく「後白河天皇方」である。
基本　10　Aは室町時代，Cは飛鳥時代，Dは明治時代，Eは昭和時代，Fは平安時代の出来事である。
11　「世界に王たる日の本の」が戦争を助長する文言とされたことを踏まえる必要がある。
12　(1)　表1・2の1月17日の欄を注目すると，1月17日に創立したことがわかる。　(2)　設問中

のリード文に「民主主義の浸透をめざして」とあり，戦後間もない頃に始まったと判断できる。
(3)　イ　表1の中に「5年生」という記載もあるので不適。　(4)「学制改革」に触れ，「卒業式の回数の数えなおし」について答案に盛り込めたかがポイントとなる。

Ⅲ　(政治ー日本の政治・経済情勢)

1　あ　衆議院は一斉に改選となるので「総」選挙といわれている。　い　参議院は衆議院と異なり解散がない。　え「LGBTQ」と関連させておさえておきたい。

2　政界での女性進出は産業界よりも遅れている部分があるといえる。

基本　3　省庁新設に関しては，「デジタル庁」の動向にも注目しておきたい。

4　ウクライナ侵攻から1年が過ぎても終息の目途が立っていないといえる。

5　(1)　ステルス値上げについては「インフレ」の文脈の中でしっかりおさえておきたい。

重要　(2)　日本は他の先進諸国と比較して金利が低い状態が続いている。また金利が高い国の通貨が高くなる。

6　GXとはグリーントランスフォーメーションの略称である。

7　エ　「キリスト教系」「仏教系」の学校があることを踏まえる必要がある。

8　衆議院は小選挙区選出議員数が289人，比例代表選出議員数が176人である。一方，参議院は選挙区選出議員数が148人，比例代表選出議員数が100人である。

9　イは国連児童基金，ウは国連難民高等弁務官事務所，エは世界貿易機関の略称である。

重要　10　(1)「反対」の立場から書くと，委員の仕事をこなす力と性別には関連性がないという切り口で書ける。　(2)　(1)で「反対」の立場で書いた場合，男女比が同じなので平等に意見が反映される必要性についてまとめればよい。　(3)　クオーター制度導入に反対する場合は，「予め男女別の枠を設定することで選考プロセスが硬直化する懸念がある」等の観点で書ける。

★ワンポイントアドバイス★

本格的な記述問題も出題されるので，普段から添削等してもらいながら，答案作成のトレーニングをするようにしよう。

＜国語解答＞

一　問一　(例)　①　人の目ばかり気にしていてもしょうがないとわかっていても，人の目を気にしてしまうこと。　②　鏡に映し出されない限り，自分の顔を直接自分で見ることはできないということ。　③　他者の反応によって自分がどのように評価されているか分かり，自分の態度や発言が適切だったかどうかを知ることができるという意味。　⑥　知能テストを実施した後，心理学者に今後伸びるだろうと言われた，成績上位者リストに載っている生徒の学力が他の生徒より伸びたこと。　⑪　他の言語では「よのなか，世間」を意味する「人間」という言葉が日本では「人」も意味すること。　問二　ピグマリオ
問三　1　腹　6　顔　問四　2　オ　3　ア　4　ウ　問五　(例)　自分が自信や誇りを持てるような，自分を好意的，肯定的に見てくれる他者の目。　問六　(例)　自己イメージは，人から言われた言葉や人から示された態度をもとにつくられるという意味。
問七　(例)　経験　問八　(例)　キャラに則って面白さを演じる方が容易に承認が得ら

れやすく，優劣で傷つくこともないから。　問九　(例)　日本人にとっては，みっともないという感覚が自分を正しい行いに導く力になっているから。　問十　A　イ　B　ア　C　ア　D　イ　E　イ　F　ア　問十一　(例)　日本人は互いの気持ちを結びつけ，良好な場の雰囲気を醸し出すことを重視するため，自己主張が苦手であると映るが，それは，コミュニケーションにおいて，相手を説得し，自分の意見を通す欧米的な価値観に染まった見方に過ぎないから。　問十二　ア　問十三　8　エ　9　カ　10　イ　11　ア　問十四　(例)　日本人は恥の文化の中で生き，自分が他者にどう見られているかを意識しつつ，その場で何を求められているかを汲み取り，相手との関係にふさわしい自分を生成する。

二　1　検査　2　種類　3　財源　4　庁舎　5　納税　6　看病　7　枚挙　8　風潮　9　除(く)　10　拝(む)

○配点○

一　問一・問五・問六・問八・問九　各4点×9　問二　3点　問十　各1点×6　問十一　6点　問十四　7点　他　各2点×11　二　各2点×10　計100点

<国語解説>

一　(論説文－要旨・段落構成・細部の読み取り，指示語，接続語，空欄補充，ことわざ・慣用句，記述力)

問一　——部①は直前の段落の「人の目ばかり気にしていてもしょうがない」とわかっていても「人の目を気にしてしまう」ことを指す。②は前後の内容から，「鏡に映し出されない限り，」「自分の顔を直接自分で見ることはできない」ということ。③は直前の段落の「他者の反応によって，……自分がどのように評価されているかが分かり，自分の態度や発言が適切だったかどうかを知ることができる」という意味のこと。⑥は直前で述べている，知能テストを実施したあと，心理学者に今後伸びるだろうと言われた，成績上位者リストに載っている生徒の学力が他の生徒より伸びたことを指す。⑪は直前までで述べている，他の言語では「よのなか，世間」を意味する「人間」という言葉が日本では混同，すなわち「人」も意味することを指す。

問二　抜けている一文の「どちらも」は「先生からも……」から続く2段落の，「優等生と見られている」視線と「劣等生と見られている」視線のことなので「ピグマリオン効果……」で始まる段落の前に入る。

問三　空らん1は本心を打ち明けるという意味の「腹を割る」，空らん6は名誉を傷つけるという意味の「顔を潰す」，相手の顔をまともに見ることもできないほど恥ずかしいという意味の「顔向けできない」である。

問四　空らん2は「自分の人柄や能力」なので内部に関するさまを表すオ，3は「好意的」とは「反対」のことなので認めないさまを表すア，4は「感情的」ではない反応なので理屈に合っているさまを表すウがそれぞれあてはまる。

問五　——部④直前の2段落内容を踏まえ，④でたとえたものを「自分が自信や誇りを持てるような，自分を好意的，肯定的に見てくれる他者の目」というような内容で簡潔に説明する。

重要　問六　——部⑤は「自己とは他者である」の「もうひとつの意味」である「自己のイメージ」についてで，「こうしてみると……」で始まる段落内容を踏まえ，「自己イメージは，人から言われた言葉や人から示された態度をもとにつくられるという意味」というような内容で説明する。

問七　空らん5は，小さい頃からの積み重ねでつくられてきたものなので「経験」などがあてはまる。

問八　――部⑦直後の段落で⑦について「キャラに則って面白さを演じる方が容易に承認が得られやす」く「優劣で傷つくこともない」と述べているので，この内容を⑦の理由として説明する。

重要　問九　――部⑧直後の段落で，日本人のことである⑧について「『恥ずかしい』とか『みっともない』という思いは……自分を正しい行いに導く力になっている」と述べているので，このことを⑧の理由として説明する。

問十　空らんAは「人の目に映る自分の姿を想像すること」なのでイ，Bは直後の段落でBの特徴として「自己主張」について述べているのでア，CもBの説明の続きなのでア，Dは「絆を強化し」，Eも「絆を自分の中に取り込んでいく」対象なので，どちらもイ，Fは「相手との関係に応じて……姿を変える」ものなのでアがそれぞれ入る。

やや難　問十一　――部⑨の理由として「アメリカ人にとって……」で始まる段落で「アメリカ人にとって，コミュニケーションの最も重要な役割は，相手を説得し，自分の意見を通すこと」であること，「つまり，僕たち……」で始まる段落で，「日本人にとっては，コミュニケーションの最も重要な役割は，お互いの気持ちを結びつけ，良好な場の雰囲気を醸し出すこと」であること，さらに「このような人の……」で始まる段落で，こうした「日本的な心のあり方」が批判されるのは「欧米的な価値観に染まった見方に過ぎない」ことを述べているので，これらの内容を踏まえて⑨の理由を説明する。

基本　問十二　空らん7には，平凡でありふれているという意味のアがあてはまる。イは気がついてもいまさら取り返しがつかないことのたとえ。ウは机の上で考えただけの実際には役に立たない意見のこと。エは思いがけないことに驚くことのたとえ。

問十三　空らん8は直前の内容を根拠とした内容が続いているので「だから」，9は直後で具体的な説明が続いているので「たとえば」，10は言うまでもなくという意味で「もちろん」，11は直前の内容とは相反する内容が続いているので「でも」がそれぞれあてはまる。

やや難　問十四　日本人のあり方である――部⑩の「関係性」ということに着目して，「日本は恥の文化の国」で「自分の姿が人の目にどんなふうに映っているか」を「たえず意識して暮らしてい」て，「相手の意見や要求を汲み取り，それを自分の意見や要求に取り込」むことで「相手との関係にふさわしい自分が生成」される，と述べていることを踏まえて，⑩を指定字数以内で説明する。

二　(漢字の書き取り)

1の部首はいずれも「木(きへん，き)」。2は性質などが共通するいくつかの個体をまとめたもの。3は必要な金銭などを得るもと。4は官公庁，役所の建物。5は税金を納めること。6の「看」の部首は「目(め，めへん)」。7の「枚挙にいとまがない」は数えられないほど多いさま。8は時代のうつり変わりによって変わる世の中のありさま。9の音読みは「ジョ，ジ」。熟語は「除去」「掃除」など。10の音読みは「ハイ」。熟語は「拝見」など。

★ワンポイントアドバイス★

指示語は，指す内容をあてはめてみて，文脈がおかしくないかを確認しよう。

2022年度

★★★★★★★★★★★★★★★★★★★★★★★★

入　試　問　題

2022年度

明治大学付属明治中学校入試問題（第1回）

【算　数】（50分）　＜満点：100点＞

【注意】１．解答は答えだけでなく，式や考え方も解答用紙に書きなさい。

　（ただし，1は答えだけでよい。）

２．円周率《えんしゅうりつ》は3.14とします。

３．定規・分度器・コンパスは使用してはいけません。

1　次の □ にあてはまる数を求めなさい。

(1)　$1\frac{1}{4}\div\left\{\left(1\frac{2}{7}-\square\right)\div 3+1\frac{1}{14}\right\}=1$

(2)　ある仕事を，ＡとＢとＣの３人で行うとちょうど25日で終わり，ＡとＢの２人で行うとちょうど40日で終わります。この仕事を，１日目はＡとＣ，２日目はＢとＣ，３日目はＡとＣ，４日目はＢとＣ，…というように，Ｃは毎日，ＡとＢは１日ずつ交互《こうご》に行うと，□ 日目の途中《とちゅう》で仕事が終わります。

(3)　５人がけの長いすＡと６人がけの長いすＢがあり，Ｂの脚《きゃく》数はＡの脚数の２倍よりも20脚少ないです。これらの長いすに生徒が座るとき，Ａだけを使って座ると２人が座れず，Ｂだけを使って座ると３人が座れなくなります。このとき，生徒は □ 人います。

(4)　Ｍさんは，Ａ町からＢ町まで一本道を休まずに歩きました。Ａ町から途中《とちゅう》のＰ地までは上り，Ｐ地からＱ地までは平地，Ｑ地からＢ町までは下りになっています。また，Ｍさんの上りの速さは毎時３km，平地の速さは毎時４km，下りの速さは毎時５kmです。Ａ町からＢ町まで歩いたときの平均の速さは毎時4.5kmです。Ｍさんが上りと平地を歩くのに同じ時間がかかったとき，上りの道のりは全体の道のりの □ 倍です。

(5)　下の図のように，１辺の長さが８cmの正方形の中に４分の１の円が２つ，三角形が１つあります。アの部分の面積から，イの部分の面積とウの部分の面積を引くと，□ cm^2 です。

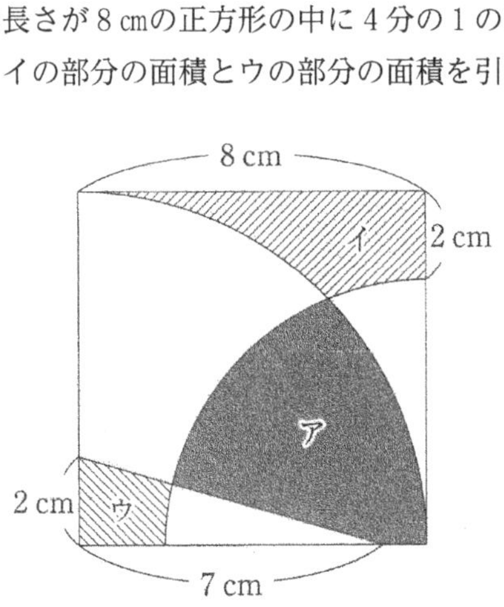

2　あるクラスの男子の人数は女子の人数よりも３人多いです。このクラスで10点満点の小テストを行ったところ，男子の平均点は6.5点，女子の平均点は7.6点，クラス全員の平均点はちょうど７点でした。また，クラスの男子のＡくん，Ｂくん，Ｃくんの３人を除いた男子の平均点は6.2点で，Ａくんの点数は７点でした。このとき，次の各問いに答えなさい。

⑴　このクラスの男子の人数は何人ですか。

⑵　ＢくんとＣくんの平均点は何点ですか。

3　水そうに給水管が１本ついていて，毎分14Ｌの水が入ります。また，この水そうの底に排水《はいすい》管が５本ついていて，どの排水管からも一定の割合で同じ量の水が出ます。はじめに，９時に何Ｌかの水が水そうに入っている状態で，給水管１本と排水管５本を同時に開け，９時10分に排水管１本を閉じ，９時20分にさらに排水管３本を閉じました。水そうに入っている水量を調べると，９時10分の水量は９時の水量の$\frac{1}{2}$で，９時20分の水量は９時の水量の$\frac{1}{3}$でした。このとき，次の各問いに答えなさい。

⑴　排水管１本から毎分何Ｌの水が出ますか。

⑵　９時の水量は何Ｌでしたか。

⑶　水量が初めて200Ｌになるのは，何時何分ですか。ただし，水そうの容積は200Ｌ以上あるものとします。

4　船Ｐが，流れの速さが一定である川を25㎞下るのにかかる時間と，この川を５㎞上るのにかかる時間は同じです。ある日，船Ｐがこの川のＡ地点を出発して６㎞はなれたＢ地点までの間を往復するのに，行きの静水時の速さはいつもの静水時の速さの$1\frac{1}{2}$倍に，帰りの静水時の速さはいつもの静水時の速さの$\frac{2}{3}$倍にしたところ，往復で１時間５分かかりました。このとき，次の各問いに答えなさい。

⑴　船Ｐのいつもの静水時の速さは，この川の流れの速さの何倍ですか。

⑵　この川の流れの速さは毎時何㎞ですか。

5　下の図のように　五角形ABCDEがあります。辺AB上に点Ｆ，辺BC上に点Ｇがあり，ACとDGの交わる点をＨとします。AEとBC，ABとDC，FGとEDはそれぞれ平行で，AF＝２㎝，FB＝２㎝，BG＝２㎝，GC＝１㎝，CD＝３㎝，FG＝１㎝です。このとき，次の各問いに答えなさい。

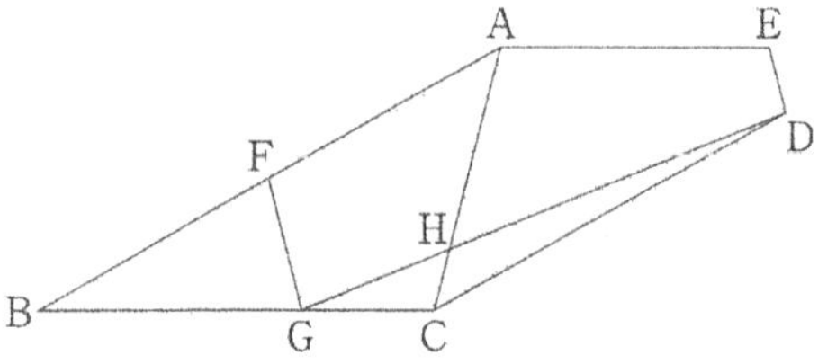

⑴　三角形FBGの面積と六角形AFGCDEの面積の比を，最も簡単な整数の比で表しなさい。

⑵　三角形FBGの面積と三角形HGCの面積の比を，最も簡単な整数の比で表しなさい。

【理　科】（40分）　＜満点：75点＞

〔Ⅰ〕　５種類の水溶《よう》液Ａ～Ｅがあり，これらの水溶液はア～カのいずれかであることがわかっています。Ａ～Ｅがそれぞれどの水溶液かを調べるため，【実験１】～【実験３】を行いました。これらの結果から水溶液Ａ～Ｅをア～カから選び，それぞれ記号で答えなさい。

ア　うすい塩酸　　　イ　水酸化ナトリウム水溶液　　　ウ　食塩水

エ　アンモニア水　　オ　炭酸水　　　　　　　　　　　カ　石灰水

【実験１】

リトマス紙を使って色の変化を調べたところ，ＢとＣは青色リトマス紙が赤色になり，Ａ，Ｄ，Ｅは赤色リトマス紙が青色になった。

【実験２】

においを調べたところ，Ａ，Ｂは刺《し》激臭《しゅう》がした。

【実験３】

水溶液に息をふきこんだところ，Ｅは白くにごった。

〔Ⅱ〕　酸素の性質について，問いに答えなさい。

⑴　右図は酸素を発生させるための実験装置です。ＡとＢに入れる物質の名称《しょう》をそれぞれ答えなさい。

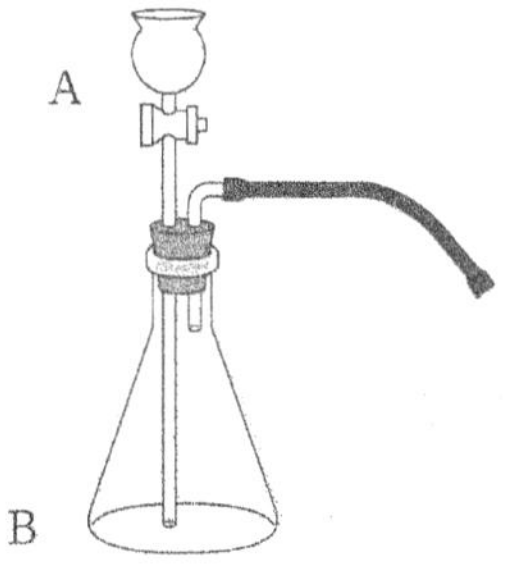

図

⑵　発生させた酸素を集めるための方法として最も適切なものを選び，ア～ウの記号で答えなさい。

ア　水上置換《かん》法

イ　上方置換法

ウ　下方置換法

⑶　酸素の性質として正しいものを選び，ア～エの記号で答えなさい。

ア　同じ体積の空気より軽く，水に溶《と》けやすい。

イ　同じ体積の空気より軽く，水に溶けにくい。

ウ　同じ体積の空気より重く，水に溶けやすい。

エ　同じ体積の空気より重く，水に溶けにくい。

⑷　下図は乾燥《かんそう》した空気に含《ふく》まれる気体の割合を表しています。図の中で酸素を表しているものを選び，ア～ウの記号で答えなさい。

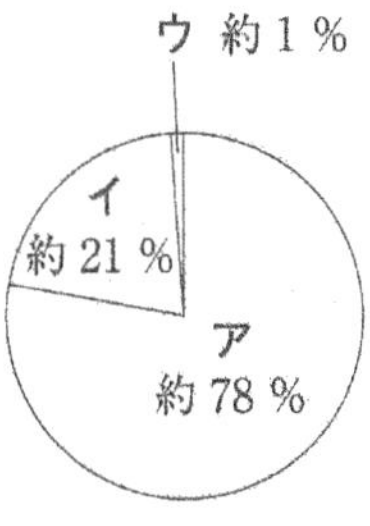

図

〔Ⅲ〕 次の文章を読み，問いに答えなさい。

ユネスコの世界遺産委員会は「(　ａ　）大島，徳之《の》島，沖縄島北部及《およ》び（　ｂ　）島」を世界自然遺産に登録することを全会一致《ち》で決めました。国内の自然遺産への登録は1993年の白神山地とⅠ(　ｃ　）島が最初で，2011年の（　ｄ　）諸島以来10年ぶり，５件目となります。

今回登録される地域は，亜《あ》熱帯性気候で多雨林が広がり，（　ａ　）ノクロウサギやⅡヤンバルクイナ，（　ｂ　）ヤマネコなどの絶滅《めつ》危惧《ぐ》種やⅢ固有種が多いことが登録理由となっています。独特の進化を遂《と》げた種が豊富に分布する生物多様性を保全するために，多くの取り組みが必要になります。

⑴　文中の（ａ）～（ｄ）にあてはまることばをそれぞれひらがなで答えなさい。

⑵　下線部Ⅰの（　ｃ　）島は，樹齢《れい》4000年以上で縄文時代から生きているスギが有名です。スギの特徴《ちょう》として正しいものを選び，ア～オの記号で答えなさい。

ア　胞《ほう》子で子孫を増やす。

イ　風媒《ばい》花である。

ウ　胚珠《はいしゅ》がむきだしになっている。

エ　完全花である。

オ　維《い》管束をもたない。

⑶　下線部Ⅱのヤンバルクイナは鳥類です。一般《ぱん》的な鳥類の特徴《ちょう》として正しいものを選び，ア～オの記号で答えなさい。

ア　体外受精を行う。

イ　陸上に卵を生む。

ウ　変温動物である。

エ　殻《から》のある卵を生む。

オ　背骨がある。

⑷　下線部Ⅲの固有種に対し，もともとその地域に生息していなかったが人間の手によってその地域に持ち込《こ》まれ，野生化した種のことを何といいますか。

〔Ⅳ〕 次の文章を読み，問いに答えなさい。

食物中に含まれるタンパク質は，まず胃液に含まれる(　ａ　)というⅠ消化酵《こう》素によって(　ｂ　)に，さらに(　ｂ　)はすい液や腸液に含まれる消化酵素によって(　ｃ　)に変えられます。(　ｃ　)は小腸で吸収された後，Ⅱ血管を通って肝《かん》臓に送られ，一部は肝臓でふたたびタンパク質につくり変えられます。残りは全身の細胞《ぼう》に運ばれ，筋肉などのタンパク質につくり変えられます。

つくられた筋肉は，骨や内臓を動かすはたらきをします。筋肉が動くとき，Ⅲ酸素をつかって糖を分解し，エネルギーを得ています。このとき必要なⅣ酸素は血液から供給されます。

⑴　文中の（ａ）～（ｃ）にあてはまることばをそれぞれ答えなさい。

⑵　下線部Ⅰに関して，次の文章の中から正しいものを選び，ア～エの記号で答えなさい。

ア　すい液の中にあるアミラーゼという消化酵素は，タンパク質を分解する。

イ　胃液中に含まれる消化酵素は，酸性で最もよくはたらく。

ウ　消化酵素は煮沸《しゃふつ》するとはたらきはにぶるが，その後に体温に近い温度に戻《もど》すとよくはたらくようになる。

エ　消化酵素は低温にするとはたらきはにぶるが，その後に体温に近い温度に戻すとよくはたらくようになる。

⑶　下線部Ⅱの血管の名称を答えなさい。

⑷　下線部Ⅲのはたらきの名称を答えなさい。

⑸　下線部Ⅳに関して，次の文章の中から正しいものを選び，ア～オの記号で答えなさい。

ア　酸素を運ぶのは，ヘモグロビンという赤い物質である。

イ　酸素は心臓で血液中に取り入れられる。

ウ　酸素を多く含む血液を動脈という。

エ　酸素を多く含む血液は鮮《あざ》やかな紅色である。

オ　筋肉などで血液から酸素が離《はな》されると，代わりに窒《ちっ》素が血液に取り入れられる。

〔Ⅴ〕　下図１は，2022年２月２日６時に，調布市から見た東の空のようすを表しています。実際は，空が薄《うす》明るいため，見えない星があります。図を見て，問いに答えなさい。

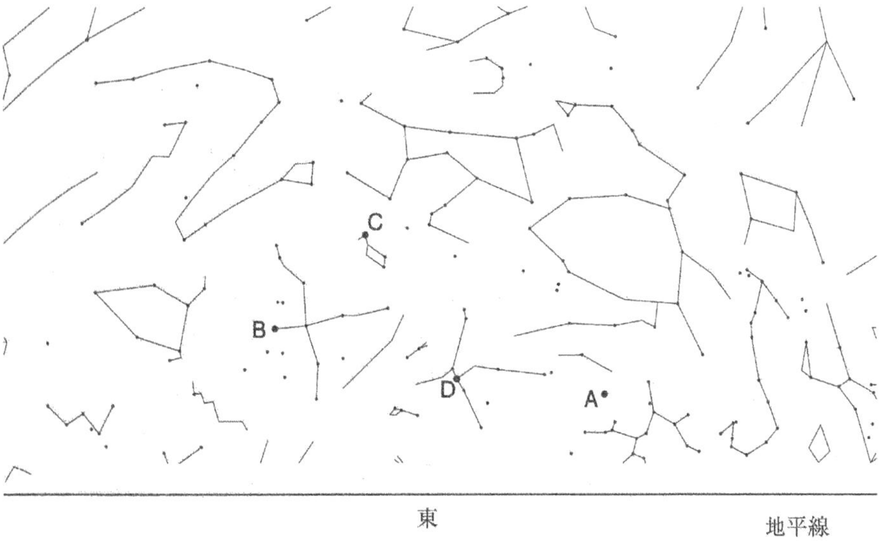

図１

⑴　図１中の星Ａは，昨年の夏から年末にかけ，日の入り前の西の空に明るく輝《かがや》いていましたが，今年になると，日の出前の東の空に輝くようになりました。この星の名称を答えなさい。

⑵　図１中の星Ａは，この図に描《か》かれているほかの星とは異なる特徴があります。その特徴について正しいものを選び，ア～エの記号で答えなさい。

ア　ほかの星とは異なり，自ら光を出して光っている。

イ　ほかの星とは異なり，太陽の光を反射して光っている。

ウ　ほかの星とは異なり，赤く光っている。

エ　ほかの星とは異なり，黄色く光っている。

⑶　下図２は，地球の北極側から見た，太陽，地球，星Ａの関係を模式的に表したものです。この日の星Ａの位置として最も近いものを選び，ア～エの記号で答えなさい。

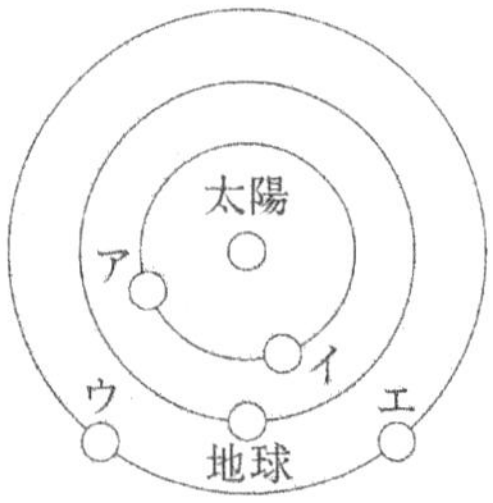

図２

⑷　図１中の星Ｄが０時に南中する時期として正しいものを選び，ア～エの記号で答えなさい。

ア　３月～４月ごろ

イ　５月～６月ごろ

ウ　７月～８月ごろ

エ　９月～10月ごろ

⑸　図１中の星Ｂ，Ｄの名称をそれぞれ答えなさい。また，星Ｃが属する星座の名称を答えなさい。

⑹　調布市で，図１中の星Ｄが南中したとき，同時に観測することができる星を選び，ア～エの記号で答えなさい。

ア　ベテルギウス

イ　シリウス

ウ　アンタレス

エ　プロキオン

⑺　調布市における，図１中の星Ｄの南中高度は約63°です。調布市の緯《い》度を北緯36°とすると，札幌《ぽろ》市（北緯43°）における星Ｄの南中高度を求めなさい。

〔Ⅵ〕　長さ20㎝のばねＡ，ばねＢにおもりをつるし，おもりの重さとばねの長さの関係を調べたところ，表１のようになりました。また，ばねＡ，ばねＢにおもりをのせ，おもりの重さとばねの長さの関係を調べたところ，表２のようになりました。

ばねＡ，ばねＢと一辺が10㎝の立方体のおもり，長さの異なる３種類の箱，台ばかりを用いて【実験１】～【実験４】を行いました。これらの実験について，問いに答えなさい。ただし，ばねには重さがないものとし，表の中で測定しなかったところは空欄《らん》になっています。

おもりの重さ(g)	10	20	30
ばねＡの長さ(cm)	22	24	26
ばねＢの長さ(cm)	28	36	44

表１　おもりをつるして伸《の》ばしたとき

おもりの重さ(g)	10	20	30
ばねＡの長さ(cm)	18	16	14
ばねＢの長さ(cm)	12	4	

表２　おもりをのせて縮めたとき

【実験１】

図１のように，長さが40㎝の箱を用いて，重さ30ｇのおもりをばねＡにつるしました。

⑴　ばねＡから点Ｐにはたらく力は何ｇですか。

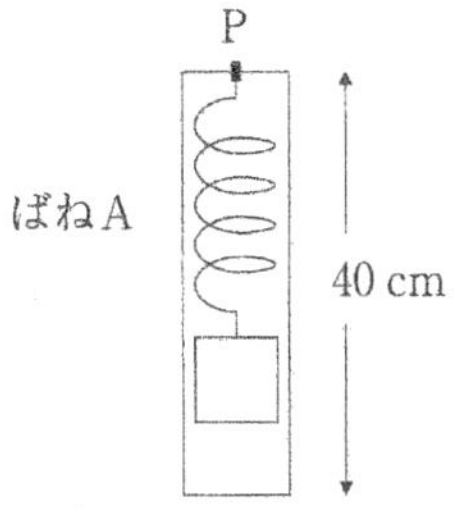

図１

【実験２】

図２のように，重さ200ｇで長さ40㎝の箱を用いて，重さ60ｇのおもりをばねＡにつるしました。次に，図３のように，図２の装置を台ばかりの上にのせました。

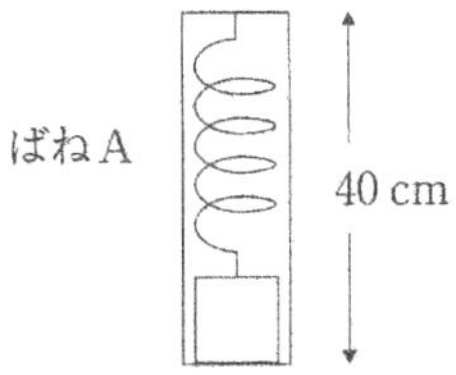

図２

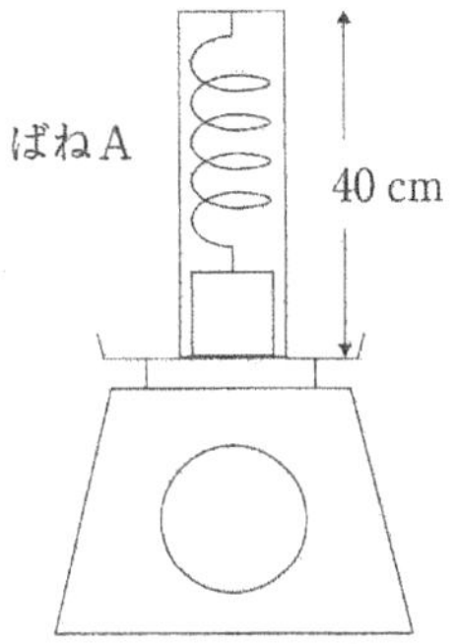

図３

⑵　図２で，ばねＡがおもりを引く力は何ｇですか。

⑶　図３で，台ばかりの示す値は何ｇですか。

【実験３】

図４のように，長さが70㎝の箱を用いて，ばねＡ，ばねＢ，おもりの順番につるしました。

⑷　ばね全体の長さ55㎝のとき，おもりの重さは何ｇですか。

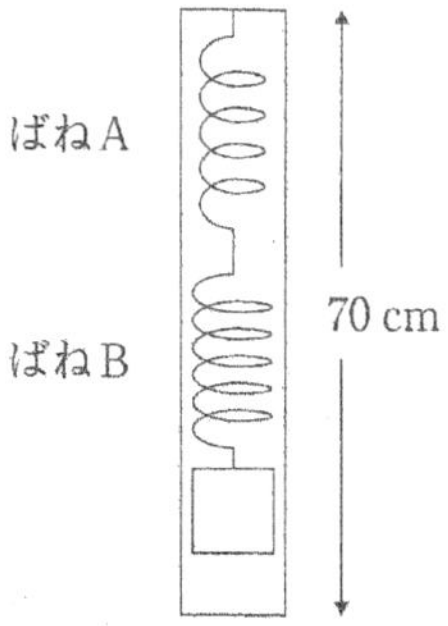

図４

【実験４】

図５のように，長さ50㎝の箱を用いて，ばねＡ，重さ25ｇのおもり，ばねＢの順番に箱に取り付けました。

⑸　ばねＡの長さは何㎝ですか。

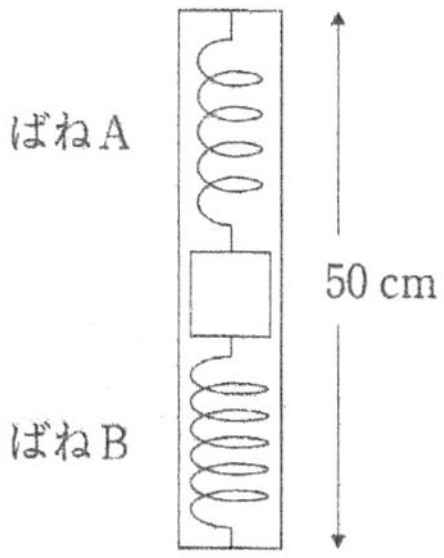

図５

〔Ⅶ〕 電気回路の部品の一つにLED（発光ダイオード）があり，電流の向きによって光ったり，光らなかったりします。LEDを図１のように接続すると電流が流れて光り，図２のように接続すると電流が流れず光りません。

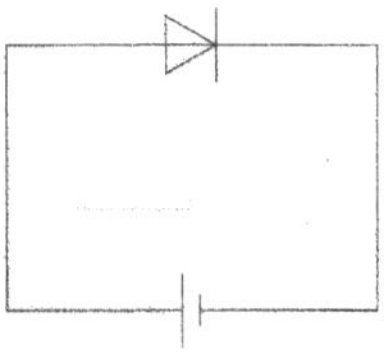

図１

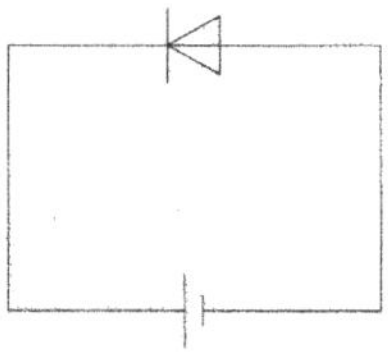

図２

電池や導線，電球，LED，金属板，金属製の棒などを用いて回路をつくり，【実験１】～【実験３】を行いました。これらの実験では，電球やLEDは全て同じものを使用し，回路に少しでも電流が流れると光るものとします。また，導線や金属板，金属製の棒には抵抗《ていこう》がないものとして，問いに答えなさい。

【実験１】

図３のように，電池と電球，LEDを用いてさまざまな回路をつくり，どの電球とLEDが光るか調べました。

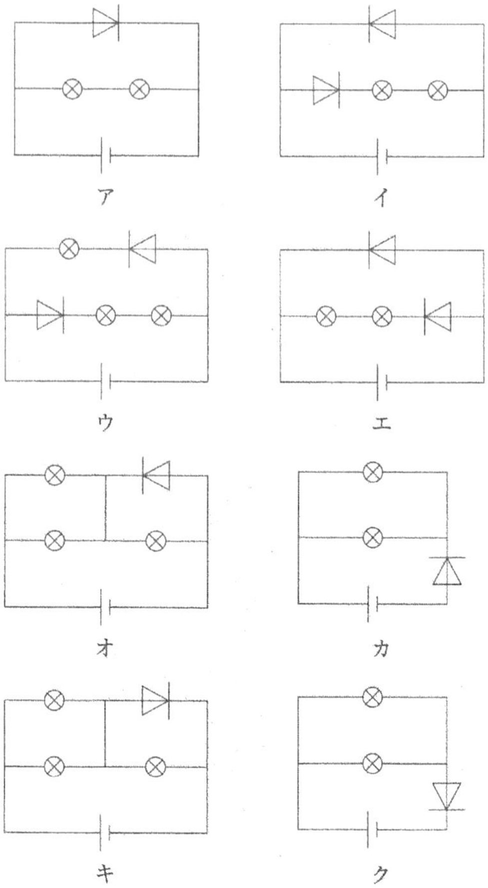

図３

⑴　全ての電球が光るのはどの回路ですか。正しいものを選び，前のページのア～クの記号で答えなさい。

⑵　全ての電球とLEDが光るのはどの回路ですか。正しいものを選び，ア～クの記号で答えなさい。

【実験２】

図４のように，木板を円形に切り出し，その縁《ふち》の一部に板の形にそって２つの金属板Aを固定しました。

次に，図５のように，金属製の細い棒を木板の中心に取り付け，棒が金属板と接しながら一定の速さでなめらかに回転するようにしました。金属棒が回転するとき，金属板や木板との間に摩擦《まさつ》はないものとします。さらに，金属板Aには導線をつなぎ，電池と電球を接続しました。

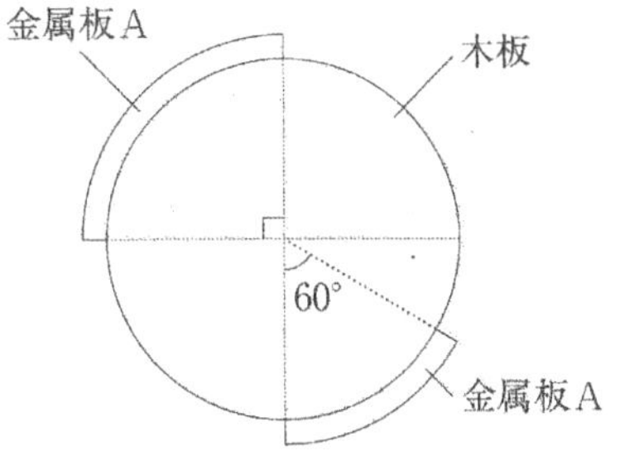

図４

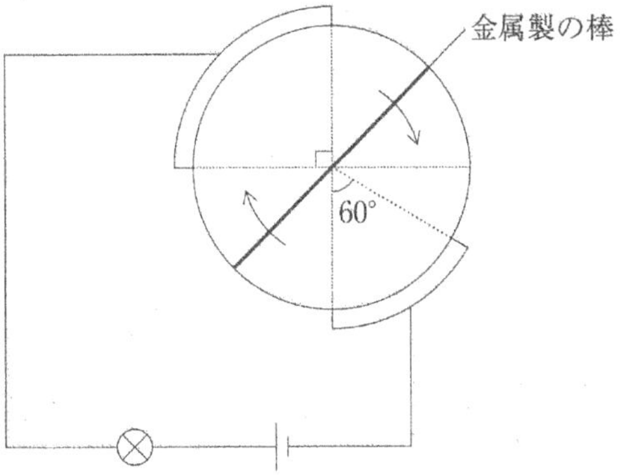

図５

⑶　【実験２】で，棒が２秒間で１回転するとき，５分間のうち電球が光るのは何秒間ですか。

【実験３】

LEDには赤色や緑色などに発光するさまざまな種類があります。次のページの図６のように，【実験２】で使用した金属製の棒の代わりに，電池と緑色に光るLEDと金属製の細い棒を接続した棒状の部品を木板の中心に取り付け，一定の速さでなめらかに回転するようにしました。さらに，2つの金属板Aには導線をつなぎ，赤色に光るLEDを接続しました。２つの金属板Bにも導線をつなぎ，電球を接続しました。

金属板Aと金属板Bは接触《しょく》しておらず，金属板Aと金属板Bのすきまによる影響《えいきょう》はないものとします。また，金属板Aと金属板Bにつながれている導線は，互《たが》いに接続していないものとします。

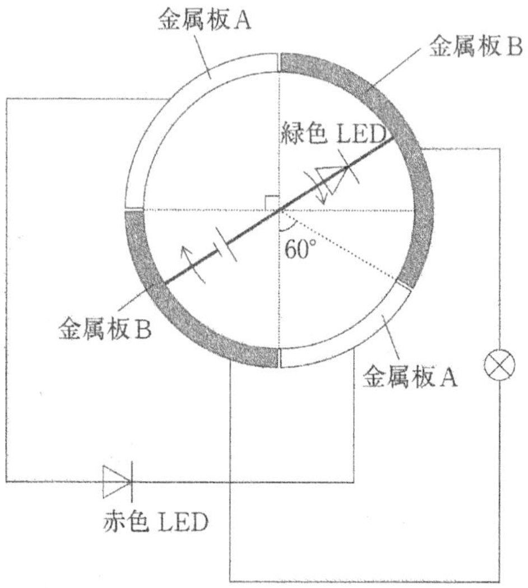

図６

⑷　【実験３】で，棒状の部品が１回転するとき，電球，赤色LED，緑色LEDが光る時間の割合を，最も簡単な整数の比で答えなさい。

【社　会】（40分）　＜満点：75点＞

Ⅰ　日本の地理に関する以下の問いに答えなさい。

1　次の図１中のＡ～Ｈの河川について，以下の問いに答えなさい。

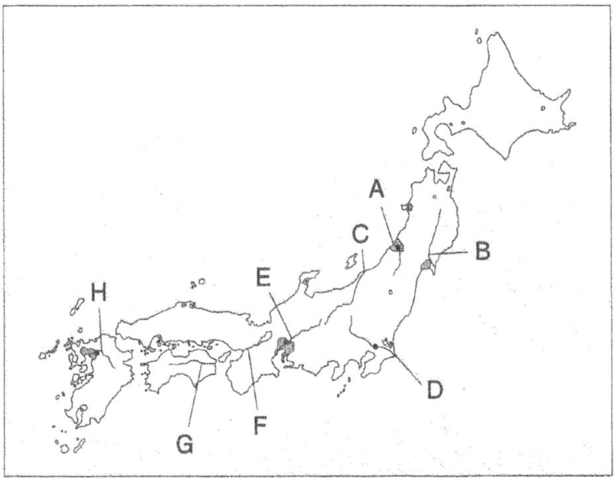

図１

⑴　図１中の河川Ａ・Ｂ・Ｅ・Ｈについて，河口付近での名まえを答えなさい。また河川Ａ・Ｂ・Ｅ・Ｈの下流域に位置する網かけで示された平野の名まえを答えなさい。

⑵　次のア～エは図１中Ａ・Ｄ・Ｅ・Ｈいずれかの河川について，•の観測地点での河川流量を表しています。図１中のＡにあてはまるものを次のア～エの中から１つ選び，記号で答えなさい。

［国土地理院『新版日本国勢地図』］

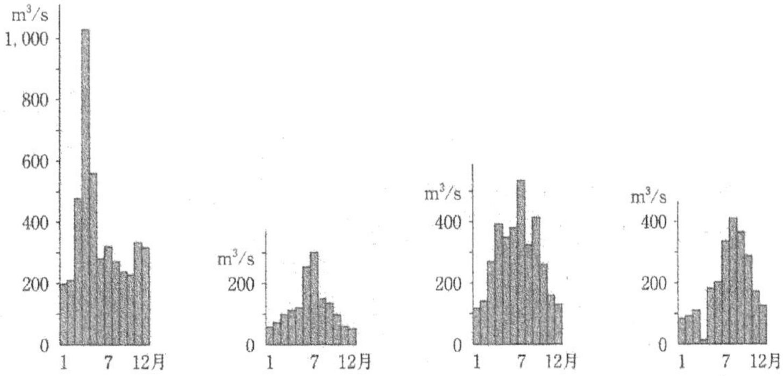

ア　イ　ウ　エ

⑶　次のページの地図１～４は，図１中の河川Ｃ・Ｄ・Ｆ・Ｇいずれかについて，河口から上流側を見た立体地図(国土地理院の「地理院地図」の傾斜量図と陰影起伏図を立体化した地図)※です。地図１～４中，あの位置にある湖，いの平野，うの山脈，えに市役所がある市をそれぞれ答えなさい。

地図１

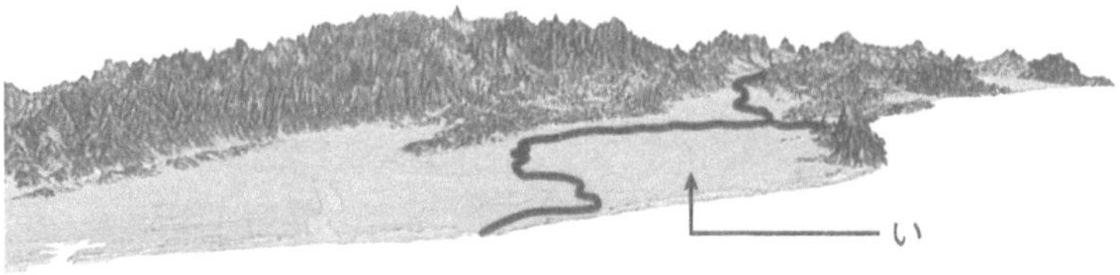

地図２

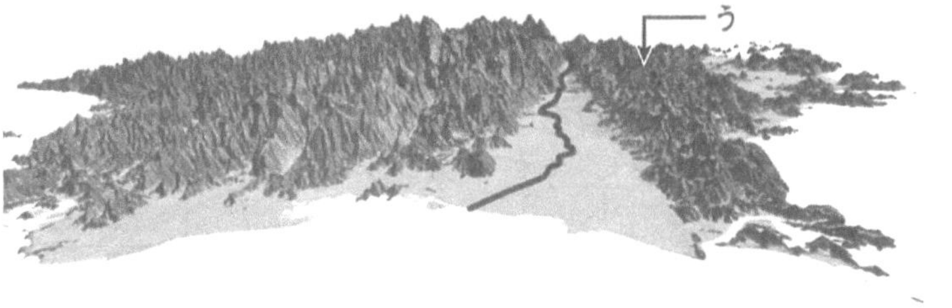

地図３

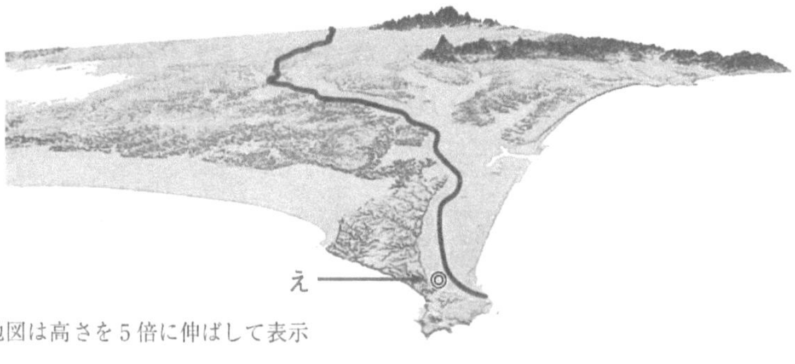

地図４

※立体地図は高さを５倍に伸ばして表示

2　下と次のページの表はジャガイモ，サツマイモ，レタス，ニンジンについて都道府県別収穫量（2019年）を表したものです。表中**Ａ**～**Ｄ**にあてはまる都道府県名の組み合わせとして正しいものをあとの**ア**～**エ**の中から１つ選び，記号で答えなさい。

ジャガイモ

		t	%
1位	A	1,890,000	78.8
2位	B	95,000	4.0
3位	長　崎	90,900	3.8
4位	C	48,300	2.0
5位	D	29,500	1.2
	全国	2,399,000	100.0

サツマイモ

		t	%
1位	B	261,000	34.9
2位	C	168,100	22.5
3位	D	93,700	12.5
4位	宮　崎	80,600	10.8
5位	徳　島	27,300	3.6
	全国	748,700	100.0

レタス

		t	%
1位	長　野	197,800	34.2
2位	C	86,400	14.9
3位	群　馬	51,500	8.9
4位	長　崎	36,000	6.2
5位	兵　庫	30,100	5.2
	全国	578,100	100.0

ニンジン

		t	%
1位	A	194,700	32.7
2位	D	93,600	15.7
3位	徳　島	51,400	8.6
4位	青　森	39,600	6.7
5位	長　崎	31,100	5.2
	全国	594,900	100.0

［農林水産省資料より作成］

	A	B	C	D
ア	北海道	鹿児島	茨　城	千　葉
イ	北海道	宮　城	秋　田	滋　賀
ウ	熊　本	北海道	愛　知	茨　城
エ	北海道	栃　木	熊　本	岩　手

3　次のグラフは日本の農家における働き手の変化を表したものです。グラフから読み取れる状況への対策として，日本の農業で現在行われている工夫として正しくないものをあとの**ア**～**エ**の中から１つ選び，記号で答えなさい。

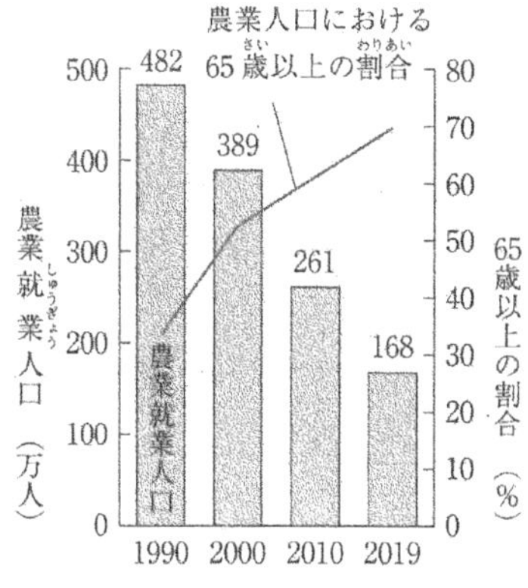

［『日本のすがた 2021』より作成］

ア　人手が集めやすい会社組織にして農業経営の法人化を進める

イ　技能実習制度や特定技能制度による外国人労働力を活用する

ウ　耕地分割をして一戸当たりの耕地面積の小さい農家を増やす

エ　ロボットやＡＩ等の先端技術を活用するスマート農業を推進する

4　次のグラフは機械工業，ガラス・セメント・陶磁器工業，紙・パルプ工業，化学工業について都道府県別出荷額（2018年）を表したものです。グラフ中Ａ～Ｃにあてはまる都道府県名の組み合わせとして正しいものをあとの**ア**～**エ**の中から１つ選び，記号で答えなさい。

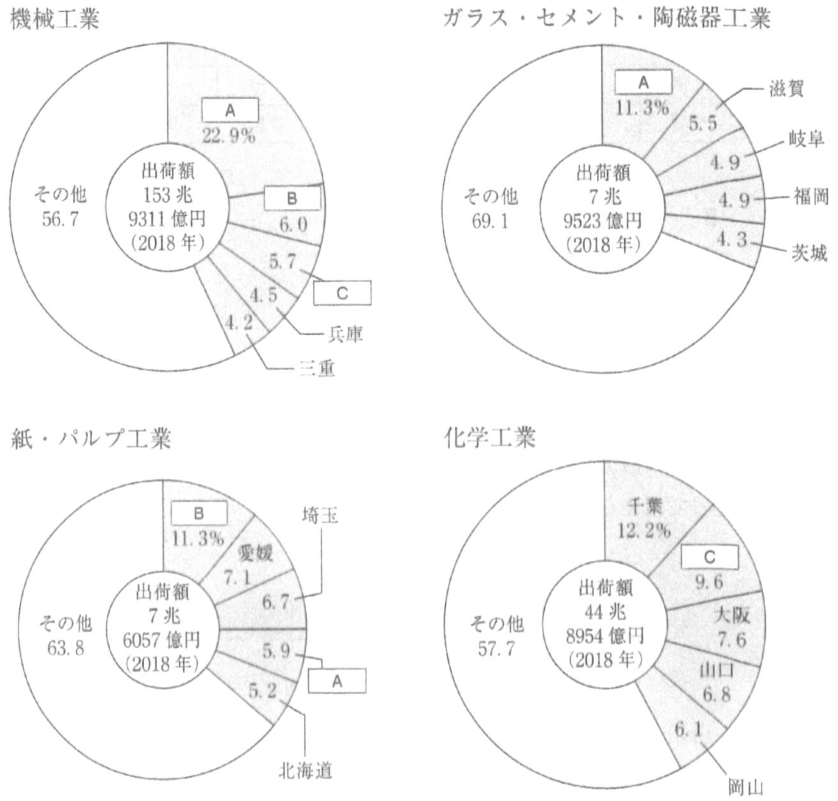

[『日本のすがた 2021』より作成]

	Ａ	Ｂ	Ｃ
ア	愛　知	広　島	福　井
イ	東　京	愛　知	宮　城
ウ	静　岡	新　潟	愛　知
エ	愛　知	静　岡	神奈川

5　次のページの図は，最大出力が大きい主な発電所の分布を示しています。ただし図中●と▲の発電所では発電エネルギーが異なります。またグラフは日本の総発電量における「火力」「水力」「新エネルギー」「原子力」の割合の変化を表しています。図中●と▲の発電エネルギーとして正しいものをグラフ中Ａ～Ｃの中から１つずつ選び，記号で答えなさい。

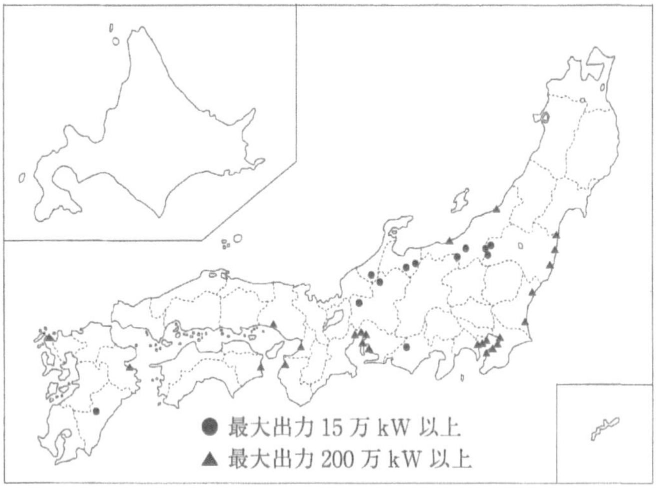

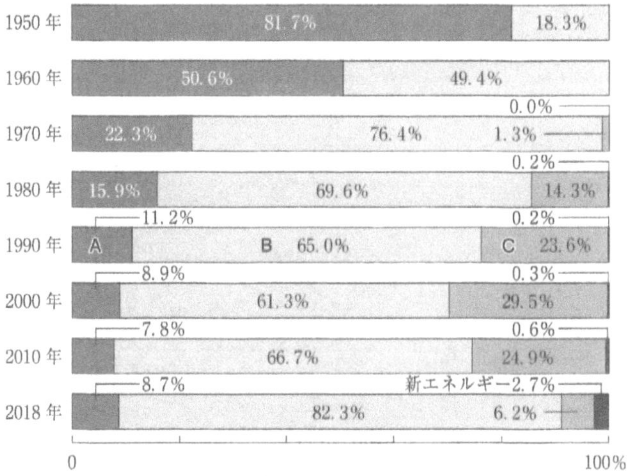

総発電量における発電エネルギー別割合［『日本のすがた 2021』より作成］

6　次の写真は嫁ヶ島と宍道湖に沈む夕日を撮影したものです。写真の撮影場所として正しいものを次のページの**地形図１**中の× **ア**～**エ**の中から１つ選び，記号で答えなさい。

地形図１

7　次の文章を読み，次のページの**地形図２**に関する以下の問いに答えなさい。

> 八国山は狭山丘陵の東端にある山です。その頂きから上野・下野・常陸・①安房・相模・駿河・信濃・甲斐の八国が見渡せることから，その名が付いたとされています。新田義貞鎌倉討伐や武蔵野合戦などが行なわれた場所で，山のふもとには久米川古戦場碑があり，山頂には②将軍塚が残されています。

［東村山市HP「八国山緑地の道案内」より一部抜粋］

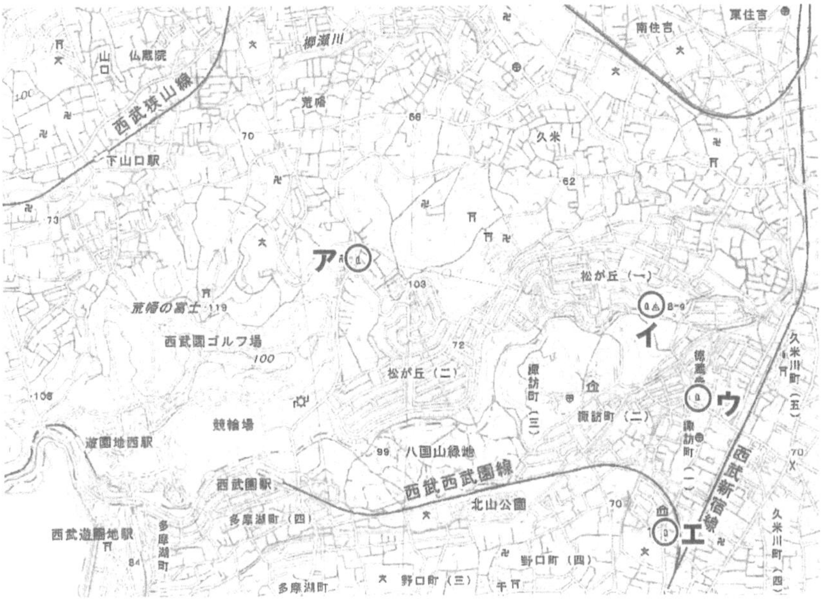

地形図２

⑴　下線部①に示される古代日本の行政区分の範囲が含まれる都道府県を答えなさい。

⑵　下線部②の記念碑がある場所を，**地形図２**中○で示した地図記号**ア**～**エ**の中から１つ選び，記号で答えなさい。

8　下に示す**ヒント**①～③と次のページの**古地図見本**を参考に，次の文中の空らんにあてはまる語句として正しいものをあとの**ア**～**エ**の中から１つ選び，記号で答えなさい。

> 古来，わが国の地図では［　　　］が不明瞭であったという。それには，床のある建物内では履《はき》物《もの》をぬぎ，畳や板間に坐《すわ》るという生活様式が深くかかわっている。地図を水平にしてひろげる場所が，建物内の至《いた》る所にあり，図の周囲から眺めることが容易であったから，殊更《ことさら》，［　　　］を決める必要がなかったのである。図面に記入されている文字の方向が一定していない地図が多いのも，わが国における地図作りの特色である。

［海野一隆1998「日本人と地図」より一部抜粋，選択肢〔　〕内は出題者補足］

ア　起伏（地形）〔地表上の凹凸〕

イ　丈量（面積）〔地表上の広さ〕

ウ　尺度（縮尺）〔地図を縮めた割合〕

エ　天地（上下）〔図面を見る向き〕

ヒント①　文中の下線は，近代以前の日本における地図作りの特色を示しています。

ヒント②　文中２ヶ所の空らんには，両方とも近代になると統一される地図表現上のある約束事が入ります。

ヒント③　ヒント②の約束事は，文中の下線の特色と関係があります。

古地図見本

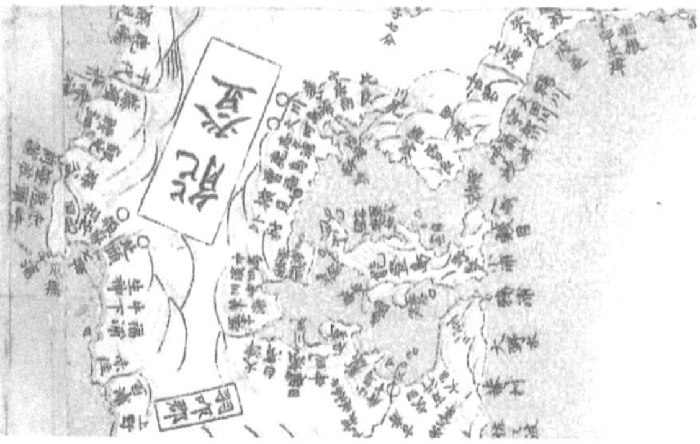

［「官板実測日本地図　畿内　東海　東山　北陸」より一部抜粋］

Ⅱ　次の文章を読み，以下の問いに答えなさい。なお史料は，わかりやすく編集しています。

私たちのまわりには，歴史を題材にしたゲームや映画などが多く存在します。最近では，明治時代を舞台とした映画「るろうに剣心」などがありました。①こうした作品を楽しむことは，歴史に興味を持つきっかけとなります。また作品を通して，それぞれの時代について，さまざまなイメージを持つこともあるでしょう。

その一方で，多くの人々が持つ歴史のイメージは，史実（本当にあったこと）と異なる場合があります。例えば，②鎌倉幕府と戦った元軍には，高麗《こうらい》（朝鮮）の人々も参加していました。「元」という文字でイメージされるような「中国人やモンゴル人」だけの軍ではなかったのです。また，③時代劇などでは，江戸時代の「鎖国」体制や厳しい上下関係が描かれることがあります。そのため，江戸時代は外国との関係を断ち，武士がいばって百姓を苦しめた時代で，明治時代になって開国され，平等な社会が目指されたとイメージする人もいるでしょう。しかし，④実際には明治時代になっても差別は残り，人々を苦しめることになりました。さらに，⑤明治政府が徴兵制や殖産興業により国力の強化を目指す一方で，国民の負担が大きくなったということもわかっています。そして，⑥国際社会に進出した日本は多くの戦争により，さらに国民を苦しめることになるのです。このように，実際にはどうだったのか調べてみると，それまでのイメージとの違いにおどろくこともあるでしょう。

ただし，実際にはどうだったのか，はっきりとわからないこともあります。例えば，前方後円墳の一つである大仙古墳は，仁徳天皇の墓であると宮内庁に認められていますが，⑦十分には発掘調査が行われていないため，実際には仁徳天皇の墓かどうかわかっていません。また，⑧聖徳太子の死後，政治を天皇中心にしようとしたのが，大化の改新でした。⑨しかし，中大兄皇子と中臣鎌足が中心人物であるという話は，８世紀に２人の親族の影響を受けて作られたものでした。２人が本当に中心人物であったのかどうか，やはりわかっていません。

これに対し，研究が進んで新しい事実がわかることもあります。例えば，⑩平安時代には，政治の中心が武士へと変わり始め，のちに武家政権として鎌倉幕府が成立しました。右図は鎌倉幕府と元軍との戦いを描いた絵巻です。⑪ここで描かれてい

（九大コレクション，一部編集）

る御家人は竹崎季長《たけざきすえなが》といい，この絵巻を描かせた人物でもあります。しかし，この絵巻には不自然な場面もあり，あとで描き足されたと今ではわかっています。

このように研究の成果によって，史実とされることは変わっていきます。そのため，⑫皆さんが学んだ歴史と，大人が学んだ歴史には違いもあるのです。歴史を学ぶうえで大切なことは，単に暗記することではなく，実際はどうだったのかと考え続けることなのです。

1　下線部①について，次の**ア**～**エ**は戦後に作られた作品と，その時代や関係するできごとについての文章です。**ア**～**エ**を時代が古い順に並べ記号で答えなさい。

ア　沖縄の本土復帰を記念する沖縄国際海洋博覧会が開催された。同年に放送されたテレビアニメ「サザエさん」では，主人公一家が博覧会を訪れた。

イ　阪神・淡路大震災が発生した年に，映画「ポカホンタス」が公開された。これは歴史上の人物を扱った初のディズニー映画であった。

ウ　アメリカによる水素爆弾の実験で，日本の漁船が被ばくした。この年，水素爆弾の実験により怪獣が現れたという設定の映画「ゴジラ」が公開された。

エ　昭和天皇が亡くなった年に，冷戦が終結した。グラフィックノベル『ウォッチメン』は，たった１人の人間の計画により冷戦が終結したという設定であった。

2　下線部②について，この時代以降の日本と朝鮮の関わりについて正しいものを次の**ア**～**エ**の中から１つ選び，記号で答えなさい。

ア　室町時代には，朝鮮で作られた明銭が貨幣として利用された

イ　雪舟は朝鮮で水墨画を学び，「秋冬山水図」を描いた

ウ　豊臣秀吉による朝鮮侵略の際に，陶磁器の職人が日本に連れてこられた

エ　伊藤博文は韓国併合を行い，皇民化政策を推し進めた

3　下線部③について，江戸時代の外国との交流について正しいものを次の**ア**～**エ**の中から１つ選び，記号で答えなさい。

ア　ヨーロッパの国の中で，オランダとのみ交流があり，貿易やキリスト教の布教が認められた

イ　ポルトガル語の医学書『ターヘル・アナトミア』が『解体新書』として翻訳され，日本に西洋医学が広められた

ウ　日米修好通商条約はアメリカとの不平等条約であったが，その後フランスとは平等な条約を結ぶことができた

エ　薩摩藩はイギリスとの戦争で大きな被害を受けたが，その後はイギリスからの援助を受けることになった

4　下線部④について，江戸時代における「えた」への差別は明治時代にも残りました。次の史料は，江戸時代に「えた」に対して出された法令です。史料からわかることとして最も不適当なものをあとの**ア**～**エ**の中から１つ選び，記号で答えなさい。

> えたは，百姓と同じように年貢を納めており，また非常時には警護も行っている。しかしながら，もともといやしい身分であるから，他の百姓に対して礼儀をわきまえるのは当然のことである。えたは，百姓と同じように倹約につとめるべきだが，新しい服を用意する際には，紋なしで渋染《しぶぞめ》・藍染《あいぞめ》の服しか着てはならない。また，雨が降っているときのみ，げたをはくことを許す。しかし，知り合いの百姓に会った時には，げたを脱いであいさつしなければな

らない。さらに，他の村に出かけるときには，雨が降っていてもげたをはいてはならない。その身分にふさわしい生活をして，年貢を納めている家の女子だけが，特別に傘をさすことを許す。

ア　えたは普段，げたをはくことを許されていない
イ　えたは性別により，扱いが区別されるときがあった
ウ　えたは自由な髪型にすることができた
エ　えたは百姓とかかわることもあり，面識を持つこともあった

5　下線部⑤について，明治・大正時代のできごとについて正しいものを次の**ア**～**エ**の中から１つ選び，記号で答えなさい。

ア　普通選挙法により，満25歳以上のすべての男女に選挙権が与えられた
イ　下関条約で獲得した巨額の賠償金を使って工業化を推し進めた
ウ　国王の処刑により平等な社会を実現したフランスを手本にして，大日本帝国憲法を制定した
エ　学制により，男子のみ教育を受けることが認められた

6　下線部⑥について，次の史料は，日本政府が作った「うそ」の１つです。国際連盟から派遣され，このできごとが「うそ」であると見破った一団を答えなさい。

18日午後10時半，北大営の西北において，乱暴な中国軍が南満州鉄道を爆破した。そして，わが日本軍を攻撃したので，すぐにこれに応戦した。

7　下線部⑦について，弥生時代には剣や鏡とともに埋葬されている墓と，人骨のみ埋葬されている墓があります。このような違いから推定されることとして最も適当なものを次の**ア**～**エ**の中から１つ選び，記号で答えなさい。

ア　外国と貿易を行っていたということ
イ　定住が進んでいたこと
ウ　占いによって政治を決めていたこと
エ　身分の違いや貧富の差があったこと

8　下線部⑧について，聖徳太子の死後から大化の改新までのできごととして正しいものを次の**ア**～**エ**の中から１つ選び，記号で答えなさい。

ア　仏教の伝来　　　**イ**　法隆寺の建築
ウ　冠位十二階の制定　　**エ**　遣唐使の派遣開始

9　下線部⑨について，中大兄皇子の親族に天武天皇がいます。次の史料は，ある書物の序文の一部で，天武天皇が史実の間違いについて述べたとされています。この書物として正しいものをあとの**ア**～**エ**の中から１つ選び，記号で答えなさい。

天武天皇は，「天皇の歴史や昔話は真実と異なり，多くのうそが含まれている」と言い，稗《ひえ》田《だの》阿《あ》礼《れ》に，天皇の歴史や昔話をまとめさせた。その後，711年９月18日に元明天皇が太安《おおのやす》万《ま》侶《ろ》に，稗田阿礼がまとめた歴史を文章に記録させ，提出させたのがこの本である。

ア　『古事記』　　**イ**　『万葉集』
ウ　『後漢書』　　**エ**　『風土記』

10　下線部⑩について，この時代には多くの文学が書かれました。平安文学の代表作である『源氏物語』として正しいものを次の**ア**～**ウ**の中から１つ選び，記号で答えなさい。

ア
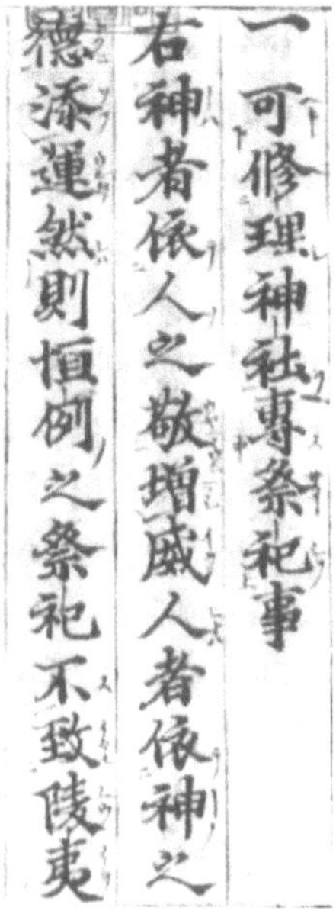
一 可修理神社専祭祀事
右神者依人之敬増威人者依神之
徳添運然則恒例之祭祀不致陵夷

イ
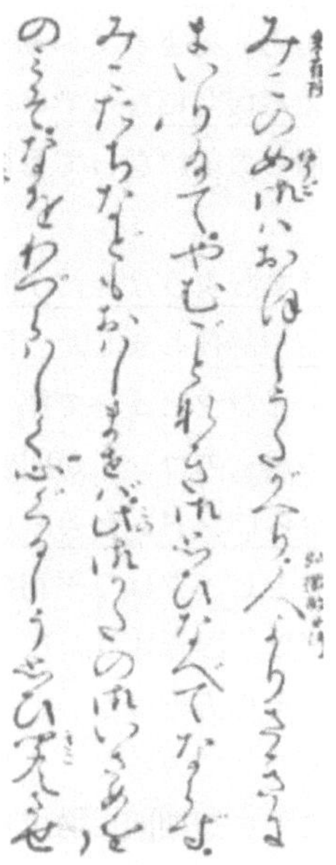

ウ
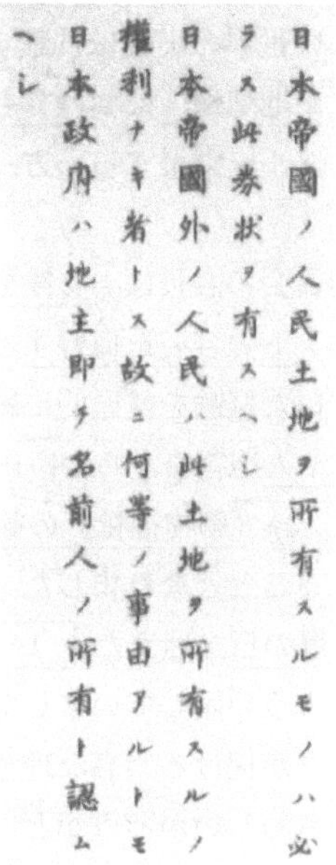
日本帝國ノ人民土地ヲ所有スルモノハ必
ラス此券状ヲ有スヘシ
日本帝國外ノ人民ハ此土地ヲ所有スルノ
權利ナキ者トス故ニ何等ノ事由アルトモ
日本政府ハ地主即チ名前人ノ所有ト認ム
ヘシ

11　下線部⑪について，竹崎季長がこの絵巻を描かせた目的を答えなさい。

12　下線部⑫について，研究が進むことにより学校の教科書もその内容が変わることがあります。次の1950年と2021年の高等学校の教科書を読んで，どのように変わったのか答えなさい。なお教科書は，わかりやすく編集しています。

教科書（1950年）

> 江戸幕府は，オランダと中国を除いて海外との交流を断ち，この二国との貿易を独占した。長崎のみを窓口とし，中国とオランダから世界の情報を得るのみとなり，文化への影響もほとんどなくなってしまった。

教科書（2021年）

> 江戸幕府は，中国船やオランダ船の来航を長崎に限った。こうして幕府が貿易を独占し，海外から文化に与える影響も制限された。ただし，長崎以外の窓口を通して，朝鮮や琉球，アイヌなどの東アジア世界とは交流をもった。

Ⅲ　次の文章を読み，以下の問いに答えなさい。

昨夏は１年延期された「東京2020オリンピック・パラリンピック競技大会」（以下，「東京大会」と省略）が開催されました。新型コロナウイルスの感染拡大が見通せないことから２年延期する案もありましたが，①当時の安倍首相の任期内に開催できなくなるという政治的な理由から１年延期になったとも言われています。2021年10月に［あ］議院議員が任期を迎えることから，②東京大会を成功させることで政権の支持率を上げ，選挙に持ち込もうという思惑もあったと指摘されるなど，多分に政治的な意味合いを帯びた大会だという見方もありました。

日本オリンピック委員会によれば，近代オリンピックの精神とは「スポーツを通して心身を向上させ，③文化・国籍などさまざまな違いを乗り越え，友情，連帯感，フェアプレーの精神をもって，平和でよりよい世界の実現に貢献すること」とされています。④近年はここに「環境」も加わり，オリンピックが地球環境についても考える機会になっていると言われています。しかし，日本の選手が次々とメダルを獲得する一方，開催の直前になっても様々な問題が報道される状況でもありました。

大会組織委員会の会長は⑤女性をさげすむような発言が問題視されて辞任，開閉会式の統括《とうかつ》責任者は女性タレントの容姿を侮辱《ぶじょく》する発言で辞任しました。開会式の楽曲の作曲者の一人は過去にいじめを行っていた経験を露悪《ろあく》的に雑誌のインタビューで語っていた問題で辞任，開閉会式の演出担当者は⑥ユダヤ人迫害をからかう内容の過去のコントが問題視され，大会組織委員会から解任されました。また，⑦「動物福祉」の観点からロンドン大会・リオ大会で続けられてきたことが東京大会では途切れることとなりました。オリンピックは「平和の祭典」とも呼ばれるため，８月６日に76回目の⑧原爆の日を迎えた［い］市は，国際オリンピック委員会の会長に対し，同日に黙とうを呼び掛けるよう要請していましたが，その方針はないと回答されました。

オリンピックが掲げる崇高《すうこう》な理念に照らしてみると，オリンピックの開催は，その国の社会が開催国としてふさわしいかどうかということを短期間にあぶり出し，様々な社会問題を白日の下にさらします。⑨東京でオリンピックが開催された「おかげ」で，日本の政治リーダーたちがどういった課題を未解決のままにしてきたかが改めて明らかになったとも言えます。今大会のテーマの１つに「未来への継承」というものがありますが，日本の社会は何を未来に継承することになるのでしょうか。

1　空らん［あ］・［い］に入る適切な語句を答えなさい。

2　下線部①について，結局この後に当時の安倍首相は辞任し，続く菅首相も東京大会後の自民党総裁選に出馬しませんでした。これに続いたできごとや日本の首相の選ばれ方について説明した次の**ア**～**エ**の中から正しいものを１つ選び，記号で答えなさい。

ア　与党・自民党の総裁が交代したため，召集された臨時国会で首相を指名した

イ　総裁選後の臨時国会と，続く解散総選挙後の特別国会で首相を任命した

ウ　解散による総選挙では，選挙後に召集される臨時国会で首相を指名する

エ　任期満了による総選挙では，選挙後に召集される特別国会で首相を任命する

3　下線部②について，以下の問いに答えなさい。

(1)　1964年の東京オリンピック期間の首相の，在任期間中の政策やできごととして正しいものを次の**ア**～**エ**の中から１つ選び，記号で答えなさい。

ア　サンフランシスコ平和条約調印　　**イ**　日米新安全保障条約調印

ウ　国民所得倍増計画閣議決定　　**エ**　沖縄返還協定発効

(2)　東京に招致が決定した当時の安倍政権から，それに続く菅政権の期間に行われたこととして正しくないものを次の**ア**～**カ**の中からすべて選び，記号で答えなさい

ア　選択的夫婦別姓制度の導入　　**イ**　デジタル庁の新設

ウ　日本学術会議会員候補の任命拒否　　**エ**　LGBT理解増進法の制定

オ　最低賃金の全国平均の引き上げ　　　**カ**　携帯電話料金値下げの要請

4　下線部③・⑥について，中東では長らくユダヤ人とアラブ人の土地をめぐる問題が続いており，「［　　　］問題」と呼ばれています。スーダンの柔道の選手は，抽選後にイスラエルの選手と対戦する可能性がわかったため，政治的に［　　　］を支持していることを理由に昨年の東京大会を棄権しました。［　　］に共通して入る適切な語句を答えなさい。

5　右の【資料１】と【資料２】は，いずれもSDGsが示す目標です。東京大会もこのSDGsの実現を掲げていました。これに関する以下の問いに答えなさい。

【資料1】

【資料2】

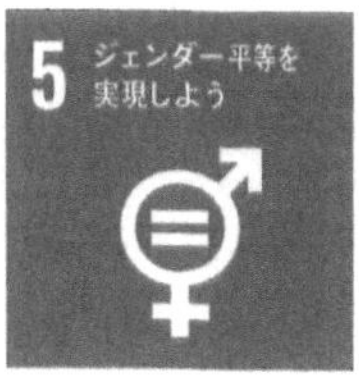

⑴　下線部④について，【資料１】の目標の達成からは大きく遠ざかる問題が発生しました。ボランティアの人数が減ったことによる影響とも言われているこの問題を簡潔に説明しなさい。

⑵　下線部⑤について，このような問題の背景には，これまで【資料２】の目標が達成されてこなかったことが指摘されます。日本の社会において，ジェンダー・バランスがとれていないと考えられる具体例をひとつ挙げなさい。

6　下線部⑦について，どのようなことが東京大会では途切れてしまったのか，正しいものを次の**ア**～**エ**の中から１つ選び，記号で答えなさい。

ア　会場や選手村では，馬車など動物を使っての人や荷物の運搬は行わない

イ　会場や選手村の食材には，せまい鳥かごで飼育されたニワトリの卵を使わない

ウ　会場や選手村では，動物を鎖につなぐような形で観賞用に飼育しない

エ　会場や選手村の食材には，小さな水槽で養殖された水産物は使用しない

7　下線部⑧について，昨年発効した核兵器禁止条約について述べたものとして，正しくないものを次の**ア**～**エ**の中から１つ選び，記号で答えなさい。

ア　条約の推進に貢献した核兵器廃絶国際キャンペーンがノーベル平和賞を受賞した

イ　核の使用・製造・保有だけでなく，おどかす手段としての使用も禁止している

ウ　日本はこの条約に署名していないが，締約国会議における議決権は有している

エ　国連の常任理事国は，１か国もこの条約に賛成していない

8　下線部⑨について，東京大会の開催が決定される以前から日本社会の中には様々な問題がありました。実施期間がせまる中で改めて浮きぼりになった問題がいくつもあります。その中で，最優先で解決すべきものは何だと考えますか。本文も参考にしながら，１つ挙げたうえで，その問題が抱えている現状と，どのような解決方法が有効だと考えられるか，具体的に説明しなさい。

6　彼の実行力に（ケイフク）する。

7　（タイシュウ）向けの小説を読む。

8　会議で決を（ト）る。

9　ビルの完成に（ツト）める。

10　（ノ）べ千人余りが出場した。

くるのではないか、少しはその困難の助けになるのではないかと期待しています。

どうも、眠たい話にもかかわらず、ご静聴ありがとうございました。眠ってしまっていても損にはならないけれど、起きて耳に入れておいてくださっても、やっぱり損にはなりませんから（笑）。何十年か後の小さな楽しみにでもしておいてください。

（古《ふる》井《い》由吉《よしきち》 他『中学生からの大学講義２　考える方法』より・一部改変）

問一　――部①「夏目漱石」の作品を、次のア～カから全て選び、記号で答えなさい。

ア『走れメロス』　イ『吾輩《わがはい》は猫《ねこ》である』　ウ『羅《ら》生門』

エ『雪国』　オ『坊《ぼ》っちゃん』　カ『蜘蛛《くも》の糸』

問二　――部②「どうしても断片的になって話がまとまらない」とありますが、それはなぜか、具体的に答えなさい。

問三　文中の 1 ～ 5 にあてはまる言葉を、次のア～オからそれぞれ選び、記号で答えなさい。ただし、同じ記号は二度使えません。

ア　たとえば　イ　あるいは　ウ　むしろ

エ　まるで　オ　だから

問四　――部③「これ」、⑥「これ」、⑪「それ」、⑫「それ」の指示内容をそれぞれ答えなさい。

問五　――部④「ゆっくり、ゆったりと流れる音楽のような講演」とはどのような講演か、本文中の言葉を使って具体的に答えなさい。

問六　――部⑤「若い人たちも耳が悪くなってきている」とありますが、どういうことか、その原因にも触れながら答えなさい。

問七　文中の A は、――部⑦「いうなれば、言葉の逆輸入ですね」とはどういうことかを述べている箇《か》所である。A の内容を考えて答えなさい。

問八　文中の B にあてはまる言葉を、本文から漢字二字で抜《ぬ》き出しなさい。

問九　――部⑧「もともとの性分と、後から流入した使い方との間で、現代の僕らの言葉は分裂している」とはどういうことか、答えなさい。

問十　――部⑨「むやみに変えればいいわけでもない」とありますが、なぜ筆者はそう考えるのか、答えなさい。

問十一　――部⑩「『話の空間』」とは何か、本文から二十字で抜き出し、初めと終わりの三字を答えなさい。

問十二　文中の C にあてはまる四字熟語として最適なものを、次のア～エから選び、記号で答えなさい。

ア　右往左往　イ　質疑応答　ウ　意気投合　エ　心機一転

問十三　文中の D にあてはまる言葉を考えて、漢字二字で答えなさい。

問十四　日本人は日本語とどのように関わっていくべきか、筆者の主張を解答欄《らん》に合うように百字以内でまとめなさい。

二

次の１～10の文中の（カタカナ）を漢字で書きなさい。

１　（キンイツ）な値段がつく。

２　（シフク）を感じるひととき。

３　（コウケイ）の大きなレンズ。

４　歴史の地を（タンボウ）する。

５　寺社（ブッカク）に参拝する。

しょうか。

　昔は大学に進む人間のパーセンテージが今よりよほど少なかった。小学校か、あるいは小学校の上につく高等小学校を出てすぐに働きにでる人間が多かった。歳にすれば、一二～一四。まだまだ子供ですよね。実際、普段のおしゃべりを聞いていると、すっ飛んだことばかり言っている。ところがいったん商売につくと、まるで話し方が違ってくるんですよね。それまでの物言いからは信じられないような、大人びた言葉づかいをするようになる。私は大学に行ったほうだけど、彼らに比べると、大学にいる人間ってのはいつまでもずいぶん子どもっぽい話し方をしているな、と思ったもんです。

　今の時代だと、使い分けというのはあまりいいことではないようにも言われますよね。人として裏表があるとか。逆に、率直一本の物言いはもてはやされる傾向にある。しかしそれは、ずいぶん幼稚《ち》な感覚なんですよ。人はそのときそのときによって、いろいろな D にある。皆さんだって、友達に対する D と、親に対する D 、あるいはよその年寄りに対する D はまるで違うでしょう。それを自ずから使い分けているはずですよね。ただし、今の人はその使い分けが少し下手です。そのせいで、言葉が通じにくくなるし、言葉自体もみっともないものになる。

　いろんな D を使い分けるのは、皆さんにしてみれば一見ずるいことのように思えるかもしれない。けれど、使い分けてみて初めてわかる、言葉のおもしろさ、奥《おく》深さっていうのはやっぱりあるんですよ。使い分けることに馴染《なじ》むほど、言葉が成熟する。そういう側面もある。ただ率直、ただ飾《かざ》り気がない、ただ陽気、ただ明るい……むしろこういうのは、じつは人間の成長にとって問題なんです。

　とくに戦後の教育では、「明るい」ということが世間で強調されすぎて、暗くしていることはいけないことだという風潮ができあがった。だけど、人間明るくしてばかりいられますか？　暗い部分も当然あるでしょう。本来、それはなにも悪いことじゃない。

　人間の、ちょっと複雑に入り組んだ部分。あるいは、容易には底が見通せないような暗い部分。そういう部分を、これからはもっと尊重したほうがいいように思う。ただ、⑫それにはいろいろ危険が伴《ともな》うのも事実です。ともすれば、底に沈《しず》みっぱなしになってしまうことがある。それを救うのが、まさしく言葉ではないかと私は思います。

　言葉っていうのは、自分ひとりのものではないんです。今の時代だけのものでもない。大勢の他人の、これまでに亡《な》くなった人も含めた長い長い歴史からできあがったもので、自分の勝手にならない代わりに、自分が追いつめられたときに支えになってくれる。

　なにも「新しいものの言い方が悪くて、古いものの言い方はいい」という、そんなつまらない問題じゃあないんです。もっと人間が、自分の内面の複雑さを取り戻《もど》して、それ相応の言語を身につけることが、これからはとくに大事なのではないか――私はそう思っております。

　やっぱりこんなふうに皆さんの前で話してみると、どこか年寄りの繰《く》りごと【愚痴《ぐち》】みたいになりますね。でも、年寄りの言葉って、後々思い出すと多少役には立つもんなんですよ。直接にはなかなか言葉は響いてこないかもしれないけれど、時間を隔《へだ》てたときに、はっと思い返すこともある。まあ気長に年月を待ってみてください。皆さんが年を取り、ただ率直には生きることができなくなったとき、こうした言葉が響いてつねに横たわっている。どういう言葉とどういう言葉とが結びつきやすくて、どういう言葉とどういう言葉とが反発するのか。そういう大切なことを、おいおい心得ていかなければならない。

　言葉と言葉づかい。それをどこで磨《みが》くかというと、以前は親から子に教えられるものだったんです。大人から若い者に教えられるものだった。ところが今の時代はそれが非常に難しい。「いまどきの若いもん」なんてよく言うけど、同時に若い人からすれば「いまどきの年寄りは」とも言いたくなるところですよね。この歳だから告白しますが、私たちは年をとってもなかなか成熟できない。私も「年寄りの言う事はアテにならねえな」って思うこともあるんですよ。でも、そういう依怙地《いこじ》な【意地をはった】点は今回は多少勘《かん》弁してやってください（笑）。

　親から子へ、［5］年寄りから若い人へ、そういう受け渡《わた》しがなかなか難しい時代だとしたら、いったい何に頼《たよ》ればいいのでしょう？　――古めかしい技法だけれど、それはやっぱり、本を読む事ではないでしょうか。

　本を読むときに、その主意や、「これは何を追求しているか」なんていうことを考えるのも大事ですが、読書の効能はそれだけじゃあないんです。もちろん、本を読む目的は⑪それでいいかもしれないけど、まずは、いろいろな時代のいろいろな人の口調に触《ふ》れることが大事です。たとえば、皆さんが夏目漱石の本を読むとする。正直なところ、読んでいる間はもうちんぷんかんぷんだと思う（笑）。使われる熟語の違いだけでなく、語り口調だって、今の時代とはおよそ遠い口調ですよね。でも、読んでいるうちに「あ、こういう口調で話してたんだな」「こんな言葉の使い方をしていたんだな」と感じることはたくさん出てくるはず。そういう感じ方の積み重ねから、いわゆる言語感覚というものが磨かれていくんです。

　では、具体的に、「言葉を大事にする」にはどうしたらいいのか。

　いっそ、「話す」ということを二通りに分けてみてはどうでしょう？　親しい人と気分のおもむくままに言葉をやりとりするのもいいでしょう。けれど、ある一定の距《きょ》離をとりながら、しかも複雑なことを話さなければならないような場合も当然あるはず。そのときに、親しい人と言葉をやりとりするような話の仕方をすれば、喧嘩《けんか》になるか、もしくは何も同意していないのに［C］してしまう。どうも曖昧《あいまい》なことになってしまう。そういう、居ずまいを正すべき場面に必要な話し方も、身につけておかないと、あとあとになって悔《く》やむことになります。

　言葉というものは形式上、口語と文語に分けられることがあります。一般的に文語というのは、古代の文章をつくり出している言葉ですよね。そういう分け方はもちろん正しい。でも、ここでひとつ、「われわれの時代にも口語と文語はあるんだ」ってぐらいに考えてみてはいかがでしょう。

　つまり、親しい者同士で、短い言葉を投げつけ合ったってお互い自《おの》ずと理解できる場合――こういうときに使う言葉を口語とする。これに対し、話す者同士の間に距離があって、なおかつテーマもやや込み入っている場合は、言葉だけで正確に伝えないと誤解が生じてしまう。言葉だけで共通の認識を組み立てないといけない。こういうときに使う言葉を文語とするんです。

　口語と文語。二通りの言葉を学ぶ。当然、ひと通りの言葉づかいだけを身につけるよりもきついんだけれど、そういう心得も必要ではないです。ある人が「○○でしょうか」と言うと、だいぶ経ってから「□□ですね」なんて答える。その間が流れるあいだに、お互いの思いが少しずつ深まっていくんですね。とくに、小津安二郎《おづやすじろう》の映画の会話のシーンだけでもご覧になったらいいと思います。茶の間でふたりが少し込み入った話をしている。言葉が途《と》切れる。そのあいだに、火鉢《ばち》にかかったやかんのお湯が沸《わ》いてチンチンチンと鳴る音とか、いろいろな物音が入ったんです。そうしたやりとりの様子を見ると、今の自分たちはずいぶんあわただしく話しているなあと痛感します。これでは伝えにくいことも受け取りにくいことも多いはずだとつくづく思いますね。

　とはいっても、そういうゆったりした時間の中で生活をすること自体、今は無理ですよね。そういう⑩「話の空間」を持てる人は幸せです。

　僕はだいぶ前に、東京・鶯《うぐいす》谷にある「子規庵《しきあん》」という場所で、二〇～三〇人を相手に話をしたことがあります。これは正岡子規《まさおかしき》の住まいを復元した昔ながらの木造建築で、八帖《じょう》くらいの小さな部屋です。それまで、僕が人前で話すときは、今風の鉄筋コンクリートの建物の中がほとんどだった。それはそれで、音響《きょう》のことがよく研究されたつくりをしている。でも、子規庵で話したときは、「古い木造建築で話すだけで、こんなにも自分の声が深くなったように感じるものなのか」と驚いた。あるいは、「聞く方もこんなにじっくりと耳を傾《かたむ》けるものなのか」とね。

　というのも、子規庵では人の声が天井《じょう》板のほうから反響して、わずかながらエコーみたいな効果になるんですよ。だから絶妙《みょう》のあんばいで言葉が響く。それに対して、鉄筋コンクリートの建物は反響がきついんですよね。瞬間的に、ビーン、と跳《は》ね返ってくる。子規庵のような微《び》妙なエコーとは違《ちが》います。そんなとがった反響の中にいると、[4]恋人同士が話していても、あんまりしんみりした空気にはならないんじゃないかと思うんです。

　これも今の時代にはしかたないことですね。なにか話のできる空間を自分たちでこしらえるといったって、そういう部屋をつくれるわけではないし、ましてや音響効果を自分でやるわけにいかない。これはもう、話す前の気分、雰《ふん》囲気の問題だろうなあ。今の時代において、少し大事な話を細かい部分にわたって話したいときには、話に入る前の、お互いの間の雰囲気を自分でつくっていくしかしょうがないと思う。

　ちなみにこういうふうに、公的な場所で話すときも違うんですよ。日本は近代化の際にいろいろな建物をつくりましたが、当時は煉瓦《れんが》造りが多かった。煉瓦造りっていってもほぼ模造煉瓦だけどね。とにかく、そのおかげで話すのも聞くのも大変楽だった。コンクリートと煉瓦では音響がまったく違う。煉瓦の方がどうもうまい具合にエコーがかかる。これが言葉の伝達をいいあんばいで助けてくれた。ところが、コンクリート建築だとそうはいかない。人の議論がどうしてもとげとげしくなるし、ささいな発言がすぐに人につきささるところになり、物争いの種になる。そういう弊害はあるのでしょう。

　そういうとげとげしいやりとりが横行している中で、今の若い人たちに対してよく言われているのが、「言葉を大事にしろ」ということなんです。これには僕も同感です。けれど、ただそう言ってばかりでもしかたがない。いったいどう大事にすればいいのかがわからないからみんな苦労しているんですよね。

　ひとくちに言葉といっても、いろいろな単語が存在します。加えて、それらの単語の意味の範《はん》囲や、さらには意味合いといった複雑な問題が

あいまいな [B] も上手にすくいとることができる。ある程度の広がりをもっている言葉を、その広がりのまま捉《とら》えることが可能な言語なんです。

一般《ぱん》的に外国の言葉を使うのが下手なのは、日本人と韓《かん》国人だと言われています。でも日本人と比べれば、韓国人の方がよほど上手でしょう。そう言われる理由の一つに、日本語には「子音の種類が少ない」という特徴《ちょう》が挙げられるそうです。つまり、子音に対する聴《ちょう》覚が発達していない。だからその土地に送られて二カ月～三カ月、あるいは半年くらい経ないと、そこで使われている言葉を聞き取るだけの聴覚が身に付かないんだそうです。まあ、たしかにそういう面はあるでしょう。でも、問題はもっと根本的な部分に存在しているような気がします。

私たちの使う漢字というのは表意文字です。昔々にさかのぼれば、元は象形文字なんですよ。漢字の持つ意味はたいそう広い。私たち日本人は、その意味の深さをたった一文字の中に含んで使っているわけです。つまり、ある意味の広がりを、そっくりそのまま捉えて言葉の中に組み込む能力が日本人にはある。無論【言うまでもなく】、漢字というのは中国からのものですよね。しかし、現在の中国語は、近代日本語の構造をだいぶ受けて、かなり表音化しているそうです。むしろ日本語のほうがまだ表意にこだわっている。

そもそも日本人には、意味を一つだけに限定して、単純明快に論旨【論の中心】を組み立てるという習慣が薄《うす》かったともいえる。そういう技術は異国の人たちと交わるうちに学んで教えられたことで、時代が進むにつれてずいぶんなれたものの、本来はやっぱり、苦手なのかもしれない。ある [B] を、ある広がりのままに表現して伝える。聞く方も、ある広がりのままに聞いて答える。あるいは、その広がりを自分の中に留《とど》める。そういうやりとりのほうが、長い歴史の中で培《つちか》って【養い育てて】きた日本人のもともとの性分《しょう》なのかな、という気がします。

しかしながら時代が移り変わり、ますます国際化が進むにつれて、言葉のあり方も変わってきている。⑧もともとの性分と、後から流入した使い方との間で、現代の僕らの言葉は分裂《れつ》しているんですよね。これからは、少し悲しいことではあるけれど、伝統をそのまま続けるのではなくて、今の時代に適《かな》ったかたちで言葉を使っていくことになると思います。とはいえ、⑨むやみに変えればいいわけでもない。よその国はどうなっているのか、世界ではどういう形が求められるのか考えながら、日本語の意義を再認識することが必要になってくる。

さっきもお話ししたように、今の世界に生きていて苦しい点は、人がくつろいで話したり聞いたりできる場所が驚くほど少ないということなんです。たとえば、皆さんが恋《れん》愛をして、ふたりでちょっと込み入った話をじっくりしたいと思ったって、そういうことができる場所があまりない。今の若い人たちは、せわしない周囲に合わせて話すスピードが自然と早くなってしまう。本人たちは込み入った話をしているつもりでも、会話が切れ切れになり、走ったりする。[3]、言葉がじわっと沁《し》み込んでいかない。お互いの理解をじっくり深める事にはなかなかなりにくいという面がある。

皆さんの中には古い映画が好きな人もいるかと思いますが、ぜひ一九五〇年代～六〇年代の日本の映画をご覧になってみてください。そして、会話に耳を澄《す》ましてご覧なさい。そこではじつにテンポがゆるやかなんですよね。それから、言葉と言葉のあいだに間がずいぶん入るんで明治維《い》新のとき、西洋文明の流入と同時に、それまでの日本語の概《がい》念【物事についての意味内容】になかった言葉も大量に入ってきました。日本人は、それらになんとか漢字をあてて訳して使ったわけです。たとえば「認識」とか「観念」だとかが代表的な例ですね。それを明治の初めのうちに見事にやってのけた。⑥これは、皆さんが想像している以上に高度な作業なんですよ。

ちなみに今の中国語の中で、政治にかかわるものなど公的に使う言葉の多くは、日本が明治の頃につくった造語を適用しています。それこそ「政治」や「経済」、「民主主義」や「共産主義」といった言葉が良い例です。⑦いうなれば、言葉の逆輸入ですね。［A］。これも大変おもしろい現象だといえるでしょう。

こんなふうに、かなと漢字という、まったく異なった姿のものを同時に使いこなしてきたのが日本人の特殊《しゅ》性であり特長ともいえるでしょう。これに対し、合理化が進む現代においては「こんな煩《わずら》わしいことはやめろ、いっそ標準語を英語にしてしまえ」という考え方もあります。実際、すでに社員全員に英語をしゃべらせている会社もあるくらいです。たしかに、外国人との伝達の際にはメリットがあるでしょう。しかし母国語を失った国というのはじつに惨《みじ》めなものです。

伝統というのは、まさしく「言葉」なんです。その言葉を奪《うば》われてしまうということは、足場がない状態とまったく同じ。立つにも歩くにも走るにも、ただ外国の模倣《ほう》にたよることになる。そもそも日本がこれまでの長い歴史の中で築いてきた伝統は、西洋の伝統とはずいぶん異なっています。その基礎《そ》を捨て去って、今さらまるごと西洋から借りなければならないなんて、人間の文化にとってこれほど悲惨《さん》なことはない。

加えて、西洋の伝統からきた文明や技術の発展は、今や行き詰《づ》まりを迎《むか》えつつあるんです。年金問題も、核の問題も、すべて西洋で生まれた考え方に由来しています。日本は現代社会を形作るうえで、その文明を借りてきたはいいけれど、今になって行き詰まってしまった。そして残念なことに、西洋の文明の力では、この行き詰まりの是《ぜ》正【正しく直すこと】がなかなかできない。でも、東洋の文明――さらにいえば日本独自の伝統なら、その行き詰まりをやわらげるか、是正する力になるかもしれない。そう考えると、伝統というのはそう簡単には手放してはいけないものだということがわかるでしょう。

ところが、日本語はどうもはっきりしない、意味をしっかり限定していないと批判される。これは外国人の多くが感じていることであると同時に、外国語のできる日本人も同様に思っていることのようです。

たしかに日本語という言語は、いくつかの難点も持っています。いうなれば、非常に悠《ゆう》長な【のんびりした】言語です。表現したい内容を強く限定して投げつけることが上手でない。それに、何か危機が起こったときに発する警告の言葉の力が弱い。他の国の言語に比べて命令形がそれほど発達していない。その命令形が動かす心情自体も強くない。そういう意味では、大変やわらかな言語ともいえます。

それから先にいったように、漢字をかなに、かなを漢字に、頭の中で変換しながら話したり聞いたりしていることの弊害も挙げられるでしょう。もちろん咄嗟《とっさ》のことだから、僕《ぼく》らは意識していない。だけど大変な危機に瀕したとき、ひと呼吸、ふた呼吸遅《おく》れる恐れはある。

その一方で、限定ばかりしていくと、こぼれ落ちてしまう［B］もたくさんある。日本語というのは限定しない代わりに、ふわふわと漂《ただよ》うは他人の言葉を耳で聞いてつかむことが下手になっているような気がするんです。

　たとえば会社で上司が部下に、今日すべき仕事について、どういう手順で何に用心したらいいのか、丁寧《ねい》に話して説明するとします。そこで「質問ありませんか」と部下に尋《たず》ねると、若い社員が手を挙げて、「マニュアルにしてください。書いてください。でないと頭に入らない」と答えるそうなんです。

　「把握《はあく》」という言葉がありますよね。つかむこと——とりわけ物事の意味や主旨《し》【中心になる目的】を頭でつかむということを指して使われる言葉です。でも、目でつかむ、耳でつかむ、ということもあるのではないでしょうか。つまり、目で見たものから、耳で聞こえたものから、直接に理解する。そうした身体的なやりとりから初めて理解できる意味が必ずあると思うのです。

　人の会話にとって大切なのは、単に文字のみで表される意味でなく、そこに載《の》せられた感情のトーン【調子】も含めてしっかりつかむことです。ところが、どうも現代人はあまり静かな場所にいられない。それに、昔と比べてあまりに時間が早く流れる。ゆっくりと聞いたり話したりしている暇《ひま》がないので、ついつい聞くのも話すのも刹那《せつな》的【きわめて時間が短いさま】になってしまう。「会話」というよりは「反応」なんですね。言葉を通じた心のやりとりというよりは、単に言葉に対して反応を繰《く》り返しているだけ。話している相互《ご》の心情の展開に欠けるというきらい【傾向】がある。これはちょっと恐《おそ》ろしい。こんな具合に言葉が扱《あつか》われ続けていったら、この先どうなってしまうのか。強い危惧《ぐ》【心配し恐れること】はありますが、なかなか有効な解決策は見つかっていません。

　ところで、「世界で一番わかりにくいのは、日本語とアラビア語だ」と外国人はこんなふうに文句を言うらしい。まあ、たしかに日本語というのはかなり変わった言語体系【組織の全体】ではあります。

　じつは、日本以外の世界に住んでいるあらかたの人びとはバイリンガルだともいえます。ひとつに限らずいろんな言語を話せることが多い。たとえばアメリカだったら、英語だけじゃなく、[2]スペイン語のほうが通用する地域というのもある。同じように、どの国でもたいてい二カ国語くらいは通用することが多い。

　それに引き換《か》え、日本人はモノリンガルだといえるでしょう。日本語以外の言語が通用する地域というのは、まずありえない。日本語というのは言葉と国籍《せき》が直結した、いわば体質的な言語だということです。だから外国語を話すことが下手なんじゃないかと言われてしまう。

　その考えはたしかに成り立つ。ただ私は、逆にこんなふうにも思うんです。「日本語ほどバイリンガルな言葉はないのかもしれないな」と。

　日本語には「かな」と「漢字」がありますよね。この二つは、姿も体系もまったく異なっている。「かな」から「漢字」へ、「漢字」から「かな」へ、私たち日本人はそのひとつひとつの切り替《か》えを、読むときばかりでなく話すときも瞬《しゅん》時にこなしているんです。パソコンだったらこの変換《かん》は機械がやってくれるわけだけど、日常的なやりとりではそうはいかない。その膨《ぼう》大な量の変換を常に頭の中で行うことになる。そりゃあ疲《つか》れるはずですよね。

　そのぶん、翻《ほん》訳は非常にうまい。それから、外国から入ってきた技術を理解して覚えるのも大層うまいといえます。

なってくる傾《けい》向があるという。これは歴史の上からも明らかにされていることだそうです。反対に、世界が何らかの危機に瀕《ひん》して【直面して】いたときには、言葉がもっとしっかりしていた。もっと精密に、もっと綿密に物事を伝えていた。ある意見やある認識をひとまとまりにしっかり述べることができた。ところが平和な時代が続くと、だんだん言葉が切れ切れになってしまう。

　これはいったいどういうことでしょう？　同じような平穏《おん》の中にいる人間たちは、いつの間にか生活の様子も同じようなものになるんです。そして、ものの考え方が同じようになる。正確にいうと、「同じようになった」と思ってしまうんですね。だから、あまりしっかりと話さなくても自然と意思が通じると思い込《こ》む。そのうちにどんどん言葉が切れぎれになって早口になっていく。

　これはなにも日本ばかりではないと思います。外国の言葉も、ここ三〇～四〇年でずいぶん早口になっている。私は若い頃《ころ》にドイツ語を学びましたが、後年になってからドイツに行ってみると、みんなずいぶん早口で話すのでびっくりしました。

　音楽についても似たようなことがいえます。五〇年代～六〇年代のアメリカにハリー・ベラフォンテという黒人の歌手がいました。彼《かれ》が日本で公演を行ったとき、その音楽のあまりの迫《はく》力に驚《おどろ》かされたのを覚えています。他にも私たちが若い頃に熱中したジャズやポピュラー音楽は、その当時は大層迫力があるように聞こえたものです。[1]こちら側に迫《せま》ってくるような感じがしました。ところが三〇年、四〇年経った今になって聞いてみると、のどかに聞こえる。現代の曲のテンポとは比べものにならないくらいスローに感じるんです。

音楽でもそう感じるのだから、たぶん私たち年寄りが普《ふ》段話しているテンポも、若い人にはずいぶんゆっくり聞こえるんだろうなと思います。私なんかはもともと話すのがゆっくりのたちで、歳《とし》をとればとるほどますますゆっくりになってますから、つい眠気《ねむけ》を誘うような口調になっていると思いますけど……皆《みな》さん、大丈夫《じょうぶ》ですか？（笑）

　だいたい、どんなことがあっても人は眠るものです。私自身も高校の頃は、やれ因数因子がどうの、円と振《しん》動がどうのといった、そういうしちめんどくさくて小難しい術語【専門用語】を聞きながら、それを子守唄《うた》に寝《ね》ていたことがありますから。③これだけは、時代が移り変わっても変わらないのかもしれません。

　それに「講演で人を眠らせるようになったら立派なもんだ。下手な講演だとみんなイライラして眠る事もできない」なんていう意見もある。気がついてみたらみんな気持ちよく眠っているというのは、ある意味では最高の講演ということにもなるんでしょうね。④ゆっくり、ゆったりと流れる音楽のような講演。漱石もそのことをよくよく心得ていたからあんなことを口にしたのかもしれない。逆にいえば、聞いていて眠ることもできないような、苛《いら》立った話しぶりも多いということなのでしょう。

　では私たちは何を心がけたらいいのでしょう？　ただゆっくり話すように気をつければよいのでしょうか？　これまた難しい話です。悲しいかな、人というのは年を取るにつれて耳が悪くなってきます。言葉の聞き取りに齟齬《そご》【物事がうまくかみあわないこと】が生じれば、当然、誤解も生む。それが寄る年波のせいならばある程度はいたしかたのないことでしょう。ところがどうも現代では、⑤若い人たちも耳が悪くなってきている。身体的な話ではありません。そうではなくて、今の若い人たち

【国　語】〈五〇分〉〈満点：一〇〇点〉

【注意】　字数制限のある問題については句読点・記号を字数に含《ふく》めること。

一　次の文章を読んで、あとの問いに答えなさい。ただし、【　】は語句の意味で、解答の字数に含《ふく》めないものとします。

「私の話を聞きながら眠《ねむ》ってもかまいませんよ。眠って私の話を聞かなくても、ちっとも損になりませんから」。

これは、かの大文豪《ごう》・①夏目漱《そう》石が講演の冒《ぼう》頭で口にした言葉です。さすがの貫禄《かんろく》とでもいいましょうか。ずいぶん洒落《しゃれ》のきいた言葉ですね。でもこの話、じつはこれから話す内容にも少しかかわりがあるのです。

さて、今日のテーマは「言葉について」。

これは雲をつかむような話でして、「言葉とは心です」と結論だけ出して、「さて、これで終わります」って帰っちまえば世話ないんだろうけど、なかなかそう簡単にはいかない(笑)。これが、言葉と心の関係の難しさ。人びとが悩《なや》むところはいつだって同じともいえるでしょう。

ところで、言葉の「言（＝こと）」という字と、事柄《がら》の「こと（＝事）」という字は、奈良《なら》や平安の時代のあたりまで同じ言葉だったらしい。そこで、事柄の「こと」と言葉の「こと」を分けるために、言葉の「こと」のほうに「葉」を付けて「言葉」としたんだそうです。それまでは、「言葉」とは「事柄」だ、という考え方があったんですね。言葉と事柄を等しいものとして結びつけていた。

言葉のまるで引っかからない事柄ってありますよね。言葉ではすくいとれない、表現できないような事柄。私たちはいつもこれに悩まされる。けれど一方では、だんだん言葉の方に引き上げられて、やがて言葉と融《ゆう》合する、そういう事柄もあるわけです。そのあたりが言葉の問題になるんです。

かつて、事柄が言葉などをまったく受けつけなかったような時代があったと思われる。そのうちに人びとは、事柄は言葉にすくいとられて初めて人の事柄になると感じ始めた。ところがその後、今度は言葉が発達しすぎて、言葉が事実から遊離《り》して【他のものと離れて存在して】しまうようになった。現代はそういう弊《へい》害【他に悪影響《えいきょう》を及《およ》ぼす物事】がずいぶん出ている。

家に帰ってきて、今日一日自分が何を話したのか思い出そうとしても、どうもはっきりしない。よくあることです。とりわけ何か大事なことを話そうと思って人と会って、それなりに話してお互《たが》いに受け答えしたのに、さてひとりになってみると、いったい何を話したのか。それがふたりの間にある事柄にどういう影響を及ぼしたのか。さっぱり思い出せないことがある。これが今の、日本語の悩みのひとつの現れではないか。

なにも若い人のことばかりを指しているわけではないんです。青年も中年も年寄りも、どう心がけてもやっぱり言葉が上滑《うわすべ》りしてしまう。②どうしても断片的になって話がまとまらないために、人びとは絶えずイライラしている。政治の場でも身近なところでも同じです。その問題についていくらしゃべってもなかなか埒《らち》があかない【物事の決まりがつかない】。いったいこの国に何が起きているのか？――これは残念ながら簡単に答えられる問題ではありません。

じつは、こんな事実があるんです。世の中が豊かになり、それが二〇年、三〇年、四〇年と続くと、人の話す言葉や書く言葉が切れぎれに

MEMO

大切なことはメモしておこうネ！

2022年度

明治大学付属明治中学校入試問題（第２回）

【算　数】（50分）　＜満点：100点＞

【注意】　１．解答は答えだけでなく，式や考え方も解答用紙に書きなさい。
（ただし，1は答えだけでよい。）
２．円周率《えんしゅうりつ》は3.14とします。
３．定規・分度器・コンパスは使用してはいけません。

1　次の □ にあてはまる数を求めなさい。

(1)　$\left(1\frac{11}{12}-\square\right)\div 4.625\times 3\frac{1}{2}-\frac{1}{6}=1$

(2)　84円切手と63円切手を合わせて40枚買ったところ，84円切手だけの代金は63円切手だけの代金よりも1890円高くなりました。このとき，84円切手を □ 枚買いました。

(3)　下のようにある規則にしたがって，１辺が２cmの正方形をいくつかすきまなく並べて，１番目の図形，２番目の図形，…をつくります。□ 番目の図形のまわりの長さは10mになります。

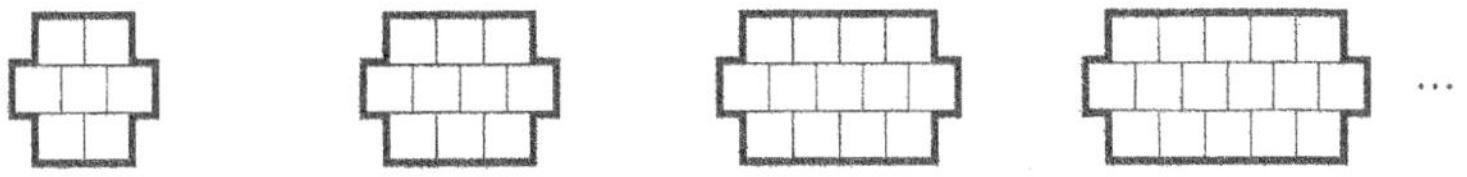

１番目の図形　　２番目の図形　　３番目の図形　　４番目の図形

(4)　容器Ａには12％の食塩水が何ｇか入っていて，容器Ｂにはある濃度《のうど》の食塩水が200ｇ入っています。Ａに入っている食塩水の半分をＢに移し，よくかき混ぜると，Ｂに入っている食塩水の濃度は２％になりました。さらに，Ａに入っている残りの食塩水をＢにすべて移し，よくかき混ぜると，Ｂに入っている食塩水の濃度は３％になりました。はじめにＡに入っていた食塩水の量は □ ｇです。

(5)　下の図のように台形ABCDの辺AB上に点Ｅがあり，ACとDEの交わる点をＦとします。角DAB，角ABC，角AFDの大きさがすべて90°で，AE＝５cm，EB＝７cm，BC＝６cmのとき，四角形BCFEの面積は □ cm^2です。

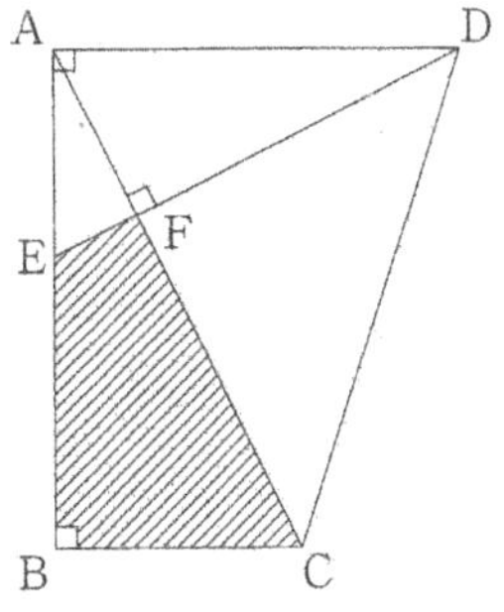

2 あるボランティアに参加する中学1年生，中学2年生の生徒にノートを配ります。中学1年生の参加者数は中学2年生より6人少ないです。中学1年生に3冊ずつ，中学2年生に2冊ずつ配ろうとすると80冊余ります。また，中学1年生に5冊ずつ，中学2年生に3冊ずつ配ろうとすると19冊不足します。このとき，次の各問いに答えなさい。

⑴ 中学2年生の参加者数は何人ですか。

⑵ ノートの冊数は全部で何冊ですか。

3 Aさんにはいくらかの貯金があり，4月1日から毎日決まった金額のおこづかいをもらうことになりました。4月1日から毎日120円ずつ使うと，貯金と合わせて15日で使い切ります。また，4月1日から毎日100円ずつ使うと，貯金と合わせて21日で使い切ります。このとき，次の各問いに答えなさい。

⑴ はじめにあった貯金はいくらですか。

⑵ 4月1日から15日までお金を使わずに貯金し，16日から貯金と合わせて毎日140円ずつ使うと何月何日にお金を使い切りますか。

4 家と公園の間の一本道を使って，Aさんはコーチとマラソンの練習を行います。コーチは8時に公園を出発し，家に向かって歩き続けます。Aさんは8時に家を出発し，分速162mで走ってコーチのほうに向かい，コーチと会ったらすぐに家に向かい，家に着いたらすぐにコーチのほうに向かい，コーチに会ったらすぐに家に向かい，…というように家とコーチの間を往復し続けます。Aさんとコーチが1回目に会ったのは8時45分で，2回目に会ったのは10時ちょうどでした。コーチの歩く速さとAさんの走る速さはそれぞれ一定で，コーチの歩く速さは分速162mよりおそいものとします。このとき，次の各問いに答えなさい。

⑴ Aさんとコーチが2回目に会ったのは，家から何mのところですか。

⑵ 家から公園までの距離《きょり》は何mですか。

⑶ Aさんとコーチが7回目に会うのは，家から何mのところですか。

5 右の図のように，すべての辺の長さが6㎝の四角すいOABCDがあります。正方形ABCDの対角線が交わる点をMとし，OMを1：2に分ける点をNとします。四角すいOABCDを3点A，B，Nを通る平面で切ったとき，その平面と辺OC，ODが交わる点をそれぞれP，Qとします。このとき，次の各問いに答えなさい。

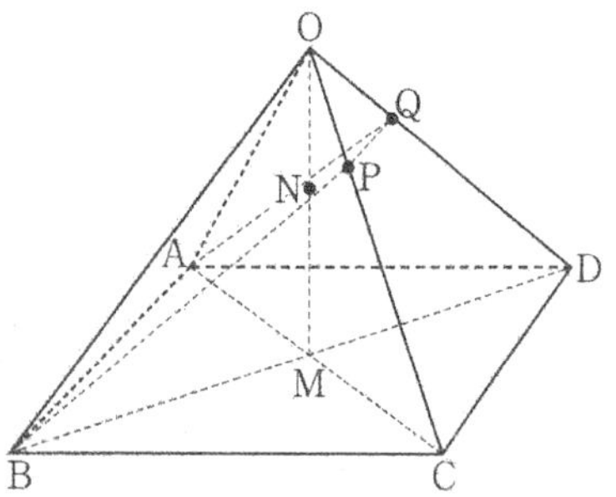

⑴ OPの長さは何㎝ですか。

⑵ 四角すいOABPQの体積と四角すいOABCDの体積の比を，最も簡単な整数の比で表しなさい。ただし，三角すい，四角すいの体積は，（底面積）×（高さ）÷3で求められます。

【理　科】（40分）　＜満点：75点＞

〔Ⅰ〕　すべての物質は原子という目に見えない小さな粒《つぶ》が集まってできており，原子がいくつか集まって結合したものを分子といいます。

下図は，一酸化炭素分子●○と酸素分子○○が反応して二酸化炭素分子○●○ができるしくみを表したものです。図中の●は炭素原子，○は酸素原子を表しています。このことについて，問いに答えなさい。ただし，炭素原子●と酸素原子○の重さの比は３：４です。

図

⑴　28ｇの一酸化炭素がすべて酸素と反応したとき，何ｇの二酸化炭素ができますか。

⑵　66ｇの二酸化炭素をつくるとき，一酸化炭素と酸素はそれぞれ何ｇずつ必要ですか。

⑶　56ｇの一酸化炭素と64ｇの酸素を反応させたとき，何ｇの二酸化炭素ができますか。また，一酸化炭素と酸素のうち，どちらが何ｇ反応せずに残りますか。

〔Ⅱ〕　４種類の物質Ａ～Ｄがあります。これらの物質はアルミニウム，銅，炭酸カルシウム，食塩のいずれかであることがわかっています。Ａ～Ｄの粉末の混合物を用いて【実験１】～【実験３】を行いました。これらの実験について，問いに答えなさい。

【実験１】

Ａ～Ｄの粉末の混合物をビーカーに入れ，水を入れてよくかき混ぜた。ビーカー内の物質をろ過したところ，Ａ～Ｃがろ紙に残った。

【実験２】

ろ紙に残ったＡ～Ｃの混合物をビーカーに入れ，水酸化ナトリウム水溶液を加えてよくかき混ぜたところ，気体(ア)が発生した。ビーカー内の物質をろ過したところ，ＡとＢがろ紙に残った。

【実験３】

ろ紙に残ったＡとＢの混合物をビーカーに入れ，うすい塩酸を加えてよくかき混ぜたところ，気体(イ)が発生した。ビーカー内の物質をろ過したところ，Ａだけがろ紙に残った。

⑴　物質Ａ～Ｃの名称《しょう》をそれぞれ答えなさい。

⑵　気体(ア),(イ)の名称をそれぞれ答えなさい。

〔Ⅲ〕　次のページの図は，ある植物の葉を顕微《けんび》鏡で観察したときのようすを模式的に表したものです。図中のＡ～Ｄに関する説明文を読み，次のページの問いに答えなさい。

Ａ　植物のすべての細胞《ぼう》にあり，遺伝情報を含《ふく》んでいる。

Ｂ　細胞Ｃ２つに囲まれた空間である。

Ｃ　細胞壁《へき》の厚さに特徴《ちょう》のある細胞である。

Ｄ　光合成に関係し，植物の細胞にのみ含まれる。

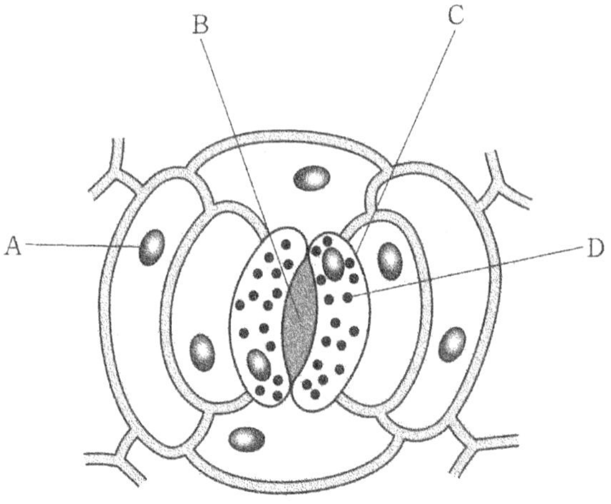

図

⑴　図中のＡ～Ｄの名称をそれぞれ答えなさい。

⑵　Ａに含まれ，遺伝情報としてのはたらきをもつ物質の名称として正しいものを選び，ア～エの記号で答えなさい。

ア　アデノシン三リン酸　　イ　ジデオキシリボ核《かく》酸

ウ　デオキシリボ核酸　　エ　リボ核酸

⑶　⑵で答えた物質を持つものを選び，ア～エの記号で答えなさい。

ア　ヒト　　イ　酵《こう》母菌《きん》　　ウ　コロナウイルス　　エ　インフルエンザウイルス

⑷　Ｂからはさまざまな気体が出入りし，状況《きょう》によって開いたり，閉じたりしています。特に水蒸気が出ていくことを蒸散といいます。蒸散は，根からの吸水に大きな役割を果たしていることが知られています。このことは次のグラフのどこから読み取ることができますか。正しいものを選び，ア～ウの記号で答えなさい。

ただし，グラフは，ある植物がある日の午前８時から，翌日午前６時までに蒸散または吸水した量の変化を示しています。

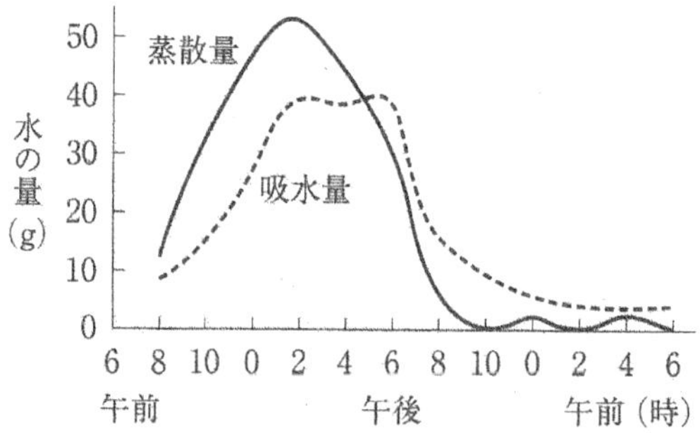

図

ア　午前８時から午後２時までの間で，吸水量が蒸散量よりも少し遅《おく》れて増加している点。

イ　午後２時の時点で，蒸数量が吸水量よりも多い点。

ウ　午後６時から翌午前６時まで，蒸散量よりも吸水量が多い点。

〔Ⅳ〕　セキツイ動物は，長い年月をかけて共通の祖先から進化しています。そのため，セキツイ動物間でよく似た構造をもつ部分があることが知られています。下の図は，セキツイ動物の前あしや，前あしと起源が同じ器官の骨格を模式的に示したものです。図を見て，問いに答えなさい。

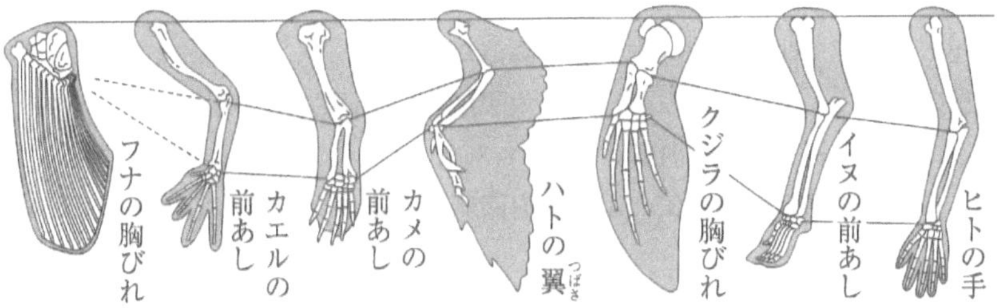

図

⑴　セキツイ動物が，地球上に初めて出現したと考えられている時期として適切なものを選び，ア～オの記号で答えなさい。

ア　45～46億年前　　イ　18～19億年前　　ウ　9～10億年前

エ　4～6億年前　　オ　1～2億年前

⑵　図のように，はたらきが動物ごとに大きく異なっていても，起源が同じ器官を何といいますか。

⑶　はたらきが似ていても，起源が異なる器官を何といいますか。

⑷　⑶の器官の例として正しいものを選び，ア～エの記号で答えなさい。

ア　エンドウの巻きひげとブドウの巻きひげ

イ　ジャガイモのイモとサツマイモのイモ

ウ　キュウリの巻きひげとヘチマの巻きひげ

エ　ハトのつばさとハエの翅《はね》

⑸　生物の特徴に関する次の文章のうち，正しいものを選び，ア～オの記号で答えなさい。

ア　イカは，軟《なん》骨でできた魚類である。

イ　ウナギは，皮膚《ふ》呼吸のできる両生類である。

ウ　カメは，卵生の両生類である。

エ　カモノハシは，胎《たい》生のほ乳類である。

オ　コウモリは，胎生のほ乳類である。

〔Ⅴ〕　次の図Ａ～Ｃは2021年３月12日，13日，14日の９時における日本付近の天気図ですが，並んでいる順序は正しいとは限りません。天気図を見て，次のページの問いに答えなさい。

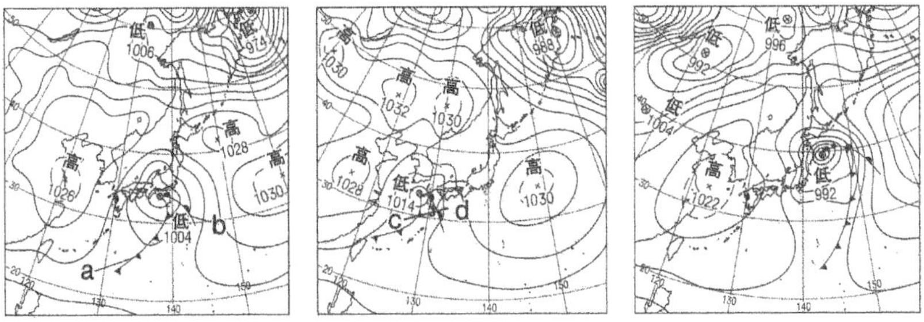

Ａ　　　　Ｂ　　　　Ｃ

⑴　前のページの３枚の天気図Ａ～Ｃを，3月12日，13日，14日の順に並べなさい。

⑵　３月13日，14日の天気として最もあてはまるものを選び，それぞれア～エの記号で答えなさい。

ア　移動性高気圧が北日本をおおい，雨や雪が降った。

イ　太平洋高気圧が東日本から西日本をおおい，蒸し暑い一日となった。

ウ　低気圧の影響《えいきょう》で，北日本では雨や雪が降った。

エ　低気圧の影響で，東日本から西日本の太平洋側で大雨が降った。

⑶　図Ａのａ，ｂの名称をそれぞれ答えなさい。

⑷　図Ｂのｃ－ｄの垂直断面の空気のようすを南側から描《か》いた図として正しいものを選び，ア～エの記号で答えなさい。

ア

イ

ウ

エ

⑸　ある地点を図Ａのａが通過した後の天気として最も適切なものを選び，ア～エの記号で答えなさい。

ア　南寄りの風が吹《ふ》き，気温が上昇《しょう》し，しとしと雨が降る。

イ　北寄りの風が吹き，気温が下降し，しとしと雨が降る。

ウ　南寄りの風が吹き，気温が上昇し，にわか雨が降る。

エ　北寄りの風が吹き，気温が下降し，にわか雨が降る。

⑹　図中の「低」は低気圧を表しています。低気圧の説明としてあてはまるものを選び，ア～エの記号で答えなさい。

ア　低気圧は，中心気圧が1020ヘクトパスカル以下である。

イ　低気圧が弱まると，高気圧になる。

ウ　低気圧は，周囲よりも気圧が低く，閉じた等圧線で囲まれたところのことをいう。

エ　台風は，主に熱帯で発生する低気圧の一種である。

⑺　図中の「高」は高気圧を表しています。高気圧の中心付近のようすとしてあてはまるものを選び，ア～エの記号で答えなさい。

ア　上昇気流が吹き，雲ができる。

イ　上昇気流が吹き，雲ができない。

ウ　下降気流が吹き，雲ができる。

エ　下降気流が吹き，雲ができない。

〔Ⅵ〕　次のページの図は，歯車Ａ，歯車Ｂ，後輪，チェーンを使って，自転車が動くしくみを表したものです。ペダルに力を加えると歯車Ａに回転する力が加わり，チェーンでつながった歯車Ｂにも歯車Ａと同じ大きさの力が加わります。次に，歯車Ｂに回転する力が加わると，矢印Ｃの力が地面にはたらくことで自転車は前方に進みます。

ペダルに力を加える点から歯車Ａの中心までの距離は16cm，歯車Ａの半径は12cm，歯車Ｂの半径は10cm，後輪の半径は40cmです。

歯車Ａと歯車Ｂの歯の数は歯車の半径に比例しており，チェーンはたるむことなく回転します。また，図の矢印の長さは力の大きさと一致《ち》しているとは限りません。円周率を３として，問いに答えなさい。

⑴ ペダルを50回転させると後輪は何回転しますか。

⑵ ⑴のとき，自転車は何cm進みますか。

⑶ ５秒間にペダルを10回転させて自転車を走らせたとき，自転車の速さは秒速何cmになりますか。

⑷ ペダルに36kgの力を加えるとき，歯車Ａを回転する力は何kgになりますか。

⑸ ⑷のとき，矢印Ｃの力は何kgになりますか。

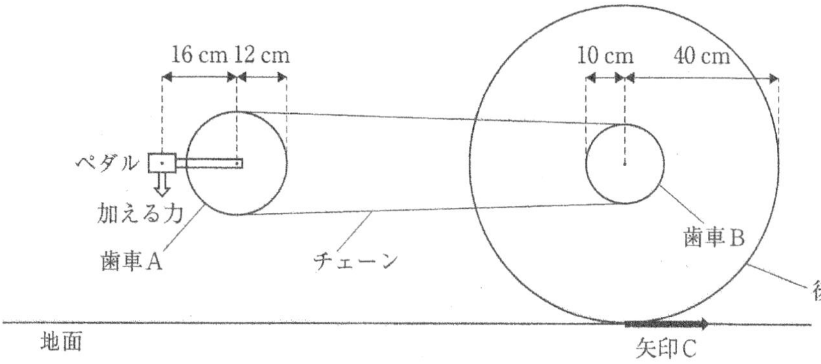

図

〔Ⅶ〕 電源装置，導線，抵抗《ていこう》，電球，電流計，電圧計を用いて回路をつくり，【実験１】～【実験６】を行いました。これらの実験では，抵抗と電球は，それぞれ全て同じものを使用しています。また，電源装置や電流計の内部，導線には抵抗がないものとして，問いに答えなさい。

電流と電圧とは

導線や抵抗を流れる電気の量を「電流」といい，電流を流すはたらきを「電圧」といいます。それらの大きさは，それぞれ電流計と電圧計で測ることができます。電流の大きさの単位にはＡ（アンペアと読む），電圧の大きさの単位はＶ（ボルトと読む）を用います。「電源の電圧」とは，電源装置が電流を流すはたらきを意味します。「抵抗にかかる電圧」とは，抵抗を流れる電流を流すはたらきを意味します。

【実験１】

次のページの図１のような回路をつくり，電源の電圧を変化させる実験を行ったところ，それぞれの抵抗にかかる電圧と流れる電流の大きさは，次のページの表１のようになりました。

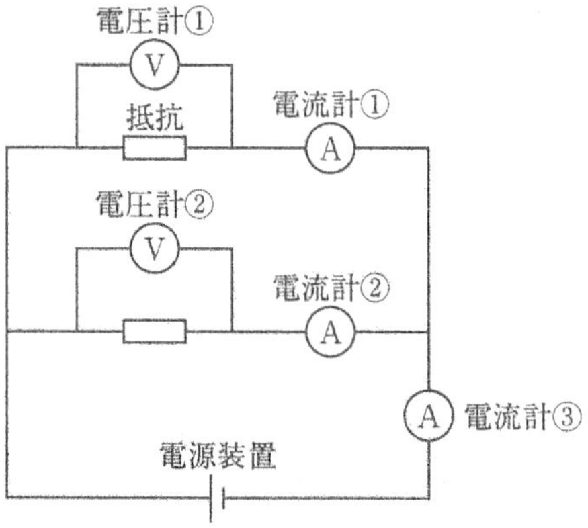

図１

電源の電圧（V）	0	10	20	30	40	…	100
電圧計①（V）	0	10	20	30	40	…	100
電圧計②（V）	0	10	20	30	40	…	100
電流計①（A）	0	1	2	3	4	…	10
電流計②（A）	0	1	2	3	4	…	10
電流計③（A）	0	2	4	6	8	…	20

表１

【実験２】

図２のような回路をつくり，電源の電圧を変化させる実験を行ったところ，それぞれの抵抗にかかる電圧と流れる電流の大きさは，表２のようになりました。

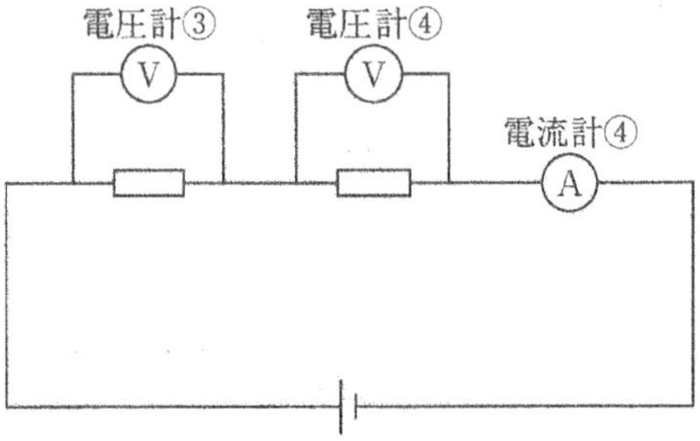

図２

電源の電圧（V）	0	10	20	30	40	…	100
電圧計③（V）	0	5	10	15	20	…	50
電圧計④（V）	0	5	10	15	20	…	50
電流計④（A）	0	0.5	1	1.5	2	…	5

表２

(1)　電源の電圧が12Ｖのとき，電流計④を流れる電流は何Ａですか。

【実験３】

図３のような回路をつくり，電源の電圧を変化させる実験を行ったところ，電球にかかる電圧と流れる電流の関係は，図４のグラフのようになりました。

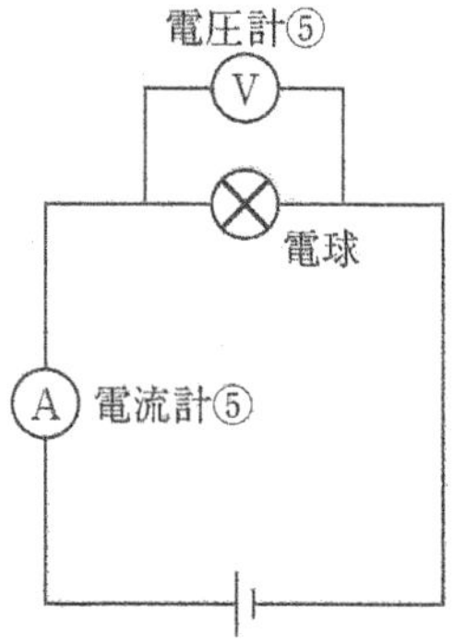

図３

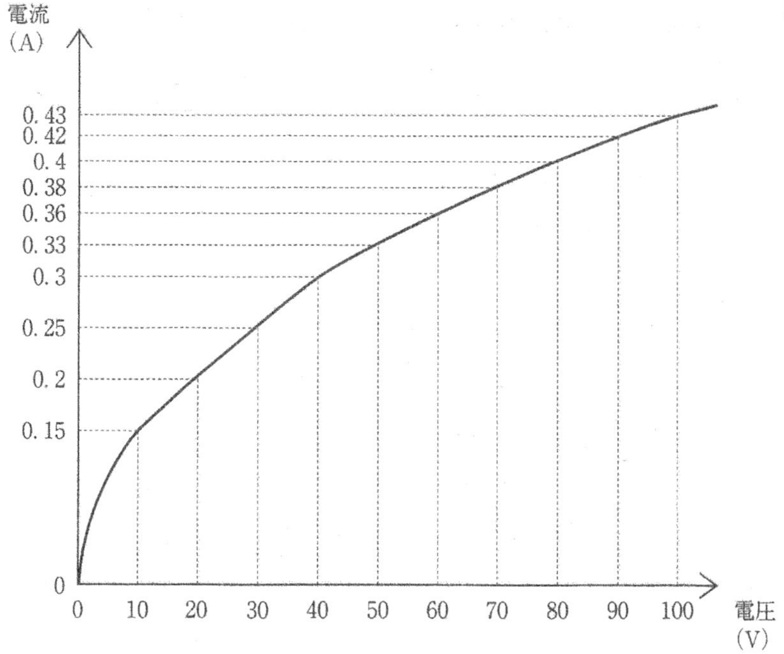

図４

【実験４】

図５のような回路をつくり，電球に流れる電流の大きさを測定しました。

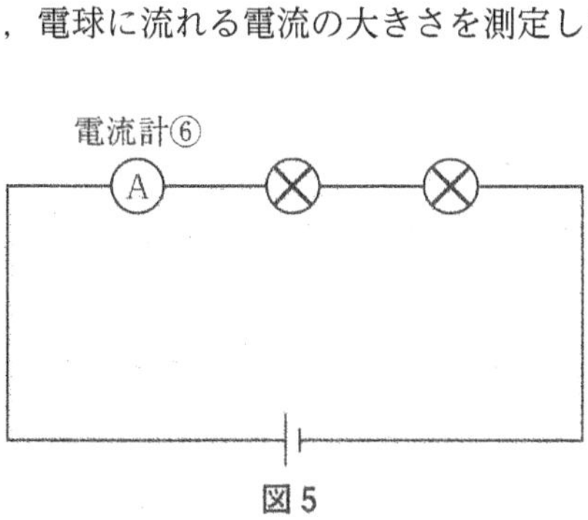

図５

⑵　電源の電圧が40Ｖのとき，電流計⑥を流れる電流は何Ａですか。

【実験５】

図６のような回路をつくり，電源の電圧を変化させる実験を行ったところ，電球と抵抗のそれぞれにかかる電圧と流れる電流の大きさは，表３のようになりました。

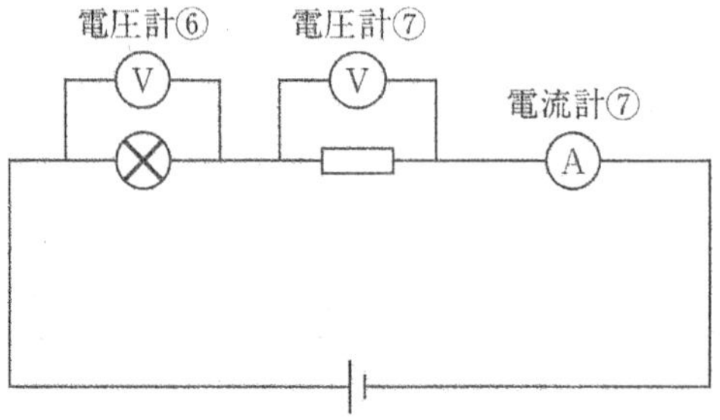

図６

電源の電圧（V）	0	8	ア	43	イ	145
電圧計⑥（V）	0	7	20	40		140
電圧計⑦（V）	0	1	2	3	4	5
電流計⑦（A）	0	0.1	0.2	0.3	0.4	0.5

表３

⑶　表３のア，イにあてはまる値をそれぞれ答えなさい。ただし，表の中で測定しなかったところは空欄《らん》になっています。

【実験６】

図７のような回路をつくり，電球と抵抗のそれぞれにかかる電圧と流れる電流の大きさを測定しました。

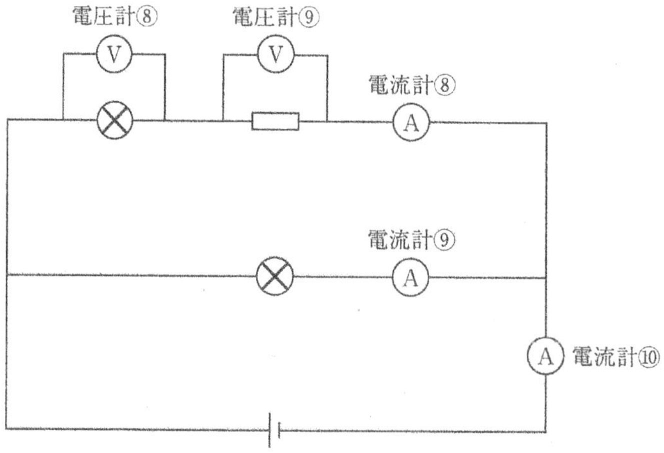

図７

⑷　電源の電圧が40Ｖのとき，電流計⑨を流れる電流は何Ａですか。

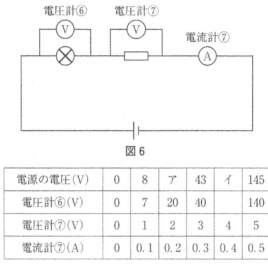

【社　会】（40分）　＜満点：75点＞

Ⅰ　**図１**は2015年９月の国連サミットにて全会一致で採択された「持続可能な開発目標（SDGs）」の17の目標を示したものです。これらについて，以下の問いに答えなさい。

図１　「持続可能な開発目標(SDGs)」の 17 の目標

1　内閣府が2021年度「SDGs未来都市」として31の地方自治体を選定しました。次の①～④は，そのうち４つの市の選定理由を説明したものです。①～④にあてはまる市の位置を次のページの**図２**の**ア**～**キ**の中から１つずつ選び，記号で答えなさい。

①　国内有数の石油化学コンビナートが立地し，プロサッカーチームのホームタウンでもある市です。公害を防止してきた石油化学工業の技術を，温室効果ガスの削減に活用していく取り組みによって選定されました。

②　国宝や世界文化遺産に指定された城がある市です。海外に姉妹都市・姉妹城の提携をしている都市や城があります。国際交流を活用した観光事業や人材育成を行う取り組みによって選定されました。

③　市街地に江戸時代の様子を残す古い町並があり，春の山王祭《さんのうまつり》と秋の八幡祭《はちまんまつり》で有名な市です。隣接する村には世界文化遺産の白川郷があります。歴史や伝統を保存・継承して観光に活かす取り組みによって選定されました。

④　江戸時代に上杉氏の城下町としてさかえた市です。第９代藩主の上杉鷹山《ようざん》が力を入れた織物の製造などの「ものづくり」の精神を受け継ぎ，産業振興やブランド戦略を行う取り組みによって選定されました。

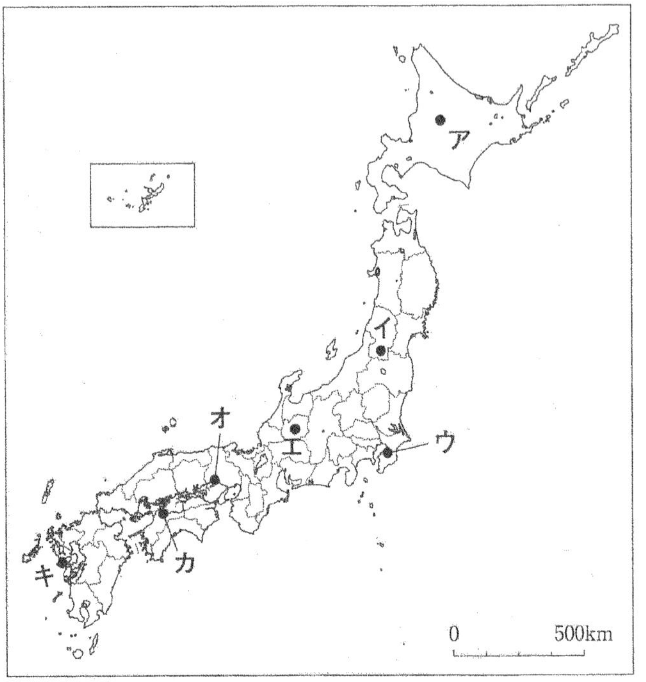

図２

2　次の**図３**は目標14「海の豊かさを守ろう」に関する日本のある場所の地形図です。この地形図の×**ａ**，×**ｂ**，×**ｃ**で見られる風景として正しいものをあとの写真**ア**～**カ**の中から１つずつ選び，記号で答えなさい。

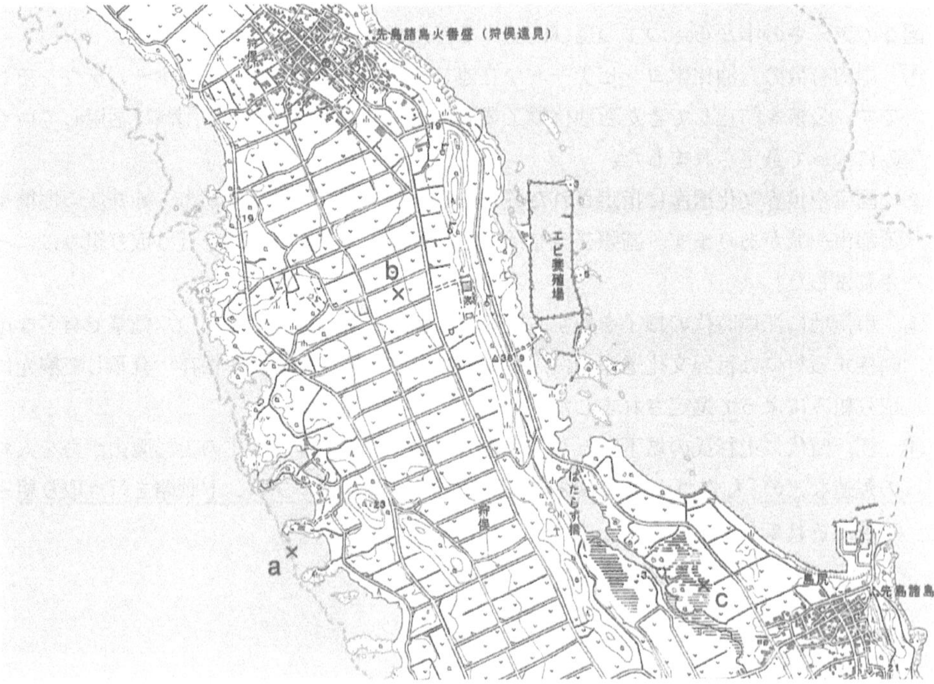

図３

ア

イ

ウ

エ

オ

カ

3　目標11「住み続けられるまちづくりを」について，富山市はコンパクトなまちづくりを推進しています。次のページの**資料１**を参考にして，富山市のコンパクトなまちづくりの取り組みとして正しくないものを次の**ア**～**エ**の中から１つ選び，記号で答えなさい。

ア　ライトレールやバスなどの公共交通を活性化させ，過度に車に依存した生活を行うまちから歩いて暮らせるまちの実現を目指す

イ　中心市街地の商業施設や病院などの公共施設を市の中心部から郊外に移転させて，新たな道路や上下水道をつくる市の公共事業により経済を発展させる

ウ　公共交通の沿線地域において住宅の建設や購入を行う市民に助成を行い，郊外の新たな住宅開発を沿線地域に集めるとともに市の居住人口を増やす

エ　高齢者を対象に，中心市街地への公共交通の利用料金を割引する制度や市の施設を孫と利用する際に優遇する制度を実施する

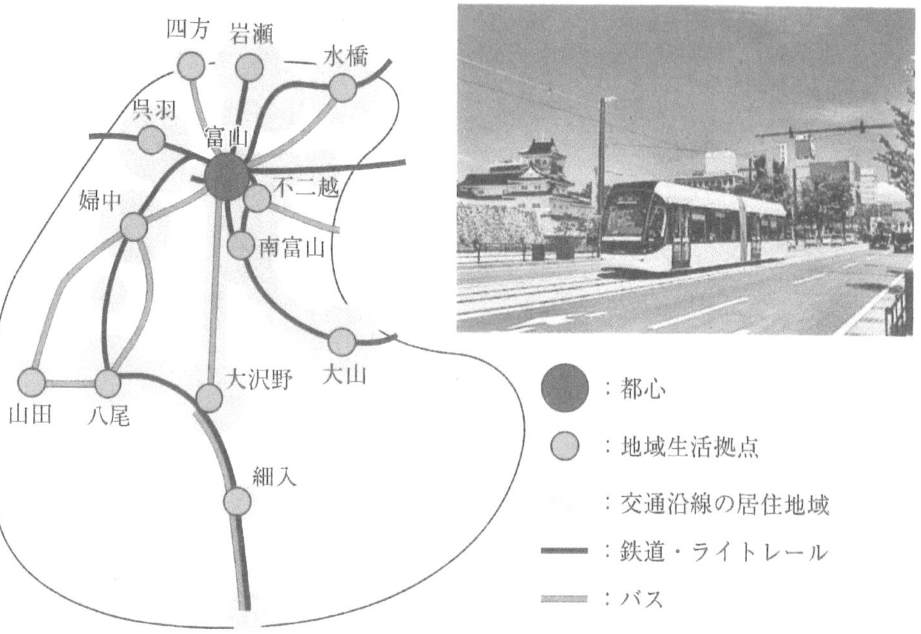

資料１　　［富山市ホームページの資料より作成］

4　目標９「産業と技術革新の基盤をつくろう」について，次の**表１**は2017年の北九州市と４つの政令指定都市の製造品出荷額等を示しています。これについて以下の問いに答えなさい。

表１

（億円）

	食料品	繊維	化学工業	鉄鋼業	電気機械器具	輸送用機械器具
北九州市	709	20	1,850	7,881	447	1,313
A	2,063	749	7,327	4,213	3,300	1,448
B	862	282	177	454	1,114	8,041
C	2,125	156	441	143	528	20,917
D	3,062	15	9,870	4,163	979	5,913

［工業統計表より］

⑴　**表１**の**A・B・C**にあてはまる市を次の**ア**～**エ**の中から１つずつ選び，記号で答えなさい。なお，**D**を解答する必要はありません。

ア　浜松市　　**イ**　広島市　　**ウ**　川崎市　　**エ**　大阪市

⑵　北九州市は，時代や国内の経済状況の変化にともない工業の特徴が変化してきました。次の**ア**～**エ**は20世紀以降の北九州市（1963年の北九州市の成立以前のことに関しては，北九州市域のこと）の工業について説明した文です。**ア**～**エ**を時代が古い順に並べ，記号で答えなさい。

ア　重化学工業が盛んになった一方で，工場の排煙による大気汚染や「死の海」ともよばれた洞海湾の水質の悪化などの公害問題が起こった

イ　近くでとれた石炭と大陸でとれた鉄鉱石を原料とした製鉄業を行うため，戦争の賠償金をもとに官営の八幡製鉄所を建設した

ウ　「エコタウン」指定後，廃棄物をリサイクルするなどの取り組みが環境省・経済産業省から評価され，環境を守る技術を海外の国へ提供する技術研修に協力した

エ　公害対策基本法が施行された３年後に北九州市公害防止条例を制定した

5　目標16「平和と公正をすべての人に」について，次の**図４**の**あ**～**お**は2021年の日本国内にある米軍基地（米軍専用施設）の面積の都道府県別の割合（北海道・青森県・東京都・神奈川県・沖縄県）を示したものです。これについて以下の問いに答えなさい。

図４

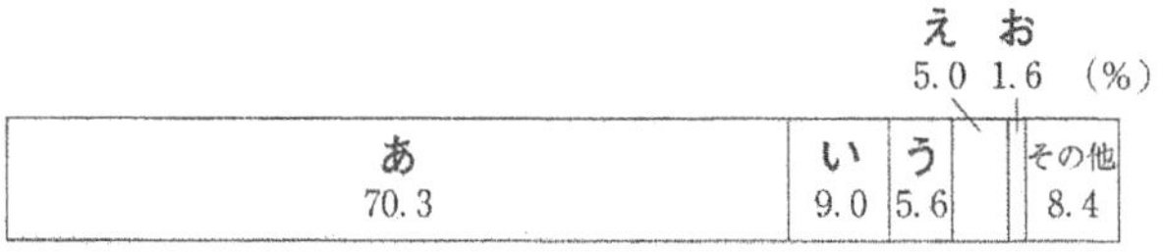

［防衛省資料より］

⑴　**図４**の**あ**にあてはまる都道府県を次の**ア**～**オ**の中から１つ選び，記号で答えなさい。なお，選択肢の割合（%）は，その都道府県の面積の国土面積に対する割合（国土地理院資料より）を示しています。

ア　青森県（2.6%）　**イ**　東京都（0.6%）　**ウ**　北海道（22.1%）　**エ**　沖縄県（0.6%）　**オ**　神奈川県（0.6%）

⑵　**あ**の都道府県に着目して，**図４**から読み取れる，日本国内の米軍基地の分布に関わる問題点を説明しなさい。

6　目標13「気候変動に具体的な対策を」について，次の**図５**は1990年度から2019年度にかけての日本の主な部門別の二酸化炭素の排出量を示しています。グラフの**X**～**Z**には，産業部門（工場などからの排出），運輸部門（自動車などからの排出），エネルギー転換部門（発電所などからの排出）があてはまります。このうちグラフの**X**にあてはまるものをあとの**ア**～**ウ**の中から１つ選び，記号で答えなさい。

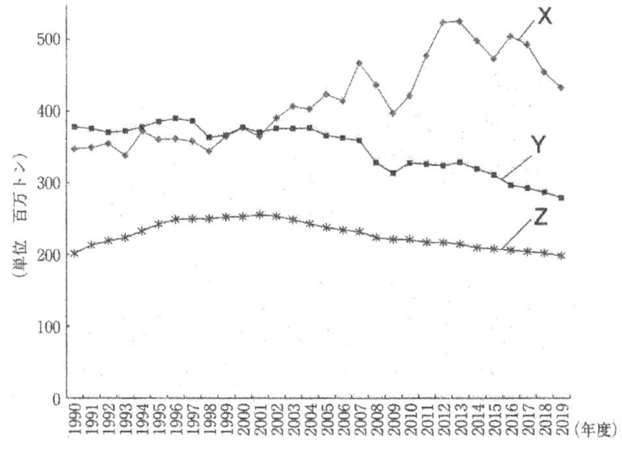

図５　［環境省資料より］

ア　産業部門

イ　運輸部門

ウ　エネルギー転換部門

7　目標７「エネルギーをみんなにそしてクリーンに」について，最近では温室効果ガスや大気汚染物質などをあまり排出しない，再生可能エネルギーによる発電が注目されています。次の**資料２**のように，太陽光パネルを大規模に設置して発電を行う大規模太陽光発電所（メガソーラー）が日本各地につくられています。クリーンな再生可能エネルギーとして期待されているメガソーラーですが，乱開発を行うことで環境破壊につながっているとの問題も指摘されています。このことについて，SDGsの目標15「陸の豊かさも守ろう」の観点から考えたとき，メガソーラーにどのような問題点があるか説明しなさい。

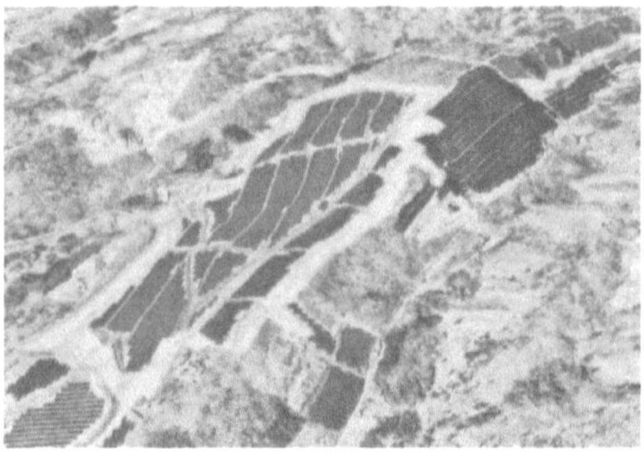

資料２　山梨県茅ヶ岳《かやがたけ》の山麓に見られる大規模太陽光発電所（メガソーラー）

8　目標６「安全な水とトイレを世界中に」について，次のページの**図６**は，汚れた水で下痢《げり》・嘔《おう》吐《と》・腹痛を起こす伝染病（コレラ・赤痢《せきり》・腸チフス・パラチフス）の患者数，上水道の普及率，出生100万人あたりの乳児死亡数の日本における推移を示しています。ここから読み取れることとして，正しくないものを次の**ア**～**カ**の中から１つ選び記号で答えなさい。

ア　1920年代に出生100万人あたりの乳児死亡数は16万人を下回った

イ　1920年代に上水道の普及率が20％を上回った

ウ　1930年代に汚れた水で下痢・嘔吐・腹痛を起こす伝染病の患者数は16万人を上回った

エ　1960年代に出生100万人あたりの乳児死亡数は２万人を下回った

オ　1960年代に上水道の普及率が60％を上回った

カ　1970年代に汚れた水で下痢・嘔吐・腹痛を起こす伝染病の患者数は１万人を下回った

図６

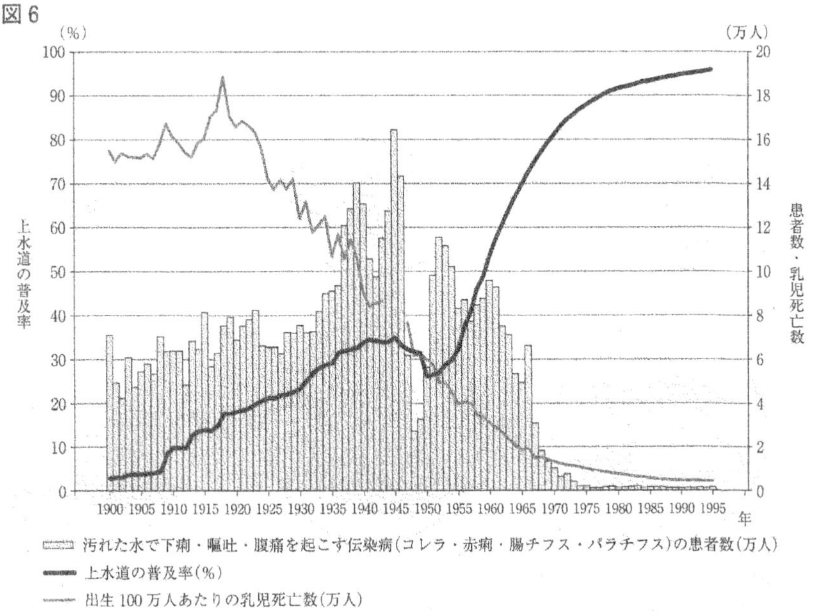

［厚生労働省資料より作成］

Ⅱ　1960年代，アメリカ合衆国からカプセルトイ（通称はガチャガチャ）が日本に輸入されました。お金を入れてレバーをまわすと，カプセルに入った商品が出てきます。みなさんも，一度は遊んだことがあるのではないでしょうか。このような，身近なカプセルトイからも，歴史を考えることができます。各地にある，歴史に関するカプセルトイを集めてみました。次のカプセルトイA～Fとそれに関する＜**説明文**＞を読み，以下の問いに答えなさい。

A

B

C

D

E

F

＜**説明文**＞

A　眼鏡をかけているように大きく表現された目に特徴がある［あ］です。［あ］は，豊かなめぐみを願ってつくられたなどと考えられる人形です。重要文化財であり，カプセルトイは東京国立博物館で販売していました。

[B] 志賀島で発見された [い] です。ここには，漢字が彫られています。中国の歴史書には，皇帝から [い] があたえられたと記されています。国宝であり，現在は，福岡市博物館に所蔵されています。カプセルトイは①博多駅で販売していました。

[C] 長州藩に生まれた人物です。憲法や議会について調べるため，政府によって西洋へ派遣されました。帰国した後は，[う] の制度をつくり，初代の [う] 総理大臣に任命されました。カプセルトイは萩駅で販売していました。

[D] 奥州藤原氏が戦いのない世の中を願って建てた [え] 寺金色堂です。金色堂は，堂全体に漆をぬり，金ぱくをおして金色にかがやいていました。国宝であり，2011年に世界遺産に登録されました。

[E] 東京オリンピック直前に東京と新大阪間で開通した [お] 新幹線です。これは，この路線を走行した初代車両の先頭部分です。

[F] [か] が描いた浮世絵を立体的に再現したものです。これは，日本橋の浜町から深川六間堀の方にかかっていた橋です。②オランダの画家が，その構図や色づかいをまねた絵を残しています。

1　空らん [あ] ～ [か] に入る適切な語句を答えなさい。

2　[B]の実物を押した印のあととして正しいものを次の**ア**～**エ**の中から１つ選び，記号で答えなさい。

ア
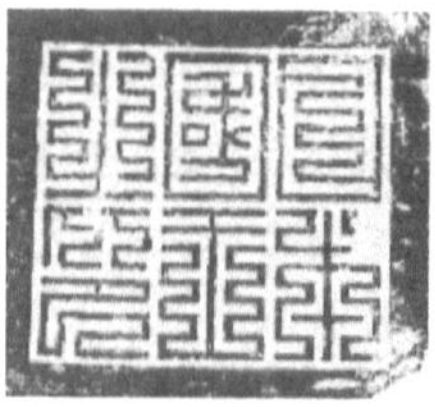

イ

ウ

エ

3　[B]の実物が作られた時代の日中関係として正しいものを次の**ア**～**エ**の中から１つ選び，記号で答えなさい。

ア　明の永楽帝と交流した

イ　隋の煬帝と交流した

ウ　三国時代の魏と交流した

エ　後漢の光武帝と交流した

4　次の資料は，[c]の人物が関わったできごとに関する絵画・写真で，どの絵画・写真にも[c]の人物がいます。これらのできごとを時代の古い順に並べ，**ア～エ**の記号で答えなさい。

ア

イ

ウ

エ

5　[c]の人物が生きていた時代の史料（現代語に訳し，わかりやすいように一部を改めました）として最も正しいものを次の**ア～エ**の中から１つ選び，記号で答えなさい。

ア　仏教をますますさかんにし，人々を救うために，大仏をつくる決心をした

イ　取り上げた刀は，新しく大仏をつくるためのくぎなどに役立てる

ウ　政治は，会議を開いてみんなの意見を聞いて決めよう

エ　母は，満員の列車に乗って農村に買出しに行き，着物などと引きかえに，さつまいもやとうもろこしなどを，やっとの思いで手に入れたと言っていました

6　Dの建物に置かれている仏像として正しいものを次の**ア**～**エ**の中から１つ選び，記号で答えなさい。

ア

イ

ウ

エ

7　Eの交通機関が開通した時期のできごととして正しくないものを次の**ア**～**エ**の中から１つ選び，記号で答えなさい。

ア　デジタルカメラ，薄型テレビなどの電気製品が普及した

イ　中学校や高校を卒業した若者が，地方から都会の工場や会社に集団で就職した

ウ　政府の住宅対策として，大きな団地が郊外などに建設された

エ　水俣病など，人々の健康や命がおびやかされる公害問題が起こった

8　下線部①がある地域の旧国名として正しいものを次の**ア**～**エ**の中から１つ選び，記号で答えなさい。

ア　豊後国

イ　筑前国

ウ　肥前国

エ　日向国

9　下線部②にあてはまる人物を次の**ア**～**エ**の中から１つ選び，記号で答えなさい。

ア　ゴッホ　　**イ**　ダ・ヴィンチ

ウ　ピカソ　　**エ**　モネ

10　カプセルトイA～Fのモデルが作られた時代や生きた時代を古い順に並べ，A～Fの記号で答えなさい。

11　次のページの左の銅像から，右のカプセルトイが作られました。このカプセルトイの人物が関わったできごとをあとの**ア**～**カ**の中から１つ選び，そのできごとを説明しなさい。なお，この人物が関わったできごとは複数あります。

ア　寛政の改革　　**イ**　薩長同盟　　**ウ**　西南戦争
エ　秩父事件　　**オ**　日清戦争　　**カ**　明治六年政変（征韓論政変）

Ⅲ　Ｍさんの学校では，「民主主義」をテーマに，さまざまな視点から発表を行いました。文章**Ａ**～**Ｆ**は，その発表の際に用いられた原稿の一部です。また，発表後に<**先生からのお話**>もありました。これらを読み，あとの問いに答えなさい。

A

民主主義国家である日本で，①国民が納めた税金（国税）の使い道に関する最終的な決定を行うのは，国民が選挙で選んだ国会議員です。したがって，国民一人ひとりの投票が，②税金(国税)の使い道を決め，さらには国のかたちを決めていくことにつながります。

B

皆でものごとを決めるとき，意見が対立することがあります。そのようなときに，③多数決をとることがあります。「多数決の原理」は，意見が一致しない場合に，数が多いほうの意見に従うことで，日本の国会でも用いられています。

C

「［あ］国家安全維持法」が成立して約１年が経過した2021年６月，［あ］の民主派を支持してきた日刊紙「リンゴ日報」が廃刊に追い込まれました。［あ］においては，［い］が脅かされています。［い］は，民主主義国家において大変重要なものであり，日本では，日本国憲法第21条において，「集会，結社及び言論，出版その他一切の［い］は，これを保障する。」としています。一方で，④メディアを用いて，国民に気に入られるようにしたり，不安をあおったりして，支持を得ようとする政治家の存在も指摘されています。

D

日本が「民主主義」の下に政治を行っていく上で，日本国憲法が果たす役割は大きいです。この⑤日本国憲法の改正手続きを定める⑥改正国民投票法が，2021年６月に可決，成立しました。

E

アメリカのバイデン大統領は，就任後初めて開いた記者会見で，中国との関係を，「民主主義と専制主義の闘い」と位置づけました。その上で，⑦中国との競争を制することに力を注ぐことを強調しました。

F

日本における選挙の投票率は，世界で比較しても低くなっています。その中でも，比較的投票率の高い高齢者層に配慮した政策を打ち出すことが多くなっているとの指摘があり，「シルバー民主主義」と呼ばれています。⑧若者の投票率を上げ，その影響力を示すことで，若い世代の意見も政治に反映されるようになると考えられますが，現在でも投票率は低い状況が続いています。

＜先生からのお話＞

さまざまな角度から，「民主主義」について発表できていましたね。

⑨「民主主義」には優れている点もありますが，完ぺきな政治のしくみとはいえず，その問題点もよく指摘されます。新型コロナウイルス感染症の流行に伴い，「民主主義」について議論されることがますます多くなりました。

⑩さまざまな議論があるものの，現在の日本は「民主主義」という考え方を大切にし，そのしくみの中で政治を行っています。どのようにすれば，「民主主義」の国家において「よりよい社会」をつくっていくことができるのでしょうか。これからも多くのことをさまざまな角度から学び，考えていきましょう。

1　下線部①について，その過程を説明したものとして正しくないものを次の**ア**～**エ**の中から１つ選び，記号で答えなさい。

ア　衆議院と参議院で異なった議決をした場合，両院協議会を必ず開かなくてはならない

イ　参議院が，衆議院の可決した議案を受け取った後，国会休会中の期間を除いて30日以内に参議院が議決しない場合，衆議院の議決が国会の議決となる

ウ　審議をする予算案は，国会議員で構成される予算委員会において作成し，これを衆議院議長に提出する

エ　衆議院の本会議を開会するにあたっては，衆議院の総議員の３分の１以上の出席が必要である

2　下線部②について，「令和３年度予算」の「一般会計歳出」の中で，最も高い割合を占める「社会保障関係費」に含まれるものを，次の**ア**～**カ**の中からすべて選び，記号で答えなさい。

ア　道路整備事業費　　**イ**　教育振興助成費　　**ウ**　年金給付費

エ　防衛関係費　　**オ**　介護給付費　　**カ**　公園水道廃棄物処理等施設整備費

3　下線部③には，問題点があると言われています。その問題点を示した上で，あなたは，下線部③によってものごとを決めるときにはどのようなことを心がけるのか，60字程度で説明しなさい。

4　空らん［あ］に入る，中華人民共和国の特別行政区名を答えなさい。

5　空らん［い］に入る適切な語句を５字で答えなさい。

6　下線部④と向き合う上で，「メディアリテラシー」を身につけることが大切であると言われています。この「メディアリテラシー」を身につけたメディアとの向き合い方について述べた文とし

て正しいものを次の**ア**～**エ**の中から１つ選び，記号で答えなさい。

ア　人を疑うことは，道徳的によくないので，どのようなメディアから得られる情報であっても，すべて正しいものであると信じるようにする

イ　多くの人が見ているテレビ番組から得られる情報は正しいといえるため，情報は，高視聴率のテレビ番組を見て得るようにする

ウ　インターネット上には，テレビや新聞では言えないような真実がのっているため，インターネット上の情報のみを信じるようにする

エ　どのようなメディアから得られる情報でも，その内容が正しいとは限らないため，正しい情報かどうか，自分でよく調べて確認するようにする

7　下線部⑤についての規定として正しいものを次の**ア**～**エ**の中から１つ選び，記号で答えなさい。

ア　憲法改正の国民投票で，その投票率が50％を下回った場合は必ず再投票となる

イ　憲法改正の国民投票の投票権は，満20歳以上の日本国民に与えられている

ウ　憲法改正の国民投票は，発議の日から60日以後180日以内に行われる

エ　内閣総理大臣は，憲法の改正に対して拒否権を行使することができる

8　下線部⑥についての記述として正しくないものを次の**ア**～**エ**の中から１つ選び，記号で答えなさい。

ア　「洋上投票」の対象が，遠洋航海中の水産高校などの実習生にも拡大された

イ　テレビ・ラジオＣＭにおいて賛否の呼びかけを行うことが，投票の前日までできるようになった

ウ　駅や，ショッピングセンターなどの商業施設に，「共通投票所」が設置できるようになった

エ　満12歳の中学生でも，投票人の同伴する子供であれば投票所に入ることができるようになった

9　下線部⑦について，今日では「米中『新』冷戦」とよばれることがあります。そのことに関連して，かつての「東西冷戦」において，「東側陣営」に属していた国を，次の**ア**～**カ**の中からすべて選び，記号で答えなさい。

ア　ソビエト連邦　　**イ**　大韓民国　　**ウ**　朝鮮民主主義人民共和国

エ　日本　　**オ**　イギリス　　**カ**　フランス

10　下線部⑧に関連して，次のページの**表１**は，2018年７月に「公益財団法人 明るい選挙推進協会」が実施した，「第48回衆議院議員総選挙全国意識調査」における「年代別棄権理由の選択率」を示したものです。この表から読み取れることとして正しくないものをあとの**ア**～**カ**の中からすべて選び，記号で答えなさい。

ア　18－20歳代で最も割合の高い「棄権理由」は，「体調がすぐれなかったから」である

イ　50－60歳代で最も割合の高い「棄権理由」は，「適当な候補者も政党もなかったから」である

ウ　18－20歳代が「選挙にあまり関心がなかったから」を選択した割合は，70歳以上がそれを選択した割合の３倍を超えている

エ　50－60歳代が「解散の理由に納得がいかなかったから」を選択した割合は，18－20歳代がそれを選択した割合の10倍を超えている

オ　「自分のように政治のことがわからない者は投票しない方がいいと思ったから」を選択した割合は，18－20歳代が最も高い

カ　「私一人が投票してもしなくても同じだから」を選択した割合は，70歳以上が最も高い

表１

（%）

	18-20 歳代	30-40 歳代	50-60 歳代	70 歳以上
仕事があったから	33.3	33.7	19.1	1.4
重要な用事(仕事を除く)があったから	8.0	14.0	13.0	7.2
体調がすぐれなかったから	4.0	7.3	15.7	52.2
投票所が遠かったから	6.7	1.0	4.3	8.7
今住んでいる所に選挙権がないから	8.0	1.6	0.0	0.0
選挙にあまり関心がなかったから	32.0	33.7	23.5	8.7
解散の理由に納得がいかなかったから	1.3	11.9	21.7	11.6
政党の政策や候補者の人物像など違いがよくわからなかったから	20.0	17.6	20.9	5.8
適当な候補者も政党もなかったから	18.7	33.2	29.6	13.0
支持する政党の候補者がいなかったから	5.3	13.0	12.2	8.7
私一人が投票してもしなくても同じだから	10.7	15.0	10.4	5.8
自分のように政治のことがわからない者は投票しない方がいいと思ったから	20.0	8.3	5.2	5.8
選挙によって政治はよくならないと思ったから	17.3	19.7	14.8	8.7
マスコミの事前予測を見て，投票に行く気がなくなったから	1.3	4.7	7.0	1.4
天候が悪かったから	5.3	4.7	7.0	13.0
その他	10.7	8.3	5.2	15.9
わからない	1.3	1.0	0.9	0.0

〔公益財団法人 明るい選挙推進協会「第48回衆議院議員総選挙全国意識調査　調査結果の概要」より〕

11　下線部⑨・⑩について，政治のしくみには，「民主主義」にもとづいて行う政治（民生政治）のほかに，『国民が政治に参加することを認めず，強大な政治権力をもつ人が，独断的に行う政治（専制政治）』もあります。しかし，この『　』内の政治のしくみにも問題点があると考えられます。現代において，『　』内のしくみで政治を行うことによって起こりうる問題を答えなさい。

問十　文中の[D]にあてはまる言葉を考えて、漢字二字で答えなさい。

問十一　文中の[ア]～[オ]の段落を最適な順に並び替えなさい。

問十二　筆者のコミュニケーションに関する主張を、百字以内でまとめなさい。

二

次の1～8の□と同じ言葉が（　）に入ることわざ・慣用句を、あとのア～クから選び、記号で答えなさい。また、1～8のことわざ・慣用句の意味として最適なものを、あとのA～Hから選び、記号で答えなさい。ただし、同じ記号は二度使えません。

1　□の面《つら》に水
2　□の耳に念仏
3　窮鼠《きゅうそ》□を噛《か》む
4　□心あれば水心
5　□の威《い》を借《か》る狐《きつね》
6　立つ□跡《あと》を濁《にご》さず
7　飛んで火に入《い》る夏の□
8　□も歩けば棒に当たる

【Ⅰ群】ことわざ・慣用句

ア　飛ぶ（　）を落とす勢い
イ　（　）の額
ウ　飼い（　）に手を噛まれる
エ　蓼《たで》食う（　）も好き好き
オ　竹（　）の友
カ　（　）の尾《お》を踏《ふ》む
キ　逃《に》がした（　）は大きい
ク　（　）の子は（　）

【Ⅱ群】意味

A　権勢を持つ者の力に頼《たよ》って威張ること。
B　追いつめられれば弱い者も強い者を打ち破るということ。
C　自分から進んで災いの中に飛び込むこと。
D　去る者は、きちんと後始末しておくべきだということ。
E　何かをしようとすれば、思いがけない災難に遭《あ》うことも多いということ。
F　人の意見を聞き流してしまって、少しもききめのないこと。
G　相手の出方しだいでこちらにも応じ方があること。
H　どんな仕打ちを受けても平気なこと。

三

次の1～10の文中の（カタカナ）を漢字で書きなさい。

1　旅の（オウロ）につく。
2　船の（キテキ）が鳴る。
3　桜の（カベン）が美しい。
4　（コウザイ）を加工する。
5　生活のための（ロウドウ）。
6　（セキネン）の思いが実る。
7　各国の（シュノウ）が集まる。
8　みごとな（コウバイ）が咲《さ》いた。
9　才能に（ト）む。
10　長い年月を（へ）る。

使いこなしの背後にある他者理解、他者とのコミュニケーションをどう考えるのかということなのです。

　私はこう思います。親しい人たちといつでもどこでも簡単に「つながる」ことができるのは、無条件に喜ぶべきことであり、私が生きていくうえで楽しいことなのだろうかと。他者をどのように理解し、他者とどのように交信できるのかという問題を考える営みは、まさに社会学の中心を構成します。そして、他者という問題を考える核心は、人間のあいだにある〝関係性〟であり〝距離〟なのです。

　そして、さらに私がつけ加えたいのは、他者と交信し他者を理解しようとするときに、どうしてもかかってしまう〝時間〟であり〝速度〟なのです。インターネットで情報検索するとき、速ければ速いほど、便利だし、私たちはすごいなと思います。しかし他者と交信したり他者を理解しようとするとき、それにかかる速度や時間は、同じように速ければ速いほどいいのでしょうか。

　他者と真に「つながりたい」。これは誰しもがもつ願いだと思います。この願いをかなえたいとき、私たちは、相手のことを慎《しん》重に時間をかけて考え、相手が何を感じ考えているのかをゆっくりと見つめ、想像し、相手の心や世界に至ろうとするのではないでしょうか。いわば情報検索のように他者と「さくさくと」つながることはできないのです。仮に「さくさくと」つながっていると自分が感じているとしても、その実感の中身をいま一度、見直す必要があるのではないかと思うのです。

　他者と真に「つながりたい」という願い。それをかなえるためにも、こうした他者と自分とのあいだにある〝距離〟や〝時間〟を考えるべきだし他者理解のための〝速度〟を考えるべきです。そのうえで私たちがいかに他者と簡単には「つながれない」のかをじっくりと考える必要があるのです。

　ＬＩＮＥで相手との短い言葉やスタンプのやりとりをいくら楽しめているとしても、そのことだけで他者と「つながりたい」という願いはかなえられないのです。

（好井《よしい》裕明《ひろあき》『「今、ここ」から考える社会学』より・一部改変）

問一　――部①「スマホに〝飼い慣らされて〟しまっている」とはどういうことか、その問題点に触《ふ》れながら具体的に答えなさい。

問二　文中の［１］～［５］にあてはまる言葉を、次のア～オから選び、記号で答えなさい。ただし、同じ記号は二度使えません。

ア　なぜなら　イ　さて　ウ　たとえば
エ　ただ　オ　もちろん

問三　――部②「こうした発想」、④「それら」、⑥「これ」、⑦「それ」の指示内容を、それぞれ答えなさい。

問四　――部③「『世界』を携帯する」とはどういうことか、答えなさい。

問五　文中の［Ａ］にあてはまる言葉を、本文から五字で抜《ぬ》き出しなさい。

問六　文中の［Ｂ］にあてはまる内容を、考えて答えなさい。

問七　――部⑤「別の意味で」とはどのような意味か、答えなさい。

問八　文中の［Ｃ］にあてはまる四字熟語を、次のア～エから選び、記号で答えなさい。

ア　玉石混交　イ　意味深長　ウ　前代未聞　エ　大同小異

問九　インスタグラムに写真をあげる行為《い》を筆者はどのような行為と考えているか、本文から三十字で抜き出し、初めと終わりの三字を答えなさい。

までは生活の場に「井戸」は存在しました。炊《すい》事や洗濯《たく》など生活に必要な水を得るために、近所の人々は「井戸」を共有し、「井戸」を活用しました。当然のごとく、そこには人々が集まることになり、語り合いが生まれたのです。

ウ　「井戸端会議」とは何でしょうか。近所に住んでいる奥《おく》さんたちが、井戸端に集まって、皿を洗ったり、野菜を洗ったり、洗濯したりしながら、雑談し、談笑する。そこにいない人の悪口や噂《うわさ》で盛り上がったり、そうかと思えば、普段の暮らしの厳しさやしんどさを愚痴《ぐち》る、その意味で重い雑談になったりする。いずれにしてもまさに親しい人や知人が集まり、つながる場であり、語り合うという実践でした。

エ　一つは、直接対面してやり取りしているか否かという点です。「井戸端」はまさに、近所の人たちが集まってくる場所で、人々は、お互いの様子や表情を確認しながら雑談します。このとき、相手の様子を見て、表情を見て、何を感じ、考えているのかを推し量りながら、楽しい話で盛り上がったりするものです。まさに直接的で対面的なコミュニケーションの醍醐《だいご》味【深い味わい】や面白さが実感できるでしょう。

オ　ところで、相手と他愛もない話をしたり雑談しているという点でＬＩＮＥでのやりとりと「井戸端会議」は、同じでしょうか。私は大きく二つの点でこれらは異なっていると思います。

　このように書いてきて、私は別にＬＩＮＥでのやりとりがだめだと言いたいのではありません。問題はやはり先の男子学生がわかっているように、ＬＩＮＥというツールが他者との「つながり」それ自体を確認するために使われていることであり、ツールに自分自身が囚《とら》われＬＩＮＥでの「確認」に依存しないと他者との「つながり」を実感できなくなっている身体になっていることであり、また他者とどこかで「つながっていない」こと自体が「孤独」だと思い込んでしまっている姿なのです。

　男子学生に私はこうたずねてみたいと思います。いつも何らかの形で他者と「つながって」いないと、本当に「孤独」なのでしょうか。ＬＩＮＥでやりとりすることであなたは本当に他者と「つながっている」と実感し安心しているのでしょうか。ＳＮＳを通した他者との「つながり」はあなたに「孤独」ではないどんな心の状態をもたらしているのでしょうか。そもそもあなたがイメージしている「孤独」とは、どのようなことをいい、他者との「つながり」とはどのような関係性のことをいうのでしょうか、等々。とりあえずこのあたりでやめておきますが、もっといろいろな形で問いかけることができるでしょう。

　こうした問いに対して、私たちは、どのように考えていけばいいのでしょうか。はっきりしていることがあります。ＬＩＮＥにせよ、ツイッターにせよ、インスタグラムにせよ、ましてやスマホにせよ、それらは、あくまで便利な情報発信、情報収集、情報流通の技術であり道具にすぎないということです。こうした技術や道具に意志はありません。ＬＩＮＥが意志をもち、自分をないがしろ【軽んじること】に使った人間たちを「孤独」にしてやろうと考えれば、それはそれでなかなか怖《こわ》いことだと思います。

　問題は、やはりこうした道具を私たちがいかに使いこなすかであり、たから、ＳＮＳが使えるスマホがあたりまえのものになったのだと僕は思います」

私は、大学の講義でスマホ依存について話すことが多いのですが、ある男子学生は講義内容をうけて、レポートにこう書いていました。彼にとって、スマホはあたりまえのものであり、ＬＩＮＥなどのソーシャルネットワークサービス（ＳＮＳ）を使って、つねに親しい人や知人、知人ではない人につながるための重要なメディアなのです。

ゲームや動画鑑賞は、時間つぶしか暇《ひま》つぶし、趣《しゅ》味の時間の延長線上でスマホとつきあっていると考えることができるでしょう。しかし、ＳＮＳを使って誰かとつながっていないと「孤独」であり、「孤独」はいやだ、という感情をもたざるをえなくなったというのは、まさにスマホが彼にもたらした固有の新たな「生の状態」だと思うのです。

ＬＩＮＥは確かに「業務連絡」するには、便利なツールです。ある集まりのなかでの情報伝達、情報共有を効率よく達成できると私も思います。「業務連絡」のツールであったはずが、彼のなかで、いつしか、ＬＩＮＥは親しい人、知人、赤の他人とつながるためのツールへと変貌《ぼう》していったようです。もっと言えば、つながるためではなく、「つながっていること」自体を確かめるためだけの、「つながっていたい」という意思や感情を確かめるだけのツールへと変貌していったのでしょう。

誰かとつながっていたいと思いＬＩＮＥを使うとき、私たちはどのような話を相手にしているのでしょうか。別に大した話ではない、ただの雑談だし、いちいち覚えているほどの内容ではない、という返事が聞こえてきそうです。そんな長い文章は書かないし、面白いスタンプがいっぱいあるし、スタンプをうまく使えば、相手にいちいち言葉を使わなくても、自分の気持ちは伝わるし。こんな返事も聞こえてきそうです。話の中身じゃないよ、ＬＩＮＥでやりとりすること自体が面白いし、意味あることなんだ。こんな返事も聞こえてきそうです。いろいろな返事の可能性を考えていると、私のなかで「井《い》戸端《ばた》会議」という言葉が浮かんできました。

[ア] 今一つは、そこで実際に暮らしている人々から決して切り離《はな》すことができない日常的な営みであるか否かという点です。先に述べたように「井戸」は暮らしに絶対欠かすことができない「水」を得ることができる重要な場所です。そして近所の人々は「水」を得るために「水」を使うために「井戸」に集まり、そこで「会議」が始まってしまうのです。すなわち「井戸端会議」とは、人々の暮らしから遊離した【他のものと離れて存在した】、どこか遠い空間で起こる営みではなく、常に、人々の暮らしに根ざし、人々の生活臭《しゅう》や生活実感が充《じゅう》満した日常で起こる営みと言えます。もちろん近所の人と雑談したくて人々が「井戸端」に集まってくるからこそ「会議」が成り立っているのかもしれません。ただ、そこが暮らしに根ざした「井戸端」という象徴的な場所であり、直接的な対面のコミュニケーションが基本だという点でＬＩＮＥでのやりとりとは異質だと思うのです。

[イ] 「でした」と私は過去形で語っていますが、まさに過去の情景と言えるでしょう。なぜなら私たちの日常生活で、もはや「井戸」はあたりまえのものではないのです。でも私が子どもの頃であった昭和の時代

た。

もちろんタレントでありテレビなどで仕事をする以上、自分自身が多くの人々にどのように受け入れられ評価されるのかが大切だろう。だから自分の写真に対する批判や否定的な評価へのコメントはしないのだろう。コメント自体がさらなるタレントへの評価の源となることをよく知っている、したたかな【手ごわい】姿だなと感じ入っていたのです。

しかし同時に、プライベートな領域をめぐる捉《とら》え方に驚いてもいたのです。自分の普《ふ》段の姿を映像にとり、インスタグラムにあげ続けるとき、自分の私秘的な（私的でできれば秘密にしておきたい）世界や領域はどのように保たれているのだろうかと。それは、スマホという「穴」から意図的に自分の私的な姿を流出させる営みであり、いわば「穴」からプライベートな領域の中身は漏れ続け、外のより広い世界へ際限なく拡散し続ける営みと言えるのです。そうしたとき、自分自身をめぐる情報は、たとえて言えば際限なく膨《ぼう》張し続ける［D］のなかにあるようなもので、私秘性を保つ「膜《まく》」はどんどん薄《うす》く、破れやすいものとなり、破れてしまえば、自分自身をめぐる剝《む》き出しの情報が、悪意や嫉妬《しっと》などさまざまな情緒《ちょ》に満ちた匿名の権力のもとにさらされる危険性が生じてしまうのです。

もちろん先にあげたタレントにとっての「膜」は限りなく薄くなる危険性はあるものの、決して破れることがない丈夫《じょうぶ》さやしなやかさを備えているのかもしれません。いったい彼女《かの》はどのようにして「膜」を鍛《きた》えあげていったのだろうか。さまざまに「膜」を脅かす危険と出会い、向きあうなかで、どのようにして破れないしなやかさが創造されていったのでしょうか。私は、そのことがとても気になります。そして⑥これは、スマホと私たちの日常やスマホと私たちという存在との関係性を考えていくうえで、根本的な問いといえるのです。

おそらく、先にあげたタレントは、その答えを教えてくれることはないでしょう。また仮に「こうすればいい」と教えられるとしても、その答えは私たちすべてにあてはまる一般《ぱん》的で普遍《へん》的なものでもないでしょう。結局のところ、スマホが私たち一人一人異なる身体の一部と化してしまっている以上、私たち各々《おのおの》が自分にとっての「スマホのある日常」を、危機感をもって詳《しょう》細に見直し、それを変革していかざるをえないのです。

さて最後に、見直しをするときに考えるべき手がかりについて、語りたいと思います。⑦それは、他者とたやすくつながれるというスマホをめぐる幻《げん》想であり、他者を理解する営みの核《かく》心にある。〝距離〟こと〝速度〟という手がかりです。

「自分自身の場合、親や友だちとの連絡《らく》、動画鑑《かん》賞、ゲームアプリ等の娯《ご》楽が不可欠な役割です。（中略）ＳＮＳは友だちでも知人でも知人ではない人でも誰《だれ》とでもネットを通してつながることができます。僕《ぼく》はちなみにスマホを使って四年目なんですが、使い始めの頃《ころ》はというと『絶対、ＬＩＮＥは業務連絡しかしないよ』なんて親や友だちに言ってました。それから四年たち、気づけば僕にとってＬＩＮＥは友だちとつながる絶好のアプリと化しました。↓情けない！（中略）つまり僕の心の中に誰かといつもつながっていたい、孤《こ》独な状態はいやだ！ひとりはいやだというような感情・考えが不可欠なものにしてしまっ有用か否かを判断するために与《あた》えられた「時間」が限られ、いわば瞬時のうちに情報の質を判断する「技量」が求められてきているという点です。

確かに、あらゆる情報を瞬時のうちに確認したり手に入れたりできることは、すごいことかもしれません。しかしスマホを身体の一部にしていながらも、私たちは「穴」という「穴」から入ってくる情報の真偽や背景、根拠などの「意味」を同じく瞬時のうちに判断し、情報を取捨選《せん》択《たく》できる力と技量を備えているのでしょうか。またそうした力と技量が私たちのなかで育ってきているのでしょうか。言い換《か》えれば、[C]の情報の襲撃《しゅうげき》に対して、うろたえることなく冷静に向きあうことができるような情報への〝耐性《たい》〟を私たちは、いま十分に身につけてきているでしょうか。

本章の冒頭《ぼう》に、私たちはいまスマホに〝飼い慣らされて〟いると書きました。これは私の実感から出てきた表現なのですが。スマホを飼い慣らすのではなく、スマホに飼い慣らされているとすれば、まさに、それこそ、情報への〝耐性〟を身につけておらず、スマホからあふれ出る情報に翻弄《ほんろう》され【もてあそばれ】ている私たちの現在の姿ではないでしょうか。

では、いかにしたら、情報への〝耐性〟を考え、自分なりに身につけていくことができるのでしょうか。

終日スマホとつきあうなかで、とりたてて目的もなく、ただ退屈《くつ》をまぎらせるためにだけスマホに指を滑らせている自分の姿をいま一度確認してみてください。必要のない時間はスマホを切り、本を読んだり、別の営みをして、自らの情報をめぐるリテラシー（情報の質や意味を的確に判断できる能力）を高めていく、あるいはスマホを切り、いったん情報への依存を停止したうえで、自分の頭で、それまで自分が得てきた実践《せん》的な知だけを手がかりにして、いろいろなことについて思索する余裕《ゆう》を持つようにする、等々情報への〝耐性〟を養う試みは思い浮《う》かびます。まずは、本書を読んでいるあなた自身がスマホからいったん距離《きょり》をとって、日常を生きている自分の姿を考え直すことが第一なのです。

今一つ、考えるべき重要な問題は、スマホという「穴」から自分自身のプライベートな領域が際限なく拡散していくことであり、それに伴《ともな》うプライベートな領域が被《こうむ》るリスクや侵害【損害】をどう考えるべきかということです。

情報をめぐるリテラシーが、「穴」から入ってくる情報と私たちがいかに向き合うかを考える問題でした。これに対して、プライベートな領域の際限なき拡散と領域が被るリスクと侵害は、私たちが「穴」からどうしようもなく自分の情報が漏《も》れ出していくことをどう考え、どう対処するのか、また自分の情報を外の世界に向けてどのように放出していくのかを考えるという次元の問題といえます。

「私は自分が好きな写真を［インスタグラム【写真共有アプリ】に］あげてきただけです。それをみなさんが気に入ってくれたことがとてもうれしいし、ありがたいです」

五〇〇万近くのフォロワー【支持者】をもつインスタグラムの女王とされるタレントが先日テレビでこう語っていました。自分自身を被写体とした「好きな写真」をインスタグラムにあげ続けたと。それを見て楽しむのは、フォロワーの自由であって、私が与《あずか》り知らない【関係ない】ところだと。私はこのコメントを聞きながら、いろいろと考えていましんでいます（前掲《けい》書、一三七ページ）。

　二〇一六年七月に日本でも「Pokemon GO」が解禁され、日本中の人々がゲームにはまっています。あらゆる場所にポケモンが出現するため、さまざまなトラブルや事件も起こっています。たとえば広島市平和記念公園をポケモンの出現する場所から外してほしいという要請《せい》【要求】がなされました。原爆《ばく》の子の像のまわりにスマホをかざした多くの人々が集まっている映像がテレビで流されていました。以前に比べ圧倒的に大勢の人々が原爆の子の像を見ているのです。しかし、彼らは原爆の子の像が本来持っている「意味」を見ていません。

　こうした現象は、まさに鈴木のいう「空間的現実の非特権化」と言えるでしょう。それではなぜ広島市はこうした要請をしたのでしょうか。確かに多くの人々が平和記念公園に来ていることは事実です。しかし彼らにとって、この公園は、原爆が投下された広島についてや、ヒロシマの被《ひ》爆という歴史的事実を考え、思いをはせる場所ではなく、ゲットしたいさまざまなポケモンが出現する魅力ある場所なのです。ゲームに熱中したい人々にとって、被爆を考えることは、ゲームを進めるうえで意味のないことです。彼らにとって、公園内を自由に動き回れ、より多くのポケモンをゲットできることが、なによりも重要なリアルさなのです。

　つまり　B　という平和記念公園がもつ「意味」の「特権性」が、ゲームの仮想的な空間や現実に侵《しん》略され、その意味を喪《そう》失する危険にさらされているのです。確かに被爆をめぐる慰霊碑《いれいひ》や痕跡《こんせき》は広島にとって重要な観光資源です。しかし被爆七〇年がすぎ、被爆の記憶《おく》をいかに継《けい》承していけるのかという深遠な課題を前にして、観光資源でありながらも被爆の歴史を反省し得《う》る「特権性」を、④それらがいかに維《い》持し新たに創造できるかは、広島市など地元が真剣《けん》に模索《さく》して【探して】いる重要なテーマなのです。それなのに、あまりにも素朴《ぼく》かつお気楽な形で、その「特権性」が脅かされたからこそ、Pokemon GO は平和記念公園において、問題となったのです。

　ところで鈴木がいう⑤「多孔化した現実空間」は、まさにそのとおりだと思うのですが、私は別の意味で、スマホは、私たちの日常に新たに、大きく深くまさに「底知れない」、とんでもない「穴」をあけてしまったのではと考えています。

　あたかも身体の一部と化したかのようなスマホ（＝「穴」）を通して、毎日毎時間、そして毎秒、圧倒的な質と量の情報が、私たちになだれ込《こ》んできます。そのなかには、歴史の事実を踏《ふ》まえない虚偽《きょぎ》【うそ】の情報で特定の民族への嫌悪《けんお》を煽《あお》り立てる悪意に満ちた情報もありますし、また私たちの欲望を見透《す》かしたような「うまい話」もあります。もちろん現代社会、国際関係、国家、市民社会のありようを考えるうえで有用で時宜《ぎ》【ほどよいころあい】を得た情報も「穴」から入ってきます。　C　の情報、つまり私たちが日常を気持ちよく生きていくうえで必要なものもまったく不要なものも含めてあらゆる質の情報が「穴」から私たちの日常へ、これでもかと侵入してくるのです。

　もちろん、こうした事態はインターネットやスマホが社会に登場する以前から私たちを襲《おそ》っていたものです。だからとりたてて新しい問題だと主張する必要はないかもしれません。しかし以前と比べ確実に異なっているのは、そうした情報が私たちにとって「意味あるもの」として認識され、その意味を私たちが反芻《すう》し【くり返し考えて】、自分にとって名をかくすこと】の人々にさらされるリスクだと私は考えています。

　コンピュータが開発されインターネット社会が登場してずいぶん時間がたっています。私はノートパソコンでこの原稿《こう》を書いていますが、少し前であれば、デスクトップのパソコンを前にしてキーボードを叩《たた》いていたはずです。原稿を書いて少しくたびれれば、ワード【文書作成ソフト】を閉じて、メールが届いていないか確認したり、ネットを開けてさまざまな情報にアクセスしたりします。［３］こうした営みは、まさに「机を前にして」私がやっていることなのです。でも今は、「机を前にする必要もないし、「ノートパソコンを膝《ひざ》の上に置く」必要もなく、ただ手のひらに収まっているスマホに指を滑らせることで、いつでもどこでも「世界」を自分の前に開くことができるのです。

　デスクトップからスマホへ。これは単なる道具の技術革新だけではないのです。「机の前に座ったり」「部屋にこもったり」「何インチかの画面に集中したり」など、まさにネットへ私たちが向きあうためだけに一定の手続きや姿勢の変更《こう》、意識の変更が必要だったのが、そうした身体的動作や日常的な意識の変更をせずに、いつでも私たちは「世界」と向きあえるようになりました。このことが、日常生きていくうえで決定的な生活の「革新」をもたらしたと考えます。

　なにか特別な手続きや意識の変化など一切不要で、いつでもどこででもネット「世界」を開き、自分自身をそこで遊ばせることができるとすれば、これはこのうえもない刺《し》激や興奮をもたらす、えもいえぬ【言葉では言い表せない】悦楽ではないでしょうか。こう考えてくれば、「歩きスマホ」は必然であり、当然の結果なのです。

　日常的な道徳やエチケットとして、あるいは危険な事故を防ぐために「歩きスマホはやめましょう」と連呼することはできても、それだけで絶対「歩きスマホ」はなくならないでしょう。［４］、そうした規制の声が耳に入らないくらい、圧倒《とう》的に私たちは今、「世界」を携帯できる悦楽に魅了《りょう》されてしまっているからです。「世界」を携帯できる悦楽に驚《おどろ》き、魅了されているかぎり、「歩きスマホ」は思いっきり自然な営みであり続けるでしょう。

　では、どうなれば「歩きスマホ」はなくなっていくでしょうか。私は、こう夢想します。「世界」を携帯できること自体、特に驚くべきことでもないし、魅了されることでもない、その意味で陳腐《ちんぷ》【つまらないこと】で［Ａ］だという意識を私たちがもつこと。それができて初めて、「歩きスマホ」が日常生活に様々な支障をきたすということを、本当の意味で私たちは自らの〝腑《ふ》に落とす〟ことができるのではないでしょうか。

［５］、社会学者の鈴木謙介《すずきけんすけ》は、「ウェブ社会」の特徴《ちょう》を「現実空間の多孔《こう》化」と呼び優れたユニークな分析《せき》をしています。（鈴木謙介『ウェブ社会のゆくえ――〈多孔化〉した現実のなかで』ＮＨＫブックス、二〇一三年）。

「現実空間の多孔化」とはどのようなことを言っているのでしょうか。鈴木は「現実の空間に付随《ずい》【付属】する意味の空間に無数の穴が開き、他の場所から意味＝情報が流入したり、逆に情報が流出したりする」ことを「空間的現実の多孔化」と呼び、「多孔化した現実空間においては、同じ空間に存在している人どうしが互《たが》いに別の意味へと接続されるため物理的空間の特権性が失われる」ことを「空間的現実の非特権化」と呼

【国　語】（五〇分）〈満点：一〇〇点〉

【注意】　字数制限のある問題については句読点・記号を字数に含《ふく》めること。

［一］　次の文章を読んで、あとの問いに答えなさい。ただし、【　】は語句の意味で、解答の字数に含《ふく》めないものとします。

スマートフォン（以下スマホ）は従来の日常のあり方を大きく変容させたと私は考えています。私たちは、「スマホのある日常」をどのように生きているのでしょうか。社会学的な見方を通して、少しじっくりと考えてみたいと思います。

毎朝の通勤通学の風景。駅のホームに並び電車を待つ人々。彼《かれ》らの九割以上がスマホをのぞきこみ、一心に指を滑《すべ》らしています。もう見慣れた、あまりにもあたりまえの日常のワンシーンといえるでしょう。でも私は毎日この情景を見るたび、それぞれ異なった人々がまったく同じ姿勢を保ち、同じ動作をしている画一さ、均質さを感じます。同時に①スマホに〝飼い慣らされて〟しまっている私たちの姿であることに気づき、戦慄《りつ》して【おそろしくて体がふるえて】いるのです。

スマホはずいぶん前から日常化し、身体化しているメディアと言えるでしょう。終日、なんらかのかたちでスマホに依《い》存している私たちの日常があるとして、その状態をどのように私たちは考えればいいでしょうか。

［1］アルコールや薬物と同じように考え、スマホに過剰《じょう》に支配された姿を依存症《しょう》と呼び、一つの「病《やま》い」と考えることもできるでしょう。「病い」であれば、私たちがその症状から回復するための「治療《りょう》法」や「処方」が考えられます。スマホを使う時間帯を制限するとか、学校ではスマホの使用を禁止するとか、ある規制をつくりあげ、私たちとスマホの関係を改善していくという方向性です。

また、スマホとの適切なつきあい方を、スマホとより円熟した関係をつくりあげている「先輩《ぱい》」からわかりやすい説明で、伝授してもらうという方向もあるでしょう。巷《ちまた》【世間】にスマホとの効果的なつきあい方やスマホの活用法をわかりやすく語るノーハウ【やり方】本が氾濫《はんらん》しているのも、②こうした発想の表れと言えるでしょう。

でも、いずれの「処方」にしても私たちの大半が用いること自体に抵《てい》抗《こう》すら感じなくなっているスマホと日常的な関係のありようを「依存」や「病理」という視角から考えること自体、私たちがすでにスマホという魅《み》力ある魔《ま》性のメディアに絡《から》めとられていることの証左【証拠《こ》】ではないでしょうか。

ここでは「依存」や「病理」ではない発想で、スマホのある日常を考えてみたいと思います。

片手に収まる端《たん》末としてのスマホ。それは画像や動画も撮《と》れるし、鮮《せん》明な映像もみることができるし、［2］電話の機能も備えています。すでにコンピュータの端末以上の機能を持っています。こうした道具を手にしてまさに一日中何らかの形で操作をすることで、私たちは「今、ここ」で、目の前にいるあなたとだけ出会えるのではなく、瞬《しゅん》時のうちに、「今、ここ」を超越《ちょうえつ》し、多様な現実とつながることができます。スマホを使いこなす日常で、私たちはいったい何を手にして、何が脅《おびや》かされているのでしょうか。それは端的に言って、③「世界」を携《けい》帯する悦《えつ》楽【喜び】であり、その裏返しとして「わたし」が不特定多数の匿《とく》名【氏

MEMO

大切なことはメモしておこうネ！

第1回

2022年度

解答と解説

《2022年度の配点は解答欄に掲載してあります。》

＜算数解答＞

1 (1) $\frac{3}{4}$ (2) 37 (3) 87 (4) $\frac{1}{9}$ (5) 7.5

2 (1) 18人 (2) 8.5点 3 (1) 毎分4 L (2) 120 L (3) 9時36分

4 (1) 1.5倍 (2) 毎時7.2km 5 (1) 4：19 (2) 13：3

○配点○

1 各7点×5 2・4・5 各8点×6 3 (2) 5点 他 各6点×2 計100点

＜算数解説＞

1 **(四則混合逆算，仕事算，差集め算，平均の速さ，面積)**

基本 (1) 計算の順番を考え逆にたどる。分数のわり算は逆数をかけ算する。④$1\frac{1}{4}\div1=1\frac{1}{4}$，③$1\frac{1}{4}-1\frac{1}{14}=1\frac{7}{28}-1\frac{2}{28}=\frac{5}{28}$，②$\frac{5}{28}\times3=\frac{15}{28}$，①$1\frac{2}{7}-\frac{15}{28}=1\frac{8}{28}-\frac{15}{28}=\frac{36}{28}-\frac{15}{28}=\frac{21}{28}=\frac{3}{4}$

重要 (2) AとBとCの3人で1日にする仕事量は$1\div25=\frac{1}{25}$，AとBの2人で1日にする仕事量は$1\div40=\frac{1}{40}$，Cが1人で1日にする仕事量は$\frac{1}{25}-\frac{1}{40}=\frac{8}{200}-\frac{5}{200}=\frac{3}{200}$，1日目AとC，2日目BとC，周期2日の仕事量はA＋C＋B＋C＝$\frac{8}{200}+\frac{3}{200}=\frac{11}{200}$，$1\div\frac{11}{200}=1\times\frac{200}{11}=18\frac{2}{11}$，$\frac{11}{200}\times\frac{2}{11}=\frac{1}{100}$，$2\times18=36$，36日仕事をして残った仕事量はCが1日にする仕事量より少ないのであと1日で仕事は終わる。36＋1＝37(日目)

重要 (3) 線分図を書いて情報を整理する。Aを□脚とすると，Bは(□×2−20)脚。生徒数＝5×□＋2＝(□×2−20)×6＋3＝□×12−120＋3＝□×12−117，□＝(117＋2)÷(12−5)＝17，生徒数＝5×17＋2＝87(人)

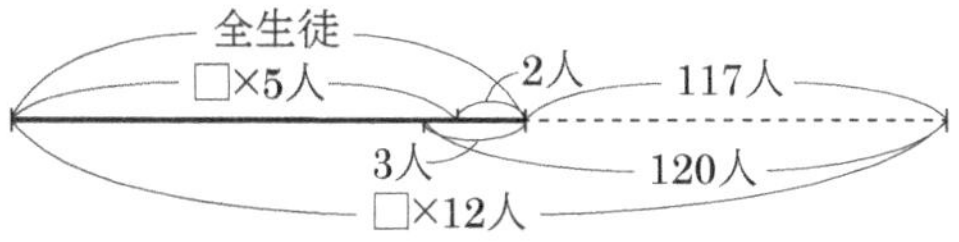

(4) AP間とPQ間にかかった時間を各1時間とすると，AQ間の平均の速さは(3×1＋4×1)÷(1＋1)＝3.5(km/時)，AP間の平均の速さとQB間の速さの平均が4.5 km/時より，面積図を書いて考える。4.5−3.5＝1，5−4.5＝0.5，面積が等しい部分のたての長さの比が1：0.5＝2：1，横の長さの比は逆比になる。①：②，①＝1＋1＝2(時間)，②＝2×2＝4(時間)より，道のりはAP間が3(km/時)×1(時間)＝3(km)，PQ間が4(km/時)×1＝4(km)，QB間が5(km/時)×4＝20(km)，よって上りの道のりは全体の$3\div(3+4+20)=\frac{3}{27}=\frac{1}{9}$(倍)

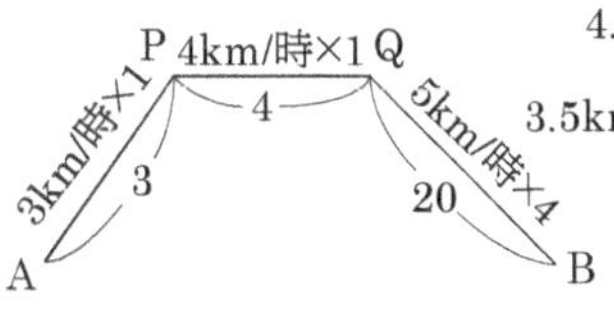

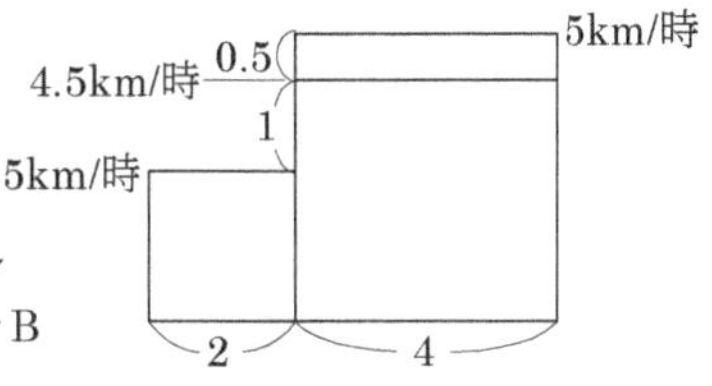

重要　(5)　右図のようにアとイの間を☆，アとウの間を△とする。ア＋☆＋△＝6×6×3.14×$\frac{90}{360}$＝9×3.14＝28.26，イ＋☆＝8×8－8×8×3.14×$\frac{90}{360}$＝64－16×3.14＝64＝13.76，ウ＋△＝2×7÷2＝7，ア＋☆＋△－イ－☆－ウ－☆＝ア－イ－ウ＝28.26－13.76－7＝7.5(cm^2)

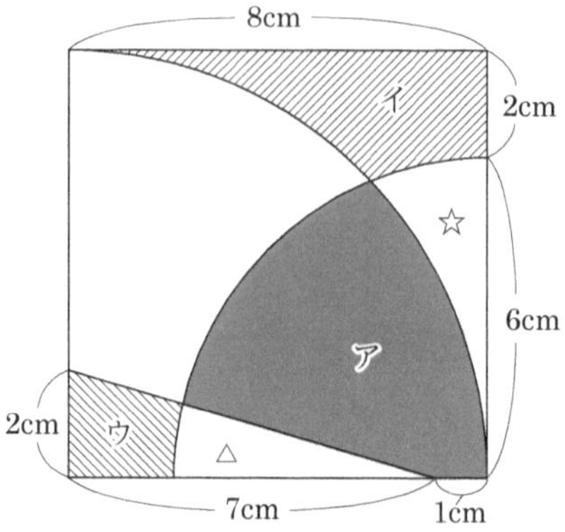

重要 $\boxed{2}$　(平均)

(1)　面積図を書いて考える。男子とクラスの平均点の差7－6.5＝0.5(点)と，女子とクラスの平均点の差7.6－7＝0.6(点)は人数の比の逆比になっている。0.5：0.6＝5：6，人数の比は男子：女子＝6：5，⑥－⑤＝①，①＝3人，⑥＝3×6＝18(人)

(2)　Aくん・Bくん・Cくんを除く男子は18－3＝15(人)，15：3＝5：1，6.5－6.2＝0.3，1：5＝0.3：□，□＝5×0.3÷1＝1.5，6.5＋1.5＝8，よってBくんとCくんの平均は(8×3－7)÷2＝8.5(点)

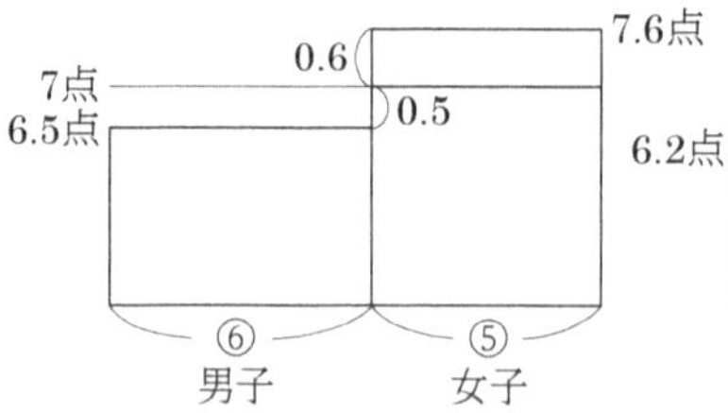

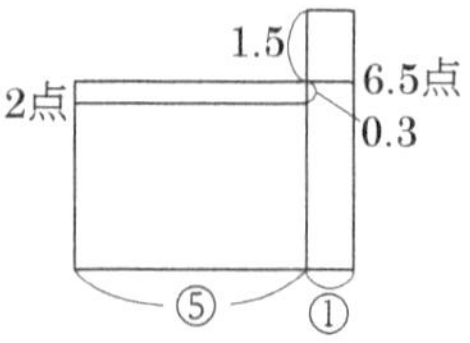

$\boxed{3}$　(ニュートン算)

(1)　はじめに水そうに入っている水の量を⑥，排水管から1分に排水される水の量を$\boxed{1}$とする。9時から9時10分の間に排水管5本ではじめの水の量の$\frac{1}{2}$と10分間の給水量を排水するので，⑥×$\frac{1}{2}$＋14×10＝③＋140＝$\boxed{1}$×5×10＝$\boxed{50}$，9時10分から9時20分の間に排水管4本ではじめの水の量の$\frac{1}{2}$－$\frac{1}{3}$＝$\frac{1}{6}$と10分間の給水量を排水するので，⑥×$\frac{1}{6}$＋14×10＝①＋140＝$\boxed{1}$×4×10＝$\boxed{40}$，③＋420＝$\boxed{120}$，420－140＝280(L)，$\boxed{120}$－$\boxed{50}$＝$\boxed{70}$，280÷$\boxed{70}$＝4(L)

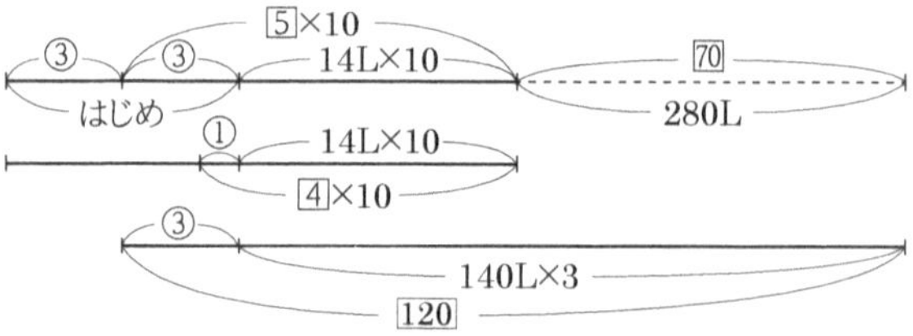

(2)　①＝($\boxed{50}$－140)÷3＝(4×50－140)÷3＝60÷3＝20(L)，⑥＝20×6＝120(L)

(3)　9時20分の水量は120×$\frac{1}{3}$＝40(L)，9時20分からは排水管は4－3＝1(本)になるので，1分あたり14－4＝10(L)ずつ水量が増える。200－40＝160(L)の水が増えるのにかかる時間は160÷10＝16(分)，20＋16＝36，よって求める答えは9時36分である。

$\boxed{4}$　(流水算の応用)

重要　(1)　下りと上りの速さの比は25km：5km＝5：1，静水での速さは($\boxed{5}$＋$\boxed{1}$)÷2＝$\boxed{3}$，流れの速さは($\boxed{5}$－$\boxed{1}$)÷2＝$\boxed{2}$，$\boxed{3}$÷$\boxed{2}$＝1.5(倍)

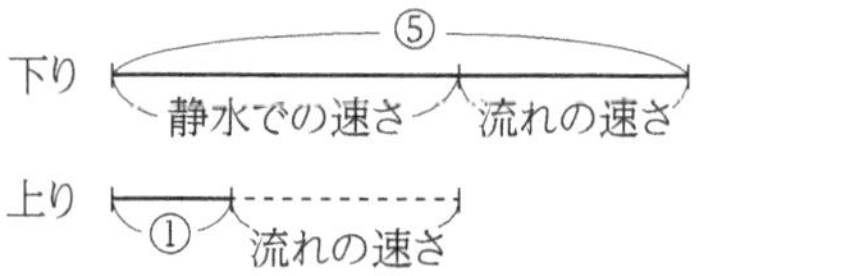

(2)　行きの静水時の速さ$\boxed{3}$×1$\frac{1}{2}$＝$\boxed{4.5}$，帰りの静水時の速さ$\boxed{3}$×$\frac{2}{3}$＝$\boxed{2}$，川の流れの速さが$\boxed{2}$なので，行きが上りである。AB間の速さは上り：下り＝($\boxed{4.5}$－$\boxed{2}$)：($\boxed{2}$＋$\boxed{2}$)＝$\boxed{2.5}$：$\boxed{4}$＝5：8，かかった時間の比は逆比になるから⑧：⑤，1時間5分＝65分，65×$\frac{8}{8+5}$＝40(分)，上りの速さは6(km)÷$\frac{40}{60}$(時間)＝6×$\frac{3}{2}$＝9(km/時)，川の流れの速さは9×

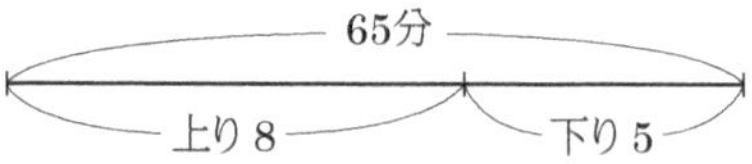

$\frac{2}{2.5}=9\times\frac{4}{5}=7.2$(km/時)

5 (平面図形と比)

(1)　AEとCDを延長し，その交点をIとすると，四角形ABCIは平行四辺形になる。BA＝CI＝4cm，DI＝4－3＝1, FGとEDは平行なので，三角形BGFと三角形IEDは相似形。BF＝BGの二等辺三角形なので，IE＝ID＝1cmより，相似比は2：1，面積比は2×2：1×1＝4：1，三角形BGFを4とすると，三角形ABGは4×2＝8，三角形ABCは$8\times\frac{3}{2}=12$，平行四辺形ABCIは12×2＝24，六角形AFGCDEの面積は平行四辺形ABCI－三角形BGF－三角形IED＝24－4－1＝19，よって求める答えは4：19である。

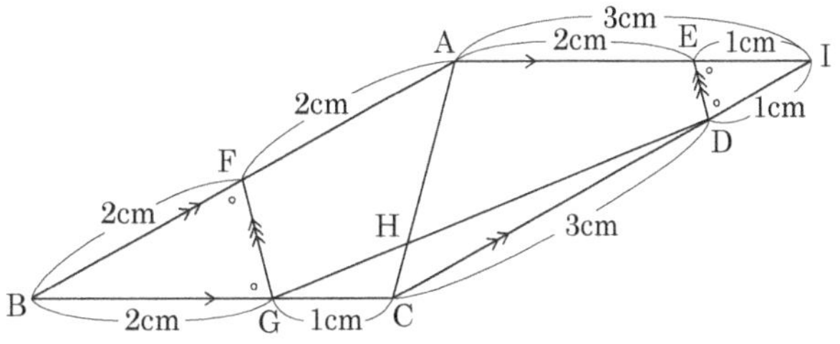

やや難

(2)　AIとGDを延長し，その交点をJとすると，三角形DCGと三角形DIJは相似形で，相似比はDC：DI＝3：1＝CG：IJ＝1：□，□＝1×1÷3＝$\frac{1}{3}$，また，三角形AHJと三角形CHGは相似形で相似比はAJ：CG＝$3\frac{1}{3}$：1＝AH：HC＝10：3，三角形AGC＝三角形ABC－三角形ABG＝12－8＝4，三角形HGCは$4\times\frac{3}{10+3}=\frac{12}{13}$，三角形FBG：三角形HGC＝4：$\frac{12}{13}=\frac{52}{13}:\frac{12}{13}$＝13：3

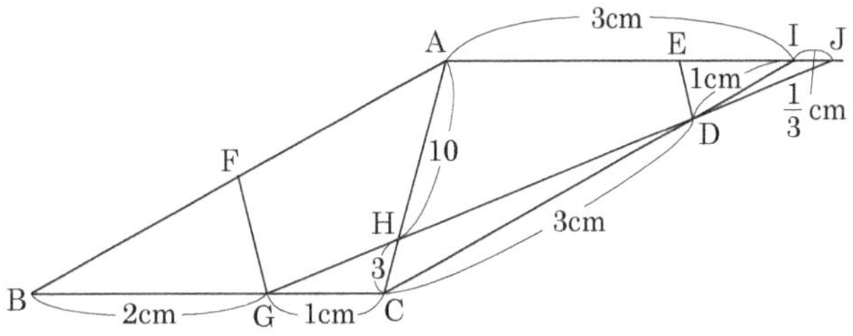

★ワンポイントアドバイス★

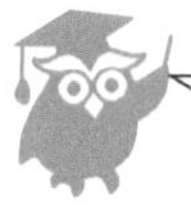

基礎的な問題を丁寧に取り組み，式や考え方を書くことで基礎力を身につけよう。また応用的・発展的な問題も日頃から数多く解く練習をしておくとよいだろう。式や考え方を過不足なく簡潔に書くことも意識して取り組もう。

＜理科解答＞

［Ⅰ］　A　エ　B　ア　C　オ　D　イ　E　カ

［Ⅱ］　(1)　A　過酸化水素水　B　二酸化マンガン　(2)　ア　(3)　エ　(4)　イ

［Ⅲ］　(1)　(a)　あまみ　(b)　いりおもて　(c)　やく　(d)　おがさわら
(2)　イ，ウ　(3)　イ，エ，オ　(4)　外来種

［Ⅳ］　(1)　(a)　ペプシン　(b)　ペプチド　(c)　アミノ酸　(2)　イ，エ
(3)　門脈　(4)　呼吸　(5)　ア，エ

［Ⅴ］　(1)　金星　(2)　イ　(3)　イ　(4)　ウ　(5)　B　デネブ　D　アルタイル
C　こと座　(6)　ウ　(7)　56°

［Ⅵ］　(1)　30g　(2)　50g　(3)　260g　(4)　15g　(5)　24cm

〔Ⅶ〕 (1) ア，イ，オ，キ，ク　(2) ア，キ，ク　(3) 100秒間
(4) 電球：赤色LED：緑色LED＝3：1：4

○配点○

〔Ⅰ〕 各2点×5　〔Ⅱ〕 各2点×5　〔Ⅲ〕 (1) 各1点×4　他 各2点×3
〔Ⅳ〕 (1)・(3) 各1点×4　他 各2点×3　〔Ⅴ〕 (5) 各1点×3　他 各2点×6
〔Ⅵ〕 各2点×5　〔Ⅶ〕 (1)・(2) 各2点×2　他 各3点×2　計75点

＜理科解説＞

重要 〔Ⅰ〕 **(水溶液の性質・物質との反応―水溶液の判別)**

5種類の水溶液のうち，B，Cは酸性で，うすい塩酸か炭酸水のいずれか。A，D，Eがアルカリ性で水酸化ナトリウム水溶液，アンモニア水，石灰水のいずれかである。A，Bは刺激臭がするので，Aはアンモニア水，Bはうすい塩酸である。Eは息を吹き込むと白くにごったので石灰水である。Cは炭酸水，Dは水酸化ナトリウム水溶液とわかる。

基本 〔Ⅱ〕 **(気体の発生・性質―酸素の性質)**

(1) 酸素は過酸化水素水と二酸化マンガンを混ぜると発生する。Aには液体の過酸化水素水，Bには固体の二酸化マンガンを入れる。

(2) 酸素は水に溶けにくいので，水上置換法で捕集する。

(3) 酸素は同じ体積の空気より重く，水に溶けにくい。

(4) 酸素は空気中の約21%を占める。アは窒素，ウはアルゴンである。

〔Ⅲ〕 **(環境と時事―世界自然遺産)**

重要 (1) (a) 2021年7月26日に「奄美大島，徳之島，沖縄島北部および西表島」の世界自然遺産への登録が認められた。答えは指示通りひらがなで答えること。

基本 (2) スギは種子植物の中の，裸子植物に属する。スギは雄花と雌花が別々の単性花である。

基本 (3) 鳥類は，体内受精で陸上に卵を産み，恒温動物である。かたい殻の卵を産み，背骨のあるセキツイ動物である。

(4) このような種を外来種という。

〔Ⅳ〕 **(人体―体のはたらき)**

重要 (1) タンパク質は，胃液に含まれるペプシンという消化酵素で分解されてアミノ酸がいくつかつながったペプチドになり，さらにトリプシンなどの消化酵素によってアミノ酸に分解される。

(2) アミラーゼはデンプンの分解酵素である。胃液は非常に強い酸性であり，ペプシンは強い酸性中で最もよく働く。消化酵素はタンパク質でできていて，煮沸すると元の性質を失ってしまい，体温に戻しても酵素として働かなくなる。一方，低温にした場合は，酵素の働きはにぶるが，体温に戻すと再び働くようになる。

基本 (3) 小腸から肝臓に向かう血管を門脈という。小腸で吸収した栄養を多く含む血液が流れる。

基本 (4) 糖を分解してエネルギーを取り出す働きを呼吸という。

基本 (5) 酸素は赤血球の中に含まれるヘモグロビンによって運ばれる。酸素は肺から取り込まれる。動脈は心臓から出ていく血管をさす。肺動脈は肺に向かう動脈で，まだ酸素を受け取っていない。肺で酸素を受け取って心臓に戻る血管は肺静脈で，酸素を多く含む。酸素を多く含む血液は鮮やかな紅色をしている。体の各部に運ばれた血液は，酸素を放出して二酸化炭素を受け取り心臓に戻る。

〔Ⅴ〕 **(星と星座―金星・星座)**

(1) 日の入り前の西の空と，日の出前の東の空に輝くので，金星である。

基本 (2) 金星は惑星なので，自ら光を出すのではなく，太陽の光を反射して光る。

基本 (3) 金星は地球の内側を公転しており，日の出前に東の空に見えるのでイの位置にある。

重要 (4) 星は1時間で15°西に移動するので，この日の星Dは12時に南中する。また，星は1か月に30° 西に移動するので，南中の時刻は1か月で2時間早くなる。星Dが0時に南中するのは6か月後になるので，7～8月ごろである。

(5) Bははくちょう座のデネブ，Dはわし座のアルタイル，Cはこと座のベガをさす。

(6) わし座，はくちょう座は夏の星座であり，さそり座も同様である。アンタレスはさそり座の星である。ベテルギウスはオリオン座，シリウスはおおいぬ座，プロキオンはこいぬ座の星で，これらは冬の星座であり，この3つで冬の大三角をつくる。

(7) 札幌市は調布市より緯度が7°高いので，星の南中高度はその分低くなる。よって63－7＝56°である。

〔Ⅵ〕 **(力のはたらきの総合―ばね・台ばかり)**

基本 (1) おもりがばねを引く力と，ばねがおもりを引く力はつりあう。ばねの両端にかかる力は，大きさは同じで向きが逆になる。ばねAからP点にはたらく力は30gである。

(2) ばねAは10gのおもりで2cmのびる。60gのおもりでは12cmのびるが，箱の長さが40cmなので，ばねがのび切らずに箱の底についてしまう。このときばねAののびは，ばねの初めの長さが20cmでおもりの1辺が10cmなので40－30＝10(cm)である。よってばねAがおもりを引く力を□gとすると，10：2＝□：10　□＝50gである。

(3) 台ばかりの示す値は，箱の重さとおもりの重さの和になるので200＋60＝260(g)である。ばねがおもりを引く力と，ばねが箱を引く力が等しいので，この力は打ち消し合う。

重要 (4) ばねAにかかる力とBにかかる力は同じ大きさになる。ばねAが1cmのびるときの重さは5gであり，Bでは1.25gである。2本のばねを合わせたのびは55－40＝15(cm)になるので，おもりの重さを□gとすると，$\frac{\square}{5}+\frac{\square}{1.25}=15$　□＝15g

やや難 (5) おもりにはたらく力は，ばねAがおもりを上向きに引く力と，ばねBがおもりを上向きに押す力の和がおもりの重さ(下向きにはたらく力)に等しくなる。ばねA，Bののび，縮みの長さは同じなので，これを□cmとすると，□×5＋□×1.25＝25　□×6.25＝25　□＝4cm　ばねAの長さは20＋4＝24(cm)である。

〔Ⅶ〕 **(回路と電流―回路)**

重要 (1) ウでは上側の回路でLEDが電流の向きと逆に接続されているので，電流が流れず電球が光らない。エではどちらの回路にも電流が流れない。カも同様にどちらの回路も電流が流れない。

重要 (2) イでは上側の回路のLEDが光らない。オではLEDが光らない。

(3) 金属製の棒が右下の金属板Aの60°の部分と接しているときは，回路に電流が流れる。1回転するとき，棒の両端は合計2回，120°接する。つまり1回転のうち3分の1だけ電流が流れる。1回転が2秒間なので，そのうち$\frac{2}{3}$秒間電流が流れる。5分間では$\frac{5\times60}{2}\times\frac{2}{3}=100$(秒間)電球が光る。

やや難 (4) 緑のLEDは，金属製の棒が金属板Bの左下側の90°の部分に接していれば光る。棒が1回転すると2回光ることになる。また，金属板Aの60°の部分に接しても回路がつながる。しかし，棒の電池の＋極側の先端が右下の60°の部分に接するときは，赤色LEDが電流と逆向きになるので，回路に電流が流れずどちらのLEDも光らない。一方，棒の電池の－極側の先端がこの部分に接すると回路に電流が流れ，緑のLEDも赤のLEDも点灯する。棒が1回転するとき，それぞれが点灯するときの角度を比較すると，電球では90×2＝180(°)，赤色LEDでは60°，緑色LEDでは90×2＋60＝240(°)となり，比をとると180：60：240＝3：1：4になる。

★ワンポイントアドバイス★

時間のわりに問題数が多く，計算問題を含む難しい問題も出題される。基本問題で得点をできるようにしたい。

＜社会解答＞

Ⅰ　1　(1)　A　(河川)　最上川　(平野)　庄内平野　B　(河川)　北上川　(平野)　仙台平野　E　(河川)　木曽川　(平野)　濃尾平野　H　(河川)　筑後川　(平野)　筑紫平野　(2)　ア　(3)　あ　琵琶湖　い　越後平野　う　讃岐山脈　え　銚子市　2　ア　3　ウ　4　エ　5　●　A　▲　B　6　イ
7　(1)　千葉県　(2)　イ　8　エ

Ⅱ　1　ウ→ア→エ→イ　2　ウ　3　エ　4　ウ　5　イ　6　リットン調査団
7　エ　8　エ　9　ア　10　イ　11　活躍を主張し，恩賞をもらうため。
12　中国やオランダだけではなく，朝鮮や琉球，アイヌなどの東アジア世界と交流を持ったと変わっている。

Ⅲ　1　あ　衆　い　広島　2　ア　3　(1)　ウ　(2)　ア，エ　4　パレスチナ
5　(1)　大量の弁当の廃棄(など)　(2)　国会議員における女性の少なさ(など)
6　イ　7　ウ　8　(問題・現状)　(例)　多様性の理解や尊重が進んでおらず，マイノリティの人権が守られていない。　(解決方法)　(例)　学校教育の場面で，障がいを持った児童・生徒と一緒に授業を受ける機会を増やし，早い段階から差別や偏見の芽を取り除く。

○配点○

Ⅰ　6，7(2)，8　各2点×3　他　各1点×19
Ⅱ　8　1点　11，12　各3点×2　他　各2点×9
Ⅲ　1　各1点×2　3(2)，5(2)　各3点×2　8　5点(完答)　他　各2点×6
計75点

＜社会解説＞

Ⅰ　(日本の地理－さまざまな問題)

重要　1　(1)　Aは最上川で，山形県内を北上し，米沢盆地，山形盆地，新庄盆地をへて西にそれて庄内平野のところで日本海にそそぐ。Bは北上川で，岩手県，宮城県の北上高地と出羽山地の間を南下し仙台平野を通って仙台湾へ出る。Eは木曽川で，長野県，岐阜県の木曽山脈の西，飛騨山脈の南端から流れ出し濃尾平野の岐阜県と愛知県の県境を通って伊勢湾に注ぐ。Hは筑後川で，大分県西部から流れ出し福岡県を流れ，筑紫平野の佐賀県と福岡県の境目を下り有明海に注ぐ。
(2)　最上川，利根川，木曽川，筑後川の年間の流量の推移のグラフの識別問題。最上川は圧倒的に上流の山の雪解け水が流れる時期が一番流量が多くなるのでア。イは筑後川で，梅雨時の水

量が多くなる，ウは利根川で雪解け水が流れる時期も多いが，梅雨時や，秋の台風の時期も水量は多くなる。エは木曽川で夏から秋の台風の時期の水量が多い。 (3) 信濃川，利根川，淀川，吉野川の河口部から上流域を上空から見た図の識別問題。信濃川が地図2，利根川が地図4，淀川が地図1，吉野川が地図3になる。淀川は日本の河川の中では長さは短い方だが，流域面積は大きな部類に入り，その上流にあるのが地図1のあの琵琶湖である。吉野川は四国山地の南北にある流れが徳島県西部で合流し，讃岐山脈の南側の徳島平野を東へ流れ紀伊水道に注ぐ。利根川は関東地方の北の群馬県と新潟県の県境の辺りから流れ出し，群馬県と埼玉県の県境の辺りを東へ流れ，千葉県と茨城県の県境を東へ進み，千葉県の銚子の辺りで太平洋へ注ぐ。

基本 2 ア ジャガイモやニンジンの生産で圧倒的に多いAが北海道，サツマイモで1位，ジャガイモで2位なのが鹿児島県まで分かれば選択肢は絞り込める。レタスは夏の時期などは涼しい気候をいかして長野県や群馬県の高原地域が多く，その前後の時期などは比較的温暖な茨城県や長崎県，兵庫県などが多くなる。

基本 3 ウ グラフから農業の就業人口は年を追うごとに減っており，一方，農業人口における65歳以上の割合は高くなってきていることから，農業をやる人は減りながら農家の高齢化が急速に進んでいる現状が読み取れる。この状況ではいかに効率よくやるのかというのがポイントになってくるので，選択肢のアイエはその対策として考えうるものになる。一方，ウは作業の負担は減るかもしれないが，ただでさえ日本の農家の経営面積は狭いのをさらに狭くすると現在の日本の農家の課題の一つの国際的な競争力がない状態がさらに悪化してしまう。

4 エ 機械工業を生産する品目で細分しなければ，日本の工業の中で圧倒的に多いのが機械工業となり，その主力は自動車なので，Aが愛知県でそれに続くBが静岡県，Cが神奈川県となる。愛知県はガラス，セメント，陶磁器などの窯業も盛んで瀬戸物で有名な瀬戸がある。

重要 5 ●と▲では▲が海沿いで，●が内陸にあることに注意。普通，海沿いにあるのは火力発電所か原子力発電所で，内陸にあるのは水力発電所。Aが水力で，Bが火力，Cは2010年以後一気に減っているので原子力になる。

6 地図中の嫁ヶ島の位置から，考えられる場所はイかウになる。写真を見て，嫁ヶ島よりもかなり奥にわずかに山のようなものが見えたりするので，ウからだと背景に見えるのは市街地になるはずなのでイと判断できる。

7 (1) 安房の国は現在の千葉県の南部で，千葉県のある房総半島は安房と上総，下総にまたがるから出来た地名。 (2) イ 将軍塚のある場所が山頂となっており，イのところには三角点があり，普通は三角点は山頂にあるため。

8 古地図見本の写真を見て選択肢の内容が当てはまるものを選べばよい。古地図を見ると地名の表記の向きがバラバラなのでエが選べる。

Ⅱ (日本の歴史－「歴史のイメージ」に関連する問題)

基本 1 ウ 第五福竜丸の被ばくは1954年→ア 沖縄海洋博は1975年→エ 昭和が終わり平成になったのは1989年→イ 阪神淡路大震災は1995年。

2 ウ 豊臣秀吉の朝鮮出兵の際に半島から連れてこられた陶工によって有田焼や唐津焼，伊万里焼が始められた。アは明は中国なので誤り，イは雪舟が学んだのは中国なので誤り，エは韓国併合が1910年で，伊藤博文はその前年に韓国の安重根に暗殺されたので誤り。

3 エ 薩摩藩は1862年に薩摩藩士がイギリス人を殺害した生麦事件の報復で1863年に起こった薩英戦争で，攘夷は無理と思い知らされた。アはオランダは江戸時代の鎖国の中でも日本に来るのを許されていたが，キリスト教の布教はしないということが前提になっていたので誤り。イは「ターヘル・アナトミア」はオランダ語で書かれた解剖書なので誤り。ウは日米修好通商条約と同様のものをイギリス，オランダ，ロシア，フランスとも結びいずれも不平等なものであったので誤り。

重要　4　ウ　ウの内容は資料にはない。

重要　5　イ　1895年の下関条約で，清から約3億円の賠償金を得て，その中から例えば1901年に八幡製鉄所をつくるのに資金を回している。アは1925年で昭和時代，ウは大日本帝国憲法はお手本にしたのはフランスではなくドイツのものなので誤り，エは学制で設置された尋常小学校は男子だけのものではなかったので誤り。

6　1931年の柳条湖事件に始まる満州事変を調査するために国際連盟が派遣したのはイギリスのリットン卿を団長とし，英米独仏伊の五か国の代表からなるリットン調査団。

7　エ　弥生時代には農耕が行われるようになり，それによって貧富の差や身分の差が社会にうまれてきていたと見られている。

基本　8　エ　聖徳太子が亡くなるのが622年で，大化の改新は645年。遣唐使を初めて派遣するのは630年でこの時期に当てはまる。アは538年，イは607年，ウは603年。

9　ア　『古事記』は稗田阿礼が語る内容を太安万侶が書きとったとされる。

10　イ　『源氏物語』が書かれた平安時代の10世紀から11世紀の頃は，かな文字が使われるようになっていた頃で，『源氏物語』を書いた紫式部もかな文字を使っていた。アは御成敗式目の第1条，ウは地券の裏書。

やや難　11　元寇は元が高麗を率いて，二度にわたって日本に攻めてきたもの。これに幕府は応戦し，御家人たちも家来を引き連れて参戦し，元の軍勢を追い返した。御家人たちが幕府のために働けば，何らかの恩賞をもらえるというのが普通の場合だが，元寇に関しては外敵を防いだだけのものであり，相手の領地を奪うなどのことがないので，御家人たちに恩賞として幕府が与えられるものはほとんどなく，そのため御家人たちは恩賞をもらえない状態になっていた。一方で御家人たちが率いた家来に対しては，御家人は何らかの褒美を与えたり，戦で命を落としたものの家族に対しても手当を出さないわけにはいかず，御家人たちは経済的に苦しい状況になっていた。そのような中で，御家人の竹崎季長も幕府から何とかして恩賞をもらいたいという思いで，この絵を描かせたと見られている。

やや難　12　1950年の高校の歴史の教科書に記載されている鎖国の状態と，2021年の教科書に記載されている鎖国の状態の比較の問題。かつては鎖国下では長崎の出島でオランダや清から得られる情報だけが幕府にとっての外国の状況を知る手がかりになっていたとされていたのに対し，2021年の教科書では出島でのオランダと清との接触はもちろん，朝鮮や琉球，アイヌなどとの交易のことにもふれてある。実際に琉球は中継ぎ貿易をやっていた場所なので，かなりいろいろなところとの接点もあったはずなので，薩摩には琉球から鎖国下であっても色々な情報が回ってきたことは推察できる。

Ⅲ　(政治－三権，時事などに関する問題)

基本　1　あ　2021年10月に任期が満了する予定であったのは衆議院。岸田内閣は任期満了しての衆議院選挙ではなく，任期満了前の解散による総選挙を選択した。　い　1945年8月6日に原爆が投下されたのは広島市。

2　ア　内閣不信任案の可決などに対抗して首相が衆議院を解散させての総選挙であれば，特別国会となるが，衆議院の解散を伴わないで，ただ首相の辞任を受けての首相指名の国会の場合には臨時国会になる。また，衆議院の解散，総選挙後の国会でないので，首相の指名を国会の中でやっても，与野党の勢力には変化がないので，与党の中から次の首相が指名される形にしかならない。

基本 3 (1) ウ　1964年10月の東京オリンピックまでは池田隼人内閣。その後，佐藤栄作内閣となる。アは吉田茂内閣，イは岸信介内閣，エは佐藤栄作内閣。　(2) ア　選択的夫婦別姓制度導入は，まだ検討段階で決まってはいない。　エ　LGBT理解増進法は2021年の国会で審議はされたが，結局成立には至っていない。

重要 4 パレスチナは現在のイスラエルがある場所で，2000年以上前には，現在のイスラエルを構成するユダヤ人の国家が存在していたが，ローマ帝国によって占領され，ユダヤ人は奴隷としてローマに連れ去られたりした。その結果，この場所は空き地となり，周辺のアラブ人が長い年月の間に流入し住むようになった。そこへ第二次世界大戦後に再度ユダヤ人の国家としてイスラエルが建国され，この場所に住み着いていたアラブ人はユダヤ人によって追い出されることになり，中東戦争がおこった。イスラエルをかつては多くの欧米の国々が支持していたが，イスラエルがアラブ人に対してとる強行な軍事的措置などについては国際社会での批判の声も上がっている。

やや難 5 (1) 当初の予定よりも大幅にボランティアが辞退などで減り，また，そのボランティアの仕事そのものもかなり減っていたことなどもあり，大会の運営のボランティア用に用意された弁当が大量に余り，破棄されているということが報道されて問題にもなった。　(2) 2021年の衆議院総選挙の際にもかなり問題になったが，国会議員として活躍する女性が絶対的にかなり少ないのが現状。

6 イ　現在の日本で普通に食べられている鶏卵の生産現場は，狭い金属でできた枠の中で雌鶏がただ餌と水をとりながら卵を産むようにさせられた状態で非常に多くの鶏が飼育されて，いわば卵を産む機械のようにさせられており，本来の動物の自然な環境からはかけ離れた状態になっている。これは世界の他の国々でも似たような状態のところも多いが，この状態が動物にとっては望ましいものではないので，その問題提起の意味でもオリンピックでは比較的自由に動ける放し飼いに近い状態の鶏が産んだ卵を使うというのがロンドンやリオデジャネイロの大会の際には行われていた。

重要 7 ウ　核兵器禁止条約には日本も参加するように呼び掛けを受けていたが，日本はアメリカとの関係もあり，この条約からは距離を置いている。

やや難 8 本文の中にあるように，東京オリンピックは実行にかかわったスタッフの中に，様々な問題があることが，大会が近くなった段階で次々と露見するという異常な状態の中での開催になった。差別やいじめなどの問題は，加害者側と被害者側の受け止め方の温度差が非常に大きいため，やっている側はさほど大したことではないと思っていたり，ほとんど意識していないでやっていたりする一方で，受ける側にとっては深刻なものになってしまう。この事実をすべての世代が真剣に受け止め，加害者側に自分が立ってしまう可能性があることに注意して行動することが重要なのだが，現状では教育の現場などでも，いまだに消えずに残っている。解答例にあるようなマイノリティーを尊重するということに関しても，知識としては知っていても，実際に行動に起こせるかというとまだまだ難しいのが実情であろう。このあたりのことを自分の言葉で説明し，その解決策になるようなことが書ければよい。

★ワンポイントアドバイス★

試験時間に対して問題数はやや多く，読まされる文の量も多く内容も濃いので，集中力を途切れさせずに文字情報からいろいろなことを読み取り考えていくことが大切。

＜国語解答＞

一　問一　イ・オ　問二　(例)　平穏な世の中で，人々の生活や考え方が同じようになり，自然と意思が通じると思い込むことによって，言葉が切れぎれになって早口になるから。

問三　1　エ　2　ウ　3　オ　4　ア　5　イ　問四　(例)　③　しちめんどくさい小難しい術語を聞いて寝てしまうこと。　⑥　日本語の概念になかった言葉を，漢字をあてて訳して使ったこと。　⑪　その本の主意や，「これは何を追求しているか」を考えること。　⑫　人間の，複雑に入り組んだ部分や容易には底が見通せないような暗い部分を，もっと尊重すること。　問五　(例)　自然と意思が通じるという思い込みがなく，精密で綿密に物事を伝えているため，気持ちよく眠れるほどゆっくりな講演。

問六　(例)　若者は(静かな場所にいられず，)ゆっくりと聞いたり話したりする暇がないために，必要な情報や感情のトーンを直接耳でつかむことが苦手な傾向にあるということ。

問七　(例)　もともと中国で生まれた漢字が，日本で進化を遂げ，新しい姿で中国に流入している　問八　事柄　問九　(例)　ある事柄[意味]をある広がりのままに表現したり捉えたりする，日本人がもともと得意としてきたやりとりと，意味を一つだけに限定して単純明快に論旨を組み立てるという国際化に伴って学んだ言葉の習慣との間で揺れているということ。　問十　(例)　長い歴史の中で培ってきた伝統を捨てることになり，また，西洋の文明や技術の行き詰まりを是正する可能性を失うことにもなるから。

問十一　人がく ～ る場所　問十二　ウ　問十三　(例)　立場　問十四　(例)　(国際化，合理化に伴って，言葉のあり方や使い方が変わってきている中で，)日本語の捉え方をむやみに変えず，言葉は自分や今の時代だけのものではないことを理解し，いろいろな時代の本を読むことで，言語感覚を磨き，口語と文語を学ぶことで内面の複雑さとそれ相応の言葉を身につけること(が大事である。)

二　1　均一　2　至福　3　口径　4　探訪　5　仏閣　6　敬服　7　大衆　8　採(る)　9　努(める)　10　延(べ)

○配点○

一　問二・問五　各5点×2　問三・問十二　各2点×6　問四・問七　各4点×5　問六・問九・問十　各6点×3　問十四　8点　他　各3点×4(問一完答)

二　各2点×10　計100点

＜国語解説＞

一　(論説文－主題・要旨・細部の読み取り，指示語，接続語，空欄補充，四字熟語，記述力)

基本　問一　他の作品の作者は，アは太宰治，ウ・カは芥川龍之介，エは川端康成。

問二　――部②の理由として「これはいったい……」で始まる段落で，同じような平穏な中にいる人間たちは，生活の様子やものの考え方が同じようになり，しっかり話さなくても自然と意思が通じると思い込み，どんどん言葉が切れぎれになって早口になっていく，と述べているので，この段落内容を②の理由として指定字数以内にまとめる。

問三　空らん1は後に「ような」を用いてたとえているのでエがあてはまる。空らん2は直前の事柄より直後がよいという意味でウがあてはまる。空らん3は直前の内容が直後の理由になっているのでオがあてはまる。空らん4は直後で具体例を挙げているのでアがあてはまる。空らん5は前後でいくつかの事柄を挙げているのでイがあてはまる。

問四　――部③は直前の「しちめんどくさくて小難しい術語を聞きながら，……寝ていた」ことを指す。――部⑥は直前の「それまでの日本語の概念になかった言葉」に「漢字をあてて訳して使った」ことを指す。――部⑪は直前の「本……の主意や，『これは何を追求しているか』……を考える」ことを指す。――部⑫は直前の「人間の，……複雑に入り組んだ部分。あるいは，容易には底が見通せないような暗い部分」を「もっと尊重」することを指す。

やや難　問五　――部④は夏目漱石の講演のことで，「じつは，……」から続く2段落で，20～40年ほど前の漱石のころの時代は「もっと精密に，もっと綿密に物事を伝えていた」のに対し現代は「自然と意思が通じると思い込む」ために「早口になっていく」ことを述べている。これらの内容を踏まえ，④が「みんな気持ちよく眠っている」ようなゆっくりな講演であることを説明する。

重要　問六　――部⑤の説明を述べている「人の会話に……」で始まる段落内容の要旨を踏まえ，「現代人はあまり静かな場所にいられ」ず「ゆっくりと聞いたり話したりしている暇がない」ということが原因で，会話で大切な「感情のトーンを……つかむ」といった心情の展開に欠ける傾向にある，ということを説明する。

重要　問七　――部⑦の「逆輸入」は一度輸出した物を再び輸入することという意味。⑦は，もともとは中国で生まれた漢字が，日本で造語などがつくられて進化を遂げ，その言葉が新しい姿で中国に流入し使われている，ということである。

問八　空らんBは「こぼれ落ちてしまう」「ふわふわと漂うあいまいな」もので，このことと同様のことを「言葉のまるで……」から続く2段落で「言葉のまるで引っかからない事柄……言葉ではすくいとれない，表現できないような事柄」ということを述べている。

重要　問九　直前の2段落で述べているように――部⑧の「もともとの性分」は「ある事柄を，ある広がりのままに表現して伝え……聞く方も……その広がりを自分の中に留める」ような「やりとり」のこと，「後から流入した使い方」は国際化が進んで学んできた「意味を一つだけに限定して単純明快に論旨を組み立てる」という技術のことで，この2つの間で揺れている，ということを説明する。

やや難　問十　――部⑨に関連する「伝統」について「伝統というのは……」から続く2段落で，母国語の言葉を奪われてしまうことは長い歴史の中で築いてきた伝統を捨て去ってしまうことになること，西洋の文明や技術の行き詰まりを日本の伝統が是正できるかもしれないということを述べているので，これらの内容を⑨の理由としてまとめる。

問十一　――部⑩は「さっきも……」で始まる段落の「人がくつろいで話したり聞いたりできる場所(20字)」のことである。

問十二　空らんCには互いの気持や考えがぴったり合うことという意味のウがあてはまる。アは混乱しうろたえること。イは質問とそれに対する答え。エは何かがきっかけで気持ちが変わること。

問十三　空らんDにはその人の置かれている地位や境遇という意味の「立場」などがあてはまる。

やや難　問十四　筆者の主張の要旨として，国際化が進むにつれて，言葉のあり方も変わってきているとはいえ，日本語をむやみに変えればいいわけでもないこと，いろいろな時代の本を読むことで言語感覚を磨くこと，口語と文語の二通りの言葉を学ぶこと，言葉は今の時代だけのものではなく，自分の内面の複雑さとそれ相応の言語を身につけることが大事であること，を述べている。これらの内容を解答欄に合わせてまとめる。

重要　二　**(漢字の書き取り)**

1はすべて同じであること。2はこの上ない幸福。3は内側の直径。4はその現場に行ってさぐり歩くこと。5は寺などの建物。6は感心して尊敬の念を抱くこと。7は社会の大部分をしめる一般の人々。8の音読みは「サイ」。熟語は「採決」など。9の音読みは「ド」。熟語は「努力」など。10の音読みは「エン」。熟語は「延期」など。

★ワンポイントアドバイス★

長い文章では，接続語などを手がかりに内容を大まかに区切ってそれぞれの区切りの大意をつかんでいこう。

第2回

2022年度

解　答　と　解　説

《2022年度の配点は解答欄に掲載してあります。》

＜算数解答＞

1　(1)　$\frac{8}{3}$　　(2)　30　　(3)　245　　(4)　50　　(5)　31

2　(1)　37人　　(2)　247冊　　3　(1)　1050円　　(2)　5月5日

4　(1)　4860m　　(2)　8748m　　(3)　640m　　5　(1)　1.2cm　　(2)　3：25

○配点○

1　各7点×5　　2・3・5　各8点×6　　4　(3)　5点　　他　各6点×2

計100点

＜算数解説＞

1　(四則混合逆算，つるかめ算，規則性，濃度，面積)

基本　(1)　計算の順番を考えてから，逆にたどる。④$1+\frac{1}{6}=1\frac{1}{6}$，③$1\frac{1}{6}\div3\frac{1}{2}=\frac{7}{6}\times\frac{2}{7}=\frac{1}{3}$，②$\frac{1}{3}\times4\frac{5}{8}=\frac{1}{3}\times\frac{37}{8}=\frac{37}{24}=1\frac{13}{24}$，①$1\frac{11}{12}-1\frac{13}{24}=1\frac{22}{24}-1\frac{13}{24}=\frac{9}{24}=\frac{3}{8}$

重要　(2)　もし84円切手を40枚と63円切手0枚の場合，84円切手だけの代金は63円切手だけの代金より84×40－63×0＝3360(円)高くなる。84円切手39枚と63円切手1枚の場合，84×39－63×1＝3276－63＝3213(円)，つまり63円切手が1枚増えると84＋63＝147(円)ずつ差が小さくなる。(3360－1890)÷147＝1470÷147＝10←63円切手の枚数，40－10＝30(枚)

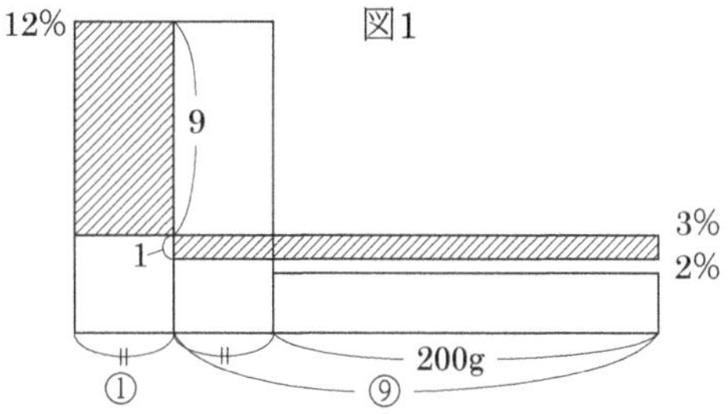

図1

重要　(3)　1番目の図形のまわりの長さはたて2×3＝6(cm)，横(2＋0.5×2)×2＝6(cm)，(6＋6)×2＝24(cm)，2番目は{6＋2×(3＋0.5×2)}×2＝28(cm)となり，4cm長くなる。10m＝10×100＝1000(cm)，1番目のまわりの長さが24cmで4cmずつ長くなるので，等差数列の□番目の求め方を利用する。24＋4×(□－1)＝1000，□＝(1000－24)÷4＋1＝976÷4＋1＝244＋1＝245(番目)

(4)　12％の食塩水Aの半分と食塩水Bを混ぜて2％になるので，Bは2％より薄い食塩水ということがわかる。このことを利用して面積図を書く(図1参照)。等しい部分のたての比が(12－3)：(3－2)＝9：1，横の比は逆比になるので①：⑨，200gは⑨－①＝⑧にあたる。200÷⑧×②＝50(g)

図2

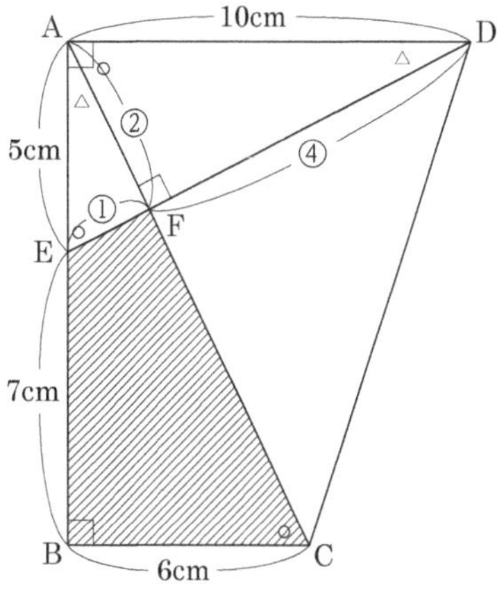

(5)　問題文に書かれた情報を図に書き込む(図2参照)。直角三角形の鋭角の和が90度になることを利用し，同

じ大きさの角を見つけ，印をつける。角BAC＝角FDA＝△，角BCA＝角FAD＝角FEA＝○，三角形ABCと三角形DAEと三角形AFEと三角形DFAは相似である。AB：BC＝DA：AE＝AF：FE＝DF：FA＝(5＋7)：6＝2：1，DA＝10cm，DF：FA：FE＝4：2：1，三角形DAEの面積は5×10÷2＝25(cm^2)，三角形AFEの面積は25×$\frac{1}{1+4}$＝5，よって四角形BCFEの面積は6×12÷2－5＝31(cm^2)である。

2 (過不足算)

(1) 中学1年生の参加者を□人とすると，中学2年生の参加者は(□＋6)人，ノートの数を○とすると，○＝□×3＋(□＋6)×2＋80＝□×3＋□×2＋6×2＋80＝□×5＋92，○＝□×5＋(□＋6)×3－19＝□×5＋□×3＋6×3－19，つまり□人に8冊ずつと6人に3冊ずつ配ると19冊足りなくなることから，□人に8冊ずつ配ると1冊足りないということがわかる。○＝□×8－1，線分図を書いて関係を考えると，上図のようになり，□＝(92＋1)÷(8－5)＝31，中学2年生の参加者は31＋6＝37(人)である。

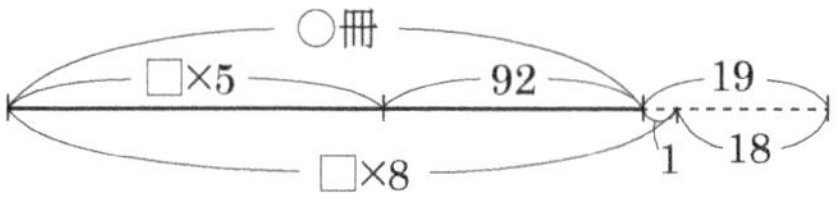

(2) ノートは全部で31×5＋92＝155＋92＝247(冊)である。

重要 3 (ニュートン算)

(1) はじめの金額を○円，毎日のおこづかいを□円とすると，○＋□×15＝120×15＝1800(円)，また，○＋□×21＝100×21＝2100(円)，線分図にすると右図のようになる。□×(21－15)＝2100－1800＝300，□＝300÷6＝50，○＝1800－50×15＝1050，はじめの貯金1050円。

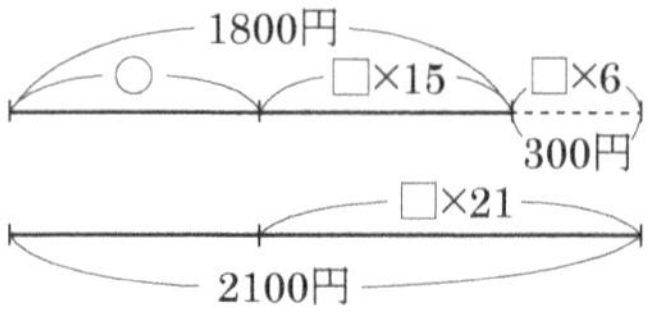

(2) 15日までお金を使わない場合，1050＋50×15＝1800(円)になる。16日から140円ずつ使うと，おこづかいが50円もらえるので15日までに貯めたお金から140－50＝90(円)ずつ減る。1800÷90＝20，使い切るのに20日かかる。15＋20＝35，4月は30日までしか無いので，35－30＝5，使い切るのは5月5日である。

4 (速さの応用)

重要 (1) Aさんとコーチの様子を進行グラフにする。Aさんは一定の速さで進むので，1回目にコーチに会ってから家までにかかる時間は45分。8時45分＋45分＝9時30分，家から2回目にコーチに会うのに10時－9時30分＝30分かかる。162(m/分)×30(分)＝4860(m)

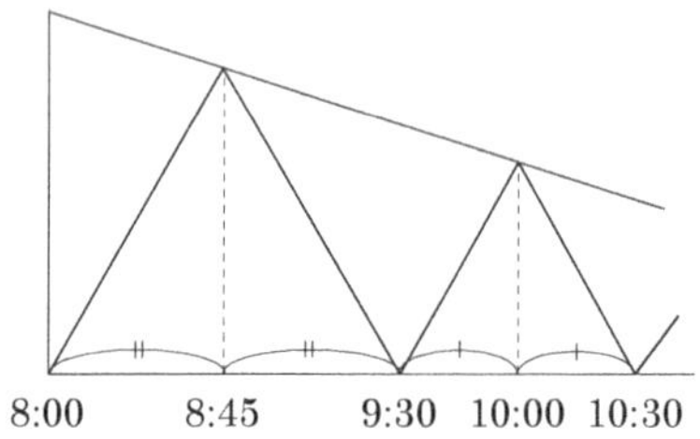

(2) コーチの速さは8時45分から10時までに進む道のりから求める。162×(45－30)＝2430，10時－8時45分＝1時間15分＝75分，2430÷75＝32.4(m/分)，家と公園の間の距離は(162＋32.4)45＝8748(m)

(3) 45：30＝3：2，次に会うのは$\frac{2}{3}$の距離になっている。よって，7回目に会うのは家から4860×$\frac{2}{3}$×$\frac{2}{3}$×$\frac{2}{3}$×$\frac{2}{3}$×$\frac{2}{3}$＝640(m)のところ。

5 (立体図形・切断)

(1) OACを正面から見た図をかく(右図参照)。APを延ばしてOを通りACに平行な線との交点をRとする。OR：AM＝1：2，三角形RPOと三角形APCは相似比1：4の相似形。よってOP：PC＝1：4，OP＝6×$\frac{1}{1+4}$＝1.2(cm)

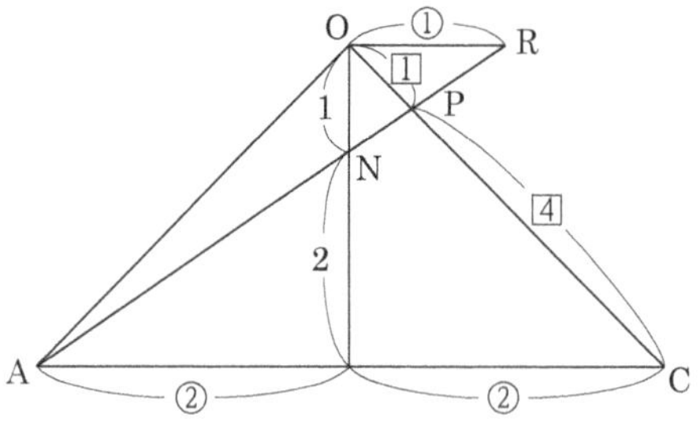

やや難 (2) 三角形OPQと三角形OCDは相似比1：5の相似形なので，面積比は1：25，三角すいOAPQと三角すいOACDはそれぞれ三角形OPQと三角形OCDを底面とすると高さが等しいので，底面積の比が体積比になる，体積比1：25。三角すいOABPと三角すいOABCは底面を三角形OBPと三角形OBCとすると高さが等しい，底面積の比1：5が体積比になる。三角すいOACDと三角すいOABCは合同なので比をそろえると，1：5＝5：25，四角すいOABPQ：四角すいOABCD＝(三角すいOAPQ＋三角すいOABP)：(三角すいOACD＋三角すいOABC)＝(1＋5)：(25＋25)＝6：50＝3：25

★ワンポイントアドバイス★

基礎的な力を身につけた上で，立体の切断など応用的な問題も日頃から数多く練習しておこう。限られた場所に式や考え方を書く問題が数多く出題されているので，解く時に必要な図や式を過不足なく書く練習をしておくとよいだろう。

＜理科解答＞

［Ⅰ］ (1) 44g　(2) (一酸化炭素) 42g　(酸素) 24g　(3) (二酸化炭素) 88g
(残る物質) 酸素　(残る重さ) 32g

［Ⅱ］ (1) A 銅　B 炭酸カルシウム　C アルミニウム　(2) ア 水素
イ 二酸化炭素

［Ⅲ］ (1) A 核　B 気孔　C 孔辺細胞　D 葉緑体　(2) ウ　(3) ア，イ
(4) ア

［Ⅳ］ (1) エ　(2) 相同器官　(3) 相似器官　(4) ア，イ，エ　(5) オ

［Ⅴ］ (1) B→A→C　(2) (3月13日) エ　(3月14日) ウ　(3) a 寒冷前線
b 温暖前線　(4) ウ　(5) エ　(6) ウ，エ　(7) エ

［Ⅵ］ (1) 60回転　(2) 14400cm　(3) 秒速 576cm　(4) 48kg　(5) 12kg

［Ⅶ］ (1) 0.6A　(2) 0.2A　(3) ア 22V　イ 84V　(4) 0.3A

○配点○

［Ⅰ］ (3)残る物質・残る重さ 3点(完答)　他 各2点×4　［Ⅱ］ 各2点×5

［Ⅲ］ (1) 各1点×4　他 各2点×3((3)完答)　［Ⅳ］ 各2点×5

［Ⅴ］ (2)・(3) 各1点×4　他 各2点×5　［Ⅵ］ 各2点×5

［Ⅶ］ 各2点×5　計75点

＜理科解説＞

［Ⅰ］ **(物質の変化の総合―化学変化の量的関係)**

重要 (1) 一酸化炭素は，炭素原子1個と酸素原子1個でできている。重さの比が炭素原子：酸素原子＝3：4なので，一酸化炭素の重さの比は7になる。図より，酸素分子は酸素原子2個からできるので，重さの比は8になる。一酸化炭素2個と酸素分子1個が反応するので，28gの一酸化炭素と反応する酸素分子は16gであり，生じる二酸化炭素の重さは合計の44gになる。

基本 (2) 一酸化炭素：酸素：二酸化炭素の重さの比＝28：16：44＝7：4：11なので，66gの二酸化炭

素をつくるとき必要な一酸化炭素は7×6＝42(g)，酸素は4×6＝24(g)である。

重要 (3) 同様に，56gの一酸化炭素とちょうど反応する酸素は4×8＝32(g)であり，生じる二酸化炭素は11×8＝88(g)である。反応後に残るのは酸素であり，64－32＝32(g)の酸素が残る。

基本 ［Ⅱ］ **(水溶液の性質・物質との反応―固体の区別)**

(1) 4つのうち，水に溶けるものは食塩なので，Dが食塩である。残りの3つのうち水酸化ナトリウム水溶液に溶けるのは，Cのアルミニウムである。AとBのうち，うすい塩酸に溶けるのはBの炭酸カルシウムである。最後に残るAが銅である。

(2) アルミニウムが水酸化ナトリウム水溶液と反応すると，水素が発生する。炭酸カルシウムは塩酸に溶けて二酸化炭素を発生する。

［Ⅲ］ **(植物―細胞のつくり)**

基本 (1) Aは遺伝情報を含むので核である。Bは気孔，Cは孔辺細胞，Dは光合成に関係する葉緑体である。

(2) 遺伝情報はAの中の染色体中に含まれるDNAによって伝えられる。DNAはデオキシリボ核酸の略である。

(3) コロナウィルスやインフルエンザウィルスは，RNA(リボ核酸)を持つがDNAは持たない。

(4) 蒸散が行われて水分量が減少すると，根から水分が吸い上げられ給水量が増加する。

［Ⅳ］ **(生物総合―進化)**

(1) セキツイ動物の出現は，約5億年前とされている。

基本 (2) 形やはたらきは異なるが，起源が同じと考えられる器官を相同器官という。

基本 (3) 形やはたらきは似ているが，根本的な構造や起源が異なる器官を相似器官という。例としては，鳥の羽とチョウの羽，ジャガイモの芽とサツマイモの芽など。

(4) (ア) エンドウの巻きひげは葉が変化したもので，ブドウの巻きひげは枝が変化したもの。
(イ) ジャガイモはナス科の植物であるが，サツマイモはヒルガオ科の植物で，起源が異なる。
(ウ) キュウリの巻きひげとヘチマの巻きひげは，どちらも茎が変化したもの。 (エ) 鳥の羽は内骨格といい内側に骨格があるが，ハエなどの昆虫の羽は外骨格といい外側に骨格がある。

(5) イカは軟体動物，ウナギは魚類，カメはハ虫類，カモノハシは卵生のほ乳類，コウモリは胎生のほ乳類である。

［Ⅴ］ **(気象―天気図)**

基本 (1) 日本付近では偏西風の影響で，天気は西から東に移る。天気図の低気圧の動きから，B→A→Cの順であることがわかる。

(2) Aが13日，Cが14日の天気図であり，13日は太平洋を低気圧が移動しているので，その影響で西日本から東日本の太平洋側に雨が降った。14日は等圧線が縦に並び，西高東低の冬型の気圧配置となり，低気圧の影響で北日本に雨や雪が降った。

基本 (3) aは寒冷前線，bは温暖前線を示す。

重要 (4) 寒気団が暖気団に近づくと寒気団が暖気団にもぐりこみ，強い上昇気流が生じて積乱雲ができやすくなる，逆に暖気団が寒気団に追いつくと，寒気団の上へはい上がってゆきおだやかな上昇気流となり，広い範囲でしとしとと雨が降る。

基本 (5) 寒冷前線が通過した後は，西ないし北よりの風が強まり，気温が急激に下がり，激しい雨が狭い範囲で短時間降る。

基本 (6) 中心の気圧がまわりよりも低いところを低気圧という。中心付近の最大風速が17.2m/秒以上の熱帯低気圧を台風という。

基本 (7) 高気圧の中心付近では，下降気流が生じ晴れの天気となる。

〔Ⅵ〕 **（力のはたらきの総合―輪軸）**

重要 (1) 歯車の歯の数の比はA：B＝6：5であり，歯車Aが50回転するときに動く歯の数とBの歯の数が等しいので，後輪の回転数を□回とすると，6×50＝5×□　□＝60回転

(2) 後輪が60回転するので，円周は80×3×60＝14400(cm)となる。自転車の進む距離は14400cmになる。

(3) 同様に，ペダルを10回転させると後輪は6×10＝5×□　□＝12回転する。この間に進む距離は80×3×12＝2880(cm)　5秒間でこれだけ進むので，自転車の速さは2880÷5＝576(cm/秒)である。

重要 (4) てこに置き換えて考える。(支点からの距離)×(おもりの重さ)の値が等しくなるので，歯車Aを回転させる力を□kgとして，16×36＝12×□　□＝48kg

(5) チェーンの両側にかかる力の大きさは同じなので，歯車Bを回転させる力も48kgである。矢印Cの力を□kgとすると，10×48＝40×□　□＝12kgである。

〔Ⅶ〕 **（回路と電流―回路と電流）**

重要 (1) 図2のように抵抗を2つ直列につないだ時は，それぞれの抵抗にかかる電圧は電源の電圧の半分の大きさになり，回路を流れる電流の大きさは電源の電圧に比例する。よって，電源の電圧が12Vのとき電流計④を流れる電流を□Aとすると，10：0.5＝12：□　□＝0.6A

重要 (2) 図5では，抵抗を2つ直列につないでいるので，それぞれの抵抗にかかる電圧は40÷2＝20(V)である。図4より，電球に20Vの電圧がかかるとき0.2Aの電流が流れる。直列回路では，それぞれの抵抗に流れる電流の大きさは同じなので，電流計⑥を流れる電流も0.2Aになる。

(3) 表3より，電源の電圧は電流計⑥と⑦の合計になるので，Aは20＋2＝22(V)である。イでは，電流計⑥，⑦を流れる電流は同じ大きさなので，ともに0.4Aである。図4より電球に0.4Aの電流が流れるときの電圧は80Vなので，イは80＋4＝84(V)である。

(4) 表1より，並列回路では，それぞれの回路の電圧が電源の電圧と等しくなる。電流計⑨の回路にかかる電圧は40Vになるので，図4より電流は0.3Aになる。

★ワンポイントアドバイス★

物理，化学分野の問題は難しいものが多い。他の基本問題をしっかりと解いてミスをしないように注意しよう。

＜社会解答＞

Ⅰ 1 ① ウ　② オ　③ エ　④ イ　2 a ア　b カ　c エ　3 イ
4 (1) A エ　B ア　C イ　(2) イ→ア→エ→ウ　5 (1) エ
(2) 国土面積の0.6%のせまい沖縄県に，70.3%の基地が集まっている。　6 ウ
7 森林の伐採[野生生物のすみかが失われる]　8 ウ

Ⅱ 1 あ 土偶　い 金印　う 内閣　え 中尊寺　お 東海道　か 歌川広重
2 エ　3 エ　4 イ→エ→ウ→ア　5 ウ　6 イ　7 ア　8 イ　9 ア
10 A→B→D→F→C→E　11 (記号) イ・ウ・カ　(説明) (イの例) 土佐藩出身

の坂本龍馬らのなかだちで，薩摩の西郷隆盛と長州の木戸孝允が同盟を結んだ。

Ⅲ　1　ウ　　2　ウ，オ　　3　少数派の意見が尊重されないという問題点があるため，少数派の意見もきちんと聞き，その意見もなるべく取り入れられるように心がける。

4　香港［ホンコン］　　5　表現の自由　　6　エ　　7　ウ　　8　イ　　9　ア，ウ

10　ア，カ　　11　（例）政治を行う人が国民の人権を侵害するようなことがあっても，その人を交代させることができない。

○配点○

Ⅰ　4(1)・(2)・5(2)・7　各3点×4(4(1)完答)　　6・8　各2点×2　　他　各1点×9

Ⅱ　2～4・6・8～10　各2点×7　　11　3点　　他　各1点×8

Ⅲ　3　3点　　11　4点　　他　各2点×9　　計75点

＜社会解説＞

Ⅰ　（日本の地理－「SDGs」に関連する問題）

基本　1　①　ウ　市原市　　②　オ　姫路市　　③　エ　高山市　　④　イ　米沢市。

2　地図は先島諸島の宮古島。地図中のaで見られるのはアのサンゴ礁，bで見られるのはカのサトウキビ畑，cで見られるのはマングローブ林。

重要　3　イ　「コンパクトなまちづくり」と問題文にあるので，すでにある街のものを活かしつつ地域生活拠点をうまくつなぎ合わせるような交通機関の導入などを取り組みとしているため，都市の機能を郊外へもっていくことなどは考えていない。

4　(1)　Aは電気機械器具が多いのでエの大阪市，BはCについで輸送用機械器具が多いのでアの浜松市，Cは輸送用機械器具がこの中では一番多いのでイの広島市。　(2)　イ　八幡製鉄所の操業は1901年→ア　様々な公害が問題となってきたのは高度経済成長期の1950年代中頃以後→エ　公害対策基本法が施行されるのは1967年→ウ　21世紀に入ってからのこと。

重要　5　(1)　米軍関連の施設はほぼ日本のすべての都道府県にあるが，その7割以上は沖縄県にある。(2)　沖縄県は日本の国土のわずか0.6％ほどしかない非常に小さな県だが，そこに日本にある米軍施設の7割以上があり，沖縄本島の約2割を占めている。

6　Xはエネルギー転換部門のもの。Xは変動は大きいが，以前として高い数値を示している。Yは産業部門，Zは運輸部門。産業部門，運輸部門は着実に減ってきている。

やや難　7　太陽光発電は，再生可能エネルギーを利用する発電方法の一つとして，日本の中では重要な役割を担っているが，その大規模な発電所であるメガソーラーは二酸化炭素の排出はないものの，環境に大きなダメージを与えてしまっている場合も少なくない。太陽光発電は太陽光発電用のパネルに太陽の光を受けて発電するものだが，効率よく発電するためにはできる限りパネルをたくさん並べて，すべてのパネルにできる限り多く太陽の光が当たるようにする必要があり，そのためにはパネル同士が重ならないように平面的に並べる必要があり，必然的に大きな面積が必要となる。そのため山地や丘陵地帯の南側の斜面に広大な土地を確保し，メガソーラーが建設されている場合が多いが，その施設をつくるために森林を伐採していたり，この施設が山林の中に築かれることでその地域に生息する生物が自由に移動するのを妨げてしまっていることが問題視されている。

8　ウ　選択肢の内容をそれぞれグラフと照らし合わせていけばよい。ウは1930年代の数値では8万人弱から14万人弱の間で推移しており，16万人には達していないので誤り。

Ⅱ (日本の歴史―様々な時代に関連する問題)

重要 1 あ 土偶は縄文時代のもので，女性をかたどり，多くの食べ物を得られたり，安産を祈るためのものとされている。 い これは『後漢書東夷伝』に記録が残る，倭の奴国の使いに与えたとされる金印で，志賀島で江戸時代に出土したもの。 う 日本で内閣制度が導入されたのは1885年で，初代の内閣総理大臣となったのが伊藤博文。 え 奥州藤原氏が平泉に建てた寺院が中尊寺。奥州藤原氏の栄華を示すものとされている。 お 1964年の東京オリンピックに合わせてつくられたのが東海道新幹線と首都高速道路。 か 歌川広重は江戸時代の浮世絵画家で，写真のカプセルトイは『名所江戸百景』のなかの「大はしあたけの夕立」をもとにしたもの。

基本 2 エ 金印には「漢委奴国王」とある。

重要 3 エ 『後漢書東夷伝』にある後漢の光武帝に倭の奴国王が使いを送り金印を授けられたのは紀元後1世紀の57年とされている。

やや難 4 イ 1871年に出発した岩倉使節団の写真。→エ 1889年の大日本帝国憲法発布の様子。このときの首相は黒田清隆。→ウ 1895年の下関条約調印の様子。→ア 1905年に韓国統監府が作られ，伊藤博文が初代統監となった際に，韓国の皇太子イ・ウンと撮影した写真。

5 ウ 1868年に出された五箇条の御誓文の中の一つ。

6 イ 中尊寺金色堂には阿弥陀如来を安置してある。アは広隆寺の半跏思惟像。ウは奈良東大寺の大仏。エは奈良の興福寺にある阿修羅像。

7 ③の人物は足利義政。足利義政が建てさせたのが銀閣で，銀閣のある寺が慈照寺。イは平等院鳳凰堂，ウは日光東照宮の陽明門，エは法隆寺の伽藍の中の金堂と五重塔。

8 イ 福岡県のあたりの昔の国名は北西部が筑前，北東部が豊後，南部が筑後。

9 ア 歌川広重の『名所江戸百景』の「大はしあたけの夕立」の絵をゴッホは模写している。

重要 10 A 土偶は縄文時代のもの→B 金印は紀元後1世紀の中頃のもの→D 中尊寺は奥州藤原氏の全盛期の12世紀のもの→F 歌川広重が活躍したのは江戸時代の19世紀前半→C 伊藤博文が初代の韓国統監になるのが1905年→E 東海道新幹線開通は1964年。

やや難 11 西郷隆盛が関わったのはイの薩長同盟，ウの西南戦争，カの明治六年政変。カの征韓論が受け入れられなかったことで，西郷隆盛は新政府から離れ薩摩に戻る。アは西郷隆盛の生まれる前で，エ，オは西郷隆盛の没後。

Ⅲ (政治経済－「民主主義」に関連する問題)

基本 1 ウ 予算案は各省庁の原案が内閣によって取りまとめられた後に，内閣の中で審議し，閣議決定で予算案が成立し，それが衆議院に提出される。

2 ウとオが社会保障関係費。ア，カは公共事業等，イは文教費，エは防衛関係費。

重要 3 多数決は，あくまでもその集団の中の多数派の意見を採用するもの。多数決ではあっても，少数派を完全に無視してよいという理論はないので，少数派の意見についても出来る限り，くみ取れるところはくみ取る工夫が必要である。

4 香港は，1840年のアヘン戦争の後，イギリスが支配するようになったが，1997年に中国に返還された。当初は，中国の中にあるが，香港のそれまでの社会を尊重するということになっていたが，次第に，中国本土と同様の扱いをするようにされてきて，さまざまな問題が噴出している。

基本 5 「表現の自由」は，精神の自由の中に含まれるもので，その人が考えることを表現することに関する自由。口頭の言論はもちろん，新聞や書籍による発表やインターネットなどでの表現なども，発表することの自由を保障するもの。これを国家などが制限するのが検閲。

6 エ メディアリテラシーはメディアの性格を見極めて，情報を受け止める側がその情報を鵜呑みにせず，その情報をよく吟味し，必要ならば複数の情報の発信元にあたるようにして受け止める姿勢。情報そのものを見極める情報リテラシーとよく混同しがちなので注意が必要である。一般に，テレビやラジオなどと比べるとインターネットは情報を発信する際のチェックが甘かったり，その情報を一般の人でも発信出来たり，内容を書き換えたりできる場合もあるので，手軽に情報を得られるものだが，その情報の扱いには注意が必要である。

重要 7　ウが正しい。発議とは，国会で審議された憲法改正案を国民に公表することで，その改正案に対しての賛否の意思表示を国民投票で国民は行う。ア，エのような規則はなく，イは満20歳以上ではなく，満18歳以上。

やや難 8　イ　普通の選挙と同様に投票を呼び掛けるのは直前までさまざまな形でおこなうのはかまわないが，発議された改正案についての賛否のどちらかへの投票を促すのは，公正さを欠くことになるのでだめである。

9　東西冷戦の東側は，当時のソ連を中心とする社会主義の国々で，アジアではウの朝鮮民主主義人民共和国の他，中国やベトナム，モンゴルもあてはまる。ヨーロッパの地域では当時二つに分かれていたドイツの中の東ドイツ，ポーランド，ハンガリー，チェコスロバキア，ルーマニア，ブルガリア，ユーゴスラビアなどが東側の国である。

重要 10　選択肢の内容を順に資料と照らし合わせていけば出来る。アは「仕事があったから」が一番高いので誤り。カは「私一人が投票してもしなくても同じだから」を棄権理由に選んだのが一番高いのは30～40歳代なので誤り。

やや難 11　設問の内容は独裁政治。非常に政治的手腕があり能力が高い人物が切り盛りするのは多人数で話し合いをしながら政治をやるのよりも，瞬時に判断して動けるという点では世の中の出来事への対応力は高いともいえるが，その判断の下し方が完全にその人物の一人よがりになってしまう可能性もあり，大多数の国民の意見からも離れてしまう可能性もある。また，独裁政治をやる人に極端に権力が集中してしまい，国民の権利が侵害される状態になったときに，その人物をその地位から外したい状態になっていても，外すことができなくなってしまうこともある。

★ワンポイントアドバイス★

40分の中で，本文や問題文を丁寧に読み，じっくり考えないと答えづらい問題もあるので，時間の余裕はあまりない。答えられるものから要領よく解答欄を埋めていこう。

<国語解答>

一　問一　(例)　私たちが情報の真偽や背景，根拠などの「意味」を瞬時のうちに判断し，取捨選択できる力と技量を身につけないままに，スマホからあふれる情報を受け入れてしまい，翻弄されていること。　問二　1　ウ　2　オ　3　エ　4　ア　5　イ

問三　(例)　②　スマホとの適切なつき合い方を，「先輩」から伝授してもらおうという発想。　④　広島にとっての重要な観光資源である，被爆をめぐる慰霊碑や痕跡。

⑥　タレントの私秘性を保つ「膜」の丈夫さやしなやかさがどのように創造されていったのかということ。　⑦　私たち各々が自分にとっての「スマホのある日常」を見直していく上での手がかり。　問四　(例)　特別な手続きや意識の変化などが一切不要で，いつでもどこででも多様な現実とつながれること。　問五　あたりまえ　問六　(例)　被爆の

現実に触れ，その不条理や悲惨を学び，反核・平和へ思いをはせる　問七　(例)　スマホから圧倒的な質と量の情報が流れ込んでくるため，情報の取捨選択が必要になっており，また，自身の私秘的な情報が際限なく拡散し匿名の権力のもとにさらされる危険が生じているという意味。　問八　ア　問九　スマホ～る営み　問十　風船

問十一　ウ→イ→オ→エ→ア　問十二　(例)　本来，他者とは簡単にはつながれないので，スマホはあくまで便利な技術や道具にすぎないことを自覚し，相手のことを慎重に時間をかけて考え，他者とつながる難しさを理解する必要がある。

二　1　ク・H　2　オ・F　3　イ・B　4　キ・G　5　カ・A　6　ア・D　7　エ・C　8　ウ・E

三　1　往路　2　汽笛　3　花弁　4　鋼材　5　労働　6　積年　7　首脳　8　紅梅　9　富(む)　10　経(る)

○配点○

一　問一　5点　問二・問八　各2点×6　問四　4点　問七・問十二　各8点×2　他　各3点×9(問十一完答)　二・三　各2点×18(二各完答)　計100点

<国語解説>

一　(論説文－主題・要旨・段落構成・細部の読み取り，指示語，接続語，空欄補充，四字熟語，記述力)

重要　問一　「本章の冒頭に……」で始まる段落で「スマホに飼い慣らされているとすれば……それこそ，情報への〝耐性〟を身につけておらず，スマホからあふれ出る情報に翻弄されている私たちの現在の姿で」あることを述べている。直前の段落で「情報への〝耐性〟」とは「情報の真偽や背景，根拠などの『意味』を……瞬時のうちに判断し，取捨選択できる力と技量」のことで，これらを身につけているだろうか，と問いかけていることを問題点として，①を具体的に説明する。

問二　空らん1は直前の内容の具体例が続いているのでウがあてはまる。空らん2は言うまでもなくという意味でオがあてはまる。空らん3は直前の内容を補足する内容が続いているのでエがあてはまる。空らん4直後の文は「……からです。」という形で直前の内容の理由を述べているのでアがあてはまる。空らん5は直後から話題を転じているのでイがあてはまる。

問三　――部②は直前の「スマホとの適切なつき合い方を，……『先輩』から……伝授してもらおうという」発想を指す。――部④は直前の「広島にとっての重要な観光資源で」ある「被爆をめぐる慰霊碑や痕跡」を指す。――部⑥は「タレントにとっての」「私秘性を保つ『膜』」が「どのようにして破れないしなやかさが創造されていったの」だろうか，ということを指す。――部⑦は「私たち各々が自分にとっての『スマホのある日常』を」「見直しをするときに考えるべき手がかり」を指す。

重要　問四　――部③は直前で述べているように「多様な現実とつながることができ」ることである。③の「世界」を「なにか特別な……」で始まる段落で「特別な手続きや意識の変化などが一切不要で，いつでもどこででも」開くことができる「ネット『世界』」と述べていることも踏まえて説明する。

問五　空らんAは「驚くべきことでもないし，魅了されることでもない」ということを表す言葉なので，冒頭などで述べている「あたりまえ(5字)」があてはまる。

やや難　問六　空らんBは「平和記念公園がもつ『意味』の『特権性』」のことで，B前後の内容を踏まえ，「特権性」＝被爆の歴史を反省し得る→被爆という歴史的事実を考え，その不条理や悲惨を学ん

で反核や平和に思いをはせる，というような内容で説明する。

重要 問七　――部⑤直後から続く3段落で⑤の説明として，「スマホを通して……圧倒的な質と量の情報が，私たちになだれ込んでき」ており，「情報を取捨選択できる力を技量」が求められていることを述べている。さらにもう一つの問題として「今一つ……」から続く6段落で，スマホから自分自身のプライベートな領域の私秘的な情報が際限なく拡散していき，匿名の権力のもとにさらされる危険性が生じてしまうことを述べている。これら2つの内容を⑤の「意味」として説明する。

基本 問八　空らんCには良いものと悪いものが混ざっている状態を表すアがあてはまる。イは言葉などの裏に簡単には理解できないような深い意味があること。ウは今までに聞いたこともないようなめずらしいこと。エは小さな点で異なるが，ほぼ同じであること。

問九　「しかし同時に……」で始まる段落で「インスタグラムに写真をあげる行為」のことを「スマホという『穴』から意図的に自分の私的な姿を流出させる営み(30字)」であることを述べている。

問十　空らんDは，「膜」が膨張し続けると薄くなって破れやすくなるものなので「風船」があてはまる。

問十一　ア～オ前後から整理すると，LINEのやり取りは「井戸端会議」→ウ＝「井戸端会議」の説明→イ＝ウ最後の「……実践でした」を受け，さらに「井戸端会議」の説明→オ＝「井戸端会議」とLINEでは異なる点がある→エ＝異なる点の一つの説明→ア＝もう一つの異なる点の説明→LINEについての筆者の考え，という流れになる。

やや難 問十二　「こうした問い……」～最後までで，LINEなどを使うスマホはあくまでも便利な技術であり道具にすぎないものであること，また他者と「つながりたい」とき，相手のことを慎重に時間をかけて考えたうえで，いかに他者と簡単には「つながれない」のかを考える必要がある，と述べている。スマホは便利な技術や道具であることとともに，他者とつながる難しさを考える必要ある，ということを中心に，筆者のコミュニケーションに関する主張をまとめる。

二 (ことわざ・慣用句)

1とクは「蛙(かえる)」，1は蛙の顔に水をかけても平気なところから。2とオは「馬」，2は馬にありがたい念仏を聞かせてもむだであることから。3とイには「猫(ねこ)」，3は追いつめられ逃げ場がない鼠(ねずみ)は猫にかみつくことから。4とキには「魚」，4は魚に水と親しむ心があれば水もそれに応じる心があることから。5とカには「虎(とら)」，5は捕らえた狐に「私は神様から百獣の長になるよう命ぜられた。嘘だと思うならついてきなさい」と言われた虎が狐の後ろについて行くと，他の動物たちが狐の後ろの虎を見て逃げ出したので，虎は動物たちが狐を恐れて逃げたと思い込み，狐の話を信じたという故事から。6とアには「鳥」，6は水鳥が飛び立ったあとの水辺は清く澄んだままであることから。7とエは「虫」，7は明るさにつられて飛んで来た夏の虫が火で焼け死ぬことから。8とウは「犬」，8は犬が歩いていると人に棒でたたかれるかもしれないということから。

三 (漢字の書き取り)

1は行く時に通る道。2は蒸気をふき出させて鳴らす笛。3は花びらのこと。4は材料として利用するために加工された鋼鉄。5の「働」の部首は「イ(にんべん)」。6は長い年月。7は政府などの中心にいて指導的な役割を果たす人。8は濃いもも色の花が咲く梅。9の音読みは「フ，フウ」。熟語は「豊富」など。10の音読みは「ケイ，キョウ」。熟語は「経由」「経文」など。

★ワンポイントアドバイス★

ことわざや慣用句，四字熟語は，その成り立ちや由来も理解しておこう。

MEMO

大切なことはメモしておこうネ！

2021年度

★★★★★★★★★★★★★★★★★★★★★★★★

入　試　問　題

2021年度

明治大学付属明治中学校入試問題（第１回）

【算　数】（50分）　＜満点：100点＞

【注意】　１．解答は答えだけでなく，式や考え方も解答用紙に書きなさい。（ただし，1は答えだけでよい。）

２．円周率《えんしゅうりつ》は3.14とします。

３．定規・分度器・コンパスは使用してはいけません。

1　次の □ にあてはまる数を求めなさい。

(1)　$5\frac{1}{3}-0.125\times\left(\frac{7}{4}+\square\times0.75\right)\div\frac{2}{3}=5$

(2)　容量いっぱいにジュースが入った水とうがあります。ジュースを$\frac{1}{3}$だけ飲んだときの水とうの重さは2400ｇで，ジュースを半分飲んだときの水とうの重さは2042ｇでした。ジュースを飲む前の水とうの重さは □ ｇです。

(3)　ＡさんとＢさんの所持金の比は１：３です。まず，両方に210円ずつわたしたところ，２人の所持金の比は４：９になりました。続けて，ＡさんがＢさんにいくらかわたしたところ，２人の所持金の比は１：３になりました。Ａさんのはじめの所持金は (ア) 円で，ＡさんがＢさんにわたしたのは (イ) 円です。

(4)　さいころを投げて６の目が出ると６マス，１の目が出ると３マス，その他の目が出ると２マス進めるボードゲームがあります。Ａさんは，さいころを35回投げたところ，スタートから151マス進みました。６の目が出た回数が１の目が出た回数の２倍のとき，６の目が出た回数は □ 回です。

(5)　下のように，ある決まりにしたがって分数が並んでいます。

$$\frac{1}{200},\ \frac{2}{200},\ \frac{3}{200},\ \frac{4}{200},\ \cdots,\ \frac{198}{200},\ \frac{199}{200}$$

この中で，これ以上約分できない分数をすべてたすと □ になります。

2　Ａさん，Ｂさん，Ｃさんの３人が，円の形をしたコースを同じ位置から同時にスタートして同じ方向に走ります。Ａさんは毎分400ｍ，Ｂさんは毎分360ｍ，Ｃさんは毎分250ｍの速さで走るとき，次の各問いに答えなさい。

(1)　Ａさんが１周走り終わってから２秒後にＢさんが１周走り終わりました。このコース１周の長さは何ｍですか。

(2)　Ａさんは１周走り終わるごとに一定時間の休けいをとり，Ｃさんは休けいをとらずに走り続けます。スタートしてから12分後にＡさんの走った道のりがＣさんの走った道のり以上になるためには，１回あたりの休けい時間は最大で何秒とれますか。

3 右の図のように，平行四辺形ABCDがあります。４点E，F，G，Hはそれぞれ辺AB，BC，CD，DA上にあり，AEの長さは４㎝，BFの長さは６㎝，CGの長さは10㎝，DHの長さは２㎝です。また，EFとGHは平行で，ACとFGは点Ｉで交わっています。三角形EBFと三角形ABCの面積の比が27：65のとき，次の各問いに答えなさい。

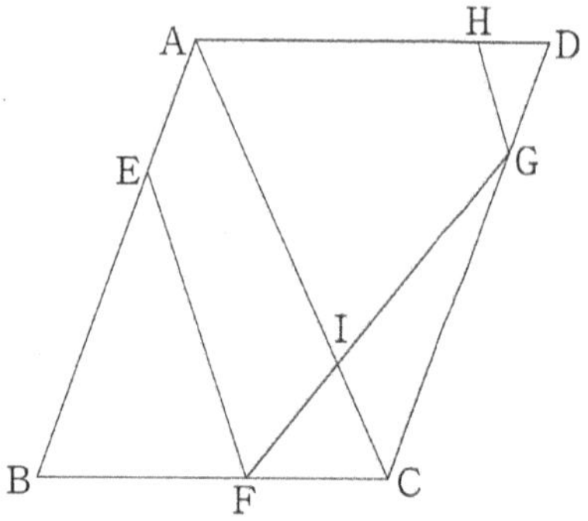

⑴ DGの長さは何㎝ですか。

⑵ CFの長さは何㎝ですか。

⑶ 平行四辺形ABCDの面積は三角形IFCの面積の何倍ですか。

4 濃《こ》さのわからない３つの食塩水Ａ，Ｂ，Ｃがあります。先生がＡ，Ｂ，Ｃを１：１：２の重さの割合で混ぜた食塩水と，２：３：４の重さの割合で混ぜた食塩水をつくったところ２つの濃さは同じになりました。次に，ある児童が140ｇの食塩水Ｃに水を50ｇ入れて，先生のつくった食塩水と同じ濃さの食塩水をつくろうとしたところ，まちがえて水のかわりに1.9％の食塩水を50ｇ入れてしまったため，8.9％の食塩水ができました。このとき，次の各問いに答えなさい。

⑴ 食塩水Ｃの濃さは何％ですか。

⑵ 食塩水Ｂの濃さは何％ですか。

⑶ 食塩水Ａの濃さは何％ですか。

5 あるゲームソフトの発売日に，パッケージ版希望の客とダウンロード版希望の客が１分あたり１：３の割合で来店しレジに並びます。販《はん》売開始からパッケージ版用のレジ１台，ダウンロード版用のレジ２台で対応したところ，10分後にパッケージ版用のレジは待ち人数が４人，ダウンロード版用のレジは待ち人数が27人になりました。このとき，次の各問いに答えなさい。ただし，パッケージ版用のレジ１台で４人が購《こう》入する間にダウンロード版用のレジ１台では５人が購入できます。

⑴ 販売開始から10分間に来店した客は全部で何人ですか。

⑵ レジ待ちの人数を減らすために，販売開始10分後からダウンロード版用のレジを４台に増やしました。レジ待ちの合計人数が初めて９人以下になるのは，販売開始から何分何秒後ですか。

【理　科】（40分）　＜満点：75点＞

〔Ⅰ〕 水酸化ナトリウム水溶液とうすい塩酸を表のように体積を変えて混合し，水を蒸発させて残った固体の重さをはかる実験を行いました。この実験について，問いに答えなさい。

水酸化ナトリウム水溶液(mL)	0	10	20	30	40	50	60	70	80	90	100
うすい塩酸(mL)	100	90	80	70	60	50	40	30	20	10	0
残った固体(g)	0	0.117	0.234	0.351	0.468	0.585	0.628	0.671	0.714	0.757	0.800

表

⑴ 次の混合液①，②に緑色のBTB溶液を加えると，混合液は何色になりますか。正しいものをそれぞれ選び，ア～ウの記号で答えなさい。

①　水酸化ナトリウム水溶液40mLとうすい塩酸60mL

②　水酸化ナトリウム水溶液60mLとうすい塩酸40mL

ア　青色　　イ　黄色　　ウ　緑色

⑵ 次の混合液①～③から水を蒸発させました。残った固体に含《ふく》まれる水酸化ナトリウムの重さはそれぞれ何ｇですか。

①　水酸化ナトリウム水溶液30mLとうすい塩酸70mL

②　水酸化ナトリウム水溶液50mLとうすい塩酸50mL

③　水酸化ナトリウム水溶液60mLとうすい塩酸40mL

〔Ⅱ〕 実験を行うときは，実験器具や薬品を正しく取り扱《あつか》い，正しい方法で安全に行うことが大切です。このことについて，問いに答えなさい。

⑴ 図１の実験器具の名称《しょう》を答えなさい。

⑵ 図１の実験器具を使って10ｇの薬品をはかりとる方法として正しいものを選び，ア～エの記号で答えなさい。ただし，この器具は，使用する前につりあわせてあります。

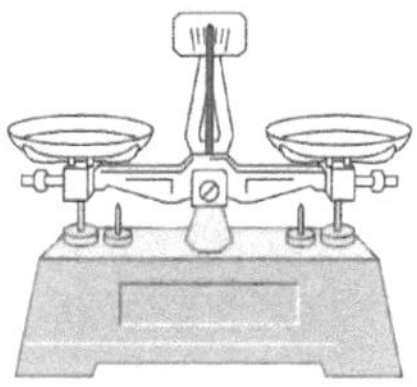

図１

ア　分銅を指で直接つまんで皿にのせる。

イ　分銅を扱うときはピンセットを使用する。

ウ　右ききの人は，分銅を左の皿に，はかりとる薬品を右の皿にのせる。

エ　10ｇの薬品がはかりとれているかどうかは，指針が止まったとき判断する。

⑶ アルコールランプの使い方として誤っているものを選び，ア～ウの記号で答えなさい。

ア　アルコールランプにマッチで火をつけるときは，しんにふれないようにしんの真上から点火する。

イ　しんが乾《かわ》いていて火がつきにくいときは，しんの先をアルコールで湿《しめ》らせて点火する。

ウ　アルコールランプの火を直接他のアルコールランプに移すときは，火のついたアルコールランプの中のアルコールがこぼれないように注意する。

⑷　図２の実験器具の名称を答えなさい。

⑸　図２の実験器具の使い方の説明として正しいものを選び，ア～エの記号で答えなさい。

ア　この器具を水平な台に置いて使用する。

イ　この器具に水を入れた後，薬品を加えて水溶液をつくる。

ウ　この器具に高温の液体を入れて使用する。

エ　この器具に液体を入れたまま凍《こお》らせて使用する。

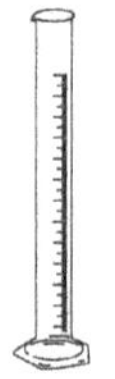

図２

〔Ⅲ〕　次の文章を読み，問いに答えなさい。

昨年の夏は，a各地で猛烈《もうれつ》な暑さとなりました。なかでも，８月17日には静岡県浜《はま》松市でb国内観測史上最高気温と同じ気温を記録しましたが，気象庁は，c高気圧の影響《えいきょう》で中部地方や近畿《き》地方のd暖かい空気が，山を越《こ》えてさらに暖まって浜松市に流れ込《こ》んだことが原因と説明しています。

また，例年e台風の被《ひ》害も報告されています。近年，台風の中心付近の風速を気象衛星の画像から割り出す新手法が開発されたり，台風に発達する見込《こ》みの熱帯低気圧について，５日先の進路予報が提供されるようになり，防災対策に役立つことが期待されています。

⑴　下線部ａについて，猛暑日の説明として正しいものを選び，ア～オの記号で答えなさい。

ア　最高気温が25℃以上の日　　イ　最高気温が30℃以上の日

ウ　最高気温が35℃以上の日　　エ　最低気温が25℃以上の日

オ　最低気温が30℃以上の日

⑵　下線部ｂについて，この日浜松市で観測された最高気温は何℃ですか。最も近いものを選び，ア～オの記号で答えなさい。

ア　35℃　　イ　38℃　　ウ　41℃　　エ　44℃　　オ　47℃

⑶　下線部ｃについて，高気圧の地表付近の風の吹《ふ》き方を表した図として正しいものを選び，ア～エの記号で答えなさい。

ア

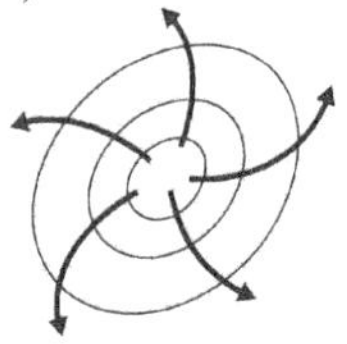

イ

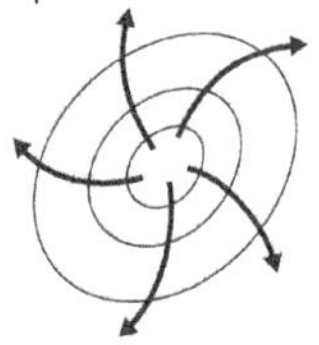

ウ

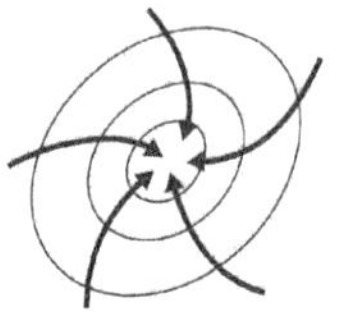

エ

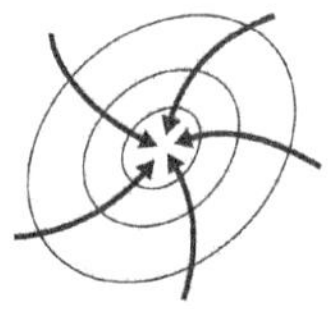

⑷　下線部ｄの現象の名称を答えなさい。

⑸　下線部ｄの現象がおきる理由として正しいものを選び，ア～エの記号で答えなさい。

ア　山を越えた暖かい空気は，山を越える前と比べて風速が大きいから。

イ　山を越えた暖かい空気は，雲を発生させながら山を下っていくから。

ウ　山を越えた暖かい空気は，乾燥《かんそう》していて温度が上がりやすいから。

エ　山を越えた暖かい空気は，温暖前線をつくり上昇《しょう》気流が発生するから。

⑹　下線部ｅの台風に関する説明として正しいものを選び，ア～オの記号で答えなさい。

ア　台風の中心付近にできる雲のない部分を台風の目とよぶ。

イ　台風の目は，一般《ぱん》的に勢力が強いほどはっきりみえる。

ウ　台風の中心から南西方向に伸《の》びる前線を寒冷前線という。

エ　台風の勢力が弱まると，通常温帯低気圧に変化する。

オ　日本付近に近づいた台風が北東に進むことが多いのは，主に夏の季節風の影響《えいきょう》である。

⑺　下線部ｅについて，台風の地表付近の風の吹き方を表した図として正しいものを選び，ア～エの記号で答えなさい。

ア　　　　イ　　　　ウ　　　　エ

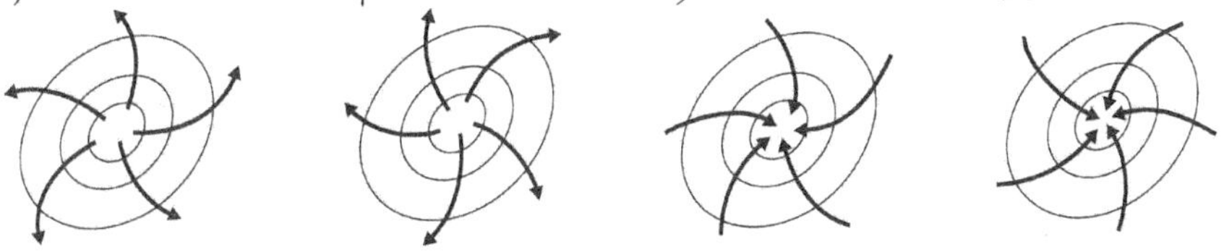

〔Ⅳ〕　次の文章を読み，問いに答えなさい。

世界中で猛威《もうい》を振《ふ》るう新型コロナウイルスは，生きた細胞内でのみ増殖《しょく》します。新型コロナウイルスに感染し，重症《しょう》化するとａ肺炎《えん》がおき，命に危険が及《およ》ぶことがあります。

ｂ山中伸弥《しんや》先生が開発した細胞をつかって，ｃウイルスと戦うための血液成分を増やし，投与《よ》する治療《りょう》法の研究が始まりました。

⑴　次の文章は，下線部ａの肺炎について説明したものです。文中の（①）～（④）にあてはまることばをそれぞれ答えなさい。また，（⑤），（⑥）にあてはまることばをそれぞれ選びなさい。

私たちの体をつくる細胞は，ブドウ糖などの栄養分を，（　①　）をつかって（　②　）と水に分解し，生きるために必要な（　③　）をつくりだして，生命活動を維《い》持しています。このはたらきを（　④　）とよびます。肺では（　④　）に必要な（　①　）を体外から取り入れ，（　②　）を体外へ排《はい》出していて，肺炎がおきると，これが正常に行えなくなります。

指先に光をあて，血液の色を見る器具があります。この器具によって（⑤　動脈血・静脈血）の色が少し（⑥　明るく・暗く）なっていると，肺炎によって（　①　）が全身に十分にいきわたっていない可能性があります。

⑵　下線部ｂの細胞の名称を答えなさい。

⑶　下線部ｃの血液成分の特徴《ちょう》として正しいものを選び，ア～エの記号で答えなさい。

ア　円板状で，真ん中がくぼんでいる。　　イ　アメーバのような運動をする。

ウ　血液中に最も多い成分である。　　エ　門脈に多くみられる。

〔Ⅴ〕　図１のように，葉のついているホウセンカの枝を色水の入ったフラスコにさし，綿をつめて栓《せん》をします。枝にビニール袋《ぶくろ》をかぶせ，２～３時間日なたに置くと，フラスコの色水が少し減り，ビニール袋の内側に水滴《てき》がつきました。また，次のページの図２は，この実験に用いたホウセンカの茎《くき》の断面図で，一部が赤く染まっていました。この実験について，問いに答えなさい。

⑴　ホウセンカの子葉と根の説明として正しいものを選び，ア～エの記号で答えなさい。

ア　子葉は１枚で，根は主根と側根がある。

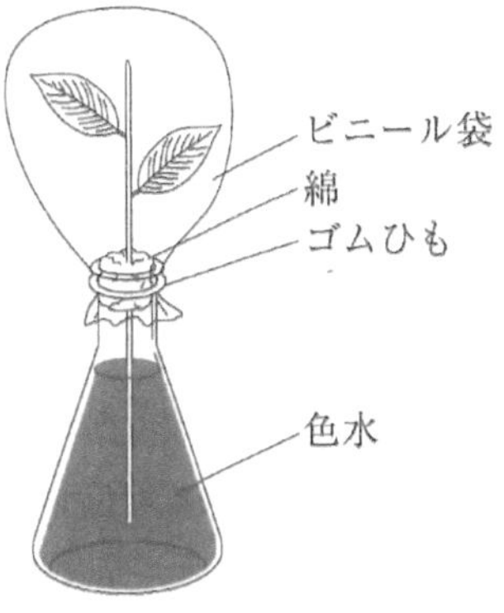

図１

イ　子葉は１枚で，根はひげ根である。

ウ　子葉は２枚で，根は主根と側根がある。

エ　子葉は２枚で，根はひげ根である。

⑵　図２で，赤く染まった部分を選び，①～⑤の番号で答えなさい。

⑶　図２の③に関する説明として正しいものを選び，ア～エの記号で答えなさい。

ア　葉でつくられた養分が通る。

イ　盛んに細胞分裂《れつ》をする。

ウ　根で吸収された水や養分が通る。

エ　茎の内部を保護する。

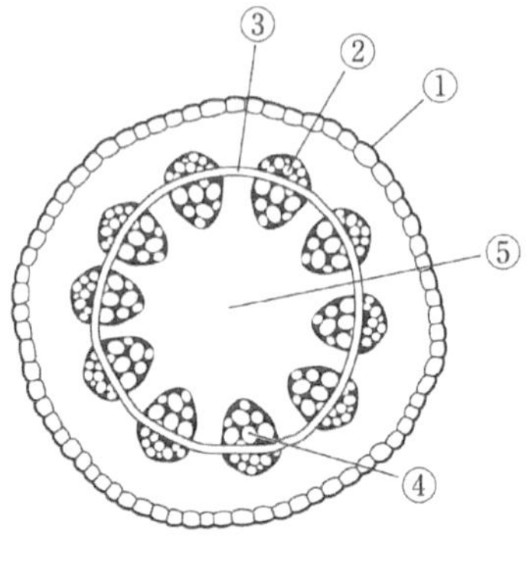

図２

⑷　ビニール袋の内側に水滴がついたのは，植物の何という現象が原因ですか。

⑸　ビニール袋の内側についた水滴の色は何色ですか。正しいものを選び，ア～オの記号で答えなさい。

ア　赤色　　イ　緑色　　ウ　青紫色　　エ　黄色　　オ　無色

⑹　図３のように，葉の大きさと枚数が同じ枝を用意し，それぞれ図３に書かれている処理を行って水を入れた試験管Ａ～Ｅにさし，同じ条件で６時間置きました。その結果，試験管Ｂ～Ｅでは表のように水面が下がりました。試験管Ａでは水面は何㎝下がりましたか。

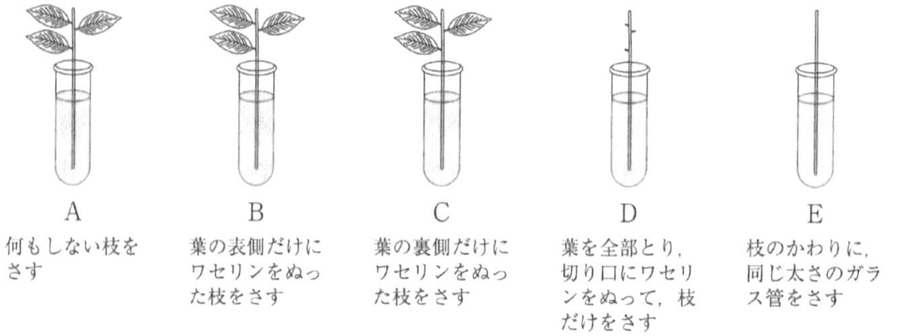

図３

試験管	B	C	D	E
水面の下がった値(cm)	1.0	0.6	0.3	0.1

表

〔Ⅵ〕　小さな物体Ａ，Ｂを用いて実験を行いました。この実験について，問いに答えなさい。ただし，空気による摩《ま》擦《さつ》はないものとします。

【実験】　Ａをある地点から静かに離《はな》すのと同時にＢをビルの屋上から秒速39.2mの速さで真上に打ち上げたところ，ＡとＢはある高さですれ違《ちが》いました。図（次のページ）はそのようすを表しています。

Ａを離してからの経過時間と，Ａの運動の向きと速さの関係を調べたところ，表１のようになりました。また，Ａを離してからの経過時間と，離した位置からのＡの落下距離《きょり》の関係を調べたところ，表２のようになりました。

Ｂを打ち上げてからの経過時間と，Ｂの運動の向きと速さの関係を調べたところ，表３のようになりました。また，Ｂを打ち上げてからの経過時間と，ビルの屋上からのＢの高さの関係を調べたところ，表４のようになりました。ただし，実験中に測定を行わなかったところがあり，その部分は表中で空欄《らん》になっています。

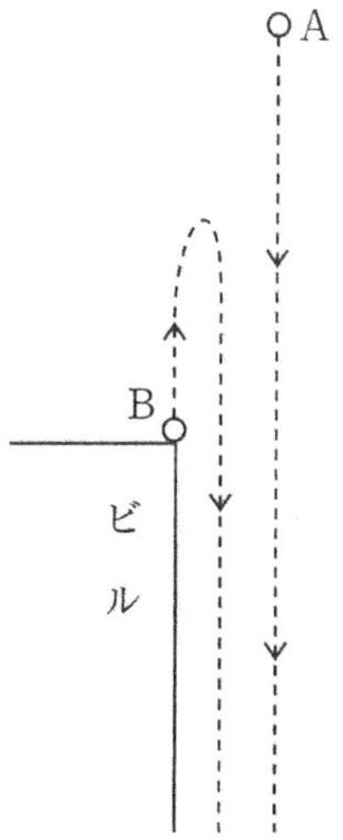

図

経過時間(秒)	0	1	2	3	4	5	6	7	8
Ａの運動の向き	下向き	下向き	下向き	下向き	下向き	下向き	下向き	下向き	下向き
Ａの速さ(m/秒)	0	9.8	19.6	29.4	39.2	49.0	58.8	68.6	78.4

表１

経過時間(秒)	0	1	2	3	4	5	6	7	8
Ａの落下距離(m)	0	4.9	19.6			122.5	176.4	240.1	313.6

表２

経過時間(秒)	0	1	2	3	4	5	6	7	8
Ｂの運動の向き	上向き	上向き	上向き	上向き			下向き	下向き	下向き
Ｂの速さ(m/秒)	39.2	29.4	19.6	9.8			19.6	29.4	39.2

表３

経過時間(秒)	0	1	2	3	4	5	6	7	8
Ｂのビルの屋上からの高さ(m)	0	34.3	58.8	73.5	78.4	73.5	58.8	34.3	0

表４

⑴　Ｂが最高点に達するのは打ち上げてから何秒後ですか。

⑵　Ａを離してから１秒後の運動の向きと速さと，Ｂの運動の向きと速さが等しくなるのは，Ｂを打ち上げてから何秒後ですか。

⑶　ＡとＢは運動を始めて３秒後にすれ違いました。Ａを離したのはビルの屋上から何ｍの高さですか。

⑷　Ａを離してから４秒後の，ＡとＢの高さの差は何ｍですか。

⑸　Ａを離してからの経過時間と，ＡとＢの高さの差の関係を表すグラフはどれですか。正しいものを選び，ア～オの記号で答えなさい。

ア

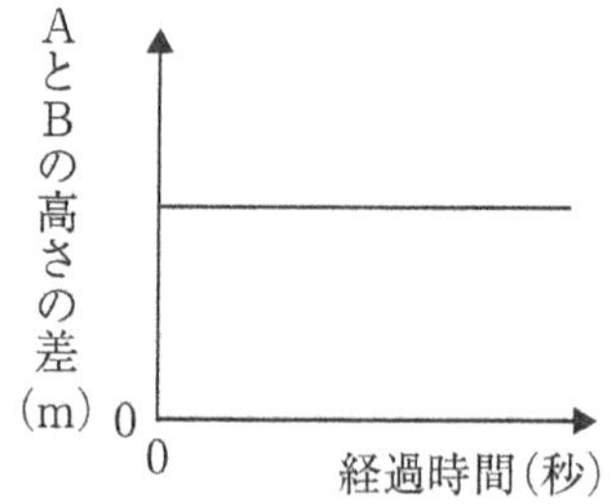

イ

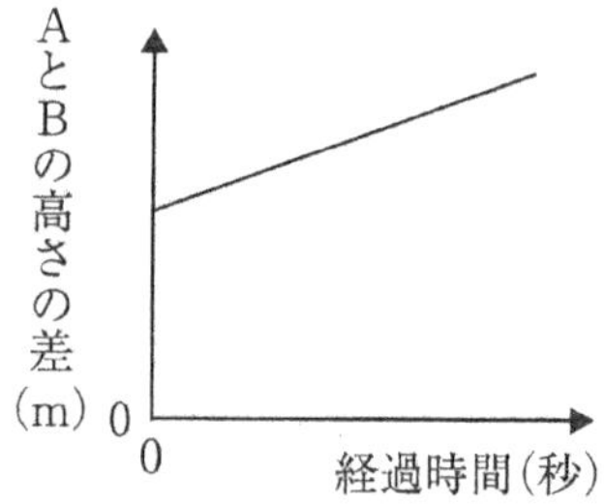

ウ

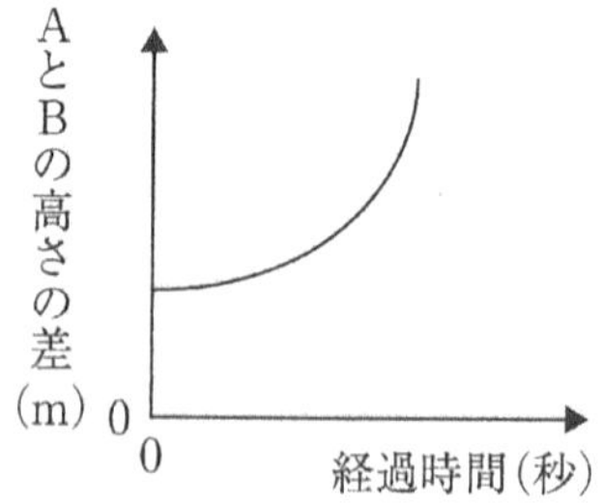

エ

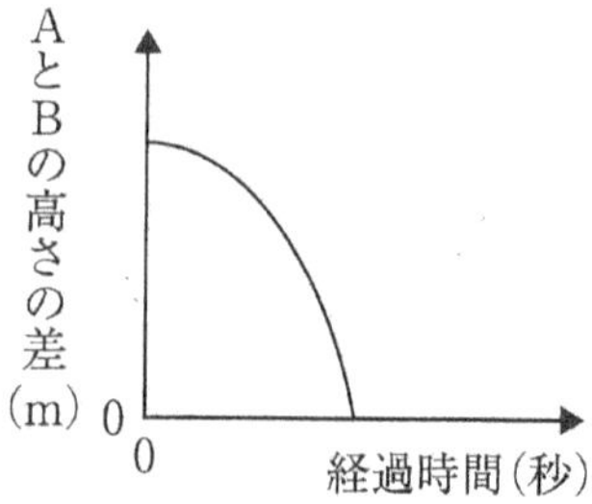

オ

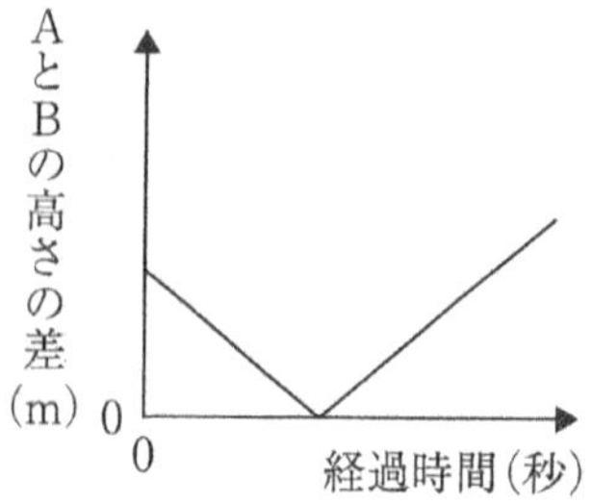

〔Ⅶ〕　図１は，凸《とつ》レンズによる像のできかたを調べる装置を模式的に表したものです。この装置を使って【実験１】，【実験２】を行いました。これらの実験について，問いに答えなさい。

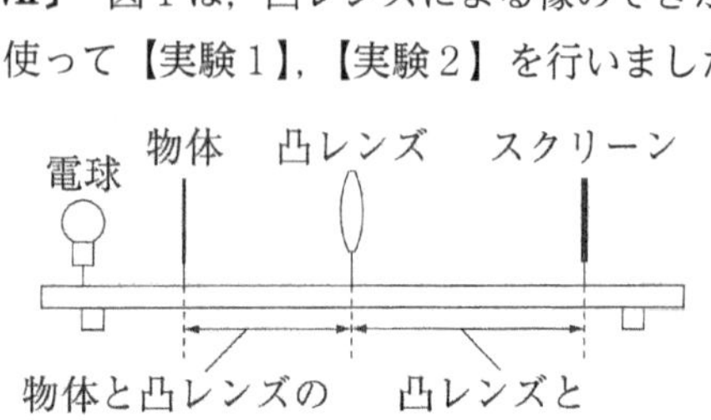

図１

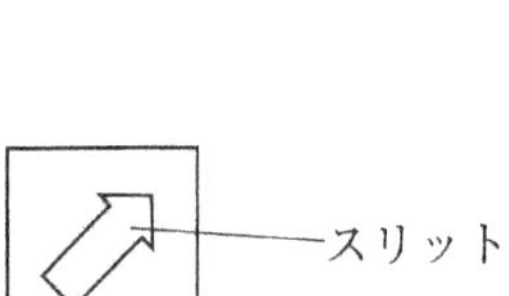

図２

【実験１】　図１の装置において，図２のような，矢印のスリットがついた物体を電球と凸レンズの間に置きました。図２は，物体を凸レンズの側から見たものです。スリットを通った光を凸レンズで集め，スクリーンにはっきりした像ができるように，物体と凸レンズの距離や凸レンズとスクリーンの距離を調整して，像のできかたを調べました。

【実験２】　前のページの図１の装置において，図３のような，たての長さが2.0㎝の矢印のスリットがついた物体を電球と凸レンズの間に置きました。図３は，物体を凸レンズ側から見たものです。スリットを通った光を凸レンズで集め，スクリーンにはっきりした像ができるように，物体と凸レンズの距離や凸レンズとスクリーンの距離を調整して，像のたての長さを調べる実験を行ったところ，表のようになりました。

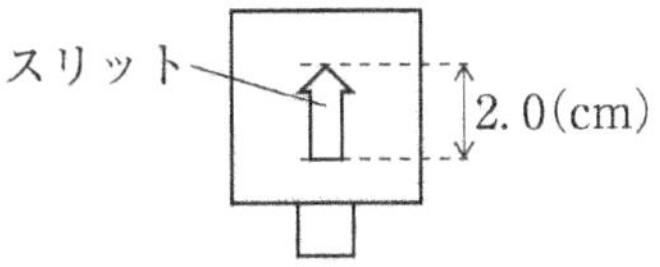

図３

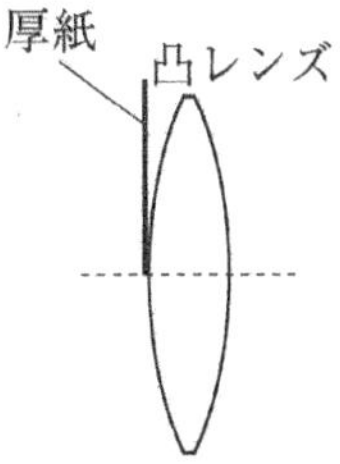

図４

物体と凸レンズの距離(cm)	10	12	16	A	40
凸レンズとスクリーンの距離(cm)	40	24	16	12	10
像のたての長さ(cm)	8	B	2	1	0.5

表

(1)　【実験１】で，スクリーンにはっきりした像ができました。図１のスクリーンを凸レンズの反対側から見たときの像として正しいものを選び，ア～エの記号で答えなさい。

(2)　【実験２】で，凸レンズの焦《しょう》点距離は何㎝ですか。

(3)　【実験２】で，表のA，Bにあてはまる値はそれぞれ何㎝ですか。

(4)　【実験２】で，図４のように，凸レンズの上半分に厚紙をあて，凸レンズにあたる光の一部をさえぎりました。スクリーンにはっきりした像ができたとき，像の大きさ，像の明るさ，像の形は光をさえぎる前と比べてどのようになりますか。正しいものを選び，ア～カの記号で答えなさい。

ア　像の大きさは小さくなり，像の明るさは暗くなり，像の形は上半分が消える。

イ　像の大きさは小さくなり，像の明るさは変わらず，像の形は上半分が消える。

ウ　像の大きさは変わらず，像の明るさは暗くなり，像の形は下半分が消える。

エ　像の大きさは変わらず，像の明るさは明るくなり，像の形は下半分が消える。

オ　像の大きさは変わらず，像の明るさは暗くなり，像の形は変わらない。

カ　像の大きさは変わらず，像の明るさは明るくなり，像の形は変わらない。

(5)　物体と凸レンズの距離と，像の大きさの関係を表したグラフはどれですか。正しいものを選び，次のページのア～エの記号で答えなさい。

ア

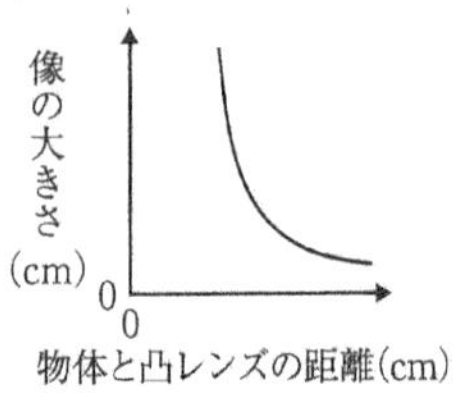
像の大きさ
(cm)
0
0
物体と凸レンズの距離(cm)

イ

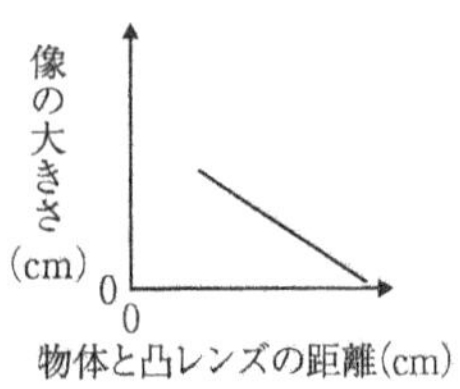
像の大きさ
(cm)
0
0
物体と凸レンズの距離(cm)

ウ

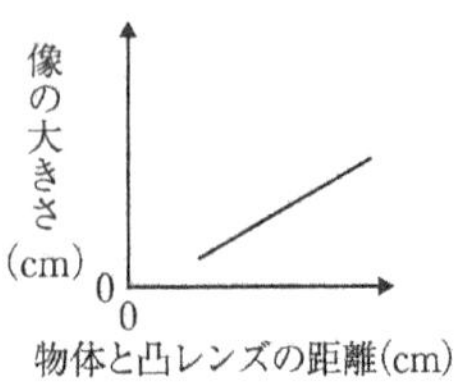
像の大きさ
(cm)
0
0
物体と凸レンズの距離(cm)

エ

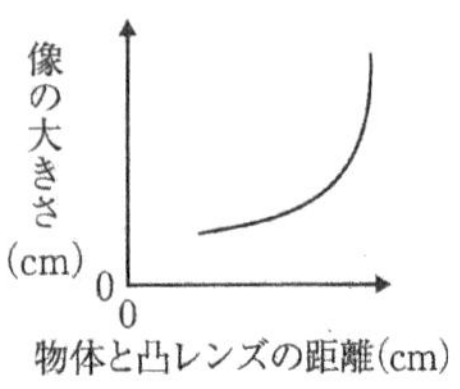
像の大きさ
(cm)
0
0
物体と凸レンズの距離(cm)

【社　会】（40分）　＜満点：75点＞

Ⅰ　**図１は47都道府県を示したものです。以下の問いに答えなさい。**

図１

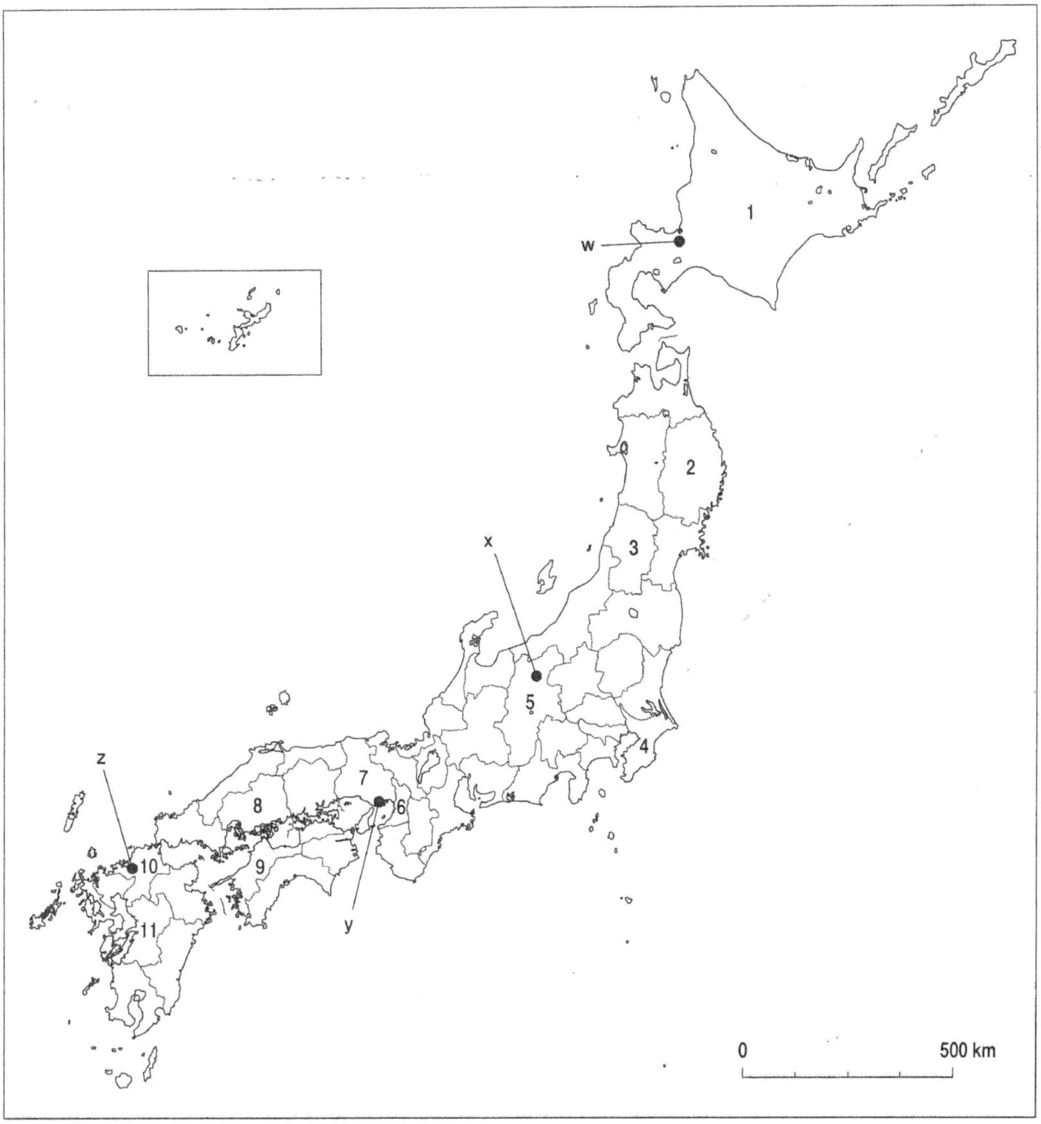

1　図１中の１～11の道府県で，道府県の名称と道府県庁所在地のある都市の名称が異なるものをすべて選び番号で答えなさい。なお，番号は数字の小さいものから順番に答えること。

2　図１中の１～11の道府県で，⑴北緯40度の緯線が通るもの，⑵東経135度の経線が通るものを１つずつ選び番号で答えなさい。

3　次のページの**図２**は，**図１**中の**ｗ～ｚ**で示した道県庁所在地の雨温図です。これらにあてはまる道県庁所在地を，**ｗ～ｚ**の中から１つずつ選び記号で答えなさい。

図２　w～zの道県庁所在地の雨温図

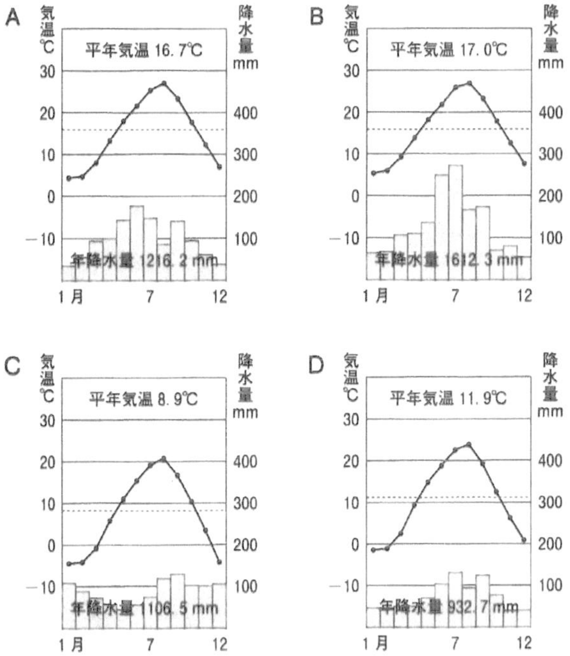

4　次の表１は，図１中の１・３・５・７・９の道県の農業に関する統計資料です。表１中のＡ～Ｅの道県と，図１中の１・３・５・７・９の組み合わせとして正しいものを，次のページのア～カの中から１つ選び記号で答えなさい。

表１　図１の１・３・５・７・９の道県の農業統計資料

道県名	農地面積（ha）	農業生産額（億円）	農業生産額の内訳（%） 米	野菜	果実	乳用牛	肉用牛	豚	鶏	その他
全国	4,420,000	91,283	19.2	25.4	9.2	10.2	8.1	6.7	9.9	11.3
A	106,700	2,616	18.1	34.6	27.3	4.8	2.5	1.7	1.6	9.4
B	1,145,000	12,593	8.9	18.0	0.4	39.9	8.1	3.5	2.8	18.4
C	73,800	1,544	31.0	23.0	2.1	7.4	11.9	0.9	18.7	5.0
D	48,500	1,233	13.6	16.3	43.0	3.4	2.1	8.1	5.9	7.6
E	117,700	2,480	33.7	19.0	28.6	3.5	4.9	4.7	1.3	4.3

［農林水産統計データ　2018年より］

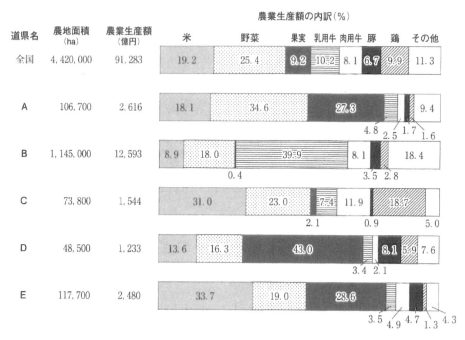

	A	B	C	D	E
ア	1	5	9	7	3
イ	3	7	1	5	9
ウ	5	1	7	9	3
エ	5	9	7	3	1
オ	7	3	5	1	9
カ	9	5	3	7	1

5　次の**表２**は，11ページの**図１**中の**２・４・６・８**の府県の工業生産を示したものです。**表２**中の**Ａ～Ｄ**の府県と**図１**中の**２・４・６・８**の組み合わせとして正しいものを，あとの**ア～カ**の中から１つ選び記号で答えなさい。

表２　図１の２・４・６・８の府県の工業統計資料（十億円）

府県名	合計	食料品	化学工業	石油製品・石炭製品	鉄鋼	電気機械	輸送用機械
A	9,941	664	403	10	1,088	260	3,457
B	11,402	1,514	2,191	2,232	1,493	197	118
C	2,372	366	73	8	85	51	564
D	15,820	1,265	1,985	1,262	1,198	999	1,180

［工業統計表　地域別統計表　平成29年］

	A	B	C	D
ア	2	4	6	8
イ	2	8	4	6
ウ	4	6	8	2
エ	6	2	4	8
オ	8	2	6	4
カ	8	4	2	6

6　次の**Ａ～Ｄ**の文章は，**図１**中の**１～11**の道府県のいずれかで発生した自然災害とその被害について説明しています。これらにあてはまるものを，**図１**中の**１～11**の中から１つずつ選び番号で答えなさい。

Ａ　台風にともなう大雨によって千曲川の堤防が決壊して氾濫《はんらん》しました。この水害では最大で深さ４ｍを超す浸水が確認された場所もありました。浸水の範囲の最も大きかった地区では，家屋や水田，りんごの果樹園，北陸新幹線の車両基地が浸水しました。

Ｂ　梅雨前線にともなう大雨によって最上川の河川の水位が上昇し，河川の水が堤防を超えて氾濫しました。川沿いの土地にあった家屋やさくらんぼの果樹園などが浸水し，収穫を間近にひかえた尾花沢《おばなざわ》すいかも水害の被害を受けました。

Ｃ　2018年９月６日に，胆振《いぶり》地方を震源とするマグニチュード6.7の地震が発生し，最大で震度７を観測しました。この地震の揺れで発生した大規模な斜面崩壊に巻き込まれた人がいました。また，苫東厚真《とまとうあつま》火力発電所などが停止したことで，約295万戸におよぶ大規模な停電が起こりました。

D　2016年４月14日と16日に，マグニチュード6.5と7.3の地震が発生し，２つの地震とも最大で震度７を観測しました。気象庁の観測史上初，一連の地震活動で２度も震度７を観測した地震の揺れで多くの建物が倒壊しました。加藤清正が築城した城の石垣が崩れ，その修復作業が進められています。

7　東日本大震災で津波の被害を受けた地域について，あとの問いに答えなさい。

図３　津波の被害のあった場所の地図

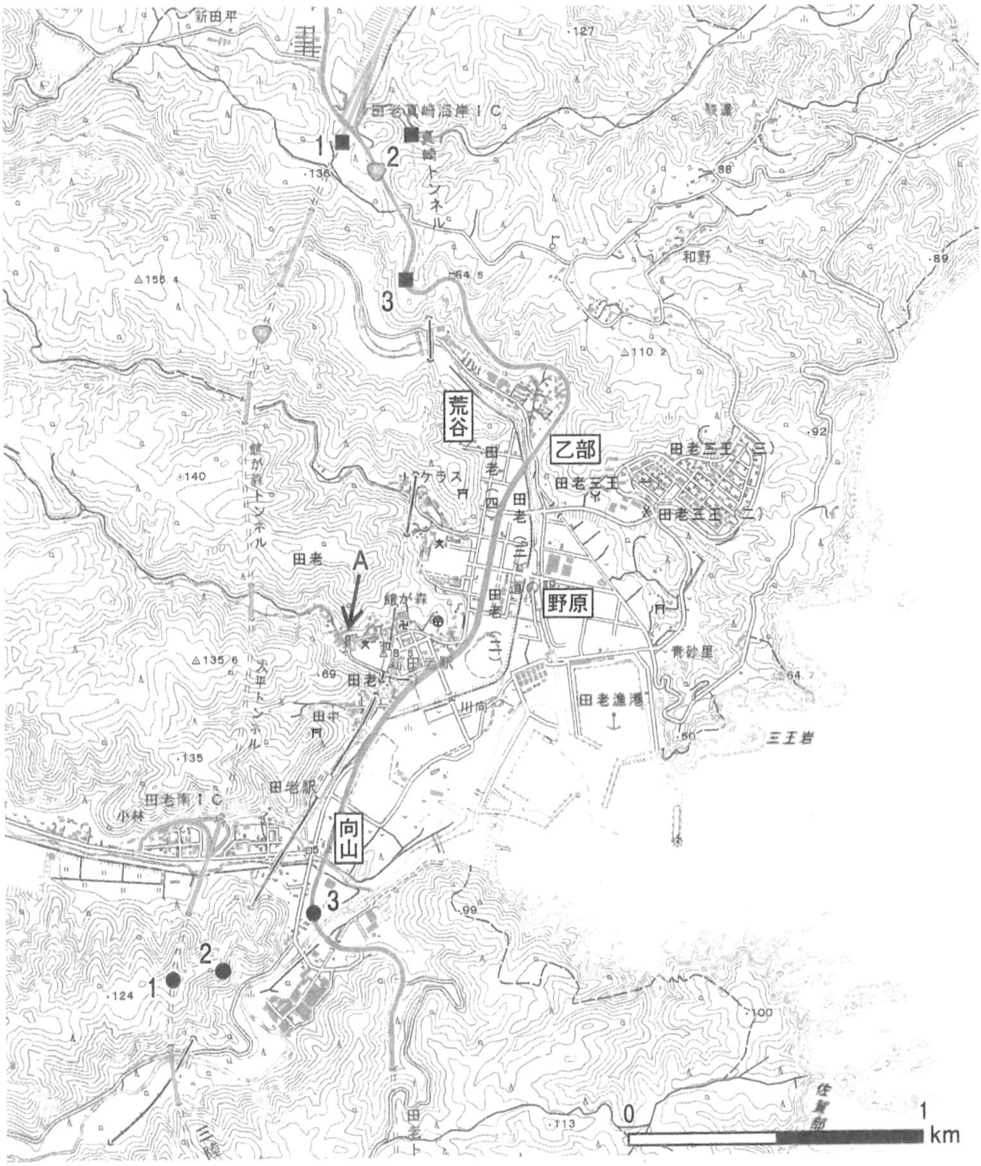

図４　津波の被害のあった場所の震災前の地図

(1)　前のページの**図３**に描かれた３つの交通路について，●１～■１の区間の道路は「三陸自動車道（高速道路）」，●２～■２の区間の鉄道は「三陸鉄道」，●３～■３の区間の道路は「国道45号」をそれぞれ示しています。この３つのルートに沿った地表面の凹凸を示した断面図が次のページの**ア**～**ウ**です。この中で，●２～■２の区間の「三陸鉄道」に沿った断面図として正しいものを，次のページの**ア**～**ウ**の中から１つ選び記号で答えなさい。なお，断面図には●（始点）と■（終点）の記号は示していますが，それらの数字は示していません。トンネルの区間はその上の尾根の地表面を，橋の区間はその下の谷の地表面を断面図で示しています。

ア

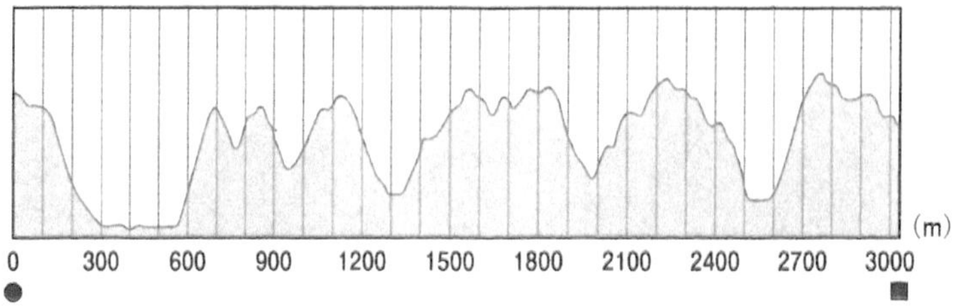

イ

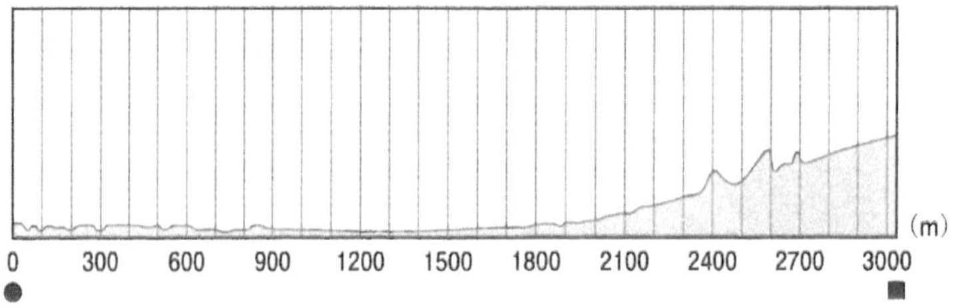

ウ

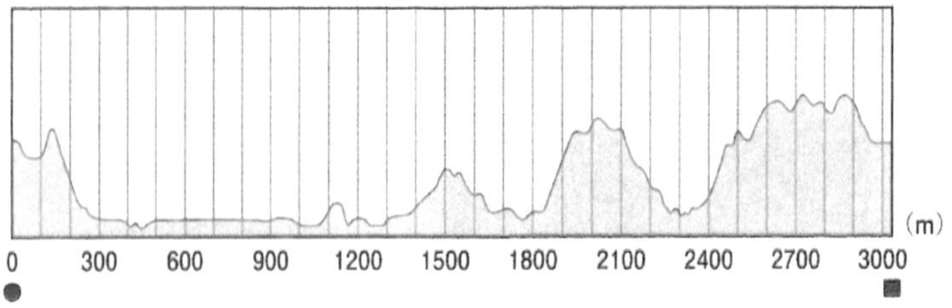

⑵　14ページの**図３**の**Ａ**の地図記号がある場所に見られるものを，あとの**ア**～**エ**の中から１つ選び記号で答えなさい。

図３のＡの地図記号の拡大

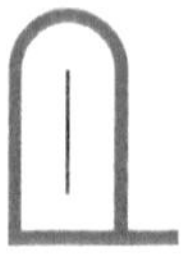

ア

イ

ウ

エ

⑶　**図３**（14ページ）の震災で津波の被害にあった後の地図と，**図４**（15ページ）の震災前の地図を比較してわかることを，次の**ア**～**エ**の中から１つ選び記号で答えなさい。

ア　震災前の荒谷《ありや》地区や野原《のはら》地区などに見られた市街地が津波でなくなり，震災後には乙部《おとべ》地区の高台に新たな住宅地がつくられた

イ　震災前に向山《むかいやま》地区にあった高等学校がなくなり，震災後は小中学校だけになった

ウ　震災前は三陸鉄道に新田老《たろう》駅と田老駅の２つの駅があったが，震災後は市街地が津波の被害にあったので田老駅だけになった

エ　震災前に市街地にあった消防署や交番，病院が津波でなくなり，震災後はこれらの施設がつくられなくなった

⑷　**図３**（14ページ）で示した場所は，東日本大震災だけでなく，過去には「明治三陸地震」や「昭和三陸地震」の津波でも被害を受けてきました。そして，今後も地震や津波が起こりうる可能性があります。この場所で地震や津波から命や生活を守るためにできることとして誤りをふくむものを，次の**ア**～**エ**の中から１つ選び記号で答えなさい。

ア　地形図やハザードマップからその土地に関する情報を収集して，地震や津波の発生したときの危険な場所を知っておくこと

イ　過去最大級の災害に耐えられる防波堤や避難施設を建設しても，地震や津波の発生時にはそれらを過信しないで，その時の最適な場所に避難すること

ウ　「三陸自動車道」のような幹線道路を内陸に開通させて，津波で海岸付近が再び被害を受けても，人員や物資の緊急輸送を行う道路を整備すること

エ　この地域で言い伝えられている「津波てんでんこ」に従い，地震や津波の発生時には訓練で決めた場所に一度集合して全員がそろって避難すること

Ⅱ　次の文章を読み，以下の問いに答えなさい。

日本では地震や津波，台風などの災害が，これまでの歴史の中で多く発生してきました。また感染症の流行もたびたび起こってきました。2020年初めに新型コロナウイルスが世界的に流行し始めてからは特に，過去に感染症が流行した時の歴史をふり返ることが多くなりました。①幕末の1850年代に**図１**（次のページ）のような「アマビエ」と呼ばれる妖怪の絵がよく売れたのも，感染症のひとつである「コレラ」の流行をしずめ，病気を退治してくれると思われたからです。

1855年には，江戸でマグニチュード6.9の直下型地震が起こりました。これは「安政江戸地震」と

呼ばれ，４千人以上の死者が出たとされています。地震直後には，地震の原因と考えられた鯰《なまず》を描いて世の中を風刺する「紅絵」が大量に出まわりました。**図２**では地震の後の復興景気でお金持ちになった商人を，鯰がこらしめている様子が描かれています。②大地震によって「世直し」が行われるというイメージができたのです。

図１　『肥後国海中の怪（アマビエの図）』［京都大学附属図書館蔵］

図２　「世ハ安政民ノ賑」［東京大学総合図書館蔵］

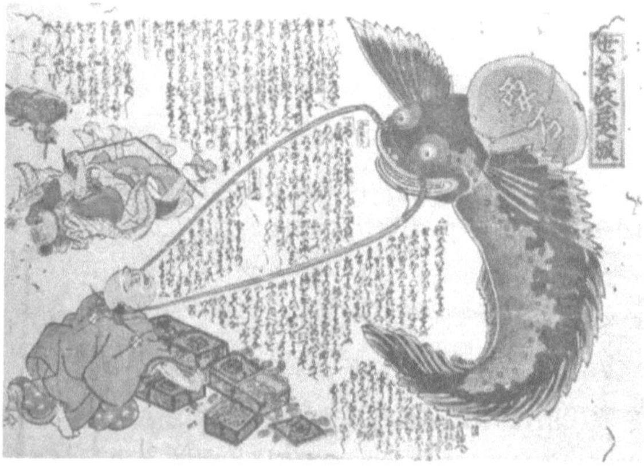

鯰絵には**図３**のようなものもあり，③ここに描かれている４匹の鯰は安政江戸地震（1855年），小田原地震（1853年），越後三条地震（1828年），善光寺地震（1847年）の４つの地震を表しています。この絵は，鯰が右側に並ぶ神様たちに謝っているところです。④安政江戸地震については幕府，大名方，町方ともに古記録が多く残されています。

図３　「八百万神御守護末代地震降伏之図」［東京大学総合図書館蔵］（1855年）

感染症のひとつである⑤「結核」にかかった人の証拠で最も古いものは，鳥取県の青谷上寺地《あおやかみじち》遺跡で発見された，弥生時代の人骨です。結核は骨に影響が残る場合があるので，古墳時代以降の人骨からも結核の広がりがわかります。平安時代に書かれた『枕草子』や『源氏物語』の中にも，「胸

の病」として結核が出てきます。

京都の三大祭りのひとつとされる「祇園祭《ぎおんまつり》」は，平安時代に何度も流行した感染症や災害をしずめることを願って始まったとされます。⑥869年に京都をはじめ日本各地に疫病《えきびょう》（感染症）が流行したとき，平安京の庭園であった神泉苑《しんせんえん》に，⑦当時の国の数にちなんで66本の鉾《ほこ》（長い剣のような武器）を立てて神をまつり，さらに神輿《みこし》を送って災いが去るのを祈ったものです。またこの年には三陸沖を震源とする大きな地震も起こったことが記録されています。平安時代の歴史書には「陸奥国に大地震があった」，「人々は叫び，地面に伏せて起き上がることができなかった」という記録が残っています。この文章にはまた，「⑧大波が川をさかのぼり多賀城まで達した」，「原野や道路はすべて波に覆われて船で逃げることも山に登ることもできず，溺《でき》死者は１千人を超えた」，という内容も書かれていました。

図４は明治時代になって描かれた，病に苦しむ⑨平清盛ですが，清盛は1181年に，頭痛から始まって高熱を起こし，わずか数日後に亡くなったといいます。このころに流行した感染症である「マラリア」にかかった可能性があります。

図４　芳年「清盛炎焼病之図」［国立国会図書館デジタルコレクション］

⑩江戸時代の５代将軍徳川綱吉は，江戸で流行した「はしか」にかかって亡くなったとされています。感染症で幼いこどもも多く犠牲になった時代だったため，綱吉の長男の健康を祈るために行われた行事が，後の「七五三」になったとも言われます。

⑪日露戦争の戦死者約５万６千人のうち２万７千人は戦病死※ですが，この中で「チフス」などの消化器の感染症にかかった人も多く，その予防のために陸軍が開発した薬が「征露丸」，つまりのちの正露丸でした。それより少し前の1897年に日本で初めて「伝染病予防法」が制定されますが，これは □ 。

20世紀に入ってからの災害として，1923年の関東大震災がよく知られています。この時は火災の被害も大きく，不安や恐怖心を抱いた人々の間に「朝鮮人が暴動を起こしている」といった⑫デマが広がり，多数の朝鮮半島出身者が虐殺されるという悲惨《ひさん》な事件が起こりました。このようなことは決してくり返してはなりません。

このように，過去に起こった災害や感染症の流行について，その時代の人々が残した記録を改めて読み直してみることによって，広く知られるようになった事実も多くあります。現代の私たちや未来の人々が災害や感染症に備え，より効果的に対応していくためにも，文書や記録を残し，伝えていくのは大変重要なことです。

※　日露戦争の戦死者数などは，『感染症の世界史』によります。

1　下線部①に関連して，江戸時代後期から明治時代初めにかけての外交について述べた文として正しいものを，次の**ア**～**エ**の中から１つ選び記号で答えなさい。

ア　明治政府はアイヌとの間に条約を結び，対等な交易を約束した

イ　日米修好通商条約で神奈川港が開かれることになったため，下田港は閉鎖されることになった

ウ　1872年に，韓国との間に日朝修好条規が結ばれた

エ　ロシアのラクスマンが根室に来訪したことをきっかけに，江戸幕府は異国船打払令を撤回した

2　下線部①について，ペリーの艦隊の１隻にコレラ患者がおり，長崎に艦隊がいたときにコレラの流行が始まったと考えられています。黒船や開国が感染症を招いたという話が広まったことから，人々の間で強まった考えを，次の**ア**～**エ**の中から１つ選び記号で答えなさい。

ア　尊王の考え　　　　　**イ**　攘夷の考え

ウ　文明開化を進める考え　　**エ**　欧化政策を進める考え

3　下線部②に関連して，幕末期に「世直し一揆」と呼ばれるものが多く起こり，また明治に入ると政府の強兵策に反対する「血税一揆」が起こりました。この「血税一揆」は政府のどのような法令に反対するものであったかを答えなさい。

4　下線部③について，このうちの「善光寺」のホームページによると，善光寺にある仏像「一光三尊阿《あ》弥《み》陀《だ》如来《にょらい》」は，６世紀の「仏教伝来の折りに［　　］から日本へ伝えられた日本最古の仏像」と説明されています。［　　］にあてはまる，当時朝鮮半島にあった国名を答えなさい。

5　下線部④に関連して，最も古い地震の記録として確認されているのは『日本書紀』に書かれている684年の地震です。この時の天皇は，壬申の乱で大友皇子をやぶり，天皇となって中央集権政策をすすめた人物ですが，この天皇の名を答えなさい。

6　下線部⑤にあるように，縄文時代の人骨にはなかった結核の影響が弥生時代の人骨には見られます。次の表１は各時代・各地域の遺跡から結核の影響を受けた人骨が発掘されたかどうかを示すものです。表１を参考に，日本で結核が見られるようになった背景を答えなさい。

表１

	日本	朝鮮半島	中国大陸
日本の縄文時代	×	○	○
日本の弥生時代	○	○	○

※　結核の影響を受けた人骨が発掘された場合は「○」，されていない場合は「×」と表記しています。

7　下線部⑥に関連して，この翌年の官僚試験では当時の地震についての問題が出されました。この試験に合格したある人物は，学問に優れ，右大臣にまで出世しながらも都を離れることになりました。この人物が流された地名として正しいものを，次の**ア**～**エ**の中から１つ選び記号で答え

なさい。

ア　佐渡島　　イ　隠岐島　　ウ　平泉　　エ　太宰府

8　下線部⑦に関連して，当時の66か国のうち，都に近い５国を「畿内５か国」と呼びます。「畿内５か国」にふくまれないものを，次のア～エの中から１つ選び記号で答えなさい。

ア　山城　　イ　摂津　　ウ　加賀　　エ　和泉

9　下線部⑧に関連して，「多賀城」は律令制の中で陸奥の国の行政の中心となる場所でした。このような地方の役所と，都からその役所に派遣された人との組み合わせとして正しいものを，次のア～エの中から１つ選び記号で答えなさい。

　役所－人

ア　国府－国司

イ　藩　－大名

ウ　領地－守護

エ　荘園－貴族

10　下線部⑨について，平清盛は自分の娘を天皇のきさきにして天皇とのつながりを強くすることで，大きな権力を持ちました。このような方法で権力を手にした人物として正しいものを，次のア～エの中から１つ選び記号で答えなさい。

ア　源実朝　　イ　織田信長

ウ　徳川家光　　エ　藤原道長

11　下線部⑩に関連して，徳川綱吉が亡くなったのは62歳でしたが，江戸時代を通しての平均寿命は30～40歳くらいと考えられています。なぜこのように平均寿命が短かったのか，考えられる主な理由を答えなさい。

12　下線部⑪に関連して，アジア太平洋戦争の時に東南アジアや南太平洋で戦った日本軍兵士の中で，マラリアに感染して死亡した人が10万人以上いたと考えられています。「バターン死の行進」と言われる事件の舞台であり，「レイテ沖海戦」やマニラでの市街戦などで，日本軍兵士の死者を多く出した地域の現在の国名を答えなさい。

13　文章中の［　　］に入る文として正しいものを，次のア～エの中から１つ選び記号で答えなさい。

ア　当時世界的に流行していた「スペインかぜ」に対応するためのものでした

イ　当時「らい病」とも呼ばれていた「ペスト」の流行を防ぐために作られました

ウ　明治時代に初めて日本で発生した「マラリア」をおさえることが主な目的でした

エ　その前に起こった日清戦争で海外で戦った兵士が，「コレラ」などの感染症を日本国内に持ち込んだことが理由でした

14　下線部⑫に関連して，このようなデマが広まった背景として，当時の日本と朝鮮半島との関係があると考えられますが，両者の関係について述べた文として正しいものを，次のア～エの中から１つ選び記号で答えなさい。

ア　1895年以降，朝鮮半島は日本の植民地となっていた

イ　1910年以降，朝鮮半島は日本の植民地となっていた

ウ　震災当時，大韓帝国と日本は戦争をしていた

エ　震災当時，大韓帝国は日本からの独立を果たした直後であった

15　下線部⑫に関連して，このようなことをくり返さないために，災害や感染症の流行時に私たち

がどのようなことに気をつけて行動するべきだと考えますか。自分の考えを，解答らんの大きさに合わせて述べなさい。

Ⅲ　次の文章を読み，以下の問いに答えなさい。

2020年の８月は新型コロナウイルスの感染拡大により，「特別な夏」という呼ばれ方をしました。感染症とは別の視点からこの「特別な夏」をとらえてみると，戦後75年をむかえたという，ひとつの節目でもありました。

８月15日に開かれた令和２年度全国戦没者追悼《とう》式で，当時の安倍首相は「戦争の惨禍《さんか》を，二度と繰り返さない。この決然たる誓いをこれからも貫いてまいります。我が国は，①積極的平和主義の旗の下，国際社会と手を携えながら，②世界が直面している様々な課題の解決に，これまで以上に役割を果たす決意です。③現下の新型コロナウイルス感染症を乗り越え，今を生きる世代，明日を生きる世代のために，この国の未来を切り拓《ひら》いてまいります」という式辞を読みました。ここに述べられた「戦争の惨禍を，二度と繰り返さない」のは誰の行為を指していると思いますか。日本国憲法の前文には「［あ］の行為によって再び戦争の惨禍が起こることのないやうにすることを決意し，ここに主権が［い］に存することを宣言し，④この憲法を確定する」と書かれています。これは，あの悲惨な戦争を二度と起こさせないためには，戦争を最も嫌う人々こそが主権を持つべきであるという考えの表れであるという見方もできますし，⑤［い］が憲法を定めて［あ］の権力が暴走しないようにしっかりと制限するという考え方に則っているとも言えます。たしかに戦後75年間，日本は戦争の惨禍にさらされることはありませんでしたが，それだけで“平和”と呼んでいいのでしょうか。

平和学という学問では，積極的平和のことを「社会の中に構造的に組み込まれた貧困・格差・差別・抑圧などの暴力も無い状態」としています。現在の日本は，世帯の所得が⑥国の所得の中央値の半分に満たない「相対的貧困」の世帯の割合が先進国の中でも高く，約７人に１人の子どもがこのような状況に置かれていると言われています。このような格差が拡がる１つの理由は，そうした状況が起こり得る経済政策を進める政党を⑦選挙で選び続けてきたからとも言えます。しかしこのコロナ禍《か》と言われる中で，経済的に大きな影響を受けたり，より厳しい生活状況に置かれたりするのはこうした世帯であり，更に増えてしまう可能性もあります。もしも私たちの社会が，平和学における積極的平和を求めるのなら，主権者としてこれからどのような選択をしていけば良いのか，改めて考える必要があるのではないでしょうか。

１　空らん［あ］・［い］に入る適切な語句を漢字二文字で答えなさい。

２　下線部①について，この考えのもと，日本の安全保障政策は大きく変化しました。このことに関する説明として誤りをふくむものを，次の**ア**～**エ**の中から１つ選び記号で答えなさい。

ア　PKO協力法が改正され，自衛隊は，武装集団におそわれている国連やNGOの職員を助けに向かう「駆けつけ警護」ができるようになった

イ　アメリカの「核の傘」に入ることをやめ，国連で採択された核兵器禁止条約の発効を目指して，この条約に参加することを国会で決定した

ウ　自衛隊は，日本の平和と安全のために活動する軍隊に対して，米軍以外の他国軍もふくめ，日本の周辺に限らず世界中で後方支援できるようになった

エ　憲法９条のもとでは行使が許されないとされてきた集団的自衛権の行使が，憲法の解釈を変

えたことで，一定の条件を満たす状況であれば可能になった

3　下線部③について，国の観光支援事業であるGo To トラベル事業は，「感染症の拡大が収束し，国民の不安が払拭《ふっしょく》された後」に実施すると閣議決定されたものです。このことについて次の問いに答えなさい。

⑴　この事業を進める観光庁は，何省に属しているか答えなさい。

⑵　「閣議」とは何か，簡単に説明しなさい。

4　下線部④について，「憲法を守る義務がある者」として，憲法99条に書かれていないものを，次の**ア**～**エ**の中から１つ選び記号で答えなさい。

ア　公務員

イ　国会議員

ウ　全ての日本国民

エ　天皇

5　下線部⑤について，次の問いに答えなさい。

⑴　このような考え方を何というか，漢字四文字で答えなさい。

⑵　2017年，野党の臨時国会召集の要求に対し，安倍内閣が98日経つまで国会の召集を決定しなかったということがありました。このことが憲法53条の違反にあたるかどうかの裁判が行われ，その判決が，2020年に那覇地方裁判所で出されました。これに関する内容として正しいものを，次の**ア**～**エ**の中から１つ選び記号で答えなさい。

ア　98日経ってから召集された国会は，何の審議もしないまま召集直後に解散されたため，判決の中では，解散自体にも憲法違反の可能性があると指摘された

イ　合憲か違憲かの判断は見送られたが，憲法に書かれた義務を実行しなかったり，不当に召集を遅らせたりした場合は，司法審査の対象になると判決で強調された

ウ　内閣には臨時国会召集を決定する義務があるが，時期についてはある程度自由に決めることができるため，憲法違反にはならないという判決が下された

エ　特別国会が解散から30日以内の召集であることを考えると，98日もの間臨時国会召集を決定しなかったのは憲法違反であるという判決が下された

6　下線部⑥について，次のページの**図１**は2019年の厚生労働省の統計調査の結果です。なぜ，所得の「平均」金額と「中央値」にこれほどの差があるのでしょうか。その理由を考えて書きなさい。なお，平均と中央値の違いは，次の**【例】**を参考に考えなさい。

【例】　５人の社会のテストの点数が，70点・80点・50点・60点・100点であった時，[1]点数を全て足して，人数で割ったものが「平均」，[2]点数順に並べて真ん中にくる数値を「中央値」と言います。

＜社会のテストの点数＞

Aさん	Bさん	Cさん	Dさん	Eさん
70点	80点	50点	60点	100点

[1]　(70点＋80点＋50点＋60点＋100点)÷５……72点が「平均」

[2]　50点・60点・70点・80点・100点……70点が「中央値」

図１　所得金額別の世帯数の分布

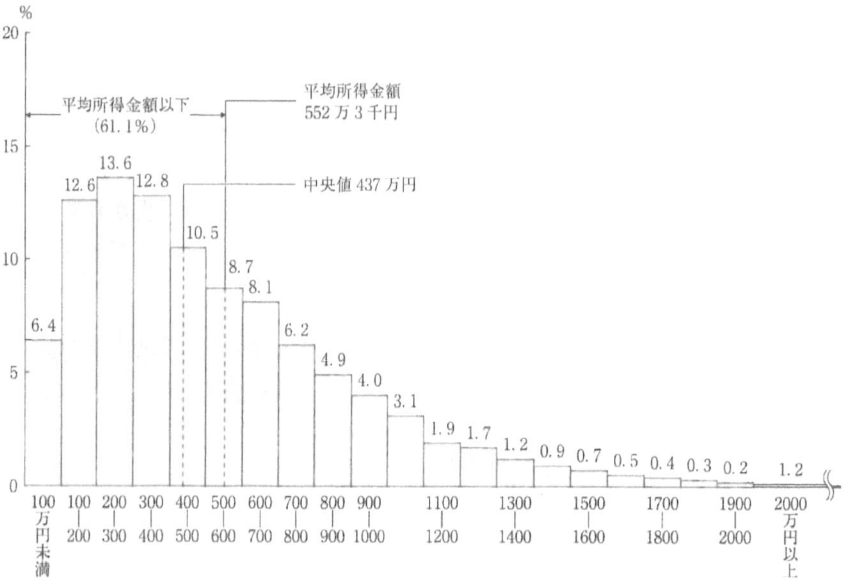

［厚生労働省 2019年　国民生活基礎調査の概況より］

7　下線部⑦について，2019年に行われた参議院選挙の投票率を，次の**ア**～**エ**の中から１つ選び記号で答えなさい。

ア　約39%　　**イ**　約49%　　**ウ**　約61%　　**エ**　約71%

8　下線部②について，次の**表１**はアジアや欧米の９か国の17～19歳に対して2019年に行ったアンケートの中で，「あなたが解決したいと思っている社会課題は何ですか」という質問に対する回答です。表中の☆印は９か国全てで，５位以内に共通して入っていた項目です。☆にあてはまる内容を考えて答え，そのためにはどのような解決法が考えられるか，具体的に説明しなさい。

表１

	日本	インドネシア	インド
１位	☆	社会的弱者に対する差別をなくす	皆が基礎教育を受けられるようにする
２位	政治を良くする	教育全体のレベルを上げる	教育全体のレベルを上げる
３位	社会的弱者に対する差別をなくす	☆	☆
４位	障害者が住みやすい社会を作る	障害者が住みやすい社会を作る	ジェンダーの平等を実現する
５位	ジェンダーの平等を実現する	皆が基礎教育を受けられるようにする	政治を良くする

	韓国	ベトナム	中国
1位	政治を良くする	☆	教育全体のレベルを上げる
2位	社会的弱者に対する差別をなくす	気候変動対策	☆
3位	ジェンダーの平等を実現する	教育全体のレベルを上げる	皆が基礎教育を受けられるようにする
4位	☆	健全な海の確保	社会的弱者に対する差別をなくす
5位	教育全体のレベルを上げる	社会的弱者に対する差別をなくす	ジェンダーの平等を実現する

	イギリス	アメリカ	ドイツ
1位	気候変動対策	☆	健全な海の確保
2位	☆	気候変動対策	気候変動対策
3位	健全な海の確保	社会的弱者に対する差別をなくす	☆
4位	社会的弱者に対する差別をなくす	皆が基礎教育を受けられるようにする	社会的弱者に対する差別をなくす
5位	皆が基礎教育を受けられるようにする	健全な海の確保	政治を良くする

［日本財団「18歳意識調査」より］

二　次の１～10の文中の（カタカナ）を漢字で書きなさい。

1　（トトウ）を組む。

2　自転車の（ホケン）に入る。

3　開会式で（セイカ）をともす。

4　いくつかの問題が（ハセイ）する。

5　（フッキュウ）作業が進む。

6　無罪を（リッショウ）する。

7　論文を（サンショウ）する。

8　船から岬《みさき》の（トウダイ）が見える。

9　判断に（マヨ）う。

10　本を（タバ）ねる。

問八　文中の「D」「E」に入る漢字一字の組み合わせで最適なものを次のア～オから選び、記号で答えなさい。

ア　短－長　　イ　外－内

ウ　表－裏　　エ　量－質

オ　暗－明

問九　――部⑥「単なる脂肪である」とありますが、これはどのようなことをたとえたものか、答えなさい。

問十　――部⑦「それ」、⑧「それ」、⑩「そうした読み方」、⑭「それ」の指示内容を答えなさい。

問十一　――部⑨「スロー・リーダーの出現は、情報化社会において、猛スピードで交換されている表面的な知識を補う」とありますが、それはなぜか答えなさい。

問十二　文中の Ⅰ ～ Ⅲ に入る最適なつなぎ言葉を次のア～オから選び、記号で答えなさい。ただし、同じ記号は二度使えません。

ア　なぜなら

イ　あるいは

ウ　だから

エ　しかし

オ　では

問十三　――部⑪「小説には、様々なノイズがある」とありますが、その「ノイズ」は、読者にどのようなことを教えるのか、説明している一文を本文から抜き出し、初めの五字を答えなさい。

問十四　――部⑫「一切の贅肉」、⑬「骨格」とは、「恋愛小説」の中の何をたとえたものか、文中の言葉を使ってそれぞれ答えなさい。

問十五　文中の F に入る漢字一字を答え、これと同じ漢字が入る慣用句を次のア～コから二つ選び、記号で答えなさい。

ア　□を折る　　イ　□を疑う

ウ　□を抱える　　エ　□をひそめる

オ　□を洗う　　カ　□を焼く

キ　□をぬすむ　　ク　□を並べる

ケ　□をさぐる　　コ　□を打つ

問十六　――部⑮「『法の精神』はモンテスキューの赤のボルドーである」とは、どういうことか、わかりやすく説明しなさい。

問十七　次の１～５について、本文の内容と一致しているものには○、一致《ち》していないものには×をつけなさい。ただし、すべて同じ記号の解答は認めません。

１　小説に仕掛けられた伏線を見落としてしまうのは、読者の読む力が不足しているからであって、速読することが原因ではない。

２　現代人は昔の人々よりも多くの情報の波に飲み込まれてしまい、知的な思索をすることができない状況《きょう》にあるので、スロー・リーディングによって質の高い読書をするべきである。

３　スロー・リーディングは本を読む習慣のある人にとっては重要であるが、本を読まない人には重要ではない。

４　現代の情報化社会では多くの資料を読みこなすことが求められており、速読による読書こそが重要である。

５　小説の面白さは、どうでもいいような設定が後で生きてくる仕掛けが張り巡らされているところにあり、それはスロー・リーディングで見つけることができる。

「ここに、よいぶどう酒を作るには何が必要かを知っている人間がいる。それには土質、気候、樹木の質、時機を得た収穫《かく》が必要である。彼は、どのような緩《かん》慢な圧力で果汁《じゅう》が房《ふさ》に蓄《ちく》積されるか、どれほどの忍耐《にんたい》とどのような幸運がこのような成熟を促《うなが》すか、を知っている。作家である彼は、同じく、よい本を成熟させるにはどれほどの時間が必要であるかについて、知っているであろう。」（ジャン・スタロバンスキー『モンテスキュー』より）

　スタロバンスキーは、さらに「⑮『法の精神』はモンテスキューの赤のボルドー【ワインの種類】である」と続けている。極上のフルボディ【ワインの風味】だ、というわけである。そう、モンテスキューは、実に念の入ったスロー・ライターだったのである。

　もちろん、書くほうが二〇年かけたからといって、二〇年かけて読まなければいけないということはない。一週間で読み終わったならば、それでも構わないだろう。しかし、私たちは、著者の二〇年に対して、やはり謙虚《けんきょ》な気持ちを忘れるべきではない。

　『法の精神』の二〇年は、さすがに長いが、一般に思想書や哲学書は、著者の長年の根気強い思考の産物である。人は、誰もがすぐに「おかしい」と気がつくようなことを、そんなにも長い時間、考え続けられないものだ。「おかしい」と感じるのは、読者として自分の理解力が足りないからではあるまいか？　そう疑ってみて、ではどこが理解できていないのだろうと改めて本を読み返す。そうしてじっくりと時間をかけることで、本は初めて、こっそりとその秘密を明かし始めてくれるだろう。その秘密を知り得た知性だけが、やがては手間のかかったぶどう酒のような成熟を経験するはずである。

（平野啓一郎《けいいちろう》『本の読み方　スロー・リーディングの実践《せん》』より・一部改変）

問一　――部①「読書もまた同じである」とありますが、筆者は読書のどのような点が「見知らぬ土地を訪れる」時と同じだと考えているのか、答えなさい。

問二　――部②「得をする読書」とありますが、どのような得をするのか、答えなさい。

問三　文中の「A」「B」に入る最適な言葉を次のア～キから選び、記号で答えなさい。

ア　通読　イ　素読
ウ　熟読　エ　多読
オ　黙《もく》読　カ　精読
キ　乱読

問四　文中の C に入る最適な言葉を本文から九字で抜《ぬ》き出しなさい。

問五　――部③「こうした伏線は、見落としてしまったとしても、推理小説の謎解きのように、小説がそこから先へは進めないということには必ずしもならない」とありますが、それはなぜか答えなさい。

問六　――部④「埋蔵金のように（！）今も小説の至るところに眠っている」とありますが、これはどのようなことをたとえたものか、答えなさい。

問七　――部⑤「かつての人間たちは、要するにみんな、スロー・リーダーであり、スロー・リスナーだった」とありますが、かつての人間たちは、どのようなことができたのか答えなさい。

だろうか？　まず、キャストとして、二人以上の複数の人間がいる（あるいは、一人の登場人物が、架空《か》の誰かを妄想《もう》しているのかもしれないが）。その人物たちがあるとき、何らかの事情で出会い、二人以上の複数の人間が深い関係を持ち、場合によっては別れる。その一連の関係の有り様が「恋愛」であり、⑫一切《さい》の贅《ぜい》肉【余分についた体の肉】を削《そ》ぎ落として、⑬骨格だけを取り出せば、この味も素っ気もないとある情報が、「恋愛」というお話の実体である。

　私たちはしかし、この情報をできるだけシンプルに、正確に受け取ることを楽しみにして恋愛小説を読むのだろうか？　もちろん、違う。およそ、小説というものが書かれ始めてからというもの、高尚《しょう》【上品で程度の高いこと】なものから下世話なものまで、壮《そう》大なものから極々些細なものまで、明るく楽しいものから哀《かな》しく切ないものまで、恐ろしいほどのパターンの「恋愛」が描《えが》かれてきた。私たちが、その内の一つだけを読んで、「要するに、二人の人間が出会って、仲良くなって、別れた。それだけのことじゃないか」と、あとは読む必要がないと考えるのではなく、やはりそのいろいろなパターンを読みたいと思うのは、それぞれが必ずしも同じじゃないと感じるからである。そして、その違いとは、結局、プロットだけをともかくも追うという立場の読み方からすれば、ノイズでしかない部分にこそ表れているのである。

　一見、どうでも良いような設定がある。［Ⅲ］、情景の描写だとか、主人公のほんの些細な仕草だとか。そうした細かな点を、私たちは読み落としてはいないだろうか？

　小説というジャンルは、詩と違って、ひどく雑多のものだ。それを純化しようとすると、必ずつまらないものになってしまう。

　ここに一枚の紙があり、それを上から落としてみる。ニュートン力学が前提としているような絶対零《れい》度の世界、摩擦《まさつ》のない世界では、紙の落ち方は一様【同じ】であり、それが紙が落ちるという現象のすべてである。［Ⅱ］、現実の世界では、熱というノイズの存在のために、紙の落ち方は必ずしも一様ではない。［Ⅲ］、感覚的に実感できるもっと大きなノイズとして、単純に風が吹《ふ》くかもしれないし、紙を放すときに手もとが揺《ゆ》れてしまうかもしれない。ヒラヒラと宙を舞《ま》う紙の落下の面白さ、美しさは、そうしたノイズの賜《たまもの》【よい結果】である。

　「アタマで書かれた、図式的な小説」がつまらないとされるのは、それがノイズのない世界での出来事のように感ぜられるからである。ノイズは、私たちに現実の多様さを教え、「恋愛」のように何度となく繰《く》り返されてきた主題が、決していつも同じでないことを知らしめてくれる。私たちは、小説を読むとき、細部を捨てて、主要なプロットに還《かん》元【元の状態にかえすこと】する読み方をやめて、むしろ、プロットへの還元から零《こぼ》れ落ちる細部にこそ、［Ｆ］を凝《こ》らすべきである。差異とは常に、何か微《び》妙で、繊細なものである。

　三権分立を主張した人として、誰もが中学校や高校の授業で、その名前を耳にしたであろうモンテスキューというフランスの思想家は、主著『法の精神』を完成させるために、実に二〇年もの歳《さい》月を費やしたという。スイスの高名な批評家であるジャン・スタロバンスキーは、⑭それはアカデミー会員や高等法院院長といった、よく知られたモンテスキューのイメージよりも、そのもう一つの顔である「ぶどう栽培《さいばい》者」というイメージにピッタリだと語っている。面白い指摘《てき》なので、少し引用してみよう。

あろうが、それ以外にどんな成功を収めたのかはまったく謎である。

一ヶ月に本を一〇〇冊読んだとか、一〇〇〇冊読んだとかいって自慢している人は、ラーメン屋の大食いチャレンジで、一五分間に五玉食べたなどと自慢しているのと何も変わらない。速読家の知識は、⑥単なる脂肪《しぼう》である。決して、自分自身の身となり、筋肉となった知識ではない。それよりも、ほんの少量でも、自分が本当においしいと感じた料理の味を、豊かに語れる人のほうが、人からは食通として尊敬されるだろう。読書においても、たった一冊の本の、たった一つのフレーズであっても、⑦それをよく噛《か》みしめ、その魅力を十分に味わい尽《つ》くした人のほうが、読者として、知的な栄養を多く得ているはずである。

「オレは本を何百冊読んだ!」と言っても、「で?」と笑われるのがオチだ。しかし、「オレはあの本のあの一節にメチャクチャ感動した!」と言うのは、単純にカッコイイし、その人の人間性について、多くを伝えてくれるだろう。

端《たん》的【てっとりばやい様子】に言って、速読とは、「明日《あす》のための読書」である。翌日の会議のために速読術で大量の資料を読みこなし、今日《きょう》の話題のために、慌《あわ》ただしい朝の時間に新聞をざっと斜《なな》め読みする。⑧それに対して、スロー・リーディングは、「五年後、一〇年後のための読書」である。それは、今日、明日という即《そっ》効性があるわけではないが、長い目で見たときに、間違いなく、その人に人間的な厚みを与え、本当に自分の身についた教養を授けてくれるだろう。私たちが尊敬するのは、もちろん、そういう人だ。

今やネット検索の時代である。単なる物知りであることには何の意味もなくなった。およその意味を知りたいだけなら、誰もがその語句を検索してみるだろう。しかし、それ以上の理解は、ネットの検索だけでは不十分である。⑨スロー・リーダーの出現は、情報化社会において、猛《もう》スピードで交換されている表面的な知識を補うという意味で、反動どころか、いわば現代の必然なのである。

そもそも小説は、速読可能だろうか?

確かに、何も考えずに文字だけ追っていれば楽しいという小説もあるだろう。しかし、名作といわれるもののほとんどは、⑩そうした読み方では、十分に魅力が理解できないものだ。単に謎解きを楽しむだけの読書、意外なストーリーの展開を楽しむだけの読書を卒業して、もう少し複雑な小説の妙味【すぐれた味わい】を知るようになれば、人は自《おの》ずとスロー・リーダーとなるはずである。

［Ⅰ］、なぜ、小説は速読できないのだろうか? それは、⑪小説には、様々なノイズ【雑音】があるからである。

プロットにしか興味のない速読者にとって、小説中の様々な描《びょう》写や細かな設定は、無意味であり、しばしば、プロットを埋《う》もれさせてしまう邪魔《じゃま》な混入物と感じられるだろう。それらは、小説にリアリティを与えるための必要悪程度にしか考えられていないかもしれない。確かに、スピーディにストーリー展開を追いたいだけなら、それらの要素はノイズである。［Ⅱ］、小説を小説たらしめているのは、実はこのノイズなのである。

誰でも知っているように、小説は、どんなに難しいテーマを取り扱《あつか》っているにしても哲《てつ》学書ではなく、また、作者の考えを説明するためのたとえ話でもない。また、昔話のような単なる物語とも違う。

「恋《れん》愛」を考えてみよう。「恋愛」というお話を形作っている要素は何くしかなかったわけだが、それを言うなら、二〇世紀以前のクラシックの音楽家たちは、バッハでも、モーツァルトでも、彼らが生涯に聴くことができた曲の数というのは、ごくごく限られたものであったはずだ。今のクラシック・マニアの何十分の一、何百分の一程度だったかもしれない。

では、現代はどうだろうか？　身近な友人が、プロのミュージシャンになりたいと言い出したとする。その彼が、「だけどCDは三枚しか持っていません」と言ったとしたら、誰でも、「おまえ、ちょっとアタマ冷やせ」と言いたくなるだろう。私たちは、ともかくも、手に入る情報を一通り揃《そろ》えておかなければ、何もできないというような世界に生きている。しかし、そうした時代の文学や音楽が、その分、質的に豊かになったかといえば、誰もが答えに戸惑《まど》うだろう。

⑤かつての人間たちは、要するにみんな、スロー・リーダーであり、スロー・リスナーだったのである。

個人的な経験からしても、中学や高校時代には、そもそもお金の余裕《ゆう》がなかったから、月の初めに小遣《づか》いをもらって、欲《ほ》しかった本とCDとを買えば、財《さい》布はすぐにスッカラカンになって、あとは翌月まで、ひたすら同じ本を読み、同じCDばかりを聴いていた。しかし、そうした頃に出会った小説や音楽は、細部まで今でもはっきりと覚えているし、自分に非常に大きな影響《えいきょう》を与《あた》えたものとして特別な愛着を感じられる。

しかし、大人になって一度に二〇枚ものCDを買い、スキップしながらざっと聴き飛ばしてしまったようなアルバムや、必要に迫《せま》られて、つい速読してしまったような本の中には、ほとんどマトモに内容も覚えていないようなものもある。これは無意味であるという以上に、なんとなく寂しいことだ。

私たちは、どうやってもかつての世界には戻《もど》れない。これは事実である。そして、これからも、恐《おそ》らくは今以上に大量の情報に囲まれながら生活してゆくことだろう。私たちは、そのすべてを網羅《もうら》【残らず取り入れること】する必要はないし、すべてを網羅することは不可能である。

もちろん、いろいろなタイプの本を読むことは大切である。自分だけの趣《しゅ》味に固執《しつ》【自分の考えを曲げないこと】し、今の自分を肯《こう》定してくれるような本ばかり読んでいては、ますます視野を狭《せば》めていってしまうことになる。しかし、読書量は、自分に無理なく読める範《はん》囲、つまり、スロー・リーディングできる範囲で十分であり、それ以上は無意味である。

私たちは、情報の恒《こう》常的な【常に変わらない】過剰《じょう》供給社会の中で、本当に読書を楽しむために、「 D 」の読書から「 E 」の読書へ、網羅型の読書から、選択的な読書へと発想を転換《かん》してゆかなければならない。

そもそも、私たちの周りで、誰からも尊敬されているような人が、「速読家」だというような話を聞いたことがあるだろうか？　会社の上司であっても、同僚《りょう》であっても、あるいは友達でも構わない。多読家はたくさんいるだろう。しかし、速読を誇《ほこ》る人など、少なくとも私の周りには一人もいない。

広く社会を見渡《わた》しても、政治家でも、実業家でも、医師でも、学者でも、コンサルタントでも、よく速読本に謳《うた》われているように、速読法のおかげで偉《い》業を成し遂《と》げたなどという例には、まずお目にかかることができない。速読本の著者にしても、その技術を生かして、本は書けたで的に、推理小説以外のジャンルでは、謎解きが読書の最終的な到《とう》達点ではない。だから、ここでいう伏線も、必ずしも、具体的な結末に結びつくものではなく、作者が読者に訴《うった》えたいことだとか、登場人物の繊《せん》細な感情の動きだとか、そういったプロット【話の筋】とは関係のないことを準備する場合がある。前の場面で、登場人物が見せたちょっとした仕草が、次の場面での言動の意味を左右する、といったように。③こうした伏線は、見落としてしまったとしても、推理小説の謎解きのように、小説がそこから先へは進めないということには必ずしもならない。だから、速読の際には、しばしば見落とされてしまうのである。

しかし、読書を今よりも楽しいものにしたいと思うなら、まずはそうした、書き手の仕掛けや工夫を見落とさないというところから始めなければならない。

作家のタイプにもよるが、たとえば、三島由紀夫などは、様々な技巧《こう》に非常に自覚的な作家だったので、スロー・リーディングすると、ここまで気をつかうのか！　というほど、細かな仕掛けがいくつも見えてくる。しかし、その多くは、実はほとんどの読者に気づかれないまま、④埋《まい》蔵金のように（！）今も小説の至るところに眠《ねむ》っているのである。

私自身も、もちろん、小説を書くときには、人に話せば笑われるほど、実は些《さ》細な点にまでいろいろな工夫を施《ほどこ》している。そんなことは単なる自己満足じゃないかと言う人もいるかもしれない。しかし、読者からの感想を読んでいると、ちゃんとそれに気がついてくれ、その分、深く小説を理解し、楽しんでくれる人たちが必ずいるのである。逆に、スロー・リーディングしてもらえれば、十分に理解できるはずの事柄《がら》が読み落とされてしまっているときには、やはり寂《さび》しい気持ちになる。

そう、書き手はみんな、自分の本をスロー・リーディングしてもらう前提で書いているのである。

書店に足を運んで、日々、洪《こう》水のように押《お》し寄せる新刊本の波に呆《ぼう》然【あっけにとられる様子】とする経験は、誰《だれ》にでもあるだろう。今なら、アマゾンの広告メールなどでも、新刊情報は絶えず手もとに届けられている。一体、何を読んで、何を読まなくていいのか、さっぱり分からない。選択《たく》の可能性が増えたといっても、手に負える限度というものがある。結果、評判になっているベストセラー本でも読んでみるか、というようなことになる。

私たちは、数十年前に比べて、はるかに容易に、はるかに多くの本を入手できるようになった。しかし、そのおかげで、私たちはかつての人間よりも知的な生活を送っていると言うことができるだろうか？　どうも、そうでもなさそうである。

なぜだろうか？

グーテンベルクによって活版印刷技術が発明されるまで、書物は当然、手書きであり、それだけに貴重品で、そもそも一般にはほとんど流通していなかった。それでも、当時の人たちは、その少ない情報だけを手がかりにしながら、今日にも通じるような深い思索《さく》を行っている。カントやヘーゲルが生涯《がい》に読破した本の冊数が、今から考えれば意外なほど少なかったからといって、彼《かれ》らを無知で愚《おろ》かな人間だと言う人はいないだろう。

本に限らず、たとえば、音楽の世界でも同じことが言える。ジャズ・ミュージシャンのマイルス・デイヴィスは、子供の頃にはレコードを三枚くらいしか持っていなかったらしい。音楽は、生演奏か、ラジオで聴《き》

【国　語】（五〇分）〈満点：一〇〇点〉

【注意】字数制限のある問題については句読点を字数に含《ふく》めること。

一　次の文章を読んで、あとの問いに答えなさい。ただし、【　】は語句の意味で、解答の字数に含《ふく》めないものとします。

「スロー・リーディング」とは、一冊の本にできるだけ時間をかけ、ゆっくりと読むことである。鑑《かん》賞の手間を惜《お》しまず、その手間にこそ、読書の楽しみを見出《いだ》す。そうした本の読み方だと、ひとまずは了《りょう》解してもらいたい。スロー・リーディングをする読者を、私たちは、「スロー・リーダー」と呼ぶことにしよう。

一冊の本を、価値あるものにするかどうかは、読み方次《し》第である。たとえば、海外で見知らぬ土地を訪れることをイメージしてみよう。出張で訪れた町を、空き時間のほんの一、二時間でザッと見て回るのと、一週間滞《たい》在して、地図を片手に、丹《たん》念【念入り】に歩いて回るのとでは、同じ場所に行ったといっても、その理解の深さや印象の強さ、得られた知識の量には、大きな違《ちが》いがあるだろう。旅行は、行ったという事実に意味があるのではない（よくそれを自慢《まん》する人もいるが）。行って、どれくらいその土地の魅《み》力を堪《たん》能【満足すること】できたかに意味がある。

①読書もまた同じである。ある本を速読して、つまらなかった、という感想を抱《いだ》くのは、忙《せわ》しない旅行者と同じかもしれない。じっくり時間をかけて滞在した人が、「えっ、あそこにすごくおいしいレストランがあったのに！　行かなかったの？　あそこの景色《けしき》は？　えっ、ちゃんと見てないの？」と驚《おどろ》き、不憫《びん》【気の毒なこと】に感じるのと同じで、スロー・リーダーが楽しむことのできた本の中の様々な仕掛《か》けや、意味深い一節、絶妙《みょう》な表現などを、みんな見落としてしまっている可能性がある。速読のあとに残るのは、単に読んだという事実だけだ。スロー・リーディングとは、それゆえ、②得をする読書、損をしないための読書と言い換《か》えてもいいかもしれない。

丁寧《ねい》に本を読むという意味では、昔から、「［　A　］」、「［　B　］」といった言葉があるが、スロー・リーディングは、そうした読書態度を包括《かつ》する【全体をひっくるめる】ものとして理解してもらえればよいだろう。その方法の一つとして、たとえば本書では、書き手の視点で読む、書き手になったつもりで読む、という読み方を紹介《しょうかい》している。

私がこの読書法をおすすめしたいのは、私自身が、作家になる前となった後とでは、本の読み方が変わってきたこと、それによって本に対する理解が深まったことを実感しているからである。中学、高校時代に、単に一読者として小説を読んでいた頃《ころ》には気がつかなかった様々な仕掛けや工夫《くふう》に注意を払《はら》うようになってから、私は改めて、読書は面《おも》白いと感じるようになった。そして、私だけではなく、実は作家の多くは、他人の本を読むときにも、やはり［　C　］、という作業を行っているのである。

推理小説が好きな人は、最後の謎《なぞ》解きのための「伏《ふく》線」に注意しながら本を読む習慣があるだろう。年季の入った愛好家は、そうした伏線のパターンをたくさん知っているから、次第に最後まで読まずとも、結末が読めるようになってくるものである。

推理小説というジャンルに明瞭《りょう》に【はっきりと】見て取れる伏線は、実は、他のジャンルの小説にも様々に張り巡《めぐ》らされており、それだけでなく、論文やエッセイの中にも、大抵《てい》、仕込《こ》まれているものである。一般《ぱん》

MEMO

大切なことはメモしておこうネ！

[第1回]

2021年度

解　答　と　解　説

《2021年度の配点は解答欄に掲載してあります。》

＜算数解答＞

[1]　(1)　$\frac{1}{27}$　(2)　3116　(3)　ア　350　イ　105　(4)　18　(5)　40

[2]　(1)　120m　(2)　11.25秒　[3]　(1)　3cm　(2)　4cm　(3)　19倍

[4]　(1)　11.4％　(2)　8.4％　(3)　2.4％　[5]　(1)　136人　(2)　15分0秒

○配点○

[1]　各7点×5　[2]　各8点×2　[3]　(3)　5点　他　各6点×2

[4]　(1)　6点　他　各5点×2　[5]　各8点×2　計100点

＜算数解説＞

[1]　**(四則混合逆算，割合，倍数算，つるかめ算，数の性質)**

(1)　計算の順番を考え逆にたどる。分数のわり算は逆数をかけ算する。小数は分数にしてから計算する。⑤$5\frac{1}{3}-5=\frac{1}{3}$，④$\frac{1}{3}\times\frac{2}{3}=\frac{2}{9}$，③$\frac{2}{9}\div\frac{1}{8}=\frac{2}{9}\times 8=\frac{16}{9}$，②$\frac{16}{9}-\frac{7}{4}=\frac{64}{36}-\frac{63}{36}=\frac{1}{36}$，①$\frac{1}{36}\div\frac{3}{4}=\frac{1}{36}\times\frac{4}{3}=\frac{1}{27}$

基本　(2)　重さの差2400－2042＝358(g)は，ジュースの重さの$\frac{2}{3}-\frac{1}{2}=\frac{1}{6}$にあたる。$\frac{1}{3}\div\frac{1}{6}=\frac{1}{3}\times 6=2$，358×2＝716，2400＋716＝3116(g)

重要　(3)　(ア)　AさんとBさんは同じ金額をもらったので，差が変わらない。③－①＝②，[9]－[4]＝[5]，②＝[5]より，①＝[5]÷2＝[2.5]，[4]－[2.5]＝[1.5]，210÷[1.5]＝140，140×[4]＝560，560－210＝350

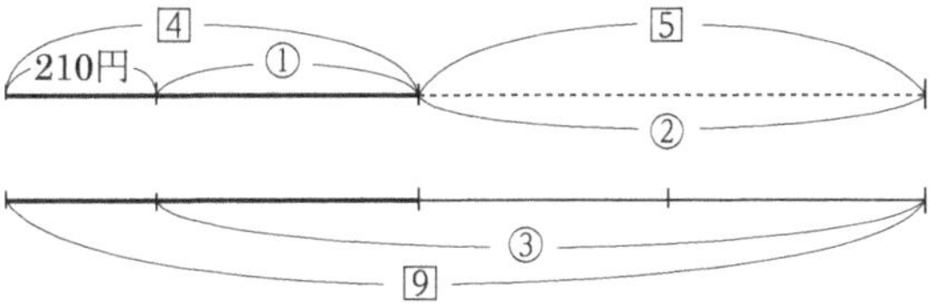

(イ)，560＋140×9＝1820，1820×$\frac{1}{1+3}$＝455，560－455＝105

(4)　6の目が出ると6マス，1の目が出ると3マス進み，6の目が出た回数は1の目が出た回数の2倍より，平均すると(6×2＋3×1)÷(2＋1)＝5　もし2マス進む目が35回出たら2×35＝70(回)進む。実際は151マス進んだので，6の目と1の目の出た回数の合計は(151－70)÷(5－2)＝27(回)　6の目が出た回数は和は27×$\frac{2}{1+2}$＝18(回)

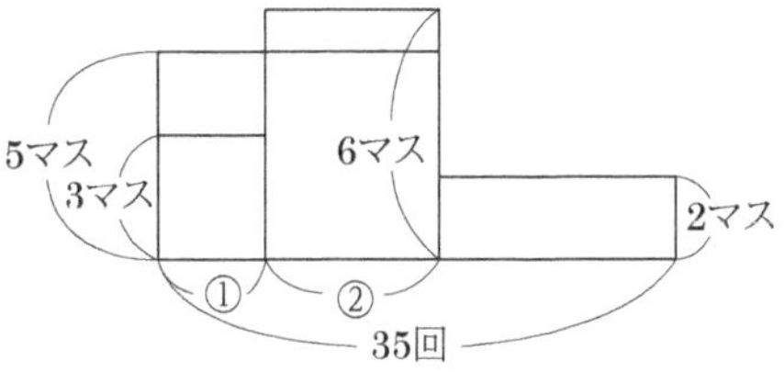

重要　(5)　200を素数の積で表すと，2×2×2×5×5になる。約分できる分数は分子が2の倍数か5の倍数の場合。2の倍数の個数は199÷2＝99余り1より99個，5の倍数は199÷5＝39余り4より39個，10の倍数は199÷10＝19余り9より19個　よって，1から199の整数のうち2の倍数または5の倍数の個数は199－(99＋39－19)＝80　すべてたすと，和が1になる組が80÷2＝40(組)できる。

1×40＝40　　よって，求める答えは40である。

2 (速さの応用)

(1)　AさんとBさんが1周走る時間の差は2秒，速さの比が400：360＝10：9より，同じ道のりを進む時間の比は逆比の9：10になる。よって，比の1が2秒にあたる。Aさんは2×9＝18(秒)かかるので，このコース1周は，400m/分×$\frac{18}{60}$分＝120m

(2)　Cさんが12分で走る道のりは250m/分×12分＝3000m，Aさんは同じ道のりを進むのに3000m÷400m/分＝7.5分かかる。12分－7.5分＝4.5分，4.5分×60＝270秒，3000m÷120m＝25周の間に24回休けいができる。よって，1回あたりの休けい時間は270秒÷24＝11.25秒である。

3 (平面図形・長さ，面積)

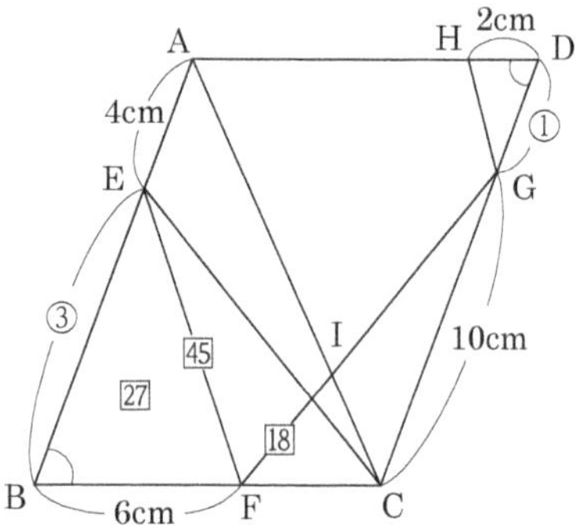

(1)　EFとGHは平行なので，三角形EBFと三角形GDHは相似形，BF：DH＝6cm：2cm＝③：①＝EB：GD，四角形ABCDよりAE＋EB＝CG＋GD＝4cm＋③＝10cm＋①，③－①＝10cm－4cm，②＝6cm，①＝6÷2＝3cm，DG＝3cm，よって求める答えは3cmである。

(2)　EB＝3cm×③＝9cm，ECに線を引くと，三角形AEC：三角形EBC＝4：9，三角形ABCは$\boxed{65}$より，三角形EBCは$\boxed{65}\times\frac{9}{4+9}=\boxed{45}$，三角形EBFは$\boxed{27}$より，三角形EFCは$\boxed{45}-\boxed{27}=\boxed{18}$，$\boxed{27}$：$\boxed{18}$＝6cm：FC，FC＝6cm×$\boxed{18}\div\boxed{27}$＝4cm，よって求める答えは4cmである。

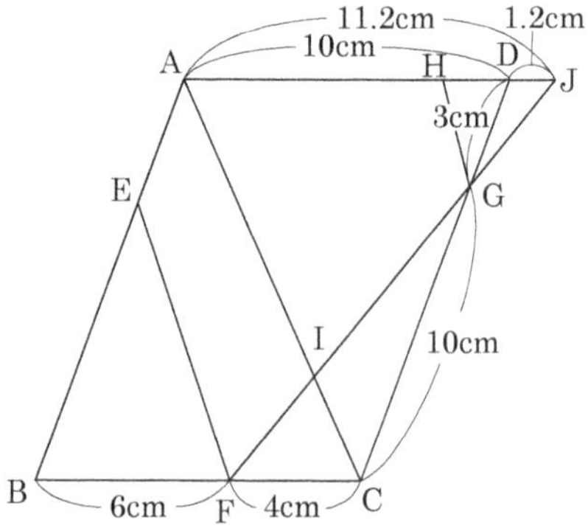

(3)　FGとADを延長してできる交点をJとすると，三角形GFCと三角形GJDは相似形になる。GC：GD＝FC：JD＝10cm：3cm＝4cm：JD，JD＝4×3÷10＝1.2，三角形IFC：三角形IJAは相似形になる。相似比はFC：JA＝4cm：11.2cm＝5：14＝CI：IA，三角形AFCは$\boxed{65}\times\frac{2}{3+2}=\boxed{26}$，三角形IFCは$\boxed{26}\times\frac{5}{5+14}=\boxed{\frac{130}{19}}$，平行四辺形ABCDは三角形ABCの2倍，$\boxed{65}\times2=\boxed{130}$，平行四辺形ABCDの面積は三角形IFCの面積の$\boxed{130}\div\boxed{\frac{130}{19}}$＝19(倍)よって求める答えは19倍である。

4 (濃度の応用)

重要

(1)　8.9％の食塩水140＋50＝190(g)アに食塩190×0.089＝16.91(g)イ含まれる。1.9％の食塩水50gには食塩50×0.019＝0.95(g)ウ含まれる。よって食塩水C140gに食塩は16.91－0.95＝15.96(g)エ含まれる食塩水Cの濃度は15.96÷140×100＝11.4(％)オ

オ 11.4%		1.9%		2.9%
エ 15.96kg	＋	ウ 0.95kg	＝	イ 16.91kg
140g		50g		ア 190g

(2)　先生の作った食塩水の濃さより，140×0.114＝15.96(g)ア，15.96÷(140＋50)×100＝8.4(％)イ，1＋1＋2＝4，2＋3＋4＝9，4と9の最小公倍数36より，出来上がった食塩水の量を3600gとして全体の食塩の重さを同じにして考えてみる。1：1：2で混ぜる場合A900g，B900g，C1800gで混ぜることになるので，AとBを混ぜた食塩水に含まれる食塩は3600×0.084－1800×0.114＝302.4－205.2＝97.2(g)←①，また2：3：4で混ぜる場合A800g，B1200g，C1600gで混ぜることになるので，AとBを混ぜた食塩水に含まれる食塩は3600×0.084－1600×0.114＝302.4－182.4＝120(g)←②，これらから①よりA800g，B800gを混ぜた場合食塩は97.2×$\frac{8}{9}$＝86.4(g)←③，

C		水		
11.4%		0%		イ 8.4%
ア 15.96g	＋	0g	＝	ア 15.96g
140g		50g		190g

A		B		C		
				11.4%		8.4%
	＋		＋	205.2g	＝	302.4g
900g		900g		1800g		3600g

(A＋B) 97.2g

				11.4%		8.4%
	＋		＋	182.4g	＝	302.4g
800g		1200g		1600g		3600g

(A＋B) 120g

	＋	
800g		800g

(A＋B) 86.4g

また②③よりB400gに含まれる食塩は$120-86.4=33.6$(g)，よって食塩水Bの濃度は$33.6\div400\times100=8.4$(%)

(3)　①よりA100g，B100gに含まれる食塩は$97.2\times\frac{1}{9}=10.8$(g)，B100gに含まれる食塩は8.4gより，A100gに含まれる食塩は$10.8-8.4=2.4$(g)食塩水Aの濃度は2.4%

【別解】

(1)　$(8.9-1.9)\times\frac{5}{5+14}=2.5$(%)，$8.9+2.5=11.4$(%)

(2)　$11.4\times\frac{14}{5+14}=8.4$(%)，$11.4-8.4=3$(%)，$8.4-3=5.4$(%)，$3\times\frac{4}{5}=2.4$(%)，$8.4-2.4=6$(%)，①は$6-5.4=0.6$(%)，$6+0.6\times$④$=8.4$(%)

(3)　$6-0.6\times$⑥$=2.4$(%)

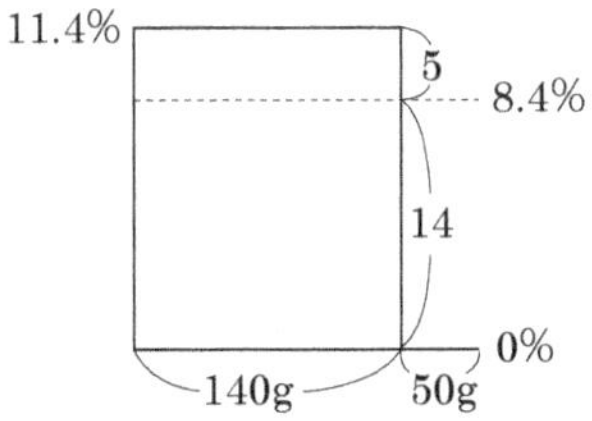

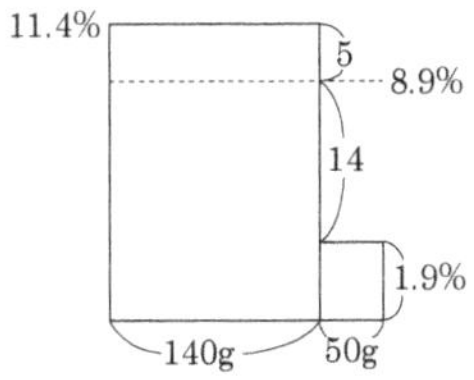

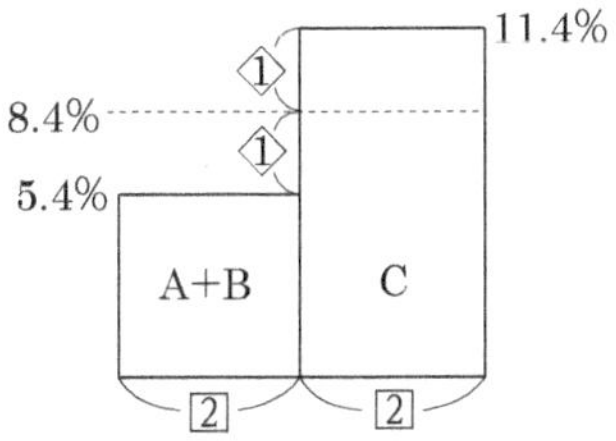

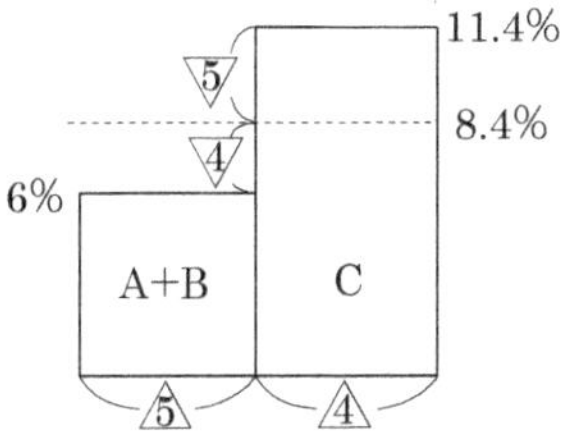

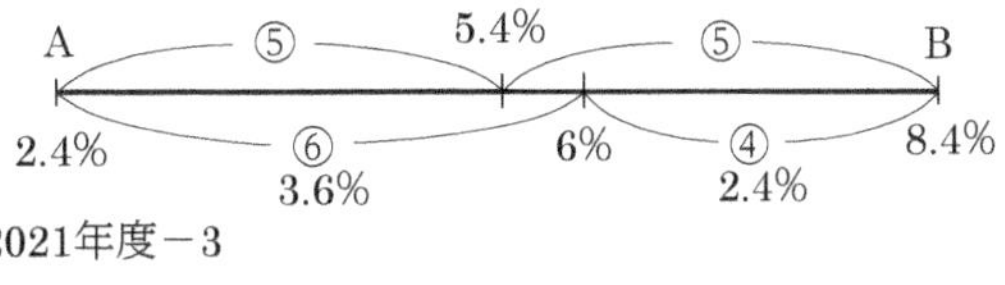

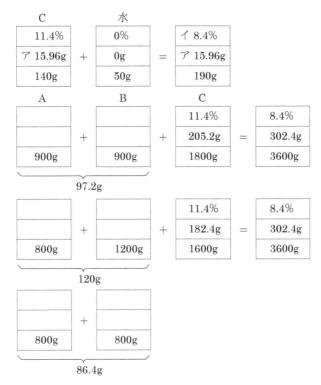

[5] (倍数変化算・ニュートン算)

(1) 10分間に並ぶ人をパッケージ版①，ダウンロード版③とする。パッケージ版レジ1台とダウンロード版レジ2台で対応できる人数の比は4×1：5×2＝4：10＝[2]：[5]，10分後①＝[2]＋4人，③＝[5]＋27人より，③＝[6]＋12人なので，[6]－[5]＝27－12＝[1]＝15，(15×2＋4)×(①＋③)＝136，よって求める答えは136人である。

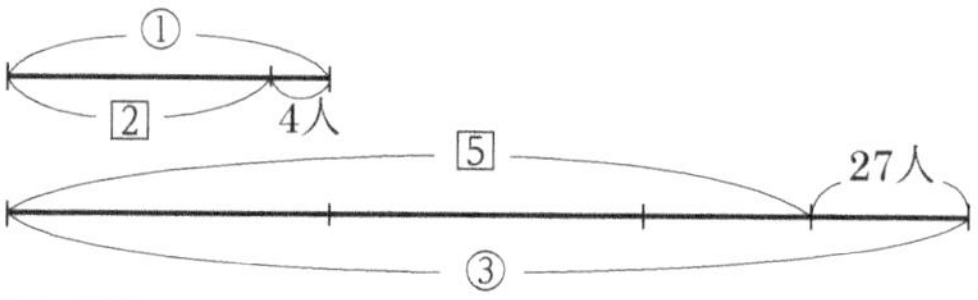

やや難 (2) (1)より10分で並ぶのは136人，1分あたり136÷10＝13.6　レジはダウンロード版が2台から4台になったので，10分間に並ぶ人数は[10]　パッケージ版とあわせて[2]＋[10]＝[12]　つまり15×12＝180(人)　1分あたり180÷10＝18，レジ待ち4＋27－9＝22(人)と新しく並んだ人がいなくなるのにかかる時間を△分とすると，22＋13.6×△＝18×△が成り立つ。△＝22÷(18－13.6)＝22÷4.4＝5(分)，10＋5＝15(分)　よって，求める答えは15分0秒である。

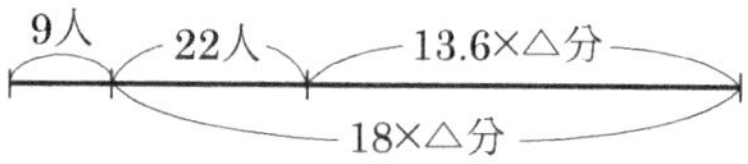

★ワンポイントアドバイス★

基礎的な問題を丁寧に取り組み，式や考え方を書くことで基礎力を身につけよう。また応用的・発展的な問題も日頃から情報整理や途中式を過不足なく書くことを意識しながら数多く解く練習をしておくとよいだろう。

＜理科解答＞

［Ⅰ］ (1) ① イ　② ア　(2) ① 0g　② 0g　③ 0.160g

［Ⅱ］ (1) 上皿てんびん　(2) イ，ウ　(3) ア，ウ　(4) メスシリンダー　(5) ア

［Ⅲ］ (1) ウ　(2) ウ　(3) イ　(4) フェーン現象　(5) ウ　(6) ア，イ　(7) エ

［Ⅳ］ (1) ① 酸素　② 二酸化炭素　③ エネルギー　④ 呼吸　⑤ 動脈血　⑥ 暗く　(2) iPS細胞　(3) イ

［Ⅴ］ (1) ウ　(2) ④　(3) イ　(4) 蒸散　(5) オ　(6) 1.3cm

［Ⅵ］ (1) 4秒後　(2) 5秒後　(3) 117.6m　(4) 39.2m　(5) オ

［Ⅶ］ (1) エ　(2) 8cm　(3) A 24cm　B 4cm　(4) オ　(5) ア

○配点○

［Ⅰ］ (1) 各1点×2　(2) 各2点×3　［Ⅱ］ 各2点×5　［Ⅲ］ 各2点×7

［Ⅳ］ (1) 各1点×6　他 各2点×2　［Ⅴ］ (5) 1点　他 各2点×5

［Ⅵ］ 各2点×5　［Ⅶ］ 各2点×6　計75点

＜理科解説＞

［Ⅰ］ (水溶液の性質・物質との反応―中和反応)

重要 (1) ① 水酸化ナトリウム水溶液の量が0～50mLまでは，残った固体の質量が0.117gずつ増加している。50～100mLでは0.043gずつ増加する。これは0～50mLの間では加えた水酸化ナトリウムがすべて塩化ナトリウムに変化し，50～100mLでは未反応の水酸化ナトリウムが存在することを示す。水酸化ナトリウム水溶液50mLと塩酸50mLでちょうど中和することもわかる。それゆえ水酸化ナトリウム水溶液40mLと塩酸60mLでは反応後に塩酸が残るので酸性になり，BTB溶液の色は黄色になる。 ② 逆に，水酸化ナトリウム水溶液60mLと塩酸40mLでは反応後に水酸化ナトリウム水溶液が残るのでアルカリ性になり，BTB溶液は青色になる。

重要 (2) ① 水酸化ナトリウムはすべて反応するので，反応後の固体に含まれる水酸化ナトリウムは0gである。 ② ここでも，塩酸と水酸化ナトリウムはちょうど中和し，残る水酸化ナトリウムは0gである。 ③ 塩酸と水酸化ナトリウム水溶液は1：1の割合でちょうど中和反応する。塩酸40mLがすべて反応するので，このとき生じる塩化ナトリウムの重さは0.468gになる。これは40mLの塩酸とちょうど中和する水酸化ナトリウム水溶液が40mLなので，表より求まる。このとき未反応の水酸化ナトリウムの重さは，水酸化ナトリウム水溶液が60mLの時に残った固体の重さが0.628gより，0.628－0.468＝0160(g)である。

［Ⅱ］ (実験・観察―実験器具の取り扱い方)

基本 (1) 図は上皿てんびんである。

基本 (2) 分銅は手でつまむと使用しているうちに重さが変化することがあるので，ピンセットでつまむ。右利きの人は試薬を右の皿に，左利きの人は左の皿にのせる。指針は止まるまで待つ必要はなく，左右の振れ幅が等しくなればよい。

基本 (3) アルコールランプに火をつけるとき，マッチは横から近づける。アルコールランプから直接他のアルコールランプに火を移すのは危険でしてはいけない。

基本 (4) 図はメスシリンダーで，液体の体積を量る器具である。

(5) 水平な台の上で使用する。この中で薬品を混ぜてはいけない。ビーカーに移してから混ぜ合わせる。高温の液体を入れると，器具が変形する危険があるので入れてはいけない。同様に凍らせたりしてもいけない。

［Ⅲ］ (気象―猛暑日)

重要 (1) 最高気温が35℃以上の日を猛暑日という。30℃以上の日を真夏日，25℃以上の日を夏日という。

(2) 2020年8月17日に，浜松市で41.1℃の日本歴代最高気温のタイ記録が観測された。これは2018年の埼玉県熊谷市に並ぶ気温であった。

重要 (3) 北半球の高気圧では，時計回りに風が吹き出している。

重要 (4) 湿った空気が山の斜面で雨や雪を降らせて乾燥し，山の反対側で乾燥した空気となって山を下り，気温が上昇する現象をフェーン現象という。

重要 (5) 乾燥した空気は標高が下がるとき温度が上がりやすいので，気温が上昇する。

(6) 台風の中心付近には雲のない部分ができることがある。これを台風の目という。台風の目は勢力の強い台風ほどはっきりと見える。寒冷前線は低気圧からのびる。台風の勢力が弱まると，熱帯低気圧や温帯低気圧になる。台風が北東に進むのは，太平洋高気圧の周囲を回るためである。

重要 (7) 北半球では，低気圧は反時計回りに回転し中心に向かって風が吹き込む。

［Ⅳ］ (人体―血液)

重要 (1) 食物は消化酵素によってブドウ糖などの栄養分に分解される。ブドウ糖はさらに酸素と反応して二酸化炭素と水になり，このときエネルギーが取り出され，これを使って生命活動が維持されている。この分解の過程を呼吸という。動脈血は酸素を多く含む血液で，明るい赤色をしている。この色が暗いと，酸素の量が不足している恐れがある。

(2) 山中伸弥教授が開発したのは，iPS細胞である。

(3) 白血球はアメーバのような運動をして，細菌などの異物を飲み込む。

〔Ⅴ〕 **(植物―双子葉植物・蒸散)**

重要 (1) 図2は維管束の様子を示しており，維管束が環状に並ぶ双子葉類の特徴を示している。双子葉類では，子葉は2枚で，根は主根と側根からできる。

基本 (2) 根から吸い上げられる水分は④の師管を通るので，この部分が赤く染まる。

基本 (3) ③は形成層であり，この部分で盛んに細胞分裂が行われる。

基本 (4) 植物は気孔から水蒸気を蒸発させている。これを蒸散という。

(5) 蒸発するのは水だけなので，これがビニール袋の内側で冷えて水滴になる。水以外何も含まれていないので，無色である。

重要 (6) Aでは葉の表，裏，茎，水面からの蒸発が起きる。Bでは葉の裏，茎，水面からの蒸発，Cでは葉の表，茎，水面からの蒸発，Dでは茎と水面からの蒸発，Eでは水面からの蒸発が起きる。Aの水面の低下を知るには，B＋C－Dの値を求めるとよい。1.0＋0.6－0.3＝1.3(cm)になる。

〔Ⅵ〕 **(物体の運動―落下運動)**

基本 (1) 表3より，4秒後にBの速さが0m/秒になる。このときBは最高点に達している。

(2) Aを離してから1秒後には，Aは下向きで9.8m/秒の速さに達している。表3より，これと同じ運動の向きと速さになるのは5秒後とわかる。

重要 (3) 表2より，Aの落下距離は時間が2倍になると4倍になる。3秒後の落下距離は4.9×9＝44.1(m)になる。Bは3秒後にビルの屋上より73.5m上にある。ここですれ違うので，Aを離したのはビルの屋上より44.1＋73.5＝117.6(m)の高さである。

(4) Aを離してから4秒後にAの落下距離は4.9×16＝78.4(m)になる。Bは4秒後に屋上より78.4m上に達する。A，Bがすれ違ってから1秒間にAは78.4－44.1＝34.3(m)落下し，Bは78.4－73.5＝4.9(m)上昇する。このときA，B間の距離は34.3＋4.9＝39.2(m)の差になる。

(5) 初めAとBの差が117.6mであり，この差が徐々に少なくなり3秒後にすれ違うとき0となる。その後再び差が開いていく。これを示すグラフがオである。

〔Ⅶ〕 **(光の性質―レンズ)**

基本 (1) 凸レンズを通してできる像は，レンズと反対側から見ると上下左右が逆になる。よってエのように見える。

重要 (2) 物体から凸レンズまでの距離と凸レンズからスクリーンまでの距離が等しい時，物体と像の大きさが同じになる。このとき，焦点距離は物体から凸レンズまでの距離の半分になる。

重要 (3) 表より，凸レンズからスクリーンまでの距離が物体から凸レンズまでの距離の4倍になるとき，像の大きさが4倍になっている。2倍になるときは2倍になる。よって，Aの値は像が$\frac{1}{2}$倍になるので24cmであり，Bの値は凸レンズからスクリーンまでの距離が物体から凸レンズまでの距離の2倍になるので2×2＝4(cm)になる。

基本 (4) レンズの半分を隠すと，物体からの光が半分だけレンズを通過するので像の明るさが暗くなるが，像の各部分からの光はスクリーンに届くので像の形は変わらない。

(5) 物体から凸レンズまでの距離が増えると像の大きさは小さくなる。その割合は一定の値にならないので直線的な変化ではなく，グラフはアの形になる。

★ワンポイントアドバイス★

時間のわりに問題数が多く，計算問題を含む難しい問題も出題される。基本問題で得点をできるようにしたい。

＜社会解答＞

Ⅰ　1　①　1，2，7，9　　2　(1)　2　　(2)　7　　3　A　y　　B　z　　C　w　　D　x
4　ウ　　5　カ　　6　A　5　　B　3　　C　1　　D　11　　7　(1)　ウ　　(2)　イ
(3)　ア　　(4)　エ

Ⅱ　1　イ　　2　イ　　3　徴兵令　　4　百済　　5　天武天皇　　6　朝鮮半島や中国との人的な交流が活発になった　　7　エ　　8　ウ　　9　ア　　10　エ　　11　幼い子どもの死亡率が高いから　　12　フィリピン　　13　エ　　14　イ　　15　正しい情報を確認して行動する

Ⅲ　1　あ　政府　　い　国民　　2　イ　　3　(1)　国土交通省　　(2)　閣僚が集まって，内閣としての意思決定を行う会議のこと。　　4　ウ　　5　(1)　立憲主義
(2)　イ　　6　一部の高所得者が非常に高額の所得を得ていると考えられ，格差が拡がっており，中央値を平均値が大きく上回っている。　　7　イ　　8　貧困をなくす
(解決法)　日本の場合で考えると，富裕層や大企業が有利になるような経済政策がとられてきたので，逆進性のある消費税を減税し，高額所得者や利益の多い企業の所得税や法人税の税率を上げ，再分配を強化する。

○配点○

Ⅰ　4，5　各3点×2　　7　各2点×4　　他　各1点×11(1完答)
Ⅱ　1，7，8，13，14　各1点×5　　他　各2点×10
Ⅲ　6　3点　　8　4点(完答)　　他　各2点×9　　計75点

＜社会解説＞

Ⅰ　(日本の地理－さまざまな問題)

1　地図中の1～11の道府県の中で，道府県の名称と県庁所在地の都市名とが異なるのは，1の北海道札幌市，2の岩手県盛岡市，7の兵庫県神戸市，9の愛媛県松山市の4つ。他は3の山形県は山形市，4の千葉県は千葉市，5の長野県は長野市，6の大阪府は大阪市，8の広島県は広島市，10の福岡県は福岡市，11の熊本県は熊本市。

2　(1)　北緯40度線は秋田県の男鹿半島の辺りを通るので，秋田県の他は2の岩手県。　(2)　東経135度線は兵庫県の明石市を通る。明石市よりも北に行くと兵庫県と京都府の県境の辺りを通り，京都府の西のはずれの辺りを通って日本海に。また明石市から南は淡路島の北端部を通った後は四国と紀伊半島の間を抜け太平洋に。ちなみに東経135度線はそのまま南下するとオーストラリア大陸のほぼ中央部を南北に貫くように通る。

3　地図中のwが札幌市，xが長野市，yが神戸市，zが福岡市で，それぞれ該当する雨温図はwの札幌市は梅雨がないので6月の降水量が少なく，平均気温が低いC，xの長野市は冬の冷え込みが厳

しく寒暖の差が大きなD，yの神戸市は比較的温暖で年降水量が少ないA，zの福岡市は残りのBとなる。

重要 4　Aは野菜や果実の生産が多い5の長野県，Bは農業生産額が最も大きく，畜産関係が盛んな1の北海道，Dは農業生産額は他と比べると小さく，その中では果実の比率が高いので9の愛媛県，Eは米の比率が高いので3の山形県，残りのCは7の兵庫県と判断できる。

5　Dは4県の中で最も工業生産額の合計が大きいので大阪府，Cは最も工業生産額の合計が低いので岩手県，Aは輸送用機械の比率が高いので広島県，Bは化学工業，石油製品・石炭製品の比率が高いので千葉県になる。

基本 6　Aは千曲川，りんご，北陸新幹線の車両基地などの言葉から5の長野県，Bは最上川，さくらんぼ，尾花沢すいかなどの言葉から3の山形県，Cは胆振地方，苫東厚真火力発電所などから1の北海道，Dは加藤清正が築城した城から11の熊本県とわかる。

7　(1)　断面すべての位置をたどらなくても，●の1～3の場所の標高を見れば，答えはしぼりこめる。1が最も標高が高く，3は最も標高の低い低平地にあるので断面図のアが1，イが3，ウが2となる。　(2)　図3のAの地図記号は新しく定められた自然災害伝承碑で，自然災害があった場所に設置されているものなのでイ。アは石灯籠，ウは津波浸水の危険がある場所に設置されている標識で，避難場所までの距離も示されている。エは三角点の標柱。　(3)　ア　震災前の地形図と震災後の地形図とを見比べていけばわかる。図4の震災前の地形図で荒谷，野原といった場所に市街地や住宅地が広がっていたが，図3では前の場所の市街地や住宅地はほぼなくなり，乙部の東の高台に造成されていることがわかる。　(4)　エ　地震が発生した後，津波や火災などが起こることが想定されている場合には安全な場所へいち早く避難することが大事なので，一度集合して全員で避難するのは手遅れになり危険である。

Ⅱ　(日本の歴史－「感染症」に関連する歴史の問題)

基本 1　ア　アイヌのいる蝦夷地は江戸時代に松前藩の支配下に置かれた後，幕府の直轄地となりそのまま日本の一部としての扱いになった。　ウ　朝鮮は江戸時代から明治初期のころは鎖国しており，1875年の江華島事件の際に日本が開国させ，翌年に日朝修好条規を締結した。　エ　ラクスマンが根室に来航したのは1792年で，異国船打ち払い令が撤回されるのは1842年。異国船打ち払い令の撤回につながったのは1842年に清がイギリスとの間のアヘン戦争で大敗し南京条約を結ばされたこと。

2　イ　黒船の来航や開国によってコレラが拡がったのであれば，その前の状態に戻すことを考えるべきで，外国を追い払う攘夷の考えが強まったと考えられる。

3　1873年に出された徴兵令の前に，徴兵令を告知するために出した徴兵告諭のなかで徴兵を「血税」という言葉が使われ，そこから血をとられてしまうという勘違いが起こり，徴兵を反対するのをあおったとも言われている。

4　仏教が正式に日本に伝えらえたのは538年に朝鮮半島の百済の聖明王によってとされている。

5　天武天皇は672年の壬申の乱で大友皇子を倒した大海人皇子が即位した天皇。天智天皇の弟。

重要 6　縄文時代にも大陸との接点はあったかもしれないが，弥生時代には大陸から稲作や金属器が日本に伝わっているので，同様に結核も日本に伝わってきたと考えられる。

7　エ　ある人物は菅原道真。菅原道真は宇多天皇の治世下で遣唐使廃止を提案したり，醍醐天皇の治世下で右大臣になったりしたが，藤原時平との政争で敗れ，大宰府へ左遷された。なお役所としての大宰府はこの字だが，現在の地名では太宰府となる。

8　ウ　加賀は現在の石川県。畿内五か国は大和(奈良)，山城(京都南部)，河内(大阪東部)，和泉(大阪西部)，摂津(兵庫東部)。

9　ア　律令制の下で地方には国，郡，里の行政単位が置かれ，国には中央から国司が派遣され，その下の郡司，里長は地方の有力者がついた。

10　エ　藤原道長の娘には一条天皇の中宮となった彰子がいて，この彰子に仕えていたのが紫式部。彰子の他にも，3人の娘を天皇の下に嫁がせ，生まれた子を次の天皇にたて，天皇の外祖父として影響力をもった。

やや難　11　平均寿命は当時の人たちが何歳まで生きたかの平均であり，比較的長生きをした人がいる一方で平均寿命が短いのは，若くして死ぬ人も多いから。現在と比べると医学がまだ発達していない時代には，子どもが生まれても幼少期に死んでしまうのが多かった。

12　マニラは現在のフィリピンの首都。

13　エ　日清戦争があったのが1894年から95年。日本から出征した兵士がこの際に，コレラにかかり，それが日本に伝わったとされる。

14　ア　日本が朝鮮半島を完全に植民地化したのが1910年。　ウ　大韓帝国は1392年に成立した李氏朝鮮が，日清戦争後に清が朝鮮の独立を認めたことで1897年に国号を変えたもの。日本は日露戦争の頃から段階的に植民地化を進め，1910年に完全に植民地化し，韓国という名称も使わなくなり，朝鮮と呼ぶようになった。　エ　朝鮮が日本から独立するのは1945年に日本が太平洋戦争で敗れポツダム宣言を受け入れたことによって。日本から独立後，アメリカ，ソ連によって南北に分断され，アメリカの統治下で大韓民国，ソ連の統治下で朝鮮民主主義人民共和国がそれぞれ建国された。

やや難　15　感染症の流行や災害時には，まずは得られる情報が正しいのかどうかをよく吟味することが大事。あるメディアから得られるひとつの情報だけを信じて行動するのではなく，メディアやその情報の出どころの性質をよく吟味し，可能な限りいくつかの情報を照らし合わせていくことが必要。また，自分が行動するだけでなく，人に誤った情報を伝える可能性についても注意する必要がある。

Ⅲ　(政治－三権，経済，国会，時事などに関する問題)

基本　1　日中戦争，太平洋戦争の際に，軍部や財界の利害で戦争に向かってしまった経緯を踏まえ，平和主義と国の在り方を最終的に決める権限である主権を国民が持っているということを，基本的人権の尊重と合わせて現在の日本国憲法の原則としている。

2　イ　日本は世界で唯一の核兵器による被爆体験をもつ国であるが，国連の核兵器禁止条約に関しては，アメリカの「核の傘」の中にあることや，アメリカとの同盟関係を意識し，条約には参加していないので誤り。

3　(1)　観光庁は国土交通省の外局の一つ。　(2)　閣議は内閣の意思決定のための会議で，内閣総理大臣並びに国務大臣，官房長官などが参加する。国会は原則公開だが，閣議は非公開であり，かつ国会は多数決による採決だが，閣議は全会一致が原則。これは内閣が国会に対して連帯して政治の責任を負うためである。

4　ウ　憲法99条の条文には国民は含まれていない。日本国憲法は，一応は国民が定めた民定憲法という体裁をとっており，憲法を制定した国民が，99条にある人たちに対して憲法を守る義務を課していると解釈できる。

5　(1)　立憲主義は，三権が暴走するのを憲法で制御するもの。憲法という国の原則があることで三権が暴走し国民の権利を侵害することがないようにしていると言える。　(2)　イ　那覇地裁の判決では合憲，違憲という観点では違憲ではないとしたが，不当に召集を遅らせたことに関しては司法審査の対象になりうるとしている。

重要　6　中央点と平均点との違いを，設問の説明から十分に理解することが必要。個々の数値を合計し，その個数で割ったものが平均点であり，個々の数値を大きさの順に並べた際に，その順番で真ん中にくるのが中央点となる。図1にある平均所得総額が552万3千円であり，中央値は437万円と平均所得総額の方がかなり高くなっている。この違いは，所得総額で見た場合に低所得の数値の個数が多く，高所得の数値の個数が少ないため，中央点を出すと低所得の方に偏ったものになってしまう。

7　イ　2019年の参議院選挙の際の投票率は44.8％で，全国規模の国政選挙では24年ぶりに投票率が50％を下回り，投票率の低さが話題となった。

やや難　8　世界の多くの国々において，問題となっているのが，程度に差はあるものの「貧困」である。経済が比較的発達した欧米の国々においても，経済的に非常に豊かな層がいる一方で，貧困にあえいでいる層がいるのは事実であり，日本においても同様であり，さらには欧米や日本ほどではないにしても経済が成長しつつある国々においても，貧困層がいる問題は存在する。経済的に豊かな層が存在するのは，もともとの特権階級みたいなものがある場合もあれば，経済の競争の中で勝者となった人々がそういう層を形成しているのもある。現在の資本主義，自由主義の社会において競争は様々な局面で行われており，否定することもできないが，競争がある限り敗者が生じるのも事実であり，また，資本主義の社会では資本家が資本を使って労働者を雇いさらに自分の資本を増やす競争を行うので，敗者，弱者はこの資本家の下で使われている存在であったり，さらにはその生産のサイクルの外へはじき出されてしまったりもしている。このような社会的な弱者，競争の敗者を国が何らかの方法で救済する必要があり，国に無尽蔵の財源があるなら，その中から弱者救済の費用を出せばよいのだが，残念ながら無尽蔵の財源というものは存在しないので，経済的に豊かな勝者からより多くの税を集め，それを弱者救済に充てるというのが「資本の再分配」であり，その方法の一つとして，現在の所得税に採用されている，所得額が大きくなるにつれて税率が高くなる課税制度である累進課税制度がある。

★ワンポイントアドバイス★

試験時間に対して問題数はやや多く，読まされる文の量も多く内容も濃いので，集中力を途切れさせずに文字情報からいろいろなことを読み取り考えていくことが大切。

＜国語解答＞

一　問一　(例)　本を速読するよりも時間をかけて読む方が，本に対する理解や印象が深まり，得られる知識の量が多くあるという点。　問二　(例)　本の中の様々な仕掛けや意味深い一節，絶妙な表現を楽しめるという得。　問三　A　ウ　B　カ　問四　書き手の視点で読む　問五　(例)　具体的な結末に直接結びつくものではなく，プロットとは関係がない場合があるから。　問六　(例)　三島由紀夫などの小説に仕掛けられている様々な技巧が，多くの読者に見過ごされていること。　問七　(例)　限られた本の冊数や曲数などの少ない情報だけを手掛かりにしながら，今日にも通じる深い思索を行ったこと。
問八　エ　問九　(例)　長期的に見たときに教養につながらない無意味なものであること。　問十　(例)　⑦　たった一冊の本の，たった一つのフレーズ。　⑧　速読が「明日のための読書」であること。　⑩　何も考えずに文字だけを追っていく読み方。

⑭　モンテスキューが『法の精神』を完成させるために，二〇年もの歳月を費やしたこと。
問十一　(例)　スロー・リーディングにより，人間的な厚みと本当に自分の身についた教養が与えられるから。　問十二　Ⅰ　オ　Ⅱ　エ　Ⅲ　イ　問十三　ノイズは，
問十四　(例)　⑫　小説中の様々な描写や細かな設定。　⑬　二人以上の人間が，何らかの事情で出会い，深い関係を持ち，場合によっては別れるということ。
問十五　(漢字)　目　(記号)　イ・キ　問十六　(例)　『法の精神』はモンテスキューが長年の根気強い思考の産物として作り上げた，成熟させたぶどう酒のような深い味わいを持った優れた著作であるということ。　問十七　1　×　2　○　3　×　4　×
5　○

二　1　徒党　2　保険　3　聖火　4　派生　5　復旧　6　立証　7　参照
8　灯台　9　迷(う)　10　束(ねる)

○配点○
一　問一・問五～問七・問十一・問十四⑬・問十六　各4点×7
問三・問八・問十二・問十七　各2点×11　問十五　各1点×3　他　各3点×9
二　各2点×10　計100点

＜国語解説＞

一　(論説文－要旨・大意・細部の読み取り，指示語，接続語，空欄補充，慣用句，記述力)

問一　傍線部①は直前の段落で述べているように，見知らぬ土地をサッと見て回るのと，ゆっくり滞在して丹念に歩いて回るのとでは，理解の深さや印象の強さ，得られた知識の量には大きな違いがある，ということと「読書も同じ」ということである。見知らぬ土地をサッと見て回る＝本を速読する，ということよりも，ゆっくり滞在して丹念に歩いて回る＝時間をかけて読む，という方が，本に対する理解や印象が深まり，得られる知識の量が多くある，というような内容で説明する。「どのような点が」とあるので，「～という点。」という形でまとめる。

問二　「スロー・リーディング」の読書である傍線部②前で，スロー・リーディングをするスロー・リーダーが楽しむことのできた本の中の様々な仕掛けや，意味深い一節，絶妙な表現などを，速読では見落としてしまっている可能性があると述べているので，②の説明として，スロー・リーダーが楽しむことのできる「読書」の内容を具体的に説明する。「どのような得をするのか」とあるので，「～という得。」という形でまとめる。

問三　空らんA・Bはいずれも「丁寧に本を読む」ことなので，内容を考えてていねいに読むことという意味のウ，細かいところまで丁寧に読むことという意味のカが入る。アは始めから終わりまで一通り目を通すこと。イは文章の意味は考えないで，声を出して文字だけを読むこと。エは本をたくさん読むこと。オは声に出さずに読むこと。キは手当たりしだいにいろいろな本を読むこと。

問四　空らんCのある段落では，直前の段落で紹介している「書き手の視点で読む(9字)」という読書法の説明をしており，この読書法では理解が深まることを実感し，筆者だけでなく作家の多くは他人の本を読むときにも「書き手の視点で読む」という作業を行っている，ということを述べている。

重要　問五　傍線部③直前で述べているように，推理小説以外のジャンルの伏線も「必ずしも，具体的な結末に直接結びつくものではなく……プロットとは関係のないことを準備する場合がある」ために，③のように述べているので，③直前の内容を理由としてまとめる。

問六　傍線部④直前で述べているように，④がたとえているのは，「埋蔵金」＝三島由紀夫などが小説に仕掛けている様々な技巧，「眠っている」＝ほとんどの読者に気づかれないこと，であるので，これらの内容をまとめる。

重要 問七　「グーテンベルク……」から続く2段落で，「かつての人間」＝当時の人たちは，書物がほとんど流通していない，すなわち読破できる本の冊数が少ないという状況の中，少ない情報だけを手がかりにしながら，今日にも通じるような深い思索を行い，このことは本に限らず，音楽の世界でも聴くことができた曲数は限られたものであったはずだ，ということを述べている。これらの内容をふまえ，本の冊数や曲の数が限られている中，そうした少ない情報だけを手掛かりにしながら，今日にも通じる深い思索を行った，ということを説明する。

問八　空らんD・E直後の「網羅型の読書から，選択的な読書」は，「一ヶ月に……」で始まる段落で述べているように，たくさんの冊数を読んだことを自慢する速読家の知識は自分自身の身となり筋肉となった知識ではなく，それよりも一冊の本の魅力を十分に味わい尽くした人のほうが知的な栄養を多く得ているはずである，ということである。これらの内容から，空らんDには「量」，空らんEには「質」が入る。

問九　傍線部⑥は「速読家の知識」＝「決して，自分自身の身となり，筋肉となった知識ではない」ということのたとえである。⑥後「端的に……」から続く2段落で，翌日の会議のために大量の資料を読み，今日の話題のために新聞を斜め読みする速読に対し，長い目で見て本当に自分の身についた教養を授けてくれるのがスロー・リーディングであることを述べている。これらの内容をふまえ，「長期的に見たときに教養につながらない無意味なものであること」というような内容で，⑥でたとえていること＝速読家の知識について説明する。

重要 問十　傍線部⑦は，直前の「たった一冊の本の，たった一つのフレーズ」をよく噛みしめ，ということ。傍線部⑧は直前の段落で述べている，速読が「明日のための読書」であること，ということに対して，ということ。傍線部⑩は同段落内冒頭で述べている，「何も考えずに文字だけを追ってい」く読み方，では十分に魅力が理解できない，ということ。傍線部⑭は直前の段落で述べている，モンテスキューが『法の精神』を完成させるために，二〇年もの歳月を費やしたことを指し，このことはよく知られたモンテスキューのイメージよりも「ぶどう栽培者」というイメージにピッタリだとジャン・スタロバンスキーは語っている，ということ。

問十一　傍線部⑨の「スロー・リーディング」について，⑨前「それに対して……」で始まる段落で，スロー・リーディングは「長い目でみたときに，……その人に人間的な厚みを与え，本当に自分の身についた教養を授けてくれる」ということを述べている。このようなスロー・リーディングの出現によって，⑨のように述べているので，この部分の内容をふまえて，スロー・リーディングから与えられるものを理由として説明する。

問十二　空らんⅠは，直前の内容をふまえて，直後であらためて問いかけているので「では」が入る。空らんⅡはいずれも，直前の内容とは相反する内容が続いているので「しかし」が入る。空らんⅢはいずれも，前後の内容を提示しているので「あるいは」が入る。

問十三　「『アタマで書かれた……』」で始まる段落で，小説の「ノイズ」について，「ノイズは，私たちに現実の多様さを教え，『恋愛』のように何度となく繰り返されてきた主題が，決していつも同じでないことを知らしめてくれる。」と述べている。

やや難 問十四　「［Ⅰ］……」から続く2段落で，プロットにしか興味のない速読者にとって，ノイズは必要悪程度にしか考えられていないかもしれないが，小説を小説たらしめているのはノイズである，と述べている。このことの説明として，傍線部⑫・⑬のある段落では恋愛小説を例に挙げて，⑫はノイズ，⑬はプロットとして説明していることをおさえる。プロットである⑬は，同段落内で述べているように「二人以上の複数の人間が」「何らかの事情で出会い……深い関係を持ち，場合によっては別れる」ことである。⑫は，「プロットにしか……」で始まる段落でノイズの説明として述べている「小説中の様々な描写や細かな設定」のことである。

基本　問十五　空らんFは，よく見るという意味の「目を凝らす」である。イは見まちがいではないかと疑うほど，その物事が信じられないさまを表す「目を疑う」，キは人に見つからないようにこっそりするという意味の「目をぬすむ」。アは恥をかかせるという意味の「鼻を折る」など。ウは大笑いをするという意味の「腹を抱える」など。エは心配や不快な気持ちを表情に出すという意味の「眉(まゆ)をひそめる」など。オは悪いことをやめるという意味の「足を洗う」など。カはうまく処理できなくて困るという意味の「手を焼く」など。クは実力などが対等であるという意味の「肩(かた)を並べる」など。ケはそれとなく相手の考えていることを探るという意味の「腹をさぐる」など。コは感心したり感情が高ぶったりして両手を打つ，仲直りをするなどの意味の「手を打つ」など。

やや難　問十六　最後の段落で，『法の精神』のような思想書や哲学書は，著者の長年の根気強い思考の産物であり，読者としてじっくりと時間をかけて読むことで，手間のかかったぶどう酒のような成熟を経験するはずである，ということを述べている。このことが，傍線部⑮の説明にもなっているので，これらの内容をふまえて，『法の精神』がどのような著作であるかを説明する。

重要　問十七　「 I ……」から続く2段落で，小説が速読できないのは，小説には様々なノイズがあるからで，速読者にとって，小説の様々な描写や細やかな設定は無意味であり，必要悪程度にしか考えられていないかもしれないと述べているので，「読者の読む力が不足しているから」とある1は一致していない。2は「私たちは，どうやっても……」で始まる段落などで述べているので，一致する。「私たちはどうやっても……」から続く2段落で，読書はスロー・リーディングできる範囲で十分であり，選択的な読書へと発想を転換してゆかなければならないと述べているが，3の「本を読まない人には重要ではない」とは述べていないので，一致しない。4の「多くの資料を読みこなす」ことは速読の説明として述べているが，「速読による読書こそが重要である」とは述べていないので，一致しない。5は「確かに……」から続く2段落などで述べているので，一致する。

重要　二　**(漢字の書き取り)**

1は，ある目的のために仲間などを組むこと。2の「険」を「検」などと間違えないこと。3は，神にささげる神聖な火のことで，オリンピックなど競技開催中，燃やし続ける火。4は，もとのものから分かれて生じること。5は，壊れたり，いたんだりしたものをもとの状態にすること。6は，証拠を示してはっきりさせること。7は，照らし合わせて参考にすること。8は，灯光を放って船などに位置を知らせたり，航路を指示したりする施設。9の音読みは「メイ」。熟語は「迷路(めいろ)」など。10の音読みは「ソク」。熟語は「約束(やくそく)」など。

★ワンポイントアドバイス★

論説文では，二つの事がらを対比させながら論を進める場合があるので，それぞれの事がらを筆者がどのように考えているかをしっかり読み取ろう。

MEMO

大切なことはメモしておこうネ！

データ対応

収録から外れてしまった年度の
問題・解答解説・解答用紙を弊社ホームページで公開しております。
巻頭ページ＜収録内容＞下方のQRコードからアクセス可。

※都合によりホームページでの公開ができない内容については，
次ページ以降に収録しております。

問十五　――部⑫「矛盾を承知」とありますが、筆者はなぜこう言っているのですか。

問十六　文中の［６］にあてはまる最適な言葉を、本文から十一字で抜き出しなさい。

問十七　――部⑬「道」・――部⑭「あたりに見える建物」とは、それぞれ何をたとえた表現ですか、答えなさい。

問十八　――部⑮「あなただけにそっと打ち明けてくれるかもしれない」とありますが、これ以降の「あなた」に対する「作品」からの語りかけを通して、筆者は読者に何を求めているのか、解答欄《らん》に合うように五十字以内で答えなさい。

［二］　次の１～10の文中の（カタカナ）を漢字で書きなさい。

1　（シュクガ）会に出席する。
2　親（コウコウ）をする。
3　地図の（シュクシャク）。
4　国連に（カメイ）する。
5　（コウシ）を混同しない。
6　時計の（ビョウシン）が動く。
7　（ヒキョウ）にある温泉に行く。
8　才能が（ユタ）かな人。
9　選手団を（ヒキ）いる。
10　会場が熱気を（オ）びる。

に、どうしてそんな顔をするんだい？　え、なに？　わたしからいろいろ訊《き》かれるんじゃないかって？　はは、心配ないよ。だってあなたの知らないことしか尋《たず》ねられないから」

真っ青になったあなたに作品はウィンクする。「大丈夫《だいじょうぶ》だよ。あなた以外の誰も答えられないことだから」

（小野正嗣《つぐ》『ヒューマニティーズ　文学』より・一部改変）

問一　文中の［1］にあてはまる最適な漢字一字を考えて答えなさい。

問二　――部①「働きかけられることができるということもまた、働きかけることになるのだ」とありますが、どういうことですか。

問三　文中の［2］にあてはまる最適な言葉を、本文から七字で抜き出しなさい。

問四　――部②・③・⑨・⑪の指示内容を答えなさい。

問五　文中の［3］にあてはまる最適な四字熟語を次のア～エから一つ選び、記号で答えなさい。

ア　初志貫徹《かんてつ》　イ　言行一致《ち》　ウ　自画自賛　エ　意気投合

問六　文中の［4］にあてはまる最適な言葉を、本文から漢字二字で抜き出しなさい。

問七　――部④「標識は矛盾だらけ」とありますが、どのようなことが「矛盾」と感じられるのですか。「標識」が何を示しているかを明らかにした上で答えなさい。

問八　――部⑤「どこにもないところ」とありますが、それは何ですか。次のア～オから最適なものを選び、記号で答えなさい。

ア　われわれ一般《ぱん》の読み手だけでなく、遍《へん》在する批評の言葉も判断できない、その作品の展開やストーリー。

イ　精読の末に、その読み手自身だけが出会えるかもしれない、その作品の内包する価値や意味。

ウ　世間にあふれる言葉の中から見つけた、自分の読み方と合致する批評やコメント。

エ　世間の批評でまだ触《ふ》れられていない、ある物語の核《かく》心に迫《せま》るひらめきやアイデア。

オ　読み手自身が悩《なや》みながら読み進めることで、最終的に味わうことのできる満足や達成感。

問九　――部⑥「そういう行為」とありますが、それはどういうことですか。

問十　文中の（Ⅰ）～（Ⅲ）のそれぞれにあてはまる最適な言葉を次のア～カから選び、記号で答えなさい。ただし、同じ記号は二度使えません。

ア　つまり　イ　もし　ウ　しかし　エ　なぜなら

オ　だから　カ　まさか

問十一　――部⑦「距離が近すぎるとき」とありますが、筆者はなぜそれが問題だと言っているのですか。

問十二　――部⑧「学生たちの多くがいともたやすくネットから他者の言葉を借用している。いわゆる『コピペ』問題である」とありますが、筆者はコピペ問題のどのようなことを不安に思っているのですか。

問十三　文中の［5］にあてはまる最適な言葉を、本文から三字で抜き出しなさい。

問十四　――部⑩「ローベルト・ムージル」とありますが、この人物の話題を通して筆者が伝えたいことは何ですか。

くらでもあるはずだ。そして読者の各自が作品の扉を叩いてみてほしい。作品によっては、⑮あなただけにそっと打ち明けてくれるかもしれない。

「うん、そうなんだよ。あんまりみじめに見えたから、ついつい哀《あわ》れになってね、扉を開いてしまったわけなんだよ。そしたらね……。うん、まあ、あまり悪口は言いたくないんだけど……これがまあ図々しいやつでね。おなかがすいているだろうと思って食事を出したら注文が多くてね。これは好きじゃないとか、これはあまりおいしくないとか、これはいらないとか言いたい放題だよ。泊《と》めてあげたら、ベッドの寝《ね》心地が悪いやら、通りの物音がうるさくて眠《ねむ》れないやら言う。それが昼過ぎになっても部屋から出てきやしない。出てきたら出てきたで、部屋の日当たりが悪くて気が滅入《めい》る【ゆううつになる】とか、シャワーのお湯が出ないとかまたひとくさり文句が始まる。脱《ぬ》いだ服などはそこらへんに置きっぱなしだし、どこからか引っぱりだしてきた本は片づけない、出かけるとき電気はつけっぱなし。こっちの都合などおかまいなしに好き勝手にやりたいようにやっているのに、ここのあらゆることが気に入らないようなんだよ。何かにつけて、こんなの自分の故郷では考えられないよ、と憤慨《ふんがい》【ひどく腹を立てる】したような口調で言う始末……。だったら来なきゃいいのにと何度も言いそうになったよ。いやあ、いっしょにいてあれほど疲れるやつはいなかったな。もっとも彼に言わせれば、わたしのほうこそ彼を疲れさせる無神経きわまりない野蛮《ばん》人にほかならないんだろうけどね。とにかく、ここがそんなに居心地が悪いんだったらとっとと出ていけばいいだけの話じゃないか。それが彼ときたらいったいどれだけうちに居座ったことか！　まったく……。まあ、いいや、そんなことは。もうすんだことだ。それよりも腹が立ったのはね、というか、いまでも腹立たしいんだが、あいつがね、わたしが言ってもいないことを外で言いふらしているということなんだよ。わたしが誰それについてこんなひどいことを言っていただの、あんなでたらめなことを言ってるだの、あっちこっちでしゃべっているんだ。あんまりしゃべるのはうまいやつじゃないが、なにせ大げさに真剣に言い立てるもんだから、その言葉を信じて、わたしのことをきっとろくでもないやつにちがいないと思っている人もたくさんいると思うよ」

そして作品はあなたに訴《うった》えるようなまなざしを向けて言うだろう。

「いや、実を言うとね、それであなたがわたしのところに来たんじゃないかと思ったんだよ……。ああいうふうに言われていたけど、そこまで言われてるやつっていったいどんなやつなんだろう、ちょっと覗いて顔でも見てみようってね。好奇心からここに来た、そんなところじゃないか、ちがうかい？　でもとにかくあなたは来てくれたんだ。嬉《うれ》しいよ。さあ入って入って。そんな心配そうな顔をしないで。一見愛想《あいそ》よく歓《かん》待し【もてなす】てくれるけど、実は……なんてどうせ聞かされてきたんじゃない？　そんなことはないから。絶対ちがうって。やれやれ、まったくわたしはどんなことを言われてるんだか……」

作品は悲しそうに首を振る。それから気を取り直し、かすかなほほえみを浮《う》かべてあなたを誘《さそ》う。

「さあとにかく入って。遠慮しないで。心配はいらないって。ははは は、煮《に》たり焼いたり食ったりなんてしないよ。ほらほら。わたしはただあなた自身でたしかめてほしいだけなんだ。あなた自身の目と耳で、彼が言ったことが本当かどうかをたしかめてほしい。それだけさ。なのれは単語や例文を覚えようとするとき、それを紙片にも書きつけながら、何度も声に出して読んではいないだろうか。他者の言葉を声に出して読んでいると、たしかに自分の存在が開かれていく感じがするのはどうしてなのか。開かれたわれわれのなかに他者の言葉が宿る。

　それにしても、われわれはここまで厚顔無恥《ち》に【図々《ずうずう》しく】あぐらをかいて、えらそうなことをずいぶんと書き連ねてきた気がする……。われながらあきれ果てて開いた口がふさがらないとはこのことである。われわれ自身が果たして「読む」ことができていたのだろうか。「いつもと同じわたし」とはおまえのことじゃないか！　と罵倒《ばとう》【ののしる】されても仕方がないが、同じ言い訳をくり返そう。研究の対象とするのでもない限りは、われわれと作品との関係は自由なものだ。われわれとしては、引用した作品からさまざまなかたちで手を借り知恵《え》を借りて、なんとかここまでやって来たというところが正直なところだ。文学という主題について書くなどというだいそれた試みの前に困惑《わく》しきって呆然《ぼう》と【ぼんやりと】立ち尽くすわれわれの前に、いくつかの作品が道に迷った子供に手を差し伸《の》べるようにしてやって来てくれた……。いや、われわれとしても⑬道を見つけるためになんの努力をしなかったわけではない。勇気を振《ふ》り絞《しぼ》って、⑭あたりに見える建物のいくつかの扉《とびら》を叩《たた》いてはみたのだ。なかに誰もいなかったのか、それともわれわれがおずおずと扉を叩く音が聞こえなかったのか、それとも居留守を使っていたのか、開かない扉もあった。しかし開かれた扉もあった。それが本当に両手を広げてわれわれを迎《むか》え入れるために開かれたものかどうかはわからない。むしろ、われわれが開かれた扉のなかを覗《のぞ》き込み、いつでも逃《に》げ出せるようにやや腰《こし》を引き気味に、そっと足を踏み入れたように、建物の住人もまた、扉を叩く音にびくびくしながら、さっきから扉の向こうの道を徘徊《はいかい》して【歩き回って】いる得体の知れない連中――つまりわれわれ――は不幸をもたらす危険な奴らなのではないかとやや怯《おび》えながらも、しかしどうもひどく困っているようではないかと見るに見かね、あとでひどく後悔《かい》することになるかもしれないと不安を覚えつつ、共感と迷いのあいだで激しく心を揺《ゆ》さぶられながらも、ついに覚悟《ご》を決めて扉を開けてくれたのかもしれない。こうして作品とわれわれは出会う。出会いが結果としてよいものとなるか、悪いものとなるかは、これからわれわれがどのような関係を作品と取り結べるかにかかっている。くり返すが、人間同士の関係と同じで、われわれと作品との関係も変わっていく。たとえば、あなたが学校や会社に入る。誰も知らない人たちばかりだ。しかしそのなかで、あなたに声をかけてくれる人がいる。そんなとき、あなたはその人のことをもっと知りたいと思うはずだ。それは逆にあなたが声をかける場合でも同じだ。たくさん人がいるなかで、ふと心を惹きつけられる人がいる。なぜか気になる。勇気を出して声をかけてみる。そしてもっとその人のことを知りたいと思う。どちらの場合にせよ、相手のことを知ろうとわれわれは努力する。友情が少しずつ生まれていく。しかし時とともに、相手が自分の求めていた通りの人ではないことがわかる。あるいは、われわれが相手を失望させる。醸《じょう》成された【つくられた】友情が誤解にもとづくものだとわかる場合もある。それでだめになる友情もあれば、それでも続く友情もある。本書において取り上げた作品については、翻《ほん》訳の存在するものは、各章の末尾《び》に簡単なものだけれど、書誌情報を記載《さい》してある。そうでない場合は、作者の名や作品名をたよりに自分で調べてほしい――そのための手段はまわりにいろう。なるほど、そんなことをこむずかしく考える必要もないのかもしれない。われわれほど人がたえず文字に触れている時代に生きている者はいないのだから。フローベールの『ブヴァールとペキュシェ』は、あらゆる分野の知を書き写す、つまりコピーする（！）ことによってわがものとしようとした二人のもと代書人（！）の話だが、彼《かれ》らが文学を極めようとするとき、ロマン派の詩人さながらのポーズを決めて歩きながら、インスピレーション【ひらめき】の訪れを待っていた場面があったと思う。しかし、この二人がやることなすことがみなそうなるように、天からは詩神はもちろん何も舞《ま》い降りてくれない。しかし、われわれはそんなへっぽこ詩人もどきとはちがう。言葉はしょっちゅうわれわれのもとを訪れてくる。何もしなくたって、しかもわざわざ着信音を鳴らし、ビビッだかブルルだか震《しん》動までつけて、四六時中言葉が向こうからやってくるのだから……。かりに問題は、何を読むかではなくて、どうやって読むかであったとして、ではどうしたらいいのか。

　単純な方法がある。それは書き写すことである。本書を読んでくれている若い人たちと同じくらいの年頃《ごろ》の若者の経験を文字通り書き写しておこう。あなたたちと同じように、彼も不安な心をかかえ、自分自身の生に、この世界に、どこか違《い》和感を覚えているようだ。

　僕《ぼく》はしかし、おそろしい恐怖《きょうふ》にもかかわらず、結局何か偉《い》大なものの前に立たされた人間だという気がする。何か書いてみようという気持ちをちっとも持っていなかった時分から、僕はときどき、そんな気がしたのを覚えている。しかし、今度は、いわば僕が書かれるのだ。僕が何かを書くというより、むしろ僕が書かれてしまうのだ。僕という人間は刻々に変化してゆく印象ではないのか。もう一歩踏《ふ》み出すことができれば、僕の深い苦しみは幸福に変わるだろう。しかしその最後の一歩を、僕はどうしても踏み出せないのだ。僕は地底に落ち、もはや起きあがることができない。僕はこなごなにこわされてしまった。僕はそれでも、誰かが助けに来てくれるだろうと信じていた。夜ごとに僕がお祈《いの》りした言葉は、僕のつたない筆つきでここに残されている。僕は聖書の章の中からそれを見つけて書き抜《ぬ》いたのだ。僕はそれをいつも手もとに置いておきたかったし、自分の字で書いておけば、何やら自分自身の言葉のように思えそうだったからである。僕はそれをもう一度ここへ書き写してみよう。机の前にひざまずいて、僕は今それを写すのだ。読むよりは、書いてゆけば、いくらか時間も長くかかるし、一つ一つの文字が手間どり、消えてゆくまでに言葉と違った相当な時間がかかる。それが、かえって僕にはうれしいのだ。

　リルケの『マルテの手記』の一節である。書き写すとき、たしかに言葉が自分の手を通して体のなかに入っていく気がする。「［　6　］思える」。そのためには「手間」と「時間」がかかる。それはたしかに他者の言葉であるが、「コピペ」的な作業から、つまり文字列を選択《たく》して、コピーしペーストすることから、この感覚を得るのはむずかしい。マルテは読むよりも書き写すほうを好む。しかし声に出して読むこともまた、他者の言葉を体に刻み込み、作品とひとつになることを可能にしてくれる最善の方法である。そんなことは、たとえば「テスト勉強」といったありふれた経験を通してわれわれだってよく知っている。われわに捨てる。 5 ことはそれほどまでに敵視されなくてはいけないのだろうか。

5 ことの嫌悪が、本を読むことの嫌悪につながるとしても驚くことではない。なぜなら読むことは、われわれに 5 ことを強《し》いるからだ。未完の長大な小説『特性のない男』で知られる⑩ローベルト・ムージルは、小説はもちろん膨《ぼう》大なエッセイや日記を残しているが、文学について論じたエッセイ『本と文学』の冒《ぼう》頭で、一冊の本を最後まで読み通すことはまれにしかないと言っている。よっぽどひどい小説であれば、えげつない【下品な】光景、ちょうどブランデー【酒】に浸《ひた》されたてんこもりのマカロニをむさぼっている人を目にしているかのように最後まで目が離せないのに、その名に値する作品は読むときは半分以上読めることはめったにないのだとムージルはユーモアたっぷりに語る。読む頁《ページ》が増えていくのにまったく比例して抵抗《ていこう》が増していく。本を読み出すや、見知らぬ者から頭のなかにその思考を無理矢理流し込まれているような気がするのだとムージルは言う。これはわれわれの誰もが知っていることだ。真剣に本を読む、作品に向き合うというのは、われわれを消耗《もう》させる。小説だろうが詩だろうが、作者の思考の労苦の成果である。すぐれた作品はそこにかけられた労苦を読者に突《つ》きつけてくる。そしてそれに見合うだけの労苦を読者の側にも要求せずにはおかない。何かを理解するとはそういうことだろう。だから本を読むことはけっしてたやすいことではない。機会があれば、こんな面倒くさいことをしないですませようとするのは当然じゃないか、とムージルは言う。しかしそれは思考する努力をとことん重ねてきたムージルだから言えることなのだ。愚《おろ》かなわれわれはちがう。われわれの場合はだからこそ読まなければならない。読むことを、考えることを、いちいち面倒くさがっていたら、われわれはいつまでたっても「いつものわたし」のままだ。

本を読むときに出会う他者の言葉とそれを支える思考に対する敬意、要するに他者に対する敬意の欠如は、そっくり自分自身にはね返ってくる。他者の言葉に心を注ぐことができないのは、本当のところ自分の言葉もどうでもいいと思っているからではないか。⑪それは結局、自分自身を大切にしないことにつながる。では、どうやったらわれわれは対象を、他者が精魂《こん》【たましい】をこめて創造した作品とのあいだに適切な距離を測ることができるのか。どうやったら他者のなかに自己を失うことなく、そして自己のなかに他者を吸収してしまうことなく、対等な友として作品と向き合うことができるだろうか。

……と、こんなふうに作品との適切な距離を見つけることの重要性を強調しながらも、一方で、⑫矛盾を承知でこうも思うのだ——われわれがまず行うべきことは、距離のことなどいっさい忘れて、まずは作品に身を投げ、作品とひとつになることなのかもしれない。そうやって作品世界と融《ゆう》合する【一つになる】、それを通過し、それに通過されることこそ、われわれには必要なのかもしれない。いや、批評家だって、作品とのあいだに適切な距離を見いだすのは、きっと二度目以降に読むときなのだ。ある作品を論じようと思うのは、そこには強く、激しく、惹きつけられたからだ。そしてそこに吸い込まれるようにして、あるいはそこに迷い込むようにして読んだにちがいないのだ。「あらゆるところ」に対象とわれわれを媒介する——ようでいて両者の出会いを阻みかねない言葉が溢れている時代に、どうやって作品と一体になることができるのだ大学で教えていると学生の書いたレポートを定期的に読む。そのとき不安に思うことがある。⑧学生たちの多くがいともたやすくネットから他者の言葉を借用している。いわゆる「コピペ」問題である。なるほど、われわれの言葉はすべて借り物——言葉はわれわれが生まれたときにすでにそこにあり、それを使ってわれわれは自己を形成している——なのだから、いちいちそんなことに目くじらを立てる【欠点を責める】べきではないのかもしれない。モンテーニュだって、自分は記憶《おく》力があやふやだから、ときどき自分の書いた言葉が、他人の思考だったのか自分のものだかわからなくなると言っているくらいなのだからと。しかしモンテーニュのやっていることは「コピペ」とはちがう。他者の言葉を何度も読み、それについて時間をかけて考えているうちに、その言葉がモンテーニュの血肉と化して、それゆえに自分のものだか他人のものだかわからなくなる。実際、モンテーニュの『エセー』は、古典ギリシア・ローマの文人たちの言葉の引用の織物である。多くの場合作者の名前が言及《きゅう》【取り上げる】されている。そして過去の文人たちとモンテーニュはいわば対等な立場で対話する。注釈《しゃく》というかたちでそれらの言葉を説明するのであれ、⑨それを支えに、あるいはそれに反論しつつ自説を展開するのであれ、そこには他者の言葉への敬意がある。「コピペ」レポートの驚《おどろ》くべき点は、ほとんどが他者の言葉の丸写しなのに、他者の言葉に対する敬意がまるでないところだ。恐《おそ》るべき想像力の欠如《じょ》である。学生たちがネット上で見つけレポートに引っぱってくる言葉の多くは、対象を把握《はあく》し、それを理解しようとする誠実な営為【行い】の産物である。そこには、つまり手間ひまがかかっている。「コピペ」的なものは、他者が対象に傾けた「労力と時間」などどうでもいいかのように書かれる——いや、それを「書く」とは言えないから、こしらえ【作り】あげられる。引用してきた他者の言葉を受けとめ、それを理解し、自分のものとするための「労力と時間」も省略されることになる。思考の作業がなされていないゆえに、書いたものについて説明してくれと問われると、学生たちは返答に窮《きゅう》する【困る】。面倒《どう》くさいこと言うやつだな、とうんざりしながらも、「終わらない授業はない」と学生たちはただひたすら時間が過ぎるのを待つ（なるほど、そういう時間は耐《た》えられるようだ）。「草食系」などという言葉があるが、そんなとき学生たちはむしろ「植物」そのものである。いや、植物は何も言わずとも酸素を作り出してくれるが、われわれは二酸化炭素を排《はい》出するだけである。まるで学生たちは——いや、もう嘘《うそ》をつくのはやめよう、学生などと人ごとのように言う不誠実な真似《まね》はもうやめにしよう——そうだ、まるでわれわれは、それが他者のものであれおのれのものであれ、「［　5　］」という行為をひどく嫌悪しているかのようだ。他者の真剣《けん》な思考は、われわれを疲《つか》れさせる。われわれを脅《おびや》かし、不安にさせる。「コピペ」的なものは、いわばガラスの遮蔽《しゃへい》【隠す】物となって、この嫌悪すべき対象を閉じ込める。ガラスの壁の向こうに見える他者の言葉は、いわば透《とう》明な檻《おり》のなかに閉じ込められて無力である。われわれからは見えるが、われわれに働きかけることができないというわけだ。それでも他者の言葉がわれわれに触《ふ》れてくることがある。すると、「コピペ」的なものは、今度はトイレットペーパー、それが言いすぎならティッシュペーパーに姿を変える。それを使ってわれわれは、われわれを疲弊《へい》させ、われわれにひどく居心地の悪い思いをさせる他者の思考、と同時に、それと向き合い理解しようとするわれわれ自身の思考を、汚《お》物のようにぬぐい取り、ゴミ箱め尽くされる。問題は、「あらゆるところ」が「どこにもないところ」を覆《おお》い隠《かく》していることだ。「あらゆるところ」にある言葉が、「文学」という「⑤どこにもないところ」へ向かおうとするわれわれの行く手を阻《はば》む。作品と読者をつなぐべき批評の言葉が、むしろ壁《かべ》となって立ちはだかり、両者が出会うあの「どこにもないところ」を塞《ふさ》いでしまっている。しかし問題はおそらく批評だけにあるのではなくて、われわれ読者のほうにもある。批評が対象の善し悪しを判断し、その価値を正当に評価するという行為であるならば、それは簡単に行われるものではない。熟慮《りょ》という言葉があるように、批評は時間と手間をかけてじっくり吟《ぎん》味【調べる・確かめること】した上でなされた評価であり、それを読者に正確に伝えるための練り上げられた言葉であるはずだ。⑥そういう行為はいまも昔もたえず行われているし、われわれに「どこにもないところ」を指し示すそうした精錬《れん》された言葉はおそらく「あらゆるところ」に埋もれている。それを掘《ほ》り出さなくてはいけない。批評が作品を選《え》り分けることであるならば、いまやその批評の言葉を選り分けることを知らなければならないのである。こうしてどのように読むかを学ぶことがますます重要になってきている。

（ Ⅰ ）作品を読むということは、実はそれほど簡単なことではない。読むこと、そして書くことについて考えるとき、批評行為について考えることは無駄《だ》ではない。（ Ⅱ ）批評行為は、対象を読む、そして対象について書くという二つの行為から成り立つものだからだ。そこでは読むことと書くことは分かちがたく結びついている。批評行為および文学研究のありようについて論じたテクストのなかで、先のジャン・スタロバンスキーは、批評というものは何よりも対象との距離の問題であることを明らかにしている。その距離がうまく測定できないときに、二つの危険が生じる。ひとつ目は、⑦距離が近すぎるとき。恋《れん》愛を考えればわかるように、われわれは愛する対象とひとつになりたいと欲望する。愛する人を崇《すう》拝【心から敬うこと】し、その人の言いなりになってしまう。愛する人が好きなものは好きになるし、嫌《けん》悪《お》するものは同じように嫌悪する。そのとき、われわれ自身は愛する人のコピーでしかない。われわれ自身の思考や感情はどこにあるのか。そのときわれわれはどこにいるのか、何者なのか。批評に関して、この対象との一体化の欲望が強すぎるときに、批評の言葉は対象の単なるパラフレーズ【言いかえ】でしかなくなってしまう。作品に書かれてあることを、えんえんとくり返すだけである。そこに作品との、他者との出会いが生じるだろうか。同様に、対象との距離が離《はな》れすぎて、関係が冷ややかになってしまうときにも危険が生じる。血の通わぬ関係と言えばよいか。そのとき、われわれの視線は作品を文字通り対象《オブ》・客体《ジェ》として見なす。読むことは、対象・客体を支配することになる。恋愛で言えば、今度はわれわれが愛され、崇拝されるときにそういうことが起こる。自分に向けられる感情を利用して、相手を支配し自分の言いなりに動かす。愛の奴隷《どれい》という言葉があるが、今度は作品がわれわれに隷属【従う】させられる。作品の主体性は無視され、損なわれる。そのとき批評行為は、おのれをくり返すだけの作業になる。作品に自分自身の思考や感情だけを読みこむとき、そこに作品との、（ Ⅲ ）他者との出会いがあるだろうか。いつも同じ自分しか見つけられないとしたら、時間のなかに生きる人間は時間とともにみずからのなかにたえず異質な要素を含《ふく》み込《こ》みながら変化していく存在である以上、自分自身とも出会えていないということにならないか。

と、うまく会話がはずんで、仲良くなったとか、いやなやつだという第一印象だったのが、いつの間にか［ 3 ］して親友になっていたなんてこともあるだろう。そもそも「誰とつきあうべきか」を書いた本など見たことがない（ありますか?）。かりに③そんなものを目にしたら、そんなことを言うおまえはいったい何様だ、そんなにご立派なお人なのか、と反感を覚えるはずである。「何を読むべきか」というのは、あまり意味のない問いである。大切なのは、出会った人とどのようにつきあっていくかを学ぶように、出会った本とどのようにつきあっていくか、つまり［ 2 ］かを学ぶかではないか。

　もちろん、それでも「何を読むべきか」を知りたいという読者もいるだろうし、世の中には、人と人とのあいだの関係を取り結ぶのが大好きな世話好きな人がいるように、作品とわれわれ読者とのあいだを取り結ぶ特殊《しゅ》な読者もいる。それが「批評家」である。スイスの碩《せき》学【学識が深く広い人】ジャン・スタロバンスキーが「批評」という言葉の語源にまで遡《さかのぼ》りながら示しているように、「批評」とは何よりも数ある作品をふるいにかけるようにして善し悪《あ》しを見極め、個々の作品の［ 4 ］を判断するという行為《い》である。だからもしも何を読むべきか知りたいのなら、新聞や雑誌、ネットなどあらゆるところで批評行為は行われているのだから、それを参照すればいい……。とは書いたものの、いまひとつ言葉に力がこもらないのは、まさにいま「あらゆるところ」で批評が行われていることだろう。批評が作品と読み手を媒介《ばいかい》【仲立ち】することからも明らかなように、批評は作品と読者との〈あいだ〉でなされる。つまり批評は、作品と読者とのあいだに距離《きょり》があることを前提とする。しかしネットなどの発達で、われわれのまわりには、対象をふるいにかけ、本当にありとあらゆるもの——作品、商品、サービスなど——の善し悪しを判断し、評価を下す言葉が溢れており、われわれはその言葉の影響《えいきょう》のもとで日々の生活を営まざるをえない【しないではいられない】。批評の遍《へん》在【どこにでもあること】。どんな対象であれ、それに向かい合おうとするとき、われわれと作品とのあいだは、つねにすでに評価や判断の言葉（あるいは言葉ですらなくて、ランキングやポイントなど）で埋《う》め尽くされている。かりにそういう言葉をも——かなり無理を感じつつも——批評と呼ぶとする。批評の言葉は、われわれ自身が対象と出会い、その出会いのありようについて思いをめぐらし、判断を下すことを助けるというよりは、邪魔《じゃま》をする。それが言い過ぎなら、われわれの思考をあまりに方向づける。何かと出会うために距離が必要なのに、遍在する批評の言葉はその距離を、われわれが作品と出会うための文字通りの「余地【ゆとり】」を、われわれから奪《うば》う。対象までの距離があまりにありすぎて、どうやってそこに行き着けばよいのかわからず行き迷ったときに、さりげなく道行きを示してくれる、あるいは通らないほうがよい危険な場所などをそ知らぬ顔でつぶやいてくれるくらいのほうが、われわれも自分自身の力で目的地にたどり着いたのだという達成感を——それが幻《げん》想であれ——感じることができる。ところがいまや道は標識だらけである。その標識を読み、追いかけることに夢中のあまり、まわりに美しい、あるいは醜《みにく》い——とにかくいつもとはちがう——風景が広がっているのに、それを見ようともしない。④標識は矛盾《むじゅん》【つじつまが合わない】だらけで、どっちに行けばいいのやら、かえって道に行き迷う。目的地には着いたものの（ほんとかな?）、それが自分自身の経験なのだとはとても思えない。「ありとあらゆるところ」が批評の言葉で埋

【国　語】（五〇分）〈満点：一〇〇点〉

【注意】　字数制限のある問題については句読点を字数に含《ふく》めること。

一　次の文章を読んで、あとの問いに答えなさい。ただし、【　】は語句の意味で、解答の字数に含《ふく》めないものとします。

われわれはここまで文学作品とは他者であるということをくり返し述べてきた。奇妙《きみょう》な他者である。文学作品は――単にテクストと言ってもよいが――それを読むわれわれがいなければ、意味を持ちえないが、本物の人間に対してのようには働きかけることはできないからだ。つまり、われわれには作品の［１］は聞こえるのに、そしてその［１］に感動したり不快な気持ちになったりと働きかけられているのに、何を言おうが叫《さけ》ぼうが、作品世界のなかの人物たちにわれわれの［１］は絶対に届かないし、作品の世界の構成に変化が生じることはない。一方的に働きかけながらも、意味を十全に【完全に】花開かせるためにはわれわれの存在を必要とするという意味では、まったく無力な他者。われわれはどうやら一方的に作品に働きかけられているわけではないようだ。

働きかけられる、①働きかけられることができるということもまた、働きかけることになるのだ。なぜなら作品に働きかけられるということは、作品に対して注意を、耳を傾《かたむ》けることだからだ。われわれの側からのこの注意がなければ作品にはなんの意味もないからだ。われわれが作品に対して無力であるとしたら、作品もまたわれわれに対して無力なのである。こうして無力な者同士が向かいあっている。作品が自己を開花させることができるかどうかは、われわれ次《し》第である。作品はわれわれを信頼《らい》して、その身をわれわれに委《ゆだ》ねて【まかせて】いる。だからこそ、われわれもまた、その信頼にこたえなければならない。作品に対して忠実でいようと最善を尽《つ》くさなければならない。

本章の主題は「何を読むべきか」ではあるが、むしろ考えるべきは「［２］べきか」だろう。われわれは多かれ少なかれ誰《だれ》もが読者である。日々、新しい作品が発表され、周囲には本や電子書籍《せき》が溢《あふ》れている。幸運なことに、文学が尽きてしまう心配はなさそうである。しかしあまりにも作品が多すぎて、何を読めばいいのかわからないという人も多いだろう。本との出会いは人との出会いと同じようなものである。われわれの周囲にも無数の人々がいる。通り過ぎる人、目に入った人のすべてと知り合いになるわけではない。無数の人たちのあいだに生き、無数の人たちを知る可能性を持ちながらも、われわれの各自が持つ人間関係はきわめて限定されたものだ。あなたの友達とどのようにして知り合ったかを思い出してほしい。たまたま学校のクラスやクラブ活動がいっしょだった、たまたま家が近所だったなど、あなたと友達との出会いは偶《ぐう》然である。しかしその出会いを大切にしようとするあなたと友達との意志が、この友情をいまに至るまではぐくんできた。友達はいまやあなたにとってかけがえのない人である。そう思えるのは、あなたと友達がたがいに②そういうふうに思える関係を構築してきたからだ。友情は不変のものではない。あなたが時間のなかで変化していくように、友達も変わっていく。あなたが友達を、友達があなたを失望させることも数多くあったはずだ。その二つの変化していく項《こう》のあいだに、それでも安定した関係が維《い》持されるというのは、よく考えたらすごいことである。たしかに「誰とつきあうべきか」と考えた上で、友達を選ぶ人はあまりいないだろう（いますか？）。たまたま心を惹《ひ》かれて、話しかける

問二　――部①・④・⑥・⑫は、どういうことを言っているのか、説明しなさい。

問三　――部②・③・⑧・⑨・⑩・⑪・⑬の指示内容を、答えなさい。

問四　――部⑤「すべての読者にすすめられる精神的衛生法です」とありますが、筆者はどういう理由でこの読書法を読者にすすめているのか、答えなさい。

問五　文中の［Ⅰ］～［Ⅴ］に入る最適な語句を答えなさい。ただし、［Ⅰ］・［Ⅲ］・［Ⅴ］は体に関する漢字一字が入ります。［Ⅱ］は三字、［Ⅳ］は二字の漢字を考えて答えなさい。

問六　筆者が「文章がむずかしくなる」ということは、――部⑦で「口実【言い訳】にすぎない」と言っていますが、それはなぜですか。

問七　本文から次の段落が抜《ぬ》けています。どの形式段落の前に入れるのが適当ですか。その段落の初めの三字を答えなさい。

> 楽譜《ふ》のことを考えれば、もっとはっきりします。譜記号は、ふつう私たちが日常生活に使っている言葉の体系とは、まったく別の約束から成りたっている、もう一つの象徴の体系です。その記号を覚えれば譜を読むことができるし、指が動きさえすれば、その譜の示すとおりにピアノの鍵《けん》をおすこともできるでしょう。しかし、その約束を覚えなければ、楽譜の全体はまったくわけのわからないものです。学問のなかには数学を使うものがあります。数学もまた一種の言葉のようなもので、これを習っていれば問題を正確に読みとることができるし、習っていなければなにもわかりません。

問八　文中の［Ⅵ］にあてはまる最適な言葉を、本文から漢字二字で抜き出しなさい。

問九　――部⑭「『コロンブスの卵』」とありますが、この文章ではどのようなことをたとえているのですか。解答欄「こと」につながるように四字で答えなさい。

問十　筆者の主張を踏《ふ》まえた文になるように、文中の［Ⅶ］・［Ⅷ］に入る最適な六字を答えなさい。

［二］　次の１～10の文中の（カタカナ）を漢字で書きなさい。

1　家を（ルス）にする。
2　（ウチュウ）飛行士を目指す。
3　黒板に（ジシャク）をつけた。
4　会議で（サンピ）が分かれた。
5　遠くの（サンミャク）を眺《なが》める。
6　台風接近の（ケイホウ）が流れた。
7　生まれ（コキョウ）に帰る
8　（ハタ）を振《ふ》って応援《えん》した。
9　竹刀《しない》を（カマ）える。
10　話し合いの機会を（モウ）ける。

か、固体であるか、を決めるのは私の立場である。「存在は本質に先行する」というのは、ざっと⑬そういうことらしいと合点《がってん》すれば、それまでなにやらはっきりしなかった言葉の意味が、たちまちはっきりしてくるのです。ひとつの肝《きも》どころ【要点】がはっきりすれば、あとはすらすら、――とまでゆかないにしても、まったくわかりやすくなるでしょう。

親切な著者ならば、著者みずからその想像の鍵《かぎ》を与えてくれています。しかし不親切な著者の場合は与えていないこともあり、また、すぐれた理論家はかならずしも、すぐれた心理学者ではありませんから、読者の想像力を助けるような鍵を、著者が忘れてしまったということもあるでしょう。そういうときには、読者のほうでみずから想像力を働かせなければなりません。鍵が見つかりさえすれば、その瞬《しゅん》間から、わけのわからなかった本がたちまち氷解するようなことは、けっしてまれなことではないのです。たとえば、なにか経営に関する本を読んでいるときに、自分のよく知っている特定の会社の経営を思いうかべながら読めば、ただ抽象的な論理をたどるよりも、はるかにその本がわかりやすくなるでしょう。専門家が、むずかしそうに見える理論的な本を比較的はやく読むことができるのも、論理をたどりながら、同時に思いうかべることのできる具体的な事実をたくさん知っているからにほかなりません。

しかし、なんといっても、ほんとうにむずかしいのは、本を書くことで、書かれた本を読むことではない。新しい考えを思いつくことはだれにもできることではありません。しかし、だれかが思いついたことを理解するのは、原則として、それほどむずかしいことではないでしょう。「⑭コロンブスの卵」ということもあります。それにもかかわらず、むずかしい本というものが、世の中にないわけではありません。

いままで述べてきたことをまとめていえば、第一、むずかしい本の大部分が、香川景樹の言ったように文章がじょうずでないか、あるいは、著者が言おうとすることをみずから十分に理解していないかの、どちらかである。これは読者の責任ではなくて、本のほうが悪い。たとえば、ある種の学生の理論闘《とう》争や、通俗《ぞく》禅問答や、また雑誌・新聞にときどき見かける美術批評のようなものです。こういうものは、日本語としてたいへん悪いばかりでなく、たぶん、書いている当人にも、なにを言っているのか、くわしくつきつめれば、はっきりしていないのだろうと察せられます。第二は、悪い本ではなくて、りっぱな本のなかにもむずかしい本があります。しかしそれは、だれにとってもむずかしいのではなく、ある人にはむずかしく、またほかの人にはやさしいのです。「求めよ、さらば与えられん」といいます。求める人が「ロマ書」（新約聖書中の一書）を読めば、「ロマ書」はむずかしくないでしょう。求めない人が読めば、同じ「ロマ書」がむずかしい。文章が悪いのではないし、著者の考えがあいまいなのでもありません。問題は、本の側ではなく読者の側にあるのです。しかし、なぜ、一冊の本が私にとってむずかしいかといえば、その理由は、つまるところ、私がその本を［Ⅶ］、べつの言葉でいえば、私にとって少なくとも、いまその本は［Ⅷ］という点に帰着するでしょう。

（加藤周一『読書術』より・一部改変）

問一　文中の（A）～（D）にあてはまる最適な言葉を次のア～オから選び、記号で答えなさい。

ア　もちろん　イ　ちょうど　ウ　たとえば
エ　しかし　オ　あるいは

られている」かぎりで、すべての人に向けられたものです。だれでも落ちついて十分に考え、十分に練習すれば、残るくまなく、そのすべてがわかるはずのものでしょう。しかし、小林秀雄さんの『鉄斎』は万人に向けられたものではなく、「鉄斎」を見たことのある人、あるいは、少なくとも小林さんが「鉄斎」を見たときの経験と同じような種類の経験を、ほかの画家を通じて持ったことのある人だけに向けて書かれたものです。だれにもわかるものではない。本来、わからない人があって当然のものです。読者の立場からいえば、小林さんの『鉄斎』のようなものは、もし「鉄斎」を一度も見たことがなければ、はじめから読まないほうがいいだろうと思います。

　要するに見たことのない絵に関する本を読むのは、その本がむずかしいか、むずかしくないかというより、原則としては不可能なことでしょう。同じように、聞いたことのない音楽について本を読んでみても、純粋《すい》に技術的な意味以外にはたいして意味がないでしょう。しかし逆に、十分に「鉄斎」を見たことのある人にとっては、小林さんの文章は少しもむずかしくないし、おそらく、これほど自然に、これほど容易に納得のゆくものはないかもしれません。小林さんが『モオツァルト』を書いたときに、多くの作曲家たちは、はじめて読んだ小林さんの文章をちっともむずかしいとは思わなかったようです。しかし、小林さんの文芸評論に慣れていた文学青年たちは、ほとんどひとり残らず、あの文章をむずかしいと思ったことでしょう。むずかしいか、むずかしくないかは、まさに文章の側の責任ではなく、読者の側でモオツァルトを聞いたことがあったかどうか、いや、だれでも聞いていたにしても、どの程度に聞いたことがあったかということに帰着【考えや物事がある点に落ち着くこと】する。

　なにも小林さんにはかぎりません。また、絵と音楽だけにかぎったことではありません。

　もし、本がむずかしいとか、やさしいとかいう言葉を使えば、だれにとってもむずかしい本、だれにとってもやさしい本というものは、少ない。それは人によって違うことで、一般にはむずかしいともやさしいともいえないのです。もう一歩を進めていえば、私にとってむずかしい本は、私にとって必要でなく、私にとって必要な本は、私にとってかならずやさしい、とさえいえるでしょう。

　一般に、抽象的な記述を読んで、その記述がむずかしいと思ったら、その理屈を一つの具体的な場合にあてはめてみたらどうなるだろうか、ということを想像してみるのはよい工夫です。もし、その想像がうまくゆきさえすれば、抽象的な記述だけでむずかしいと思われた本も、にわかにやさしく見えてくるということがあるものです。

　たとえば、経済原論の理屈を読みながら、焼芋《いも》を思いうかべる。農家の畑、畑での労働と肥《ひ》料、掘《ほ》りだした芋が市場に出てくるのに運賃がかかり、焼芋を私たちが食べるときまで、たえずそのことを考えながら、抽象的、一般的な記述を読むとはっきりしてわかりやすいでしょう。

　またたとえば哲学。「存在は本質に先行する」——これではなんのことかわからぬ人も多いかもしれません。わかったような気がしても、たしかでない。そういうときに、私は机の上の煙草《たばこ》の箱を手にとって、その煙草の箱の存在が、煙草の箱の本質に先行するとはどういうことかを考えます。私の手に乗っているのは、手の触《しょっ》覚にふれる一箱のものである。ものがまず存在し、そのものの本質が、煙草であるか、商品である旅行案内記というものがあります。これは読んで、わかりにくいものではない。だれでも読みさえすれば、文句の意味はわかります。しかし私は京都・奈《な》良へ行くまで、案内記を読み通すことができませんでした。唐招提《とうしょうだい》寺はいつできあがったとか、鑑真《がんじん》和尚《わじょう》がそこにいたとか、――そういうことは、あの講堂の屋根の反《そ》り、木彫《きぼり》の仏の衣のひだ、白い庭土を照らす真昼の太陽を見たあとでは、かぎりなくおもしろい。しかし見る前にはただ無味乾燥《かんそう》【おもしろみのないこと】で、とても読みつづけることのできないものでした。

医学部の学生だったとき、解剖《ぼう》学教科書でさえも、実習でほんとうの人骨を見ながら参照すると、⑫すべての活字が生きてくる。実習しなかったところを教科書だけで理解し、覚えようとすると、じつにむずかしく、じつに退屈《くつ》でした。どうも「いわく言いがたし【簡単には説明できない】」というところが、たいていの本にはあるようです。人情の機微《び》【微妙《みょう》な心の動き】にかぎらず、人骨の機微においてさえそうなのだから、こちらの経験に通じる本をよく読み、通じない本を無視するほか ［Ⅴ］ がないかと思われます。

たとえば、小林秀雄《ひでお》さん（一九〇二―八三）の『鉄斎《てっさい》』についての一書を読んで、よくわかる人もあり、よくわからない人もあるでしょう。むずかしいと思う人もあり、やさしいと思う人もありましょう。どうして人によってそういうわかり方の違い、むずかしさの違いが出てくるかといえば、それは、小林さんが使っている言葉の定義をどの程度まで正確に知っているかということではなくて、読者がどの程度に「鉄斎」を見ているか、つまり、読者の側での絵を見るという経験の有無、あるいはその深浅によるでしょう。これは幾何学教科書の場合とよほど違った事情です。初等幾何学教科書がむずかしい、またはやさしいというのと、小林さんの『鉄斎』がやさしい、むずかしいというのとは、意味がかなり違っているように思われます。小林さんの『鉄斎』の場合は、読者が一つの文句を読んで、その表現の意味がいちおうわかっただけでは、じつはなんにもわかっていないということになる。（富岡《おか》鉄斎、南画家、近代日本画壇《だん》の巨匠《しょう》、一八三六―一九二四）

ほんとうにわかるということは、その文章を読んでただ単におもしろがるというのでなく、なぜ小林さんが、そこでそういうことを言っているのか、納得がゆくということでしょう。

「なぜこの定理から、この系【つながりやまとまり】が出てくるか」――それは論理の問題であり、論理の問題は言葉で言い表わすことができます。

「なぜこの第一印象のあとに、この感想が出てくるか」――それは論理の問題よりも、著者の ［Ⅵ］ の質の問題です。［Ⅵ］ の質は、けっして言葉によって十分に表わすことができません。想像するほかはない。想像することができなければ、二つの文章はつながってこないでしょう。

読者は読みながら、文章を通して、その背景に、うしろ側からその文章を支えている著者の経験を感じなければなりません。しかし、そういうことを感じるためには、読者自身が著者の経験とほとんど同じ種類の経験をあらかじめ持っていなければならないでしょう。ほんとうのむずかしさは、そこにあります。そのむずかしさを乗りこえる道は、ただ一つ、その絵を見て、同じ種類の経験を自分のものにすることだけです。

別な言葉でいえば、幾何学教科書は「理性が万《ばん》人に等しく分かち与えもしないで、その場の空気に頼《たよ》っていては、いつまでたっても意味がはっきりしません。なんとか工夫を立ててみる必要があるでしょう。その工夫は、どうも幾何学の場合よりも、はるかに面倒《どう》なことにならざるを得ないのです。もう少し「民主主義」の例についていえば、まずなによりも先になすべきことは、とにかく、百科事典で「民主主義」の項《こう》目を調べてみることでしょう。そこには言葉のはじめの意味、それから、歴史的にその言葉がどういうふうに使われ、どういう内容をもってきたかということの概略が書いてあるはずです。また、同じような内容を百科事典の項目よりも、くわしく説明した適当な本があるとすれば、その本を少していねいに読んでみるのもよい方法だろうと思います。その次には、「民主主義」というような言葉は、いまの日本では、絶えず目にはいり、耳に聞こえてくるのですから、そのたびごとに、その言葉がどういう意味に使われているかということを考えてみることです。そのとき、百科事典の項目で読んだ知識は、いわば土台として役立つでしょう。

　そういうことをしばらく繰り返していると、およそ「民主主義」という言葉の使い方にどういう種類があるかということが、しだいに整理されて頭にはいってくるでしょう。そこで、第三に、もし私たち自身が「民主主義」という言葉を使うとすれば、どういう意味で使うのが一番適当であるかを自分で考えてみることです。あるいは「民主主義」に自分なりの定義を与えようと努めてみることだといってもいいでしょう。どうせ厳密な定義は不可能です。しかし、自分の立場に即して、一定の範《はん》囲のなかに言葉の意味を限定することだけは、きっとできるでしょう。もちろん「民主主義」という言葉の自分なりの定義は、同じ言葉を使うほかの人たちのあいだには通用しません。ある一つの本は、その定義で解釈《しゃく》することができるかもしれませんが、しかし、もう一つの本は、その定義では解釈できないでしょう。それでも、そういう自分なりの定義を持っていることは、ほかの人の本を読むときに理解の大きな助けになるはずです。

　その場、その場で、これはどういう意味だろうと考えるよりも、それぞれの場合に読者自身の「民主主義」と、著者の「民主主義」との距離《きょり》を測定するほうが、はるかに操《そう》作が簡単で、整理が容易になるはずです。数かぎりなくある「民主主義」という言葉の意味は、いわば一つの意味からの距離にしたがって、頭のなかに配列されるということになります。――もちろん「民主主義」というのは、数かぎりなくある言葉のなかの、ただ一つの例にすぎません。たとえば「自由」について、またたとえば「国家」について、またたとえば「恋《れん》愛」について、⑪そういう操作を一度行なっておくことは、その後の読書が、その前とはくらべものにならないほど正確になる。別な言葉でいえば、たいていの本は読んでよくわかるということになります。

　さきにも触れたように、信号灯の赤がなにを意味し、青がなにを意味するかを知らないで道路に出るのは危険このうえもないことです。本を読むには、用語の定義をあらかじめ知っておけば、それにこしたことはありません。できあいの一つの定義がない場合には、手間がかかっても、自分で仮の一つの定義をこしらえ、その定義をもとにして、同じ言葉の多くの意味を整理することから出発します。そういうことを心得ておくのは、意味のわからない言葉の呼びさます扇《せん》情的【欲望や感情を刺《し》激《げき》すること】な気分に敏《びん》感であることよりも、長い目で見れば、おそらく有益なことでしょう。

別な目的に使うという場合には、字面をざっと見るだけではそのけじめがはっきりしません。日本人だから日本語で書いてある本は読めるだろう、ということもあるでしょう。しかし、あたりまえの教養がある日本人が知っている日本語は、日常生活で使う日本語です。特定の学問のために特定のやり方で定義された日本語は、形は似ていても、じつは日常生活で使う日本語とは別のものです。むしろ、楽譜や数学の式に似ているといっていいでしょう。それを覚えればわかるし、覚えなければわからないということになります。本を読んでわかるということの出発点は、なによりもまず、その本のなかに用いられている特殊な言葉の定義を、はっきりと頭に入れる努力を、はじめにしておくことだと思います。定義を理解するためにいくらか時間がかかり、それを覚えこむために、なおさら時間がかかるかもしれません。しかし、一度そうしておけば、その領域でのすべての本を、比較《かく》的容易に、比較的正確に読むことができるし、⑨そういう第一歩の手続きをはぶいてとりかかると、いつまで読みつづけていても、つねに隔靴掻痒《かっかそうよう》【思うようにならなくて、もどかしいこと】の感が残り、つまるところ、素人《しろうと》【経験がない人】にはなんにもわからないということになりかねないのです。

　しかし、特殊な言葉が定義されて用いられている本は、じつは、かえってわかりやすい本だといっていいでしょう。もう少し一般的な言葉で書かれていて、その大事な言葉の定義が、その本のなかでも、またそのほかのどこでも、はっきり与《あた》えられていないことがあります。社会科学的な本にはそういうことが多いし、また雑誌の論文や新聞の社説にはそういうことが多い。以前『朝日新聞』の学芸欄《らん》が「あいまいな言葉」という特集をしたことがあります。そこに拾いあげられたあいまいな言葉は、いたるところで使われています。そういう文章や本を理解するには、どうしたらよいでしょうか。「自由」といい、「民主主義」といいます。また「進歩」といい、「反動」といいます。「伝統」とか「文化」とか、――だれでもいちおうわかっているような気がしていて、よく考えてみると、その意味のはっきりしない言葉が、数かぎりなくあります。たとえば「税金でまかなっている大学を、国が管理するのは当然である」というときの「国」は、おそらく　Ⅳ　でしょう。「お国自慢《まん》」というときの「国」は、日本国であるにしても、何々県であるにしても、とにかく　Ⅳ　という意味ではないでしょう。日本人は、自分の国のどこを自慢しても、　Ⅳ　だけはけっして自慢しないようです。

　とにかく、そういうあいまいな言葉をなんとなくわかったことにして、しかし、あいまいなままに残しておき、さて、そういう言葉を絶えず使いながら行なわれている議論がある。そういう議論を読んでも、その意味は、結局はっきりしてこないでしょう。そうかといって、この場合には、経済学や幾何学と違って、しかるべき辞書を引き、教科書を開いて、明確で一義的【一つの意味にとらえること】な定義を容易に見いだすというわけにはゆきません。もちろん字引をひくことはできるでしょう。しかし字引の説明は、おそらく、あまりはっきりしたものではないでしょう。⑩そういう言葉は、多くの時代に、多くのグループによって、また多くの個人によってさえも、違った意味に使われてきたのです。

　たとえば「民主主義」というときに、その言葉の意味は、だれが、それを、いつ、どこで使ったかということによって、意味が違ってきます。ただ一つの定義でそれを片づけるわけにはゆきません。しかし、なんに

しょう。

　文章による表現は、著者のなんらかの経験を、言葉の組合わせに翻訳して、人に伝えようとすることだ、といっていいと思います。これを読者の側からみれば、言葉の組合わせ、つまり、文章を通じて著者の経験を知るということになります。それはちょうど、自動車を運転する人が交差点で赤い信号を見れば、止まらなければならないということを思いうかべ、青い信号を見れば走りだしてもよいということを考えるのに似ています。文章はその信号の複雑になったようなものです。赤は「止まれ」、青は「進め」という信号の機能を心得ていなければ、車は運転できません。同様に、言葉がなにを意味しているかを心得ていなければ、本を読んでわかることはできません。しかし、信号の意味を知っているだけで、車を一度も止めたことのない人、走らせたことのない人は、交差点でどうすることもできないでしょう。運転手は信号の意味を知っていると同時に、実行の経験を持っていなければなりません。同じように、読者は言葉が意味するところを知っているだけでなく、言葉が意味するものがなんなのか、多かれ少なかれ、読者自身の経験に即《そく》して知っていなければ、ほんとうに文章を理解することはできないでしょう。一方に言葉、あるいは象徴《ちょう》があります。他方に経験、あるいは象徴されるものがあります。その二つの要素が、本を読むという行為《い》の二つの大きな柱だといっていいでしょう。

　文章を正確に理解するためには、まず単語の意味を正確に理解していなければなりません。たとえば幾何《きか》学【図形や空間を研究する学問】を習いはじめる人は、いつでも幾何学で用いられる定義からはじめるわけです。直線とは、平面とは、そういう言葉の定義を決めておいて、それから、その言葉を使って幾何学の複雑な世界が展開します。その展開のはじめから終わりまで、「直線」という言葉はつねにその定義どおりのものを意味し、けっして、それ以外のなにものも意味しません。もし、用いられている言葉の定義を、一つでも忘れるとすれば、幾何学を理解することは不可能になるでしょう。経済学の場合には、幾何学と同じように厳密に、そこで用いる言葉の一つ一つを定義することは困難であるかもしれません。しかし、使われている言葉の定義を、できるだけ正確に理解し、覚えておくことは、経済学の論文を読んで、わかる、わからないという場合には、決定的な役割を演じるでしょう。

　たとえば、「成長率」とはどういうことか、「国民所得」とはどういうことか、また、国によってその言葉の意味するところがどう違うか。そういうことをはっきりさせずに、「高度成長率」や「所得倍増」について、いくらたくさんのページを読んでも、その内容をほんとうに理解することはむずかしいでしょう。

　経済学にかぎらず、およそ学問には、その学問の領域のなかでしか使われない特殊《しゅ》な言葉があって、その言葉の意味は、できるかぎり厳密に規定されています。漫《まん》然【物事をなんとなく行うこと】とそれらの言葉をならべて、前後の関係から意味を想像するというだけでは、十分でありません。⑧そういうことを繰《く》り返しながら、たくさんの本を読むのは、かえって不経済なやり方でしょう。

　楽譜《ふ》や数学の式のように、日常生活に使う言葉とまったくかけはなれた表現法の場合には、習って覚えればわかり、習わなければ誰《だれ》にもわからないというけじめがはっきりしています。しかし、日常使う言葉のなかからいくつかの単語を選びだし、その単語を定義することによって特いいました。しかし、その場合の「かたかな」は、ウイスキーとか、レインコートとかいう、実生活にもながめ、手にも触《ふ》れ、口にも味わってみることのできるものです。ところが、字面にばらまかれた「かたかな」が、なにやら抽象的な概《がい》念【物事の意味内容】を意味しているときには、それがほんとうになにを意味しているのかを決めることは、ほとんどつねに、たいへんむずかしいのです。「アンビヴァレンツな感情」「問題意識のアクチュアリティ」「中村真一郎《ろう》におけるドゥンケルなもの」など。そういう「かたかな」書きの［Ⅱ］は、英語であっても、けっしてオックスフォード辞典に説明されている意味では使われず、フランス語であっても、リットレー辞典に説明せられているような意味では使われていません。

それならば、どういう意味で使われているのか。定義があるようでない。どうすればほんとうの意味をつきとめることができるのか、だれにもわかりません。「中村真一郎におけるドゥンケルなもの」とは、ドイツ語の「暗い」という意味の形容詞dunkelのことらしい。このドイツ語形容詞のほうには、⑥たねもしかけもないでしょう。とすれば「暗い」というしごく簡単な形容詞を、わざわざ日本文のなかでドイツ語にした理由もわからないでしょう。読みながら、これは筆者が「ドゥンケル」を「暗い」とは別の意味に使っているらしいと考えないわけにゆきません。しかし、この「ドゥンケル」があたりまえの「暗い」でないとすれば、いったいなんなのか、とてもわからない。ブロックハウス辞典などをもち出しても、とうてい［Ⅲ］がたたないのです。そういうあいまいな概《がい》念がたびたび用いられているとすれば、苦労してわかろうとするだけの値うちのある綿密な思考が、そこに展開されている可能性は、あまり多くはないでしょう。読まなくても、おそらく損はしない。

また、漢字がとめどもなくつながり、「絶対矛盾《むじゅん》の自己同一」というふうに続いてくると、そのどれがどこで切れるのか、どの言葉がどこにかかるのか、その一つながりのなかでは決めようがありません。もちろん、前後の関係によってわかることもありましょう。しかし、そういう言い方がたびたび現われてくるとすれば、そういう文章を読むことは、ものをはっきりと考えるための障害にはなっても、助けにはならないでしょう。そういうやり方で、ものを綿密に考える訓練を自分に課することができるかどうか。言いたいことそれ自身がむずかしいから、やむを得ず【仕方なく】文章もむずかしくなっているというのは、たいていの場合に単なる⑦口実【言い訳】にすぎないようです。

日本語ではありませんが、イギリスの哲学者バートランド・ラッセルは、本来やさしい、単純なことについてだけ書いたのではありません。しかし、ラッセルはつねに水際《ぎわ》立って【ひときわ目立って】明快な、少しもあいまいではない文章を書いたのです。香川景樹なら、「これこそ英語の上手」といったことでしょう。

しかし、本を読んでわかるかわからぬかは、（　D　）、つねに本の側にだけ理由があるのではありません。読者の側にもそれなりの理由のあることが多いのです。たとえば、ラッセルを読んで「むずかしい、よくわからない」という人もあるでしょう。また、おそらく禅《ぜん》問答【禅宗の僧が悟《さと》りを開くために行う問答】を読んでも、よくわかった気になる人もあるでしょう。むずかしい本を読んで、いや、そもそも本を読んでよくわかる工夫は、読者の側にもなければなりません。その読者の側の条件は、第一には言葉に関し、第二には経験に関しているといってよいでたほうが合理的【理屈《くつ》に合っていること】でしょう。

たとえば仏文学者の平井啓之《ひらいひろゆき》さん（一九二一―九二）は、ジャン＝ポール・サルトルを理解するのに、フッサール（ドイツの哲学者、一八五九―一九三八）の現象学を読んでおく必要があると考え、その邦《ほう》訳【日本語訳】を読みだしたが、なんのことかわからない。そこで仏訳を読んでみたら、はじめて氷解【わかること】したということです。そういう例はいくらでもあるでしょう。正宗白鳥《まさむねはくちょう》さん（一八七九―一九六二）が、『源氏物語』はウェイリー（イギリスの作家・評論家、一八八九―一九六六）の英訳で読んだほうがおもしろい、といったのは有名な話です。『源氏』の場合は少し話が違うけれども、ドイツの哲学を読むのに、もしドイツ語を自由に読むことができないとすれば、邦訳を読むよりも英訳を読んだほうが、少なくとも時間の経済になることは多いようです。平井さんがフランス語を読むように、あるいは私が英語を読むようには、西洋語を読めない場合には、どうしたらよいでしょうか。なにも心配なことはない。要するに西洋哲学の本を読まないことにすれば、よろしい。ハムレット曰《いわ》く、「どうせ世の中には、哲学でわからぬことがたくさんある」。ドイツ観念論哲学のほかにも、汗牛充棟《かんぎゅうじゅうとう》【書物が非常に多いことのたとえ】、本はいくらでもあるのです。

また、たとえば大学新聞に発表される最新式の政治社会理論といったものは、しばしば、私たちの理解を絶していることがあります。［　Ⅰ　］慣れぬ抽象的【具体的でないこと】な言葉がたくさん出てきて、どこがどこへつづくのかわからない。そこで、大学生の息子をもつ母親が、彼《かれ》らの世界をよりよく理解したいと考えて、参考のためにそういうものを読むとしましょう。いくら読んでもどういう意味かわからない。おそらく、その婦人は自分の知的能力の限界を感じ、これでは自分の息子の考えていることもわからないだろう、と思うようになるかもしれません。

しかし、ほんとうに、そこで問題なのは、その婦人の知的能力の限界ではなくて、そういう論文を書いた筆者である学生の知的能力の限界です。社会科学のもっともらしい言葉が無数にくり出されてきて、それぞれの言葉の定義があきらかでなく、整理もつかず、つじつまも合わず、なにを言っているのかだれにもわからないというのは、筆者の頭の混乱を示していても、けっして読者の頭の混乱を示しているのではありません。論文を書いている当人によくわかっていないことが、それを読む他人にわかる道理はないでしょう。こういうのはほんの一例にすぎず、あまりよくわかっていないことを書き、したがって、ボアロオの言ったように、文章の明晰《せき》【はっきりしていること】でない著者は、なにも翻訳業者にかぎりません。総合雑誌の気分的には血沸《わ》き肉躍《おど》る【気持ちが高ぶること】大論文にも、論理的にはあいまいなのが少なくないようです。そういう論文はむずかしい。むずかしい論文ははぶく。その結果、注意して読むものは、ほとんどすべてわかるように読書計画を立てるということは、⑤すべての読者にすすめられる精神的衛生法です。

くわしく読んでみなくても、およそ論文の類を、むずかしそうだから読まずにおいたほうがよかろうと判断することができる。そのためには、いくつかの便法があります。その便法のなかで一番簡単な一つは、およそ字面《じづら》をながめて「かたかな」のあまりに多いのや、また、漢字を長く連ねた部分の多いのは、なるべく避《さ》けて読まないようにすることです。だれでも知っているように、「かたかな」は、ふつう［　Ⅱ　］を表記するのに使われています。私は、それがはや読み法にとって便利だとよっては必要でしょうが、一般《ぱん》には、いっそそういう本は、投げ出してしまったほうが①経済《ざい》的である。実際、世にいわゆる「むずかしい本」といわれるもののかなりの部分が、香川景樹のいうじょうずな文章でなく、へたな文章で書かれているのです。これはもちろん著者の責任であって、読者の側で、わからないことに劣等感を感じる理由は少しもありません。そういう文章の不完全な、へたにできあがっている本を捨ててしまえば、世の中にそうたくさんのむずかしい本、わかりにくい本が残ることはないでしょう。人生は短い。たとえ、いくらかそのなかに価値のあるものが含まれているとしても、あまりへたな文章で書かれた本は、いっさい無視してかえりみないというのも、短い人生の短い時間を大切にするために、必要な考え方ではないでしょうか。

それでも、文学以外の本については、たとえば技術的な専門の本については、へたな文章を多少辛抱《しんぼう》しなければならない場合もあるでしょう。その本のなかには、ほかで得られない資料があるかもしれません。しかし、少なくとも文学に関するかぎり、②そういうことはないといってよろしい。香川景樹流にいえば、文章のじょうずを前提とするはずの文学に、あまりむずかしい本のあるわけがないのです。そういえば、西《さい》鶴《かく》の文章はどうか、『源氏』の文章はどうか、という人があるかもしれません。それはたしかに今日の私たちにはむずかしい。

しかし、西鶴も、紫《むらさき》式部も、私たちのために書いたのではなく、同じ時代の読者のために書いたのです。その同じ時代の読者たちにとっては、西鶴の『好色五人女《こうしょくごにんおんな》』はけっしてむずかしいものではなかったでしょう。『源氏物語』でさえも、そのなかの言葉を日常話し、その世界のなかで暮らし、おそらく登場人物のモデルさえもよく知っていた小さな読者層にとっては、たいしてむずかしいものではなかったろうと想像されます。いまでは③それが、私たちにとってむずかしいものになっている。これは本来西鶴や『源氏』の文章がむずかしかったかどうかとは、いちおう④別の問題です。英語を学ばずに英語の小説をむずかしいといっても意味をなさないと同じように、平安朝の言葉を学ばずに『源氏物語』をむずかしいといっても、まったく意味をなしません。しかし現代文学の場合には話が違います。私たちのために書かれた文章が私たちにとってあまりむずかしいならば、その文章は文学とはいえないでしょう。読む必要はありません。

「文は人なり」ということがあります。また、もっとはっきりした言葉で、一七世紀のフランスの詩人ボアロオ（一六三六－一七一一）は「よく考えられたことは明瞭《りょう》に【はっきりと】表現される」といいました。文章があいまいなのは、多くの場合に、単なる技術面ばかりではなく、言おうとすることを筆者がよく考えていなかったということ、あるいは文章の内容を、作者自身が十分に理解していなかったということを意味するでしょう。筆者当人さえもよく理解していない内容を、読者がどうして十分に理解することができるでしょうか。

私たちがよく知っている例でも、（　C　）、だれにもわかりようのない西洋哲《てつ》学の翻《ほん》訳書などがあります。訳者がドイツ語をよく知らないか、哲学的思考に慣れていないか、あるいはたぶんその両方で、原文を十分に理解しないままに、日本語に置きかえているという場合が少なくありません。その訳文から原文を想像し、原文の言おうとしたことを推察するのは、あまりにむずかしい、ほとんど不可能に近いことです。そういう場合には、その本を読むことをやめて、もっとよい翻訳をさがし

【国　語】〈五〇分〉〈満点：一〇〇点〉

【注意】字数制限のある問題については句読点を字数に含《ふく》めること。

一　次の文章を読んで、あとの問いに答えなさい。ただし、【　】は語句の意味で、解答の字数に含《ふく》めないものとします。

新しい絵はわからないという人がよくあります。新しい絵というのは抽《ちゅう》象絵画のことでしょう。よくわからないというのは、その絵が本来、魚を描《えが》いたものか、女を描いたものかわからないという意味でしょう。それならば、新しい絵はわかる必要のないものです。わからないでけっこうといえば、話がいちおう片づきます。また、音楽がわからないという人があります。音楽が本来、魚を表わしているか、女を表わしているかがわからないというのではなく、聴《き》いてもおもしろくないというほどの意味でしょう。その場合にも、話はいちおう、人好き好きということで片づくかもしれません。（　A　）、本を読むということになると、これはどうしてもわからなければ無意味です。魚のことを言っているのか、女のことを言っているのかわからなくてはどうにもなりません。少なくとも、ある種の美術はわかる必要のないものです。音楽は絵と同じ意味ではなにものも表現していないので、そもそもわかるはずがない。読書だけが絵を見ることや音楽を聴くことと違《ちが》うのです。すべての本は言葉からできあがっていて、すべての言葉はなにかを意味します。その意味をとらえて、意味相互《ご》のあいだの関係を理解することが、本を読む法、つまり本をよくわかることでしょう。読むこととわかることとは切り離《はな》せません。

しかし、世の中にはむずかしい本があります。どうすればたくさんの本を読んで、いつもそれをわかることができるようになるでしょうか。その方法は簡単です。しかし、おそらく読書においてもっとも大切なことの一つです。すなわち、自分のわからない本はいっさい読まないということ、そうすれば、絶えず本を読みながら、どの本もよくわかることができます。少しページをめくってみて、考えてもわかりそうもない本は読まないことにするのが賢《けん》明でしょう。（　B　）少し読みかけてみて、一冊の本がわからないということ、ただそれだけでは、あなたが悪いということにもならず、またその本が悪いということにもならない。これはよく心得ておくべきことで、そのことさえ十分に心得ていれば、無用の努力、無用の虚《きょ》栄心【自分を実力以上に見せようとする心】、または無用の劣《れっ》等感をはぶき、時間のむだをはぶくことができるでしょう。だれにもわかりにくい本というのがあります。私にはわかりにくいけれども、ほかの人にはわかりやすい本というのがあります。また最後に、だれにもわかりやすい本というのがあるでしょう。

そもそも、だれにもわかりにくい、むずかしい本とは、いったいどんな本でしょうか。

第一に、文章そのものの問題があります。徳川時代の国学者香川景樹《かがわかげき》（一七六八－一八四三）は、「文章はただ義理のわかるを基《もと》としはべれば、だれが聞きても少しも悔《く》い惑《まど》わざるが上手《じょうず》なり」（『随処師説《ずいしょしせつ》』）といいました。これを裏返せば、だれが読んでもすぐに意味のはっきりしないような文章はへただということになりましょう。主語がはっきりしない、形容詞がどこまでかかるかわからない。使われている言葉の定義【意味】があきらかでない。そういうことが重なって意味のあいまいな文章に長い時間をかけ、あれこれと想像してみることも、時と場合に

問四　――部①「この問題は一見しただけでは問題として間違っているようには思えません」とありますが、その理由を筆者はどのように説明していますか。

問五　――部②「言語規則」とありますが、この文章での意味を分かりやすく説明しなさい。

問六　――部③「意味をもつ場合と意味をなさない場合」とありますが、それぞれの具体例を答えなさい。また、「意味をもつ場合」、なぜ意味をもつのかわかりやすく説明しなさい。

問七　――部④「『ロウソクの火は消えるとどこへ行くのか?』という問題が問題として間違っている」とありますが、どうしてそう言えるのか、筆者の考えを文中の言葉を使って説明しなさい。

問八　――部⑤「この方向」とありますが、それはどのようなことを指すか正確に答えなさい。

問九　文中の［Ⅱ］、［Ⅲ］に前後の内容から判断して最も適切な文を考えて答えなさい。ただし、［Ⅱ］は二文、［Ⅲ］は一文で答えること。

問十　――部⑥「一般化する」とありますが、それはどのようなことを言っていますか。この文章での意味（言葉の使い方）を具体的に説明しなさい。

問十一　――部⑦「そういう意味」とありますが、どのようなことを指すか答えなさい。

問十二　文中の［Ⅳ］にあてはまる言葉を考え、漢字二字で答えなさい。

問十三　文中の［Ⅴ］にあてはまる一文を、解答欄の「ゼノンは」に続けて四十五字以内で考えて答えなさい。

問十四　本文の内容と合っているものを、次のア～カから二つ選び記号で答えなさい。

ア　アリストテレスにも、哲学の問題を解決するために典型的なユダヤ人としての発想が見られる。

イ　古代ギリシアでも見られたが、ことばの誤解を解くことで哲学の問題が消滅すると考える人が多くなった。

ウ　「分かる」や「知る」ことと「決める」ことは違うので、なぜという疑問文は哲学の問題解決にはならない。

エ　パラドックスとしての理解不能な言語が、哲学の問題を難しくする原因になっていると指摘されている。

オ　二十世紀以降、哲学の問題は言語の規則を破ることによって発生すると考えられるようになってきた。

カ　ウィトゲンシュタインは、古代ギリシアの科学的な考え方で哲学の問題を解決する流れを作った。

［二］

次の1～10の文中の（カタカナ）を漢字で書きなさい。

1　図面を（シュウセイ）する。

2　前向きな（シセイ）で取り組む。

3　（ハイク）を作る。　　4　遊園地の（ユウタイ）券。

5　（メンミツ）な計画を立てる。

6　（アッカン）の演技で勝利した。

7　商品を（センデン）する。

8　体重の（ゾウゲン）が激しい。

9　（イサ）ましいかけ声。　　10　戸を（シ）める。

い。とにかくどんなに小さくても一定の幅をもった時間の中で、空間的な［Ⅳ］を変えるということを、われわれは、その間「運動している」「動いている」と呼んでいるんです。

その反対に、「止まっている」とはどういうことかというと、一定の幅の時間の中で［Ⅳ］を変えないということだとアリストテレスは言います。どんなに短くても、どんなに長くてもいいんですけど、一定の幅のある時間に［Ⅳ］を変えないということ、それが、その間、止まっているということなんです。いいですか？　われわれは「運動する」とか「動く」とか「止まっている」ということばをそう理解しているとアリストテレスは言うんですね。

このアリストテレスの考えは納得できますよね。だから、「どの瞬間にも止まっている」という言い方は成り立ちません。

ゼノンが出したのが、どんな種類の問題だったか分かりますか？

ゼノンの出した問題は、科学的な手段で解くことはできません。高速度カメラで撮《さつ》影すれば、何枚も写真が撮れるでしょうけど、そういう写真が何枚あってもなぜ運動が出てくるのかという問題には答えられません。実際、写真を何百枚並べても運動は出てきません。

また、矢を顕《けん》微鏡で調べても、なぜ運動が出てくるかは分かりません。分子の構造とかは分かるかもしれませんけどね。そのほか、どんな事実を集めても解決できません。

つまり、新しい事実が分かれば解けるような問題ではないんです。つまり、ゼノンが出した問題は、科学的に解決できるような問題ではありません。むしろこれは哲学の問題です。「どの瞬間にも止まっている矢がどうして運動していると言えるのか？」というゼノンの問題は、典型的な哲学の問題なんです。

これをアリストテレスはどう解決しているかというと、［　　　Ｖ　　　］と指摘《てき》し、そこから、ゼノンの主張は誤ったことは使いの上に成り立っている以上、問題はなくなる、と主張して解決したんです。「ある瞬間に矢は止まっている」という言い方は、「天使は存在しない。では天使はどこにいるか？」という言い方と同じように意味がありません。

（土屋賢《けん》二『あたらしい哲学入門』より・一部改変）

問一　文中の［A］～［D］にあてはまる言葉として最も適切なものを、次のア～エから選び記号で答えなさい。

ア　たとえば　　イ　たしかに

ウ　それどころか　　エ　では

問二　本文中から［I］にあてはまる言葉を漢字二字で答えなさい。

問三　本文から次の段落が抜けています。どの形式段落の前に入れるのが適当ですか。その段落の初めの三字を答えなさい。

> それは、「消えた」という表現をぼくらはいろいろな場合に使うからです。たとえば「公園で遊んでいた子どもが消えた」という言い方をしますね。この場合なら、「その子どもはいったいどこへ行ったのか？」という問題は意味のある問題です。問題として成り立っているし、答えることも原理的には可能です。あるいは、マジシャンがハトを消したとしますよね。その場合、「ハトが消えたけど、そのハトはいったいどこへ行ったのか？」という問題なら、問題として成り立つし、解決することができます。これらの場合は、ロウソクの場合とは根本的に違います。

「ユダヤ人だから」みたいなことを言ったのは撤《てっ》回【取り下げること】します。軽率に⑥一般《ぱん》化すると、こういうふうに、たいてい間違いますから、みなさんも気をつけてくださいね。

アリストテレスが問題をどう解決したかが一番分かりやすい例をお話ししますね。古代ギリシアにゼノンという人がいました。ゼノンという人は、「物体が運動することはありえない」という無茶なことを主張しました。無茶な主張をするだけならだれでもできますけど、それを「証明」したところがゼノンのすごいところです。

ゼノンは物体が運動することはありえないということを何通りも証明してるんですけど、そのうちの一つは「飛ぶ矢は飛ばない」というパラドックスです。ギリシア語で「ドックス」というのはこの場合「常識」という意味なんですね、「パラ」というのは「反する」という意味です。常識に反するような主張を「パラドックス」と呼びます。ゼノンは「飛ぶ矢は飛ばない」と主張しましたけど、ふつうに考えると、矢が飛んでいるなら、飛んでいないということはありえません。それなのにゼノンは飛んでいないということを証明しているんです。

その証明はこうです。A点から矢を放ったとしますよね。その矢がB点に向かって飛んでいるとします。AからBまで矢が飛んでいる間、どの瞬《しゅん》間を取っても、矢はA点からB点までのどこかにあるはずです。ある瞬間を取ると、この矢は止まっています。瞬間というのは、幅《はば》のない時間のことだから、その時間には矢は止まっているはずです。いいですね？「瞬間」ということばは、日常的には非常に短い間という意味でも使いますけど、でも幅がある短い時間なら、わずかでも動いているはずです。止まっていると考えられるときの時間は幅のない時間です。「瞬間」を⑦そういう意味に考えてくださいね。

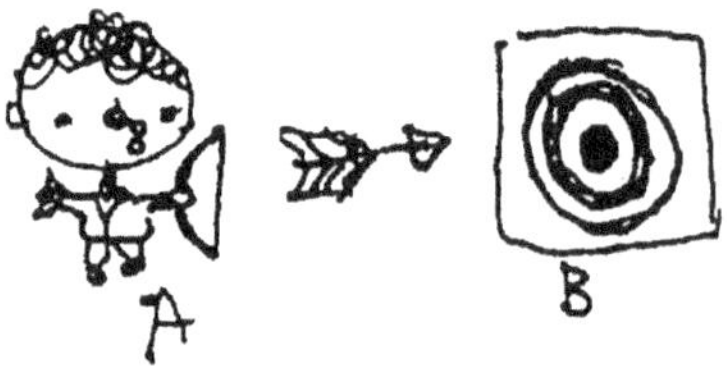

ところで、時間は瞬間が無数に集まったものです。瞬間瞬間の矢を集めると運動が出てくるはずなのに、止まっているものをいくら寄せ集めても、運動は出てきません。たとえばこの机はいま止まっています。こういう机を何百個集めても何千個集めても、無限に集めても、そこから運動は出てきません。

それと同じように、どの瞬間を取っても、この矢は止まっているんだから、その止まっている矢をいくら集めても、運動は出てきません。だから、この矢は飛んでいない。こういう証明をしているんです。分かりますか？

みなさんだったらどう答えますか？　この証明はどこかが間違っているはずです。現に矢は飛んでいるんですからね。その矢が飛んでいないと証明しているんだから、その証明のどこかが間違っているはずです。じゃあ、どこが間違っているんでしょうか？　ゼノンが出した問題は、「矢はどの瞬間をとっても止まっているのに、なぜ運動していると言えるのか？」という問題です。答えられますか？

アリストテレスの答えはこうです。まず、「運動している」とはどういうことでしょうか。「運動している」「動いている」とは、一定の時間の中で［Ⅳ］を変えるということです。アリストテレスはそれが運動するということだと言います。

一定の時間というのは、一定の幅を持った時間ということです。それは五年間でもいいし、五秒間でもいいし、五ナノセカンドでもかまわなてきた。一人は顔が汚れていて、一人は顔が汚れていない。顔を洗うのはどちらだ?」

青年「今度は自信をもって答えられます。顔を洗うのは、顔のきれいな方です」

ラビ「違うね。なぜかというと、［　Ⅱ　］だから両方洗う」

青年「あー、そうか！　うかつでした。今度こそちゃんと答えますから、もう一回問題を出してください」

ラビ「わかった。じゃあもう一回問題を出してやろう。煙突から男が二人出てきた。一人は顔が汚れていて、一人は顔が汚れていない。顔を洗うのはどちらだ?」

青年「今度こそは分かります。二人とも洗います」

ラビ「違う。なぜかというと、顔が汚れている方は相手のきれいな顔を見て、自分もきれいだと思って洗わない。一方、顔のきれいな方は、相手が顔を洗わないのは、相手が自分の顔がきれいなのを見て、自分の顔もきれいだと考えたからに違いないと推理して、きれいな顔の男も洗わない。だからどちらも洗わない」

青年「あ、そうか！　分かりました。本当に軽率でした。お願いですから、もう一回だけ問題を出してください」

ラビ「仕方がない。じゃあ、もう一回問題を出してやろう。煙突から男が二人出てきた。一人は顔が汚れていて、一人は顔がきれいだ。顔を洗うのはどちらだ?」

青年「今度こそは大丈《じょう》夫です。どちらも顔を洗いません」

ラビ「それも違う。なぜかというと、そもそも、［　Ⅲ　］そういうありえない問題に対して、まともな答えを見つけようという方が間違っている」

こういう長いのがジョーク集の中に載《の》っていました。このラビの答え方には問題もあるかもしれませんが、こういうのがジョークとして成り立つところが面白いですよね。一番最後のくだりで、問題の設定自体がナンセンスなんだからまともな答えがあるはずがないと言ってるところなんか、哲学者が言っているみたいですよね。そういう話を聞いて育っていたら、問題自体が間違っているという突飛な【変わった】発想が出てきやすいのかもしれませんね。

こういうジョークをウィトゲンシュタインが読んだかどうかは分からないんですけど、発想の仕方はどこか関係がありますよね。

ウィトゲンシュタインの基本的な考えはこうです。哲学の問題はすべて、問題として間違っている、問題とは呼べないようなものなんだ。だから、それに対してあえて答えようとしたら、その答えもナンセンスになってしまう。意味のないものになってしまう。そういう考え方です。

こういう考え方は非常に特殊《しゅ》な考え方だと思われるかもしれないですけど、実際にはそれほど特殊ではないんです。というのは、ウィトゲンシュタインの影響《えいきょう》もあって、二十世紀の英米の哲学者たちは、哲学の問題は言語に対する誤解から発生すると考える人が多いんです。

もっと言えば、古代ギリシアでも、アリストテレスはウィトゲンシュタインと同じような考え方をしています。ユダヤ人じゃないんですけどね。さっきウィトゲンシュタインの考え方が出てきたのはユダヤ人だからじゃないかって言いましたけど、考えてみると、哲学をこういうふうに考える人は、ユダヤ人じゃない人もけっこういますね。だからさっきないんじゃないかと思っていますけどね。それをみなさんに納得してもらうには、いろいろな問題を実際に解いてみせるしかありません。

問題自体が間違っているという考え方を一番はっきり主張したのはウィトゲンシュタインという二十世紀の哲学者です。

多くの哲学者も認めていますけど、この人は哲学の天才だと思います。オーストリアで大富豪《ごう》の家に生まれて、哲学の教育を受けたことはほとんどないまま、イギリスで工学系の勉強をしていたんですね。そのころ、世界的な哲学者として有名だったバートランド・ラッセルの書いたものを読んで、ラッセルのところへ質問しに行って、結局ラッセルのもとで勉強することになったんです。そこで勉強した期間は、合計すると二年半くらいです。それだけ勉強すると、ウィトゲンシュタインは、もう学ぶことはないと言って、ノルウェーの別荘《そう》に行ったので、ラッセルがケンブリッジ大学教授のムーアをノルウェーに派遣《けん》して、ウィトゲンシュタインの考えを聞いてそのメモをもって帰らせたんです。そのメモが今でも残っています。ケンブリッジ大学というと、日本の大学と違って教授のポストというのは非常に少ないんですけど、その教授がわざわざ意見を聞きに行かせられるほどの人なんですね。

ウィトゲンシュタインのような革新的な考え方をする人って、わりにユダヤ人の人にいますよね。一概《がい》に【全部同じように】は言えないでしょうけどね。ウィトゲンシュタインも四分の一だかユダヤ人なんですけど、アインシュタインもマルクスもフロイトもキリストもユダヤ人ですよね。とにかくこれだけ揃《そろ》うと、ユダヤ人にはふつうと違う発想をする人が出るような気がしてきます。そういう疑問をもっていて、ユダヤジョークの本を読んでいたら、こういうジョークが出ていました。ジョークと言えるかどうか微妙《びみょう》ですけどね。

ハーバード大学の哲学科で博士号をとった青年が、ユダヤ教のラビのところへ行きました。ラビというのは、ユダヤ教の祭司で学者で日々の相談にも乗るという役割をもった人らしいんですね。それぞれの地域にラビがいて、もめ事があればその人に仲裁してもらったりするらしいんですけど、そこへハーバード大学を出た青年が行って言いました。

「ぼくは哲学についてすべて勉強し尽《つ》くしました。どんなことでも分かっているつもりです。ぼくの哲学の能力を試していただけませんか？」

するとラビはこう答えました。

「君には無理だ」

青年「どうして無理なんですか？　何でもいいから問題を出して試してみてください。ちゃんと答えますから」

ラビ「仕方がないな。そこまで言うなら問題を出してやろう。二人の泥《どろ》棒がある家の煙突《えんとつ》を降りて出てきた。一人は顔が真っ黒に汚《よご》れている。もう一人はまったく汚れていない。さて、顔を洗うのはどっちだ？」

青年「簡単です。顔の汚れている方が洗います」

ラビ「違うね。なぜかというと、顔の汚れている方は、相手のきれいな顔を見て自分の顔もきれいだと思うから、顔を洗わない。他方、顔のきれいな方は、相手の顔が汚れているのを見て、自分も顔が汚れていると思って顔を洗う。だから顔を洗うのは顔のきれいな方だ」

青年「あっ、なるほど！　そういえばその通りです。分かりました。軽率【慎《しん》重でないこと】でした。すみません。もう一回問題を出してください」

ラビ「じゃあ、もう一回問題を出してやろう。煙突から二人の男が出しれないし、助手がもって帰ったのかもしれない、と考えるわけですよね。完全に消滅したわけではなくて、どこかにはある、ただその所在が分からない、というだけです。そういう場合だから、「どこにあるのか?」という問題が成り立つんです。

子どもやハトについては「消えたらどこへ行くのか?」とか「どこに行ったのか?」といった問題が成り立ちます。これがふつうの場合です。それならロウソクの火についても成り立つんじゃないかとわれわれはつい誤解してしまう。でも実際には、「消えた」と言われても、子どもやハトの場合とロウソクの場合は違うんです。一方は「どこに行ったのか?」と問えますが、もう一方は問えません。同じ表現だからどちらの場合にも使えるはずだ、と誤解してしまうと、「消えた火はどこへ行ったか?」という問題を作ってしまうんです。

つまり、「消えたらどこへ行くのか」という表現は同じなのに、③意味をもつ場合と意味をなさない場合があるんです。こういう場合に、哲学的誤解は生じやすいんですね。「人間はなぜ八本足か?」という問題が意味をなさないことは一見して分かりますけど、ロウソクの火の場合はすぐには分からない。それはなぜかというと、同じような表現を使っても、ふつうは意味のある問題として成り立つからです。だからロウソクの火の場合も成り立つはずだとつい考えてしまうんです。

ここまでの説明で④「ロウソクの火は消えるとどこへ行くのか?」という問題が問題として間違っていることが納得できましたか?

「ロウソクの火は消えるとどこへ行くのか?」という問題に関しては、すぐとはいかなくても、無意味な問題だということは少し考えるとまだ分かります。でも、これよりもっと分かりにくいというか、見抜《ぬ》きにくい問題があります。

たとえば、夢の中に裸《はだか》の看護師さんが出てきた場合、「裸なのに、なぜ看護師さんだということが分かったのか?」という問題は、問題として間違ってるようには思えませんよね。「自分の行き先はどうやって分かるのか?」という問題も、意味をなさない問題とは思えませんよね。これらの問題はぼくが作った問題なんですけど、そうじゃなくても、「いかに生きるべきか?」とか「人生には意味があるか?」といった問題が意味をなさないとは思えませんよね。「時間とは何か?」とか「本とは何か?」といった問題が意味をなさないとは思えません。とくに「……とは何か」という問題はたいてい疑問文として間違っているわけじゃないから、無意味だとは考えにくい。

それでも、これらの問題は、「なぜ人間は八本足なのか?」という問題と同じで、問題として間違っているとぼくは思うんです。でも、これらの問題がなぜ意味をなさないと言えるのかということを説明するのは難しいんです。というのは、説明しなくてはいけないことがいっぱいあるからです。ロウソクの火の場合なら、短時間で説明することができますけど、他の本格的な哲学の問題になると簡単にはいきません。でもぼくは、基本的にはどの問題も意味をなさないと思っています。

これまでの話で、「問題として成り立たない」とか、「問題が間違っている」ということの意味がだいたい分かってもらえたと思います。問題自体が間違っているという考え方は意外だと思いませんか? ぼく自身、哲学をずっと研究してきましたけど、こういう考え方には気づかなかったし、そういう考え方があると知っても、哲学の問題がすべてそれで片づくとは思っていませんでした。いまでは、⑤この方向しかありえ何か深遠な【奥《おく》深い】問題のようにも思えませんか？　この世界について非常に重要なことを問うているように思えませんか？

　でも、よく考えると、これも問題として間違っているようにぼくは思うんです。その理由はこうです。ロウソクの火が消えるということはどういうことかというと、ロウソクの火が完全に消滅《めつ》してしまうということです。この世界から完全に消滅してしまうということです。つまり、どこにも存在しなくなるということです。いいですか？　どこにも存在しないものについて、「どこにあるのか？」と問うことはできません。そう思いませんか？

C 「天使のような女はどこにもいない。では天使のような女はどこにいるのか？」と問う人がいたら、何を問うているのか分かりませんよね。ロウソクの火が消えたということは、この世界のどこにもないということです。「どこにもない」と主張しておいて、「それはどこにあるのか？」と聞くのはヘンです。そう思いませんか？

D 「なぜ人間は八本足か？」という問題と違って、「ロウソクの火は消えるとどこへ行くのか？」という問題は、何となく深遠なことを問うているような感じがします。それでも、問題として間違っていることに変わりはありません。実際には、意味をなさない問題でも深遠な感じがするという場合が多いんです。でもどんなに深遠な感じを与《あた》えても、どこにもないものについて、「どこにあるのか？」と問うことは明らかに②言語規則に反しています。

「ロウソクの火が消える」ということは、どこにも存在しなくなることだということはだれの目にも明らかだと思います。目の前のロウソクの火が消えた後で、隣《となり》の家に行って仏壇《だん》のロウソクの火がついているのを見て、「なんだ、消えた火はここにあったのか」と思う人はいませんよね。そう思うのはヘンだと即《そく》座【すぐ】に分かります。このように、ロウソクの火が消えれば完全に消滅する、ということはだれでもわかっているんです。しかも、「どこにあるか？」という問いは、どこかに存在するものについてしか使えないという規則もはっきり分かっています。

　だから、この問題が意味をなさないことは明らかなはずです。それにもかかわらず、こういう問題が意味をなさないということは、それほど即座に明瞭に【はっきり】分かるわけではありません。少なくとも「人間はなぜ八本足か？」という問題ほど簡単には分かりません。それには理由があります。

　公園で遊んでいた子どもが消えても、ぼくらは、子どもがこの世の中から完全に消滅したとは考えません。目の届く範《はん》囲から子どもがいなくなってはいるけど、どこかには存在しているはずだとわれわれは考えています。どこかにはいるんだけど、どこにいるのかが分からないんです。そういうときに「どこに行ったのか？」と問うことができます。

　だから、子どもが見つかれば、「子どもはここにいた」と言うことができます。ロウソクの火の場合は違います。ロウソクの火が別の場所にあったとしても、どんな状態で存在していたとしても、「ここに存在していたのか」という言い方は成り立ちません。

　それが子どもやハトの場合は成り立つんです。マジシャンがハトを消すと、「消えたハトはどこに行ったのか？」とぼくらは考えます。なぜそう考えるかというと、ハトが消えても完全に消滅したわけではないとわれわれが考えているからなんです。ハトはどこかにいるんだけども、どこにいるのか分からない、マジシャンがポケットの中に入れてるのかも

【国　語】〈五〇分〉〈満点：一〇〇点〉

【注意】字数制限のある問題については句読点を字数に含《ふく》めること。

一　次の文章を読んで、あとの問いに答えなさい。ただし、【　】は語句の意味で、解答の字数に含《ふく》めないものとします。

どうすれば哲《てつ》学の問題を解決できるかをこれから説明します。

この方法は、基本的にはあらゆる哲学の問題を根本的に解決する方法です。どういう方法かというと、哲学の問題はどれも、問題として間違《ちが》っているという解決の仕方です。こう言っても不可解に思えるでしょうね。そもそも、「問題として間違っている」というのはどういうことなのか、説明が必要です。

例を挙げます。たとえば「なぜ人間は八本足なのか?」という問題を考えてみます。これは問題として間違っている例です。つまり、この問題は、問題として成り立たない。そう思いませんか?　この問題は、いくら考えても答えることができません。

なぜ答えられないかというと、ぼくらの能力が足りないからではありません。ぼくらが事実を知らないからでもありません。どんなに事実を調べても、どんなに該《がい》博な【広い】知識をもっていても、そもそも問題として成り立っていないんだから、答えようがありません。そう思いますよね。

[A]、「なぜ人間は八本足か?」という問題が成り立たない理由は何でしょうか?　それは簡単です。「なぜ」と問うときには、「なぜ」という疑問詞の後に、[I]を書いた文が来ないといけないからです。

たとえば今日は晴れていますよね。それなら「なぜ今日は土砂降りなのか?」という問題は成り立ちません。問題として理解することができません。「なぜ」という疑問文を作るときには、「なぜ」の後に[I]を表す文が来ないといけないという規則に従わなくてはいけないとぼくらは考えています。その規則に反しているから、疑問文として理解不能な、意味のないものになってしまうんです。

問題として成り立っていないんだから、これに答えるということもできません。どうすれば答えたことになるのかということも分かりません。

すべての哲学の問題は、問題として間違っているという主張は、哲学の問題はどれも、「なぜ人間は八本足か?」というような形をしているという主張なんです。「なぜ人間は八本足か?」という問題が、問題として間違っている、問題とは言えない、ということは一目瞭《りょう》然ですね。これについては納得していただけると思うんですね。でも、たとえば「いかに生きるべきか?」という問題や、「空はなぜ青いのか?」といった問題のどこが問題として間違っているのかと言われても、納得できませんよね。

もう一つ例を出しますね。こういう問題はどうでしょうか。「ロウソクの火は消えるとどこへ行くのか?」はどうでしょうか。この問題は『不思議の国のアリス』か何かの中に出てきたと思うんですけど、どう思いますか?

「ロウソクの火は消えるとどこへ行くか?」という問題は、「なぜ人間は八本足か?」という問題と同じように意味がない、問題として間違っていると思う人がいても不思議ではないと思います。でも多くの人には、「人間はなぜ八本足か?」という問題とは違って、①この問題は一見しただけでは問題として間違っているようには思えませんよね。[B]、

問十二　――部⑩「ここまで来れば『話を聴いてもらう』体制は90％くらい完成したと言ってよい」とありますが、なぜですか。

問十三　――部⑪「というか、それが、いいんです」とありますが、なぜですか。

問十四　文中の［G］～［J］にあてはまる言葉を次のア～オから選び、記号で答えなさい。ただし、同じ記号は二度使えません。

ア　奇跡《きせき》　イ　構造　ウ　感情　エ　論理　オ　断片《ぺん》

問十五　――部⑫「虫食い的なメッセージを補って完成させている」と同じ意味を表す部分を本文から三十字前後で抜き出し、その最初と最後の五字を答えなさい。

問十六　文中の［c］にあてはまる言葉を本文から六字で抜き出しなさい。

問十七　筆者がこの文章を通して伝えたいことを、七十字以内でまとめなさい。

二

次の１～10の文中の（カタカナ）を漢字で書きなさい。

1　人工（エイセイ）を打ち上げる。
2　文章の（コッカク）を考える。
3　（シャソウ）の景色を楽しむ。
4　試合を見て（コウフン）した。
5　（カンソ）な住まい。
6　議員を（ジショク）する。
7　野菜の（ヒンピョウ）会。
8　体力を（ヤシナ）う。
9　つり糸を（タ）らす。
10　医者を（ココロザ）す。

僕の話はこれでおしまいです。

みなさんは「なんだかわかったような、わからないような話を聞かされた」という片づかない印象を持っただろうと思います。別に理解なんかしなくていいんです。でも、そうですね、あと10年くらいして、みなさんが人前で話をする機会があったとします。プレゼンテーションとか、学会発表とか。そのときに、聴衆の側にいまいち「聴く姿勢」がないと思ったら、「後ろの方聞こえますか?」と訊いてみてください。あるいは「この部屋ちょっと冷房効き過ぎてませんか?」でもいいです。あるいは「カーテン閉めましょうか。西日がまぶしくないですか?」でもいいです。そのとき一瞬聴衆たちが「自分の身体に訊く」のがわかります。そのときに与《あた》えられた短いチャンスを逃さないように。

みなさんのご健闘《とう》を祈《いの》ります。

（内田樹《たつる》『転換《かん》期を生きるきみたちへ』より・一部改変）

問一 ——部①・③・④・⑦「それ」はそれぞれ何を指しますか。

問二 ——部②「ノイズ」とありますが、ここでは何を指しますか。十五字以内で答えなさい。

問三 文中の[A]～[C]にあてはまる言葉として最も適切なものを、次のア～オから選び、記号で答えなさい。ただし、同じ記号は二度使えません。

ア ぞっ　イ はっ　ウ ぴたり
エ くっきり　オ がっくり

問四 ——部⑤「『あなたは私がこれからする話を最後まで注意深く読んでしまうであろう』というものになる」という言葉には、筆者のどのような考えがありますか。

問五 ——部⑥「ほとんど『聴くな』と言っているに等しい」とありますが、なぜですか。

問六 文中の[D]・[E]にあてはまる言葉を次のア～エから選び、記号で答えなさい。

ア 未　イ 非　ウ 無　エ 不

問七 ——部⑧「高校生たちがもじもじと身体を動かし始めた」とありますが、なぜですか。

問八 文中の[a]・[b]にあてはまる言葉を本文から抜《ぬ》き出しなさい。

問九 文中の[F]にあてはまる言葉を、次の慣用句を参考にして漢字一字で答えなさい。

（Ｆ）につく　（Ｆ）にかける
（Ｆ）をあかす　（Ｆ）が高い

問十 ——部⑨「入力情報」とは具体的には何ですか。

問十一 本文から次の文が抜けています。どの段落の前に入れるのが適当ですか。その段落の初めの五字を答えなさい。

ただし、そういう「歓《かん》待」を期待するためには条件があります。それは「身体で聴いた」「身体で読んだ」という場合だけです。だって、「データ不足で真偽《ぎ》・良否の判定不能。追加データを」というふうに要請《せい》してくるのは身体だけだからです。「気の流れがいいの?」と高校生たちが自分の身体に訊《き》いたときに、「耳の蓋《ふた》が開いて」、身体が開放状態になった。

こと言うわけない。だから、同じ「うし……きこ……ますか」という音で構成可能なセンテンス【文】をいくつか思い浮《う》かべて、その中で一番「ありそうな文」を選び出す。聴き取り不能だった音を「たぶん、あれだな」と想像して補てん【不足を補って埋《う》めること】する。その仮説に基づいて、「声が後ろの方まで届いていないので、（マイクを使うとかの）しかるべき補正手段を採って下さい」という遂《すい》行的なメッセージを「聞こえません」という一センテンスに託《たく》して発する。

すごいですね。これだけ複雑な操作を一瞬のうちに行っているんです。でも、それが可能なのは、すべて僕の言っていることが「よくわからない」からなんです。「よくわからない」がゆえに、「わかる」ために、状況判断したり、候補文をスキャンしたり、⑫虫食い的なメッセージを補って完成させている。

エドガー・アラン・ポウの『黄金《こがね》虫』という小説を読んだことがありますか？　なければ、ぜひ今から本屋に行って文庫本を買うか、図書館に行って借りて来るかしてください。読んで損はありません。『黄金虫』は虫食いだらけの暗号文を解読して海賊《ぞく》キッド船長の財宝を見つけるという話なんですけれど、暗号解読のために主人公がしているのはまさに「［ｃ］」と同じ操作なんです。まず、海岸で拾ったぼろぼろの羊皮紙に不思議な模様がついていた。これは「よくわからない」情報入力です。そこで状況から判断して、「たぶんこういうことを書いたものだろう」と推理した。そして、その虫食い的なメッセージの「穴」を埋めていった。やっていることは［Ｊ］的には同じことなんです。

それが人間の知性が最も活発に発動しているときのあり方なんです。「後ろの方聞こえますか？」という僕の問いに「聞こえません」と答えた学生たちもこのときに「自分の身体に訊いている」。わかりますよね。「今、揺れた？」とか「寒気するでしょ？」とかと同じタイプの出来事なんです。聴《ちょう》覚記憶は音が消えてしまった後もかなりの時間、身体の中に残っています。人間は「もう聞こえない音がまだ聞こえる」し、「まだ聞こえない音がもう聞こえる」というような能力を備えています。音楽を聴くというのは、まさにそういう経験ですからね。僕たちがメロディとかリズムとかグループとかいうものについて語れるのは、「もう聞こえなくなった音」や「まだ聞こえない音」がいまここで聞こえるからです。

「後ろの方聞こえますか？」と僕が言ったときに、学生たちは自分自身の聴覚記憶に問いかけているんです。「私には何が聞こえたのか？」

もう一度繰《く》り返しますけれど、「身体に訊く」という構えを採用するときに、身体は開放状態になります。そして自分自身の身体記憶の貯蔵庫の中を探《さぐ》って、時間を遡《さかのぼ》ってモニター【点検】を始める。そして、「虫食い状態のメッセージ」の穴を自力で補てんしようとする。

この作業を「知性的」と言わずして何と呼ぶべきでしょう。

僕が何を言いたくてこんな話を書いているのか、もうお分かりになりましたね。

僕は「人の話を最後まで聴かせる方法」とはどういうものかをみなさんにご教示しますという宣言によってこの文章を書き始めました（覚えてますか）。そして、僕がたどりついた結論は、「自分の身体に訊く」ように仕向ければ、人は外界からの情報入力に対して開放的になり、貪《どん》欲になり、「もっとデータを」という前のめりの構えになるということです。これが「学ぶ」ということです。

ているわけですから。

人を好きになったとき、その人の口から僕たちが一番聴きたい言葉は「あなたのことをもっと知りたい」でしょ。誰が考えたって、そうですよ。

でも、「あなたのことをもっと知りたい」というのは、言い換《か》えれば「あなたのことが現時点ではよくわからない」ということです。よくわからないからもっと知りたい。ちょっとだけわかったけれど、まだまだわからないところが多い。だから、「もっと知りたい」と思う。

そういうものなんです。この機会に覚えておいてください。「わかった」というのはあまりいいことじゃないんです。人間同士では、「わかると、コミュニケーションが終わる」ということになっている。本を読んで、中身が全部理解できた。そしたら、その本のタイトルも著者名も、書いてあったことも、何もかも全部忘れても、困らない。だって、全部理解できたんですから。その本には僕たちが「もともと知っていたこと」が書いてあったか、読んでいるうちに「血肉となったこと」が書いてあったか、いずれにせよ改めて記憶《おく》する必要もないし、手元に置いておく必要もない。そのままゴミ箱に捨てても困らない。

読者に「全部理解された」おかげで、二度とタイトルも著者名さえも思い出されないような本を書きたい人はいないと思います。少なくとも僕は書きたくありません。僕は「あなたの話は全部理解できました」なんて言って欲しくない。僕が聴きたいのは「なんだかわかったような、わからなかったような……」です。それは聴いた人の身体の中に言葉が収まったけれど、まだうまく片づかないで宙吊りになっているということだからです。「わかったこと」のファイルにも「わからなかったこと」のファイルにも分類されていないで、そのままデスクトップ【パソコンの画面】の上に置きっぱなしになっている。それこそ、僕たちが人に言葉を差し出したときに受けとることのできる最高の歓《かん》待【おもてなし】です。そう思っている人がどれくらいいるかわかりませんが、僕はそう信じています。

身体が開放状態になるのは僕たちが自分の身体に向けて問いを発した場合だけです。

では長くなりましたので、そろそろ巻きに入って、結論を申し上げます。

コミュニケーンョンの現場において、人がちゃんと僕の話を聴いてくれる状態というのは、僕が「たいへん役に立つこと」を話しているという確証が先方にあるからではありません。僕の言うことが実に［G］的かつ比喩《ゆ》もカラフルで、言いたいことがすらすらと全部わかるからでもありません。そうではなくて、聴いた話の真偽《ぎ》や当否についてとっさには判断しかねたので、答えを自分の身体に訊ねた場合だけです。

この原理を応用すると、大学の授業でも、教室内の全員が僕の話を理解するという［H］的な瞬間が起きることがあります。それは例えば教師が「後ろの方、聞こえますか?」と問いかけたときです。なんと、驚《おどろ》くべきことに、この問いに「聞こえません」と回答する学生たちがいるのです。不思議でしょ? だって、聞こえないんですよ!

よく考えてみてください。このとき学生たちは実に複雑な操作をしているんです。まず教壇にいる僕から［I］的な音声が聞こえてくる。「うし……きこ……ますか」くらいしか聞こえない。僕が何を言ってるのかわからない。「牛の肉を食べて、ワインでもきこしめしますか」と言っているのかも知れない。でも、授業の冒《ぼう》頭に教師が教壇からそんな変なをもう少し聞く以外に「追加データ」を採る方法がない。でも、僕がしゃべっているとき、どの言葉が身体が求めている「有意なデータ」であり、どの言葉が聞き流してよい「無意味なノイズ」なのかを、高校生たち自身は自己決定することができません。だって、自分がどういうデータを求めているのかご本人は知らないんですから。

どんなデータを採ればいいのかわからないにもかかわらず、身体からは「追加データ」を要請《せい》してきている。となると、とりあえず耳から入ってきた⑨入力情報は全部そのまま身体に丸投げするしかない。とにかく耳に入ってきた音声を逐《ちく》次【順番に】自分の身体に流し込んでゆくしかない。これが「耳の蓋《ふた》」が開いた状態です。

脳の主たる仕事は「ノイズをカットすること」ですけれども、今の場合は身体の方から「ノイズをカットしないでください」という要請が来ている。生物に初期設定されている「意味がない情報は取り入れない」というノイズ・カット機能を「止めて下さい」と自分の身体の方から言ってきているんです。とりあえずそれに従う。

さあ、⑩ここまで来れば「話を聴いてもらう」体制は90％くらい完成したと言ってよいと思います。あとはよほど下手を打たなければ、高校生諸君はもう寝ません。別に目をきらきらさせて聴き入るということではありませんが、たぶん最後まで僕の話を自分の身体にどんどん流し込んで行ってくれるでしょう。それでいいんです。僕はそれ以上のことは求めていません。別にスタンディング・オベーションで送られるような華々《はなばな》しい成功をめざしていたわけじゃありません。最後まで眠らずに話を聴いてもらうことだけで十分です。そして、実際にこのときの講演では、高校生たちは最後までみんな目を見開いて僕の話を聴いてくれました。話の中身を理解してくれたかどうかはわかりません。全部は理解してくれなかったと思います。でも、いいんです。最後まで聴いてくれたから。そして、たぶん多くの高校生たちは「なんだか今日はずいぶん『変な話』を聴いたな……」と首を傾《かし》げながら家路についたんじゃないかと思います。それで、いいんです。⑪というか、それが、いいんです。

すっきりわかられてはむしろ困る。言葉を発するときに、「喉《のど》元まで出かかっているんだけれど、うまく言葉にならない」ということがありますけれど、あれの逆です。聴くときには、「たしかに言葉は聴いたんだけど、それがうまく喉元を通り過ぎてくれない」というあたりがいいんです。

どうして、「意味がよくわからなかった」話の方が「隅《すみ》から隅まで意味がわかった」話よりも生産的なのか。それは身体が聴いたからです。人の話を頭で聴くと「わかった」か「わからなかった」の二つしかない。身体で聴くと「わかったような、わからなかったような……」という宙吊《づ》り状態になります。

誤解している人が多いと思いますけれど、「わかった」というのはあまりコミュニケーションの場において望ましい展開ではないんです。だって、そうでしょ。親とか先生から、「お前が言いたいことはよくわかった」ときっぱり言われると、ちょっと傷つくでしょ。だって、それは「だからもう黙《だま》れ」という意味だから。

ふつう人を好きになったときに、相手から一番聴きたい言葉は何ですか？「あなたのことを完全に理解した」ですか。まさかね。そんなこと言われてうれしいわけがない。だって、それは「だから、あなたにはもう会う必要がない。あなたの話を聴く必要もない」ということを含《がん》意しら、この体育館も非常に気の流れがよいです。感じるでしょ？　気の流れ……」

　ここまで話すと、最前列で足を前に投げ出して「お前の話なんかぜんぜん聞く気ないけんね」というメッセージを全身から発信していた⑧高校生たちがもじもじと身体を動かし始めた。

　そりゃそうですよね。「気の流れがいい」と言われて、「感じるでしょ？」と訊《き》かれているんですから。彼らは「話なんか聞く気はない」という初期設定でこの場に臨んだのではありましたけれど、状況がちょっと変わった。ですから、ここで微妙《びみょう》な調整を入れたのです。「感じる？」という問いを自分に向けて発してしまったのです。

　自分への問いを人は意識的に止めることができません。嘘《うそ》だと思ったら、誰でもいいですから、近くの友だちに向かって、何でもいいです、そうですね、じゃあ「ね、いま揺《ゆ》れた？」っていきなり訊いてみてください。「いや、揺れてないよ」と間髪《かんはつ》を入れずに即《そく》答するということは人間にはできません。問いを聴き、問いに答えるのは［ａ］の仕事ですけれど、揺れたかどうか感知するのは［ａ］じゃなくて［ｂ］の仕事だからです。自分の［ｂ］に対して「いま揺れた？」と問いかけて、「いいえ」という返事をもらってからでないと「揺れてないよ」という回答は果たせない。ここに一瞬の「間」が生じる。そこが勝負どころなんです。

　「この体育館、『気の流れ』がいいって、あの男は言うけど、ほんと？」と高校生たちは自分の［ｂ］に訊いてみた。しかたないですよ。［ａ］は「気の流れ」なんてどんなものだか想像もつかない。でも、もしかしたら［ｂ］は知っているかも知れないから。病院で熱を計ってもらったら看護師さんに「あら、けっこう熱あるわね。寒気しない？」と言われたら、僕らは「寒気がしているかどうか」をとりあえず身体に訊いてみます。言われてみれば、なんかぞくぞくするような気がする。そこで「はい、寒気がします」と返事をする。そういう手順に決まっているんです。「身体に訊かないとわからないこと」については、一瞬だけ判断を保留して、身体に訊いてみる。

　「気の流れ」というのがいったいどの感覚器官で感知すべきものか、ふつうの高校生は知りません。そういうのは皮膚《ふ》感覚の領域かなと思って、自分の皮膚に訊《たず》ねてみる。「気の流れ、感じる？」って。そして、返答を待つ。でも、もちろん、身体からの返答はありません。だって、身体だって「気の流れ」なんて知らないから。それでも、身体はさすがに生き物です。「『気の流れ』などというものはこの世に存在しません」というような木で［Ｆ］を括《くく》るような回答はしません。身体はそういうことはしません。「ある」か「ない」か瞬時のうちにデジタルに切り分けるのは脳の仕事で、脳の趣《しゅ》味で、脳の義務です（「ノイズ」と「シグナル」の切り分けがそうです）。けれども、身体は違います。身体には「判断を先延ばしにする」という選択肢《し》があります。

　高校生たちが「感じる？」と自分の身体に訊いたときの身体からの回答は「判断保留」です。身体はこの問いにこう回答してきました。「データ不足につき回答不能。さらに追加データをお願いします」

　「データ不足で判定できませんからもっとデータをください」と言われては仕方がありません。もっとデータを送るしかない。でも、「追加データ」をどこから採るかと言えば、それはそもそも最初に「気の流れ」について自信たっぷりに語った僕の話からしかない。となると、僕の話その高校の生徒１５００人くらいが体育館に集められて、パイプ椅子《いす》に座らされていました。司会の先生が「これからこちらのウチダ先生が君たちにとってたいへんためになる講演をされるから、みんなちゃんと静かに聴くように」という堅苦《かた》しいアナウンスをしてから僕にマイクを手渡《わた》しました。

　この紹介《しょうかい》の仕方はちょっとないんじゃないかと僕は思いました。体育館に集められた高校生たちに向かって「これから君たちのためになる話をこの人がするから、注意して聴くように」なんて言うのは、⑥ほとんど「聴くな」と言っているに等しいわけですから。

　案の定《じょう》、体育館を見渡したら、当然ながら、高校生諸君はあまり（というか全然）僕の話を聞く体勢ではありませんでした。だって、寒い時期に、暖房《ぼう》もない体育館に集められて、パイプ椅子に座らされて、70分の間、どこの誰だかわからない大学の先生の話を聞かなくちゃいけないんです（おまけに、そのときの演題はたしか「グローバル化する世界と大学教育」という、タイトルを見ただけで僕だって眠たくなるようなものでした）。

　体育館の演壇から見下ろすと、高校生諸君は総じて「 D 関心」と「憎悪《ぞうお》」の中間くらいのまなざしを僕に向けていました。最前列の何人かはあきらかに「お前の話なんか、聴く気はぜんぜんないからね」ということを全身で表現すべく、椅子に浅く座って、両足を「これでもか」というくらい遠くに投げ出して、眼を半分閉じて、しっかりと腕組《うで》みをしておりました。ちなみに「腕組みをする」というのは「お前の話を聴く気はない」という E 言語的な意思表示です。人の話を「聴きたい」というときは、あごの下に手をあてがって、膝《ひざ》を閉じて、ちょっと前のめりになって、にこにこしてみせるんです。当然ながら、そんなフレンドリーな高校生はみごとに一人もおりませんでした。

　という絶望的な状況《きょう》に置かれて、僕もさすがに進退に窮《きゅう》しました。行く前には、どんな話をするのかだいたいのプラン【構想】はあったのですけれど、今さらそんな話をしてもしようがない。だから、「変な話」から始めました。

　僕はちょっと中空に眼を泳がせて、こうつぶやきました。

「この体育館、『気の通り』がいいですね」

　高校生たちはちょっと不意を衝《つ》かれたような顔をしておりました。このおじさん何言い出すんだよ。「気の通り」？

「この学校は昔の藩《はん》校だったそうですね。さすがに昔の人はたいしたものですな。『風水《ふうすい》』がすばらしい。みなさん自分の通っている学校の『風水』がすばらしいって、ご存知《じ》でした？」

　高校生たちは「風水」なんて言われてもわかりません。でも、こちらは相手の虚《きょ》を衝いて話を始めたんですから、⑦それを押し通すしかない。

「校門の前に道を横切って小川が流れてますね。あそこが南です。風水で言う『朱雀《すざく》』に当たります。そして、校舎を抱《だ》きかかえる二本の腕《うで》のように東西に尾《お》根がありますね。東側が『青龍《せいりゅう》』、西側が『白虎《びゃっこ》』です。学校の後ろは小高い山になっていますが、これが『玄武《げんぶ》』です。どうです、四神《しじん》がきちんと揃《そろ》っているじゃないですか。そればかりじゃない。みなさん、気づかれていましたか、裏の尾根の上に神社が見えますけれど、あれは学校の北東の鬼門《きもん》【不吉な方角】に当たります。鬼門に呪鎮《じゅちん》の抑《おさ》えを配して、邪《じゃ》悪なものの侵《しん》入からみなさんを守っている。風水、完璧《ぺき》です。こんな学校、僕は見たことがない。ですから、当然ながキャンすること】にヒットした情報だけが聞こえる。ヒットしない情報はすべてカットされる。この選別作業の手際の良さと精度はたいしたものです。

僕は長く教師をしていました。だから、教壇《だん》から僕が話している言葉が「ノイズ」認定されて、［Ａ］と耳が閉じて、誰も僕の話を聴かなくなる瞬《しゅん》間かどういうものかは身を以《もっ》て味わい（尽《つ》くし）ました。④それはいわば透《とう》明な壁《かべ》が僕と学生たちの間に建てられて、両者を遮《しゃ》断しているというような感じです。透明な壁ですから、お互《たが》いに顔は見えるし、声も聞こえている。でも、言葉の輪郭《かく》がぼやけてしまっていて、何を言っているのかは、わからない。

新米教師だった頃《ころ》は授業がちゃんとできるかどうか不安でしたので、分厚いノートを作ってから授業に臨《のぞ》みました。そして、そのノートを必死になって読み上げ、たいせつなことを板書しました。そして、ふっと振《ふ》り返ると、教室中の学生が全員机につっぷして寝《ね》ていた……というような痛ましい経験を何度もしました。一番前に座っていた学生は、なんとか眼を見開いて授業を聴こうと必死の努力をしているのですが、どうしても眼を開き続けていられない。ときどき「［Ｂ］」と我に返って、ノートを取り続けようとペンを持ち直すのですが、雪崩《なだれ》のように押《お》し寄せる睡魔《ま》に抗《こう》し切れず、再び「［Ｃ］」と突《つ》っ伏《ぷ》してしまう。ペンはそのまま白いノートに斜《なな》めの線を書いて止まる……。

雪山で遭《そう》難しかけている仲間に向かって、先輩《ぱい》のアルピニスト【登山家】が「眠るな！　眠ったら凍《とう》死するぞ！　がんばれ、目を覚ませ！」と頬《ほお》を叩《たた》く場面がときどき映画にありますけれど、あれに近い感じです。教師は学生の頬は叩けませんけど、気分的には「がんばれ、眠るな！」と言ってやりたい。でも、彼《かれ》らは押し寄せる睡魔には勝てない。そうやって教室のほとんどが昼寝をしている前で、教壇に立ち尽くして呆《ぼう》然としている……というようなことも若い頃にはあったのでした。

「若い頃にはあったのでした」といささか余裕《ゆう》を持って今の僕が回顧《こ》できるのは、それからあと「寝かせない方法」を必死になって探求した結果、ついに「寝かせない方法」を発見したからであります。

はい、発見したのです。

この「授業を寝かせずに聴かせる方法」は、「ノイズ認定させない」ということですから、「話を最後まで聞かせる方法」や「書いたものを最後まで読ませる方法」と原理的には同じものです。それがどういうものか、これからそれについてお話ししたいと思います。

つまり、これから後の話にいささか挑《ちょう》発的な見出しをつけるとすれば、「⑤あなたは私がこれからする話を最後まで注意深く読んでしまうであろう」というものになるわけです。なかなか挑発的でしょう。

「そんな安手《やすで》の挑発に乗るものか。オレは読み出したらすぐ寝ちゃうからな」という気合いの入った読者もいるかも知れません（僕も若い頃はずいぶん気合いの入った少年でしたから、その気持ちはよくわかります）。そういう読者のために以下の文章は書かれております。

こういうときは一般《ぱん》論をしてもダメなんです。一般論というのは「あなたに特に関係のある話ではありません」という前置きをしてから始まるものです。そんなもの誰も聞いてくれません。以下の話は「あなたに（すごく）関係のある話」です。

それは今から10年くらい前、僕が兵庫《ひょうご》県のある県立高校に講演に呼ばれたときの話です。

【国　語】（五〇分）〈満点：一〇〇点〉

【注意】字数制限のある問題については句読点を字数に含《ふく》めること。

一　次の文章を読んで、あとの問いに答えなさい。ただし、【　】は語句の意味で、解答の字数に含《ふく》めないものとします。

今僕《ぼく》はこうして言葉を書き連ねているわけですけれど、この言葉が果たして読者のみなさんに届いているのかどうかはわかりません。でも、「届いているかどうか」ということは、言葉の内容が「正しいかどうか」より「有益かどうか」よりも、はるかに根源的な問題です。だって、僕がどれほど立派なことを書いていても、読者に「意味わかんねえ」と言われて、ぽいと捨てられてしまっては、それっきりですから。まるで書いた甲斐《かい》がありません。

世の中には「読者に読まれようと、読まれまいと、関係ないね。オレは自分が書きたいことだけを書くから」という豪快《ごうかい》な書き手もいるかも知れません。でも、僕は違《ちが》います。僕は書く以上は読んでほしいし、理解してほしいし、できれば共感してほしい。今書いているこの言葉がひとことひとこと読者に「ふむふむ」としみ込《こ》むようであってほしい。

①それが非常に難しい仕事だということはわかっています。というのは、人間というのは外から入ってきた情報を「採り入れる」ことと「採り入れないこと」では「採り入れないこと」を優先する生き物だからです。まずその話からします。

生き物には「できるだけよけいな情報を採り入れない」という機能が初期設定されています。「情報を採り入れる」ではなく「採り入れない」です。それだけ聞くと変な話のように思えるかも知れませんが、よく考えれば、それが当然なんです。世界は無数の「②ノイズ【騒《そう》音・雑音】」に満たされています。そのすべての入力に対して均等な注意を払《はら》っていたら、身体がもちません。ノイズはカットして、自分にとってほんとうに意味のある情報だけを選択《たく》的に採り入れるように人間の知性は構造化されています。基本のモードは「人の話を聞かない」なんです。

生き物としては、それで正しい。だから、「ぼんやりしているうちに、ついうっかり親の説教を最初から最後まできちんと聴《き》いてしまった」とか「ぼんやりしているうちに、ついうっかり授業を最初から最後まで注意深く聴いてしまった」というようなことは絶対に起こりません。疲《つか》れていたり、睡眠《すいみん》不足で注意力が低下しているときは、残された有限な注意力はすべて「ノイズをカットする」ことに投じられるんですから。

ですから、僕の書いているこの言葉が「ノイズ」だと判定されたら、そこで「おしまい」です。誰《だれ》も読まない、誰も耳を傾《かたむ》けてくれない「空《くう》語《ご》【むなしい言葉】」があてどなく空中を漂《ただよ》うだけです。

でも、この「ノイズ認定」は別にみなさんが「どうもウチダの話は面白くなさそうだから、聴くの止《や》めよう」というふうな査定の手続きを経たのちに行われるわけではありません。みなさん自身は「ノイズかノイズでないか」の判定を自分ではしていない。その選別作業は、何も考えないうちに、あっという間に自動的に行われてしまうのです。「パーティ効果」ってご存じですか。何十人も人がいて、おしゃべりしている騒音の中でも、自分の名前を誰か口にしたときは、わかる。それだけは聞き逃《のが》さない。③それができるのは意味のないノイズも意味のあるシグナル【合図】も含めて、すべての入力を超《ちょう》高速でスキャン【細かく読み取り調べること】しているレベルがあるからです。そのスキャニング【ス

解答用紙集

○月×日　△曜日　天気（合格日和）

◆ご利用のみなさまへ

＊解答用紙の公表を行っていない学校につきましては、弊社の責任において、解答用紙を制作いたしました。

＊編集上の理由により一部縮小掲載した解答用紙がございます。

＊編集上の理由により一部実物と異なる形式の解答用紙がございます。

人間の最も偉大な力とは、その一番の弱点を克服したところから生まれてくるものである。――カール・ヒルティ――

東京学参株式会社

明治大学付属明治中学校（第1回）　2024年度

◇算数◇

※ 141％に拡大していただくと，解答欄は実物大になります。

1

答

(1)		(2)	(ア)		(イ)		(3)		(4)		(5)	

合　　計

2　(1)　式や考え方　　(2)　式や考え方　　(3)　式や考え方

答

(1)	段目，　番目	(2)		(3)	段目

3　(1)　式や考え方　　(2)　式や考え方　　(3)　式や考え方

答

(1)	円	(2)	個	(3)	個

4　(1)　式や考え方　　(2)　式や考え方

答

(1)	円	(2)	円

5　(1)　式や考え方　　(2)　式や考え方

答

(1)	人	(2)	午前　　時　　分

明治大学付属明治中学校(第1回)　2024年度

◇理科◇

※ 135%に拡大していただくと，解答欄は実物大になります。

〔Ⅰ〕

(1)		(2)			(3)	
①	②	A	B	C	a	b

(4)	(5)	(6)

〔Ⅱ〕

(1)	(2)		(3)	(4)
	水	食塩		
	g	g		

(5)			
A	B	C	D

〔Ⅲ〕

(1)			
A	B	C	D

(2)	(3)	(4)	(5)
			g

〔Ⅳ〕

(1)	(2)	(3)

(4)	(5)

〔Ⅴ〕

(1)	(2)	(3)

(4)	(5)
L	g

〔Ⅵ〕

(1)	(2)	(3)
g	cm	cm

(4)	(5)
g	g

〔Ⅶ〕

(1)	(2)
℃	℃

(3)	(4)
倍	

※ 137％に拡大していただくと，解答欄は実物大になります。

Ⅰ

1						2	3	4
(1)	(2)	(3)	(4)	(5)	(6)			

5	6	7

Ⅱ

1	2	3	4	5	6
			→ → →		

7	8	9	10	11	12

13
→ → →

Ⅲ

1			
あ	い	う	え

2	3	4	5	6	7

8	
(1)	(2)

9
(1)
(2)

◇国語◇

明治大学付属明治中学校(第1回)　2024年度

※149%に拡大していただくと、解答欄は実物大になります。

得点

一

問一

問二　2　3

問三

問四　80　100

問五　②　④　⑦

問六

問七　5　6　7　8　9

問八

問九

問十

問十一　→　→　→

問十二　12　13　14

問十三

問十四　80　100

二

1　2　3　4　5

6　7　8　9　かな　10

明治大学付属明治中学校（第2回）　2024年度

◇算数◇

※ 141％に拡大していただくと，解答欄は実物大になります。

1

答	(1)		(2)		(3)		(4)		(5)	

合　計

2

(1) 式や考え方

(2) 式や考え方

答	(1)	人	(2)	セット，　本

3

(1) 式や考え方

(2) 式や考え方

(3) 式や考え方

答	(1)	分	(2)	毎時　km	(3)	km

4

(1) 式や考え方

(2) 式や考え方

答	(1)	：	(2)	回目

5

(1) 式や考え方

(2) 式や考え方

(3) 式や考え方

答	(1)	個	(2)	A　台，B　台	(3)	袋

明治大学付属明治中学校（第2回）　2024年度

◇理科◇

※ 141％に拡大していただくと，解答欄は実物大になります。

〔Ⅰ〕

(1)	
うすい塩酸	水酸化ナトリウム水溶液

(2)	(3)	(4)
		cm^3

〔Ⅱ〕

(1)	(2)	(3)

(4)		
①	②	③
g	g	%

〔Ⅲ〕

(1)			
a	b	d	f

(2)	(3)	(4)	(5)

〔Ⅳ〕

(1)	(2)	(3)

(4)	(5)

〔Ⅴ〕

(1)	(2)		(3)
	惑星A	惑星B	

(4)	(5)	(6)	(7)

〔Ⅵ〕

(1)	(2)	(3)
cm	cm	cm

〔Ⅶ〕

(1)	(2)	(3)
g	g	g

(4)	(5)
cm	g

※ 141％に拡大していただくと，解答欄は実物大になります。

Ⅰ

1			
(1)え	お	か	(2)

2	3	4	5	6	7

Ⅱ

1	2	3
川		

4	5		6	
	(1)	(2)	長崎県	沖縄県

Ⅲ

1		2	3	4	5
あ	い				

6	7	8		9	10	11
		(1)	(2)			

12
→ → → → → →

Ⅳ

1		2		3	
(1)	(2)	(1)	(2)	い	う

4		5		6
(1)	(2)	(1)	(2)	

7
Aさん・Bさん

◇国語◇

明治大学付属明治中学校（第２回）　２０２４年度

※145％に拡大していただくと、解答欄は実物大になります。

得点

一

問一

問二

問三　1　2

問四

問五

問六　④　⑤　⑥

問七

問八　B　C　D

問九　E　F　G　H

問十

問十一

問十二　I　J

問十三

問十四

問十五

問十六　社会の情報化が加速するなかで、

二

1　2　3　4　5

6　7　8　9　る　10　い

明治大学付属明治中学校(第1回)　2023年度

◇算数◇

※ 141％に拡大していただくと，解答欄は実物大になります。

1

答	(1)		(2)		(3)		(4)(ア)		(イ)		(5)	

合　計

2

(1) 式や考え方

(2) 式や考え方

答	(1)	分　秒	(2)	分　秒

3

(1) 式や考え方

(2) 式や考え方

(3) 式や考え方

答	(1)	%	(2)	個	(3)	個

4

(1) 式や考え方

(2) 式や考え方

答	(1)	人	(2)	秒

5

(1) 式や考え方

(2) 式や考え方

答	(1)	cm^2	(2)	cm^2

(3)

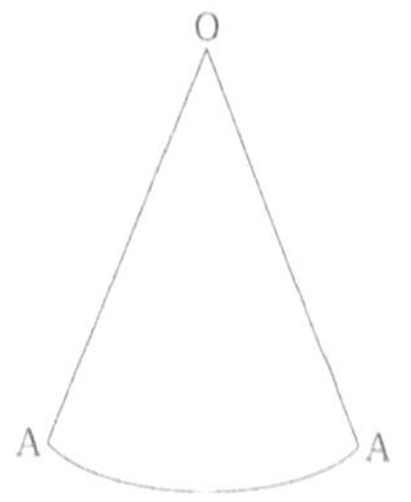

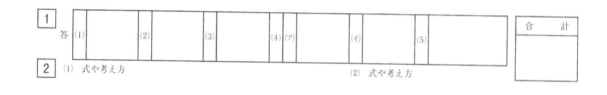

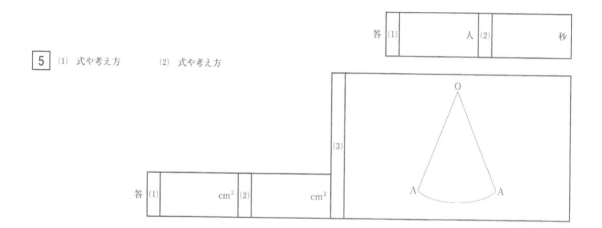

明治大学付属明治中学校(第1回)　2023年度

◇理科◇

※ 135%に拡大していただくと，解答欄は実物大になります。

〔Ⅰ〕

(1)	(2)	(3)

(4)	(5)

〔Ⅱ〕

(1)	(2)	
	名称	色

(3)	(4)	(5)
銅　酸素 :	g	g

〔Ⅲ〕

(1)	(2)	(3)	(4)	(5)

〔Ⅳ〕

(1)	(2)	(3)	(4)
	AA　Aa　aa :　:		

(5)

〔Ⅴ〕

(1)	(2)	(3)	(4)
°	cm		

(5)	(6)	(7)
° 緯		

〔Ⅵ〕

(1)			(2)	(3)	(4)
①	②	③			
			通り		

〔Ⅶ〕

(1)	(2)	(3)	(4)
秒			通り

(5)
通り

◇社会◇

※ 137%に拡大していただくと，解答欄は実物大になります。

I

1		2	3				
(1)	(2)	川	(1)A	B	C	(2)	(3)
4		5					
(1)	(2)	(1)水力	火力	風力			
5							
(2)							

II

1	2	3	4	5
遺跡		→ → →		
6	7	8	9	10
11				
→ → →				

III

1		2			
3	4				
5	6	7			
		(1)	(2)	(3)	(4)
8	9	10			
	省				
11					

◇国語◇

明治大学付属明治中学校(第1回)　2023年度

※149%に拡大していただくと、解答欄は実物大になります。

得点

一

問一 ① ② ③ ⑦ ⑧

問二

問三　問四　問七 並べ替え → → → →

問五

問六

問八 〜　問九 1 2 3 4 5

問十

問十一 10 70

二

並べ替え → → → → →

意味 ア イ ウ エ オ カ

三

1 2 3 4 5

6 7 8 9 10 い

明治大学付属明治中学校(第2回)　2023年度　◇算数◇

※ 141％に拡大していただくと，解答欄は実物大になります。

1

答	(1)		(2)		(3)		(4)		(5)	

合　計

2 (1) 式や考え方　(2) 式や考え方　(3) 式や考え方

答	(1)		(2)		(3)	行目

3 (1) 式や考え方　(2) 式や考え方

答	(1)	:	(2)	cm^2

4 (1) 式や考え方　(2) 式や考え方　(3) 式や考え方

答	(1)	人	(2)	人	(3)	か所

5 (1) 式や考え方　(2) 式や考え方　(3) 式や考え方

答	(1)	分	(2)	km	(3)	時　分

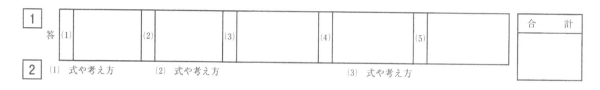

明治大学付属明治中学校（第2回）　2023年度

◇理科◇

※ 141％に拡大していただくと，解答欄は実物大になります。

〔Ⅰ〕

(1)	(2)	(3)	(4)	(5)

〔Ⅱ〕

(1)	(2)	(3)	(4)	(5)

〔Ⅲ〕

(1)	(2)	(3)

(4)	(5)	
	炭酸カルシウム	塩酸
g	g	cm^3

〔Ⅳ〕

(1)	(2)	(3)
%	g	g

(4)	(5)
g	

〔Ⅴ〕

(1)		
①	②	③
④	⑤	⑥

(2)	(3)	(4)	(5)

〔Ⅵ〕

(1)	(2)	(3)	(4)	(5)
℃			℃	

〔Ⅶ〕

(1)	(2)	(3)	
		ばねA	ばねB
個	個	cm	cm

(4)		(5)	
ばねA	ばねB	100 g のおもり	10 g のおもり
cm	cm	個	個

明治大学付属明治中学校（第2回）　2023年度　◇社会◇

※ 141％に拡大していただくと，解答欄は実物大になります。

Ⅰ

1		2	3	4	5
(1)	(2)				

6				7
あ	い	う	え	(1)

7	8		
(2)	(1)	(2)	(3)

Ⅱ

1		2	3	4	5	6	7	8
あ	い							

9	10
	→ → → →

11	12
	(1) 月 日

12		
(2)	(3)	(4)

Ⅲ

1			2
あ	い	え	

3	4	5		6	7	8	9
庁		(1)	(2)				

10
(1) 賛成 反対
(2)
(3)

◇国語◇

明治大学付属明治中学校(第２回)　２０２３年度

※145％に拡大していただくと、解答欄は実物大になります。

一

問一 ① ② ③ ⑥ ⑪

得点

問二

問三 1 6

問四 2 3 4

問五

問六

問七

問十 A B C D E F

問八

問九

問十一

問十二

問十三 8 9 10 11

問十四 40 80

二

1 2 3 4 5

6 7 8 9 く 10 む

明治大学付属明治中学校(第1回)　2022年度　　◇算数◇

※ 141％に拡大していただくと，解答欄は実物大になります。

合　計

1

答

(1)		(2)		(3)		(4)		(5)	

2

(1)　式や考え方

(2)　式や考え方

答

(1)	人	(2)	点

3

(1)　式や考え方

(2)　式や考え方

(3)　式や考え方

答

(1)	毎分　　L	(2)	L	(3)	時　　分

4

(1)　式や考え方

(2)　式や考え方

答

(1)	倍	(2)	毎時　　km

5

(1)　式や考え方

(2)　式や考え方

答

(1)	：	(2)	：

※ 135％に拡大していただくと，解答欄は実物大になります。

〔Ⅰ〕

A	B	C	D	E

〔Ⅱ〕

(1)		(2)	(3)	(4)
A	B			

〔Ⅲ〕

(1)			
(a)	(b)	(c)	(d)
(2)	(3)	(4)	

〔Ⅳ〕

(1)			
(a)	(b)	(c)	
(2)	(3)	(4)	(5)

〔Ⅴ〕

(1)	(2)	(3)	(4)	

(5)			(6)	(7)
B	D	C		°
		座		

〔Ⅵ〕

(1)	(2)	(3)	(4)	(5)
g	g	g	g	cm

〔Ⅶ〕

(1)	(2)	(3)	(4)
			電球：赤色 LED：緑色 LED
		秒間	： ：

※ 133%に拡大していただくと，解答欄は実物大になります。

Ⅰ

1			
(1)A 河川　川	B 河川　川	E 河川　川	H 河川　川
平野　平野	平野　平野	平野　平野	平野　平野

1			
(2)	(3)あ　湖	い　平野	う　山脈

1	2	3	4	5		6
え　市				●	▲	

7		8
(1)	(2)	

Ⅱ

1	2	3	4	5
→ → →				

6	7	8	9	10

11

12

Ⅲ

1		2	3	
あ	い		(1)	(2)

4	5
	(1)

5	6	7
(2)		

8
問題・現状
解決方法

◇国語◇

明治大学付属明治中学校（第１回）　２０２２年度

※145％に拡大していただくと、解答欄は実物大になります。

得点

一

問一

問二

問三　1　2　3　4　5

問四　③　⑥　⑪　⑫

問五

問六

問七

問八

問九

問十

問十一　　〜

問十二

問十三

問十四

国際化、合理化に伴《ともな》って、言葉のありかたや使いかたが変わってきている中で、

が大事である。

二

1　2　3　4　5

6　7　8　る　9　める　10　べ

明治大学付属明治中学校(第2回)　2022年度

◇算数◇

※ 141%に拡大していただくと，解答欄は実物大になります。

合計

1

答	(1)		(2)		(3)		(4)		(5)	

2

(1) 式や考え方

(2) 式や考え方

答	(1)	人	(2)	冊

3

(1) 式や考え方

(2) 式や考え方

答	(1)	円	(2)	月　日

4

(1) 式や考え方

(2) 式や考え方

(3) 式や考え方

答	(1)	m	(2)	m	(3)	m

5

(1) 式や考え方

(2) 式や考え方

答	(1)	cm	(2)	:

明治大学付属明治中学校(第2回)　2022年度　◇理科◇

※ 137%に拡大していただくと，解答欄は実物大になります。

〔Ⅰ〕

(1)	(2)		(3)		
	一酸化炭素	酸素	二酸化炭素	残る物質	残る重さ
g	g	g	g		g

〔Ⅱ〕

(1)			(2)	
A	B	C	ア	イ

〔Ⅲ〕

(1)			
A	B	C	D

(2)	(3)	(4)

〔Ⅳ〕

(1)	(2)	(3)	(4)	(5)

〔Ⅴ〕

(1)	(2)		(3)	
	3月13日	3月14日	a	b
→ →				

(4)	(5)	(6)	(7)

〔Ⅵ〕

(1)	(2)	(3)	(4)	(5)
回転	cm	秒速 cm	kg	kg

〔Ⅶ〕

(1)	(2)	(3)		(4)
		ア	イ	
A	A	V	V	A

明治大学付属明治中学校(第2回)　2022年度　◇社会◇

※ 133%に拡大していただくと，解答欄は実物大になります。

Ⅰ

1				2			3
①	②	③	④	a	b	c	

4				5
(1)A	B	C	(2)　→　→　→	(1)

5	6
(2)	

7	8

Ⅱ

1			
あ	い	う	え　寺

1		2	3	4
お	か			→　→　→

5	6	7	8	9	10
					→　→　→　→　→

11	
記号	説明

Ⅲ

1	2	3

4	5

6	7	8	9	10

11

◇国語◇

明治大学付属明治中学校(第２回)　２０２２年度

※145%に拡大していただくと、解答欄は実物大になります。

一

問一

問二　1　2　3　4　5

問三　②　④　⑥　⑦

問四

問五

問六

問七

問八

問九　〜

問十

問十一　→　→　→　→

問十二　50　80　100

得点

二

1　Ⅰ群　Ⅱ群　2　Ⅰ群　Ⅱ群　3　Ⅰ群　Ⅱ群　4　Ⅰ群　Ⅱ群

5　Ⅰ群　Ⅱ群　6　Ⅰ群　Ⅱ群　7　Ⅰ群　Ⅱ群　8　Ⅰ群　Ⅱ群

三

1　2　3　4　5

6　7　8　9　む　10　る

明治大学付属明治中学校（第1回）　2021年度

◇算数◇

※ 145%に拡大していただくと，解答欄は実物大になります。

1

答	(1)		(2)		(3)(ア)		(イ)		(4)		(5)	

2

(1) 式や考え方

(2) 式や考え方

答	(1)	m	(2)	秒

3

(1) 式や考え方

(2) 式や考え方

(3) 式や考え方

答	(1)	cm	(2)	cm	(3)	倍

4

(1) 式や考え方

(2) 式や考え方

(3) 式や考え方

答	(1)	%	(2)	%	(3)	%

5

(1) 式や考え方

(2) 式や考え方

答	(1)	人	(2)	分　秒

明治大学付属明治中学校(第1回)　2021年度

◇理科◇

※ 132%に拡大していただくと，解答欄は実物大になります。

〔Ⅰ〕

(1)		(2)		
①	②	①	②	③
		g	g	g

〔Ⅱ〕

(1)	(2)	(3)	(4)	(5)

〔Ⅲ〕

(1)	(2)	(3)	(4)	(5)
(6)	(7)			

〔Ⅳ〕

(1)			
①	②	③	④
(1)		(2)	(3)
⑤	⑥		

〔Ⅴ〕

(1)	(2)	(3)	(4)	(5)	(6)
					cm

〔Ⅵ〕

(1)	(2)	(3)	(4)	(5)
秒後	秒後	m	m	

〔Ⅶ〕

(1)	(2)	(3)		(4)	(5)
		A	B		
	cm	cm	cm		

明治大学付属明治中学校（第1回）　2021年度

◇社会◇

※ 137%に拡大していただくと，解答欄は実物大になります。

Ⅰ

1	2		3			
	(1)	(2)	A	B	C	D

4	5	6			
		A	B	C	D

7			
(1)	(2)	(3)	(4)

Ⅱ

1	2	3	4	5

6	7	8

9	10	11

12	13	14

15

Ⅲ

1		2	3
あ	い		(1)　省

3	4
(2)	

5		6
(1)	(2)	

7	8
	☆

解決法

２０２１年度　明治大学付属明治中学校（第１回）

※149％に拡大していただくと、解答欄は実物大になります。

◇国語◇

一

問一

問二

問三　A　B

問四

問五

問六

問七

問八

問九

問十　⑦　⑧　⑩　⑭

問十一

問十二　Ⅰ　Ⅱ　Ⅲ

問十三

問十四　⑫　⑬

問十五　F　漢字　記号

問十七　1　2　3　4　5

問十六

二

1　2　3　4　5

6　7　8　9　う　10　ねる

〈ダウンロードコンテンツについて〉

本問題集のダウンロードコンテンツ、弊社ホームページで配信しております。現在ご利用いただけるのは「2025年度受験用」に対応したもので、**2025年3月末日**までダウンロード可能です。弊社ホームページにアクセスの上、ご利用ください。

※配信期間が終了いたしますと、ご利用いただけませんのでご了承ください。

中学別入試過去問題シリーズ

明治大学付属明治中学校　2025年度

ISBN978-4-8141-3150-1

[発行所] 東京学参株式会社
〒153-0043　東京都目黒区東山2-6-4

書籍の内容についてのお問い合わせは右のQRコードから　⇒

※書籍の内容についてのお電話でのお問い合わせ、本書の内容を超えたご質問には対応できませんのでご了承ください。

2024年6月6日　初版